ISBN 978-0-364-90280-6
PIBN 11282537

Lehrbuch
des Bürgerlichen Rechts

auf der Grundlage

des

Bürgerlichen Gesetzbuchs.

Von

Dr. Ed. Heilfron,

Amtsrichter.

I. Abteilung: Allgemeiner Teil.

Zweite, vermehrte Auflage.

Berlin.

Speyer & Peters.

Buchhandlung für Universitäts=Wissenschaften.

43 Unter den Linden 43.

1900.

Vorwort zur zweiten Auflage.

Bei Abfassung dieses Lehrbuchs hat mich der Wunsch geleitet, an einem Wendepunkte der deutschen Rechtsentwickelung den bisherigen Rechtszustand festzuhalten und mit dem neuen Rechte zu vergleichen.

Die im Vorworte zur „Römischen Rechtsgeschichte" aufgestellten Grundsätze durchzuführen, bin ich auch hier bestrebt gewesen. Das Buch folgt dem BGB. Die in besonderen Reichsgesetzen behandelten sowie die den Landesgesetzen überlassenen Rechtsgebiete sind an den geeigneten Stellen eingeschaltet. Überall ist auf die geschichtliche Entwickelung, die Verbindung mit dem öffentlichen Recht und die praktische Anwendung der besprochenen Rechtssätze Wert gelegt worden. Soweit wirtschaftliche Fragen hineinspielten, habe ich geglaubt, auch deren Behandlung mich nicht entziehen zu dürfen.

Die neue Auflage stellt den Rechtszustand im Deutschen Reiche nach dem 1. Januar 1900 dar. Hiernach waren das Gemeine Recht und das ALR. nunmehr nur entwickelungsgeschichtlich zu berücksichtigen und es konnten manche Einzelheiten des bisherigen Rechts unerwähnt bleiben. Dagegen konnte ich mich zu einer erheblichen Kürzung der rechtsgeschichtlichen Teile nicht entschließen, von der Erwägung ausgehend, daß die gründliche Kenntnis des bisherigen Rechts mindestens für jüngere Juristen

der unentbehrliche Schlüssel zum Verständnisse des neuen
Reichsrechts ist.

Zur ersten Auflage dieses Werkes sind mir zahlreiche
anregende und berichtigende Mitteilungen zugegangen, die
der Mehrzahl nach Verwendung gefunden haben. Für
alle diese Beweise freundlichen Wohlwollens danke ich ver-
bindlichst.

Den Herren Referendaren Dr. Claußen in
Kiel und Dr. Rothe in Storkow spreche ich für die
mir bei der Neubearbeitung geleistete wesentliche Hülfe
meinen aufrichtigen Dank aus.

Nauen, 8. Februar 1900.

Heilfron.

Inhalts-Verzeichnis.

Die Abkürzungen und Rechtssprüchwörter sind in das Register aufgenommen.

> I. = Heilfron, Römische Rechtsgeschichte. IV. Auflage.
> II. = Heilfron, Deutsche Rechtsgeschichte. V. Auflage.
> IV. = Heilfron, Lehrbuch des Bürgerlichen Rechts. II. Abt. (Recht der Schuldverhältnisse).

I. Abteilung:
Allgemeiner Teil.

Einleitung.

Rechtsnormen und Berechtigung.

A. Die Rechtsnormen. (Das objektive Recht.)

I. Die Rechtsquellen.

§ 1. Die Rechtsnormen.

a. Begriff.

Rechtsnorm (objektives Recht, I, 1) ist eine bindende[1]) Regel, die das äußere Verhalten der Mitglieder einer menschlichen Gemeinschaft zu ordnen bestimmt ist. Derartige Gemeinschaften sind der Staat (I, 2), die im Staate bestehenden engeren Verbände (zB. die Familie, Gemeinde) und gewisse über seinen Um=

---

[1]) Ob zum Begriffe der Rechtsnorm die Erzwingbarkeit ge= hört, ist streitig. Jedenfalls ist ein Grundsatz nur dann eine Rechts= norm, wenn er die Tendenz hat, sich Geltung zu erzwingen. Ob die Rechtsnorm im einzelnen Fall erzwungen werden kann, hängt von ihrer Natur und der Thatsache ab, ob eine Macht vorhanden ist, die zur Brechung eines entgegenstehenden Willens imstande ist. Daher sind zB. die für das Verhalten des Souveräns in den Verfassungen (vgl. RV. Art. 17, S. 39) oder der Vertragsstaaten in den völker= rechtlichen Verträgen (zB. der Pariser Seerechtsdeklaration vom 16. 4. 1856, II, 587[6]) gegebenen Normen unzweifelhaft Rechtsnormen, wenngleich es an einer rechtmäßigen Gewalt zu ihrer zwangsweisen Durchsetzung fehlt.

Den Gegensatz zu den Rechtsnormen bilden die des Strebens nach Erzwingbarkeit entbehrenden Vorschriften der Sitte, d. h. des im Verkehr Gebräuchlichen. Recht und Sitte bestimmen nur das äußere, die Vorschriften der Sittlichkeit (Moral) dagegen auch das innere Verhalten des Menschen (I, 1).

fang hinausgehende Verbindungen (zB. die katholische Kirche, die Staatenverbindungen I, 8).

b. **Einteilung.**

1. Ihrem Inhalte nach werden die Rechtsnormen (nach Thöls Vorgang) eingeteilt in: gewährende (Permissivgesetze: „Du darfst"), verpflichtende (Imperativgesetze, entweder gebietende: „Du sollst" oder verbietende: „Du sollst nicht") und deutende (begriffsentwickelnde: zB. Auslegungsregeln, Begriffsbestimmungen, vgl. BGB. §§ 90 ff., 104, 187 ff.); ähnlich l. 7 D. de leg. 1,3: Legis virtus haec est: imperare, vetare, permittere, punire.

α. Die gewährenden (nichtzwingenden, vermittelnden, ergänzenden, nachgiebigen) Rechtsnormen (jus dispositivum, I, 19) überlassen die Gestaltung der Rechtsverhältnisse der freien Selbstbestimmung des Einzelnen.

Dieses Prinzip kommt namentlich bei der Freiheit der Vertragsschließung, der Wahl und Gestaltung des ehelichen Güterrechts und der Erbfolge zur Anwendung. Erst wenn die Beteiligten von der ihnen überlassenen freien Selbstbestimmung keinen Gebrauch machen, tritt das Gesetz — eine Lücke im jeweiligen Rechtsverhältnis ausfüllend — mit der Vermutung ein, daß die Beteiligten das Normale, vom Gesetzgeber für diesen Fall Vorgesehene gewollt haben. Ordnen zB. die Ehegatten nicht gemäß § 1432 BGB. ihre güterrechtlichen Verhältnisse durch Ehevertrag, so tritt Verwaltung und Nutznießung des Mannes ein (§§ 1363 ff.). Hat der Erblasser nicht selbst seine Beerbung durch Testament (§§ 2064 ff.) oder Erbvertrag (§§ 2274 ff.) bestimmt, so tritt die gesetzliche Erbfolge ein (§§ 1924 ff.).

β. Ganz anders die zwingenden Normen (jus cogens). Diese lassen im Interesse der allgemeinen Wohlfahrt und Gerechtigkeit der freien Selbstbestimmung der Parteien keinen Raum.

Im BGB. ist vielfach die dispositive Natur gewisser Rechtsnormen durch die Zufügung der Worte „wenn nicht ein anderes bestimmt ist" oder eine ähnliche Wendung zum Ausdrucke gelangt (vgl. zB. §§ 271, 273, 316). Andererseits ist der zwingende Charakter mancher Vorschriften durch Verwendung des Worts „muß" (Mußvorschriften zB. §§ 26, 57) oder durch Zusätze wie „eine entgegenstehende Abrede ist nichtig" (zB. §§ 225, 247 Satz 2, 248 Abs. 1, 419 Abs. 3, 544) ausgedrückt. Fehlt es an einer derartigen ausdrücklichen Vorschrift, dann ist es Sache der Auslegung, dem Zwecke der Rechtsnorm zu entnehmen, ob der Gesetzgeber sie unbedingt oder nur mangels anderweitiger Bestimmung der Beteiligten angewandt sehen will. Die gegen eine zwingende Rechtsnorm gerichteten Rechtsakte sind grundsätzlich unwirksam. Bisweilen tritt aber eine andere Folge ein. Über die hierauf beruhende Unterscheidung zwischen leges perfectae, imperfectae und minus quam perfectae vgl. unten und I, 19, 103.

2. Während man bisher das jus cogens schlechthin in Gegensatz zum jus dispositivum stellte, unterscheidet für das BGB. die herrschende Meinung auf Grund von Bülows und Stammlers Untersuchungen von den zwingenden Rechtssätzen einerseits dispositive Vorschriften und andererseits Auslegungsregeln.

α. Die dispositiven Vorschriften kommen zur Anwendung, sobald weder ein zwingender Rechtssatz noch eine abweichende rechtsgeschäftliche Verfügung der Parteien vorliegt. Sie treten an die Stelle eines fehlenden Willens als objektiv Richtiges. Solche Vorschriften kommen übrigens nicht nur bei Rechtsgeschäften vor, sondern bei allen rechtlich bedeutsamen Willenserklärungen. Hierzu gehört der Satz, daß ein Gesetz 14 Tage nach der Ausgabe des betreffenden Stücks des Reichsgesetzblatts in Berlin in Kraft tritt (RV. Art. 2).

β. Eine Auslegungsregel, die das Gesetz durch die Worte „Im Zweifel" (§§ 30, 154, 314, 672, 1025, 1301, 1625, 2066) kennzeichnet oder ausdrücklich als solche bezeichnet (§§ 133, 157, 186), kommt dagegen nur dann zur Anwendung, wenn eine rechtsgeschäftliche Bestimmung der Parteien vorliegt, deren Bedeutung aber zweifelhaft, unklar ist, sodaß sie gedeutet werden muß. Sie ist gesetzlich ausgelegter subjektiver Parteiwille. Die Auslegungsregel tritt deshalb schon zurück, sobald bewiesen wird, daß über einen streitigen Punkt jede rechtsgeschäftliche Verfügung fehlt. Dann tritt eben das jus dispositivum ein. Auch außerhalb der Rechtsgeschäfte giebt es Auslegungsregeln, zB. EGBGB. Art. 2 (Begriffsbestimmung des Gesetzes).

Die praktische Bedeutung der Unterscheidung zwischen Dispositivsätzen und Auslegungsregeln zeigt sich besonders beim Beweise des Inhalts von Rechtsgeschäften. Die Anwendung eines Dispositivsatzes setzt die Feststellung voraus, daß eine entgegenstehende Willenserklärung nicht abgegeben ist, die Anwendung einer Auslegungsregel umgekehrt die Feststellung, daß eine ihrem Inhalte nach unklare Willenserklärung vorliegt. Da nun aber Willenserklärungen regelmäßig auch stillschweigend abgegeben werden können, ist die Unterscheidung praktisch fast bedeutungslos.

Einander gegenübergestellt finden sich Dispositivsatz und Auslegungsregel zB. in § 722. Abs. 1 enthält einen Dispositivsatz: „Sind die Anteile der Gesellschafter am Gewinn und Verlust nicht bestimmt, so hat jeder Gesellschafter einen gleichen Anteil"; dagegen Abs. 2 eine Auslegungsregel: „Ist nur der Anteil am Gewinn oder am Verlust bestimmt, so gilt die Bestimmung im Zweifel für Gewinn und Verlust;" vgl. auch § 514.

3. Die ein bestimmtes Rechtsverhältnis ordnenden Rechtsnormen werden unter dem Begriff Rechtsinstitut zusammengefaßt, die Rechtsinstitute werden im Rechtssystem nach einem leitenden Gedanken verbunden dargestellt (I, 27).

4. Die Rechtsnormen werden nach dem Gegenstand, auf den sie sich beziehen, in solche des öffentlichen und des bürgerlichen (privaten) Rechts eingeteilt (I, 18). Zum öffentlichen Rechte gehören diejenigen Regeln, welche die Verhältnisse der organisierten Gemeinschaften und die Beziehungen der Menschen als Mitglieder dieser Gemeinschaften ordnen. Das bürgerliche Recht umfaßt diejenigen Rechts

normen, welche die Verhältnisse der Menschen als einzelner (Individuen) bestimmen[2]).

c. Entstehung.

Zur Beantwortung der Frage nach der Entstehung der Rechtsnormen ist davon auszugehen, daß jeder Rechtssatz zwei Elemente in sich vereinigt (I, 12). Er giebt einem

---

[2]) Man pflegt zu sagen: Das öffentliche Recht wird (als Sozialrecht) von dem Grundsatze der Unterordnung des Einzelnen unter eine Gemeinschaft, das bürgerliche Recht (als Individualrecht) von dem Grundsatze der Gleichordnung der Beteiligten beherrscht. Während das römische Recht jus publicum und privatum streng von einander schied (I, 18), beruhte das germanische Recht auf der Einheit alles Rechts, und die Vermischung öffentlichrechtlicher und privatrechtlicher Elemente durchzieht noch fast alle Rechtsinstitute des Mittelalters, vor allem zB. das Lehnswesen (II, 601 ff.). Erst in neuerer Zeit ist die begriffliche Scheidung auch in Deutschland streng durchgeführt worden. Die Frage, ob eine bestimmte Rechtsnorm dem öffentlichen oder dem bürgerlichen Recht angehört, läßt sich in den vielen Zweifelsfällen (zB. im Gebiete des Gewerberechts) nur nach der Rechtsverfassung der einzelnen Staaten beurteilen. Die Entscheidung ist — abgesehen davon, daß das öffentliche Recht regelmäßig jus cogens ist, I, 19 — insbesondere deshalb wichtig, weil grundsätzlich nur für bürgerliche Rechtsstreitigkeiten der Rechtsweg, d. h. das Angehen der ordentlichen Gerichte zulässig ist (I, 175), während die Beurteilung von Rechtsverhältnissen des öffentlichen Rechts Verwaltungsbehörden und Verwaltungsgerichten zusteht. Das BGB. hat keine Begriffsbestimmung des bürgerlichen Rechts versucht, obgleich eine Abgrenzung desselben namentlich mit Rücksicht auf Art. 55 EGBGB.("Die privatrechtlichen Vorschriften der Landesgesetze treten außer Kraft") von höchster Bedeutung gewesen wäre. Mit Sicherheit läßt sich vom Standpunkte des BGB. aus nur sagen, daß die Rechtsgebiete, die im BGB. behandelt sind, bürgerliches Recht sind und gemäß § 13 GVG. vor die ordentlichen Gerichte gehören. Dagegen bleiben hinsichtlich der den Landesgesetzen vorbehaltenen Rechtsgebiete für die Frage, ob sie öffentliches oder bürgerliches Recht sind, die landesrechtlichen Normen maßgebend. In Preußen ist durch die I, 175³ aufgeführten Gesetze für gewisse Streitsachen der Rechtsweg für zulässig erklärt worden; selbstverständlich ist dadurch die Natur der betreffenden Rechtsverhältnisse nicht geändert. Man kann also nicht, wie manche thun, die Frage nach der Natur eines Rechtssatzes als bürgerlichen oder öffentlichen nach der Zulässigkeit oder Unzulässigkeit des Rechtswegs entscheiden,

für die Ordnung der Lebensverhältnisse bedeutsamen Ge=
danken Ausdruck (Rechtsinhalt, Rechtsgedanke) und be=
stimmt gleichzeitig, daß dieser Gedanke „Recht" sein, d. h.
die Lebensverhältnisse beherrschen solle (Rechtsbefehl,
Rechtswille). Der Rechtsgedanke entwickelt sich aus dem
Bewußtsein, daß für ein gewisses Lebensverhältnis eine be=
stimmte Gestaltung am meisten wünschenswert, weil dem
praktischen Bedürfnis am besten entsprechend, sei.

Die Erhebung des Rechtsgedankens zur Rechtsnorm
d. h. seine Bekleidung mit dem Rechtsbefehl kann nun auf
doppelte Weise geschehen.

Rechtsnormen können sich nur in menschlichen Gemein=
schaften bilden, die organisiert, d. h. mit Einrichtungen zur
Erreichung der Gemeinschaftszwecke versehen sind, insbeson=
dere um der vielköpfigen Gemeinschaft die Möglichkeit des
Auftretens als Einheit zu gewähren. In einem derart or=
ganisierten Gemeinwesen steht also neben der Summe der
einzelnen Gemeinschaftsgenossen das die Gemeinschaft als
Einheit (universitas, II, 467) verkörpernde Gemeinschafts=
organ. Der Wille der Gemeinschaft kann sich danach in
doppelter Weise äußern: durch übereinstimmende Hand=
lungen der Genossen und durch Handlungen der Gemein=
schaftsvertretung. In gleicher Weise kann auch der Wille,
einem Rechtsgedanken die Bedeutung einer Rechtsnorm bei=
zulegen, in doppelter Weise in die Erscheinung treten: er=
giebt sich der Rechtswille aus übereinstimmenden Handlungen
der Gemeinschaftsgenossen, so spricht man von Gewohn=
heitsrecht; wird der Rechtsgedanke jedoch durch Ausspruch

---

abgesehen davon, daß es in Zweifelsfällen mangels gesetzlicher Be=
stimmungen eben streitig sein wird, ob der Rechtsweg zulässig ist.

Die Unzulässigkeit des Rechtswegs begründet nach CPO. § 274
eine prozeßhindernde Einrede (I, 388), auf Grund deren im Anwalts=
prozeß (vgl. bzgl. des Amtsgerichtsprozesses CPO. § 504 Abs. 3, I, 423)
die Einlassung zur Hauptsache verweigert werden darf. Diese Einrede
kann aber, weil unverzichtbar, auch nach dem Beginne der mündlichen
Verhandlung des Beklagten zur Hauptsache geltend gemacht werden,
zumal die Thatsache der Unzulässigkeit des Rechtswegs selbst von Amts=
wegen berücksichtigt werden muß (I, 389²⁶).

des Gemeindeorgans mit bindender Kraft bekleidet, so spricht man von Gesetz.

Je unvollkommener die Organisation der Gemeinschaft ist, desto schwerfälliger arbeitet das Gemeinschaftsorgan, und desto mehr sind die Genossen genötigt, einer sich Bahn brechenden Rechtsüberzeugung durch eigene Handlungen Rechts= wirksamkeit zu verschaffen. Je entwickelter die Gemeinschaft dagegen ist, desto schneller wird das Gemeinschaftsorgan bei der Hand sein, neue Rechtsgedanken zum Gesetze zu erheben. Daher ist, wie auch die Geschichte sowohl der römischen als der deutschen Rechtsquellen ergiebt (I §§ 16 ff., II §§ 27 ff.), die Bedeutung des Gewohnheitsrechts gegenüber dem Ge= setzesrecht mehr und mehr zurückgetreten[3]).

Hiernach giebt es zwei Arten von Rechtsquellen: Ge= setz und Gewohnheitsrecht. Beide beruhen auf einer gemein= samen Grundlage: der Überzeugung, daß ein Rechtsgedanke wert ist, Recht zu werden. Die Erhebung des Rechts= gedankens zur Rechtsnorm erfolgt jedoch im ersteren Falle durch ausdrückliche Willenserklärung eines durch die Ver= fassung einer Gemeinschaft dazu berufenen Organs, im letz= teren Falle durch konkludente Handlungen der Gemeinschafts= genossen.

§ 2. Das Gesetz.

a. Begriff und Arten.

Gesetz (Satzung) ist nach der in § 1 gegebenen rechts= philosophischen Begriffsbestimmung ein Rechtsgedanke, der von einem hierzu befugten Organe zur Rechts= norm erhoben ist. Diese, Gesetz und Gewohnheitsrecht einander gegenüberstellende Begriffsbestimmung deckt sich je= doch nicht mit dem modernen Sprachgebrauche, der den Aus= druck „Gesetz" in verschiedener Weise verwendet.

---

[3]) Die Kodifikationen des 18. Jahrhunderts haben das Ge= wohnheitsrecht sehr zurückgedrängt (II § 43). Erst durch die historische Schule (II, 397), insbesondere Puchtas Werk „Das Gewohnheitsrecht" (1828) ist ihm eine gewisse Bedeutung wieder erobert worden. Vgl. S. 21.

Die umfassendste Bedeutung hat das Wort „Gesetz" im BGB. und in den Reichsjustizgesetzen (I, 194). Hier bedeutet „Gesetz" nämlich (Art. 2 EGBGB., § 12 EGCPO., § 7 EGStPO., § 2 EGKO.) jede Rechtsnorm, auch die gewohnheitsrechtliche. Gewöhnlich versteht man jedoch unter „Gesetz" nur die Satzung und zwar auch nur diejenige, die von den Organen des bedeutsamsten Gemeinwesens, des Staats, ausgeht, im Gegensatze zu der Satzung, die von gewissen, mit dem Rechte der Autonomie (S. 15) ausgestatteten, dem Staat untergeordneten Gemeinwesen (Korporationen, Familien) festgestellt ist. Im modernen Verfassungsstaat endlich scheidet man die staatliche Satzung (I, 12) wieder in Gesetz und Verordnung, indem man mit Gesetz diejenigen Rechtsnormen bezeichnet, bei deren Entstehung die zur Mitwirkung an der Gesetzgebung verfassungsmäßig berufene Volksvertretung teilgenommen hat[1]). Im folgenden ist Gesetz im Sinne von staatlicher Satzung (Gegensatz: Autonomie, d. h. nicht-staatliche Satzung, und Gewohnheitsrecht) gebraucht.

b. **Entstehung der Gesetze.**

1. **Feststellung des Gesetzesinhalts.**

α. Wer namens des Staats zur Feststellung von Rechtsnormen befugt ist, das wird durch die Staatsverfassung bestimmt. In Rom war ursprünglich das in den Komitien versammelte Volk (I §§ 5, 17), später der Senat (I §§ 6, 18), endlich der Kaiser (I §§ 10, 19) Träger der gesetz-

---

[1]) Der Ausdruck Gesetz kann also bedeuten:

Rechtsnorm (Gegensatz: Moralnorm und private Willenserklärung);

Satzung (Gegensatz: Gewohnheitsrecht);

Staatliche Satzung (Gegensatz: autonome Satzung);

Mit dem Parlament festgestellte staatliche Satzung (Gegensatz: Verordnung).

Welche Bedeutung das Wort Gesetz im einzelnen Falle hat, läßt sich nur aus dem Zusammenhange feststellen. Über die Unterscheidung von „formellen" und „materiellen" Gesetzen vgl. I, 13 und unten S. 10.

gebenden Gewalt. Im alten Deutschen Reiche war die Gesetzgebung bei „Kaiser und Reich" (II § 17). Der Deutsche Bund hatte als Staatenbund kein Organ für den Erlaß unmittelbar geltender Bundesgesetze, sondern konnte nur Bundesbeschlüsse fassen, deren Umsetzung in Gesetze den Regierungen der Einzelstaaten oblag (II, 144).

a. Im (Norddeutschen Bund und im) gegenwärtigen Deutschen Reiche wird gemäß Art. 5 RV. „die Reichsgesetz-gebung ausgeübt durch den Bundesrat und den Reichstag". Der Kaiser ist hier nur Publikationsorgan, nicht gesetz-gebender Faktor (II, 173). Er hat daher (anders Dern-burg) kein „Veto" gegen ein vom Bundesrat und Reichstag verfassungsgemäß beschlossenes Gesetz. Denn nach Art. 5 RV. sind die übereinstimmenden Mehrheitsbeschlüsse von Bundesrat und Reichstag zu einem Reichsgesetz erforderlich, aber auch ausreichend. Hätte der Kaiser wirklich ein Veto, so wäre überdies die besondere Bestimmung des Art. 5 RV. Absatz 2 überflüssig (Widerspruchsrecht des Präsidiums bei Änderung der das Militärwesen, die Kriegsmarine und die indirekten Steuern betreffenden Einrichtungen). Selbst-verständlich darf der Kaiser aber nur Gesetze verkünden, die verfassungsgemäß zu Stande gekommen sind. Durch seine Unterschrift wird dies in unanfechtbarer Weise festgestellt (S. 38). Im Reichsland Elsaß-Lothringen werden Landes-gesetze gegenwärtig (II, 169[4]) entweder vom Kaiser, Bundesrat und Landesausschuß oder auf dem für die Reichsgesetzgebung vorgeschriebenen Wege, also vom Bundes-rat und Reichstag, erlassen.

b. Die Reichsgesetze bilden heute die wesentliche Rechts-quelle für das Deutsche Reich. Daneben ist aber den einzelnen Bundesstaaten für ihr Gebiet das Gesetzgebungs-recht verblieben, soweit nicht das Reich die ihm in Art. 4 RV. überlassenen Rechtsgebiete bereits geregelt hat. Gemäß Art. 2 RV. gehen jedoch die Reichsgesetze den Landesgesetzen unbedingt vor, heben also das bestehende Landesrecht auf (S. 39) und hindern die Entstehung widersprechenden Landes-rechts. In allen Bundesstaaten, mit Ausnahme der beiden

Mecklenburg, ist die Entstehung der Gesetze verfassungsmäßig an die Zustimmung einer Volksvertretung geknüpft[2]).

β. Grundsätzlich geschieht hiernach die Erzeugung von Satzungsrecht sowohl im Deutschen Reich als in den Bundesstaaten durch „formelle Gesetze" in dem I, 13 dargelegten Sinne, d. h. unter Mitwirkung der in der Verfassung bestimmten gesetzgebenden Faktoren. Mit Rücksicht auf die Schwerfälligkeit, mit der parlamentarische Körperschaften arbeiten, ist man in der Gegenwart jedoch genötigt, von der Heranziehung aller Gesetzgebungsorgane zur Feststellung der Rechtsnormen in bestimmten Ausnahmefällen abzusehen und einzelnen staatlichen Organen die Regelung im Wege der Verordnung zu übertragen.

Unter den von den staatlichen Verwaltungsorganen erlassenen allgemeinen Anordnungen sind zwei Arten zu unterscheiden: Verwaltungsverordnungen, die nicht neues Recht feststellen, sondern nur die Anwendung bereits feststehender Rechtsnormen erleichtern und den Geschäftsbetrieb sichern sollen; und Rechtsverordnungen, die neue Rechtssätze einführen, also materiell Gesetze sind. Verwaltungsverordnungen kann jedes Staatsorgan für den ihm zugewiesenen Geschäftskreis ohne weiteres treffen. Rechtserzeugend wirkende Rechtsverordnungen dagegen kann ein einzelnes Staatsorgan mit Rücksicht auf die verfassungsmäßig geschehene Zuweisung der Rechtserzeugung an die gesetzgebenden Faktoren nur auf Grund einer Verfassungsbestimmung oder einer besonderen gesetzlichen Ermächtigung erlassen.

Im Reich ist der Erlaß von Rechtsverordnungen zur Ausführung und auf Grundlage der Reichsgesetze, also nicht

---

[2]) In Preußen war noch durch ALR. II, 13 § 6 „das Recht, Gesetze und allgemeine Polizeiverordnungen zu geben", als ein Majestätsrecht dem König allein zugewiesen worden. Seit Einführung der Verfassung (II, 134[1]) wird gemäß PrBU. Art. 62 „die gesetzgebende Gewalt gemeinschaftlich durch den König und durch zwei Kammern ausgeübt". Hier ist also — wie dies auch die Verkündungsformel der Gesetze ergiebt, II, 173[7] — der König einer der drei gesetzgebenden Faktoren.

im Widerspruch mit diesen, in der Regel dem Bundesrate (RV. Art. 7²), zuweilen dem Kaiser (RV. Art. 50, 53, 63 und StGB. § 145) oder diesem mit Zustimmung des Bundes= rats (zB. BGB. § 482), dem Reichskanzler oder den obersten Reichsbehörden übertragen. In den Bundesstaaten steht die Verordnungsgewalt regelmäßig dem Souverän (in den Freien Städten dem Senate) zu, in welchem Umfang und mit welcher Wirkung, das ergiebt sich aus der Ver= fassung des einzelnen Staats oder dem betreffenden Gesetz³).

In den meisten Bundesstaaten ist insbesondere der Inhaber der Staatsgewalt zwecks Beseitigung eines augen= blicklichen Notstands zum Erlaß von Notstandsverord= nungen befugt (sog. Oktroyierungsrecht), welche die volle Wirkung von (formellen) Gesetzen haben, also auch bestehende Gesetze abändern oder aufheben können⁴). Für das Reich

---

³) So ist in Preußen durch VU. Art. 45 dem Könige der Erlaß der „zur Ausführung der Gesetze nötigen Verordnungen" übertragen, wobei freilich streitig ist, ob diese nur Verwaltungs= oder auch Rechts= verordnungen sein dürfen. Über die Überweisung (Delegation) des Polizeiverordnungsrechts an die mit der Polizeiverwaltung betrauten Behörden in Preußen vgl. I, 61⁵.

Die Frage, ob eine Verordnung eine Rechts= oder eine Ver= waltungsverordnung ist, kommt in der Praxis dann zur Entscheidung, wenn ihre Revisibilität beurteilt werden muß. Nur die Rechtsver= ordnung ist revisibel; ERG. 8, 404; 13, 260. Vergl. I, 499.

⁴) So bestimmt PrVU. Art. 63: „Nur in dem Falle, wenn die Aufrechterhaltung der öffentlichen Sicherheit oder die Beseitigung eines ungewöhnlichen Notstands es dringend erfordert, können, insofern die Kammern nicht versammelt sind, unter Verantwortlichkeit des ge= samten Staatsministeriums Verordnungen, die der Verfassung nicht zuwiderlaufen, mit Gesetzeskraft erlassen werden. Dieselben sind aber den Kammern bei ihrem nächsten Zusammentritt zur Genehmigung sofort vorzulegen". Wird die Genehmigung erteilt, so behält die Ver= ordnung fortdauernd Gesetzeskraft, ohne daß es einer besonderen — allerdings üblichen — Bekanntmachung bedarf. Wird die Genehmigung versagt, so ist der König zur Zurücknahme der Verordnung verfassungs= mäßig verpflichtet. Erst damit tritt sie für den Richter, der sich auf nicht=amtliche Mitteilungen natürlich nicht verlassen kann, übrigens auch durch Art. 106 PrVU. (S. 37³) gebunden ist, außer Kraft. Doch ist dies streitig, ebenso wie die Frage, ob nur solche Verordnungen „der Verfassung zuwiderlaufen", also unzulässig sind, welche Rechtsgebiete betreffen, die nach ausdrücklicher Verfassungsvorschrift nur unter Zu=

find Notstandsverordnungen nicht vorgesehen, wohl aber für
Elsaß-Lothringen (RG. vom 25. Juni 1873 betreffend die
Einführung der Verfassung des Deutschen Reichs in Elsaß-
Lothringen § 8, vgl. II, 176).

γ. Keine selbständige Rechtsquelle neben dem Gesetz ist der
Staatsvertrag. Ein Vertrag ist an sich überhaupt nicht
bestimmt, Rechtsnormen zu schaffen, sondern Rechtsver=
hältnisse zu ordnen. Durch einen Staatsvertrag können
daher bindende Rechtsvorschriften für die Staatsangehörigen
nur auf dem für die Entstehung von Rechtsnormen über=
haupt vorgeschriebenen Wege geschaffen werden, d. h. regel=
mäßig unter Mitwirkung aller gesetzgebenden Faktoren[5]).

stimmung der Kammern oder im Wege der „ordentlichen Gesetzgebung"
geregelt werden sollen (vgl. Art. 94, 95, 107); oder ob Notstands=
verordnungen auch in allen den Fällen ausgeschlossen sind, in denen
die VU. (zB. Art. 3—6, 8, 9, 13, 17, 19, 27 Abs. 2, 49 u. A.)
auf „Gesetze" verweist. Die Pr. Regierung hat mehrfach den zuerst
erwähnten Standpunkt vertreten. Die erste auf Grund des Art. 63
der revidierten VU. ergangene Notstandsverordnung war eine die Preß=
freiheit beschränkende Verordnung vom 5. Juni 1850, aus der das
vor dem Reichspreßgesetze vom 7. Mai 1874 in Preußen geltende
„Gesetz über die Presse" vom 12. Mai 1851 hervorgegangen ist. Über
die Notstandsverordnung vom 12. Mai 1866, wodurch die Zins=
beschränkungen zeitweilig aufgehoben wurden, vgl. II, 506[5].
Streitig ist auch, ob zur Gültigkeit der Notstandsverordnung die
Gegenzeichnung sämtlicher Minister gehört Dies ist — entgegen
der zuweilen angewendeten Praxis, vgl. zB. Verordnung vom 10. Juni
1871 betr. die Ermächtigung der Preuß. Bank zur Einrichtung von
Kommanditen in Elsaß-Lothringen — zu bejahen, weil gemäß VU.
Art. 44 die Minister die Verantwortlichkeit für die Regierungsakte
des Königs nur durch die Gegenzeichnung übernehmen. Die Minister=
verantwortlichkeit selbst ist übrigens bei dem Fehlen eines die Anklage=
behörde, das Gericht, das Verfahren und die Strafen regelnden Gesetzes
(vgl. VU. Art. 61) zur Zeit praktisch nicht geltend zu machen (II, 212[42]).
[5]) So bestimmt RV. Art. 11 Abs. 3: „Insoweit die (vom
Kaiser einzugehenden) Verträge mit fremden Staaten sich auf solche
Gegenstände beziehen, welche nach Art. 4 in den Bereich der Reichs=
gesetzgebung gehören, ist zu ihrem Abschluß (also vorher) die Zu=
stimmung des Bundesrats und zu ihrer Gültigkeit (also nachher)
die Genehmigung des Reichstags erforderlich." Vgl. PrVU. Art. 48:
„Der König hat das Recht, Verträge mit fremden Regierungen zu er=
richten. Letztere bedürfen zu ihrer Gültigkeit der Zustimmung der
Kammern, sofern es Handelsverträge sind, oder wenn dadurch dem

2. Verkündung der Gesetze.

In Rom war ein in den Komitien angenommener Gesetzesvorschlag (lex perlata, I, 102) schon damit Gesetz. Nach modernem Staatsrecht hängt die verbindliche Kraft eines von den gesetzgebenden Faktoren inhaltlich festgestellten Gesetzes noch von der gehörigen Verkündung ab, die im Reiche (RV. Art. 2) durch den Kaiser unter Gegenzeichnung des Reichskanzlers oder seines Stellvertreters (II, 211) im Reichsgesetzblatt (II, 173), in Preußen (VU. Art. 106) durch den König unter Gegenzeichnung mindestens eines Ministers in der Gesetzsammlung (II, 174[8]) erfolgt[6].

3. Inkrafttreten der Gesetze.

Das Gesetz kann selbst den Zeitpunkt bezeichnen, mit dem es in Wirksamkeit tritt[7]. Mangels einer solchen Zeit=

Staate Lasten oder einzelnen Staatsbürgern Verpflichtungen auferlegt werden."

[6] Laband unterscheidet von der Publikation als einen besonderen Abschnitt der Gesetzesentstehung noch die Promulgation oder Aus= fertigung, d. h. die datierte Unterschreibung des Gesetzestexts, wodurch nach außen hin das verfassungsmäßige Zustandekommen festgestellt werden soll. Er behauptet ferner (Staatsrecht 1, 542), daß die Reichs= gesetze einer besonderen Sanktion durch den Bundesrat (denn dieser ist Träger der Reichsgewalt, nicht der Kaiser, trotz der üblichen Ver= kündigungsformel der Reichsgesetze: „Wir, Wilhelm, ... verordnen", II, 173[7]) bedürfen; hiernach müsse zB. eine vom Reichstag unverändert angenommene Bundesratsvorlage noch einmal an den Bundesrat zurück= gehen, und dieser müsse beschließen, sie dem Kaiser zur Ausfertigung und Verkündigung vorzulegen, könne die Vorlage also immer noch zurückziehen. Diese Praxis wird auch im Reiche geübt. A. M. Gierke (Deutsches Privatrecht 1, 131), der die Promulgation nur als einen Bestandteil der Verkündigung auffaßt.

[7] So ist zB. das BGB. samt seinen Nebengesetzen (I, 33), den geänderten Reichsjustizgesetzen (I, 357, 614) und den Landesausführungs= gesetzen (I, 740) am 1. Januar 1900 in Kraft getreten (EGBGB. Art. 1, EGHGB. vom 10. Mai 1897 Art. 1, PrAGBGB. Art. 90, PrFrG. Art. 145), und zwar in dem Augenblick, in welchem nach mitteleuropäischer Zeit der 1. Januar 1900 begonnen hat (RG. vom 12. März 1893, unten § 56). Mit diesem Zeitpunkt ist das BGB. auch außerhalb Deutschlands (zB. in den Konsulargerichtsbezirken und den Schutzgebieten, II, 172[6], 174[8]) in Kraft getreten, soweit es überhaupt

bestimmung würde es sofort mit der Verkündung in Kraft
treten, jedoch ist durch die modernen Gesetze regelmäßig (vgl.
aber zB. das Ges. betr. die Aufhebung der Schuldhaft vom
29. Mai 1868 § 5) ein späterer Zeitpunkt vorgesehen. Es
treten nämlich Reichsgesetze (RB. Art. 2) und Preußische
Gesetze (Ges. vom 16. Februar 1874, II, 174[8]) mangels
besonderer Bestimmung mit dem 14. Tage nach Ablauf des
Tags in Kraft, an dem das betreffende Stück des Reichsgesetzblatts oder der Preußischen Gesetzsammlung in Berlin
ausgegeben worden ist. Die Zwischenzeit hat die Bedeutung
einer vacatio legis, d. h. das Gesetz ist formell, wenngleich noch nicht materiell wirksam, also auch nur auf dem
Wege der Gesetzgebung abzuändern. Für die Konsularjuris-
diktionsbezirke und die Schutzgebiete beträgt die Vakations-
frist 4 Monate (II, 175[8]). Mit dem Ablaufe dieser Fristen
oder zu dem im Gesetze selbst angegebenen Zeitpunkte wird
das Reichsgesetz aber auch für diejenigen Gebietsteile wirksam, in die das Reichsgesetzblatt (zB. wegen feindlicher Be-
setzung, Überschwemmung) vorher gar nicht gelangt ist. Das
französische Recht dagegen (Code civil art. 1) läßt ein

---

dort wirksam ist. Starb also zB. ein Deutscher in Rußland, so richtet
sich seine Beerbung nach BGB., falls der Tod nach dem Beginn des
1. Januar 1900 neuen Stils und mitteleuropäischer Zeit eintrat,
obwohl nach dem in Rußland geltenden alten Stile (nach dem gregorianischen Kalender, unten § 56b) zur Zeit seines Todes am Sterbe-
orte der 1. Januar 1900 noch nicht eingetreten war, und zwar gilt
dies nach EGBGB. Art. 24 auch dann, wenn der Verstorbene seinen
Wohnsitz in Rußland hatte. Ist ferner ein Deutscher in der Nacht
vom 31. Dezember 1899 zum 1. Januar 1900 auf einem
zwischen Deutschland und Amerika fahrenden Schiffe in einem
Augenblicke gestorben, in dem nach mitteleuropäischer Zeit schon
der 1. Januar 1900 begonnen hatte, so richtet sich seine Beerbung
nach BGB., selbst wenn nach der Zeit des Orts, an dem der Tod
eintrat, der 1. Januar 1900 noch nicht angefangen hatte und der
Todesfall daher im Schiffsjournal unter dem 31. Dezember 1899 aufgeführt war.
Gleichzeitig mit dem BGB. ist übrigens das mit ihm ein Ganzes
bildende Einführungsgesetz in Kraft getreten, wenngleich das Gesetz
dies nicht ausdrücklich bestimmt, und hieraus Einzelne sein Inkrafttreten 14 Tage nach Ausgabe des Reichsgesetzblatts vom 18. August 1896
folgerten.

Gesetz erst in Kraft treten „du moment où la promulgation en pourra être connue" [8]).

§ 3. Die Autonomie.

a. Geschichtliche Entwickelung.

1. Autonomie ist die Befugnis einer im Staate bestehenden, organisierten Gemeinschaft, für sich selbst, d. h. für die Verbandsgenossen objektives Recht zu schaffen. Aus dieser Begriffsbestimmung folgt zweierlei.

α. Einmal kann man von Autonomie nur bei Satzungen sprechen, die von einem dem Staat untergeordneten Verbande ausgehen [1]). Nicht Autonomie, sondern Gesetzgebungsrecht ist also die Befugnis des souveränen Staats zur Aufstellung von Rechtsnormen, selbst dann, wenn dieser Staat als Glied einer Staatenverbindung selbst wieder einer höheren Gesetzgebungsgewalt unterworfen ist. Die von den Bundesstaaten des heutigen Deutschen Reichs aufgestellten Rechtsnormen

---

[8]) Selbst wenn ein Gesetz schon in Kraft getreten ist, kann doch die Wirksamkeit einzelner seiner Vorschriften noch aufgeschoben sein, falls das Gesetz dies selbst bestimmt. Eine derartige Anordnung trifft EGBGB. Art. 189, demzufolge das Immobiliarsachenrecht (BGB. §§ 873 ff.) in den einzelnen Bundesstaaten oder deren Bezirken erst mit dem Augenblick wirksam wird, in welchem „das Grundbuch als angelegt anzusehen" ist. Wann dies der Fall ist, das wird für jeden Bundesstaat durch landesherrliche Verordnung bestimmt (EGBGB. Art. 186).

Umgekehrt werden bisweilen gewisse Vorschriften eines Gesetzes schon vor dem für das Inkrafttreten des Gesetzes bestimmten Zeitpunkt in Wirksamkeit gesetzt. So trat zB. der die Handlungsgehülfen und Handlungslehrlinge behandelnde 6. Abschnitt des I. Buchs des neuen HGB. schon mit dem 1. Januar 1898 in Wirksamkeit, während das HGB. selbst erst mit dem 1. Januar 1900 in Kraft gesetzt wurde (EGHGB. Art. 1); vgl. II, 425 und ferner zB. PrAGBGB. Art. 90 (I, 716).

[1]) Nicht Autonomie, sondern delegierte Gesetzgebungsgewalt ist die durch Staatsgesetz erfolgte Zuweisung der Ordnung einzelner Verhältnisse (zB. durch Polizeiverordnungen, I, 61 [5]) an kleinere Staatsverbände (Gemeinden, Städte, Provinzen). Denn diese handeln hierbei nicht aus eigenem Recht, sondern im Auftrage des Staats. Vgl. S. 20.

sind also Gesetze, nicht autonome Satzungen (anders Laband).

β. Aus der obigen Begriffsbestimmung folgt aber ferner, daß Autonomie nicht die selbstverständliche Befugnis der Verbandsgenossen bedeutet, innerhalb des durch das bestehende nicht zwingende Recht gegebenen Rahmens durch Rechtsgeschäft ihre Rechtsstellung einander und dem Verbande gegenüber zu bestimmen (sog. **Privatautonomie**). Vielmehr wird auf Grund der Autonomie **objektives Recht** geschaffen, das für die Verbandsmitglieder auch staatliches *jus cogens* abzuändern imstande ist und auch unbeteiligte Dritte bindet.

2. Diese Abgrenzung der autonomen Satzung einerseits dem Staatsgesetz andererseits dem Rechtsgeschäft gegenüber ist in scharfer Weise erst in neuerer Zeit erfolgt. Die Geschichte dieses auf deutschem Boden erwachsenen Rechtsinstituts dagegen weist, unterstützt durch eine verwirrende Ausdrucksweise (S. 17[2]), vielfache Unklarheiten auf. Nach mittelalterlicher Anschauung stand die Gesetzgebung in geistlichen Angelegenheiten ausschließlich dem Papst, in weltlichen ausschließlich dem Kaiser zu (II, 47[7]). Schon vor dem Westfälischen Frieden entsprachen die Thatsachen dieser auf die Auffassung des Deutschen Reichs als eines Einheitsstaats gegründeten Theorie nicht; denn Territorialherren und Städte übten die Gesetzgebung in viel umfassenderem Maß als das Reich (II §§ 46 ff.) aus. Zur Rettung dieser Theorie stellten deshalb die mittelalterlichen Juristen die Partikulargesetze als bloße *statuta* (II, 390), d. h. Einungen unter Verbandsgenossen, den Reichsgesetzen als *leges* gegenüber und unterschieden unter Bezugnahme auf l. 9 D. de just. et jure 1, 1 (Lex „Omnes populi") von der allein der Reichsgewalt zustehenden *potestas leges ferendi* eine den Territorialgewalten gebührende mindere *potestas statuendi*. Nachdem durch den Westfälischen Frieden die Territorien als souveräne Staaten anerkannt waren, mußte diese Unterscheidung hinfällig werden. Die Rechtssatzung der Landesherren und Reichsstädte wurde als wahre Gesetzgebung anerkannt und das *jus statuta condendi*,

feit dem 17. Jahrhundert Autonomie genannt, nunmehr den landsäffigen Städten und gewissen Verbänden, zB. den Innungen, zugewiesen[2]). Da aber mit der Loslösung der Territorien von der Reichsgewalt stets das Bestreben kraft= voller Zusammenfassung nach unten hin Hand in Hand ging (II, 129), so wurde die Autonomie der Territorial= verbände (universitates) mehr und mehr beschränkt, indem man teils die Wirksamkeit der autonomen Satzungen von staatlicher Anerkennung abhängig machte und die Autonomie als auf Delegation durch den Staat beruhend hinstellte, teils den Verbandssatzungen die Bedeutung einer Quelle o b j e k t i v e n Rechts absprach, sie als bloße Verträge unter Vereinsgenossen kennzeichnete und diese als statuta con- ventionalia den Staatsgesetzen als statuta legalia gegen= überstellte.

b. Heutiger Rechtszustand.

Bei der Frage nach der gegenwärtigen Bedeutung der Autonomie ist gemäß den vorstehenden Ausführungen fest= zuhalten, daß nur diejenigen Fälle hierher gehören, in denen ein im Staate bestehender Verband aus eigenem Recht, nicht auf Grund einer gesetzlichen Überweisung, wenn auch natürlich mit staatlicher Duldung, objektives Recht (nicht Vertragsrecht) zu schaffen berufen ist. Der letztere Umstand hat insbesondere auch für die Praxis Bedeutung. Wahre autonome Satzungen sind revisibel (§ 550 CPO., I, 497), unterstehen dem Grundsatz ignorantia juris nocet (S. 47) und den Regeln über die Anwendung von Rechtsnormen

---

[2]) Die Bezeichnung der Partikularrechte als statuta hat sich jedoch bis in die Gegenwart erhalten. So spricht man heute noch von „Statutenkollision" (§ 8 a.), „portio statutaria" (II § 95 c.), während man Gesetzeskollision, gesetzlicher Erbteil meint. Verwirrend ist hierbei, daß der Ausdruck Statut andererseits ebenfalls noch für Verbandsvertrag verwendet wird. Art. 209 des alten HGB. be= zeichnete zB. den Gesellschaftsvertrag einer Aktiengesellschaft als „Statut". Dagegen sind in § 293 CPO. (S. 35[1]) unter „Statuten" unzweifelhaft autonomische Normen des objektiven Rechts gemeint. BGB. § 25 spricht von „Vereinssatzung", das neue HGB. (zB. § 182) vom „Gesellschaftsvertrag".

(S. 33). Verbandsnormen dagegen, die sich mangels einer dem Verbande fehlenden Autonomie nur als vertragliche Festsetzungen darstellen, sind nicht revisibel und werden nach den Grundsätzen über die Auslegung von Rechtsgeschäften gedeutet.

Als der Autonomie teilhaftige Kreise sind der hohe Adel und die Körperschaften in Betracht zu ziehen.

1. Hoher Adel.

Zum hohen Adel gehören (II, 114[2]) die Mitglieder der souveränen[3]) und der seit 1806 mediatisierten Häuser, die auf dem Reichstage des ehemaligen Deutschen Reichs die Reichsstandschaft, d. h. Sitz und Stimme hatten.[4]) Diese Familien erlangten seit dem 14. Jahrhundert die Befugnis, durch Anordnungen des Familienhaupts oder Vereinbarungen der Familienglieder die Familieninteressen in einer vom gemeinen Recht abweichenden Weise zu ordnen. Diese Anordnungen, die sich regelmäßig auf die gleichen Rechtsinstitute (Individualsuccession, Ausschluß der Weiber, Vormundschaft (II, 617), bezogen und durch Gewohnheiten (Observanzen S. 24) ergänzt wurden, stimmten, als dem

---

[3]) Als souverän gilt, wie II, 115[2] erwähnt, auch das Fürstliche Haus Hohenzollern (Accessionsvertrag vom 7. Dezember 1849 und PrG. vom 12. März 1850), das seine Souveränität zu Gunsten von Preußen aufgegeben hat, sowie das vormalige Königlich Hannoversche, das Kurhessische und das Herzoglich Nassauische Haus (EGBGB. Art. 57 Abs. 2, EGCPO § 5 Abs. 2), sog. Depossedierte.

[4]) Grundsätzlich gehören also zum hohen Adel nur die Familien, welche bei Auflösung des Reichs 1806 eigene Landeshoheit sowie Sitz und Stimme auf dem Reichstage, d. h. Reichsunmittelbarkeit und Reichsstandschaft besaßen. Von diesen Familien wurden 1806 einige souverän, die anderen verloren 1806 oder (wie das Fürstliche Haus Hohenzollern II, 115[2]) später die Landeshoheit, wurden also „mediatisiert". Diese seit 1806 Mediatisierten behielten einige Vorrechte, besonders die Ebenburt (II, 123), sodaß ihre Zusammenfassung mit den souveränen Familien zum Begriffe des „hohen Adels" sich rechtfertigt. Observanzmäßig werden zum hohen Adel nun aber ferner auch noch die Subjizierten gerechnet, d. h. gewisse Familien, die ihre Landeshoheit schon vor 1806 verloren, ihre Reichsstandschaft aber gewahrt hatten (wie die Hohenlohes, Stolbergs und Schönburgs), die also reichsständische Personalisten (II, 114[1]) waren.

gleichen Bedürfnis entspringend und denselben Zwecken dienend, in den Grundzügen miteinander überein. Es bildete sich so als Sonderrecht ein Gemeines Privatfürsten-recht aus, das die Rechtsbeziehungen des hohen Adels in einer das Landesrecht ausschließenden Weise ordnete, seiner-seits aber der Autonomie der einzelnen Familien nachstand.

Nach Auflösung des Deutschen Reichs behielten nicht nur die souveränen Familien ihre Hausgesetzgebung und das Recht zu deren Ergänzung, sondern es wurde auch den mediatisierten Häusern ihre bisherige Rechtsstellung gewähr-leistet (Art. XIV der Deutschen Bundesakte vom 8. Juni 1815, II, 115²), insbesondere die Befugnis, „über ihre Güter und Familienverhältnisse verbindliche Verfügungen zu treffen, welche jedoch dem Souverän vorgelegt (— streitig, ob zur Kenntnis oder zur Bestätigung —) und bei den höchsten Landesstellen zur allgemeinen Kenntnis und Nach-achtung gebracht werden müssen." Durch Art. 57 und 58 EGBGB. (vgl. PrAGBGB. Art. 88 und PrFrG. Art. 136) werden diese Grundsätze ausdrücklich aufrechterhalten. Hier-nach steht dem hohen Adel auch heute noch eine Autonomie für bestimmte Rechtsgebiete zu.⁵)

---

⁵) Gerber bestreitet dies mit der Ausführung, daß die dem hohen Adel eingeräumte Befugnis nicht auf Erzeugung objektiven Rechts gehe, sondern nur die Möglichkeit zur Benutzung einzelner für diesen Stand geschaffener besonderer Rechtsinstitute (Familienfideikommisse, Stammgüter) gewähre. Die herrschende Meinung, auch das Reichs-gericht, hält jedoch mit Recht daran fest, daß die hausverfassungsmäßig gegebene Möglichkeit, das gemeine Recht in gewissen durch den Familien-zweck begrenzten Beziehungen, zB. hinsichtlich der Erbfolge, zu ändern, sich als Befugnis eigener Rechtserzeugung darstelle.

Übrigens ist das Anwendungsgebiet der Autonomie in neuerer Zeit nach zwei Richtungen hin eingeengt worden. Einmal haben die staatsrechtlich wichtigen hausverfassungsmäßigen Satzungen der souveränen Familien Aufnahme in die Staatsverfassungen (vgl. zB. PrVU. Art. 53, 54, 56 ff.) gefunden und können daher nur auf dem für Ver-fassungsänderungen vorgeschriebenen Wege (PrVU. Art. 107) abgeändert werden. Andererseits sind der Autonomie der hochadligen, nicht souveränen Familien durch neuere Gesetze wichtige Gebiete entzogen, so die Bestimmung über die Großjährigkeit (RG. v. 17. Februar 1875 § 2) und die Eheschließung (Reichspersonenstandsgesetz vom 6. Februar 1875 § 72).

2*

Eine ungünstigere Behandlung hat die in den einzelnen Territorien sehr verschiedenartig und meist nur unvollkommen ausgebildete Autonomie der reichsunmittelbaren, aber nicht der Reichsstandschaft teilhaftig gewesenen Familien der Reichsritter (II, 130) erfahren. Diesen wurde durch Art. XIV der Bundesakte die Autonomie nicht unbedingt, sondern nur „nach Vorschrift der Landesgesetze" zugesichert.[6]) Dies wird durch Art. 58 Abs. 2 EGBGB. und Art. 136 PrAGFrG. aufrechterhalten.

2. Körperschaften.

Die öffentlich=rechtlichen Korporationen, insbesondere die Städte und Landgemeinden, hatten im Mittelalter un= zweifelhaft die Befugnis zu eigener Rechtserzeugung (II, 377, 401). Gegenwärtig haben nur die Städte Rostock und Wismar auf Grund besonderer Verleihung unbestritten ein Satzungsrecht behalten. Im übrigen ist die Autonomie der Gemeinden verschwunden. Die landesgesetzlich den Ge= meinden und Gemeindeverbänden (Kreisen, Provinzen) zu= gebilligte Ordnung gewisser Angelegenheiten, insbesondere der Polizei, durch eigene, durch staatliche Aufsichtsbehörden zu bestätigende Satzungen (Orts=, Kreis=, Provinzialstatuten, vgl. für Preußen zB. Städteordnung vom 30. Mai 1853 § 11, Landgemeindeordnung vom 3. Juli 1891 § 6, Kreis= ordnung vom 13. Dezember 1872 § 20, Provinzialord= nung vom 29. Juni 1875 § 8) ist nicht der Ausfluß einer den Gemeinden zustehenden Autonomie, sondern erfolgt auf Grund einer gesetzlichen Überweisung (Delegation) der staatlichen Gesetzgebungsgewalt in Vertretung dieser (S. 15[1]). Noch weniger haben die vielfach als Statut bezeichneten (S. 17[2]) Gesellschaftsverträge (zB. der Versicherungs=

---

[6]) In Preußen ist den Familien der westfälischen und rheinischen Reichsritterschaft durch Kabinettsorders von 1836 und 1837 eine auf die Bestimmung der Erbfolge beschränkte Autonomie zugebilligt.

Wie II, 130 dargelegt, hatten übrigens die Familien der Reichs= ritter (im Gegensatze zum hohen Adel) nicht als einzelne, sondern nur in ihrer Zusammenfassung zu Ritterkreisen das Recht eigener Gesetzgebung.

gesellschaften) den Charakter autonomer Satzungen. Sie schaffen überhaupt nicht Rechtsnormen, sondern sind Rechtsgeschäfte von Gemeinschaftsgenossen und werden auch dadurch nicht zu (revisibelen! S. 17) Rechtsnormen, daß sie staatlich bestätigt und verkündet werden.

Über die der katholischen Kirche und den evangelischen Landeskirchen zustehende Satzungsbefugnis vgl. II, 433, 439.

§ 4. Das Gewohnheitsrecht.

a. Begriff und Voraussetzungen.

Gewohnheitsrecht ist die auf Grund einer Volksüberzeugung im Verkehre fortdauernd als Recht geübte Regel. Solche Gewohnheiten hat es zu allen Zeiten gegeben. Die Frage, weshalb durch gleichmäßige Übung objektives Recht hervorgerufen werden kann, ist dagegen zu den verschiedenen Zeiten verschieden beantwortet worden.

Die römischen Juristen fanden die verbindliche Kraft des Gewohnheitsrechts in dem Volkswillen, der sich ebensowohl mittelbar durch einen Akt der Gesetzgebung, als ursprünglich und unmittelbar durch thatsächliche Übungen äußern könne [1]). Nach der Rezeption wurde die Zurückführung auf den Volkswillen als demokratischer Grundsatz zurückgewiesen, der Gesetzgeber für die alleinige Quelle allen Rechts erklärt und die verbindliche Kraft des nicht ganz zu beseitigenden Gewohnheitsrechts auf eine fingierte stillschweigende Genehmigung („Gestattungstheorie"), von den Kanonisten zuweilen auf Verjährung zurückgeführt. Von ganz anderer Auffassung ging die historische Schule (II, 397), besonders Savigny und Puchta (das Gewohnheitsrecht,

---

[1]) Julianus l. 32 § 1 D. de legibus 1, 3: Inveterata consuetudo pro lege non immerito custoditur, et hoc est jus, quod dicitur, moribus constitutum. Nam cum ipsae leges nulla alia ex causa nos teneant, quam quod judicio populi receptae sunt, merito et ea, quae sine ullo scripto populus probavit, tenebunt omnes: nam quid interest, suffragio populus voluntatem suam declaret an rebus ipsis et factis?

1828), aus. Nach ihr beruhen Gewohnheit und Gesetz auf der=
selben Grundlage: der Rechtsüberzeugung des Volks („Über=
zeugungstheorie"), die sich in der Gewohnheit un=
mittelbar, im Gesetze mittelbar, nämlich durch die Ver=
mittelung des Gesetzgebers, äußere. Die Gewohnheit sei
daher kein die Entstehung des Gewohnheitsrechts bedingender
und seiner Bildung vorhergehender Umstand, sondern nur
das Mittel, wodurch der bereits fertig vorhandene Rechts=
satz in die Erscheinung trete.

Die historische Schule hat das Verdienst, eine tiefere
Auffassung in der Theorie der Rechtsquellen angebahnt zu
haben. Sie geht aber ihrerseits von einer Annahme aus,
die den Thatsachen widerspricht, daß nämlich ein fertiger
Rechtssatz im Volksbewußtsein vorhanden sei. Sie übersieht
die schöpferische Kraft der Gewohnheit und legt dem Ge=
wohnheitsrecht eine Bedeutung bei, die ihm höchstens für
unentwickelte, über mangelhafte Gesetzgebungsorgane ver=
fügende Staaten zukommt. In neuerer Zeit ist daher eine
Abschwächung der Grundsätze der historischen Schule dahin
erfolgt, daß gemeinhin zur Entstehung eines Gewohnheits=
rechts das Zusammenwirken zweier gleich bedeutungsvoller
Umstände verlangt wird: die Bildung einer Rechtsüberzeugung
und ihre Bethätigung durch gewohnheitsmäßige Übung[2]).
Diese Erfordernisse muß man auch noch unter der Herr=
schaft des BGB. für die Entstehung eines Gewohnheits=
rechts verlangen, da das BGB. keine Begriffsbestimmung
des Gewohnheitsrechts giebt, sondern die Feststellung seiner
Voraussetzungen und seiner Wirkung der Wissenschaft und
der Praxis überläßt.

---

[2]) Dernburg dagegen findet die Verbindungskraft der Gewohnheit
nur in der Übung, sog. materialistische Theorie, im Gegensatze zu
der allein die Rechtsüberzeugung betonenden „spiritualistischen
Theorie" der historischen Schule. Er verwirft daher die Praxis des
Reichsgerichts, daß bei der Prüfung des Bestehens eines Gewohnheits=
rechts außer der Thatsache langjähriger Anwendung eines Rechtssatzes
auch dessen Übereinstimmung mit der Volksüberzeugung zu berück=
sichtigen sei (vgl. ERG. 12, 292).

1. Die Bildung einer Rechtsüberzeugung be=
deutet, daß in einer Gemeinschaft die Anschauung (sog.
opinio juris s. necessitatis) Geltung gewinnt, ein
Lebensverhältnis müsse in einer bestimmten Weise geordnet
werden, um dem geltenden Recht (nicht etwa nur einer
herrschenden Sitte, wie bei den Trinkgeldern, oder einem
Geschäftsgebrauche, S. 24) zu entsprechen. Streitig ist
hierbei, ob sich ein Gewohnheitsrecht auf Grund eines
Irrtums über das geltende Recht bilden könne. Die
herrschende Meinung und das Reichsgericht (vgl. die S. 22²
erwähnte Entscheidung) verneinen (gegen Gierke) diese Frage
auf Grund der l. 39 D. de leg. 1, 3 (Celsus: „Quod
non ratione introductum, sed errore primum, deinde
consuetudine optentum est, in aliis similibus non
optinet"). Diese Stelle warnt aber nur vor analoger An=
wendung irrtümlich entstandenen Gewohnheitsrechts, setzt
die Möglichkeit der Bildung eines solchen aber gerade
voraus.

Streitig ist auch, ob der Inhalt der Rechtsüber=
zeugung bedeutungsvoll ist, dergestalt, daß sich Ge=
wohnheitsrecht nur auf Grund einer der Vernunft und den
guten Sitten entsprechenden Gewohnheit (consuetudo
rationabilis) bilden könne. Diese Ansicht ist auf Grund
von Quellenstellen (l. 2 C. 8, 52, vgl. S. 30⁹, c. 11 X.
de cons. 1, 4) im Mittelalter herrschend gewesen (vgl.
RKGO. von 1495 „redliche, ehrbare und leidliche Ge=
wohnheiten") und ist von den Romanisten der Rezeptions=
zeit zur Zurückdrängung des deutschen Rechts benutzt worden
(„gute Gewohnheiten", II, 387). Das Erfordernis der
„Rationabilität" wird von der herrschenden Meinung (gegen
Gierke) auch heute noch festgehalten.

2. Die Übung.

α. Die Bethätigung der Rechtsüberzeugung muß
durch ein gleichförmiges Handeln (Thun oder Unterlassen)
erfolgen. Wie oft und innerhalb welcher Fristen eine solche
Bethätigung zu erfolgen hat, ehe sie als Gewohnheit be=

zeichnet werden kann, ist einheitlich nicht zu entscheiden
(„Einmal ist keinmal", plures actus uniformes). Bei
täglich praktisch werdenden Rechtsverhältnissen wird sich eine
Gewöhnung naturgemäß schneller feststellen, als bei solchen,
die nur in langen Zwischenräumen in die Erscheinung
treten. Die kanonische Lehre, welche — in Verwechslung
des (objektives Recht begründenden) Gewohnheitsrechts mit
der (subjektive Rechte hervorbringenden) Verjährung — den
Ablauf der Verjährungszeit forderte (c. 2 X. de cons. 1, 4:
„nisi fuerit rationabilis et legitime sit praescripta"),
ist für die heutige Rechtsbildung jedenfalls nicht mehr maßgebend.

β. Der Kreis, in dem das Gewohnheitsrecht sich
bildet, kann verschieden sein. Ebenso wie die Satzung, kann
auch das Gewohnheitsrecht für den Staat oder kleinere Genossenschaften innerhalb des Staats gelten. Wie man dort
Gesetz und Autonomie unterscheidet, so unterscheidet man
hier gemeine Gewohnheiten und Observanzen[3]). Observanz ist also das in einer der Autonomie teilhaftigen Gemeinschaft (zB. den hochadligen Familien) sich
bildende Gewohnheitsrecht.

Voraussetzung der Bildung eines Gewohnheitsrechts ist,
wie erwähnt, die opinio juris s. necessitatis, d. h.
die Anschauung der Übenden, daß die Übung dem geltenden
Recht entspricht. Eine thatsächliche Übung ohne diese Überzeugung, die also nur erfolgt, weil sie der Sitte oder dem
bei dem vorgenommenen Geschäfte Hergebrachten entspricht
(zB. die Gewährung eines Abzugs bei Barzahlung), schafft
kein Gewohnheitsrecht, sondern nur eine Usance, einen
Geschäftsgebrauch. Dieser ist keine Rechtsnorm, sondern
nur Auslegungsmittel für den Parteiwillen (vermuteter
Parteiwille); d. h. haben die Parteien in Kenntnis des

---

[3]) Der deutsche Ausdruck für Observanz ist Herkommen. Er
ist aber (ähnlich wie der Ausdruck Statut, S. 17[2]) undeutlich, weil
als Herkommen auch die gewohnheitsmäßige Ausübung eines subjektiven
Rechts (zB. die „herkömmliche" Benutzung eines Wegs durch bestimmte Personen) im Sinne von unvordenklicher Verjährung (unten
§ 59) bezeichnet wird.

Geschäftsgebrauchs ohne nähere Bestimmung ein Geschäft abgeschlossen, so ist anzunehmen, daß sie es jenem Geschäfts= gebrauch haben unterstellen wollen[4]).

b. Volksrecht und Juristenrecht.

Als einer besonderen Rechtsquelle entstammendes Recht wird von Vielen das Juristenrecht angesehen, womit Grundsätze bezeichnet werden, welche der Rechtsüberzeugung

---

[4]) Ist zB. in einem bestimmten Geschäftszweige die Gewährung eines Zahlungsziels üblich (wie zB. im Verhältnis des Verlegers zum Sortimentsbuchhändler für die „à condition", d. h. zum kommissions= weisen Vertrieb bestellten Bücher bis zur Leipziger Ostermesse), so gilt bei jedem Kaufgeschäfte mangels anderweitiger Abrede das Zahlungsziel als vereinbart.

Die im einzelnen oft schwierige Feststellung, ob eine Übung als Ausfluß eines der opinio juris entspringenden Gewohnheitsrechts oder nur einer thatsächlichen Usance aufzufassen ist, hat erhebliche praktische Bedeutung:

a. Nur die Beurteilung eines wahren Gewohnheitsrechts, nicht die eines bloßen Geschäftsgebrauchs ist revisibel (I, 499).

b. Das Vorhandensein des Geschäftsgebrauchs muß dem Richter wie jede andere Parteibehauptung beim Bestreiten durch den Gegner nachgewiesen werden (vgl. jedoch bezgl der Kammern für Handelssachen, die auf Grund eigener Sachkunde über das Bestehen von Handels= gebräuchen entscheiden können, GVG. § 118), während der Richter ihm bekanntes Gewohnheitsrecht anwenden muß, ihm unbekanntes von Amtswegen erforschen kann (CPO. § 293, S. 35[1]).

c. Geschäftsgebräuche gehen dem dispositiven Gesetzesrecht selbst dann vor, wenn Gewohnheitsrechte (S. 29) nach der betreffenden Gesetz= gebung gar nicht oder wenigstens nicht contra legem anwendbar sind.

d. Das Gewohnheitsrecht kommt zur Anwendung ohne Rücksicht auf Parteikenntnis, die Usance nur, wenn die Beteiligten sie kannten oder sich der unbekannten unterwarfen (wie dies zB. bei börsenmäßigen Geschäften üblich ist).

Das alte HGB. hat durch seine Ausdrucksweise Unklarheit hervor= gerufen. In Art. 1 und Art. 279 sprach es von „Handelsgebräuchen". Während es in Art. 1 aber hiermit die dem objektiven Recht an= gehörenden Handelsgewohnheitsrechte bezeichnen wollte, waren in Art. 279 die zur Willensauslegung der Parteien dienenden thatsächlichen Handels= usancen gemeint (vgl. I, 15[15]). Im jetzigen HGB. ist nach der Be= seitigung der Besonderheiten des Handelsgewohnheitsrechts (S. 32[10]) der Ausdruck Gebräuche ausschließlich für thatsächliche Übungen ver= wendet, § 346.

und Übung nicht des gesamten Volks (sog. Volksrecht),
sondern der Juristen ihr Dasein verdanken, d. h. desjenigen
Stands, der zur Förderung und Anwendung des Rechts
besonders berufen ist. Als Unterarten des Juristenrechts
pflegt man dann noch die aus den dogmatischen und systema-
tischen Arbeiten der theoretischen Jurisprudenz entspringende
»communis opinio doctorum« von dem „Gerichts-
gebrauch" (usus fori, Judikatur) zu unterscheiden, d. h.
den Grundsätzen, die sich im Wege praktischer Rechtsanwendung aus gleichförmigen Entscheidungen der Gerichte
ergeben.

Das Juristenrecht hat nicht die Bedeutung einer selbständigen, neben Gesetz und Gewohnheitsrecht bestehenden
Rechtsquelle. Sofern es nämlich überhaupt Recht schafft
und nicht nur das bestehende Recht erläutert und anwendet,
stellt es sich entweder auf Grund einer Delegation der Gesetzgebungsgewalt als Gesetz (S. 27) oder als Gewohnheitsrecht dar.

1. Zunächst hat die Jurisprudenz unmittelbar überhaupt nicht den Beruf, Rechtssätze zu schaffen. Es ist
die nächstliegende Aufgabe des Theoretikers, auf Grundlage des bestehenden Rechts (»de lege lata«) die Rechtsgrundsätze zu entwickeln und in ein System zu bringen;
die weitere, den Gesetzgeber bei der Erfüllung seiner Aufgabe (»de lege ferenda«) durch Hinweis auf eine
wünschenswerte, dem praktischen Bedürfnis entsprechende
Regelung des Rechtszustands zu unterstützen. So kann der
Rechtsgelehrte anregend, er kann aber nicht rechtserzeugend
wirken, denn den in seinen Werken niedergelegten Ansichten
ist niemand zu folgen verpflichtet. Freilich haben solche Ansichten, wenn sie bei vielen anerkannten Juristen als communis opinio doctorum gleichmäßig wiederkehren, eine erhebliche thatsächliche Autorität, die als Rechtsüberzeugung
bei gleichförmiger Übung zu einem wahren Gewohnheitsrecht
erstarken kann. Denn eine Rechtsüberzeugung braucht, um
genügende Grundlage eines Gewohnheitsrechts abzugeben,
nicht notwendig bei allen Gemeinschaftsgenossen vorhanden
zu sein, sondern es muß ihr Vorhandensein bei denjenigen

Genossen genügen, welche die Beschäftigung mit dem Rechte zu ihrer Lebensaufgabe gemacht haben.

2. In noch höherem Maß als der Theoretiker ist der praktische Jurist zunächst nur zur Anwendung des bestehenden Rechts, nicht zur Rechtschaffung berufen. Das Urteil in einem Prozeß ist maßgebend für diesen, nicht für die Folgezeit. Es stellt nur fest, welche Rechtsfolgen der vorliegende Thatbestand in sich birgt, spricht sich dagegen über die allgemeine Wirkung des fraglichen Rechtssatzes nicht aus[5]). Aber ebenso wie in der Rechtstheorie kann auch aus der gleichmäßigen Beurteilung bestimmter Lebensverhältnisse durch gerichtliche Entscheidungen eine Übung sich herausbilden, die als auf der Überzeugung von der Notwendigkeit der ausgesprochenen Regel fußend, diese zu einer Rechtsnorm stempelt[6]). Auch hier jedoch ist diese Rechtsnorm eben nur — durch die Juristen geschaffenes — Gewohnheitsrecht. Sie entspringt nicht einer besonders gearteten, eigenen Grundsätzen unterliegenden Rechtsquelle.

Die Bildung von Gewohnheitsrecht durch die juristische Theorie und Praxis hat für die Rechtsentwickelung vielfach eine große Bedeutung gehabt. Auf ihr beruhen der Ausbau des jus civile (I, 165), das Ediktsrecht (I, 119), die Usualinterpretation (I, 23), die Rezeption der fremden Rechte in Deutschland (II, 384), sowie die Bildung des usus modernus pandectarum und damit des heutigen Gemeinen Rechts (II, 392). Zu Zeiten hat der Gesetzgeber aber den Aussprüchen einzelner Juristen (jus respondendi, I, 126, Citiergesetz, I, 132) und bestimmten Gerichtsentscheidungen (Gemeine Bescheide des Reichskammergerichts, II, 103) sogar eine gesetzesgleiche Autorität beigelegt. Dann ist das auf Grund dieser Delegation entstehende Juristenrecht aber Gesetzesrecht. Derartige Überweisungen kennt das

[5]) L. 13 C. 7, 45: Non exemplis (nach Präjudizien) sed legibus judicandum est.

[6]) L. 38 D. leg. 1, 3: Nam imperator noster Severus rescripsit, in ambiguitatibus, quae ex legibus proficiscuntur, consuetudinem aut rerum perpetuo similiter judicatarum auctoritatem vim legis optinere debere.

moderne Recht nicht. Die gleichförmigen Entscheidungen
(Präjudizien) der oberen Gerichte insbesondere haben für
die unteren Instanzen bei künftigen Fällen nur eine that=
sächliche Bedeutung insofern, als ein vernünftiger Richter
in zweifelhaften Fällen sich nicht halsstarrig dem Einfluß
einer feststehenden Rechtsansicht eines übergeordneten oder des
obersten Gerichtshofs entziehen wird. Eine formelle,
gesetzliche Autorität hat heute aber keine Gerichtsentschei=
dung für einen anderen als den entschiedenen Fall, auch nicht
die des obersten deutschen Gerichtshofs, des Reichsgerichts[7]).

[7]) Mit Rücksicht auf das Ansehen, das die Reichsgerichts=
entscheidungen, wenn ihnen auch die Bedeutung einer Rechtsquelle
abgeht, thatsächlich in der Praxis haben, hat das Gesetz dafür Sorge
getragen, daß Widersprüche unter den Entscheidungen möglichst ver=
mieden werden. Daher bestimmte § 137 GVG. schon in seiner ur=
sprünglichen Fassung, daß, wenn einer der (jetzt 7, I, 498[32]) Civilsenate
von einer Entscheidung eines anderen oder der vereinigten Civilsenate
oder einer der (jetzt 4) Strafsenate von der Entscheidung eines anderen
oder der vereinigten Strafsenate abweichen wolle, die zur Verhandlung
stehende Sache vom Plenum der Civil= oder Strafsenate zu entscheiden
sei. Durch RG. vom 17. März 1886 ist § 137 GVG. für den bisher
nicht geregelten Fall einer Meinungsverschiedenheit zwischen Civilsenaten
und Strafsenaten dahin ergänzt worden, daß in diesem Falle das
Plenum des Reichsgerichts (11 Präsidenten, 82 Räte, von denen aller=
dings nur ²/₃ teilzunehmen brauchen, GVG. § 139) zu entscheiden
habe. Eine weitere Änderung des § 137 GVG. durch das RG. vom
17. März 1886 liegt darin, daß nicht mehr der ganze, zu dem Streit
Anlaß gebende Prozeß, sondern nur die von den zuständigen Senate
festzustellende streitige Rechtsfrage vom Plenum der Civilsenate, der
Strafsenate oder des ganzen Reichsgerichts zu entscheiden ist, während
die Entscheidung in der Prozeßsache selbst unter Zugrundelegung der
Plenarentscheidung von dem zuständigen Senat erfolgt. Nach § 23
der Geschäftsordnung des Reichsgerichts werden bei jedem Senat über=
einstimmende „Präjudizienbücher" geführt. Durch FrG. §§ 28, 30
und GBO. § 79 ist dem Reichsgericht auch die endgültige Recht=
sprechung in Angelegenheiten der freiwilligen Gerichtsbarkeit
übertragen und auch hierbei GVG. § 137 für anwendbar erklärt
(I, 725).
    In ähnlicher Weise ist in Preußen für eine Gleichförmigkeit
der Rechtsprechung in den nicht zur Zuständigkeit des Reichsgerichts
in höchster Instanz gehörenden Sachen dadurch Sorge getragen, daß
das Kammergericht in Berlin, und zwar geschäftsordnungsmäßig je
ein Senat, für die Revisionen in Strafsachen und für die weitere Be=

Nach GVG. § 1 ist vielmehr der Richter nur dem Gesetz unterworfen[8]).

c. Die Kraft des Gewohnheitsrechts.

Die beiden Quellen objektiven Rechts haben nach der richtigen, heute herrschenden Anschauung gleiche Kraft. Von der Unterschätzung, die das Gewohnheitsrecht durch die naturrechtliche Schule erfuhr (II, 396), ist man ebenso zurückgekommen, wie von der Überschätzung durch die historische Schule zu Anfang des 19. Jahrhunderts. Diese Gleichstellung der Quellen bedeutet, daß — gemäß dem die zeitliche Geltung der Rechtsnormen beherrschenden Grundsatze von der Beseitigung jeder früheren durch eine entgegenstehende spätere Norm (S. 39) — ebensowohl ein späteres Gesetz früheres Gewohnheitsrecht, als späteres Gewohnheitsrecht ein früheres Gesetz aufzuheben imstande ist.

---

schwerde in Sachen der nichtstreitigen Gerichtsbarkeit zur ausschließlichen höchsten Instanz bestellt ist (vgl. AGGVG. §§ 40, 51, 56, PrFrG. Art. 7, 8).

Die bei dem Reichsgerichte getroffene Einrichtung ist einer ähnlichen nachgebildet, die auf Grund einer Kabinettsorder vom 1. August 1836 bei dem vormaligen Preuß. Geheimen Obertribunal (II, 141) bestand. Hier mußte eine Plenarentscheidung anfänglich sogar dann eintreten, wenn ein Senat von seiner eigenen, früher ausgesprochenen Ansicht abweichen wollte. Dies wurde 1856 beseitigt und gilt auch nicht für das Reichsgericht.

Die Obertribunalsentscheidungen sind amtlich ("Entscheidungen des Obertribunals") und in "Striethorsts Archiv" veröffentlicht und neuerdings nach dem System des ALR. von Rehbein zusammengestellt und mit der späteren Rechtsentwickelung verarbeitet worden. Die Reichsgerichtsentscheidungen werden von den Mitgliedern ("Entscheidungen des Reichsgerichts in Civilsachen" und "Entscheidungen des Reichsgerichts in Strafsachen"), veröffentlicht, auch von Privaten (Bolze, Fuchsberger) zusammengestellt. Ebenso wurden die Entscheidungen des Reichsoberhandelsgerichts (1869—1879) von den Mitgliedern des Gerichtshofs herausgegeben. Eine wichtige Erkenntnisquelle der gemeinrechtlichen Rechtsprechung bildet das 1847 von J. A. Seuffert begründete „Archiv für Entscheidungen der obersten Gerichte in den deutschen Staaten" (Seufferts Archiv).

[8]) Vgl. ALR. Einl. § 6: „Auf Meinungen der Rechtslehrer oder ältere Aussprüche der Richter soll bei künftigen Entscheidungen keine Rücksicht genommen werden."

Diese der Natur der Sache entsprechende Auffassung von der „Parität" beider Rechtsquellen ist im positiven Rechte der einzelnen Staaten jedoch selten festgehalten worden. Der Gesetzgeber ist befugt, das Verhältnis der beiden Rechts= quellen bindend zu ordnen (was freilich wieder mit dem Hinweis bestritten wird, daß eine derartige Gesetzesvorschrift gewohnheitsrechtlich außer Kraft gesetzt verden könne). Hierbei kann der Gesetzgeber die Bildung von Gewohnheits= recht überhaupt untersagen. Oder er kann es zulassen, und zwar entweder nur in Ergänzung der vorhandenen Gesetze (praeter legem) oder selbst zur Abänderung der Gesetze (contra legem). In letzterem Falle spricht man von der derogatorischen Kraft des Gewohnheitsrechts.

1. Bisheriges Recht.

α. Für das auf das römische Recht sich stützende Gemeine Recht war die Möglichkeit ergänzenden Ge= wohnheitsrechts (praeter legem) allseitig anerkannt. Da= gegen war die derogatorische Kraft des Gewohnheitsrechts, d. h. die Zulässigkeit seiner Entstehung contra legem streitig. In zwei Quellenstellen fand sich nämlich eine un= lösliche Antinomie[9]). Nach den I, 152 dargelegten Juter=

---

[9]) L. 32 § 1 D. de leg. 1, 3 (Fortf. der Stelle S. 21[1]) jagte: „Quare rectissime etiam illud receptum est, ut leges non solum suffragio legislatoris, sed etiam tacito consensu omnium per desuetudinem abrogentur." Dagegen bestimmte ein Reskript Konstantins l. 2 C. Quae sit Ionga consuetudo 8, 52: „Consue- tudinis ususque longaevi non vilis auctoritas est; verum non usque adeo sui valitura momento, ut aut rationem vincat aut legem." Um eine Vereinigung dieser einander widersprechenden Quellenstellen zu ermöglichen, führten viele aus, daß das (durch einen besonderen Fall hervorgerufene) Reskript Konstantins einer nur parti= kulären consuetudo dem Reichsgesetz (der lex) gegenüber keine Be= deutung habe beimessen wollen. Von einem allgemeinen Gewohnheits= rechte habe zu Konstantins Zeiten in dem römischen Weltreiche nämlich keine Rede sein können. Den maßgebenden Grundsatz der Parität von allgemeinem Gewohnheitsrecht und Gesetz enthalte also die Digesten= stelle. Nach der Rezeption wurde der aus der l. 2 C. 8, 52 ent= nommene Grundsatz, daß partikuläre Gewohnheiten nicht imstande seien, die lex zu beseitigen, zur Verdrängung des deutschnationalen Rechts benutzt; vgl. II, 390 und I, 15[16].

pretationsſätzen ſind die beiden Stellen als nicht vorhanden anzuſehen und die Entſcheidung aus der Natur der Sache zu entnehmen. Hierbei iſt, wie oben erwähnt, für das Gemeine Recht die Parität beider Rechtsquellen zu Grunde zu legen.

β. Die landesrechtlichen Kodifikationen (II § 56) haben zwecks Erhaltung der durch ſie herbeigeführten Rechtseinheit das Gewohnheitsrecht mehr oder weniger zurückgedrängt. Das Preußiſche Allgemeine Landrecht unterſchied (Einleit. §§ 3 ff.) allgemeines und provinzielles Gewohnheitsrecht. Dem allgemeinen war jede Wirkung entzogen: es war weder praeter noch contra legem zugelaſſen. Das provinzielle, 1794 vorhandene Gewohnheitsrecht war dagegen ſelbſt contra legem aufrecht erhalten, da das ALR. den vorhandenen Provinzialrechten gegenüber ja überhaupt nur ſubſidiäre Bedeutung hatte und die Provinzialrechte — was aber nur für Oſtpreußen (1801 und 1802) und Weſtpreußen (1844) geſchehen iſt — bis zum 1. Juni 1796 kodifiziert ſein ſollten (II, 409). Nach 1794 ſollte neues provinzielles Gewohnheitsrecht ſich zwar immer noch bilden können, aber nur praeter, nicht contra legem. Der Code civil und das Öſterreichiſche Bürgerliche Geſetzbuch laſſen Gewohnheitsrecht nur bei denjenigen Rechtsinſtituten zu, bei denen das Geſetz dies beſtimmt. Das Sächſiſche Bürgerliche Geſetzbuch ließ das Gewohnheitsrecht nicht einmal praeter legem zu.

2. Rechtszuſtand ſeit dem 1. Januar 1900.

Das neue Reichsrecht enthält keine Vorſchrift über das Verhältnis des Reichsrechts zum Gewohnheitsrechte. § 2 des I. Entwurfs des BGB. beſtimmte im Anſchluß an den Code civil: „Gewohnheitsrechtliche Normen gelten nur inſoweit, als das Geſetz auf das Gewohnheitsrecht verweiſt." Bei der zweiten Leſung wurde jedoch beſchloſſen, die Regelung des Verhältniſſes von Geſetz und Gewohnheitsrecht der Wiſſenſchaft zu überlaſſen. Daß das neue Reichsrecht das Gewohnheitsrecht nicht völlig hat ausſchließen wollen, ergiebt ſich aus Art. 2 EGBGB.: „Geſetz im Sinne des

BGB. und dieses Gesetzes ist jede Rechtsnorm"; denn damit ist gesagt, daß auch Nichtgesetze, d. h. gewohnheitsrechtliche Normen als Rechtsnormen in Betracht kommen können (ebenso EGCPO. § 12, EGStPO. § 7, EGKO. § 2).

Das Verhältnis des Gewohnheitsrechts zum Reichs= rechte wird bestimmt durch den Charakter des BGB. einmal als Reichsgesetz und andererseits als Kodifikation.

α. Nach Art. 2 RV. geht das BGB. als Reichsgesetz den Landesgesetzen vor. Unter Landesgesetzen im weiteren Sinne muß man auch das partikulare Gewohnheitsrecht ver= stehen. Hieraus folgt, daß das BGB. bezüglich der von ihm geordneten Rechtsgebiete nur gemeindeutsches Reichs= gewohnheitsrecht als ihm gleichstehend anerkennt. Ebenso kann nur Reichsgewohnheitsrecht die Rechtsgebiete ergänzen oder abändern, welche in sonstigen Reichsgesetzen enthalten sind.

Eine Ausnahme von dieser Gleichstellung des Reichs= gesetzesrechts und des Reichsgewohnheitsrechts ist nur dann anzunehmen, wenn reichsgesetzlich das Verhältnis anders geordnet ist[10]), oder wenn das Reichsrecht selbst auf

---

[10]) Dies ist geschehen im § 3 des RG. vom 10. Juli 1879, wonach in Konsularjurisdiktionsbezirken (II, 174⁸) in Handels= sachen zunächst das im Konsulargerichtsbezirke geltende Handelsgewohnheits= recht zur Anwendung kommt. Eine ausdrückliche Vorschrift enthielt ferner das alte HGB., dessen Art. 1 lautete: „In Handelssachen kommen, insoweit dieses Gesetzbuch keine Bestimmungen enthält, die Handelsgebräuche und in deren Ermangelung das allgemeine bürgerliche Recht zur Anwendung." Hält man fest, daß unter Handelsgebräuchen hier (im Gegensatz zu Art. 279, S. 25⁴) das Handelsgewohnheitsrecht zu verstehen war, so ergiebt sich, daß unter der Herrschaft des alten HGB. in („materiellen", I, 718) Handelssachen, d. h. den durch den Handelsverkehr hervor= gerufenen Thatbeständen, das Handelsgesetzbuch, soweit es einschlägige Bestimmungen enthielt, in erster Reihe Geltung hatte. Nicht contra, sondern nur praeter legem (S. 30), d. h. mangels handelsgesetzlicher Bestimmungen, kam das Handelsgewohnheitsrecht zur Anwendung, das seinerseits dem bürgerlichen Rechte vorging, ihm also auch derogieren konnte. Für das neue HGB. sind die oben im Text entwickelten Grundsätze maßgebend, d. h. Reichsgewohnheitsrecht, aber nur solches, kann die Vorschriften des HGB. beseitigen.

partikulare gewohnheitsrechtliche Bildungen verweist (zB.
BGB. § 919 Abs. 2 „Ortsüblichkeit").

β. Das Verhältnis des BGB. zu den Landes=
gesetzen ergiebt sich aus Art. 55 EGBGB. Derselbe enthält
das sogenannte Kodifikationsprinzip, d. h. alle landes=
rechtlichen Normen werden aufgehoben, soweit im BGB. oder
EG. (Art. 56—152) nichts anderes bestimmt ist. Hieraus
folgt mit Bezug auf das Gewohnheitsrecht, daß sich parti=
kulares Gewohnheitsrecht nur auf den Rechtsgebieten
bilden kann, die der Landesgesetzgebung überlassen
sind, daß sich dagegen in den dem BGB. vorbehaltenen
Materien nicht einmal praeter legem partikulares Ge=
wohnheitsrecht bilden kann, ebensowenig, wie das Kodifi=
kationsprinzip es duldet, daß die Landesgesetzgebung
Lücken des BGB. ausfüllt.

Über den Beweis des Gewohnheitsrechts vgl. S. 35[1].

II. Die Anwendung der Rechtsnormen.

§ 5. Voraussetzungen der Rechtsanwendung.

a. Allgemeines.

Die Anwendung der Rechtsnormen auf das Lebens=
verhältnis, das sie zu ordnen bestimmt sind, erfolgt, wenn
auch zumeist unmerklich, regelmäßig schon bei seiner Ent=
stehung. In die Erscheinung tritt dies freilich meist erst
in dem Augenblicke, wo wegen einer entstandenen Uneinig=
keit die Beteiligten sich an den Richter um Entscheidung
wenden. Der Prozeßrichter hat daher — von wenigen Aus=
nahmefällen abgesehen, I, 524, — nicht Rechtsverhältnisse
zu schaffen, sondern die Folgen der bereits entstandenen
vom rechtlichen Standpunkt aus zu würdigen. Er hat
deshalb auch nicht diejenigen Rechtsnormen anzuwenden, die
zB. des Streits über das Rechtsverhältnis maßgebend
sind, sondern diejenigen, die zB. des Eingehens geltend waren.
Wenn zB. A. dem B. ein Pferd verkauft, so tritt schon mit
Abschluß des Kaufvertrags das zwischen beiden entstehende
Rechtsverhältnis unter die Normen über den Viehkauf. Eine

Prüfung dieses Rechtsverhältnisses und eine Anwendung der
dafür maßgebenden Rechtsnormen erfolgt jedoch regelmäßig
erst, wenn bei entstehendem Streite die richterliche Entschei=
dung angerufen wird. Gerade weil die Lebensverhältnisse
schon mit ihrer Begründung Rechtsnormen unterworfen sind,
die bestimmte Folgen herbeiführen, stellt der Staat den
Rechtsuchenden gewisse Organe, nämlich die Gerichte (frei=
willige Gerichtsbarkeit, I, 18) und die Notare (I, 343³) zur
Verfügung, mit deren Hülfe auch der Unerfahrene seine rechts=
geschäftlichen Beziehungen von vornherein so ordnen kann, daß
möglichst alle beabsichtigten Rechtsfolgen eintreten müssen,
alle unbeabsichtigten aber ausgeschlossen sind.

Der regelmäßige Zeitpunkt, in dem die Beziehungen
gewisser Thatbestände zu den ihnen innewohnenden („imma=
nenten") Rechtsnormen zur Beurteilung gelangen, ist, wie
erwähnt, der Beginn eines Rechtsstreits. Der Richter, der
einen Rechtsstreit entscheiden soll, hat zwei Fragen zu be=
antworten: welche Thatsachen liegen vor (quaestio facti),
und welche Folgen ergeben sich aus der Anwendung der ein=
schlägigen Rechtsnormen auf den festgestellten Thatbestand
(quaestio juris).

Die Thätigkeit des Richters ist nach modernem Prozeß=
recht, insbesondere nach der Reichscivilprozeßordnung, für
die beiden Voraussetzungen der Rechtsanwendung, die Fest=
stellung der Thatsachen und die Auffindung der passenden
Rechtsnormen, verschieden. Die das streitige Verhältnis der
Prozeßparteien betreffenden Thatsachen haben die Par=
teien, unter Antritt des Beweises für die vom Gegner etwa
bestrittenen, dem Richter vorzulegen. Dieser hat (im Gegen=
satze zum Strafprozesse) nach der heute grundsätzlich geltenden
Verhandlungsmaxime (I, 248) weder das Recht noch die
Pflicht, den Thatbestand von Amtswegen zu ermitteln. Da=
gegen ist es sein Beruf, die von den Parteien ihm vorge=
führten Thatsachen rechtlich zu würdigen, die einschlägigen
Rechtsnormen selbst herauszusuchen und in seinem „Er=
kenntnisse" die Folgen auszusprechen, die sich aus der An=
wendung der Rechtsnormen auf den Thatbestand ergeben.
Dies wird seit dem Mittelalter durch die I, 334¹

besprochenen Rechtsparömieen ausgedrückt: „Da mihi factum, dabo tibi jus" und „Jura novit curia"[1]).

---

[1]) Der hierin liegende Grundsatz, daß das Gericht von Amtswegen die Rechtsnormen kennen und anwenden muß, ist in der CPO. nur betreffs des inländischen, geschriebenen Rechts zur Anwendung gelangt. § 293 CPO. lautet: „Das in einem anderen Staate geltende Recht, die Gewohnheitsrechte und Statuten bedürfen des Beweises nur insofern, als sie dem Gerichte unbekannt sind." Per argumentum e contrario folgt hieraus, daß inländisches Gesetzesrecht dem Richter bekannt sein muß. Bezüglich alles anderen Rechts, also insbesondere ausländischen und Gewohnheitsrechts, hat die Partei, sofern der Rechtssatz dem Gericht nicht bekannt ist, grundsätzlich den Beweis des Bestehens zu erbringen (zB. durch Gutachten von Behörden und Rechtsgelehrten, durch Bezugnahme auf gerichtliche Entscheidungen). Nur ist nach § 293 Satz 2 CPO. das Gericht auch zur Nachforschung von Amtswegen befugt und auf Hinweis der Partei verpflichtet (vgl. ERG. 30, 366, keine Substanziierungspflicht der Partei). Die CPO. geht hiernach nicht soweit, wie die historische Schule, die bei ihrer Auffassung von der vorwiegenden Bedeutung des Gewohnheitsrechts (S. 21) dessen Kenntnis vom Richter nicht minder verlangte, wie die des Satzungsrechts. Andererseits geht aber § 293 CPO. weit über den Standpunkt der Glossatoren hinaus, die für die Feststellung des Gewohnheitsrechts die Grundsätze über den Beweis von Thatsachen für maßgebend erklärten (Glosse „probatis his" zu l. 1 C. 8,52: jus non scriptum pendet ex facto, factum esse necesse probari).

Zu bemerken ist, daß als „anderer Staat" im Sinne des § 293 CPO. nicht nur das Ausland, sondern — da die deutschen Gerichte im Namen der Souveräne der Einzelstaaten Recht sprechen, I, 334[1] — auch jeder andere Bundesstaat anzusehen ist. Gelten in einem Bundesstaate mehrere Rechte, wie bisher zB. in Preußen, so hat jedes Prozeßgericht auch die außerhalb seines Bezirks geltenden Normen zu kennen, in Preußen also ALR., Code civil und Gemeines Recht. Für das „Im Namen des Reichs" urteilende Reichsgericht ist kein deutscher Staat ein „anderer Staat"; es hat also alle deutschen Partikulargesetze von Amtswegen zu kennen oder festzustellen.

Ist der angebliche Inhalt ausländischen Rechts nicht festzustellen, dann kommt das inländische Recht zur Anwendung; denn die Anwendung des inländischen Rechts bildet die Regel (unten § 8c.), von der nur abzuweichen ist, wenn die Voraussetzungen hierfür nachgewiesen sind. Nach manchen ist dagegen der auf ein nicht zu ermittelndes ausländisches Recht gestützte Anspruch ohne weiteres abzuweisen.

b. Feststellung des Daseins einer Rechts=
norm (Kritik).

Bevor der Richter eine Rechtsnorm anwendet, muß er
zunächst feststellen, daß sie zu Recht besteht, d. h. bei Ge=
setzen, daß sie in der verfassungsmäßig vorgeschriebenen Weise
entstanden und verkündet, auch nicht beseitigt sind, bei Ge=
wohnheitsrechten, daß die Voraussetzungen vorliegen, unter
denen ein solches sich bilden konnte, und daß es sich ge=
bildet hat (S. 23). Die auf Feststellung des Vorhanden=
seins einer Rechtsnorm gerichtete Thätigkeit heißt Kritik,
und zwar nennt man höhere oder diplomatische Kritik
die Bestimmung der Echtheit einer Rechtsnorm überhaupt,
niedere oder Textkritik die Bestimmung ihrer einzelnen
Worte. Die Textkritik hat den modernen, durch amtliche
Blätter (II, 174 [8]) verkündeten Gesetzen gegenüber nur noch
eine geringe Bedeutung. Doch müssen auch heute noch
Druckfehler und Flüchtigkeiten bei der Redaktion, sog. Re=
daktionsfehler, durch die Textkritik zuweilen beseitigt
werden [2]).

---

[2]) Unter den Redaktionsversehen muß man unterscheiden:
a. Es liegt ein einfacher Druckfehler bei der amtlichen Ver=
kündung (zB. eines Reichsgesetzes im Reichsgesetzblatt) vor. Dann
genügt eine amtliche Berichtigung, die aber nicht, wie dies im Reich
üblich ist, ohne Unterschrift, sondern mit der Unterschrift des für die
Bekanntmachung der Gesetze verantwortlichen Beamten (im Reiche des
Reichskanzlers) versehen, zu verkünden ist.
b. Es liegt ein Fehler in der von dem Publikationsorgan (dem
Kaiser) vollzogenen Ausfertigung vor. Dann ist eine neue Voll=
ziehung und Veröffentlichung erforderlich. So war zB. im Militär=
strafgesetzbuche vom 20. Juni 1872 § 141 Absatz 2 verkündet
„Festungsstrafe nicht unter einem Jahr" statt „Freiheitsstrafe", wie
vom Reichstag und Bundesrat angenommen worden war; und ebenso
war im RG. vom 5. Juli 1896 betr. die Pflichten der Kaufleute bei
Aufbewahrung fremder Wertpapiere (sog. Depotgesetz) in § 1 hinter
„Banknoten" bei der Ausfertigung ausgefallen „und Papiergeld". In
beiden Fällen sind auch hier nur unterschriftslose Berichtigungen erfolgt
(RGBl. 1875 S. 288 und 1896 S. 194).
c. In den beiden vorstehenden Fällen ist das Gesetz nicht so
verkündet, wie es angenommen ist. Hier kann nicht durch Auslegung
seitens des Richters, sondern nur durch eine Handlung des Publikations=
organs geholfen werden. Anders, wenn die Verkündung zwar dem

Hinsichtlich der auf Feststellung der Echtheit (Authen=
tizität) einer Rechtsnorm gerichteten diplomatischen Kritik
ist unstreitig, daß der Richter die rechtsgültige Verkündung
einer staatlichen Rechtssatzung (eines Gesetzes und einer Ver=
ordnung), also zB. auch das Vorhandensein der vorgeschrie=
benen Gegenzeichnung („Kontrasignatur") des Reichskanzlers
(RV. Art. 17), eines Ministers (PrVU. Art. 44) oder
des Gesamtministeriums (PrVU. Art. 63, vgl. S. 11[4])
zu prüfen hat. Streitig ist dagegen, wie weit der
Richter in die Prüfung der Entstehungsvorgänge einzu=
dringen hat. Zunächst ist darauf hinzuweisen, daß einzelne
Verfassungen das richterliche Prüfungsrecht ausdrücklich ein=
geschränkt haben[3]). Für solche ist diese Frage also ent=

---

angenommenen Gesetzestext entspricht, dieser selbst aber infolge mangel=
hafter Fassung einen unsinnigen oder von den gesetzgebenden Faktoren
mindestens nicht gewollten Inhalt hat. Hier wird in vielen Fällen
die richterliche Auslegung helfen können. Natürlich kann aber auch
der Gesetzgeber eingreifen (vgl. zB. altes HGB. Art. 520: „unbestimmte"
statt „bestimmte Zeit", RGBl. 1877 S. 218), aber nur durch ein
Gesetz, nicht, wie auch hier üblich, durch eine unterschriftslose Be=
richtigung. Den berühmtesten (von Binding gefundenen) materiellen
Redaktionsfehler enthält § 95 MilStGB. Hier waren in der dem
Reichstage zur Beschlußfassung unterbreiteten Kommissionsvorlage die
Worte: „bis zu 5 Jahren, im Felde Gefängnis= oder Festungshaft"
ausgelassen worden. Der Reichstag hat den Paragraphen in der
fehlerhaften Fassung angenommen, der Kaiser ihn so verkündet. Hier
konnte nicht die Auslegung, sondern nur ein neues Reichsgesetz helfen;
nicht aber die Berichtigung RGBl. 1875 S. 138, die noch dazu die
unrichtige Behauptung aufstellte, diese Worte seien infolge eines
„Druckereiversehens" fortgeblieben. Keinen Redaktionsfehler, wie jüngst
behauptet, aber eine Ungenauigkeit enthält BGB. § 1308, wonach die
verweigerte elterliche Zustimmung zur Eheschließung eines volljährigen
Kindes vom Vormundschaftsgericht ersetzt werden kann. Nach der von
der ursprünglichen Vorlage abweichenden Fassung des § 1305 bedürfen
nämlich volljährige Kinder nicht mehr der elterlichen Einwilligung,
sodaß § 1308 nur noch auf für volljährig Erklärte anwendbar ist. Es
hätte also in § 1308 statt „volljährigen" heißen müssen „für volljährig
erklärten".

[3]) So Preußen, Oldenburg, Braunschweig u. a. Die PrVU.
Art. 106 bestimmt: „Gesetze und Verordnungen sind verbindlich, wenn
sie in der vom Gesetz vorgeschriebenen Form bekannt gemacht worden
sind. Die Prüfung der Rechtsgültigkeit gehörig verkündeter Königlicher

schieden.   Der Reichsverfassung, dem BGB. und der Mehrzahl der Landesverfassungen und Landesgesetze fehlt es dagegen an derartigen das richterliche Prüfungsrecht beschränkenden Bestimmungen.   Bei der Entscheidung sind verschiedene Umstände zu berücksichtigen.

Jede Rechtssatzung hat heute die Form einer Anordnung des Trägers der Souveränität (zB. „Wir Wilhelm,
von Gottes Gnaden Deutscher Kaiser, König von
Preußen verordnen . . .,“ II, 173[7]).   Ob es sich formell
um ein Gesetz oder um eine Verordnung handelt (I, 14),
ergiebt sich aus der Erwähnung oder Nichterwähnung der
Mitwirkung der Volksvertretung [4]).   Darüber kann nun zunächst kein Zweifel sein, daß die Erwähnung der Zustimmung
der Volksvertretung bei der Verkündung den Richter der
Prüfung überhebt, ob diese Zustimmung in der That erfolgt ist und ob hierbei die Verfassungsbestimmungen über
die erforderliche Mehrheit, die Beschlußfähigkeit der einzelnen
Kammern, die Legitimation ihrer Vertreter (sog. interna
corporis) beobachtet sind.   Bestritten ist jedoch, ob der

Verordnungen steht nicht den Behörden, sondern nur den Kammern
zu;“ — vor allem also die Prüfung, ob für das geregelte Rechtsgebiet
die Verordnungsform zulässig war, und bei einer Notstandsverordnung
(S. 11[4]), ob die Voraussetzungen zum Erlaß einer solchen gegeben waren.
Diese Beschränkung des Prüfungsrechts bezieht sich aber nur auf Gesetze und Königliche Verordnungen, zB. nicht auf Polizeiverordnungen,
denen die Rechtsgültigkeit vielmehr schon häufig durch die Gerichte ab-
gesprochen worden ist. § 17 des Pr. Gesetzes über die Polizeiverwaltung
vom 11. März 1850 bestimmt sogar ausdrücklich, daß der Richter
zwar nicht die Notwendigkeit und Zweckmäßigkeit (vgl. I, 176[4]), wohl
aber die Rechtsgültigkeit der Polizeiverordnungen zu prüfen habe.
Auch Reichsgesetzen gegenüber ist das richterliche Prüfungsrecht unbeschränkt. Natürlich hat ferner der Preußische Richter mit Rücksicht
auf die absolute Wirkung des Reichsrechts die materielle Gültigkeit
Preußischer Gesetze und Verordnungen dem Reichsrecht gegenüber
zu prüfen.
    [4]) Die Überschrift ist nicht maßgebend.   So bezeichnet sich
zB. das unter Mitwirkung der Kammern erlassene, an die Stelle der
oktroyierten Verordnung vom 29. Juni 1849 getretene Pr. Vereins-
gesetz vom 11. März 1850 unerklärlicher Weise als „Verordnung
über die Verhütung eines die gesetzliche Freiheit und Ordnung gefährdenden Mißbrauchs des Versammlungs- und Vereinigungsrechts.“

Richter die Beobachtung der für Verfassungsänderungen ge=
gebenen Erschwerung (zB. RV. Art. 78, PrVU. Art. 107)
nachzuprüfen hat. Auch dies ist zu verneinen. Das Ver=
trauen, auf dem das Verhältnis von Souverän und Volk
bei der Unverantwortlichkeit des Herrschers (I, 75³) that=
sächlich beruht, muß sich auch darin zeigen, daß ein von dem
Souverän durch die Verkündung als verfassungsmäßig ent=
standen bescheinigtes Gesetz nicht angezweifelt wird.

Dagegen unterliegt dem richterlichen Prüfungsrecht —
immer vorausgesetzt, daß es nicht überhaupt verfassungs=
mäßig ausgeschlossen ist, S. 37³ — unzweifelhaft die Frage
der materiellen Rechtsgültigkeit der Satzung; insbesondere,
falls diese im Wege der Verordnung erlassen ist, auch die
Frage, ob die Verordnungsform für den geregelten Punkt
verfassungsmäßig zulässig war, oder ob es der Mitwirkung
der Volksvertretung, d. h. eines formellen Gesetzes, bedurft
hätte. Für das Deutsche Reich hat der Richter mit Rück=
sicht auf Art. 2 RV. (Reichsrecht bricht Landesrecht) end=
lich auch festzustellen, ob ein anzuwendendes Landesgesetz
nicht mit einem Reichsgesetze kollidiert (S. 9).

Die Feststellung des Entstandenseins eines Rechtssatzes
nötigt den Richter zu dessen Anwendung, es sei denn, daß
seine spätere Änderung festgestellt werden kann. Jeder neue
Rechtssatz hebt die bisherigen gleichartigen Rechtssätze von
selbst auf (lex posterior derogat priori). Hierbei
ist freilich vielfach zweifelhaft, welche Normen dem späteren
Rechtssatze widerstreiten und daher als aufgehoben gelten
müssen⁵). Hat von einem Rechtsgrundsatze bisher eine Aus=
nahme bestanden, so folgt aus der Aufhebung des Grund=
satzes nicht ohne weiteres die Beseitigung der Ausnahme
(lex posterior generalis non derogat legi priori

---

⁵) Bei den modernen Gesetzen ist für die Entscheidung, in
welchem Umfange das bisherige Recht beseitigt sein soll, vor allem
maßgebend, ob das Gesetz sich als Kodifikation, d. h. völlige Neu=
ordnung des Rechtsgebiets, oder nur als Novelle, d. h. Abänderung
einzelner Vorschriften unter Aufrechterhaltung des bisherigen Rechts=
zustands, darstellt; vgl. bezüglich des StGB., der Reichsjustizgesetze
und des BGB. I, 104³ und oben S. 33.

speciali); zB. wäre bei der durch RG. vom 17. Februar
1875 erfolgten Herabsetzung des gemeinrechtlichen und land=
rechtlichen Großjährigkeitstermins von 25 und 24 Jahren
auf 21 Jahre der für die preußischen Prinzen hausver=
fassungsmäßig bestehende Großjährigkeitstermin von 18 Jahren
auch dann in Geltung geblieben, wenn dies nicht im Ge=
setz ausdrücklich bestimmt worden wäre.

Ein Rechtssatz kann auch ohne Entstehung eines wider=
sprechenden neuen seine Wirksamkeit verlieren, einmal, wenn
er nur für einen bestimmten Fall (zB. Kaiserliche Ver=
ordnung vom 15. Februar 1889 betr. Ausübung der Prisen=
gerichtsbarkeit aus Anlaß der ostafrikanischen Blokade, I,
702) oder nur für eine beschränkte Zeit erlassen war (wie
zB. das Sozialistengesetz bis 1. 10. 1890); andererseits, wenn
die Verhältnisse, für die er berechnet ist, fortgefallen sind (wie
zB. die Institute des jus civile, I, § 32). In diesem
Sinn ist die vielfach aufgestellte Regel „cessante
ratione legis, cessat lex ipsa" richtig. Sie ist
jedoch falsch, sofern man unter ratio nicht den inneren
Grund, sondern nur den äußeren Anlaß der Einführung
der Rechtsnorm versteht. Denn eine Rechtsregel tritt, wenn
sie nicht zulässigerweise (S. 29) gewohnheitsrechtlich be=
seitigt wird, durch Fortfall der Thatsachen, die ihre Ein=
führung veranlaßt haben, nicht außer Kraft (vgl. ERG. 31,
206). Zuweilen werden Vorschriften, die mit dem Fortfalle
des Rechtsinstituts, für das sie gegeben sind, eigentlich ver=
schwinden müßten, durch Erstreckung auf ähnliche Rechts=
gebilde erhalten (vgl. zB. die Anwendung der nur für Kon=
kubinenkinder gegebenen Vorschriften auf alle unehelichen
Kinder, II, § 92 b. 2. β.).

c. Feststellung des Inhalts der Rechtsnormen
(Auslegung).

Die Rechtsanwendung erfolgt durch die Unterstellung
der Thatbestände des Lebens unter eine Rechtsnorm. Keine
Rechtsnorm kann die Fälle erschöpfend aufzählen, die sie
ordnen will (ERG. 24, 49), wenngleich einzelne Gesetz=
bücher, besonders das „kasuistische" ALR. (II, 409), dies ver=

sucht haben. Hier tritt nun die Auslegung ein. Auslegung bedeutet die Bestimmung des Inhalts und der Tragweite einer Rechtsnorm zur Ermöglichung der Feststellung, ob ein bestimmter Thatbestand seine rechtliche Regelung durch jene Rechtsnorm erhalten müsse oder nicht. Eine Auslegung findet daher nicht nur bei undeutlichen, sondern bei allen Rechtsvorschriften statt; nur pflegen bei den ihrer Trag= weite nach klaren Rechtsnormen sich eben keine Zweifel zu erheben.

In welcher Weise die Auslegung zu erfolgen hat, ist bisweilen, zumal bei Kodifikationen, durch den Gesetzgeber bestimmt worden[6]. Das BGB. (dessen I. Entwurf in § 1 noch einen Hinweis auf die Analogie enthalten hatte) hat die Feststellung von Auslegungsregeln gänzlich der Wissenschaft überlassen (juristische Hermeneutik, I, 23).

Die Tragweite einer Rechtsnorm kann durch eine spätere Rechtsnorm bestimmt werden. Dann spricht man von authentischer Interpretation, die wieder Legal= interpretation[7] oder Usualinterpretation (vgl. I, 23) sein kann, je nachdem die interpretierende Rechtsnorm Gesetz oder Gewohnheitsrecht ist. Während regelmäßig neue

---

[6] In den Publikationspatenten zu den Digesten (I, 141) wurde den Richtern bei angeblichen Lücken das Einholen der kaiserlichen Ent= scheidung anbefohlen. In der Konfirmationsbulle „Benedictus Deus" übertrug Pius IV. die Auslegung der Tridentiner Konzilienschlüsse ausschließlich der Congregatio Concilii (II, 228[6]). Nach dem Publi= kationspatent zum ALR. Art. 18 (vgl. Einleit. z. ALR. §§ 46 ff.) sollte der Richter bei Zweifeln die Entscheidung der Gesetzeskommission einholen (II, 411). Dies wurde aber bereits durch eine — als § 2 in den Anhang zum ALR. (zu Einleitung § 48) aufgenommene — Kabinettsorder vom 8. März 1798 beseitigt. Das Österreichische Gesetz= buch von 1811 verwies den Richter bei angeblichen Lücken des Gesetzes auf das Naturrecht (I, 17).

[7] So faßte z.B. das Reichsgericht (Entsch. 22, 181; 27, 60) die als Reichsgesetz zu behandelnde Berner Konvention betr. die Bildung eines internationalen Verbands zum Schutze von Werken der Litteratur und Kunst vom 9. September 1886 als Legalinterpretation der §§ 4, 45 des RG. vom 11. Juni 1870 auf und erklärte daher die ungenehmigte Herstellung durchlochter Tafeln für mechanische Spielwerke als unerlaubte Vervielfältigung, d. h. Nachdruck. Vgl. auch I, 24[22].

Rechtsnormen nur in die Zukunft wirken (unten § 7), regelt die Interpretationsnorm auch die früheren Fälle, da sie ja kein neues Recht schafft, sondern nur den Inhalt des bisherigen Rechts in maßgebender Weise klar stellt, allerdings in der Form eines neuen Rechtssatzes.

Den Gegensatz zu dieser durch neue Rechtsnormen bewirkten authentischen Auslegung bildet die doktrinelle Interpretation durch die rechtswissenschaftliche Doktrin und Praxis. Diese kann den in der Rechtsnorm verkörperten Rechtsgedanken und dessen Tragweite durch verschiedene Erkenntnismittel feststellen: einmal (sog. grammatische Interpretation) aus den Worten der Rechtsnorm unter Berücksichtigung ihrer sprachlichen Bedeutung und des Satzgefüges, andererseits (sog. juristische oder logische Interpretation) aus den Umständen, unter denen die Rechtsnorm entstanden ist, insbesondere:

1. dem vom Gesetzgeber (d. h. den bei der Rechtsschaffung zur Mitwirkung berufenen Faktoren) verfolgten Zwecke (ratio legis);

2. dem äußeren Anstoße zu ihrer Aufstellung (occasio legis; vgl. zB. die Entstehung des S. C. Macedonianum, I, 113, der Postulationsunfähigkeit der Frauen, I, 225⁹, des RG. vom 3. Mai 1886 über die Unpfändbarkeit der Eisenbahnbetriebsmittel, unten § 8⁵);

3. den Vorgängen[8]) während der Entstehung (Vorberatungen, Motiven zu den Entwürfen, Parlamentsverhandlungen).

---

[8]) Gerade dieses Auslegungsmittel ist aber nur mit Vorsicht zu benutzen. In erster Linie kommt es nicht darauf an, was Gesetz hat werden sollen, sondern was gesetzlichen Ausdruck gefunden hat. Daß nicht jede in den Motiven zu einem Gesetzentwurf oder von einem Regierungsvertreter oder Parlamentsredner gemachte Bemerkung die Bedeutung einer maßgebenden Auslegung hat, ist selbstverständlich. Die Rechtsprechung, insbesondere des Reichsgerichts, hat schon vielfach die Auffassung der Motive gemißbilligt, weil sie im Gesetze nicht zum Ausdruck gelangt ist (vgl. zB. ERG. 16, 194). Über die bei Benutzung der Vorverhandlungen zur Auslegung gebotene Vorsicht vgl. auch die berühmte ERG. 16, 88 ff. über die Frage, ob das Diätenverbot der RV. Art. 32 auch Bezüge aus Privatmitteln umfaßt (condictio ob injustam causam des Preuß. Fiskus gegen einen fortschrittlichen

In früherer Zeit hat man die unmittelbare Fest= stellung des Inhalts der Rechtsnorm aus ihren Worten in den Vordergrund gestellt (I, 24²²). Heute ist man einig darüber, daß die beiden Mittel zur Erforschung des Inhalts und Wirkungskreises der Rechtsnorm, grammatische und logische Interpretation, gleichwertig sind. Ist der Wortsinn klar, so ist er als vom Gesetzgeber gewollter Gesetzesinhalt anzusehen (vgl. 1. 25 § 1 D. 32: Cum in verbis nulla ambiguitas est, non debet admitti voluntatis quaestio), sofern nicht innere Gründe auf dem Wege logischer Aus= legung ergeben, daß die gewählten Worte dem Willen des Gesetzgebers nicht entsprechen können. Ist letzteres der Fall, so kann sich herausstellen, daß der Rechtsnorm mehr That= bestände unterworfen werden sollten, als die Worte ergeben. Dann ist die Rechtsnorm auch auf jene Thatbestände aus= zudehnen, und man spricht von extensiver Interpre= tation[9]. Dem Wortlaute der Rechtsnorm können an= dererseits auch Thatbestände untergeordnet werden, auf die die Rechtsnorm nach der Absicht des Gesetzgebers sich nicht beziehen sollte. Dann hat eine entsprechende Einschränkung, sog. restriktive Interpretation, stattzufinden[10].

Reichstagsabgeordneten, der aus der Parteikasse Diäten erhalten hatte, gestützt auf ALR. I, 16 §§ 172 ff.).

[9] Art. 306 des alten HGB. bestimmte zB., daß die daselbst anerkannten Vindikationsbeschränkungen bezüglich verlorener oder ge= stohlener Gegenstände keine Anwendung finden sollten. Die historische Entwickelung des in diesem Art. wiedergegebenen deutschen Rechts= grundsatzes „Hand wahre Hand" (II, 590) zeigt jedoch, daß der Gesetz= geber überhaupt alle Fälle hat ausnehmen wollen, wo der Inhaber wider oder ohne seinen Willen den Gewahrsam eines Gegenstands verloren hat. So wurde Art. 306 daher stets ausgelegt. § 935 BGB., der diesen Grundsatz übernommen hat, setzt ausdrücklich hinzu „oder sonst abhanden gekommen".

Eine besondere Anwendung hat die ausdehnende Interpretation beim „in fraudem legis agere", d. h. in Fällen, in denen der vom Recht gemißbilligte Erfolg durch Umgehung der Rechtsnorm erreicht werden soll.

[10] Die Redaktoren der modernen Gesetze sind bemüht, die Worte so vorsichtig zu wählen, daß sie den zum Gesetz erhobenen Gedanken genau wiedergeben. Auch wird mit bestimmten Worten durchgängig ein bestimmter Sinn verbunden.

Ergiebt eine Rechtsnorm, daß der Geſetzgeber ihre Geltung auf ganz beſtimmte Thatbeſtände hat beſchränken wollen, ſo iſt nicht nur jede extenſive Interpretation aus=geſchloſſen, ſondern es wird ſich aus der Rechtsnorm ſogar vielfach der Wille des Geſetzgebers folgern laſſen, für alle dem geregelten Thatbeſtande nicht genau entſprechenden Fälle das Gegenteil anzuordnen. Dieſe Folgerung wird als Schluß vom Gegenteil, argumentum a oder e con-trario, bezeichnet [11]).

Schon in den Reichsjuſtizgeſetzen (vgl. I, 19[18]) iſt der Anfang zu einer zweifelloſen und von Fremdwörtern freien Rechtsſprache ge=macht. Beſondere Sorgfalt iſt aber bei der Abfaſſung des BGB., nach=dem deſſen erſter Entwurf gerade wegen ſeiner ſprachlichen Mängel heftig angegriffen worden war, auf eine reine, richtige, deutliche und ſchöne Geſetzesſprache gelegt worden. Es ſind nicht nur eine große Zahl von Fremdwörtern verdeutſcht worden (zB. civil = bürgerlich; majorenn, minorenn = volljährig, minderjährig; korreal = geſamt; Pertinenz = Zubehör; dolos = argliſtig; Prozent = vom Hundert für das Jahr; Kontrahenten = Vertragſchließende; Ceſſion = Abtretung; Kollation = Ausgleichung; Dividende = Gewinnanteil; Talon = Erneuerungs=ſchein und viele andere); ſondern es ſind auch durchgängig zur Be=zeichnung der gleichen Begriffe und Rechtsfolgen dieſelben Ausdrücke verwendet. So bedeutet zB. „Beſtätigung" die Genehmigung eines Rechtsgeſchäfts durch den Anfechtungsberechtigten (BGB. §§ 141, 144, 1325, 1731, 2284); „unterſchreiben" die Fertigung der Namens=unterſchrift, „unterzeichnen" die Beifügung von Handzeichen (§§ 126, 129, 2242, 2267); „müſſen", daß die Nichtbefolgung Nichtigkeit, „ſollen", daß ſie nur andere Nachteile bewirkt (§§ 1316 ff.); „kennen müſſen", aus Fahrläſſigkeit nicht kennen (§§ 122, 142, 179); „ſofort" ohne jede Zögerung (§ 147), „unverzüglich" ohne ſchuldhaftes Zögern (§ 121). Über Nichtigkeit und Anfechtbarkeit vgl. §§ 139 ff. Soweit das BGB. mit einem beſtimmten Wort einen techniſchen Sinn ver=bindet, der von dem gewöhnlichen abweicht, ſetzt es hinzu „im Sinne des Geſetzes"; zB. EGBGB. Art. 2: „Geſetz im Sinne des BGB. ... iſt jede Rechtsnorm" (vgl. S. 31); BGB. § 90: „Sachen im Sinne des Geſetzes ſind nur körperliche Gegenſtände". Über die Regelung der Beweislaſt durch die Ausdrücke „Es ſei denn" uſw. und durch die Stellung des „nicht" vgl. I, 256[8].

[11]) Wenn zB. BGB. § 1 beſtimmt: „Die Rechtsfähigkeit des Menſchen beginnt mit der Vollendung der Geburt", ſo iſt per argu-mentum a contrario daraus der Rechtsſatz zu entnehmen, daß nascituri regelmäßig noch rechtsunfähig ſind. Die Ausnahmen von dieſem Grundſatze ſind daher beſonders hervorgehoben (unten § 11 b.). Berühmt iſt auch die von Ulpian (l. 22 D. de leg. 1, 3) aufgeſtellte

In den bisher besprochenen Fällen handelt es sich um die Ermittelung des wahren Inhalts einer Rechtsnorm auf dem Wege der Auslegung und um die Unterordnung eines Thatbestands unter den für ihn zutreffenden Rechtssatz. Nun giebt es aber, schon mit Rücksicht auf die stets fort= schreitende, neue Rechts= und Lebensverhältnisse schaffende menschliche Entwickelung, vielfach Thatbestände, die sich keinem Rechtssatz unmittelbar unterordnen lassen. Als z.B. das Telephon erfunden war, fragte es sich, ob eine durch das Telephon gemachte Offerte als Antrag unter An= wesenden oder unter Abwesenden aufzufassen sei? Die extensive Interpretation genügt zur Ausfüllung derartiger Lücken nicht. Denn sie kann nur den über die Worte hinaus= gehenden, wirklichen Inhalt des Rechtssatzes herausfinden, nicht aber seine Anwendung auf Fälle ermöglichen, die der Gesetzgeber ihm unzweifelhaft nicht hat unterstellen wollen. Andererseits kann der Civilrichter nicht (wie dies der Straf= richter nach dem im StGB. § 2 anerkannten Grundsatze „nullum crimen sine lege" thun muß, vgl. StPO. §§ 178, 202, 205) die Entscheidung eines ihm unter= breiteten Thatbestands mit der Begründung ablehnen, daß für ihn keine Rechtsnorm zutrifft (1, 25[24]). In solchem Falle hilft die Analogie ($\dot{\alpha}\nu\dot{\alpha}$ $\lambda\acute{o}\gamma o\nu$ = secundum rationem legis), d. h. die Anwendung einer für einen Thatbestand gegebenen Norm auf einen anderen, aber gleich= artigen Thatbestand (ubi eădem legis ratio, ibi eădem legis dispositio). Die extensive Interpretation geht hiernach über die Worte, die Analogie über den Willen des Gesetzgebers hinaus. Die letztere ist also nicht Rechts= auslegung, sondern Rechtsanwendung[12]).

_____

Regel: Cum lex in praeteritum quid indulget, in futurum vetat. Häufig wird es sehr zweifelhaft sein, ob argumentatio a contrario oder umgekehrt extensive Interpretation stattzufinden hat.

[12]) Bei der Interpretation leitet man aus dem feststehenden all= gemeinen Prinzipe Folgerungen für den besonderen Fall her (Methode der Deduktion, Schluß vom allgemeinen aufs besondere); bei der Analogie wird auf dem Wege der Induktion (Schluß vom besonderen aufs allgemeine) ein Rechtsatz auf ein höheres allgemeines Prinzip zurückgeführt.

Heute unterscheidet man (I, 25) als Unterarten der Analogie die **Gesetzesanalogie**, wenn ein einzelner **Rechtssatz** auf einen ihm nicht unmittelbar unterworfenen Fall angewendet wird, und die **Rechtsanalogie**, wenn ein nicht besonders geordneter Fall nach den ein Rechts= institut oder das Rechtssystem beherrschenden **allgemeinen Rechtsgedanken** entschieden wird [13]).

Oft schreibt das Gesetz vor, daß ein **vorhandener** Umstand als **nicht vorhanden** und umgekehrt ein **nicht vorhandener** als **vorhanden** angesehen werden soll, damit Rechtssätze, welche sich an den gedachten Thatbestand knüpfen würden, Anwendung finden können. Dann spricht man von einer **Fiktion** [14]).

Eine die Interpretation und die Analogie umfassende Bedeutung hatte der Ausdruck „interpretatio" bei den Römern; insbesondere wurde die Ausbildung des jus civile durch die prudentes auf Grund der XII Tafeln als interpretatio bezeichnet (I, 165).

[13]) Das BGB. — dessen I. Entwurf in § 1 die Gesetzesanalogie („entsprechende Anwendung der für rechtsähnliche Verhältnisse gegebenen Vorschriften") und Rechtsanalogie („die aus dem Geiste der Rechts= ordnung sich ergebenden Grundsätze") anerkannt hatte — enthält weder über die Auslegung noch über die Analogie irgend welche Grundsätze. Zuweilen ist allerdings die „entsprechende" Anwendung von Rechts= sätzen, die bei anderen Rechtsinstituten aufgestellt sind, ausdrücklich vor= geschrieben; so sind z.B. bei der Pacht die Vorschriften über die Miete (BGB. § 581 Abf. 2), beim Tausch die Vorschriften über den Kauf (§ 515) für entsprechend anwendbar erklärt (Gesetzesanalogie).

[14]) Fiktionen enthalten z.B. im BGB. die §§ 84 (eine erst nach dem Tode des Stifters genehmigte Stiftung gilt für die Zu= wendungen des Stifters als schon vor dessen Tode entstanden), 672—674, 727—730 (Fiktion des Fortbestehens eines Auftrags und einer Gesellschaft trotz des Erlöschens und der Auflösung), 1923 (der nasciturus gilt als vor dem Erbfalle geboren), 1953 (die aus= geschlagene Erbschaft gilt als an den Ausschlagenden nicht angefallen); vgl. ferner HGB. § 483 (für das Seerecht gelten die sämtlichen Häfen des Mittelländischen, Schwarzen und Asowschen Meers als europäische). Die Fiktion stellt eine unzweifelhaft nicht vorhandene Thatsache als vorhanden oder eine unzweifelhaft vorhandene als nicht vorhanden hin, die praesumtio juris et de jure dagegen weist den Richter an, einen Umstand, dessen Vorhandensein zweifelhaft und streitig ist, ohne Zulassung eines Beweises als vorhanden oder nicht vorhanden anzurechnen; vgl. I, 262[11] und über die actiones ficticiae des rR. I, 288[7].

Jus singulare (Sonderrecht, I, 20) ist analoger Anwendung insofern entzogen, als die darin liegende Ausnahmebestimmung nur auf die bezeichneten Gattungen von Personen, Sachen und Verhältnissen, nicht auf andere zu beziehen ist, selbst wenn bei diesen gleichartige Umstände vorliegen (l. 141 pr. D. de reg. jur. 50, 17: Quod contra rationem juris receptum est, non est producendum ad consequentia). Dagegen ist die ausdehnende Auslegung des Rechtssatzes selbst auch bei dieser Art von Rechtsnormen zulässig.

d. Rechtsirrtum.

1. Die Römer gingen davon aus, daß die Rechtsnormen jedermann bekannt sein müssen und daß niemand die Bedeutung der von ihm abgegebenen Willenserklärungen durch Berufung auf einen angeblichen Rechtsirrtum (oder eine diesem gleichzustellende Rechtsunkenntnis) abschwächen dürfe, während der Irrtum in Thatsachen unter gewissen Voraussetzungen zur Aufhebung der Willenserklärungen führen könne. Paulus drückt dies in l. 9 pr. D. de juris et facti ignor. 22, 6 durch den Satz aus: Regula est, juris quidem ignorantiam cuique nocere, facti vero ignorantiam non nocere.

Der Grundsatz „ignorantia juris nocet“ wurde anfänglich starr durchgeführt. Später wurden wegen der größeren Unübersichtlichkeit des Rechtsstoffs zwei Arten von Fällen unterschieden, in denen der Rechtsirrtum berücksichtigt wurde: einmal, wenn bei verwickelten Rechtsfragen keine Gelegenheit zur Einholung von Rechtsbelehrung gegeben oder diese unrichtig erteilt war; andererseits für gewisse Personenklassen mit zu vermutender mangelhafter Rechtskenntnis (Frauen, Minderjährige, rustici d. h. Ungebildete, Soldaten). Es wurde also die Entschuldbarkeit des Rechtsirrtums in Rücksicht gezogen[15]).

---

[15]) Aus einer von den Kompilatoren der Digesten aus dem Zusammenhang gerissenen, sehr bestrittenen Bemerkung Papinians l. 7 D. 22, 6: Juris ignorantia non prodest acquirere volentibus,

Die Praxis des Gemeinen Rechts hatte diese Grund=
sätze aufgenommen, den rustici und Soldaten jedoch das
Privileg meist versagt. Als Rechtsirrtum war nicht nur
die Unkenntnis des Rechtsstoffs, sondern auch die Unter=
stellung gegebener Thatsachen unter die falsche Rechtsnorm
anzusehen (sog. Subsumtionsirrtum) [16].

2. Das BGB. hat jede besondere Behandlung des Rechts=
irrtums aufgegeben und ihn dem Thatsachenirrtum völlig
gleichgestellt. Wie bei diesem (s. unten § 39 e) kommt es also
auf Entschuldbarkeit nicht an. Beweist jemand, daß er bei Ab=
gabe einer Willenserklärung über deren rechtlichen Inhalt
im Irrtume war (BGB. § 119), so kann er die Erklärung
anfechten, wenn anzunehmen ist, daß er sie bei Kenntnis

---

suum vero petentibus non nocet, war für das Gemeine Recht ein
allgemeiner Rechtsgrundsatz jedenfalls nicht herzuleiten, daß der Rechts=
irrtum, falls es sich um Abwendung eines Verlusts handelt, stets zu
berücksichtigen sei. Vielmehr hat Papinian vermutlich nur sagen
wollen, daß der Rechtsirrtum selbst in den Fällen, wo er als ent=
schuldbar berücksichtigt werde, nie zu einem Rechtserwerbe (zB. bei der
Ersitzung), sondern höchstens zur Abwendung eines Rechtsverlusts
führen könne.

Übrigens ist zu beachten, daß unter Rechtsirrtum nur der Irrtum
über das objektive Recht zu verstehen ist. Der Irrtum über das
subjektive Recht kann Rechtsirrtum sein (zB. wenn ich glaube, durch
Kauf und Übergabe Grundstückseigentümer geworden zu sein, während
hierzu die Auflassung erforderlich ist) oder Thatsachenirrtum (zB. wenn
ich von A. ein Pferd kaufe in der unrichtigen Meinung, A. sei dessen
Eigentümer). Auf dem Irrtum über die Berechtigung beruht die
Lehre vom „guten Glauben“, die besonders im modernen Rechte
(Grundbuchverkehr, Fruchterwerb, Ersitzung, Erwerb vom Nichteigen=
tümer) einen großen Einfluß ausübt.

[16]) Das ALR. ging in Einleit. § 12 von dem allgemeinen Ge=
danken aus: „es kann sich niemand mit der Unwissenheit eines gehörig
publizierten Gesetzes entschuldigen.“ Hiernach galt Rechsirrtum stets
als unentschuldbar, soweit es sich um verkündetes Recht (Reichsrecht,
Landesgesetze, Polizeiverordnungen) handelte, während die Unkenntnis
von Gewohnheitsrecht, das nicht einmal der Richter zu kennen braucht
(§ 293 CPO., S. 35¹) entschuldigt wurde. Das ALR. hatte somit
die gemeinrechtlichen Ausnahmefälle der Entschuldbarkeit des Rechts=
irrtums aufgegeben, legte dagegen in einzelnen Fällen (condictio
indebiti, ALR. I, 16 § 166, Behandlung des unrechtfertigen, d. h.
aus Rechtsirrtum in der Gültigkeit seines Besitztitels irrenden Besitzers,
I, 7 § 14) dem selbst unentschuldbaren Rechtsirrtum Wirksamkeit bei.

der Sachlage und bei verſtändiger Würdigung des Falls
nicht abgegeben haben würde. Er hat aber alsdann das
negative Intereſſe zu erſetzen (BGB. § 122). Für das
Reichscivilrecht [17]) hat alſo der Rechtsirrtum keine
Beſonderheit mehr. An die ignorantia juris rustica
erinnert noch § 6 des Reichsgerichtskoſtengeſetzes vom
18. Juni 1878 (vgl. ebenſo § 7 Abſ. 2 des — für die
Akte der freiwilligen Gerichtsbarkeit geltenden — Pr. Ge-
richtskoſtengeſetzes vom 25. Juni 1895), wonach die Gerichte
befugt ſind, für abweiſende Beſcheide Gebührenfreiheit zu gewähren, wenn der Antrag auf nicht anzurechnender Unkenntnis der Verhältniſſe oder auf Unwiſſenheit beruht.

§ 6. Die Wirkſamkeit der Rechtsnormen.

Grundſätzlich gelten die in Kraft ſtehenden (§ 7) Rechtsnormen in ihrem Geltungsbezirk unbeſchränkt. In wieweit
ſie durch die Rechtsnormen anderer Bezirke in ihrer Wirkſamkeit beſchränkt werden können, iſt in der Lehre vom
Internationalen Privatrechte darzuſtellen (§ 8). Aber auch)

---

[17]) Wohl aber ſpielt der Rechtsirrtum für das Strafrecht noch
eine große Rolle. Während nämlich nach § 59 StGB. dem Angeklagten die Nichtkenntnis der zum geſetzlichen Thatbeſtande gehörigen
Thatumſtände zu Gute kommen ſoll, iſt die Unkenntnis der Strafgeſetze (abgeſehen von § 18 des RG. vom 11. Juni 1870, wonach
bei entſchuldbarem Rechtsirrtum die Beſtrafung wegen Nachdrucks ausgeſchloſſen iſt, vgl. jedoch unten § 20² über den vorausſichtlichen Fortfall
dieſer Vorſchrift) als Strafausſchließungsgrund nicht anerkannt. Die
Praxis ſieht als „Thatumſtand" im Sinne des § 59 StGB. auch die
Civilrechtsnormen an. Wenn alſo zB. ein Mieter die eingebrachten,
dem geſetzlichen Pfandrechte des Vermieters unterliegenden Mobilien
(BGB. § 599) vor völliger Erfüllung ſeiner Verpflichtungen aus den
Mietsräumen entfernt („rückt"), ſo kann er ſich gegen eine Anklage
wegen ſtrafbaren Eigennutzes aus § 289 StGB. zwar nicht damit
verteidigen, daß ihm dieſe Strafbeſtimmung unbekannt war, wohl aber
damit, daß er von dem geſetzlichen Pfandrechte des Vermieters keine
Kenntnis gehabt habe. Wird eine derartige Unkenntnis der geltenden
Normen des Civilrechts vom Strafrichter feſtgeſtellt, ſo muß der Angeklagte nach § 59 StGB. freigeſprochen werden; denn es fehlt ihm
dann die zum geſetzlichen Thatbeſtande des § 289 StGB. erforderliche
rechtswidrige Abſicht, der ſog. ſtrafrechtliche dolus.

abgesehen von der Statutenkollision wird der Grundsatz un-
beschränkter Geltung der Rechtsnormen gegen jedermann in
einzelnen Fällen durchbrochen. Hierbei können natürlich
nur Sätze des jus cogens berücksichtigt werden; denn die
Anwendung von jus dispositivum kann ja durch Privat-
verfügung der Beteiligten ohne weiteres ausgeschlossen werden.
Auszusondern sind ferner die S. 17 ff. besprochenen Fälle
der Autonomie gewisser Personen und Verbände. Hierher
gehören jedoch die folgenden Fälle, in denen die gemeingültigen Rechtsnormen gewissen Personen und Rechtsverhältnissen gegenüber nicht zur Anwendung gelangen:

a. Stand und Beruf.

Stand und Beruf üben auch heute noch eine freilich
sehr verminderte Wirkung aus. Es giebt noch gegenwärtig
Gruppen von Rechtsnormen (jus singulare, S. 53), die
— wie die Bevorzugungen des hohen Adels, das Handels-
und Gewerberecht, das Militärrecht — nur auf gewisse
Personenklassen Anwendung finden. Hierüber ist unten in
§ 12 zu sprechen.

b. Souveräne.

Der Souverän nahm in monarchischen Staaten von
jeher eine Sonderstellung ein. Der Ausspruch Ulpians
„Princeps legibus solutus est" (l. 31 D. de legibus 1, 3)
entstammt einem Kommentar zur Lex Julia et Papia
Poppaea (I, 75[3]) und bezog sich ursprünglich nur auf die
Befreiung von den Vorschriften dieses Volksschlusses. Die
Kompilatoren haben diese Stelle aber zweifellos in dem
Sinn aufgefaßt und aufgenommen, daß der Kaiser den Gesetzen überhaupt nicht unterworfen sei (ein Beispiel der
„duplex interpretatio", I, 153), und dieser Grundsatz
blieb in der Zeit der absoluten Monarchie maßgebend. Das
moderne Staatsrecht unterscheidet dagegen streng zwischen
den öffentlich-rechtlichen und den bürgerlichen Beziehungen
des Staatsoberhaupts. In ersterer Hinsicht, insbesondere
auch betreffs etwaiger Strafthaten, ist der Souverän noch
heute legibus solutus, was die PrVU. Art. 43 in den

Worten ausdrückt: „Die Person des Königs ist unver=
letzlich." In seinen bürgerlichen, insbesondere vermögens=
rechtlichen Verhältnissen ist er dagegen, sofern nicht die
autonomen Satzungen der Hausverfassung (S. 19) ent=
gegenstehen, den Staatsgesetzen wie jeder andere Staats=
bürger unterworfen (vgl. ALR. II, 13 §§ 17, 18). Als
Beklagter kann er zwar einen besonderen Gerichtsstand haben
(in Preußen vor dem Geheimen Justizrat, I, 196); als
Kläger aber muß er vor die ordentlichen Gerichte gehen,
und in allen Fällen erfolgt mangels hausverfassungsmäßiger
Satzung die Entscheidung auf Grund der allgemeinen Rechts=
normen. Vgl. noch EGCPO. § 5.

c. Exterritoriale.

Exterritoriale sind Personen, die auf Grund völker=
rechtlicher Vorschriften der inländischen Staatsgewalt ganz
oder teilweise nicht unterworfen, vielmehr insoweit so zu be=
handeln sind, als wenn sie sich „ex territorio", außerhalb
des inländischen und innerhalb ihres heimischen Gebiets
befänden. Für einzelne Klassen von Exterritorialen ist
reichsrechtlich festgestellt, inwieweit sie der inländischen
Gerichtsbarkeit unterstehen. Bezüglich der übrigen Klassen
und hinsichtlich des materiellen Rechts ist die Entscheidung
so zu treffen, als befänden sich die Exterritorialen in ihrem
Heimatlande. Soweit ihre Rechtsbeziehungen unter dieser
Voraussetzung nach inländischem Recht zu beurteilen sein
würden (S. 77 ff.), kommt dieses auch ihnen gegenüber zur
Anwendung[1]).

---

[1]) Als exterritorial gelten nach anerkanntem Völkerrecht:

a. fremde, durchreisende Souveräne und Regenten mit ihrer
Begleitung und ihren Effekten;

b. fremde Regierungen;

c. die fremden Geschäftsträger mit ihrem Geschäftspersonal und
ihrer mitgebrachten Dienerschaft sowie ihren Effekten;

d. mit Genehmigung der inländischen Staatsgewalt durch=
marschierende Truppenteile;

e. Kriegsschiffe (I, 4).

Bezüglich der Ausübung der inländischen Gerichtsbarkeit betreffs
der unter c. aufgeführten Personen bestimmt GVG. §§ 18 ff., daß

d. Privilegien.

Das jus generale, das gemeingültige Recht, scheidet
sich, wie I, 20 dargelegt, in jus commune (regelmäßiges

die Chefs und Mitglieder der bei dem Deutschen Reiche beglaubigten
Missionen von der inländischen Gerichtsbarkeit überhaupt, die Chefs
und Mitglieder der bei einem Bundesstaate beglaubigten Missionen von
der Gerichtsbarkeit dieses Bundesstaats und die nichtpreußischen Bundes-
ratsmitglieder von der preußischen Gerichtsbarkeit befreit sind. Diese
„Exemtionen" genießen auch die Familienmitglieder der vorbezeichneten
Personen, ihr Geschäftspersonal und ihre nichtdeutsche Dienerschaft, die
im Deutschen Reich angestellten auswärtigen Konsuln dagegen nur
auf Grund besonderer Staatsverträge. Dem ausschließlichen inländischen
forum rei sitae des § 24 CPO. (nicht aber dem nicht ausschließlichen
der §§ 25, 26 CPO.) sind auch die Eximierten unterworfen.
Wenn also der französische Koch des englischen Botschafters in
Berlin einen dort zu erfüllenden Kaufvertrag abschließt, so kann er
auf Erfüllung vor deutschen Gerichten nicht verklagt werden. Das an-
gegangene Berliner Gericht müßte sich von Amtswegen für unzuständig
erklären. Wo gegen ihn geklagt werden kann, bestimmt sich nach den
für sein Verhältnis zur englischen Botschaft maßgebenden Vorschriften.
Schließt dagegen ein bayerischer Bundesratsbevollmächtigter aus München
in Berlin einen in Leipzig zu erfüllenden Kauf ab, so ist er in Berlin
nicht zu verklagen, vielmehr entweder auf Grund der §§ 13, 15 CPO.
in München (allgemeiner Gerichtsstand des Wohnsitzes) oder auf Grund
des § 29 CPO. in Leipzig (besonderer Gerichtsstand des Erfüllungs-
orts). Besitzt endlich der russische Botschafter in Berlin dort ein Privat-
haus, so muß der Gläubiger einer darauf ruhenden Hypothek die
dingliche actio hypothecaria (auf Rückzahlung bei Vermeidung der
Zwangsvollstreckung in das Haus) in Berlin anstellen, für die persönliche
Schuldklage (condictio mutui) dagegen sind die deutschen Gerichte unzuständig. In allen diesen Fällen muß aber das zuständige Gericht
seiner Entscheidung die Grundsätze des materiellen deutschen Rechts als
lex solutionis oder rei sitae zu Grunde legen (S. 81, 82).
Klagt ein Eximierter vor einem deutschen Gerichte, so unterwirft
er sich für den Rechtsstreit der inländischen Gerichtsgewalt, kann also
auch beim Unterliegen in die Kosten verurteilt werden. Widerklagen
gegen ihn sind jedoch gegen seinen Willen unzulässig, und im Falle
seiner Abweisung wäre eine Zwangsvollstreckung wegen der Kosten un-
ausführbar, da er in jeder Beziehung der inländischen Gerichtshoheit
entzogen ist, vielmehr insoweit als nicht im Inlande befindlich zu behandeln ist. Daher ist zB. auch eine Zeugenladung an einen Exterritorialen nur gemäß §§ 199 ff. CPO. auszuführen (durch Ersuchen
der zuständigen Behörde des fremden Staats oder des in diesem Staate
residierenden Konsuls oder Gesandten des Reichs).

Recht) und jus singulare (regelwidriges Recht). Unter
jus commune verſteht man das den allgemeinen Rechts=
prinzipien entſprechende Recht, während man mit jus singulare ſolche Rechtsnormen bezeichnet, die aus Gründen der
Rechtspolitik, d. h. der zweckmäßigſten Geſtaltung
des Rechts für einzelne Gattungen von Perſonen, Sachen
oder Rechtsverhältniſſen in Kraft ſind. Auch das jus singulare iſt gemeingültiges Recht; nur iſt ſeine Gemein=
gültigkeit auf eine beſtimmte Rechtsſphäre beſchränkt.

Der Rechtspolitik genügt aber die Feſtſtellung von
Sondernormen für das Bedürfnis einzelner Gattungen
von Perſonen, Sachen oder Rechtsverhältniſſen nicht. Viel=
mehr iſt es zuweilen erforderlich, einer einzelnen Perſon
oder Sache durch eine nur für ſie beſtimmte Rechtsnorm
(lex specialis) eine Ausnahmeſtellung anzuweiſen. Der=
artige Rechtsnormen nennt man jus speciale. Während
das jus singulare eine Unterart des jus generale iſt,
bildet das jus speciale einen Gegenſatz zu dieſem.

Die Terminologie dieſes Rechtsgebiets iſt durch Ein=
führung des Ausdrucks privilegium (von privus und
lex) ſehr verwirrt worden. Man verſteht nämlich hierunter
einmal eine Norm des objektiven Rechts, und zwar ſowohl
eine ſolche, die ſich als jus singulare, wie diejenige, die ſich
als jus speciale kennzeichnet (privilegium im obj. Sinn);
andererſeits aber auch die auf einer ſolchen Rechtsnorm be=
ruhende Sonderberechtigung (privilegium im ſubj.
Sinne). Die auf jus singulare beruhenden privilegia
personae (zB. der Soldaten, Minderjährigen, Kaufleute,
Ausländer), rei (zB. der zu einem Fideikommiß gehörenden
Grundſtücke), causae (zB. der Steuerforderungen) ſind im
Zuſammenhang der betreffenden Rechtsinſtitute zu beſprechen,
da ſie einheitlicher Grundſätze entbehren. Dagegen unter=
liegen die durch eine lex specialis begründeten Sonderrechte
einzelner Perſonen, Sachen oder Rechtsverhältniſſe, die als
Privilegien im engeren Sinne bezeichnet werden, gleichen
Regeln.

1. Die jeder ſtaatlichen Willkür abgeneigte moderne
Zeit iſt dem Ausnahmerechte, das ſich im Mittelalter, ins=

besondere unter dem Einflusse des kanonischen Rechts, ent=
faltet hatte, ungünstig. In vielen Fällen, wo sich früher
die Staatsgewalt mit Privilegien behalf, ist heute der Rechts=
schutz durch allgemeine Gesetze gewährleistet. So ist an die
Stelle der für den einzelnen Fall verliehenen Urheber=
privilegien das auf Gesetz beruhende Urheberrecht (unten
§ 15), an die Stelle der Verleihung der Korporationsrechte
durch Staatsakte das System der Normativbestimmungen
(unten § 20) getreten. Andererseits ist für viele Rechts=
gebiete die Erteilung von Privilegien überhaupt verboten.
So ist zB. durch Reichsrecht die Begründung ausschließlicher
Gewerbeberechtigungen (RGO. § 10) und in Preußen die
Gewährung von Steuerprivilegien (PrVU. Art. 101)
untersagt.

Die lex specialis, aus der die Sonderberechtigung
entspringt, entsteht grundsätzlich in derselben Weise wie jede
andere Rechtsnorm. Nur ist der Erlaß einer lex specialis
vielfach der ordentlichen Gesetzgebung entzogen und dem
Souverän oder den Verwaltungsorganen übertragen[2]). Sie
gilt jedoch in jedem Fall als Norm des objektiven Rechts.
Daher bedarf es keiner Annahme seitens des Begünstigten

---

[2]) Nach § 1 des RG. betr. die Inhaberpapiere mit Prämien
vom 8. Juni 1871 kann zB. das Privileg zur Ausgabe derartiger
Wertpapiere nur durch Reichsgesetz erteilt werden, und das gleiche gilt
gemäß § 1 des Reichsbankgesetzes vom 14. März 1875 bezüglich der
Befugnis zur Ausgabe von Banknoten. In Preußen ist durch die
Verfassungsurkunde und die Landesgesetze die Erteilung von Privilegien
regelmäßig dem König übertragen: PrVU. Art. 49 (Begnadigung),
50 (Verleihung von Orden und Auszeichnungen, zB. des Adels); Pr.
Eisenbahngesetz vom 3. November 1838 (Konzession von Eisenbahnen);
Pr. Enteignungsgesetz vom 11. Juni 1874 (Verleihung des Ent=
eignungsrechts); vgl. ALR. II, 13 § 7. Zu beachten ist für Preußen,
daß gemäß dem Gesetz vom 10. April 1872 derartige Privilegien,
soweit sie überhaupt von öffentlichem Interesse sind, durch die Amts=
blätter der Bezirksregierungen verkündet und in der Gesetzsammlung
als in dieser Weise verkündet nur erwähnt werden.

Das BGB. enthält keinerlei besondere Vorschriften betreffs der
Privilegien. Die landesgesetzlichen Vorschriften sind also in Kraft ge=
blieben, soweit sie nicht ausschließlich privatrechtlicher Natur sind
(EGBGB. Art. 55).

(das Privileg wird „verliehen"), und die irrige Auslegung des Privilegs ist ein Revisionsgrund (I, 499). Der Nachweis der lex specialis kann durch unvordenkliche Verjährung ersetzt werden[3]. Eine besondere Art des Privilegs ist die Befreiung (Dispensation), d. h. die Aufhebung einer allgemeinen Rechtsvorschrift für einen einzelnen Fall. Das BGB. erwähnt derartige Befreiungen in den §§ 1303 (Ehemündigkeit), 1312 (Ehebruch), 1313 (Wartezeit), 1316 (Aufgebot), 1745 (Mindestalter bei Kindesannahme). Ihre Erteilung steht der Landesregierung des Bundesstaats zu, welchem die beteiligten Personen angehören, BGB. §§ 1322 und 1745 Abs. 2[4].

---

[3] In ähnlicher Weise ließ das ALR., dem das Institut der unvordenklichen Verjährung unbekannt war, mit 44 Jahren die Vermutung für Verleihung des Adels (II, 9 § 19) und mit 50 Jahren die Befreiung von öffentlichen Lasten und Abgaben (I, 9 § 656) entstehen; in jedem Falle sollte der Zustand im Normaljahre 1740 entscheiden (I, 9 §§ 641 ff.).

[4] Für Preußen ist ergangen die Königliche Verordnung zur Ausführung des BGB. vom 16. November 1899. Danach hat zu erteilen:

a. der Justizminister: die Befreiung

1. von dem Erfordernis der Ehemündigkeit, d. h. von der Vorschrift, daß eine Frau nicht vor der Vollendung des 16. Lebensjahrs eine Ehe eingehen darf (§ 1303),

2. von dem Verbote der Eheschließung zwischen einem wegen Ehebruchs geschiedenen Ehegatten und demjenigen, mit welchem er den Ehebruch begangen hat (§ 1312),

3. von dem für die Annahme an Kindesstatt erforderlichen Alter des Annehmenden (§§ 1744, 1745);

b. der Minister des Innern: die Befreiung von dem vor der Eheschließung erforderlichen Aufgebot (§ 1316); in dringenden Fällen kann die Aufsichtsbehörde (in Landkreisen der Landrat, in Stadtkreisen der Regierungspräsident) eine Abkürzung der Aufgebotsfristen gestatten;

c. das Amtsgericht des Wohnsitzes, mangels eines in Preußen begründeten Wohnsitzes des Aufenthaltsorts: die Befreiung von der zehnmonatigen Wartezeit (§ 1313).

Die Ehelichkeitserklärung (§ 1723, legitimatio per rescriptum principis) wird vom Justizminister erteilt; handelt es sich aber um die Annahme eines adligen Namens, so ist die Genehmigung des Königs einzuholen.

2. Die Privilegien werden eingeteilt:

α. in privilegia favorabilia und odiosa, je nachdem sie dem Betroffenen eine günstigere oder ungünstigere Rechtsstellung gewähren, als ihm nach dem jus generale zukommt[5]);

β. in privilegia personalia und realia, je nachdem sie einer Person zustehen oder an eine Sache geknüpft sind[6]);

γ. in privilegia conventionalia und pura, je nachdem sie auf einem Vertrage beruhen oder nicht; auch im ersteren Falle kann jedoch aus dem geschlossenen Vertrage auf Erteilung des Privilegs nicht geklagt werden, da diese, wie oben erwähnt, ein gesetzgeberischer Akt ist, der auf dem Rechtswege nicht erzwungen werden kann;

δ. in privilegia gratiosa (gratuita) und onerosa, je nachdem sie ohne oder gegen eine Leistung des Begünstigten verliehen werden;

ε. in privilegia affirmativa und negativa, je nachdem sie eine positive Befugnis oder eine Befreiung gewähren.

3. Jedes Privilegium gilt im Zweifel als unbeschadet der bestehenden Rechte anderer verliehen und unter der ferneren Voraussetzung, daß die bei dem Gesuch um Verleihung vorgebrachten Thatsachen wahr sind. Unter analoger Anwendung der gegen die Prozeßreskripte zulässigen Einwände (I, 336) wurde gemeinrechtlich eine exceptio sub- et

---

[5]) Privilegia odiosa sind auf dem Gebiete des Privatrechts selten und vielfach verfassungsmäßig verboten. Staatsrechtliche privilegia odiosa sind zB. die Verbannung der Mitglieder der ehemaligen Dynastieen aus Frankreich und die — durch PrG. vom 10. April 1892 wiederaufgehobene — Beschlagnahme des Vermögens des früheren Königs Georg V. von Hannover durch die Verordnung mit Gesetzeskraft vom 2. März 1868 (sog. Welfenfonds).

[6]) Manche nennen privilegia mixta Bevorzugungen, die gewissen Personen nur beim Eintritt in ein bestimmtes Rechtsverhältnis zustehen, wenn zB. ein Adelsprädikat demjenigen Mitglied einer Familie verliehen wird, das in den Besitz einer bestimmten Standesherrschaft gelangt. So führt zB. das Familienhaupt der gräflich Hochbergschen Familie, dem die Standesherrschaft Pleß zusteht, den Titel „Fürst Pleß".

obreptionis auch gegen Privilegien zugelaſſen. Außer der auf dieſem Wege möglichen Vernichtung des Privilegs iſt ſeine Entziehung ferner im öffentlichen Intereſſe gegen Ent=ſchädigung und ohne eine ſolche wegen Mißbrauchs zuläſſig (vgl. ALR. Einl. § 62 ff.). Perſönliche Privilegien gehen mit dem Tode des Berechtigten unter. Verzicht iſt nur zu=läſſig, ſofern nicht, wie zB. bei Eiſenbahnprivilegien, das öffentliche Intereſſe entgegenſteht.

§ 7. Zeitliche Wirkſamkeit der Rechtsnormen.

a. Allgemeine Grundſätze.

Wie S. 39 bemerkt, regelt ſich das Verhältnis einer neu entſtehenden Rechtsnorm zu dem bisherigen Rechte nach dem Grundſatze: lex posterior derŏgat priori. Daraus ergiebt ſich von vornherein, daß die neue Rechtsnorm vom Zeitpunkt ihrer Wirkſamkeit an (S. 13) die neu entſtehenden Rechtsbeziehungen beſtimmt. Nun findet aber — von der Bildung ganz neuer Rechtsinſtitute abgeſehen — jede neue Rechtsnorm bereits begründete Rechtsbeziehungen der gleichen Art vor, wie ſie zu ordnen beſtimmt iſt. Es fragt ſich daher, wie die neue Rechtsnorm auf dieſe beſtehenden Rechts=verhältniſſe einwirkt.

Als leitender Grundſatz iſt hierbei feſtzuhalten, daß neue Rechtsnormen regelmäßig nur in die Zukunft, nicht in die Vergangenheit wirken, daß ſie alſo keine rückwirkende Kraft haben. Dies iſt in l. 7 C. de leg. 1, 14 („Leges et constitutiones futuris certum est dare formam negotiis, non ad facta praeterita revocari, nisi nomi-natim etiam de praeterito tempore adhuc pendentibus negotiis cautum sit") und in vielen neueren Geſetzbüchern (zB. ALR. Einl. § 14: „Neue Geſetze können auf ſchon vorhin vorgefallene Handlungen und Begebenheiten nicht an=gewendet werden") zum Ausdrucke gelangt. Freilich hat der Staat die formelle Macht, dieſem Grundſatz entgegen die Rückwirkung eines Geſetzes ausdrücklich anzuordnen — ab=geſehen von der ſtets rückwirkenden authentiſchen Inter=pretation, S. 41. Er wird aber hiervon nur ausnahms=

weise Gebrauch) machen, wenn es sich um Beseitigung ver=
alteter und kulturfeindlicher Institute handelt; vgl. die
Agrargesetzgebung in Rom, I, 105[4] und in Deutschland,
II, 625[2], die Bundes= (jetzt Reichs=) Gesetze vom 29. Mai
1868 betr. die Aufhebung der Schuldhaft (I, 533[3]) und
vom 1. Juli 1868 betr. die Schließung und Beschränkung
der öffentlichen Spielbanken (II, 509[6]); und von Preußischen
Gesetzen die G. vom 31. Oktober 1848 betr. die Aufhebung
des Jagdrechts auf fremdem Grund und Boden (II, 65[11])
und vom 22. Februar 1869 (Aufhebung des Eheverbots
wegen Ungleichheit des Standes, vgl. II, 122[1]). Auf durch
Erfüllung, Vergleich oder rechtskräftiges Urteil endgültig
erledigte[1]) Angelegenheiten sind aber auch derartige Rechts=
normen nicht mehr zurück zu beziehen (vgl. auch l. 1 § 12
D. ad S. C. Tertullian. 38, 17: Quae judicata,
transacta finitave sunt, rata maneant).

Ein sich Rückwirkung beilegender Rechtssatz kann ent=
weder nur die neue Entstehung gewisser Rechtswirkungen aus
den bestehenden Rechtsverhältnissen ausschließen, zB. wenn
ein Gesetz das Zinsenhöchstmaß auch für die bereits
schwebenden Verträge herabsetzt (sog. schwächere Rück=
wirkung); oder auch die vor dem Inkrafttreten der neuen
Rechtsnorm bereits eingetretenen Rechtsfolgen beseitigen, zB.
wenn das gesetzliche Zinsmaximum herabgesetzt und gleich=
zeitig bestimmt wird, daß die Herabsetzung auch die vor dem
Inkrafttreten der neuen Rechtsnorm verfallenen, aber noch
nicht bezahlten Zinsen ergreifen solle (vgl. l. 26, 27 C. de
usuris 4, 32, sog. stärkere Rückwirkung).

Der mangels einer ausdrücklichen oder dem Geiste des
neuen Rechtssatzes zu entnehmenden Vorschrift zur An=

---

[1]) Vgl. zB. ERG. 3, 156: Lortzing hatte das Aufführungsrecht
seiner Oper „Zar und Zimmermann" 1840 vertragsmäßig gegen
eine einmalige Abfindung der Darmstädter Hofbühne überlassen.
Nachdem § 58 des Nachdrucksgesetzes vom 11. Juni 1870 den Schutz
des Gesetzes auch den vor seinem Inkrafttreten erschienenen Werken
zugesichert hatte, klagten die Erben Lortzings auf Ungültigkeitserklärung
jenes Vertrags, wurden aber vom Reichsgericht mit der Begründung
abgewiesen, daß § 58 auf die Rechtsbeständigkeit abgeschlossener Ver=
träge keine Einwirkung ausübe.

wendung gelangende Grundsatz der Nichtrückwirkung bedeutet, daß an dem zur Zeit des Geltendwerdens der neuen Rechts= norm bestehenden Zustande nichts zu Ungunsten eines Be= teiligten geändert werden darf, oder, wie man sagt, daß „wohlerworbene Rechte" (jura quaesita, besser „zum Abschluß gelangte Rechtsbeziehungen") nicht berührt werden dürfen[2]).

Hierin liegt, daß ein Recht, das dem neuen Rechtssatz entzogen sein soll, bei dessen Geltendwerden schon erworben (d. h. in die Wirklichkeit getreten, wenn auch noch betagt oder bedingt) sein muß, daß also bloße Erwartungen und Hoffnungen, zB. auf einen Erbanfall, nicht gegen die Ein= wirkung des neuen Rechts geschützt sind.

b. Grundsätze des BGB.

Das BGB. selbst enthält keinerlei Vorschriften über die Wirkung neuer Rechtsnormen auf bestehende Rechtsver= hältnisse. Dagegen handelt der IV. Abschnitt („Übergangs= vorschriften") des EGBGB. in den Art. 153—217 von dem Einflusse des BGB. auf die Rechtsverhältnisse, die bei seinem Inkrafttreten am 1. Januar 1900 bestanden. Die hier zum Ausdrucke gelangten Grundsätze sind jedoch, als aus der Natur der Sache abgeleitet, von allgemeiner Be= deutung für alle Fälle des Wechsels der Gesetzgebung.

Das EGBGB. geht von dem oben dargelegten all= gemeinen Grundsatze der Nichtrückwirkung neuer Gesetze aus, wenngleich dieser Grundsatz als ein im Wesen der Rechts= ordnung begründetes Vernunftgebot nicht noch besonders zum Ausdrucke gebracht ist.

---

[2]) Savigny unterscheidet: Rechtsnormen, die den Erwerb oder Verlust von Rechten betreffen, wirken nicht zurück; Rechtsnormen, die das Dasein, nämlich das Sein oder Nichtsein und das So= oder Anderssein der Rechte betreffen, wirken zurück. Die herrschende Meinung verwirft diese Unterscheidung. Lassalle (System der er= worbenen Rechte) beschränkt den Begriff der wohlerworbenen Rechte auf solche Berechtigungen, die der Einzelne durch eigene Willensthat wirklich „erworben" hat. Auch dies wird allseitig abgelehnt.

Im einzelnen sind folgende Grundsätze anerkannt (vgl. Habicht, die Einwirkung des BGB. auf zuvor entstandene Rechtsverhältnisse).

1. **Allgemeine Lehren (EGBGB. Art. 153—169).**

α. **Natürliche Personen.**

a. **Rechtsfähigkeit.**

Nach BGB. ist jeder Mensch in gleichem Maße rechtsfähig (unten § 12). Dieser Grundsatz beherrschte aber auch schon das bisherige Recht, sodaß eine etwaige Rückwirkung des neuen Rechts im allgemeinen nicht in Frage kommen kann. Nur in zwei Punkten weicht das neue Recht von dem bisherigen ab.

1) Nach einigen Rechten waren Mißgeburten nicht rechtsfähig (so ALR. I, 1 § 17); ferner erklärte das französische Recht Vitalität zu einer Bedingung der Rechtsfähigkeit (unten § 11 b.). Beides hat das BGB. beseitigt. Die Frage, ob eine vor dem 1. Januar 1900 geborene Mißgeburt oder nicht lebensfähige Geburt mit diesem Zeitpunkte Rechtsfähigkeit auch für die Vergangenheit erlangt, ist vom BGB. nicht entschieden. Diese Frage hat jedoch nur eine Bedeutung für das Erbrecht, und hierfür ergiebt EGBGB. Art. 213, daß ein vor dem 1. 1. 1900 Gestorbener nach dem bisherigen Rechte beerbt wird, während hinsichtlich eines nach dem 1. 1. 1900 Gestorbenen natürlich das neue Recht zur Anwendung kommt.

2) Die nach dem bisherigen Rechte bestehende Vermögensunfähigkeit der Klosterpersonen wird durch das BGB. beseitigt (unten § 11 c.). Eine Rückwirkung des BGB. ist aber auch hier nicht angeordnet, findet also nach dem allgemeinen Grundsatze (S. 59) nicht statt. Der Mönch erhält daher das durch die Profeßleistung verlorene Vermögen nicht zurück und nimmt an der Beerbung eines vor dem 1. 1. 1900 Gestorbenen nicht teil.

b. **Geschäftsfähigkeit.**

1) **Volljährigkeit.**

Savigny bezeichnete die erlangte Volljährigkeit als ein „erworbenes Recht", das daher (im Falle der Hinausschiebung des Volljährigkeitszeitpunkts) vom Gesetzgeber nicht wieder entzogen werden dürfe. Dem ist die herrschende Meinung mit der Ausführung entgegengetreten, daß alsdann auch alle anderen einmal erlangten Befähigungen (Ehe= mündigkeit, Testierfähigkeit, S. 62) von der Gesetzgebung unangetastet bleiben müßten.

Für den Eintritt des BGB. erübrigt sich die Ent= scheidung dieser Fragen, da durch § 2 die Volljährigkeit auf das vollendete 21. Lebensjahr bestimmt ist, was sich mit dem bisherigen Reichsrecht (RG. vom 17. Februar 1875) deckt (unten § 13 b.). Dagegen bedurfte die gemeinrechtlich eben= falls streitige Frage einer Entscheidung, ob sich die Rechts= stellung eines vor Erreichung des Volljährigkeitstermins einem Volljährigen Gleichgestellten nach dem Inkrafttreten des neuen Rechts nach diesem oder nach dem bisherigen Rechte bestimmt? Die Entscheidung dieser Frage hat für den vom BGB. bei seinem Inkrafttreten vorgefundenen Rechtszustand vor allem nach zwei Richtungen hin praktische Bedeutung.

Einerseits erlangt nach BGB. § 3 Abs. 2 ein für volljährig Erklärter die rechtliche Stellung eines Voll= jährigen, während manche bisherigen Rechte (zB. das Ge= meine Recht hinsichtlich der Verfügung über Grundstücke, unten § 13 b. 1.) die Geschäftsfähigkeit des für volljährig erklärten Minderjährigen beschränkten.

Andererseits verknüpften einzelne bisherige Rechte (Hamburg, Lübeck) mit gewissen Ereignissen, insbesondere mit der Verheiratung, den Eintritt der Volljährigkeit (Heirat macht mündig, II, 707 [5]), während dem BGB. ein solcher Einfluß der Verheiratung fremd ist (unten § 13 b. 1.).

In beiden Beziehungen spricht EGBGB. Art. 153 die Rückwirkung der Grundsätze des BGB. aus: wer am 1. 1. 1900 auf irgend eine Weise die rechtliche Stellung eines Volljährigen erlangt hatte, steht von dieser Zeit an einem Volljährigen gleich. Hatte also zB. ein 18 Jahr alter Hamburger (mit Befreiung, Personenstandsges. § 28) 1899 geheiratet und war seine Frau noch im gleichen Jahr gestorben, so ist er für eine 1900 neu einzugehende Ehe,

da er durch die erste Heirat volljährig wurde, ehemündig,
während ein Preuße in gleicher Lage — da es keine Be=
freiung für Männer mehr giebt, BGB. § 1303 — für
großjährig erklärt werden müßte, um heiraten zu können.

2) Ehemündigkeit und Testierfähigkeit

sind Eigenschaften, deren Vorhandensein nach dem Augen=
blicke zu beurteilen ist, in welchem die Handlung (Ehe=
schließung, Testamentserrichtung) vorgenommen wird. Es
handelt sich hierbei nicht um wohlerworbene, der Einwirkung
des neuen Rechts entzogene Rechte. Diesen der bisher
herrschenden Meinung entsprechenden Grundsätzen folgt auch
das BGB. Es erhöht in § 1303 das Alter der Ehemündig=
keit für Männer von 20 (Personenstandsgesetz § 28) auf
21 Jahr: ein 20½ Jahr alter Mann kann also nicht
heiraten, selbst wenn er etwa vor dem 1. 1. 1900 — als
damals schon ehemündiger — aufgeboten worden war.
Ferner erhöht BGB. § 2229 die Testierfähigkeit auf das
16. Jahr, während zB. das ALR. I, 12 § 16 nur die
Erreichung des 14. Jahrs verlangte. Das Testament eines
fünfzehn Jahr alten Kindes ist also rechtsgültig, wenn es
im Gebiete des ALR. vor, nicht aber, wenn es nach dem
1. 1. 1900 errichtet ist. Von dem hiernach geltenden
Grundsatze der Bestimmung der Testierfähigkeit nach dem
zZ. der Testamentserrichtung geltenden Rechte macht jedoch
EGBGB. Art. 215 eine bemerkenswerte Ausnahme: wer
vor dem 1. 1. 1900 auf Grund seiner damaligen Testier=
fähigkeit eine Verfügung von Todeswegen errichtet hat,
behält die Fähigkeit, auch wenn er das nach dem BGB.
erforderliche Alter noch nicht erreicht hat. Wer also als
Vierzehnjähriger am 1. 12. 1899 im Gebiete des ALR.
(zu gerichtlichem Protokoll, ALR. I, 12 § 17) eine rechts=
gültige letztwillige Verfügung errichtet hat, kann sie auch
noch vor Vollendung des 16. Lebensjahrs nach dem
1. 1. 1900 ändern oder durch eine neue ersetzen. Durch
die Ausübung ist die Testierfähigkeit also gewissermaßen zu
einem wohlerworbenen Rechte geworden.

3) Entmündigung.

Die Wirkungen einer vor dem 1. 1. 1900 herbei= geführten Entmündigung wegen Geisteskrankheit oder Ver= schwendung bestimmen sich vom 1. 1. 1900 ab nach BGB. (EG. Art. 155, 156). Es werden also zB. lucida inter- valla vom 1. 1. 1900 an nicht mehr berücksichtigt (unten § 13. b. 2.), und ein vor dem 1. 1. 1900 entmündigter Verschwender bedarf der Einwilligung seines Vormunds zur Eheschließung und ist testierunfähig (unten § 13 b. 2. γ.).

c. Todeserklärung.

Die Wirkungen einer vor dem 1. 1. 1900 erfolgten Todeserklärung bestimmen sich nach dem bisherigen Rechte. Jedoch kann der Ehegatte einer vor dem 1. 1. 1900 für tot erklärten Person nach dem 1. 1. 1900 selbst dann eine neue Ehe eingehen, wenn die Wiederverheiratung nach den bisherigen Gesetzen nicht zulässig gewesen sein würde. Ein am 1. 1. 1900 anhängiges Verfahren auf Todeserklärung ist nach den bisherigen Rechten zu erledigen (EGBGB. Art. 158—162).

β. Juristische Personen.

Auf die vor dem 1. 1. 1900 begründeten juristischen Personen finden — insoweit sie nicht der Herrschaft des Reichsrechts überhaupt entzogen sind (EGBGB. Art. 82 ff., BGB. § 89) — für die Folge die Vorschriften des BGB. §§ 25—53 und 85—89 (Verfassung, Auflösung, Stif= tungen) Anwendung (Art. 163—167).

γ. Verjährung.

Die noch laufende Verjährung ist kein „wohlerworbenes Recht", sondern stellt nur eine Rechtsentwertung in Aus= sicht. Sie tritt daher grundsätzlich sogleich unter die neuen Vorschriften; nur bestimmen sich natürlich Beginn, Hem= mung und Unterbrechung nach dem bisherigen Rechte, soweit diese Ereignisse unter dessen Herrschaft eingetreten sind. Von dem auch in EGBGB. Art. 169 Abs. 1 aufgestellten

Grundsatze der sofortigen Anwendbarkeit des neuen Rechts auf die am 1. 1. 1900 laufenden Verjährungen macht Art. 169 Abs. 2 aus praktischen Rücksichten eine Ausnahme[1]).

2. Recht der Schuldverhältnisse (EGBGB. Art. 170—179).

α. Allgemeines.

Nach EGBGB. Art. 170 bleibt für ein vor dem 1. 1. 1900 entstandenes — wenn auch erst später wirksam gewordenes (zB. bedingtes oder befristetes) — Schuldverhältnis das bisherige Recht maßgebend. Das gilt sowohl für die Eigenschaften (zB. Klagbarkeit, Vererblichkeit)[2]) als für den Inhalt des Schuldverhältnisses (zB. Wahlrecht, Umfang der Haftung, Übergang der Gefahr, Ort, Zeit und Art der Erfüllung, Wirkungen des Verzugs und der Erfüllungsunmöglichkeit). Dagegen richten sich Form und Wirkungen des Erfüllungsgeschäfts nach dem neuen Rechte. Hat zB. jemand unter der Herrschaft des Gemeinen Rechts ein Grundstück verkauft, so muß er bei einer nach dem 1. 1. 1900 vorgenommenen Erfüllung dem Käufer das Grundstück auch auflassen, sofern dafür ein Grundbuchblatt vorhanden ist.

Einzelne Vorschriften des BGB. sind zwingender Natur und daher auch auf die am 1. 1. 1900 bestehenden Schuldverhältnisse anwendbar. Dazu gehören zB. die §§ 138

---

[1]) „Ist die Verjährungszeit nach dem BGB. kürzer als nach den bisherigen Gesetzen, so wird die kürzere Frist von dem Inkrafttreten des BGB. an berechnet. Läuft jedoch die in bisherigen Gesetzen bestimmte längere Frist früher ab als die im BGB. bestimmte kürzere Frist ab, so ist die Verjährung mit dem Ablaufe der längeren Frist vollendet."

Wird also zB. eine bisherige dreißigjährige Verjährung im BGB. durch eine zweijährige ersetzt und sind am 1. 1. 1900 15 Jahre abgelaufen, so endet sie am 1. 1. 1902; waren aber schon 29 Jahre abgelaufen, am 1. 1. 1901.

[2]) Eine unter der Herrschaft des Gemeinen Rechts abgeschlossene Wette zB. ist daher trotz BGB. § 762 klagbar.

Abs. 2 (Nichtigkeit wucherlicher Geschäfte), 310 (Nichtigkeit von Überlassungsverträgen über künftiges Vermögen).

β. Miet-, Pacht- und Dienstverträge.

a. Ein am 1. 1. 1900 bestehendes Miet-, Pacht- und Dienstverhältnis bleibt nach dem unter α. Gesagten an sich dem bisherigen Recht unterworfen. Erfolgt die Kündigung jedoch nicht für den ersten Termin, für den dies zulässig ist, so untersteht es für die Folge den Vorschriften des BGB. (EGBGB. Art. 171)[3]).

b. Das BGB. hat in den §§ 571—579 den gemeinrechtlichen Satz „Kauf bricht Miete" als eine den modernen Anschauungen fremde Überspannung des Eigentumsbegriffs verworfen (II, 484[1]). Maßgebend waren dabei hauptsächlich sozialpolitische Rücksichten. Daher bestimmt EGBGB. Art. 172 die sofortige Anwendung der zum Schutze des Mieters und Pächters gegebenen Vorschriften auf die vor dem 1. 1. 1900 eingegangenen Miet- und Pachtverhältnisse.

c. Sofort anwendbar sind auch — wenngleich dies nicht bestimmt ist — die übrigen auf sozialpolitischen Erwägungen beruhenden Vorschriften des BGB. über Miet- und Dienstverhältnisse, vor allem die §§ 544 (Kündigung bei gesundheitgefährdendem Zustande von Wohnräumen), 567, 624 (Höchstdauer der Miet- und Dienstverträge), 617, 618 (sozialpolitische Pflichten des Dienstberechtigten).

---

[3]) Nach preuß. R. erfaßt zB. das Vermieterpfandrecht auch die zum eingebrachten Vermögen gehörenden Sachen der Ehefrau des Mieters (II, 687[11]), während ihm nach BGB. nur die eigenen Sachen des Mieters unterliegen: A. hat an B. zum 1. 10. 1899 eine Wohnung auf ein Jahr vermietet mit der Klausel: „Dieser Vertrag verlängert sich stets um ein weiteres Jahr, wenn nicht eine der Parteien 3 Monate vor dem Ablaufe kündigt". B. ist mit seiner Frau am 1. 10. 1899 eingezogen; die Möbel gehören seiner Frau. Kündigt A. nicht zum 1. 10. 1900 (also spätestens am 30. 6. 1900), so kann er wegen des Mietzinses der Folgezeit sich an die Möbel der Frau nicht mehr halten; denn nunmehr untersteht das Mietverhältnis dem BGB.

γ. Gemeinschaft.

Auf eine am 1. 1. 1900 bestehende Gemeinschaft nach Bruchteilen finden von dieser Zeit an die Vorschriften des BGB. Anwendung (EGBGB. Art. 173). Derartige Gemeinschaften sollen gleich dem ihnen sehr ähnlichen Miteigentum (Art. 181) sogleich dem neuen Recht unterstehen.

δ. Schuldverschreibungen auf den Inhaber.

Der an sich auch für Inhaberpapiere geltende allgemeine Grundsatz des Art. 170 EGBGB., wonach für die vor dem 1. 1. 1900 ausgegebenen Papiere das frühere Recht geltend bleibt, ist in den Art. 174 ff. aus Zweckmäßigkeitsrücksichten eingeschränkt. Insbesondere findet eine Außerkurssetzung auch bezüglich der vor dem 1. 1. 1900 ausgegebenen Inhaberpapiere nicht mehr statt (dafür ist aber eine Umschreibung auf den Namen eines bestimmten Berechtigten zulässig, BGB. § 806); eine vorher erfolgte Außerkurssetzung wurde mit dem 1. 1. 1900 wirkungslos.

3. Sachenrecht (EGBGB. Art. 180—197).

α. Besitz und Eigentum richten sich grundsätzlich sogleich nach BGB. Jedoch bleibt das am 1. 1. 1900 bestehende (dem BGB. unbekannte, II, 584³) Sondereigentum an Grundstückserzeugnissen sowie das Stockwerkseigentum bestehen (Art. 180—183). Ferner erfolgen der Erwerb und Verlust des Eigentums sowie die Begründung, Übertragung, Belastung und Aufhebung eines anderen Rechts an einem fremden Grundstück auch nach dem 1. 1. 1900 nach dem bisherigen Rechte hinsichtlich derjenigen Grundstücke, für die das Grundbuch noch nicht als angelegt anzusehen ist (Art. 186, 189).

β. Dingliche Rechte an fremder Sache bestimmen sich grundsätzlich nach bisherigem Recht (Art. 184); nur die Grundstücksbelastungen werden sogleich dem BGB. unterworfen (Art. 192—196, vgl. PrAGBGB. Art. 33 bis 35).

4. Familienrecht (EGBGB. Art. 198—212).

α. Gültigkeit der Ehe.

Die Gültigkeit einer vor dem 1. 1. 1900 geschlossenen Ehe bestimmt sich (zB. hinsichtlich der Form und der Voraussetzungen) nach dem bisherigen Recht. Eine danach nichtige oder ungültige Ehe ist jedoch als von Anfang an gültig anzusehen, wenn die Ehegatten am 1. 1. 1900 noch als Ehegatten mit einander lebten und der Grund, auf dem die Nichtigkeit oder Ungültigkeit beruht, nach dem BGB. die Nichtigkeit oder Anfechtbarkeit der Ehe nicht herbeiführt (Art. 198); vgl. zB. BGB. §§ 1319 und 1324 Abs. 2.

β. Wirkungen der Ehe.

a. Die persönlichen Rechtsbeziehungen der Ehegatten zu einander, insbesondere die gegenseitige Unterhaltspflicht, bestimmen sich auch für die am 1. 1. 1900 bestehenden Ehen nach BGB. (EGBGB. Art. 199).

b. Für den Güterstand bleiben dagegen die bisherigen Vorschriften maßgebend (EGBGB. Art. 200). Jedoch haben die landesrechtlichen Ausführungsgesetze (gemäß EGBGB. Art. 218) die Überleitung der bisherigen Ehegüterrechte in die im BGB. anerkannten bewerkstelligt. Für Preußen ist dies geschehen durch die Art. 44—67 des AGBGB. vom 20. September 1899; vgl. II, 676[1].

c. Die Ehescheidung erfolgt vom 1. 1. 1900 an nach den Vorschriften des BGB., und zwar auch dann, wenn die Klage bereits vorher anhängig geworden ist[4]).

---

[4]) Ein kinderloses Ehepaar zB. konnte sich gemäß ALR. II, 1 § 716 wegen unüberwindlicher Abneigung auf Grund wechselseitiger Einwilligung scheiden lassen. Dieser Ehescheidungsgrund ist im BGB. fortgefallen. Ist nun die Klage am 6. 10. 1899 zugestellt, der letzte Verhandlungstermin aber auf den 2. 1. 1900 anberaumt, so kann nicht mehr auf Scheidung auf Grund wechselseitiger Einwilligung erkannt werden.

γ. Rechtsverhältnis zwischen Eltern und Kindern.

a. Die Ehelichkeit eines Kindes bestimmt sich — was im EGBGB. als selbstverständlich nicht besonders ausgedrückt ist — nach den zur Zeit der Geburt geltenden Grundsätzen.

b. Das Rechtsverhältnis der Eltern zum Kinde (elterliche Gewalt, Rechte am Kindesvermögen, Unterhaltspflicht) dagegen soll sich vom 1. 1. 1900 ab nach BGB. bestimmen (EGBGB. Art. 203 ff.).

c. Die rechtliche Stellung eines vor dem 1. 1. 1900 geborenen unehelichen Kindes bestimmt sich für die Folgezeit nach BGB. Für die Erforschung der Vaterschaft sowie für die Unterhaltspflicht des Vaters bleiben jedoch die bisherigen Rechte maßgebend (Art. 208)[5]).

δ. Vormundschaft.

a. Eine am 1. 1. 1900 bestehende Vormundschaft wird sogleich von den Vorschriften des BGB. erfaßt[6]). Eine wegen eines körperlichen Gebrechens angeordnete Vormundschaft gilt als Pflegschaft (EGBGB. Art. 210).

b. Doch bleiben die landesgesetzlichen Vorschriften über die Anlegung von Mündelgeld in Wertpapieren in Kraft (EGBGB. Art. 212). Vgl. für Preußen AGBGB. Art. 73—76.

5. Erbrecht (EGBGB. Art. 213—217).

α. Für die erbrechtlichen Verhältnisse bleiben, wenn der Erblasser vor dem 1. 1. 1900 gestorben ist, die bis-

---

[5]) Nimmt also Frl. A. Herrn B. in Berlin nach dem 1. 1. 1900 auf Unterhalt für ein von ihm erzeugtes, am 1. 12. 1899 geborenes Kind in Anspruch, so kann B. wegen Bescholtenheit der Mutter Abweisung verlangen (PrG. v. 24. April 1854, vgl. II, 710[8]).

[6]) Es hörten daher zB. mit dem 1. 1. 1900 alle diejenigen Vormundschaften über vaterlose Waisen auf, die noch eine Mutter hatten. Denn dieser steht gemäß BGB. § 1684 nach dem Tode des Vaters die elterliche Gewalt zu; es bedarf also (§ 1773) nicht der Fortführung der Vormundschaft, vorausgesetzt, daß die Mutter sich nicht wieder verheiratet hatte (§ 1697).

herigen Gesetze maßgebend, insbesondere für die Berufung zur Erbschaft, deren Anfall und Erwerb, für die Rechts= stellung des Erben und der Nachlaßgläubiger, endlich auch für das erbschaftliche Liquidationsverfahren (EGBGB. Art. 213).

β. Die vor dem 1. 1. 1900 erfolgte Errichtung oder Aufhebung einer Verfügung von Todeswegen wird nach den bisherigen Gesetzen beurteilt, auch wenn der Erblasser nach dem 1. 1. 1900 stirbt (EGBGB. Art. 214).

γ. Die vor dem 1. 1. 1900 einmal erreichte Testier= fähigkeit bleibt erhalten, falls daraufhin vor 1900 eine letztwillige Verfügung errichtet ist (oben S. 62).

c. Sonstige Reichsgesetze.

1. Neue Prozeßgesetze sind grundsätzlich sofort an= wendbar.

α. Die Einführungsgesetze zu den Reichsjustiz= gesetzen enthielten hierüber besondere Vorschriften. Nach EGCPO. §§ 18 ff. und EGKO. §§ 8 ff. blieben für die schwebenden Prozesse, Zwangsvollstreckungen und Konkurse die bisherigen Rechtsnormen maßgebend, vorbehaltlich an= derer landesgesetzlicher Bestimmung [7]). Dagegen kamen auf schwebende Strafsachen die bisherigen Vorschriften nur dann noch zur Anwendung, wenn bereits ein Urteil I. Instanz ergangen war (EGStPO. § 8) [8]).

---

[7]) Die Novelle zur CPO. vom 17. Mai 1898 enthält einen solchen Vorbehalt nicht. Die neue CPO. kommt daher auch auf die am 1. 1. 1900 anhängigen Klagen zur Anwendung, soweit nicht Vor= schriften in Frage stehen, die auf das neue Recht Bezug haben, zB. § 325 Abs. 2. Dagegen bestimmt das EG. zum RG. betr. Änderungen der KO. vom 17. Mai 1898 in Art. V., daß ein vor dem 1. 1. 1900 eröffneter Konkurs nach den bisherigen Vorschriften zu erledigen ist. Dies gilt nach Art. VI auch für das materielle Konkursrecht.

[8]) In Preußen erging hierzu das Ausführungsgesetz vom 31. März 1879 „betr. die Übergangsbestimmungen zur deutschen CPO. und zur deutschen StPO.", das auch heute noch zuweilen zur praktischen Anwendung gelangt, wenn für einen vor dem 1. Oktober 1879 er= lassenen Vollstreckungstitel die Vollstreckungsklausel erbeten wird. Ge= mäß § 14 richtet sich die Vollstreckbarkeit derartiger Titel nach dem früheren Recht (annus executorius, I, 526 [12]).

3. Nach § 15 EGZwVG. ist eine vor dem 1. 1. 1900 beantragte Zwangsversteigerung oder Zwangsverwaltung nach den Landesgesetzen zu erledigen.

2. Die Grundbuchordnung ist, soweit es die An= legung des Grundbuchs betrifft, seit dem 1. 1. 1900, im übrigen für jeden Grundbuchbezirk mit dem Zeitpunkt in Kraft, in welchem das Grundbuch als angelegt anzusehen ist (GBO. § 82).

3. Das Handelsgesetzbuch vom 10. Mai 1897 wirkt grundsätzlich nicht zurück (EGHGB. Art. 22 ff.); zB. können die am 1. 1. 1900 im Handelsregister eingetragenen Firmen weitergeführt werden, soweit sie nach den bisherigen Vorschriften geführt werden dürfen. Ausnahmsweise ist die Rückwirkung jedoch angeordnet in EGHGB. Art. 22 Abs. 2, 25, 26.

§ 8. Örtliche Wirksamkeit der Rechtsnormen.

a. Allgemeines.

Die Souveränität des Staats und damit seine Gesetz= gebungsgewalt endet mit den Staatsgrenzen. Für fremde Gebiete mangelt ihm, von Ausnahmen abgesehen (Konsular= jurisdiktionsbezirke, Schutzgebiete, II, 171⁶), die Befugnis zur Rechtschöpfung. Innerhalb des Staatsgebiets dagegen ist die staatliche Gesetzgebung bei der Ordnung der Rechts= beziehungen unbeschränkt. Insbesondere kann sie bestimmen, daß der inländische Richter ausschließlich inländisches Recht zu berücksichtigen und selbst dann anzuwenden hat, wenn er eine im Ausland unter Ausländern entstandene, auch dort sich abwickelnde Rechtsbeziehung, für die im Inland aber ein Gerichtsstand (I, 211) begründet ist, zu entscheiden hat. Auf diesen Standpunkt völliger Unduldsamkeit gegenüber fremdem Rechte kann sich aber der moderne Staat bei den gegenwärtigen lebhaften Verkehrsbeziehungen der Kultur= staaten nicht stellen, ohne den internationalen Verkehr der größten Unsicherheit zu überliefern. Denn der Beklagte hätte es alsdann in der Hand, das Recht des Klägers da= durch zu vernichten oder zu erschweren, daß er sich in das

Gebiet des ihm günstigsten Rechts begäbe, um sich dort belangen zu lassen. Für diejenigen Staaten, die, wie zB.
Preußen, über ein völlig einheitliches Recht bisher nicht
verfügten (II, Anhang I), wäre dadurch eine Schädigung
der eigenen Unterthanen herbeigeführt worden. Denn der
in Breslau amtierende Richter hätte nach dem Prinzipe der
Unanwendbarkeit fremden Rechts in allen vor ihm verhandelten
Sachen nur das ALR. anwenden dürfen, obgleich Gemeines
Recht und Code civil in preußischen Landesteilen ebenfalls
galten.

Die hieraus sich ergebenden Unzuträglichkeiten haben
nach Entwickelung eines regeren Verkehrs zwischen gleichberechtigten Staaten schon sehr früh zur grundsätzlichen
Zulassung auch fremden Rechts geführt, -d. h. zur Anerkennung des Grundsatzes, daß der inländische Richter unter
Umständen auch ausländisches Recht oder das Recht eines
anderen Rechtsgebiets desselben Staats anzuwenden hat.
Unter welchen Umständen das geschehen muß, darüber haben
sich bei den Kulturvölkern im wesentlichen übereinstimmende
Grundsätze ' entwickelt, die man als „Internationales
Privatrecht" oder als „Lehre von der Statuten-
kollision" zusammenfaßt. Der letztere Ausdruck
(statuta = Partikularrechte, S. 17 [2]) bezieht sich eigentlich
nur auf die Zweifel in der Anwendung des Rechts ver-
schiedener inländischer Rechtsgebiete, wird aber auch mit
Bezug auf ausländisches Recht gebraucht, zumal beide
Zweifelsfälle betreffs der Entscheidung gleichstehen. Von
einer wahren Kollision von Rechtssätzen, die sämtlich ihre
Anwendung verlangen (wie etwa bei der in § 10 besprochenen
Kollision subjektiver Rechte) ist hierbei natürlich nicht die
Rede. Es handelt sich vielmehr nur um einen durch die
Gedankenarbeit des Urteilenden zu lösenden Zweifel, welcher
der mehreren in Frage kommenden Rechtssätze der allein
anwendbare ist.

Internationales Privatrecht sind hiernach die
Grundsätze über die Anwendbarkeit fremden
Rechts.

b. Geſchichte.

Dem altrömiſchen (I, 95) ſowie dem altdeutſchen
(II, 455) Staat erſchien der Fremde als rechtloſer Feind.
Von einer Anwendung ſeines Rechts konnte daher keine Rede
ſein. Über dieſen Standpunkt iſt das römiſche Recht über=
haupt nicht hinausgekommen. In republikaniſcher Zeit
wurde für die in Rom zu entſcheidenden Rechtsbeziehungen
der Nichtrömer e.. allgemeines Recht, das jus gentium
(I, 109), geſchaffen, und in der Kaiſerzeit war das ·jus
Romanum das Recht des alle Kulturvölker umfaſſenden
römiſchen Weltreichs. Für die Ausbildung eines inter=
nationalen Privatrechts hat das römiſche Recht daher nichts
geleiſtet. Vielmehr verdankt dieſe Lehre den mittelalterlichen
Verhältniſſen, insbeſondere auf deutſchem Boden, ihre Ent=
ſtehung und Ausbildung. Sie wurde daher herkömmlich im
„Deutſchen Privatrecht" vorgetragen, hat aber die Bedeutung
einer ſelbſtändigen Wiſſenſchaft erlangt (v. Bar, Theorie
und Praxis des Internationalen Privatrechts).

Seit das Bedürfnis einer Entſcheidung über die Fälle
der Anwendung fremden Rechts hervortrat, war man be=
müht, die Antwort von einem einheitlichen höheren Prinzip
aus zu finden. Dieſes Prinzip hat im Laufe der Ent=
wickelung mehrfach gewechſelt.

1. In dem aus den verſchiedenſten deutſchen Stämmen
(II, 8) mit ebenſoviel verſchiedenen Stammesrechten (II, 358)
ſich zuſammenſetzenden fränkiſchen Reiche galt das Per=
ſonalitätsprinzip; d. h. jede Perſon wurde in allen
ihren Rechtsbeziehungen nach dem Rechte des Stamms
beurteilt, dem ſie nach ihrer Geburt angehörte (professiones
juris, II, 357).

2. Die dem Grund und Boden beigelegte Bedeutung
(II, 31) führte ſpäter dazu, zunächſt für die mit dem
Grundbeſitze zuſammenhängenden Verhältniſſe, nach Aus=
bildung der Territorialrechte (II, 369) jedoch in jeder Be=
ziehung das Recht eines beſtimmten Orts für maßgebend zu
erklären, ohne Rückſicht auf die Nationalität der Beteiligten.
Der hierin liegende Grundſatz der unbedingten Unterwerfung

aller Rechtsbeziehungen eines Bezirks unter das in ihm geltende Recht (Quidquid est in territorio, etiam est de territorio) wird als Territorialitätsprinzip bezeichnet. Aus ihm mußte aber umgekehrt auch der Satz gefolgert werden, daß für die im Geltungsbereich eines anderen Territorialrechts befindlichen Personen und Sachen dieses ausschließlich anwendbar ist.

3. Die in dem Personalitäts- und dem Territorialitäts= prinzipe liegenden Übertreibungen wurden durch die Glossa= toren und Postglossatoren (Bartolus zu l. 1 C. De summa trinitate 1, 1) ausgeglichen. Beide Grundsätze wurden von ihnen in der sog. Statutenlehre verbunden. Diese unterscheidet (nach dem Schema jus quod ad personas, res, actiones pertinet, I, 130): statuta personalia, d. h. die Rechtsbeziehungen der Personen richten sich nach dem Rechte des Wohnsitzes (lex domicilii); statuta realia, d. h. die Rechtsbeziehungen der Sachen werden durch das Recht des Orts bestimmt, wo sie liegen (lex rei sitae); statuta mixta, d. h. für Rechtshandlungen ist das Recht am Ort ihrer Vornahme maßgebend (locus regit actum). Diese anscheinend einfache Einteilung ist aber weder richtig noch erschöpfend. Das Personalstatut läßt bei Beteiligung mehrerer Personen im Stich, und bei der Verfügung über eine Sache wäre jeder der drei Grund= sätze passend. Bartolus ließ in diesem Falle die äußere Fassung entscheiden und bildete sein berüchtigtes Beispiel: Wenn eine Erbfolgeordnung bestimme „Primogenitus succedat", dann richte sich die Erbfolge nach dem Recht am Wohnsitze des Erblassers (lex domicilii); wenn sie aber sage „Immobilia veniant ad primogenitum", nach der lex rei sitae. Der Grundsatz „locus regit actum" endlich paßt höchstens für die Form der Rechtsgeschäfte.

Trotz ihrer Schwächen hielt die Statutentheorie sich bis in das 19. Jahrhundert und ging in das A.L.R. (Einleit. §§ 23 ff.), den Code civil und das Österreichische Bürgerliche Gesetzbuch von 1811 über. Erfolgreich be= kämpft wurde sie erst von Wächter, der ihr den Satz ent= gegenstellte, daß der Richter im Zweifel (d. h. mangels ausdrücklicher oder aus dem Geiste des inländischen Rechts zu entnehmender Vorschrift) die lex fori, das Recht seines Gerichtsbezirks anzuwenden hat.

4. Die heute herrschende Lehre hat Savigny begründet, indem er als Prinzip den Satz aufstellt, daß das Recht des Orts zu entscheiden hat, wo das zu beurteilende Rechtsverhältnis „seinen Sitz hat", d. h. wo der Schwerpunkt seiner räumlichen Beziehungen liegt. Unter Anerkennung der hierin liegenden Regel, daß die Frage nach dem anwendbaren Rechte von Fall zu Fall zu entscheiden ist, haben sich für die wichtigeren Fälle allgemein anerkannte Regeln herausgebildet, die im wesentlichen auch in das EGBGB. Art. 7—31 aufgenommen sind[1]).

c. Geltendes Recht.

1. Leitende Grundsätze.

Wie eingangs bemerkt, folgt aus der Souveränität des Staats die Befugnis, die örtlichen Grenzen der Anwendbarkeit der Rechtsnormen zu bestimmen. Sobald daher die Frage der Anwendbarkeit fremden Rechts für die Entscheidung einer bestimmten Rechtsbeziehung aufgeworfen wird, hat der Richter aus dem für seinen Amtsbezirk maßgebenden Rechte vor allem festzustellen, ob es positive Bestimmungen hierüber enthält oder nicht.

α. Sind ausdrückliche Vorschriften (gesetzliche oder gewohnheitsrechtliche) vorhanden, dann sind 2 Fälle möglich. Entweder die Anwendung inländischen Rechts ist vorgeschrieben: dann ist diese Vorschrift unbedingt maßgebend; oder die Anwendung ausländischen Rechts ist angeordnet: dann ist dieses grundsätzlich (S. 75) anzuwenden.

β. Schweigt das inländische Recht, so hat der Richter aus den sein Recht beherrschenden Grundgedanken nach Lage

---

[1]) Es fehlen in den Artikeln 7—31 EGBGB. Bestimmungen gerade für die wichtigsten und schwierigsten Gebiete, wie dingliche Rechte und Rechtsgeschäfte, besonders obligatorische Verträge. Diese Lücken sind bis zur etwaigen Bildung eines gemeindeutschen Gewohnheitsrechts also immer noch durch die Wissenschaft auszufüllen.

des einzelnen Falls zu entnehmen, welches Recht zur An= wendung zu bringen ist.

Die Anwendung fremden Rechts ist jedoch stets aus= geschlossen (EGBGB. Art. 30), wenn der nach ausländischem Recht begehrte Rechtsschutz nach den das inländische Recht beherrschenden Grundsätzen aus sittlichen oder politischen Gründen zu versagen ist[2]). Auch kann gemäß Art. 31 EGBGB. unter Zustimmung des Bundesrats durch An= ordnung des Reichskanzlers bestimmt werden, daß gegen einen ausländischen Staat sowie dessen Angehörige und ihre Rechtsnachfolger ein Vergeltungsrecht (Retorsionsrecht, I, 92[6]) zur Anwendung gebracht werden soll. Über die Unzulässigkeit der Anwendung ausländischer Prozeßvorschriften vgl. unten 2. ϑ.

Hiernach beruht die Anwendung des fremden Rechts im Grunde immer auf dem einheimischen Recht. Die Sätze des sog. Internationalen Privatrechts gehören daher dem inländischen Rechte, nicht dem Völkerrecht an, wenn sie auch gleich diesem der comitas gentium, der billigen Berück= sichtigung der Interessen aller Kulturstaaten, ihren Ursprung verdanken; sie sind daher revisibel, s. u.

---

[2]) EGBGB. Art. 30: „Die Anwendung eines ausländischen Gesetzes ist ausgeschlossen, wenn die Anwendung gegen die guten Sitten oder gegen den Zweck eines deutschen Gesetzes verstoßen würde." Be= stimmt z.B. das inländische Recht, daß für die Handlungsfähigkeit eines Ausländers sein Heimatrecht anwendbar ist, so würde einem nach ausländischem Rechte zum Erwerbe von Grundstücken unfähigen Juden gegenüber diese Erwerbsunfähigkeit im Deutschen Reiche wegen der durch RG. vom 3. Juli 1869 ausgesprochenen Gleichstellung der religiösen Bekenntnisse nicht durchgreifen. Ebensowenig genießen ver= botene Institute, wie bürgerlicher Tod, Polygamie, Sklaverei, bei uns überhaupt einen Rechtsschutz, vgl. I, 91[5]. Dagegen ist durch CPO. § 723 dem um Erlaß des Vollstreckungsurteils angegangenen deutschen Richter die Nachprüfung der Gesetzmäßigkeit des ausländischen Urteils entzogen. Das Vollstreckungsurteil ist also z.B. auch dann zu erlassen, wenn der durch das ausländische Urteil zugesprochene Anspruch auf ein wucherliches Geschäft (BGB. § 138) oder ein Differenzgeschäft (Reichsbörsengesetz vom 22. Juni 1896 § 69, BGB. § 764) gestützt war (I 528[14]).

Bestimmt das inländische Recht, daß der Richter in einer Rechtsfrage fremdes Recht anzuwenden hat, so hat er diese Anweisung selbst dann zu befolgen, wenn das fremde Recht seinerseits wieder das inländische Recht für anwendbar erklärt[3]). Die begrifflichen Voraussetzungen, von denen die Rechtsanwendung abhängt, wie Wohnsitz, Staatsangehörigkeit, Leistungsort, bestimmen sich im Zweifel nach der lex fori, d. h. dem Rechte des entscheidenden Gerichts.

Die Anwendung des fremden Rechts erfolgt nach denselben Grundsätzen, wie die Rechtsanwendung überhaupt (S. 33 ff.). Der Richter braucht jedoch fremdes Recht nicht von Amtswegen zu kennen (§ 293 CPO.), und nach § 549 CPO. ist die unrichtige Auslegung fremden Rechts nicht revisibel (I, 500[34]). Dagegen unterliegt der Revision die Entscheidung der Anwendbarkeit des fremden Rechts; denn diese erfolgt, wie S. 74 ausgeführt, nach Rechtsnormen, die dem inländischen Recht angehören. Die Revision ist also zulässig, wenn ausländisches Recht in einem Fall angewendet ist, wo inländisches Recht angewendet werden mußte oder umgekehrt, nicht aber wenn ausländisches Recht begründeterweise angewendet, aber vom Richter mißverstanden ist.

Was vorstehend über ausländisches Recht gesagt ist, bezieht sich auch auf inländisches, aber für einen anderen Staatsteil geltendes Recht. Nach CPO. § 293 muß der inländische Richter jedoch alles inländische Recht seines Bundesstaats (I, 335[1]) kennen. Dagegen ist selbst in-

---

[3]) Von diesem Grundsatze macht EGBGB. Art. 27 freilich für die wichtigsten Fälle (Geschäftsfähigkeit, Eheschließung, eheliches Güterrecht, Scheidung, Erbfolge) Ausnahmen, indem es bei „Rückverweisung" des ausländischen auf das deutsche Recht letzteres für anwendbar erklärt. Enthält also zB. das Recht des zur Entscheidung eines Erbfolgeprozesses angegangenen deutschen Gerichts des letzten Wohnsitzes des ausländischen Erblassers den Satz, daß für die Erbfolge das Recht des Staats zur Anwendung kommen soll, dem der Erblasser angehörte (EGBGB. Art. 25), so hat das Gericht dennoch das deutsche Recht anzuwenden, wenn das ausländische Recht bestimmt, daß Erbfolgestreitigkeiten nach dem Recht am letzten Wohnsitze des Erblassers zu entscheiden sind.

ländiſches Recht im Einzelfalle nicht reviſibel, ſofern es nicht
im Bezirke des Oberlandesgerichts gilt, deſſen Urteil mit
der Reviſion angefochten wird (Kaiſerl. Verordn. vom
28. September 1879; I, 500[34]).

2. Die einzelnen Rechtsinſtitute.

Nach der von Savigny begründeten richtigen Lehre
mangelt es an einem einheitlichen Prinzipe, von dem aus
alle Fälle der Statutenkolliſion zu entſcheiden wären. Vielmehr iſt für jedes einzelne Rechtsinſtitut zunächſt feſtzuſtellen, ob und in welchem Umfange das inländiſche Recht
die Anwendung des ausländiſchen Rechts erlaubt oder ſogar
erfordert. Beim Fehlen einer inländiſchen Rechtsnorm iſt
das zu beurteilende Rechtsverhältnis dem Rechte des Orts
zu unterwerfen, an dem es ſeiner Natur und ſeinem Inhalte
nach ſeinen Schwerpunkt hat. Hierbei wird, ſofern es ſich
um Rechtsgeſchäfte handelt, der Wille der Parteien inſoweit
maßgebend ſein, als ſie durch Schaffung der Vorausſetzungen
für die Anwendbarkeit eines beſtimmten Rechts (Wohnſitz,
Leiſtungsort) deſſen Anwendung herbeiführen können. Auch
können ſie, ſoweit es ſich um jus dispositivum handelt,
verfügen, daß gewiſſe Rechtsbeziehungen ſich in Gemäßheit
eines beſtimmten Rechts ordnen ſollen. Nur mit dieſen
Einſchränkungen iſt der Satz richtig, daß die auf Rechtsgeſchäft beruhenden Beziehungen dem örtlichen Rechte
unterſtehen, dem die Parteien ſie haben unterwerfen
wollen.

Für die hauptſächlichſten Rechtsinſtitute iſt die Ent-
ſcheidung unter Zugrundelegung der mit der herrſchenden
Meinung im weſentlichen übereinſtimmenden Art. 7 ff.
EGBGB. wie folgt zu treffen.

α. Für das Perſonenrecht iſt grundſätzlich das
Recht des Orts maßgebend, mit dem die Perſönlichkeit
dauernd verknüpft iſt (ſog. Perſonalſtatut). Als ent-
ſcheidende Momente kommen hierbei Wohnſitz (unten § 12)
und Staatsangehörigkeit (II, 188) in Frage. Das ALR.
(Einl. § 23) und die herrſchende Meinung des Gemeinen
Rechts ließen den Wohnſitz entſcheiden. Dagegen iſt nach

EGBGB. Art. 7, wie schon nach WO. Art. 84 (Wechselfähigkeit) und nach CPO. § 55 (Prozeßfähigkeit), die
Staatsangehörigkeit durchgängig als maßgebend bezeichnet
worden. Das BGB. hat das Territorialitätsprinzip also
in dieser Hinsicht durch das Personalitätsprinzip ersetzt.
Es folgt hiermit einer von dem Italiener Mancini und
dem Belgier Laurent begründeten, die Nationalität in
den Vordergrund stellenden Theorie. Hierdurch werden die
Rechtsbeziehungen ständiger. Es kommt nicht mit jedem
Wechsel des Wohnsitzes ein anderes Recht in Frage, und es
kann zB. nicht durch Verlegung des Wohnsitzes eine vorzeitige Volljährigkeit herbeigeführt werden. Die Veränderung
des Wohnsitzes ist leicht und hängt wesentlich vom Belieben
ab, der Wechsel der Staatsangehörigkeit ist schwierig und
selten. Bei Statutenkollision innerhalb desselben Staats
sowie für den möglichen Fall, daß eine Person die Staatsangehörigkeit mehrerer Staaten besitzt (sujet mixte), muß
aber aushülfsweise der Wohnsitz entscheidend sein. Personen
ohne Staatsangehörigkeit werden nach dem Recht ihrer
letzten Staatsangehörigkeit, mangels solcher nach dem Recht
ihres Wohnsitzes oder Aufenthaltsorts beurteilt (EGBGB.
Art. 29).

Nach dem — durch die Staatsangehörigkeit oder den
Wohnsitz sich bestimmenden — Personalstatute (S. 59)
richten sich alle mit der Persönlichkeit zusammenhängenden
Rechtsbeziehungen, also Rechtsfähigkeit, Geschäftsfähigkeit
(EGBGB. Art. 7), Stand, Name (insbesondere auch das
Recht zur Führung von Adelsprädikaten), Prozeßfähigkeit
(CPO. § 55), Wechselfähigkeit (WO. Art. 84), sofern es
sich nicht um Sätze handelt, welche der deutsche Richter als
unsittlich oder den deutschen Rechtsanschauungen widersprechend überhaupt nicht anerkennen darf (EGBGB.
Art. 30, oben S. 75). Die Beziehungen einer Person
als Angehörigen eines Verbands, zB. als Mitglieds eines
hochadligen Hauses, richten sich nach dem Rechte dieses Verbands, ohne Rücksicht auf das Personalstatut des einzelnen
Angehörigen (so auch ERG. 2, 145 in dem unten § 19 b.
besprochenen Rechtsstreite).

Da die Beurteilung der Handlungsfähigkeit eines Aus=
länders nach dem den Inländern unbekannten ausländiſchen
Rechte zu einer Schädigung der Inländer führen könnte,
beſtimmt EGBGB. Art. 7, daß ein nach deutſchem Rechte
geſchäftsfähiger, nach ſeinem Heimatsrecht aber geſchäfts=
unfähiger Ausländer hinſichtlich der im Inland eingegangenen
Rechtsgeſchäfte (ausſchließlich familien= und erbrechtlicher
ſowie der ein ausländiſches Grundſtück betreffenden Rechts=
geſchäfte) als geſchäftsfähig gelten ſoll. Den gleichen Grund=
ſatz enthält bezüglich der Wechſelfähigkeit WO. Art. 84,
bezüglich der Prozeßfähigkeit CPO. § 55 (I, 224). Die
im Ausland einmal erlangte Volljährigkeit wird gemäß
Art. 7 EGBGB. durch ſpäteren Erwerb der Reichs=
angehörigkeit nicht berührt, ſelbſt wenn der Betreffende nach
deutſchem Rechte noch nicht volljährig ſein würde.

Fernere Ausnahmen von dem Grundſatze der Be=
urteilung der perſönlichen Verhältniſſe nach den Geſetzen des
Staats, dem eine Perſon angehört, enthalten EGBGB.
Art. 8 (Entmündigung des Ausländers nach den deutſchen
Geſetzen, falls er ſeinen Wohnſitz oder, falls er überhaupt
keinen Wohnſitz hat, ſeinen Aufenthalt im Inlande hat) ſo=
wie Art. 9 (Verſchollenheitserklärung nach den deutſchen
Geſetzen).

Die Rechtsverhältniſſe einer juriſtiſchen Perſon
richten ſich nach dem Rechte des Orts, wo ſie ihren Ge=
ſchäftsſitz hat (inſofern gilt alſo Territorialitätsprinzip). Ein
einem fremden Staat angehörender und nach deſſen Geſetzen
rechtsfähiger Verein, der die Rechtsfähigkeit im Inlande nur
durch Eintragung in das Vereinsregiſter (idealer Verein,
BGB. § 21) oder durch ſtaatliche Verleihung (gewerbe=
treibender Verein, BGB. § 22, unten § 15 a. 3.) erlangen
könnte, bedarf jedoch der Anerkennung ſeiner Rechtsfähigkeit
durch Bundesratsbeſchluß, widrigenfalls er nur als societas
behandelt wird (EGBGB. Art. 10).

β. Die Form eines Rechtsgeſchäfts beſtimmt ſich
grundſätzlich nach den Rechtsnormen, die für das den Gegen=
ſtand des Rechtsgeſchäfts bildende Rechtsverhältnis maßgebend
ſind. Es genügt jedoch die Beobachtung der Geſetze des

Orts, wo das Rechtsgeschäft vorgenommen wird (locus regit actum, EGBGB. Art. 11). Nur bezüglich der Rechtsgeschäfte, durch die ein Recht an einer Sache begründet oder über ein solches Recht verfügt wird, ist ausschließlich das für das Rechtsgeschäft selbst maßgebende Recht anwendbar, soweit eine dingliche und nicht nur eine obligatorische Wirkung bezweckt wird, EGBGB. Art. 11 Abs. 2; und umgekehrt ist im Falle des Art. 86 der WO. ausschließlich die lex loci actus maßgebend[4]).

γ. **Inhalt und Wirkung der Schuldverhältnisse** aus Rechtsgeschäften richten sich in erster Linie nach demjenigen Rechte, dem die Parteien die eingegangenen Schuldverhältnisse ausdrücklich oder stillschweigend haben unterwerfen wollen, was nach den Umständen des einzelnen Falls zu beurteilen ist. In Betracht zu ziehen sind die lex fori (Recht am Sitze des angegangenen Gerichts), die lex domicilii eines der Beteiligten, die lex contractus

---

[4]) Es kann also zB. ein Pfandrecht an einer im deutschen Reiche befindlichen Mobilie ohne Besitzübertragung, d. h. in der Form der Hypothek, selbst dann nicht begründet werden (§§ 1205, 1253 BGB.), wenn das Recht des Errichtungsorts die Begründung des Pfandrechts an einer Mobilie durch bloßen Vertrag ohne Übergabe anerkennt. Wohl aber begründet der formlos abgeschlossene Verkauf eines Grundstücks eine Verpflichtung des Verkäufers zur Eigentumsverschaffung, falls Grundstücksverträge nach der lex loci actus formlos geschlossen werden können, selbst wenn die lex rei sitae (BGB. § 313) eine bestimmte Form erfordert.

Bei Verträgen, die zwischen Personen geschlossen sind, die sich an verschiedenen Orten aufhalten, führt die Regel locus regit actum zu Zweifeln. Nach richtiger Ansicht muß jede Erklärung den Vorschriften des Orts genügen, an dem sie abgegeben ist.

Nach Art. 86 WO. entscheidet für die Form der mit einem Wechsel an einem ausländischen Orte vorzunehmenden Handlungen zur Ausübung oder Erhaltung des Wechselrechts (Protest, Präsentation) ausschließlich das dort geltende Recht. Nach Art. 85 werden ebenso die wesentlichen Erfordernisse im Ausland abgegebener Wechselerklärungen nach dem dortigen Rechte beurteilt. Entsprechen diese Erklärungen jedoch zwar nicht diesem, aber dem inländischen Recht, so sind die später im Inlande auf den Wechsel gesetzten Erklärungen (Akzepte, Giros) bindend, ebenso die von Inländern im Ausland anderen Inländern gegenüber abgegebenen Erklärungen.

(Recht des Entſtehungsorts) und die lex solutionis (Recht des Leiſtungsorts). Da der Schwerpunkt der Schuld=
verhältniſſe in deren Erfüllung beſteht, ſo iſt nach der von Savigny begründeten, ſeither in Theorie und Praxis herr=
ſchenden Meinung im Zweifel das Recht des Leiſtungs=
orts als maßgebend anzuſehen[5]. Mit der Hauptobligation zuſammenhängende Nebengeſchäfte (Zinſen, Konventional=
ſtrafe) werden nach dem für das Hauptgeſchäft maßgebenden Rechte behandelt, dagegen iſt die Verpflichtung aus der Bürgſchaft nach dem für den Bürgen maßgebenden Rechte zu beurteilen. Das BGB. enthält über alles dies keine Vorſchriften. Die bisher anerkannt geweſenen Grundſätze ſind alſo auch fernerhin anzuwenden (S. 74[1]).

δ. Unerlaubte Handlungen werden durch die lex delicti commissi beſtimmt. Nach EGBGB. Art. 12

---

[5] Dieſer Grundſatz wurde zB. vom Reichsgericht für die Ent=
ſcheidung der ſog. Öſterreichiſchen Kuponprozeſſe verwertet. Vor der Einführung der Goldwährung im Deutſchen Reiche (ſ. u.) hatten verſchiedene öſterreichiſche Bahnen Anleihen aufgenommen und ſich ver=
pflichtet, die in den Zinsſcheinen (Kupons) verbrieften Zinſen der An=
leihen nach Wahl der Gläubiger u. a. auch an verſchiedenen deutſchen Orten in der damals herrſchenden Thalerwährung zu zahlen. Nach Einführung der Goldwährung verweigerten die Bahnen die Zahlung in deutſcher Währung mit der Begründung, daß der Erfüllungsort in Öſterreich liege, die für das Ausland beſtimmten Einlöſungsſtellen nur Zahlungsſtellen ſeien, und daß daher mit Fortfall der bei Aus=
gabe der Anleihe vorausgeſetzten Thalerwährung die Zahlung nur in Öſterreich in dortiger Währung oder, falls in deutſchem Golde, ſo doch nur unter Zugrundelegung des auf dem Weltmarkte maßgebenden Wert=
verhältniſſes von Gold zu Silber (damals etwa 1 : 20) zu erfolgen habe. Die deutſchen Gerichte gingen dagegen davon aus, daß die deutſchen Einlöſungsſtellen nicht bloße Zahlſtellen, ſondern Erfüllungs=
orte für die von deutſchen Gläubigern beſeſſenen Anleiheſcheine ſeien, daß daher die Zahlung in der jedesmaligen Währung des Erfüllungs=
orts zu erfolgen habe und daß nach Fortfall der Thalerwährung die an deren Stelle geſetzte Goldwährung unter Zugrundelegung des in Art. 14 des Reichsmünzgeſetzes vom 9. Juli 1873 aufgeſtellten Um=
rechnungsverhältniſſes von 1 : 15½ maßgebend ſei.

Übrigens verdankt den Öſterreichiſchen Kuponprozeſſen, die zu Pfändungen nach Deutſchland gekommener Eiſenbahnwaggons und damit zu Verkehrsſtörungen Anlaß gaben, das Geſetz vom 3. Mai 1886 über die Unpfändbarkeit von Fahrbetriebsmitteln der Eiſenbahnen ſeine Entſtehung.

dürfen aber aus einer von einem Deutschen im Auslande begangenen unerlaubten Handlung gegen diesen nicht weitergehende Ansprüche geltend gemacht werden, als nach den deutschen Gesetzen begründet sind. Für gesetzliche Verbindlichkeiten, insbesondere die Schuldverhältnisse aus vertragsähnlichen oder deliktsähnlichen Thatbeständen (grundlose Bereicherung, Unterhaltspflicht), ist das für diese maßgebende Ortsrecht anzuwenden.

ε. Im Gebiete des Sachenrechts ist zwischen Immobilien und Mobilien zu unterscheiden. Liegenschaften werden unbestritten nach der lex rei sitae, dem sog. Realstatut, d. h. dem Recht am Orte der belegenen Sache beurteilt; nur bestimmt sich die als Ausfluß der Handlungsfähigkeit aufzufassende Verfügungsfähigkeit über Grundstücke nach dem Personalstatut. Fahrnis wurde dagegen nach einer älteren, seit Savigny aufgegebenen Lehre („mobilia ossibus inhaerent", „mobilia personam sequuntur") nach dem Personalstatut behandelt. In neuerer Zeit wird auch hier das Realstatut, d. h. das Recht des Orts, wo sich die Mobilie mit Wissen und Willen der Beteiligten befindet oder wohin sie bestimmungsgemäß zurückkehrt (bei Schiffen der Heimathafen, bei Eisenbahnwagen der Sitz der Verwaltung, in deren Bezirk sie gehören), überwiegend für maßgebend erklärt, mit der Einschränkung, daß gehörig erworbene dingliche Rechte durch eine Ortsveränderung der Sache nicht berührt werden[6]). Für die als bewegliche Gegenstände zu betrachtenden Forderungen gilt als der Ort, wo sie sich befinden, regelmäßig der Wohnort des Schuldners (vgl. CPO. § 23). Mangels besonderer Bestimmungen im EGBGB. sind auch diese Grundsätze fernerhin anzuerkennen.

---

[6]) Wird z.B. ein im Auslande durch bloßen Vertrag ohne Übergabe zu Eigentum erworbener Gegenstand in das Deutsche Reich gebracht, so hat hier der Erwerber die rei vindicatio, trotzdem er nach deutschem Recht ohne Besitzübertragung kein Eigentum hätte erlangen können. Anders wenn das inländische Gesetz (wie z.B. das BGB. bezüglich des Pfandrechts an Mobilien) den Besitz als dauernde Voraussetzung der Anerkennung eines Rechts aufstellt (vgl. S. 80⁴).

ζ. Das Familienrecht wird grundsätzlich nach dem Personalstatut, also nach BGB. nach der Staatsangehörigkeit behandelt. Daher werden (Art. 13 EGBGB.) die Voraussetzungen der Eheschließung, also das Nichtvorhandensein von Ehehindernissen (II, 664), nach dem Personalstatute jedes der beiden Verlobten beurteilt[7]. Eine nach ihrem Heimatsrechte mit 15 Jahren ehemündige Ausländerin könnte also in Deutschland heiraten, obgleich hier die Ehemündigkeit der Frauen erst mit 16 Jahren eintritt (BGB. § 1303). Wenn dagegen ein in seiner Heimat verheirateter Türke in Deutschland auf Grund der ihm nach seinem Heimatsrecht erlaubten Polygamie noch eine zweite Frau heiraten wollte, so müßte der deutsche Standesbeamte auf Grund des Art. 30 EGBGB. seine Mitwirkung versagen (S. 75[2]). Die Form der Eheschließung richtet sich im allgemeinen[8]) nach dem Grundsatz: „locus regit

---

[7]) Daher bestimmt PrAGBGB. Art. 43, daß Ausländer, die in Preußen eine Ehe eingehen wollen, ein Zeugnis der zuständigen Behörde ihres Heimatsstaats darüber beizubringen haben, daß der Behörde ein nach den Gesetzen dieses Staats bestehendes Ehehindernis nicht bekannt geworden ist.

[8]) Sehr bestritten ist die Frage, wie ein „in fraudem legis agere" der Beteiligten bei der Eheschließung und der Ehescheidung wirkt, d. h. ob diese Akte in ihrer Gültigkeit beeinflußt werden, wenn die Beteiligten einen ausländischen Wohnsitz (oder eine ausländische Staatsangehörigkeit) lediglich zu dem Zweck erwarben, um die Anwendbarkeit des ausländischen Rechts zu ermöglichen. Handelt es sich um die Vermeidung reiner Formen, so ist die Regel „locus regit actum" unbedingt anwendbar. Ebenso wie es der Rechtsgültigkeit eines Testaments keinen Abbruch thut, wenn der Testator sich lediglich deshalb in das Ausland begiebt, um dem dortigen Recht entsprechend ein formloses Testament errichten zu können, ebensowenig wird die Rechtsgültigkeit einer Ehe dadurch beeinflußt, daß zB. strenggläubige Deutsche, um die standesamtliche Eheschließung zu vermeiden, an einem Orte die Ehe eingehen, wo die bürgerlich wirksame Eheschließung vor dem Priester anerkannt ist. Nach dem bis zum 1. 1. 1900 — an welchem Tage das Reichspersonenstandsgesetz mit den durch EGBGB. Art. 46 herbeigeführten Änderungen erst in Kraft trat (Kaiserliche Verordnung vom 25. November 1899) — in Helgoland geltend gewesenen Rechte war ferner zB. die Eheschließung (durch Fortfall der Notwendigkeit eines Aufgebots) besonders erleichtert. Die Rechtsgültigkeit der sog. Helgoländer Ehen ist nun auch für den Fall unbestreitbar,

6*

actum" (S. 73). Deutsche können im Auslande daher
eine bei uns als gültig anzuerkennende Ehe auch nach dem
dortigen Recht und selbst dann eingehen, wenn an dem betr.
Ort auf Grund des RG· vom 4. Mai 1870 „betr. die
Eheschließung und die Beurkundung des Personenstandes von

daß die Beteiligten sich nur zur Eheschließung nach Helgoland begeben
hatten.

Zweifel erheben sich nur, wenn die Verlegung des Domizils ins
Ausland und der Erwerb der fremden Staatsangehörigkeit erfolgt, um
Sätzen des inländischen materiellen Rechts, zB. Ehehindernissen oder
Hindernissen der Wiederverheiratung, ihre Wirkung zu entziehen. Zu
vielen Streitigkeiten haben die folgenden Fälle Anlaß gegeben:

a. Die sog. Gretna=Green (spr. Griehn) =Ehen. In Groß=
britannien konnte (wie nach früherem kanonischem Recht II, 660) an=
fänglich die Ehe ohne weitere Förmlichkeiten durch Erklärung vor einem
Priester, Friedensrichter, Notar usw. geschlossen werden. Unter Georg II.
(1756) wurde dieser Satz für England, nicht aber für Schottland,
aufgehoben und insbesondere die Beibringung des väterlichen Konsenses
zur Voraussetzung der Eheschließung (impedimentum impediens)
erklärt. Personen, die in England nicht so schnell, wie sie es wünschten,
zur Ehe gelangen konnten oder des väterlichen Konsenses entbehrten,
gingen nun nach Schottland und zwar meist nach dem nächsten Grenz=
orte Gretna=Green (oder dem Dorfe Springfield) und vollzogen dort
ihre Eheschließung vor dem Bezirksrichter, der aber nicht, wie die Sage
vom „Schmied von Gretna=Green" erzählt, ein Hufschmied war. Diese
Ehen wurden auch in England als rechtsgültig anerkannt und erst
durch die sog. Lord Broughams Akte 1856 beseitigt, die bestimmt, daß
eine in Schottland geschlossene Ehe nichtig ist, wenn nicht mindestens
einer der Gatten 21 Tage vor der Eheschließung in Schottland ge=
wohnt hat.

b. Fall Beauffremont. Der Fürst Beauffremont war in
Frankreich von seiner Frau von Tisch und Bett geschieden. Die
Prinzessin B. ließ sich 1875 in Sachsen=Altenburg ohne Einwilligung
ihres Ehemanns naturalisieren und ging hierauf in Berlin vor dem
Standesbeamten mit dem rumänischen Fürsten Bibesco eine neue Ehe
ein. Es wurde die Frage aufgeworfen, ob diese Ehe gültig oder als
bigamisch nichtig wäre. Es fragte sich besonders, ob die Naturalisation
der Prinzessin B. rechtsgültig war; bei Bejahung dieser Frage, ob die
in Frankreich ausgesprochene séparation de corps durch die Naturali=
sation sich von Rechtswegen in eine Trennung quoad vinculum (II, 701)
verwandle, oder, falls man dies verneinte, ob die Prinzessin eine
rechtsgültige Ehescheidung auf Grund des § 77 Reichspersonenstands=
gesetzes hätte erwirken können. § 77 lautet: „Ist vor dem Tage, an
welchem dies Gesetz in Kraft tritt, auf beständige Trennung von Tisch
und Bett erkannt worden, so kann, wenn eine Wiedervereinigung der

Bundesangehörigen im Auslande" diplomatische Vertreter oder Reichskonsuln zur Vornahme standesamtlicher Handlungen ermächtigt sind. Dagegen bestimmt sich (Art. 13 Abs. 3 EGBGB.) die Form einer im Inlande geschlossenen Ehe ausschließlich nach den deutschen Gesetzen, also auch für Ausländer. Die persönlichen Rechtsbeziehungen der Ehegatten werden nach dem Personalstatute des Mannes beurteilt (EGBGB. Art. 14). Das Ehegüterrecht richtet sich dauernd nach dem Personalstatute des Manns zur Zeit der Eingehung der Ehe, d. h. (EGBGB. Art. 15) nach der Staatsangehörigkeit des Manns zur Zeit der Eheschließung. Bei späterer Änderung der Staatsangehörigkeit bleibt das ursprüngliche Ehegüterrecht maßgebend; es ist jedoch abweichende, vertragsmäßige Regelung zulässig. Dieser Grundsatz der „Unwandelbarkeit des ehelichen Güterrechts" beruht nicht, wie man früher annahm, auf einem (fiktiven) stillschweigenden Vertrage der Eheschließenden, sondern darauf, daß die Änderung des Personalstatuts die bereits geordneten Verhältnisse nicht berührt. Nur wenn das neue Personalstatut zu Gunsten Dritter, zB. der Gläubiger, die Abänderung des gesetzlichen Güterrechts an eine besondere Veröffentlichung

---

getrennten Ehegatten nicht stattgefunden hat, jeder derselben auf Grund des ergangenen Urteils die Auflösung des Bands der Ehe im ordentlichen Prozeßverfahren beantragen." Es wurde (unter der Voraussetzung, daß ein inländischer Gerichtsstand überhaupt begründet ist, vgl. alte CPO. § 568) nun streitig, ob diese Vorschrift sich nur auf inländische (Hinschius, Friedberg) oder auch auf ausländische Urteile (Stölzel, von Bar) bezieht.

c. Siebenbürgische (Klausenburger, Transsylvanische) Ehen. Das österreichische (cisleithanische) Recht gestattet nur separatio perpetua quoad thorum et mensam, sofern auch nur einer der Ehegatten katholisch ist. Das siebenbürgische (protestantische) Eherecht läßt dagegen Ehescheidung zu. Bis 1879 war die ungarische Staatsangehörigkeit sehr leicht zu erwerben, und in Österreich getrennte Eheleute, von denen ein Teil protestantisch war, ließen sich deshalb häufig in Ungarn naturalisieren und dann in Klausenburg scheiden. Diese Scheidungen — die übrigens ebenso gut in jedem anderen Lande mit protestantischem Eherecht hätten vorgenommen werden können — wurden regelmäßig für rechtsgültig erachtet.

knüpft, gilt das abweichende frühere Recht nur unter Be=
obachtung dieser Formen oder bei Kenntnis der Dritten
(EGBGB. Art. 16 und BGB. § 1435, Eintragung in
das Güterrechtsregister). Die Ehescheidungsgründe be=
stimmen sich nach der Staatsangehörigkeit des Manns zur
Zeit der Klagezustellung (EGBGB. Art. 17).

Die eheliche Abstammung und das Verhältnis
ehelicher Kinder zu den Eltern richtet sich gleichfalls
nach dem Personalstatut des Vaters, also nach seiner Staats=
angehörigkeit (EGBGB. Art. 18, 19). Das Verhältnis
des Erzeugers zu dem unehelichen Kind und dessen
Mutter wurde, vom Standpunkte der sog. Versorgungs=
theorie aus, nach Gem. Recht nach dem Wohnsitze der Mutter
zur Zeit der Geburt des Kindes beurteilt. Eine andere, die
sog. Deliktstheorie, ließ den Konzeptionsort entscheiden,
mindestens für die Ansprüche der Geschwängerten auf die
Entbindungs=, Tauf= und Sechswochenkosten. Voraussetzung
der Geltendmachung des Anspruchs war jedoch immer, daß
die lex fori die Zulässigkeit derartiger Klagen überhaupt
anerkannte. Eine in Berlin geschwängerte Berlinerin konnte
also gegen den nach Köln verzogenen Schwängerer vor dem
Amtsgericht Köln nicht klagen, weil das hier geltende fran=
zösische Recht die recherche de la paternité grundsätzlich
ausschloß (Anm. 9). Das BGB. hat im EG. Art. 21
die Staatsangehörigkeit der Mutter zur Zeit der Geburt
für maßgebend erklärt[9]), jedoch können weitergehende An=
sprüche als die nach den deutschen Gesetzen begründeten nicht
geltend gemacht werden.

η. Bezüglich des Erbrechts (Erbfolgeordnung,
Pflichtteil, Erwerb der Erbschaft) hatte die herrschende
Theorie des Gemeinen und preußischen Rechts den letzten
Wohnsitz des Erblassers als maßgebend auch für die Erb=
folge in die (nicht von Spezialsuccessionen, II, 733, be=
troffenen) Grundstücke anerkannt. Das EGBGB. Art.

---

[9]) Hiernach können eine im Inlande geschwängerte Französin und
ihr Kind aus der Schwängerung keine Ansprüche herleiten; Code civil
Art. 340: La récherche de la paternité est interdite.

24—26 läßt dafür wieder die Staatsangehörigkeit des Erb=
laſſers eintreten. Die Erbfähigkeit des einzelnen Erben
dagegen richtet ſich nach ſeinem Perſonalſtatute.

9. Das Prozeßrecht richtet ſich nach der lex fori.
Partei= und Prozeßfähigkeit werden jedoch als Ausflüſſe
der Rechts= und Handlungsfähigkeit nach dem Perſonal=
ſtatute beurteilt. Ebenſowenig iſt die Verjährung, wie
eine (noch jetzt in Amerika verbreitete) Anſicht annahm, als
ein Inſtitut des Prozeßrechts nach der lex fori zu be=
urteilen. Vielmehr unterſteht ſie demjenigen Rechte, das für
den fraglichen Anſpruch maßgebend iſt[10]). Über die Zu=
läſſigkeit und Aufnahme der Beweismittel entſcheidet die
lex fori, dagegen iſt die Beweislaſt als Frage des ma=
teriellen Rechts (I, 256) nach dem das ſtreitige Rechts=
verhältnis beherrſchenden Rechte zu entſcheiden.

---

[10]) Für das Strafrecht iſt durch § 3 StGB. betreffs der im
Inlande begangenen ſtrafbaren Handlungen das abſolute Territorialitäts=
prinzip eingeführt: „Die Strafgeſetze des Deutſchen Reichs finden An=
wendung auf alle im Gebiete desſelben begangenen ſtrafbaren Handlungen,
auch wenn der Thäter ein Ausländer iſt".

Die im Auslande begangenen Verbrechen und Vergehen werden
nur in Ausnahmefällen (StGB. § 4), die im Auslande begangenen
Übertretungen nur dann verfolgt, wenn dies durch beſondere Geſetze
oder Verträge angeordnet iſt (StGB. § 6).

a. Bezüglich der im Auslande von Ausländern begangenen
Verbrechen und Vergehen findet die Verfolgung nur in wenigen Aus=
nahmefällen (Hochverrat, Münzverbrechen, Beamtendelikt, Dynamit=
verbrechen gemäß § 12 RG. v. 9. Juni 1884) ſtatt (StGB. § 4 ¹).
Hierbei ſind aber ausſchließlich die inländiſchen Geſetze zur Anwendung
zu bringen.

b. Deutſche können, auch abgeſehen von dieſen Fällen, wegen
im Auslande begangenen Landesverrats, Majeſtätsbeleidigung und
Militärverrats (§ 10 des RG. v. 3. Juli 1893) ſowie wegen aller
nach den deutſchen Geſetzen als Verbrechen oder Vergehen anzuſehender
Delikte verfolgt werden, ſofern die That auch nach der lex delicti
commiſſi ſtrafbar iſt (StGB. § 4 ²⁻³). In allen dieſen Fällen iſt
von Anwendung ausländiſchen Rechts keine Rede; ſie erfolgt nur in
dem einen Falle, daß der zu verfolgende Deutſche erſt nach der That
Deutſcher geworden iſt. In dieſem Fall iſt das ausländiſche Geſetz
anzuwenden, ſoweit es das mildere iſt.

B. Die Berechtigung. (Das subjektive Recht.)

§ 9. Allgemeines.

a. Begriff und Arten des subjektiven Rechts.

1. Subjektives Recht ist die einer Person (unten § 11) nach der Rechtsordnung zustehende Befugnis[1], die ihr einen Anteil an den Lebensgütern gewährleistet. Jeder Befugnis des Berechtigten muß eine Pflicht entsprechen, entweder aller Personen (absolutes Recht, zB. die Persönlichkeitsrechte, § 18) oder nur einer bestimmten Person (relatives Recht, zB. die Forderungsrechte, S. 91). Diese Pflicht kann ferner entweder auf ein Thun (positives Recht, zB. die Darlehensschuld) oder ein Unterlassen des Verpflichteten (negatives Recht, zB. die servitus ne altius tollatur) gehen. Manche Rechte (zB. Bürgschaft, Vertragsstrafe, Zinsversprechen) haben keine selbständige Natur, sie können vielmehr nur zu anderen Rechten (prinzipalen, Hauptrechten) hinzutreten und heißen deshalb accessorische oder Nebenrechte[2].

---

[1] Bezüglich des Wesens des subjektiven Rechts stehen sich zwei Ansichten gegenüber. Nach der von Hegel begründeten, noch herrschenden Auffassung ist der Inhalt des subj. Rechts eine durch das objektive Recht gewährte Willensmacht, ein Wollendürfen (Windscheid). Dagegen wird eingewendet, daß auch nicht willensfähige Personen (Geisteskranke, infantes rechtsfähig sind. Dieser Einwand ist zwar hinfällig; denn das Wollendürfen kann auch durch einen Vertreter bethätigt werden. Richtig ist jedoch, daß diese Begriffsbestimmung unvollständig ist, weil sie den praktischen Zweck, dem jedes Recht zu dienen bestimmt ist, außer Acht läßt. Jhering (Geist des römischen Rechts III § 60) definiert daher das subjektive Recht als ein „rechtlich (d. h. durch Rechtsbehelfe) geschütztes Interesse", Dernburg als „Anteil an den Lebensgütern". Eine vollständige Begriffsbestimmung muß aber sowohl das subjektive („Wollendürfen") als das objektive Moment („Anteil an den Lebensgütern") enthalten.

[2] Die Natur des accessorischen Rechts zeigt sich darin, daß es:

a. regelmäßig ohne das Hauptrecht weder entstehen noch bestehen kann (l. 129 § 1 D. 50, 17: Cum principalis causa non consistit, ne ea quidem, quae sequuntur, locum habent; BGB. § 224: Verjährung der Nebenleistungen mit dem Hauptanspruch); Ausnahme: Eigentümerhypothek;

Regelmäßig sind die Rechte nicht an eine bestimmte Person ausschließlich geknüpft und daher von dem Berechtigten auf andere übertragbar. Es giebt aber auch höchstpersön= liche Rechte (Staatsbürgerrecht, Personalservituten, Fa= milienrechte), die von der Person des Berechtigten überhaupt nicht löslich sind oder höchstens der Ausübung, nicht der Substanz nach, wie der Nießbrauch.

2. Ein Recht kann einem einzelnen Rechtssubjekt[3]) oder einer Mehrheit von solchen zustehen. In letzterem Falle kann das Recht der Gesamtheit der Mitberechtigten zustehen, ohne daß der Anteil des Einzelnen rechnerisch oder

---

b. auf den Erwerber des Hauptrechts von selbst übergeht (vgl. BGB. § 401: Übergang der Nebenrechte bei der Abtretung der Haupt= forderung);

c. — sofern es sich nicht, wie zB. die bereits verfallene Vertrags= strafe, vom Hauptrechte bereits losgelöst hat — nicht selbständig über= tragbar ist.

[3]) Eine der berühmtesten Fragen der modernen Rechtswissenschaft betrifft die Möglichkeit subjektloser Rechte. Unzweifelhaft weist das Rechtsleben Erscheinungen auf, die alle objektiven Elemente einer Berechtigung enthalten, ohne daß in einem gewissen Augenblick ein zu dieser gehöriger Berechtigter bezeichnet werden kann. So blieb zB. im Gemeinen Rechte das Vermögen eines Verstorbenen als Einheit, die sich sogar vergrößern konnte, erhalten, auch wenn ein Erbe noch nicht feststand (hereditas jacens, und gleich behandelt wurde das Vermögen des in Kriegsgefangenschaft geratenen Römers, l. 18 § 5 D. 3, 5). Während das BGB. die hereditas jacens beseitigt hat (§ 1942, ipso-jure=Erwerb), ist nach den §§ 2101, 2162, 2178 ein anderes subjektloses Recht, nämlich die Zuwendung an einen Embryo, ja an eine noch gar nicht erzeugte Person möglich. Ähnlich liegen die Verhältnisse beim Vermögen eines Verschollenen, bei Dereliktion eines Inhaberpapiers, bei Dereliktion eines Grundstücks (BGB. § 928), bei Sammlungen zur Errichtung eines Denkmals (BGB. § 1914). Windscheid (Pandekten § 49) bezeichnet diese Erscheinungen als „subjekt= lose Rechte", Bekker (Pandekten I § 18 Beilage III) als „objektiven Bestand der subjektiven Rechte", Jhering (Jahrbücher für Dogmatik 10, 387) als „passive Wirkungen der Rechte". Regelsberger (Pandekten § 15 III) und Gierke (Deutsches Privatrecht I § 29) weisen darauf hin, daß es sich nur um Übergangserscheinungen handelt, die einen gewissen Rechtsschutz genießen, um „Rechte, die ihren Herrn erwarten", um „Vorwirkung einer Persönlichkeit". Über die Verwendung der Lehre von den subjektlosen Rechten zur Erklärung der juristischen Personen vgl. unten § 14.

thatsächlich) bestimmt ist (zB. die Gesamthandsrechte des deutschen Rechts, II, 468, vgl. die Gesellschaft des 14. Titels des II. Buchs des BGB.); oder der Anteil jedes Einzelnen ist rechnerisch, aber nur in der Idee bestimmt (sog. ideelle Teilung, zB. beim Miteigentum an einem Grundstücke, vgl. die Gemeinschaft des 15. Titels des II. Buchs des BGB.). Sofern ein Recht teilbar, d. h. in Anteile zerlegbar ist, deren jeder alle Eigenschaften des Rechts aufweist, kann diese ideelle Teilung nach Anteilen in eine reelle Teilung umgewandelt werden. Die Frage der Teilbarkeit des Rechts hängt mit der Teilbarkeit der Rechtsobjekte zusammen, worüber unten zu sprechen ist.

3. Ein Recht kann von vornherein einer bestimmten Person zustehen. Der Berechtigte kann aber auch zunächst unbestimmt sein und erst durch den Eintritt eines gewissen Ereignisses, insbesondere durch den Erwerb einer Sache[4]) bezeichnet werden (Grunddienstbarkeiten, Rechte aus Inhaberpapieren).

b. Einteilung der Rechte.

Die moderne Einteilung der Rechtsnormen (I, 27) geht von den Rechtsobjekten, d. h. den Gegenständen

---

[4]) Nach rR. konnte eine Berechtigung regelmäßig nur einer bestimmten Person zustehen. Das deutsche Recht hat dagegen die subjektiven Rechte zu einer gewissen Selbständigkeit erhoben, insbesondere soweit es sich um Befugnisse handelt, die auf ein Grundstück „radiziert" sind (II, 482). Dieser Entwickelung folgend unterschied das ALR. I, 2 §§ 122 ff. subjektiv-persönliche und subjektiv-dingliche Rechte und bildete mit Rücksicht darauf, daß der Gegenstand der Rechte entweder die Befugnis, von einem Verpflichteten etwas zu fordern (objektiv-persönliche Rechte) oder eine Sache (objektiv-dingliche Rechte) sein kann, vier Arten von Rechtsbeziehungen:

subjektiv-persönliche, objektiv-persönliche Rechte, zB. die Rechte aus Schuldverhältnissen;

subjektiv-persönliche, objektiv-dingliche Rechte, zB. Eigentum, Pfandrecht, Personalservitut;

subjektiv-dingliche, objektiv-dingliche Rechte, zB. Grundgerechtigkeiten;

subjektiv-dingliche, objektiv-persönliche Rechte, zB. die (jetzt aufgehobenen, II, 66[13]) Zwangs- und Bannrechte, soweit sie dem jeweiligen Besitzer eines gewissen Grundstücks zustehen.

aus, auf welche sich die durch die Rechtssätze normierten Rechte beziehen[5]). Als solche Rechtsobjekte kommen in Frage (Gierke): die eigene Person, fremde Personen und körperliche Sachen, d. h. Stücke der vernunftlosen Natur.

1. Zu den Persönlichkeitsrechten (Individual= rechten, Rechten an der eigenen Person) gehören diejenigen Befugnisse, die sich aus den Eigenschaften und Fähigkeiten einer Person für diese ergeben, also zB. das Recht auf Führung eines Namens, Titels, Wappens, Warenzeichens, einer Firma; die Rechte aus dem Stand und der Familien= zugehörigkeit (sog. Statusrechte) sowie die Urheber= und Erfinderrechte (§§ 18 ff.). Diese Rechte sind sämtlich ab= solute; denn ein Jeder ist verpflichtet, sie zu achten.

2. Betreffs der Rechte an anderen Personen, d. h. der Rechte, die der Macht des Berechtigten eine fremde Persönlichkeit unterwerfen, sind zu unterscheiden:

α. Rechte auf eine Handlung (Obligationen), wobei die Einwirkung des Berechtigten auf den Verpflichteten sich auf das Recht beschränkt, eine Leistung des letzteren zu ver= langen; diese Rechte sind regelmäßig relative (Ausnahme: actio quod metus causa, I, 283).

β. Rechte an fremder Persönlichkeit, bei denen diese unmittelbar der Macht des Berechtigten in bestimmter Be= ziehung unterstellt ist. In diese Klasse gehören die Rechte der Mitglieder einer Familie und einer sonstigen Genossen= schaft gegen einander und aus dem früheren Rechte das Verhältnis des Lehnsherrn zum Lehnsmann (II, 610) und des Gutsherrn zum Hintersassen (II, 625). Diese Rechte sind teils relativer, teils absoluter Natur, indem sie zwar von vornherein nur zwischen bestimmten Subjekten bestehen (zB. zwischen Hausvater und Hauskind), sich unter Um=

---

[5]) Die Einteilung des Gajus, der auch die Digesten folgen, unterschied: jus quod ad personas (Rechtssubjekt), res (Rechtsobjekt), actiones (Beziehungen beider) pertinet (I, 130). Dagegen ging das ALR. von dem Rechtssubjekt aus (II, 409), indem es im ersten Teile seine Stellung als Einzelwesen, im zweiten seine Stellung in den engeren und weiteren sozialen Verbänden (Ehe, Familie, Korporation, Stand, Kirche, Staat) erörterte.

ständen aber auch gegen jeden dritten Störer richten können (wie die actio de liberis exhibendis).

γ. Rechte an dem Rückstande weggefallener Personen, nämlich einer verstorbenen Einzelperson (Erbrecht) oder einer aufgelösten juristischen Person. Auch diese Rechte sind teils relativer Natur (wie das Recht aus einem Summen= legat), teils absoluter (wie die hereditatis petitio).

3. Die Sachenrechte (dinglichen Rechte)[6] unterwerfen der Macht des Berechtigten die zur Befriedigung der Lebens= bedürfnisse dienenden Gegenstände unmittelbar, also nicht, wie die Obligationenrechte, mittelbar durch die Handlung einer verpflichteten Person. Über den hieraus folgenden Unterschied zwischen Sachenrecht (zB. Eigentum an einem Pferd) und Recht zur Sache (zB. Verpflichtung des Ver= käufers zur Verschaffung des Eigentums an dem verkauften Pferde) vgl. I, 327[14]. Die Sachenrechte sind grundsätzlich, unbeschadet einzelner aus Gründen des gesicherten Geschäfts= verkehrs eingeführter Ausnahmen („Hand wahre Hand", II, 590, BGB. §§ 932, 1207 sowie die nur gegen Minder= berechtigte wirkende actio Publiciana, I, 288[7]), absolute; denn sie gewähren dem Berechtigten die Macht zur Abwehr jeden Eingriffs in die Rechtssphäre der betreffenden Sache. Die Sachenrechte können die Sache in jeder Beziehung (Eigentum) oder nur in bestimmter (Rechte an fremden Sachen: zB. — vgl. II, 561 — Dienstbarkeiten, Nutzungs= rechte, Pfandrecht) dem Berechtigten unterwerfen. Den dinglichen Rechten gegenüber werden alle übrigen als persönliche Rechte zusammengefaßt.

Aus dem Vorstehenden ergiebt sich die Unrichtigkeit der zuweilen aufgestellten Behauptung, daß die Dinglichkeit

---

[6] Nach der Sprechweise des BGB. decken sich die Begriffe „Sachenrechte" und „dingliche Rechte" nicht. Denn das BGB. erkennt dingliche Rechte an Sach= und Rechtsgesamtheiten und an Rechten an (zB. Nießbrauch und Pfandrecht an einer Forderung), beschränkt aber den Begriff der Sache ausschließlich auf körperliche Gegenstände (BGB. § 90; vgl. unten § 25). Allerdings behandelt es die dinglichen Rechte an den erwähnten, nicht unter den Begriff „Sachen" fallenden Rechts= objekten doch wieder im dritten Buch unter dem Titel: Sachenrecht.

und die absolute Wirkung der Rechte sich decken. Diese Gattungen von subjektiven Rechten werden nämlich durch ganz verschiedene Merkmale gekennzeichnet: die dinglichen Rechte durch die Gewährung einer unmittelbaren Herrschaft über ein Rechtsobjekt, die absoluten durch ihre Wirkung gegen Jedermann. Wenn nun auch die dinglichen Rechte regelmäßig absolut wirken oder wenigstens das — nur durch Verkehrsrücksichten zuweilen behinderte — Bestreben hierzu haben, so giebt es doch umgekehrt große Gruppen von absoluten Rechten, denen jede unmittelbare Beziehung zu einem Rechtsobjekt abgeht, wie die Urheberrechte.

Vom Gesichtspunkte der wirtschaftlichen Bedeutung und Verwertbarkeit der Rechte aus unterscheidet man Vermögens= rechte und andere Rechte. Vermögen ist die Gesamt= heit der in Geld, d. h. dem allgemeinen Wertmesser (f. u.), schätzbaren Rechte[7]. Zum Vermögen gehören die Rechte aus Schuldverhältnissen und die Sachenrechte, aber auch ein Teil der Persönlichkeitsrechte (zB. insbesondere die § 18 besprochenen Immaterialgüterrechte) und ge= wisse Rechte familienrechtlichen Ursprungs (zB. die Rechte des Ehemanns und Vaters am Vermögen der Frau und der Hauskinder); endlich auch die Erbberechtigungen, soweit sie mehr als bloße Erwartungen sind.

----

[7] Diese Begriffsbestimmung umfaßt nur das sog. Aktiv= vermögen (so zB. BGB. §§ 419, Vermögensübernahme, 718, 719, 733, Gesellschaftsvermögen). Der Ausdruck Vermögen wird aber auch für die Gesamtheit der geldwerten Rechte und Pflichten (Aktiva und Passiva, so zB. BGB. § 1981, Vermögenslage des Erben) und in einem engeren Sinne von dem Überschuß der Aktiva über die Passiva gebraucht (zB. l. 39 § 1 D. de verb. signif. 50, 16: Bona intelle-guntur cujusque, quae deducto aere alieno supersunt; ferner zB. bei der Veranlagung zu der Vermögenssteuer in Preußen, Pr. Ergänzungssteuergesetz vom 14. Juli 1893 § 4). In § 23 CPO. (forum arresti bei dem Gericht, in dessen Bezirk sich „Vermögen des Beklagten befindet") bezeichnet „Vermögen" jedes Vermögensstück; in § 903 CPO. dagegen (Verpflichtung des Schuldners zur nochmaligen Leistung des Offenbarungseides, wenn er inzwischen Vermögen er= worben hat) bedeutet „Vermögen" einen nennenswerten, mindestens das für die Lebensbedürfnisse Erforderliche übersteigenden Betrag.

c. Die Ansprüche.

Der Inhalt des subjektiven Rechts besteht darin, daß der Berechtigte befugt ist, von den Verpflichteten, also bei den absoluten Rechten von allen Personen, bei den relativen von einer bestimmten Person, zu verlangen, daß sie sich mit dem Rechte nicht in Widerspruch setzen, es achten und nicht verletzen. Setzt sich jemand mit einem bestehenden subjektiven Recht in Widerspruch, so muß der Berechtigte es zur Geltung bringen, wozu ihm heute der Staat nötigenfalls im Prozesse die Macht verleiht. Diese Befugnis des Berechtigten zur Bethätigung seines Rechts nennt man nach dem Vorgange von Windscheid[8]) Anspruch. Anspruch ist die Befugnis eines Berechtigten, sein Recht einem bestimmten Gegner[9]) gegenüber mit rechtlichen Mitteln zur Geltung zu bringen, oder wie das BGB. § 194 gelegentlich der Verjährung sagt: „das Recht, von einem Anderen ein Thun oder ein Unterlassen zu verlangen". Er deckt sich nicht mit der römischen actio (I, 216[1]), denn seine

---

[8]) In der 1856 erschienenen Schrift „die actio des röm. Civilrechts vom Standpunkt des heutigen Rechts". Der „Anspruch" sollte den vieldeutigen Ausdruck actio ersetzen, ist aber selbst mehrdeutig, weil damit nicht nur, wie oben, das subjektive Recht in seiner Bethätigung gegen eine bestimmte Person („einen Anspruch gegen jemanden erheben", d. h. ein subjektives Recht geltend machen, so zB. in CPO. § 302: „Anspruch auf Schadensersatz", §§ 846—849, „Pfändung eines Anspruchs", vgl. §§ 854—856, 916, 920) sondern auch der Akt der Bethätigung selbst („etwas beanspruchen", so in CPO. § 260: „mehrere Ansprüche des Klägers gegen denselben Beklagten") bezeichnet wird.
Der Anspruch ist mit dem Klagegrunde (I, 257) nicht zu verwechseln. Derselbe Anspruch (zB. auf Bezahlung von Waren) kann sich auf mehrere Klagegründe (zB. Kauf oder ungerechtfertigte Bereicherung) stützen; vgl. auch CPO. § 146 (Zulässigkeit der Trennung mehrerer auf denselben Anspruch sich beziehender Klagegründe).
[9]) Windscheid bestreitet dem gegenüber, daß das Vorhandensein eines bestimmten Gegners Voraussetzung des Anspruchsbegriffs ist. Er behauptet insbesondere, daß auch das absolute Recht, schon bevor sich jemand damit in Widerspruch gesetzt habe, durch eine „unbegrenzte Vielheit" von Ansprüchen gebildet werde, daß der absolut Berechtigte einen Anspruch gegen jedermann, gegen „niemanden nicht" habe. Anders Brinz und Dernburg.

Geltendmachung kann nicht nur, wie die der actio (selbst im weitesten Sinne) gerichtlich durch Klage, Widerklage und Einrede, sondern auch außergerichtlich, durch Aufrechnung, Zurückbehaltung und, soweit zulässig, durch Selbsthülfe erfolgen (BGB. §§ 229 ff.).

Der Anspruch baut sich zwar auf dem subjektiven Recht auf [10]); aber er fällt nicht mit ihm zusammen. Dies wird besonders klar bei den absoluten Rechten, aus denen ein Anspruch sich erst entwickelt, wenn sich eine bestimmte Person zu ihnen in Widerspruch setzt. Aus meinem Eigentum an einem Pferd entsteht ein Anspruch erst dann, wenn Jemand mich in der Bethätigung meines dinglichen Rechts, zB. durch Vorenthaltung der Sache, hindert. Es ist daher auch zB. möglich, daß das Eigentumsrecht jemandem zusteht, während der Eigentumsanspruch (die rei vindicatio) gegenüber einem bestimmten Gegner durch Verjährung erloschen ist. Aber auch aus dem relativen Recht entsteht nicht immer sogleich ein Anspruch, zB. wenn ein Darlehen mit der Abrede gegeben ist, daß es erst in 10 Jahren rückzahlbar ist. In solchen Fällen spricht man von actio nondum nata. Wann ein Anspruch aus dem Recht entsteht, wann also actio nata ist, läßt sich nur aus dem einzelnen Rechtsverhältnisse beantworten. Insbesondere ist die Behauptung unrichtig, daß jeder Anspruch erst infolge einer Rechtsverletzung entsteht. Hierauf ist in der Lehre von der Verjährung (vgl. BGB. §§ 198 ff.) näher einzugehen, für welche die Entscheidung dieser Frage von besonderer Bedeutung ist. Hier ist nur darauf hinzuweisen, daß nach § 256 CPO. ein Recht auf Feststellung eines Rechtsverhältnisses in Fällen gegeben sein kann, in welchen ein Leistungsanspruch noch nicht vorhanden ist (I, 277[1]). Über die ähnlichen actiones praejudiciales des rM. und die diesem eigentümlichen Einteilungen der actiones vgl. I, 276[1], 282.

---

[10]) Anders in klassischer Zeit in Rom (I, 288), wo der Prätor nach dem Grundsatz „jus dicere potest, facere non potest" Rechtsschutz durch Gewährung einer actio und auf Grund seines Imperiums (I, 302) selbst da erteilte, wo ein subjektives Recht noch nicht vorhanden war (wie zB. bei der Publiciana, I, 288[7]).

d. Entstehung, Veränderung, Untergang der Rechte.

1. Juristische Thatsachen.

Thatsache ist eine sinnlich wahrnehmbare Be= gebenheit. Thatsachen, durch welche Rechtsverhältnisse, d. h. die rechtlichen Beziehungen der Personen zu anderen Personen oder zu Sachen (S. 91) gemäß den Normen des objektiven Rechts begründet, umgestaltet oder aufgehoben werden, heißen juristische, d. h. juristisch erhebliche Thatsachen [11]). Die Summe der zur Herbeiführung einer Rechtswirkung erforderlichen Thatsachen heißt der Thatbestand dieser Rechtswirkung. Der Thatbestand der Testamentserbfolge setzt sich zB. aus den Thatsachen: Testamentserrichtung, Tod des Erblassers und Überleben eines Bedachten (Erben) zusammen. Unter den juristischen Thatsachen sind zu unterscheiden: Handlungen, d. h. Willensäußerungen (zB. in obigem Beispiele die Testaments= errichtung) und Ereignisse (Geburt, Tod, Zeitablauf, behördliche Anordnungen). Die Handlungen können wieder positive und negative (Unterlassungen) sein.

Unter den Handlungen sind zwei Gattungen unter be= sondere Begriffe zusammengefaßt und gewissen gemeinsamen Grundsätzen unterworfen, nämlich die Rechtsgeschäfte, d. h. Willenserklärungen, welche die Gestaltung gewisser Rechtsverhältnisse bezwecken, und die Delikte, d. h. schuld= hafte, rechtsverletzende, vom objektiven Recht gemißbilligte Willensbethätigungen, an die sich Rechtsfolgen (Strafe, Schadensersatz) anknüpfen [12]). Rechtsfolgen ziehen daher

---

[11]) Zu den juristischen Thatsachen sind übrigens auch gewisse sinnlich nicht wahrnehmbare Umstände zu zählen, besonders Wissen (bona fides!) und Wollen (intentio fraudulosa!). Diese sog. inneren Thatsachen gelten als Thatsachen im Sinne des § 445 CPO. (Zulässigkeit der Eideszuschiebung; I, 405).

[12]) Rechtsgeschäft und Delikt bilden die für das Recht bedeut= samsten, aber nicht die einzigen Arten der Rechtshandlungen. Es giebt vielmehr rechtlich erhebliche Willensäußerungen, die sich weder unter die eine noch unter die andere Gattung einreihen lassen und daher den für diese geltenden allgemeinen Grundsätzen nicht ohne weiteres unter=

sowohl Rechtsgeschäfte als Delikte nach sich; bei den Rechts=
geschäften sind sie aber von dem Handelnden gewollt, bei
den Delikten treten sie gegen seinen Willen ein. Über Be=
griff und Arten der Rechtsgeschäfte ist unten im dritten Ab=
schnitt, über die Delikte im Recht der Schuldverhältnisse bei
der Lehre von den „unerlaubten Handlungen" zu sprechen.

2. Rechtserwerb.

Jedes Recht setzt ein berechtigtes Subjekt voraus; sub=
jektlose Rechte giebt es nicht (S. 89 3). Rechtserwerb heißt
nun die bei der Entstehung eines Rechts oder später erfolgte
Verbindung des Rechts mit einem Rechtssubjekte. Der
Rechtserwerb vollzieht sich meist durch eine Handlung des
Berechtigten (zB. beim Erbschaftserwerbe nach der römischen
Auffassung, Erbschaftsantritt, II, 739), zuweilen jedoch
ohne eine solche Handlung (zB. beim Erbschaftserwerbe nach
der deutschen Auffassung, Erbanfall). In letzterem Falle
spricht man von Erwerb ipso jure (kraft Rechtsvorschrift).
Die Gesamtheit der Thatsachen, worauf ein Rechtserwerb
(oder Rechtsverlust) sich gründet, heißt die causa oder der
Titel 13).

Der Rechtserwerb ist entweder derivativ oder ori=
ginär 14), je nachdem er sich von dem Recht eines bisher

---

stehen, überhaupt nicht einheitlichen Grundsätzen in einem Maße unter=
liegen, daß ihre Zusammenfassung unter einen juristischen Begriff sich
rechtfertigen läßt; so zB. die prozessualen Handlungen, die Begründung
und Aufhebung eines Wohnsitzes (S. 128), die negotiorum gestio,
der Besitzerwerb, die Umbildung (Spezifikation), der außereheliche Bei=
schlaf, die Schöpfung von Geisteswerken u. a. Daher fällt zB. die
Lehre von der Prozeßfähigkeit mit der Lehre von der Geschäftsfähigkeit
nicht zusammen (S. 107 2). In §§ 29 ff. KO. ist dieser erweiterte
Begriff der Rechtshandlungen dem engeren Begriffe der Rechtsgeschäfte
sogar gegenübergestellt (I, 640).

13) Im 18. Jahrhundert sonderte man aus den Erwerbsthat=
sachen als causa oder titulus diejenigen aus, durch die ein Anspruch
auf den Rechtserwerb begründet wird, und stellte ihnen als modus
diejenigen Thatsachen gegenüber, durch die der Rechtserwerb sich that=
sächlich vollzieht. Über diese das ALR. beherrschende Theorie vgl.
II, 544 2.

14) Über den hiermit nicht zusammenfallenden Unterschied zwischen
mittelbarem und unmittelbarem Erwerb nach ALR. vgl. II, 543 1.

Berechtigten herleitet (zB. Eigentumserwerb durch Übergabe, Erbschaft) oder nicht (Aneignung, Verarbeitung).

Beim derivativen (abgeleiteten) Erwerbe heißt der bisher Berechtigte Rechtsurheber, auctor juris, der Erwerber Rechtsnachfolger, successor, der Hergang vom Standpunkte des auctor: Rechtsübertragung (cessio, traditio), vom Standpunkte des Erwerbers: Rechtsnachfolge (successio). Hierbei gilt der Grundsatz, daß der Rechtsnachfolger bestenfalls das Recht des Rechtsvorgängers, aber kein besseres oder größeres erwerben kann (nemo plus juris transferre potest, quam ipse habet). Eine Folge dieses Satzes ist der Grundsatz: „Resoluto jure dantis, resolvitur jus concessum"; d. h. stellt sich das Recht des Rechtsurhebers, zB. infolge Zeitablaufs oder des Eintritts einer Resolutivbedingung, als hinfällig heraus, so fallen ohne weiteres alle von ihm weiter übertragenen Rechte fort. Zuweilen wird der Grundsatz, daß niemand mehr Rechte übertragen kann, als er hat, im Interesse der Sicherheit des Verkehrs durchbrochen, zB. im BGB. § 932 (vgl. II, 596) bezüglich des gutgläubigen Erwerbs beweglicher Sachen vom Nichteigentümer und § 892 bezüglich des Erwerbs von Rechten an Grundstücken oder an im Grundbuch eingetragenen Rechten (vgl. II, 556).

Der abgeleitete Erwerb, der sich natürlich nur auf übertragbare Rechte (S. 89) beziehen kann, ist wieder konstitutiv oder translativ, je nachdem das übertragene Recht von dem Rechtsvorgänger aus seinem Recht erst ausgesondert wird, als ein selbständiges also bisher noch nicht vorhanden war (wenn zB. der Eigentümer eines Grundstücks eine Hypothek für einen Gläubiger eintragen läßt, einen Nießbrauch bestellt) oder schon beim Rechtsvorgänger selbständig vorhanden gewesen war (wie zB. bei der Abtretung einer Grundschuld, die der Eigentümer für sich auf seinem Grundstücke hatte eintragen lassen, BGB. § 1196). Die konstitutive oder translative Übertragung eines Rechts auf einen Anderen durch einen Willensakt des Berechtigten heißt

Veräußerung (alienatio). Die alienatio umfaßt also zB. auch die Verpfändung [15]).

Die Rechtsnachfolge, also der Eintritt in die Rechts=
stellung des Rechtsvorgängers, ist ihrem Umfange nach ver=
schieden. Man spricht von Singularsuccession beim
Eintritte des Rechtsnachfolgers in einzelne Rechte des Rechts=
vorgängers (zB. durch Kauf, Schenkung, Vermächtnis), von
Universalsuccession beim Eintritt in die gesamte Rechts=
stellung des Vorgängers, insbesondere in sein Vermögen (Aktiva
und Passiva) als Einheit (wie bei der Erbschaft: successio
in universum jus, quod defunctus habuit). Über die
römische acquisitio per universitatem (Eintritt in
die Gesamtaktiva) vgl. I, 100 und über die deutsch=recht=
liche Spezialsuccession (in bestimmte Rechtskomplexe,
zB. Lehen, Familienfideikomisse) vgl. II, 733.

Von schwebendem Rechtserwerbe (pendet, in
suspenso est) spricht man, wenn noch nicht alle den Ein=
tritt des Rechtserwerbs bewirkenden Thatbestandsmomente
vorhanden sind. Man muß unter diesen nämlich „konsti=
tutive" und „konfirmatorische" unterscheiden. Mit
dem Eintritte der ersteren entsteht das Recht für den Be=
rechtigten, mit dem Eintritte der letzteren wird es voll
wirksam. In der Zwischenzeit, zB. beim bedingten, be=
fristeten, von einer Genehmigung abhängigen Rechtsgeschäft,
ist der Rechtserwerb in der Schwebe. Unter welchen Vor=

---

[15]) Im weiteren Sinne heißt Veräußerung das freiwillige
Aufgeben eines Rechts überhaupt und umfaßt auch den Verzicht
(renuntiatio), d. h. die Aufgabe eines Rechts ohne Übertragung des=
selben auf einen anderen. Das ALR. I, 16 § 379 unterschied unter
dem Hauptbegriff „Entsagung der Rechte" die Begriffe Erlaß (Ent=
sagung eines schon erworbenen Rechts) und Verzicht (Entsagung eines
noch zu erwerbenden).
Von „Verzicht zu Gunsten eines Dritten" spricht man, wenn
durch den Verzicht mittelbar der Vorteil eines Anderen befördert werden
soll, zB. wenn der nächste Erbe einer Erbschaft entsagt, dergestalt, daß
der folgende Erbe vorrückt; vgl. zB. die Erbverzichte beim Adel, II, 760.
Der zuweilen aufgestellte Grundsatz: Verzichte sind strikt auszulegen,
ist unrichtig. Vielmehr gelten für den Verzicht die gleichen Auslegungs=
regeln, wie für jede andere Willenserklärung.

7*

aussetzungen nach) Eintritt der konfirmatorischen Momente
Rückziehung (Retrotraktion) eintritt, d. h. die volle Rechts=
wirkung schon von einem früheren Zeitpunkt an („ex tunc“)
als eingetreten angenommen wird, ist bei den einzelnen
Instituten darzustellen, insbesondere bei der Lehre von den
bedingten Rechtsgeschäften.

3. Rechtsveränderung und Rechtsverlust.

Ist ein Recht für ein bestimmtes Subjekt entstanden,
so dauert es fort bis zum Eintritt einer verändernden oder
vernichtenden Thatsache (Grundsatz der Kontinuität des
Rechts)[16]. Daher hat die Beweislast für die Änderung
oder den Verlust des Rechts, wer eine solche Thatsache be=
hauptet (I, 217²).
Die Rechtsveränderung kann die Subjekte oder den
Gegenstand des Rechts betreffen. Die Änderung im Sub=
jekt unter Aufrechterhaltung des objektiven Rechtsinhalts ist
die oben besprochene Rechtsnachfolge. Rechtsverlust erfolgt
entweder durch den darauf gerichteten Willen des Berech=
tigten (Veräußerung, oben S. 99) oder durch Ereignisse
(Untergang einer Sache, Tod des Berechtigten, zB. beim
Altenteil, Tod des Verpflichteten, zB. bei der Unterhalts=
pflicht, Zeitablauf). Ein Rechtsverlust tritt aber zuweilen
infolge einer gesetzlich gemißbilligten Handlung des Berech=
tigten ein, ohne daß dies seiner Absicht, wie bei der Ver=
äußerung, entspricht. Dann liegt Verwirkung vor, zB.
beim decretum Divi Marci, I, 115, bei der Erbunwürdig=
keit (BGB. §§ 2339 ff.). Von Hemmungsgründen
spricht man beim Vorhandensein von Umständen, die die
Entstehung oder Geltendmachung des Anspruchs aus einem
Rechte zeitweilig hindern (zB. Stundung der Forderung),
ohne das Recht selbst zu berühren.

---

[16]) Über die Kontinuität der Thatsachen vgl. S. 112⁸.

§ 10. Ausübung und Kollision der Rechte.

a. Die Ausübung der Rechte.

Ausübung der Rechte bedeutet Verwirklichung der kraft ihrer dem Berechtigten zustehenden Vorteile. Es giebt Rechte, die nur eine einmalige Ausübung in bestimmter Richtung gestatten (zB. eine unverzinsliche Darlehens= forderung) und andere, die eine dauernde und vielfältige Ausübung ermöglichen (zB. das Eigentum an einem Grund= stücke). Dies ist wichtig für die Frage des Besitzes von Rechten. Denn ein solcher ist nur bei den Rechten denkbar, die eine dauernde Ausübung gestatten.

Wer ein Recht hat, kann es innerhalb der durch das objektive Recht gesteckten Grenzen in jeder ihm gut scheinen= den Weise ausüben, auch wenn dadurch ein Anderer in seiner Rechtssphäre Schaden erleidet (Qui jure suo utitur, nemini facit injuriam oder neminem laedit, vgl. l. 55, 151, 155 § 1 D. de reg. jur. 50, 17). Man kann also auf seinem Grundstück einen Brunnen auch dann anlegen, wenn dadurch dem Brunnen eines Nachbars das Wasser entzogen und der Betrieb seiner Brauerei gestört wird (l. 1 § 12 D. 39, 3). In manchen Fällen sind einer allzu egoistischen Ausnutzung des eigenen Rechts durch das objektive Recht Schranken gezogen, besonders zu Gunsten des Gemeinwesens (Enteignung), der Nachbarn, bei Servi= tuten (civiliter uti), bei der Zwangsvollstreckung (CPO. §§ 811, 850; I, 562, 571, vgl. BGB. § 559, wonach das Pfandrecht des Vermieters auf die unpfändbaren Sachen des Mieters sich nicht erstreckt). Aber auch beim Mangel der= artiger Rechtsnormen ist diejenige Ausübung des Rechts nicht zu schützen, die aus Chikane erfolgt, d. h. lediglich in der Absicht der Schädigung eines anderen, zB. das Ab= graben eines Brunnens ohne eigenes Interesse, lediglich in der boshaften Absicht, dem Nachbarn Schaden zuzufügen (Mißbrauch des Rechts, „Malitiis non est indulgen= dum", vgl. ALR. I, 6 § 37). So bestimmt BGB. § 226: „Die Ausübung eines Rechtes ist unzulässig, wenn sie nur den Zweck haben kann, einem Anderen Schaden zu=

zufügen." Hiermit ist nicht gesagt, daß die Ausübung des
Rechts unzulässig ist, wenn sie in der Absicht erfolgt, einem
Anderen Schaden zuzufügen; denn die Ausübung eines
Rechts bringt regelmäßig demjenigen Schaden, gegen welchen
das Recht gerichtet wird, und dies weiß der Berechtigte.
Vielmehr muß objektiv feststehen, daß die Ausübung nur
den Zweck haben kann, einem Anderen Schaden zuzufügen.
Aus dieser Fassung des § 226 BGB. ergiebt sich, daß der
Verpflichtete nicht dem Berechtigten den Eid hierüber zu-
schieben kann (vgl. CPO. § 445, I, 405). Handelt der
Berechtigte entgegen dem § 226 BGB., so wird er dem
Verpflichteten schadensersatzpflichtig (BGB. §§ 823 Abs. 2
und 826)[1]).

Wer ein Recht hat, ist es auszuüben befugt, aber nicht
verpflichtet: Jure suo uti nemo cogitur; bezüglich
der prozessualen Geltendmachung wiedergegeben durch die
Parömie „invitus agere nemo cogitur". Eine andere
Frage ist jedoch, ob jeder Staatsbürger die sittliche Verpflichtung hat, sein Recht durchzusetzen, was Jhering in seiner
berühmten Streitschrift: „Der Kampf ums Recht" bejaht.
In einzelnen Fällen verliert der Berechtigte aber sein Recht
durch Nichtausübung innerhalb gewisser Zeit (Verjährung,
Provokationsklagen, Aufgebot I, 455 ff.). In anderen ist

---

[1]) Von praktischer Bedeutung wird § 226 BGB. namentlich für
die Ausübung der dinglichen Rechte sein. Hinsichtlich der Ausübung
des Eigentumsrechts finden sich Sondervorschriften zB. in den §§ 905
(der Grundstückseigentümer kann Einwirkungen auf das Grundstück
nicht verbieten, die in solcher Höhe oder Tiefe vorgenommen werden,
daß er an der Ausschließung kein Interesse hat), 910 (kein Beseitigungs-
recht, wenn die vom Nachbargrundstück eindringenden Wurzeln oder
Zweige die Benutzung des Grundstücks nicht beeinträchtigen). Auf dem
Gebiete des Schuldrechts tritt neben den § 226 der in § 242 zum
Ausdrucke gebrachte Grundsatz von Treu und Glauben (IV, 33). Im
Familienrechte finden sich mehrfach Vorschriften, welche die Ausübung eines Rechts untersagen, die sich als „Mißbrauch des Rechts"
darstellt (§§ 1353, 1354, 1357, 1358, 1666). Aus dem Erbrecht
endlich gehört hierher zB. § 2217 (der Testamentsvollstrecker hat Nachlaßgegenstände, deren er zur Erfüllung seiner Obliegenheiten offenbar nicht
bedarf, dem Erben auf Verlangen zur freien Verfügung zu überlassen),
vgl. §§ 2287, 2288.

die Ausübung des Rechts gleichzeitig Pflicht; zB. darf der
Pächter eines Landguts es nicht dauernd brach liegen lassen;
ebenso muß der Mieter die Wohnung lüften und im Winter
heizen, damit sie nicht feucht werde.

Die Art der Ausübung ist nach der Art des einzelnen
Rechts verschieden. Die Vermögensrechte können regelmäßig
durch den Berechtigten selbst, durch einen Stellvertreter oder
nach Veräußerung durch einen Anderen als den ursprünglich
Berechtigten, die höchstpersönlichen Rechte (S. 89) nur durch
den Berechtigten selbst ausgeübt werden. Zuweilen ist die
Befugnis zur Ausübung eines Rechts von dem Vorhandensein einer gewissen Voraussetzung abhängig; dann ruht das
Recht, solange diese nicht gegeben ist. ZB. ruht das dingliche Patronatrecht, solange der Grundstückseigentümer ein
Jude ist (II, 320). Andere Rechte können nur beim Nachweis einer bestimmten Legitimation ausgeübt werden, so die
aus Wechseln (WO. Art. 36), Inhaberpapieren (BGB.
§ 793 ff.) oder dem Grundbuche (BGB. § 891) hervor-
gehenden.

b. Die Kollision der Rechte.

Kollision von Rechten liegt vor, wenn sich mehrere
Rechte neben einander vorfinden, die nicht vollständig aus-
geübt werden können, ohne einander zu hindern, wie zB.
Grundstückseigentum und Wegerecht[2]).

----

[2]) Vorausgesetzt sind also mehrere wohlbegründete Rechte. Keine
Kollision liegt vor, wenn die rechtmäßige Entstehung des einen Rechts
durch das andere gehindert wird (zB. bei doppelter Abtretung derselben
Forderung, IV, 337), oder wenn es zweifelhaft ist, wem ein Recht zusteht (zB. beim Streit über eine Erbberechtigung). Von Konkurrenz
der Rechte spricht man, wenn mehrere Rechte demselben Thatbestand
entspringen, zB. wenn im Falle der Fehlerhaftigkeit der Kaufsache der
Käufer die Wahl zwischen der Rückgabe (actio redhibitoria) und der
Preisminderung (actio quanti minoris) hat, BGB. § 462 (anders
beim Viehkauf, § 487 (Wandelung, nicht Minderung, also wie im
deutschen Recht, II, 503). Hierbei spricht man von kumulativer
Konkurrenz, wenn der Berechtigte jedes der Rechte voll ausnutzen kann
(so konnte zB. in Rom der Bestohlene die condictio furtiva auf
Rückgabe der Sache und daneben die actio furti auf Privatstrafe

Die Entscheidung einer Kollision, d. h. der Frage, welches der zusammenstoßenden Rechte vorgeht, richtet sich danach, ob die Rechte gleich stark oder von ungleicher Stärke sind.

1. Beim Zusammentreffen von nicht gleich starken Rechten muß das schwächere vor dem stärkeren zurücktreten (ALR. Einl. § 95). Die relative Stärke der Rechte ist für einzelne Kollisionsfälle durch allgemeine Regeln bestimmt. Wer zB. durch Ausübung eines Rechts Schaden abwenden will, geht nach allgemeiner Rechtsanschauung demjenigen vor, der mit der Ausübung seines Rechts einen Vorteil erstrebt (vgl. l. 41 § 1 D. de reg. jur. 50, 17: In re obscura melius est favere repetitioni quam adventicio lucro). Anwendungen dieses Grundsatzes sind, daß die Vermächtnisnehmer den Erbschaftsgläubigern nachstehen, und daß im Konkurse Schenkungen nicht geltend gemacht werden können (KO. § 63[4]). Dingliche Rechte an derselben Sache (zB Pfandrechte) ordnen sich ferner regelmäßig[3]) nach dem Grundsatze „prior tempore, potior jure" (die Entstehungszeit ist maßgebend, BGB. § 1209); soweit sie durch Eintragung in das Grundbuch entstehen,

geltend machen); von elektiver Konkurrenz, wenn der Berechtigte wie bei der Zuerkennung einer Buße; StGB. § 231 Abs. 2) durch erfolgreiche Benutzung eines Rechts die übrigen verliert; und von alternativer Konkurrenz, wenn schon durch die versuchte Benutzung eines der Rechte die übrigen untergehen (zB. bei der Wahlobligation, BGB. § 262; IV, 25).

[3]) Zuweilen gilt freilich der umgekehrte Grundsatz: posterior tempore, potior jure. So bestimmt zB. HGB. § 443, daß beim Bestehen mehrerer Pfandrechte (des Kommissionärs, Spediteurs, Frachtführers) an demselben Gut unter den durch die Versendung oder den Transport des Guts entstandenen Pfandrechten das später entstandene dem früher entstandenen vorgeht. Ebenso gehen die Forderungen der Schiffsgläubiger der späteren Reise denen der früheren Reise vor (HGB. § 767). Beide Vorschriften führen auf die die versio in rem schon im römischen Recht beherrschende Anschauung zurück, daß das spätere Pfandrecht dann eine Bevorzugung verdient, wenn es das ältere in seinem Bestande gefördert oder erhalten hat. Auf ähnlichen Gründen beruhen BGB. §§ 914, 917, wonach das Recht auf die Rente für einen Überbau oder Notweg auch älteren Rechten an dem belasteten Grundstücke vorgeht.

nach dem Satze „prior loco, potior jure" (die Ein-
tragungsfolge ist maßgebend, BGB. §879 vgl. GBO. § 17).
Einzelnen Rechten ist in Kollisionsfällen ihrer Art wegen
ein Vorzug beigelegt (sog. privilegia exigendi, I, 627;
KO. § 61).

2. Fehlt es an einer Rechtsnorm über das Verhältnis
der kollidierenden Rechte und kann auch aus ihrer Beschaffenheit[4] eine Entscheidung nicht gefunden werden (wie
zB. bei einer Kollision zwischen dem Eigentum und einem
an der Sache vom Eigentümer bestellten dinglichen Recht,
wobei letzteres natürlich vorgeht), liegen also gleich starke
Rechte vor, so kann die Kollision durch das Los entschieden
werden (l. 5 D. 10, 2: Verwahrung der Nachlaßdokumente
unter gleichberechtigten Erben). Das BGB. kennt dies
Auskunftsmittel in den §§ 659 ff. und 752. In anderen
Fällen schreibt das Recht ein gegenseitiges Nachgeben vor;
so erfolgt zB. im Konkurse die Verteilung auf die Forderungen nicht bevorrechtigter Gläubiger pro rata (I, 628).
Mangels derartiger Normen gilt aber der Grundsatz der
Prävention („Wer zuerst kommt, mahlt zuerst," „in pari
causa melior est condicio occupantis", „beati possi-
dentes"); d. h. wer sein Recht zuerst ausübt, hat den
Vorzug. Hierauf beruht zB. CPO. § 804 Abs. 3, wonach
die frühere Pfändung der späteren vorgeht (I, 558). Um die
hierdurch eintretende Schädigung abzuwenden, kann der zu spät
kommende Gläubiger über das Vermögen des Schuldners
Konkurs eröffnen lassen, worauf die früheren Pfändungen
nach Maßgabe von § 30[2] KO. anfechtbar werden, soweit
sie nach der Zahlungseinstellung oder dem Eröffnungs-
antrag (also nach Eintritt des materiellen Konkurses, I,
634[14]) oder in den letzten 10 Tagen vorher erfolgt sind (I, 641).

---

[4] Unrichtig ist der zuweilen aufgestellte Grundsatz, daß ein durch
das Recht Begünstigter gegenüber einem Gleichbegünstigten seines
beneficium juris sich nicht bedienen dürfe (privilegiatus contra
aeque privilegiatum non utitur privilegio); zB. war nach rR.
einem Minderjährigen Restitution gegen den Ablauf einer Verjährung
auch dann zu erteilen, wenn der Gegner ebenfalls minderjährig war;
l. 128 pr. D. de reg. jur. 50, 17: In pari causa possessor potior
haberi debet.

Erstes Buch.

Allgemeiner Teil.

Erster Abschnitt. Personen.

Erster Titel: Natürliche Personen (BGB. §§ 1—20).

§ 11. Die Rechtsfähigkeit.

a. Allgemeines.

Rechtsfähigkeit ist die vom objektiven Recht anerkannte Befähigung, Träger von Rechten und Verbindlichkeiten zu sein. Rechtsfähig (Rechtssubjekt, persona[1]) ist also, wer Rechte haben kann. Von der Rechtsfähigkeit scharf zu sondern ist die (unten § 13 zu be=

---

[1]) Die römischen Quellen verwenden den Ausdruck persona teils für alle Menschen, auch die Sklaven, teils für die rechtsfähigen Menschen allein. Zuweilen bedeutet persona: Rechtsstellung, Rolle, zB. legitima persona standi in judicio = Prozeßfähigkeit (I, 222). Für „juristische Person" hatten die Römer keinen technischen Ausdruck. Die Quellen sagen zuweilen „personae vice fungi". Das ALR. I, 1 § 1 definierte: „Der Mensch wird, insofern er gewisse Rechte in der bürgerlichen Gesellschaft genießt, eine Person genannt".

Den Begriff des Rechtssubjekts wollte Bekker in einer berühmten Abhandlung (Jherings Jahrbüch. f. Dogm. 12, 1) durch den weiteren Begriff „Genießer" ersetzen. Rechtsfähig sei, wer den Genuß eines Rechts haben könne. Dies könnten (zB. auf Grund testamentarischer Anordnung) auch Sachen (zB. Tiere, der berühmte „Hühnerhund Tiras" und die „englische Stute Bellona") sein. Natürlich stehe solchen nur der Genuß zu. die Verwaltung des Rechts müsse durch einen „Verfüger" erfolgen. In seinen Pandekten hat Bekker den Tieren die ihnen verliehene Rechtspersönlichkeit wieder entzogen und führt aus, daß es sich bei Zuwendungen an Tiere um subjektlose Rechte (S. 89[3]) handele.

handelnde) Handlungsfähigkeit, d. h. die Fähigkeit, in
das Rechtsleben selbstbestimmend einzugreifen, also Rechte
zu begründen, zu verändern und aufzuheben. Infantes
sind z.B. rechts=, aber nicht handlungsfähig, Sklaven
waren in Rom (I, 87) handlungs=, aber nicht rechts=
fähig[2]).

Rechtssubjekte oder Personen sind zunächst die Menschen
(Natürliche Personen, vgl. l. 2 D. de statu hom. 1, 5:
hominum causa omne jus constitutum). Eine —
wesentlich auf das Vermögensrecht beschränkte — Rechts=
persönlichkeit steht aber auch gewissen Organisationen zu
(sog. juristische Personen, unten §§ 14 ff.). .

---

[2]) In ähnlicher Weise wie die Rechtsfähigkeit zur Handlungs=
fähigkeit verhält sich auf dem Gebiete des Prozesses die Partei=
fähigkeit zur Prozeßfähigkeit (S. 145). Während jedoch Rechts=
fähigkeit und Parteifähigkeit sich im allgemeinen decken (vgl. bezüglich
der Parteifähigkeit nicht rechtsfähiger Vereine I, 221 und unten § 14 b. 1),
steht die Prozeßfähigkeit gemäß § 52 CPO. nicht jedem Handlungs=
fähigen, sondern einer Person nur insoweit zu, als sie sich durch
Verträge verpflichten kann.

Auf dem Gebiete des Wechselrechts entspricht der Handlungs=
fähigkeit die Wechselfähigkeit, und zwar der Erwerbsfähigkeit
(S. 145) die aktive Wechselfähigkeit, d. h. die Fähigkeit, Rechte aus
einem Wechsel zu erwerben, der Verpflichtungsfähigkeit die passive
Wechselfähigkeit, d. h. die Fähigkeit, sich wechselmäßig zu verpflichten.
Die letztere ist, wie die Prozeßfähigkeit, nach Art. 1 WO. abhängig
von der Vertragsverpflichtungsfähigkeit. Ein Unterschied besteht nur
insofern, als nach § 52 CPO. prozeßfähig jeder ist, „insoweit" er sich
durch Vertrag verpflichten kann, nach Art. 1 WO. wechselfähig jeder,
„welcher" sich durch Verträge verpflichten kann. Das bedeutet: bei der
Prozeßfähigkeit kommt es auf den einzelnen Prozeß an, sodaß z.B. ein
im übrigen prozeßunfähiger Minderjähriger prozeßfähig ist, sofern der
Prozeß sich auf ein Dienstverhältnis bezieht und der Minderjährige
von seinem gesetzlichen Vertreter die Genehmigung zum Eintritt in
den Dienst erhalten hat (unten § 38 b. 3). Bei der passiven Wechsel=
fähigkeit kommt es dagegen wegen der Unabhängigkeit der Wechsel=
verpflichtung von der unterliegenden causa nur auf die allgemeine
Verpflichtungsfähigkeit an; so war z.B. in Preußen unter der Herrschaft
des ALR. ein Subalternoffizier wechselfähig, wenn auch dem Wechsel
ein Darlehensgeschäft zu Grunde lag, für das er gemäß § 678 I, 11
ALR. verpflichtungsunfähig war.

b. Beginn der Rechtsfähigkeit.

§ 1 BGB. lautet: „Die Rechtsfähigkeit des Menschen beginnt mit der Vollendung der Geburt." Damit wird der mit dem bisherigen Recht übereinstimmende Grundsatz aus= gesprochen, daß die Geburt und nicht die Erzeugung den Anfangspunkt der Rechtsfähigkeit bezeichnet. Der Embryo (nasciturus) wird jedoch, abgesehen von den Strafbestim= mungen gegen Abtreibung und gegen Tötung eines Kindes in (also noch vor vollendeter) Geburt (StGB. §§ 217 ff., vgl. auch StPO. § 485 Abf. 2, wonach die Hinrichtung einer Schwangeren unzulässig ist), vom Civilrecht insofern berücksichtigt, als seine Rechtsfähigkeit, nachdem er zur Welt gekommen, auf den Zeitpunkt der Erzeugung zurückbezogen wird (nasciturus pro jam nato habetur, quotiens de commodis ejus quaeritur). Daher beerbt ein vom Vater erzeugtes, aber erst nach seinem Tode geborenes Kind (postumus) den Vater ebenso, als wäre es schon bei seinen Lebzeiten geboren[3]). Zur Wahrung ihrer künftigen Rechte, soweit diese einer Fürsorge bedürfen, erhält die Leibesfrucht einen Pfleger, curator ventris (BGB. § 1912). Ferner erklärt BGB. § 1716 schon vor der Geburt eines unehe= lichen Kindes eine einstweilige Verfügung dahin für zu= lässig, daß der Vater den für die ersten drei Monate dem Kinde zu gewährenden Unterhalt alsbald nach der Geburt an die Mutter oder den Vormund zu zahlen und den er= forderlichen Betrag angemessene Zeit vor der Geburt zu hinterlegen hat; vgl. § 1963 (Anspruch der schwangeren Mutter auf standesmäßigen Unterhalt aus dem Nachlasse).

---

[3]) BGB. § 1923: „Erbe kann nur werden, wer zur Zeit des Erbfalls lebt Wer zur Zeit des Erbfalls noch nicht lebte, aber bereits erzeugt war, gilt als vor dem Erbfall geboren." Vgl. BGB. § 2101 (Nacherbfolge), § 2162 (Anfall von Vermächtnissen), § 844 (Alimentations= anspruch) gegen den Töter des Unterhaltspflichtigen). Die Rechte werden für die Empfängniszeit, also für den 181. bis 302. Tag vom Tage der Geburt rückwärts gerechnet, aufbewahrt (BGB § 1592). Viel zu weit geht l. 26 D. de statu hominum 1, 5: Qui in utero sunt, in toto paene jure civili intelleguntur in rerum natura esse.

Vollendete Geburt bedeutet nach der herrschenden Meinung:

1. daß das Kind nach der völligen Trennung von der Mutter (partus editus a matre) gelebt hat, was nach der richtigen, von Justinian angenommenen Meinung der Sabinianer auf jede Weise bewiesen werden kann[4]), während die Prokulianer (ähnlich wie das deutsche Recht, II, 454[1]) nur Schreien als Lebenszeichen anerkannten;

2. daß das geborene Wesen menschliche Gestalt[5]) hat (ad nullum declīnans monstrum vel prodigium);

3. daß es ausgetragen (partus perfectus), d. h. so lange im Mutterleibe gewesen ist, daß es erfahrungsgemäß zu leben imstande sein würde (vgl. l. 12 D. 1, 5: Septimo mense nasci perfectum partum, jam receptum est propter auctoritatem doctissimi viri Hippocratis).

Dagegen ist nicht, wie das französische Recht verlangt, Vitalität, d. h. die Fähigkeit des Geborenen, fortzuleben, Voraussetzung der Rechtsfähigkeit. Vielmehr steht diese dem lebend und ausgetragen[6]) zur Welt gekommenen Kinde auch dann zu, wenn es aus einer anderen Ursache als wegen körperlicher Unreife (oben zu 3), zB. wegen eines organischen Fehlers, sofort nach der Geburt stirbt.

---

[4]) Vielfach angewandt wurde früher die sog. Hydrostatische Lungenprobe. Sie beruht auf dem Satze, daß eine mit Luft gefüllte Lunge leichter, eine foetale, also noch nicht mit Luft gefüllte, schwerer als Wasser ist. Der Wert dieses Versuchs, der insbesondere strafrechtlich von Bedeutung ist (StGB. § 217, Kindesmord), ist gegenwärtig sehr bestritten.

[5]) Die moderne Wissenschaft hält alles vom Menschen Erzeugte und Geborene für menschlich. Jedenfalls ist eine lebend geborene von der Norm abweichende sog. Mißgeburt rechtsfähig. Wie zusammengewachsene Zwillinge Millie-Christine, Siamesische Zwillinge) zu behandeln sind, ob sie als eine oder zwei Personen in das Geburtsregister einzutragen sind, wie die Erbfähigkeit oder strafrechtliche Zurechnung und Verfolgung jedes Teils zu beurteilen ist, ist sehr streitig.

[6]) Eine von Savigny begründete, von Wächter aber wieder bekämpfte Ansicht hält auch diese Voraussetzung für unerheblich und jedes lebend geborene Wesen für rechtsfähig, auch wenn es sich als Früh- oder Fehlgeburt (abortus) ausweist, vgl. l. 2, 3 C. 6, 29. Das BGB. überläßt die Frage der Wissenschaft.

Wer aus dem Vorhandensein eines Menschen Rechte herleiten will, hat dessen Geburt zu beweisen. Zur Erleichterung dieses Beweises sind schon seit längerer Zeit öffentliche Bücher vorhanden, in welche Geburt, Tod und Verehelichung der Menschen einzutragen sind[7]). Ebenso

[7]) In früherer Zeit erfolgte die Beurkundung des Personenstands mit Rücksicht auf die Vorschrift des Tridentiner Konzils über die Form der Eheschließung (II, 661) durch die Geistlichen in den Kirchenbüchern. An Stelle dieser traten zuerst in Frankreich 1792 die von Staatsbeamten (den maires) geführten Civilstandsregister, welche in Deutschland in den Gebieten des französischen Rechts auch nach 1815 in Geltung blieben. In Preußen wurden staatliche Register zuerst 1847 für die Juden und Dissidenten eingerichtet und von den Kreisgerichten geführt. Durch ein im Laufe des Kulturkampfs (II, 233) erlassenes Gesetz vom 9. März 1874 „über die Beurkundung des Personenstandes und die Form der Eheschließung" wurden sie, unter Schaffung besonderer Behörden, der Standesämter, auf alle Preußen ausgedehnt. Diesem Gesetz ist das sog. Reichspersonenstandsgesetz („Ges. über die Beurkundung des Personenstandes und die Eheschließung") vom 6. Februar 1875 nachgebildet. Die Eheschließung und die Beurkundung des Personenstands von Reichsangehörigen im Auslande war schon durch Bundes-, jetzt Reichsgesetz vom 4. Mai 1870 (vgl EGBGB. Art. 40) den vom Reichskanzler dazu ermächtigten diplomatischen Vertretern und Konsuln des Reichs übertragen worden.

a. Das Reichspersonenstandsgesetz, dessen die Eheschließung betreffende Bestimmungen vom 1. 1. 1900 ab teils dem BGB. einverleibt, teils den materiellen Bestimmungen des BGB. entsprechend geändert sind (EGBGB. Art. 46, vgl. Art. 40), zerfällt in 8 Abschnitte (Allgemeine Bestimmungen; Beurkundung der Geburten; Erfordernisse der Eheschließung; Form und Beurkundung der Eheschließung; Beurkundung der Sterbefälle; Beurkundung des Personenstands der auf See befindlichen Personen; Berichtigung der Standesregister; Schlußbestimmungen). Nach § 1 erfolgt die Beurkundung von Geburten, Heiraten und Sterbefällen ausschließlich durch die vom Staate bestellten Standesbeamten mittels Eintragung in die dazu bestimmten Register. Sofern der Staat nicht besondere Königliche Beamte bestellt, sind, was die Regel ist, die Standesbeamten Kommunalbeamte, nämlich die Bürgermeister oder Gemeindevorsteher. Es sind drei Standesregister (Geburtsregister, Heiratsregister, Sterberegister) und drei Nebenregister zu führen. Die letzteren werden nach Ablauf des Kalenderjahrs bei dem Gerichte erster Instanz (Amtsgericht, zuweilen zB. im OLG. Köln, Landgericht, PrFrG. Art. 133) aufbewahrt. Gemäß § 15 d. Ges. (vgl. CPO. § 418 und für die früheren Beurkundungen EGCPO. § 16¹) beweisen die ordnungsmäßig geführten Standesregister die in ihnen zu beurkundenden Thatsachen, vorbehaltlich

liegt bei Mehrgeburten demjenigen, der aus der früheren Geburt einer Person Rechte herleitet, der Beweis hierfür ob. Dies kann z.B. wichtig sein, wenn ein Familienfidei=kommiß sich nach der Primogenitur (II, 618) vererbt; vgl.

des Gegenbeweises der Fälschung oder Unrichtigkeit (also praesumtio juris, aber nicht de jure, I, 261). Die Zulassung des Gegenbeweises ist um so wichtiger, als der Standesbeamte nicht auf Grund eigener Wissenschaft, sondern von Mitteilungen dritter Personen die Eintragungen bewirkt. Bezweifelt der Standesbeamte die Richtigkeit der Anzeige, so ist er allerdings zur Nachforschung von Amtswegen verpflichtet (vgl. § 21 des Ges.).

b. Die Geburt eines Kindes ist innerhalb einer Woche von dem ehelichen Vater, oder der Hebamme, oder dem Arzt, oder jeder anderen bei der Entbindung zugegen gewesenen Person, oder der Mutter, sobald sie dazu imstande ist, bei Vermeidung einer Geldstrafe bis 150 Mk. oder von Haft bei dem Standesbeamten des Niederkunftsbezirks an=zumelden (§§ 17 ff., 68). Totgeburten sind spätestens am nächst=folgenden Tage (auch Sonntags) anzumelden, aber nur in das Sterbe=register einzutragen. Findlinge sind zunächst bei der Ortspolizeibehörde anzumelden (§§ 23, 24). Die Anerkennung unehelicher Kinder wird nur auf Grund einer vor dem Standesbeamten oder in einer gericht=lichen oder notariellen Urkunde abgegebenen Erklärung (§ 25), die spätere Feststellung oder Veränderung der Standesrechte auf Grund öffentlicher Urkunden (§ 26) eingetragen. Die Berichtigung erfolgter Eintragungen ist im übrigen nur auf Grund richterlicher Anordnung zulässig, und zwar sind für die Erledigung von Anträgen auf Be=richtigung gemäß § 69 FrG. die Amtsgerichte zuständig. Jedoch können die bei Anzeige der Geburt noch nicht feststehenden Vornamen ohne weiteres am Rande nachgetragen werden (vgl. §§ 22, 65 ff. des RPG.; ferner § 55, Eintragung der Nichtigkeit, des Nichtbestehens oder der Auflösung einer Ehe oder der Aufhebung der ehelichen Ge=meinschaft, dessen Neufassung in Art. 46 EGBGB. enthalten ist).

c. Sterbefälle (§§ 56 ff.) sind am nächstfolgenden Wochentag (also nicht Sonntags) vom Oberhaupte der Familie oder Wohnungs=inhaber anzumelden. Vorher darf die Beerdigung nur mit polizeilicher Genehmigung stattfinden.

d. Geburten und Todesfälle auf hoher See hat der Schiffer (Kapitän) im Tagebuch unter Zuziehung zweier Zeugen zu beurkunden. Auszug aus dem Tagebuche wird durch Vermittelung des zuerst er=reichten Seemannsamts dem Standesbeamten des Wohnsitzes zu=gestellt (§§ 62, 64).

e. Die Beurkundung des Personenstands mobiler Militärpersonen ist gemäß § 71 des Ges. durch Kaiserl. Verordn. vom 20. Januar 1879 geregelt. Sterbefälle (z.B. im Kriege) werden vom Standesbeamten des letzten inländischen Wohnsitzes, mangels eines solchen des Geburtsorts

Reichspersonenstandsgesetz § 22 Abs. 2. Das ALR. ließ bei Zweifeln über die Erstgeburt bei Zwillingen das Los entscheiden (I, 1 § 16). Dies hat das BGB. nicht übernommen.

e. Ende der Rechtsfähigkeit.

1. Tod.

Die Rechtsfähigkeit des Menschen endet mit dem Tode. Wer aus dem Tode einer Person Rechte (zB. Erbrechte, Erlöschen des lebenslänglichen Nießbrauchs, Fälligkeit der Lebensversicherungssumme) herleiten will, hat den Tod und, falls es darauf ankommt, auch dessen Zeitpunkt zu beweisen[8]), was heute regelmäßig durch Vorlegung der kirchlichen oder standesamtlichen Sterbeurkunde wird geschehen

---

auf Grund einer dienstlichen Anzeige eingetragen. Als Militärpersonen gelten nach dieser Verordnung auch die bei dem mobilen Heere sich aufhaltenden oder ihm folgenden Personen (Marketender, Berichterstatter) und die Kriegsgefangenen.

f. Standesbeamter des Kgl. Hauses in Preußen ist der Hausminister (§ 72 d. Ges.).

g. Die Anzeigen zu den Standesregistern haben im allgemeinen mündlich zu erfolgen; nur bei Geburten und Todesfällen in öffentlichen Anstalten erfolgen sie schriftlich (§§ 18, 20, 58). Die Standesregister sind (ebenso wie das Handelsregister, HGB. § 9 Abs. 1, das Vereinsregister, BGB. § 79, das Güterrechtsregister, § 1563) jedem (nicht nur, wie die Grundbücher, bei Nachweis eines berechtigten Interesses, GBO. § 11) zur Einsicht vorzulegen. Auch kann ein Jeder die Erteilung beglaubigter Auszüge gegen eine feststehende Gebühr verlangen (§ 16; ebenso BGB. §§ 79, 1563 hinsichtlich des Vereins- und des Güterrechtsregisters. Dagegen werden nach GBO. § 11 Abs. 2 Abschriften aus dem Grundbuch und nach HGB § 9 Abs. 2 Abschriften der zum Handelsregister eingereichten Schriftstücke nur bei Glaubhaftmachung eines berechtigten Interesses erteilt).

[8]) Das entspricht dem Grundsatze der Kontinuität der Thatsachen, wonach eine als einmal vorhanden festgestellte Thatsache solange als unverändert fortwirkend anzunehmen ist, bis das Gegenteil nachgewiesen wird. Diesen besonders für die Ersitzung (semel possessor, hodie possessor, BGB. § 938) sowie für die Frage der Beweislast im Prozeß wichtigen Grundsatz drückte die AGO. I, 1 § 28 dahin aus, „daß keine Thatsache und keine Veränderung vermutet wird". Vgl. S. 100.

können. Einen Ersatz des Todesbeweises bietet heute für
verschollene Personen die unter 3. zu besprechende Todeserklärung. Sind mehrere Personen in einer gemeinsamen
Gefahr (Schiffbruch, Theaterbrand) umgekommen (sog.
Kommorienten), so wird vermutet (praesumtio juris, I,
261), daß sie gleichzeitig gestorben sind (BGB. § 20).
Wer aus der Thatsache des Überlebens einer derselben Rechte
herleiten will, muß diese Thatsache daher beweisen. Das
rR. hatte für den Fall des gleichzeitigen Umkommens von
Ascendenten und Descendenten die Vermutung aufgestellt
(l. 9 § 4 D. de reb. dubiis 34, 5), daß die geschlechts-
reifen Kinder (puberes, S. 147) nach, die geschlechts-
unreifen (impuberes, S. 146) vor den Ascendenten gestorben seien. Diese in das Gemeine Recht, nicht aber in
das ALR. übergegangene Vermutung ist durch § 20 BGB.
beseitigt.

2. **Fingierter Tod.**

α. Neben dem Tode führte nach rR. auch die
capitis. diminutio maxima völligen Verlust der
Rechtsfähigkeit herbei, worauf z.B. die fictio legis Corneliae
beruht (I, 86[1]). Ebenso zog die Friedlosigkeit des
deutschen Rechts (II, 458) Vernichtung der Rechtsfähigkeit
nach sich. Aus ihr hat sich im Mittelalter die Strafe
des bürgerlichen Todes entwickelt, die für das Reich
durch Nichtaufnahme in das StGB. (EG. § 2) beseitigt
ist, für Preußen schon vorher durch PrVU. Art. 10 aufgehoben war (II, 737[4]).

β. Der Eintritt in ein Kloster (die Profeßleistung, II, 281) führt nach Gemeinem (röm. und
kanonischen) Recht (Concil. Trident. sess. 25 de regularibus
c. 2) die Vermögensunfähigkeit der Mönche und Nonnen
als Folge des votum paupertatis herbei, dergestalt, daß
das ihnen gegenwärtig gehörige und künftig anfallende Vermögen ipso jure dem Kloster zufällt. Ein vor dem Ge-
lübde errichtetes Testament bleibt in Geltung; die Beerbung
daraus findet jedoch erst nach dem Tode des Religiosen
statt; bis dahin stehen Nießbrauch und Verwaltung dem

Kloster zu. Dagegen ließ das die manus mortua (II, 347) beschränkende ALR. (II, 11 §§ 1199 ff.) mit der Ablegung des Klostergelübdes den „bürgerlichen Tod" (II, 282), aber nicht zu Gunsten des Klosters, sondern der Erben, eintreten. Durch das BGB. sind alle diese Vorschriften der Landesgesetze beseitigt. Denn diese hätten, um neben dem BGB. in Geltung zu bleiben, ausdrücklich durch das EG. aufrecht erhalten werden müssen (Art. 55), was nicht geschehen ist. Der Eintritt in ein Kloster hat daher nach BGB. auf die privatrechtliche Stellung einer Person überhaupt keinen Einfluß mehr. Die Klosterpersonen bleiben trotz des votum paupertatis vermögensfähig (vgl. S. 60 hinsichtlich der vor 1900 in ein Kloster eingetretenen Personen). Nur ist durch Art. 87 EGBGB. den Landesgesetzen die Möglichkeit offen gehalten (vgl. EGBGB. Art. 218), zur Beschränkung der Anhäufung von Vermögen in der manus mortua die Wirksamkeit von Schenkungen an Mitglieder religiöser Orden sowie die Erwerbsfähigkeit solcher Personen von Todeswegen von dem Erfordernisse staatlicher Genehmigung abhängig zu machen.

3. Lebens- und Todesvermutung.

Das rR. hat, wie S. 113 erwähnt, abgesehen von dem gleichzeitigen Versterben von Eltern und Kindern, keine gesetzliche Vermutung für Leben und Tod aufgestellt, vielmehr den vollständigen Beweis dieser Thatsachen demjenigen auferlegt, der aus ihnen Rechte herleitet. Die hierdurch (besonders infolge der Ersetzung der freien richterlichen Beweiswürdigung durch die formelle Beweistheorie, I, 255) hervorgerufenen praktischen Schwierigkeiten führten im Mittelalter einmal, betreffs des Erlebens eines bestimmten Zeitpunkts, zur Aufstellung gesetzlicher Vermutungen, der sog. Lebensvermutung, andererseits zu einem Ersatze des Todesbeweises: der Todeserklärung.

α. Die Lebensvermutung.

Der nach dem Grundsatze der „Kontinuität der Thatsachen" (S. 112[8]) mögliche Schluß, daß der einmal als vorhanden festgestellte Mensch fortdauernd weiterlebt, würde den Naturgesetzen widersprechen. Die Glossatoren[9]) stellten daher eine Lebenspräsumtion dahin auf, daß jeder Mensch mangels Gegenbeweises bis zum 100. Jahre als lebend zu behandeln sei. Später wurde diese Frist auf 70 Jahre (vgl. unten S. 117) abgekürzt. Zu einer gemeinrechtlichen Geltung ist diese Lebensvermutung nicht durchgedrungen, weil der dem Institute der Todeserklärung zu Grunde liegenden Erfahrung, daß die Menschen regelmäßig nicht älter als 70 Jahre werden, nicht die umgekehrte Erfahrung entspricht, daß nämlich die Mehrzahl der Menschen 70 Jahre alt wird (ERG. 25, 143). Das BGB. bestimmt dagegen in § 19, daß, solange nicht die Todeserklärung erfolgt ist, das Fortleben des Verschollenen bis zu dem Zeitpunkte vermutet wird, der im Falle einer Todeserklärung als Zeit= punkt des Todes anzunehmen ist (unten S. 120). Bis zur erfolgten Todeserklärung besteht also nach BGB. eine Lebensvermutung[10]).

Zuweilen ist die Feststellung erforderlich, wie lange ein Mensch noch leben wird (zB. wenn der Kapitalwert einer Jahresrente im Konkurse des Verpflichteten berechnet werden soll) oder gelebt haben würde (zB. wenn die Dauer der an die unterhaltsberechtigten Hinterbliebenen eines Ge= töteten auf Grund des Reichshaftpflichtgesetzes zu zahlenden Rente bestimmt werden soll). Für die durch die Berech=

---

[9]) Das preußische Recht unterschied (ALR. I, 1 §§ 34 ff.), ob es sich um Beerbung eines Verschollenen handelte — in diesem Falle war Todeserklärung erforderlich; oder um einen Erwerb seitens des Verschollenen, — in diesem Falle sollte vermutet werden, daß er „nur siebenzig Jahre alt geworden sei." War er also bei jenem Anfalle jünger, so wurde angenommen, daß er ihn noch erlebt, d. h. die Erbschaft erworben habe.

[10]) Der I. Entwurf hatte in § 21 nur die sog. „zweischneidige Natur" der Todeserklärung anerkannt und (da er die konstitutive Natur des Ausschlußurteils zu Grunde legte, S. 118) bestimmt: „Die Todeserklärung begründet die Vermutung, daß der Verschollene den Zeitpunkt ihrer Erlassung nicht überlebt habe." Das BGB. hat in § 19 neben dieser aus § 18 zu schließenden noch eine selbständige Lebensvermutung für die Fälle aufgestellt, wo die Todeserklärung noch nicht erfolgt ist.

8*

nung der quarta Falcidia (I, 109) hervorgerufenen Fälle
war eine Tabelle in l. 68 D. 35, 2 aufgestellt. Diese
hatte jedenfalls für die sonstigen Fälle gemeinrechtlich keine
Geltung, vielmehr war die mutmaßliche Lebensdauer auf
Grund anerkannter Sterblichkeitstabellen zu schätzen (ERG. 5,
108). Eine ähnliche Tabelle stellen das Pr. Erbschafts=
steuergesetz vom 24. Mai 1891 § 16 (vgl. Pr. Gerichts=
kostengesetz vom 25. Juni 1895 § 21) sowie das Sächsische
Bürgerliche Gesetzbuch § 35 auf. Das BGB. spricht in
§ 844 (Ersatzpflicht im Falle der Tötung eines Unterhalts=
pflichtigen) von „mutmaßlicher" Lebensdauer. Die Schätzung
ist danach dem freien richterlichen Ermessen überlassen.

β. Todeserklärung.

a. Geschichte.

Das Institut der Todeserklärung hat mehrere Ent=
wickelungsstufen durchgemacht.

1) Verschollen ist ein Mensch, dessen Aufenthalt
unbekannt und von dessen Dasein seit langer Zeit keinerlei
Nachricht eingegangen ist. Das Vermögen eines solchen
Verschollenen wurde nach älterem deutschem Rechte vom
Richter der Gewere des zu dieser Zeit nächsten Erben an=
vertraut. Dieser Erwerb galt als auflösend bedingte Ein=
weisung in den Nachlaß des Verschollenen; d. h. falls dieser
zurückkehrte, war ihm sein Vermögen, soweit es noch vor=
handen war, zurückzuerstatten. Wurde andererseits später
sein Tod bekannt, so war für die Frage der Erbberechtigung
nicht dieser Zeitpunkt, sondern die Zeit der früheren Ein=
weisung maßgebend (sog. successio ex tunc).

2) So lange der Tod des Verschollenen nicht bekannt
war, verblieb es anfänglich bei der vorläufigen Ein=
weisung in die Gewere. Später jedoch wurde aus der
italienischen Praxis die Vermutung übernommen, daß ein
Verschollener mit Vollendung des 100. Jahrs gestorben
sei. In der sächsischen Praxis (Carpzov) setzte man dann
in Anlehnung an Psalm 90, Vers 10 („Unser Leben
währet 70 Jahre" usw.), auf den zuerst Menochius

(† 1607) hingewiesen hatte, die Lebensgrenze auf das 70. Jahr und bei einer erst später eintretenden Verschollenheit auf das 80. Jahr fest. Ferner schob man vor die vorläufige Besitzeinweisung des nächsten Erben eine der römischen cura absentis nachgebildete cura anomala (Abwesenheitsvormundschaft) ein. Dem Verschollenen wurde hiernach zuerst ein Abwesenheitsvormund bestellt. Nach längerer Dauer konnte die Verschollenheitserklärung erfolgen, worauf der nächste mutmaßliche Erbe den Nachlaß gegen Sicherheitsbestellung erhielt. Die endgültige Übereignung des Nachlasses geschah dagegen erst nach erfolgter Todeserklärung, die zulässig war, wenn der Verschollene sein 70. Jahr erreicht hätte. Die Erbberechtigung wurde daher auch nicht mehr nach dem der früheren Einweisung in die Gewere entsprechenden Zeitpunkt der Einleitung der Abwesenheitsvormundschaft (successio ex tunc), sondern nach dem der Erreichung des 70. Jahrs (successio ex nunc) geregelt. Die der Todeserklärung vorgehende Verschollenheitserklärung mit vorläufiger Einweisung ist nicht Gemeines Recht geworden, ist aber in den Code civil und einige Partikularrechte übergegangen.

3) Die vorstehend erörterte Todesvermutung wurde seit der Mitte des 18. Jahrhunderts insofern wieder abgeschwächt, als sie nicht mit Erreichung des 70. Lebensjahrs des Verschollenen allein, sondern erst dann eintreten sollte, wenn nach fruchtlosem öffentlichem Aufruf (Ediktalcitation, erstes Beispiel: Leipziger Postzeitung 1752, als gesetzliche Voraussetzung bereits in einem Preuß. Ges. von 1763 erwähnt) das Gericht den Verschollenen für tot erklärt hatte. Streitig war hierbei, ob die Todeserklärung konstitutiv wirke, d. h. die Erbfolge sich nach dem Augenblicke der Todeserklärung richte, oder deklaratorisch sei, d. h. nur feststelle, daß der Verschollene bereits mit Vollendung des 70. Jahrs gestorben ist, so daß also die Erbfolge nach dem Verschollenen sich nach dem Zeitpunkte regele, in dem alle Voraussetzungen der Todeserklärung gegeben waren (ex tunc) und nicht nach dem, in dem diese erfolgte (ex nunc).

4) Dieses sog. sächsische System, das die Zulässig=
keit der Todeserklärung von der Erreichung eines gewissen
Lebensalters des Verschollenen abhängig macht, ist als das
gemeinrechtliche zu betrachten. Dagegen beruhen viele Par=
tikularrechte, so auch das ALR. (II, 18 § 823 ff.), auf
dem sog. schlesischen System, nach dem Voraussetzung
der Todeserklärung Ablauf einer gewissen Zeit (der Ver=
jährungsfrist, nach ALR. regelmäßig 10 Jahre, bei nach
dem 65. Lebensjahr eintretender Verschollenheit 5 Jahre)
seit der letzten Kunde von dem Verschollenen ist. Dies
schlesische System findet sich zuerst in einem Reskript des
Kaisers Matthias an die Stadt Görlitz von 1616 und führt
daher seinen Namen.

5) Das BGB. beruht betreffs der Voraussetzungen
der Todeserklärung auf dem schlesischen (landrechtlichen)
Systeme, d. h. die Todeserklärung wird durch vieljährige
Verschollenheit, nicht durch Erreichung eines gewissen Lebens=
alters bedingt. Bezüglich der Wirkungen ist aber (im
Gegensatz zum I. Entwurfe) nicht die landrechtliche, dem
Ausschlußurteile konstitutive Wirkung beilegende, sondern die
(herrschende) gemeinrechtliche Anschauung aufgenommen, wo=
nach das Ausschlußurteil deklaratorische Natur hat (S. 117);
d. h. die Wirkungen der Todeserklärung (insbesondere die
Erbberechtigung) bestimmen sich nicht nach dem Tage des
Erlasses des Ausschlußurteils, sondern nach dem in diesem
festzustellenden früheren Zeitpunkte des vermutlichen Todes
(BGB. § 18).

b. Voraussetzungen der Todeserklärung nach
BGB.

1) Für die Normalfälle ist nach § 14 BGB. die
Todeserklärung zulässig, wenn von dem Leben des Ver=
schollenen seit 10 Jahren (und sofern er schon 70 Jahre
alt sein würde, seit 5 Jahren) keine Nachricht eingegangen
ist. Die Frist beginnt mit dem Schlusse des letzten Jahrs,
in dem der Verschollene den vorhandenen Nachrichten zu=
folge noch gelebt hat. Die Todeserklärung darf vor dem
Schlusse des Jahrs, in welchem der Verschollene das

31. Jahr vollendet hätte, nicht erfolgen, also frühestens 10 Jahre nach erreichter Volljährigkeit (S. 149).

2) Für die Fälle, in welchen eine Person seit einer Lebensgefahr, in der sie sich befand, verschollen war, waren die Fristen partikularrechtlich verkürzt, meist aber nur für die Verschollenheit nach Kriegen (ALR. I, 1 § 35 und Spezialgesetze für die Kriege 1806—1815, 1864, 1866, 1870) und nach Seereisen (PrG. vom 24. Februar 1851); vgl. auch das aus Anlaß des Ringtheaterbrands ergangene Österr. Gesetz vom 16. Februar 1883.

Das BGB. hat die Fristen für Kriegsverschollenheit (§ 15) und Unfallverschollenheit (§ 17) auf drei Jahre seit dem Friedensschluß oder der Lebensgefahr verkürzt. Für die Seeverschollenheit (§ 16) wird unterschieden, ob der Untergang des Fahrzeugs feststeht oder das Fahrzeug selbst verschollen ist. Im ersteren Falle kann die Todeserklärung der nachweislich auf dem untergegangenen Fahrzeuge befindlich gewesenen Person ein Jahr nach dem Untergang erfolgen. Im anderen Falle, wenn der Untergang des Fahrzeugs nicht feststeht, wird er vermutet, wenn das Fahrzeug am Bestimmungsorte nicht eingetroffen und nicht zurückgekehrt ist und seit dem Antritte der Reise bei Fahrten in der Ostsee 1 Jahr, in europäischen Meeren 2 Jahre und in außereuropäischen Meeren (S. 46[14]) 3 Jahre verstrichen sind. Die Todeserklärung erfolgt in diesen Fällen 1 Jahr nach Ablauf dieser Fristen, also 2 oder 3 oder 4 Jahre seit dem Antritte der Reise. Die Seeverschollenheit bezieht sich aber nur auf die Fälle des Untergangs oder der Verschollenheit des Fahrzeugs. Stürzt jemand bei einer Seefahrt über Bord, so tritt, mangels Feststellung seines Todes, die Verschollenheitsfrist von 3 Jahren aus § 17 BGB. (Lebensgefahr) ein.

c. Verfahren.

Die Todeserklärung erfolgt im Wege des Aufgebotsverfahrens als Akt der streitigen Gerichtsbarkeit[11]) vor dem Amtsgerichte (GVG. § 23[2]).

---

[11]) In der neuen CPO. ist das bisher den landesrechtlichen Ausführungsgesetzen zur CPO. überlassene Verfahren in den §§ 946 ff.

Im Aufgebotstermine hat das Gericht durch Aus=
schlußurteil den Verschollenen für tot zu erklären, sofern
durch die von Amtswegen zu veranstaltenden Ermittelungen
(also Inquisitionsmaxime, I, 248) die Zulässigkeit der
Todeserklärung feststeht (CPO. §§ 952, 968). Im Aus=
schlußurteil ist auch der Todestag anzugeben (BGB. § 18).
Als solcher ist mangels anderweiter Ermittelung anzunehmen:
in den Normalfällen (b 1) der Zeitpunkt, in welchem die
Todeserklärung zulässig wurde, also 10 oder 5 Jahre nach
Schluß des Jahrs, aus dem die letzte Nachricht über den
Verschollenen herrührt (§ 14 Abs. 3); bei Kriegsverschollen=
heit der Friedensschluß, bei Seeverschollenheit der feststehende
oder zu vermutende Untergang des Fahrzeugs, bei sonstigen
Gefahren das Ereignis selbst. Ist die Todeszeit nur dem
Tage nach festgestellt, so gilt das Ende des Tages als
Zeitpunkt des Todes (§ 18 Abs. 3).

---

sowie 960—976 in folgender Weise geordnet worden. Zuständig ist
das Gericht des letzten inländischen Wohnsitzes. In Ermangelung
eines solchen wird das Gericht durch die Landesjustizverwaltung oder
den Reichskanzler bestimmt (§ 961). Regelmäßig können nur solche
Verschollene nach den deutschen Gesetzen für tot erklärt werden, die
bei dem Beginne der Verschollenheit Deutsche waren. Jedoch läßt
EGBGB. Art. 9 mit gewissen Beschränkungen auch die Todeserklärung
von Ausländern zu. Antragsberechtigt ist der gesetzliche Vertreter
(Abwesenheitspfleger, BGB. § 1911) sowie jeder, der an der Todes=
erklärung ein rechtliches Interesse hat. Das Aufgebot, das durch An=
heftung an die Gerichtstafel und durch Bekanntmachung in Zeitungen,
insbesondere im Deutschen Reichsanzeiger, zu veröffentlichen ist, ent=
hält einen Termin, sowie die Aufforderung an den Verschollenen,
spätestens in diesem Termine sich zu melden, und an alle, Mitteilungen
über Leben und Tod des Verschollenen an das Gericht gelangen zu
lassen (§§ 948, 964).

Die Bekanntmachung in den öffentlichen Blättern kann in den
oben (b 2) erwähnten Fällen (BGB. §§ 15—17) sowie dann unter=
bleiben, wenn der Verschollene schon 100 Jahre alt sein würde (§ 966).
In diesen Fällen muß zwischen der Anheftung des Aufgebots an die
Gerichtstafel und dem Aufgebotstermin ein Zeitraum von mindestens
6 Wochen liegen (§ 966 Abs. 2). Im übrigen müssen zwischen der
ersten Einrückung im Reichsanzeiger und dem Aufgebotstermine
mindestens 6 Monate liegen (§ 965).

Das Nähere siehe I, 458.

Das Ausschlußurteil ist nur auf Antrag zu erlassen. Dieser braucht aber nach CPO. § 952 (vgl. § 954) nicht mehr, wie nach der alten CPO., vom Antragsteller persönlich oder durch einen Bevollmächtigten gestellt zu werden. Vielmehr kann der Antrag auch vorher schriftlich oder zu Protokoll des Gerichtsschreibers angebracht werden.

Das Ausschlußurteil unterliegt keinem ordentlichen Rechtsmittel, ist daher sogleich mit der Verkündung rechtskräftig (CPO. § 957 Abs. 1). Es kann jedoch von jedem Interessenten binnen Monatsfrist seit dem Erlaß im Wege der Anfechtungsklage beim Landgerichte wegen Mangels der gesetzlichen Voraussetzungen (CPO. § 957 Abs. 2) und nach CPO. § 973 auch deswegen angefochten werden, weil die Todeserklärung zu Unrecht erfolgt oder ein unrichtiger Todestag festgestellt ist.

b. Wirkungen der Todeserklärung.

Nach BGB. § 18 begründet die Todeserklärung die Vermutung, daß der Verschollene in dem im Ausschlußurteile festgestellten (s. o.) Zeitpunkte gestorben ist. Die Todeserklärung wirkt daher nach dem BGB., wie dies auch die herrschende Meinung für das Gemeine Recht annahm, deklaratorisch, nicht wie nach ALR. II, 18 § 835 und dem I. Entwurfe konstitutiv (S. 118). Die Todeserklärung begründet nur eine praesumtio juris. Gegenbeweis dahin, daß der für tot Erklärte noch lebt oder in einem anderen, als dem festgestellten Zeitpunkte gestorben ist, ist zulässig. Aus diesen Grundsätzen ergeben sich für das BGB. als Rechtsfolgen im einzelnen:

Die Erbfolge in das Vermögen des für tot Erklärten regelt sich, der deklarativen Natur der Todeserklärung entsprechend, ex tunc (S. 116), d. h. nach dem im Ausschlußurteil als Todestag bezeichneten Zeitpunkte. Der hiernach als Erbe Eintretende ist zur Verfügung über den Nachlaß legitimiert. Wer mit ihm über Erbschaftssachen verhandelt, ist selbst dann geschützt, wenn der für tot Erklärte noch lebt, es sei denn, daß er die Unrichtigkeit der Todeserklärung kannte (BGB. § 2370). Die bisherige Ehe des für tot

Erklärten bleibt zwar zunächst bestehen; verheiratet sich der zurückgebliebene Ehegatte jedoch, so wird die erste Ehe aufgelöst. Die zweite Ehe ist selbst dann nicht nichtig, wenn der für tot Erklärte lebt, sofern nicht beide Eheleute dies bei Eingehung der Ehe gewußt haben (BGB. § 1348). Jedoch kann jeder Ehegatte der neuen Ehe diese binnen 6 Monaten seit Kenntnis von dem Leben des für tot Erklärten anfechten (BGB. § 1350). Dieser Grundsatz, daß eine in Unkenntnis des Lebens eines für tot erklärten Ehegatten eingegangene Ehe bestehen bleibt, entspricht dem evangelischen (auch dem ALR. II, 1 § 666 zu Grunde liegenden) Kirchenrecht, während das katholische Kirchenrecht, entsprechend dem Dogma von der Sakramentsnatur der Ehe (II, 335), die zweite Ehe als bigamisch für nichtig erklärt. Über Endigung der ehemännlichen Nutznießung vgl. BGB. § 1420, der elterlichen Gewalt BGB. § 1679. Überlebt der für tot Erklärte die Todeserklärung, so kann er von dem eingetretenen Erben mit einer der hereditatis petitio nachgebildeten Klage sein Vermögen zurückverlangen (BGB. § 2031).

§ 12. Umstände, die die Rechtsfähigkeit beeinfluffen.

Wenngleich der (auch in Art. 4 der PrVU. ausgedrückte) Satz, daß alle Menschen vor dem Gesetze gleich sind, im 19. Jahrhundert zur grundsätzlichen Durchführung gelangt ist, so finden sich aus natürlichen und rechtspolitischen Gründen unter dem Einflusse gewisser Umstände doch noch einzelne Besonderheiten vor. Als derartige, die Rechtsfähigkeit beeinfluffende Umstände sind zu besprechen: Geschlecht, Staatsangehörigkeit, Wohnsitz, Ehre, Religion, Geburtsstand, Beruf.

a. Das Geschlecht.

1. Es giebt nur 2 Geschlechter. Zwitter (Hermaphroditen, Altvile des Sachsenspiegels? vgl. II, 738[5]) werden dem vorwiegenden Geschlechte zugerechnet (vgl. l. 10 D. de statu hominum 1, 5, ALR. I, 1 §§ 19 ff.). Das BGB. enthält keine Bestimmung hierüber.

2. Die Frauen ſtanden ſowohl nach römiſchem wie nach deutſchem Recht in ihrer Rechtsfähigkeit ſehr hinter den Männern zurück. Sie konnten nicht Haupt einer Familie ſein und entbehrten daher aller aus der hausherrlichen Ge= walt entſpringenden Rechte. Sie waren zur Vormundſchaft und zur Vornahme gerichtlicher Akte nur beſchränkt fähig (I, 225, II, 465) und wurden auch im Erbrechte vielfach zurückgeſetzt[1]).

In der Gegenwart iſt die Zurückſetzung der Frau für das öffentliche Recht (zB. die Wahlrechte) aufrecht erhalten, für das Privatrecht durchgängig beſeitigt, abgeſehen (vgl. jedoch II, 614) von der heute bedeutungsloſen Lehns= unfähigkeit. Daraus folgt jedoch nicht eine völlige Gleich= behandlung beider Geſchlechter. Vielmehr übt ſelbſt noch nach BGB., das den auf Herſtellung einer völligen Gleich= ſtellung der beiden Geſchlechter gerichteten Beſtrebungen („Frauenemanzipation") in vielen, wenn auch nicht allen Punkten nachgegeben hat (Aufhebung der Beſchränkungen für die Verbürgung, Erweiterung der Geſchäftsfähigkeit der Ehe= frau, §§ 1353 ff., 1373 ff., 1405 ff., elterliche Gewalt der Mutter §§ 1684 ff., Fähigkeit zur Vormundſchaft, ſ. u., und zum Teſtamentszeugnis, §§ 2234 ff.), die Ver= ſchiedenheit der Geſchlechter einen Einfluß aus. Aus natür= lichen Gründen zB. werden Frauen mit 16 Jahren ehe= mündig, wobei noch Befreiung zuläſſig iſt, Männer erſt mit der Volljährigkeit, alſo mit 21 Jahren, BGB. § 1303; vgl. BGB. § 1313 wegen der Wartezeit der Frauen bei Wiederverheiratung. Andererſeits wird aus wirtſchaftlichen Gründen der Mann als Haupt der ehelichen Gemeinſchaft angeſehen (BGB. §§ 1354, 1684 ff.). Endlich ſind die Frauen hinſichtlich der Ausübung der elterlichen Gewalt ſowie der Vormundſchaften mehrfachen Beſchränkungen unter=

---

[1]) So ſollten nach einer lex Voconia (169 v. Chr.) Frauen ſeitens eines classicus (I, 47) nicht zu Erben eingeſetzt und nur be= ſchränkt mit Legaten bedacht werden dürfen. Im deutſchen Recht waren ſie lehnsunfähig, außer zu Weiberlehen (II, 602, 614), und erbunfähig bezüglich der Grundſtücke (lex Salica, II, 13[1]), insbeſondere der Stammgüter und Familienfideikommiſſe.

worfen; vgl. BGB. §§ 1687 (Bestellung eines Beistands), 1697 (Verlust der elterlichen Gewalt, wenn die Mutter eine neue Ehe eingeht), 1707 (keine elterliche Gewalt der unehelichen Mutter); sowie §§ 1783 (eine Frau, die mit einem anderen als dem Vater des Mündels verheiratet ist, soll nur mit Zustimmung ihres Mannes zum Vormunde bestellt werden), 1786[1] (Frauen können Vormundschaften ablehnen), 1887 (eine sich verheiratende Vormünderin kann ihres Amts entlassen werden).

Auch das sonstige Reichsrecht beschränkt die Frauen in einigen Beziehungen. So können nach CPO. § 1032 Abf. 3 Frauen als Schiedsrichter abgelehnt und kann nach RGO. § 60b minderjährigen Weibern das Hausieren von Haus zu Haus untersagt werden. Durch §§ 137 ff. der RGO. in der Fassung der Novelle vom 1. Juni 1891 (sog. Arbeiterschutzgesetz) sind die Fabrikarbeiterinnen besonderen Schutzvorschriften unterstellt. Besonders ist die Nachtarbeit untersagt.

Alle diese Vorschriften betreffen jedoch weniger die Rechtsfähigkeit der Frauen als ihre Handlungsfähigkeit; vgl. unten § 13 b. 3.

b. Die Staatsangehörigkeit.

Staatsangehörigkeit oder Indigenat (I, 26; II, 188) bedeutet die rechtliche Zugehörigkeit zu einem Staate. Der Staatsangehörige heißt Inländer, wenn er in Gegensatz zu den Nicht-Staatsangehörigen, den Ausländern, gestellt wird, Unterthan, wenn sein Verhältnis zur Staats= gewalt, Staatsbürger, wenn seine öffentliche Stellung im Staatswesen gekennzeichnet werden soll. Sujet mixte heißt eine Person, die die Staatsangehörigkeit in mehreren Staaten besitzt. Über Forensen und Landsassiatus vgl. I, 26, über Erwerb und Verlust der Reichs= und Staats= angehörigkeit im Deutschen Reiche vgl. II, 188.

Sowohl nach altrömischer (I, 95) als nach altdeutscher (II, 455) Anschauung war der Nichtrömer und Volksfremde an sich rechtlos. Eines inländischen Rechtsschutzes konnte er nur durch Unterstellung unter den Beistand (hospitium,

Munt) eines Inländers teilhaftig werden. Im älteren deutschen Reiche steht das Wildfangsrecht, das jus albinagii, der Abschoß und die Nachsteuer (II, 455) dem Könige, später den Landesherren zu. Mit dem Fortschreiten des inter=nationalen Verkehrs wurde die rechtliche Zurücksetzung der Fremden mehr und mehr verringert, und die Reichs= und Staatsangehörigkeit ist heute nur in folgenden Punkten von privatrechtlicher Bedeutung:

1. Alle Deutschen gelten im ganzen Deutschen Reich als Inländer; denn für sie besteht gemäß Art. 3 RB. „ein gemeinsames Indigenat mit der Wirkung, daß der An=gehörige eines jeden Bundesstaats in jedem anderen Bundes=staat als Inländer zu behandeln ist". Das bedeutet, daß zB. der Preuße in Bayern nicht ungünstigeren Rechtsnormen unterstellt werden kann, als der Bayer. Natürlich kommen die aus der engeren Staatsangehörigkeit (II, 192) folgenden, insbesondere politischen Rechte (zB. das Wahlrecht zu der Landesvolksvertretung) nur den Angehörigen des betreffenden Bundesstaates selbst zu. Übrigens bezieht sich Art. 3 RB. nach richtiger Ansicht nur auf natürliche, nicht auf juristische Personen. Daher galt zB. das (durch AGBGB. Art. 89¹³ aufgehobene) Pr. Gesetz vom 4. Mai 1846, wonach außer=preußische juristische Personen zum Grunderwerb in Preußen königlicher Genehmigung bedürfen, auch für deutsche juristische Personen, die außerhalb Preußens ihren Sitz haben. Diese Vorschriften sind durch EGBGB. Art. 86 aufrecht erhalten und in AGBGB. Art. 7 § 2 wiederholt.

2. Ausländer im Sinne der Reichs= und Landes=gesetze sind hiernach alle Nicht=Reichsangehörigen, auch die Eingeborenen und Schutzgenossen der Schutzgebiete (II, 172⁶). Aber auch für sie gilt, wie erwähnt, grundsätzlich die Gleich=stellung mit den Inländern, so daß jede Zurücksetzung als Ausnahme besonders bestimmt sein muß. Daß die Rechts=stellung des Ausländers sich heute vielfach nach der Staats=angehörigkeit bestimmt, ist betreffs der Statutenkollision bereits S. 78 erörtert.

Hinsichtlich der Stellung der Ausländer ist zu unter=scheiden:

α. In einzelnen Beziehungen ist ihnen eine Sonder=
stellung ohne Weiteres zugewiesen. Hierhin gehört zB.
HGB. § 503 Abs. 2, wonach die Veräußerung einer
Schiffspart (eines ideellen Schiffsanteils) an einen Aus=
länder der Genehmigung sämtlicher Mitrheder (Miteigen=
tümer) bedarf, weil nach § 2 des Reichsgesetzes vom 22. Juni
1899 (bisher 25. Oktober 1867) betreffend das Flaggenrecht
der Kauffahrteischiffe zur Führung der Nationalflagge nur Kauf=
fahrteischiffe berechtigt sind, die im ausschließlichen Eigentume
von Reichsangehörigen stehen (vgl. unten § 30c.). Ferner dürfen
Ausländer, für welche nach den Landesgesetzen zur Eingehung
einer Ehe eine Erlaubnis oder ein Zeugnis erforderlich ist,
nicht ohne diese Erlaubnis oder dieses Zeugnis eine Ehe ein=
gehen (impedimentum impediens, BGB. § 1315 Abs. 2,
AGBGB. Art. 43, vgl. II, 671). Die Zulassung von
Ausländern zum Hausierhandel (Gewerbebetrieb im Umher=
ziehen außerhalb des Gemeindebezirks ohne Begründung einer
gewerblichen Niederlassung und ohne vorgängige Bestellung)
hängt nach § 56ᵈ RGO. von einer versagbaren Gestattung
ab. Die in einzelnen Bundesstaaten bestehenden Beschrän=
kungen des Grundstückserwerbs durch Ausländer werden
durch das BGB. nicht berührt (EG. Art. 88). In Preußen
bedürfen nur ausländische juristische Personen (nicht sonstige
Ausländer) der Genehmigung des Königs oder der von ihm
bestimmten Behörden zum Erwerbe von Grundstücken, und
zwar ohne Rücksicht auf den Wert des Grundstücks, während
nichtpreußische juristische Personen (S. 125), die in einem
anderen Bundesstaat ihren Sitz haben, nur bei einem
5000 Mark übersteigenden Werte königlicher Genehmigung
bedürfen (AGBGB. Art. 7).

β. In anderen Beziehungen herrscht das Prinzip der
Reziprozität (Gegenseitigkeit), d. h. die Zulassung be=
stimmter Ausländer zu inländischen Rechtsvorteilen ist
davon abhängig gemacht, daß in dem ausländischen Staate
Gegenseitigkeit verbürgt ist. Dieser Grundsatz gilt zB.
für das Urheberrecht, sofern Urheber oder Verleger zwar
nicht im Deutschen Reich, aber im ehemaligen deutschen
Bundesgebiete (II, 170, Deutsch=Österreich, Luxemburg,

Limburg, Liechtenstein) staatsangehörig sind[2]); vgl. ferner
(I, 233 [16]) CPO. § 110 (Sicherheitsleistung für die Prozeß=
kosten) und Gerichtskostengesetz § 85 (dreifacher Ausländer=
vorschuß, I, 232 [16]); CPO. § 114 Abs. 2 (Armenrecht);
CPO. § 723 Abs. 2 (Vollstreckung ausländischer Urteile,
vgl. I, 529 [14], insbesondere auch über das „Abkommen
zur Regelung von Fragen des internationalen Privatrechts
vom 14. November 1896").

γ. In einigen Punkten ist endlich das Prinzip der
Retorsion (Vergeltungsrecht) anerkannt, wonach die An=
gehörigen bestimmter ausländischer Staaten denselben Rechts=
nachteilen unterworfen werden können, denen in diesen
Staaten Deutsche unterworfen sind. Das ALR. wies in
Einl. §§ 43 ff. die Ausübung des Retorsionsrechts dem
Richter zu. Die Reichsgesetzgebung hat es dagegen teils
dem Reichskanzler unter Zustimmung des Bundesrats über=
tragen, so in Art. 31 EGBGB. (oben S. 75), § 12 des
Reichspatentgesetzes vom 7. April 1891, § 5 Abs. 2 KO.;
§ 24 EGCPO.; teils dem Bundesrat allein, so in

---

[2]) Diese Gebiete waren auch sonst bevorzugt. Jeder Bundes=
angehörige war nach Art. 18 der Deutschen Bundesakte vom 8. Juni
1815 (erläutert durch den Bundesbeschluß vom 23. Juni 1817) in
allen Staaten des Deutschen Bundes zum Grunderwerbe zugelassen
und von der gabella emigrationis und hereditatis befreit und nach
dem Bundesbeschlusse vom 6. September 1832 gegen Nachdruck gleich
dem Inländer geschützt. Diese Vorschriften sind formell durch die
Auflösung des Deutschen Bundes an sich ebensowenig berührt worden,
wie die Gesetze des ehemaligen Deutschen Reichs durch dessen Fortfall.
Sie haben jedoch — abgesehen von dem in die Reichsurhebergesetze
übergegangenen bevorzugten Schutze der ehemaligen Bundesangehörigen
gegen Nachdruck, vgl. RG. vom 11. Juni 1870 § 62 sowie § 57 des
Entwurfs eines Gesetzes betreffend das Urheberrecht an Werken der
Litteratur und Tonkunst, veröffentlicht 1899 — ihre praktische Be=
deutung verloren, da auch anderen Ausländern gegenüber die Er=
schwerungen des Grunderwerbs und der Vermögensherausnahme
überall fortgefallen sind. Immerhin könnte die Vorschrift der Bundes=
akte Art. 18 über die Zulassung der Bundesangehörigen zum Grund=
erwerbe noch praktisch werden, da Art. 88 EGBGB. die landesgesetzlichen
Vorschriften unberührt gelassen hat (also gemäß Art. 218 auch neue
gestattet), welche den Erwerb von Grundstücken durch Ausländer von
staatlicher Genehmigung abhängig machen (S. 126).

§ 64 RGO. (Beschränkungen des Marktverkehrs der Ausländer).

Nicht zu verwechseln mit der Retorsion ist die Repressalie. Retorsion ist eine (an sich im Belieben jedes Staates stehende, also nicht als Unrecht aufzufassende) rechtliche Zurücksetzung von Ausländern, deren Heimatsstaat unsere Staatsangehörigen in der gleichen Weise rechtlich zurückgesetzt hat. Repressalie dagegen liegt vor, wenn den Staatsangehörigen eines fremden Staats in Verletzung eines anerkannten Rechtssatzes ein positives Unrecht zugefügt, z.B. ihnen ihr Eigentum weggenommen wird, in Erwiderung eines Unrechts, das der ausländische Staat unseren Staatsangehörigen zugefügt hat. Bei der Retorsion wird gleiches mit gleichem vergolten; bei der Repressalie kann das uns zugefügte Unrecht in der gleichen Weise (ähnlich der strafrechtlichen Talion: „Auge um Auge, Zahn um Zahn") oder durch anderes Unrecht erwidert werden. Legen die Vereinigten Staaten von Nordamerika z.B. auf deutsche Waren Eingangszölle (Mac Kinley Bill, 1890), so sind die von uns auf amerikanische Produkte gelegten Eingangszölle „Retorsionszölle"; wird in Marokko ein deutscher Unterthan ermordet und verweigert die Regierung die Genugthuung, so wäre die Beschlagnahme des in Deutschland befindlichen Vermögens marokkanischer Unterthanen eine Repressalie.

c. Der Wohnsitz.

Wohnsitz (domicilium) einer Person ist der Ort, den sie zum ständigen räumlichen Mittelpunkt ihrer Lebensthätigkeit erhoben hat[3]). Zur Begründung eines Wohnsitzes

---

[3]) L. 7. C. 10,40: In eodem loco singulos habere domicilium non ambigitur, ubi quis larem rerumque ac fortunarum suarum summam constituit; unde rursus non sit discessurus, si nihil avocet, unde cum profectus est, peregrinari videtur; quo si rediit, peregrinari jam destitit.

Mit dem Wohnsitz ist nicht zu verwechseln der zuweilen rechtlich in Betracht kommende Wohnort, d. h. derjenige Ort, wo jemand thatsächlich eine Wohnung hat, ohne Rücksicht darauf, ob er daselbst

gehört alſo die Niederlaſſung an einem Orte mit dem
Willen, dieſen Ort fortan zum Lebensmittelpunkte zu wählen
(animus remanendi). Daher erhält der Sträfling am
Orte der Strafanſtalt und nach AGBGB. Art. 14 das
Geſinde am jeweiligen Dienſtorte keinen Wohnſitz. Ebenſo
fällt der Wohnſitz fort, wenn die Niederlaſſung mit dem
Willen, ſie aufzugeben, aufgehoben wird (BGB. § 7 Abſ. 3).
Eine Perſon kann an mehreren Orten einen Wohnſitz
haben (BGB. § 7 Abſ. 2, zB. ein Gutsbeſitzer, der eine
Winterwohnung in der Stadt hat), aber auch nirgendwo
(vagabundus), zB. wenn jemand unter Auflöſung ſeines
Haushalts und ohne die Abſicht, an den bisherigen Wohn=
ort zurückzukehren, ſich auf Reiſen begiebt, wobei dann aber
vielfach (vgl. zB. CPO. § 16) der letzte Wohnſitz maß=
gebend bleibt. Wer nicht voll geſchäftsfähig iſt (S. 146),
kann ohne den Willen ſeines geſetzlichen Vertreters einen
Wohnſitz weder begründen noch aufgeben (BGB. § 8).
Die Wahl des Wohnſitzes wird alſo, obgleich nur Rechts=
handlung, nicht Rechtsgeſchäft im eigentlichen Sinne
(S. 97[12]), nach den für Rechtsgeſchäfte geltenden Vor=
ſchriften behandelt[4]). Manche Perſonen haben einen geſetz=
lich beſtimmten Wohnſitz (domicilium necessarium),
zB. Militärperſonen am Garniſonorte, ſofern ſie nicht nur
zur Erfüllung ihrer Militärpflicht dienen oder ſelbſtändig
einen Wohnſitz nicht begründen können (Reichsmilitärgeſetz
vom 2. Mai 1874 § 39 und BGB. § 9). Andere Per=
ſonen haben einen durch den Wohnſitz eines Gewalthabers

ſeinen Lebensmittelpunkt hat (zB. Sommerwohnung); vgl. BGB.
§§ 570 (Kündigung bei Verſetzung von Beamten), 1354 (der Ehe=
mann beſtimmt Wohnort und Wohnung); CPO. §§ 130[1] (Angabe
des Wohnorts einer Partei in Schriftſätzen), 174 (Zuſtellungsbevoll=
mächtigter), 180 (Zuſtellung); RGO. § 55 (Begriff des Wandergewerbes).
Einen anderen Gegenſatz zum Wohnſitze bildet der Aufenthalts ort,
d. h. der Ort, wo eine Perſon zu einer gegebenen Zeit ſich thatſächlich
befindet. Über ſeine rechtliche Bedeutung vgl. zB. CPO. §§ 16, 20,
57; StPO. §§ 8, 232; BGB. §§ 772, 773[2].
   [4]) Das Wohnen an einem Orte gehört zu den ſog. res merae
facultatis, den Bethätigungen der natürlichen und bürgerlichen
Freiheit.

Heilfron, Lehrbuch d. Bürg. Rechts. I.

bestimmten, sog. abgeleiteten Wohnsitz (domicilium derivativum). So „teilt" die Ehefrau regelmäßig den Wohnsitz des Ehemanns, das eheliche Kind den Wohnsitz des Vaters, das uneheliche den der Mutter (BGB. §§ 10, 11). Von Quasidomizil spricht man, wenn Personen (Dienstboten, Arbeiter, Studierende) an einem Orte längere Zeit, aber nicht für immer, ihren Aufenthalt nehmen (vgl. CPO. § 20, Gerichtsstand des dauernden Aufenthalts, wegen vermögensrechtlicher Ansprüche). Dem Wohnsitze der physischen Person entspricht bei der juristischen der Sitz der Verwaltung (CPO. § 17, BGB. § 24). In Handelssachen kommt an Stelle des Wohnsitzes vielfach der Ort der Handelsniederlassung in Betracht (HGB. §§ 13, 29; CPO. § 21; KO. § 238).

Der Wohnsitz hat im BGB. seine frühere Bedeutung als Grundlage des Personalstatuts bei Statutenkollision, wie S. 78 erwähnt, eingebüßt, da an seine Stelle die Staatsangehörigkeit getreten ist. Er ist aber für den Civilprozeß (Gerichtsstand, CPO. §§ 12 ff., 899), das Vormundschaftsrecht (weite Entfernung des Wohnsitzes vom Vormundschaftsgerichte giebt einen Ablehnungsgrund, BGB. § 1786 [5]), das Gewerberecht (Hausierhandel, RGO. § 57 [b]), das Preßrecht (verantwortliche Redakteure periodischer Zeitschriften müssen im Deutschen Reiche wohnen, Reichspreßgesetz § 8), die Urheberrechte (ausländische Urheber werden geschützt, wenn ihre Werke bei Verlegern erscheinen, die ihre Handelsniederlassung im Deutschen Reiche haben, RG. vom 11. Juni 1870 § 61, ähnlich die übrigen Urhebergesetze), auch für den Strafprozeß (§§ 8, 471, forum domicilii) bedeutungsvoll geblieben. Über den mit dem Wohnsitze nicht immer zusammenfallenden Unterstützungswohnsitz vgl. II, 128.

d. Die Ehre.

Ehre (II, 457) im subjektiven Sinne (dignitas) ist die einer Person eigene sittliche Würde, im objektiven Sinn (existimatio) die äußere Anerkennung dieser Würde eines Menschen durch die anderen (l. 5 § 1 D. 50, 13: Existimatio est dignitatis inlaesae status, legibus ac moribus comprobatus).

Die Wertschätzung, die einer Person seitens ihrer Mit=
menschen, insbesondere ihrer Standes= und Berufsgenossen
zu teil wird, hat zu allen Zeiten auch die privatrechtliche
Stellung beeinflußt.

Wie I, 66⁴ und II, 458 dargelegt, unterschied das
römische Recht drei Arten von Ehrenminderung, die in
ihren Ursachen und Wirkungen ganz verschieden waren: die
infamia juris, die infamia facti oder turpitudo und die
nota censoria, während für das deutsche Recht Fried=
losigkeit (Echtlosigkeit), Rechtlosigkeit, Ehrlosigkeit und Ver=
ächtlichkeit als besondere Rechtsinstitute in Betracht kommen.

Das moderne Recht kennt eine doppelte Art der
Ehrenminderung: einmal als Folge gewisser Verurteilungen
im Strafverfahren, also nach Art der infamia juris mediata
und der Rechtlosigkeit, und andererseits als Folge eines
sittlich verwerflichen Lebenswandels, also nach Art der
turpitudo und der Bescholtenheit.

1. Die Voraussetzungen und Folgen der Verurteilung
im Strafverfahren sind zunächst im StGB. §§ 31 ff.
bestimmt. Hiernach ist zu unterscheiden:

α. Die Verurteilung zu Zuchthausstrafe hat ohne
weiteres die dauernde Unfähigkeit zum Militärdienst
und zur Bekleidung öffentlicher Ämter (wozu hier — anders
wie in StGB. § 359 — auch Anwaltschaft, Geschworenen=
und Schöffendienst zählen) zur Folge.

β. Im übrigen tritt als Folge strafgerichtlicher Ver=
urteilung eine Ehrenminderung nicht von selbst⁵), sondern

---

⁵) Die Verurteilung eines Schwurpflichtigen wegen wissentlicher
Verletzung der Eidespflicht begründet für den Gegner ohne weiteres
den Anspruch auf Widerruf der Zurückschiebung eines Parteieides
(CPO. § 457) sowie auf Rücknahme eines auferlegten richterlichen
Eides (CPO. 477, vgl. I, 407⁵⁰). Dagegen muß auf die dauernde
Unfähigkeit eines wegen wissentlichen Meineids Verurteilten, als Zeuge
oder Sachverständiger eidlich vernommen zu werden, ausdrücklich er=
kannt werden (StGB. § 161). Ist dies irrtümlich unterlassen worden,
so behält der Verurteilte die Fähigkeit zum eidlichen Zeugnis und
Gutachten. Ist die Unfähigkeit in dem Urteil ausgesprochen, so tritt

9*

nur dann ein, wenn ausdrücklich „auf Verlust der bürger=
lichen Ehrenrechte" als Nebenstrafe erkannt ist. Dies muß
geschehen: bei Meineid (StGB. § 161), schwerer Kuppelei
(§ 181) und gewerbs= oder gewohnheitsmäßigem Wucher
(§ 302 d und e). Es kann geschehen: neben Todesstrafe
und Zuchthausstrafe stets, neben Gefängnisstrafe dagegen
nur, wenn sie 3 Monate erreicht und ferner das Gesetz den
Verlust der bürgerlichen Ehrenrechte ausdrücklich zuläßt oder
die Gefängnisstrafe wegen Annahme mildernder Umstände
an Stelle von Zuchthausstrafe ausgesprochen wird.

Die Dauer des Ehrverlusts ist neben Todesstrafe
und lebenslänglicher Zuchthausstrafe unbegrenzt; neben
zeitiger Zuchthausstrafe kann sie 2—10, neben Gefängnis=
strafe 1—5 Jahre betragen. Diese Fristen werden von dem
Tage berechnet, an welchem die Freiheitsstrafe verbüßt, ver=
jährt oder erlassen ist.

Die Folgen der Aberkennung der bürgerlichen Ehren=
rechte sind:

a. Dauernder Verlust (StGB. § 33) der aus
öffentlichen Wahlen hervorgegangenen Rechte sowie der
öffentlichen Ämter, Würden, Titel (auch des Doktortitels,
aber nicht mehr — wie nach PrStGB. vom 14. April 1851,
S. 133 6 — der Adelsprädikate), Orden und Ehrenzeichen.

b. Unfähigkeit während der im Urteile bestimmten
Zeit (StGB. § 34, vgl. EGBGB. Art. 34): 1) Die
Landeskokarde zu tragen; 2) in den deutschen Militärdienst
einzutreten; 3) öffentliche Ämter usw. zu erlangen;
4) politische Rechte auszuüben; 5) Zeuge bei Aufnahme
von Urkunden zu sein; 6) Vormund, Gegenvormund,

---

nicht etwa Straflosigkeit fernerer Meineide ein, wenn er unzulässiger=
weise vereidigt wird. Übrigens bezieht sich diese Eidesunfähigkeit nur
auf die Ablegung eines Zeugnisses und die Erstattung von Gutachten.
Die Zuschiebung eines Parteieides (Vertragsnatur des Schiedseides,
I, 319 3) und die Auflegung eines richterlichen Eides ist — immer
unter den eingangs erwähnten Vorbehalten der §§ 457, 477 CPO. —
nicht ausgeschlossen. Dagegen bestimmte c. 14 Causa 22 qu. 5, dem
die Vorschrift des § 161 StGB. nachgebildet ist: Qui semel per-
juratus fuerit, nec testis sit post hoc nec ad sacramentum
accedat nec in sua causa vel alterius jurator existat.

Pfleger, Beistand der Mutter oder Mitglied eines
Familienrats zu sein, es sei denn, daß es sich um Verwandte absteigender Linie handelt und Vormundschaftsgericht
und Familienrat einverstanden sind (vgl. BGB. § 1781[4]).

Außer diesen im Strafgesetzbuche bestimmten Folgen
zieht die Aberkennung der bürgerlichen Ehrenrechte jedoch
sowohl nach Reichs= wie nach Landesgesetzen[6]) noch weitere

---

[6]) a. Kraft Reichsgesetzes kann der der bürgerlichen Ehren=
rechte für verlustig Erklärte als Schiedsrichter abgelehnt werden (CPO.
§ 1032 Abf. 3); auch kann ihm der Zutritt zu Gerichtssitzungen ver=
sagt werden (GVG. § 176). Er darf keine Handlungslehrlinge halten
oder ausbilden (HGB. § 81, vgl. auch § 82 Abf. 2); kann von ein=
getragenen Genoffenschaften ausgeschlossen werden- (Genoff. G. v.
1. Mai 1889, Neufassung vom 20. Mai 1898, § 68); ist als Mitglied
eingeschriebener Hülfskassen des Stimmrechts verluftig (RG. v. 7. April
1876 über die eingeschriebenen Hülfskassen § 21); ist als Mitglied von
Innungen der Stimm= und Ehrenrechte beraubt; darf sich mit der An=
leitung von Arbeitern unter 18 Jahren und Lehrlingen nicht befaffen;
auch kann die Approbation als Apotheker oder Medizinalperson für die
Dauer des Ehrverlufts zurückgenommen werden (RGO. v. 1. Juli 1883
und Novelle vom 26. Juli 1897 §§ 93a, 106, 126, 53). Er darf nicht
verantwortlicher Redakteur einer periodischen Zeitschrift sein (Reichs=
preßgesetz v. 7. Mai 1874 § 2) und verliert Stimmrecht und Wähl=
barkeit in den sozialpolitischen Organisationen (Krankenkassengesetz vom
15. Juni 1883 § 37, Unfallversicherungsgesetz v. 6. Juli 1884 §§ 34,
42, Invalidenversicherungsgesetz vom 19. Juli 1899, bisher 22. Juni
1889, § 88). Die Zulassung zur Rechtsanwaltschaft muß versagt
werden, wenn der Antragsteller infolge strafgerichtlichen Urteils die
Fähigkeit zur Bekleidung öffentlicher Ämter dauernd verloren hat oder
zur Zeit nicht besitzt; sie kann versagt werden, wenn er diese Fähig=
keit früher verloren hatte (Rechtsanwaltsordnung v. 1. Juli 1878
§§ 5, 6).

Nach BGB. §§ 1318, 2237[2] „sollen" (vgl. S. 44[10]) der bürger=
lichen Ehrenrechte für verluftig erklärte Personen während der im
Urteile bestimmten Zeit als Solennitätszeugen für den mündlichen Akt
der Eheschließung und als Urkundszeugen für die Testamentserrichtung
nicht zugezogen werden.

b. Auch die Landesgesetze knüpfen an den Verluft der
bürgerlichen Ehrenrechte mehrfache Folgen. Diese sind insoweit durch
das StGB. aufgehoben, als sie sich als Strafe darstellen. Deshalb ist
zB. der im PrStGB. vom 14 April 1851 ausgesprochene Verluft
des Adels als Folge der Aberkennung der bürgerlichen Ehrenrechte be=
seitigt. Ob auch die sonstigen Folgen dieser Aberkennung durch das
StGB. aufgehoben sind, hängt von der Beantwortung der Frage ab,

Beschränkungen der öffentlichen und privaten Rechtsfähigkeit teils dauernd, teils für die Zeit der Aberkennung nach sich.

Übrigens führt die Aberkennung der bürgerlichen Ehren=rechte jedenfalls auch Bescholtenheit herbei, so daß die von ihr betroffenen Personen ferner noch den Zurücksetzungen der Bescholtenen unterliegen (s. u.).

Die als Folge eines Strafurteils eintretende Ehren=minderung wird durch eine ausdrücklich auch hierauf ge=richtete Begnadigung beseitigt. Nur bleiben natürlich die gegenüber Dritten eingetretenen Veränderungen bestehen (vgl. ALR. II, 13 §§ 10, 11).

2. Die Voraussetzungen der Bescholtenheit sind gesetzlich nicht festzustellen. Bescholten ist eine Person, die in Folge eines in sittlicher Beziehung anstößigen Lebens=wandels der öffentlichen Achtung verlustig gegangen ist. Die Voraussetzungen der Bescholtenheit lassen sich nur nach der Lage des einzelnen Falls vom Richter thatsächlich feststellen. Dagegen sind die Folgen gesetzlich bestimmt. Nach BGB. § 1568 bildet ehrloses oder unsittliches Ver-halten eines Ehegatten einen Ehescheidungsgrund (ähnlich ALR. II, 1 § 707: Ergreifen eines schimpflichen Ge=werbes). Ehrloses oder unsittliches Verhalten des Vaters rechtfertigt nach §§ 1635, 1666 das Eingreifen des Vor-mundschaftsrichters. Ehrloser oder unsittlicher Lebenswandel ist nach § 2333 (vgl. § 2336) Grund zur Entziehung des Pflichtteils[7]). Unzuverlässigkeit wird bei Versagung oder

---

ob das StGB. die Folgen der Ehrenminderung als einer strafrechtlichen Materie im Sinne des § 2 EGStGB. ausschließlich hat ordnen wollen. Dies ist zu verneinen, und es sind daher zB. § 7 Pr. Städteordnung vom 30. Mai 1853 (Verlust des Bürgerrechts) sowie § 15 des Pr. Ges. betreffend die Rechtsverhältnisse der Studierenden vom 29. Mai 1879 (Ausschluß vom Universitätsstudium), § 6² des Jagd=scheingesetzes vom 31. Juli 1895 (Versagung des Jagdscheins) in Geltung geblieben. Die Fälle des BGB. § 1568 (ehrloses oder un=sittliches Verhalten als Ehescheidungsgrund) und §§ 1635, 1666 (Verlust der väterlichen Gewalt), gehören unter die Bescholtenheit (s. o.).

[7]) Nicht aufgenommen hat das BGB. die gemeinrechtliche Pflichtteilsberechtigung der Geschwister, falls eine turpis persona im Testament eingesetzt war (II, 460⁵) und aus dem Pr. Recht den Aus=

Entziehung gewerblicher Konzeſſionen beachtet (RGO. §§ 30 ff.). Über (geſchlechtliche) Unbeſcholtenheit eines verführten, noch nicht 16 jährigen Mädchens als Vorausſetzung der Beſtrafung des Verführers vgl. StGB. § 182, über die' Rechtsminderung infolge Konkurseröffnung I, 644.

e. Die Religion.

Während im römiſchen Recht Chriſten und Juden, im Mittelalter Nichtkatholiken, Ketzer und Juden Beſchränkungen unterworfen wurden, iſt im Deutſchen Reiche die Religion ſeit dem Reichsgeſetze „betreffend die Gleichberechtigung der Konfeſſionen in bürgerlicher und ſtaatsbürgerlicher Beziehung" vom 3. Juli 1869 (II, 463⁶) für das Privatrecht faſt bedeutungslos. Vor 1900 richteten ſich in denjenigen Staaten, die nicht (wie Preußen, II, 702) ein einheitliches Eheſcheidungsrecht hatten (z. B. Württemberg, Hamburg), die Eheſcheidungsgründe nach der Konfeſſion der Ehegatten, bei Miſchehen desjenigen Ehegatten, der die Scheidung verlangte (ERG. 12, 235). Dies iſt mit dem Inkrafttreten des BGB. (§§ 1564 ff.) fortgefallen.

Nach BGB. § 1779 (wie früher nach der PrVO. vom 5. Juli 1875 § 19²) ſoll bei der Wahl des Vormunds auf die Religion des Mündels Rückſicht genommen werden; gehört der Vormund nicht dem Bekenntnis an, in welchem das Mündel zu erziehen iſt, ſo kann ihm die Sorge für die religiöſe Erziehung des Mündels von dem Vormundſchaftsgericht entzogen werden (BGB. § 1801). Vgl. auch § 618 (Rückſichtnahme des Dienſtberechtigten auf die Religion der Dienſtleute). Nicht beſeitigt ſind ferner diejenigen Vorſchriften, nach denen der Erwerb gewiſſer, auf dem konfeſſionell gebliebenen Kirchenrechte beruhender Privatrechte von

---

ſchluß des Alimentationsrechts eines unehelichen Kindes, deſſen Mutter in geſchlechtlicher Beziehung beſcholten war (PrG. vom 24. April 1854 §§ 9, 13; II, 710⁸). Dem § 21⁵ der PrVO. vom 5. Juli 1875, wonach eine Perſon, die offenkundig einen unſittlichen Lebenswandel führt, zur Führung der Vormundſchaft unfähig iſt, entſpricht etwa BGB. § 1779 Abſ. 2, wonach das Vormundſchaftsgericht eine nach ihren perſönlichen Verhältniſſen „geeignete" Perſon auswählen ſoll.

der Zugehörigkeit zu der betreffenden Konfession abhängt
(z.B. Kirchenstühle, Erbbegräbnisse, Patronatrechte, II, 320).
Endlich kann die Zugehörigkeit zu einer bestimmten Religion
Bedingung einer Zuwendung sein. Nur darf eine solche
Bedingung sich nicht als Beschränkung der Gewissensfreiheit
darstellen; sonst ist sie als unsittlich zu behandeln (BGB.
§ 138)[8]).

f. Der Stand.

Stand ist eine in der menschlichen Gesellschaft bestehende
engere Gemeinschaft von Personen, bei denen eine auf Natur
oder Recht beruhende Gleichartigkeit der Lebensverhältnisse
vorliegt (vgl. ALR. I, 1 § 2). Diese Gleichstellung kann

---

[8]) Zulässig ist also z.B. eine Testamentsbestimmung: „Ich setze
A. zu meinem Erben ein, falls er bei meinem Ableben noch Katholik
ist." Unsittlich wäre aber eine Bestimmung: „Falls einer meiner
Erben seinen Glauben wechselt, verliert er das ihm Zugewendete."
Denn damit würde eine Einwirkung auf das Gewissen des Eingesetzten
herbeigeführt werden, indem er durch den zu erwartenden Vermögens=
schaden sich veranlaßt sehen könnte, bei einer Konfession zu verharren,
der er in seinem Innern nicht mehr angehört. Bei dieser Frage ist
also die Fassung und Absicht der Bestimmung für die Entscheidung
maßgebend.

Unberührt sind nach EGBGB. Art. 134 die landesgesetzlichen
Vorschriften über die religiöse Erziehung der Kinder geblieben.
Für Mischehen gilt gemeinrechtlich auf Grund des Beschlusses des
Friedensexekutionskongresses zu Nürnberg von 1650, daß die Kinder
bis zur Erreichung des Unterscheidungsjahrs (annus discretionis),
das nicht reichsgesetzlich festgestellt, aber regelmäßig auf das vollendete
14. Jahr angenommen wurde, in der Religion des Vaters erzogen
werden sollen. Das ALR. II, 2 §§ 76 ff. bestimmte dagegen, daß
bis zum 14. Jahre die Söhne in der Religion des Vaters, die Töchter
in der der Mutter erzogen werden sollten. Um der hierdurch drohenden
Spaltung der Familien vorzubeugen, verfügte jedoch schon die Deklaration
vom 21. November 1803, daß alle Kinder in der Religion des Vaters
zu erziehen seien. Verträge der Ehegatten über die religiöse Erziehung
sind nichtig. Wohl aber können sich die Eltern über den den Kindern
zu erteilenden Religionsunterricht einigen (ALR. II, 2 § 78). Dagegen
können sie nicht den Austritt der Kinder aus der Kirche erklären; viel=
mehr können die Kinder dies nur persönlich nach Zurücklegung des
annus discretionis thun (PrG. vom 14. Mai 1873 betreffend den
Austritt aus der Kirche § 1).

durch Abſtammung (Geburtsſtand), Beſchäftigung (Berufs=
ſtand), Vermögen (Beſitzſtand, zB. Stand der Großgrund=
beſitzer, der Agrarier) und Wohnort (Bürgerſtand, Bauern=
ſtand) hervorgerufen werden.

Die Stände haben in früherer Zeit eine erhebliche
Bedeutung auch für das Privatrecht gehabt.

In Rom (I § 15, Lehre vom status) haben die
Unterſchiede zwiſchen Patriziern und Plebejern (I, 36, 37),
Senatoren und Rittern (I, 43), cives, Latini, peregrini
(I, 92 ff.), Freien, Freigelaſſenen und Sklaven (I, 85 ff.)
auch die privatrechtliche Stellung der Beteiligten weſentlich
beeinflußt. In noch höherem Maße haben in Deutſchland
Geburtsſtand (II §§ 5, 11), Wohnort (II, 95) und Beruf
(II, 84) in die Privatrechtsſphäre eingegriffen, was ſich vor
allem in ſtändiſcher Rechtsbildung (Stadtrecht, Landrecht,
Hofrecht, II § 30) zeigte. Noch das ALR. behandelte den
Bauern=, Bürger= und Adelſtand in geſonderten Titeln,
ALR. Teil II Titel 7, 8, 9.

Im modernen Rechte haben viele Umſtände, die ehe=
mals die Zuſammenfaſſung zu Ständen veranlaßt haben,
ihre rechtliche Bedeutung völlig eingebüßt. Zwiſchen Land
und Stadt, arm und reich wird heute vom Recht kein
Unterſchied gemacht. Dagegen haben Geburt und Beruf
auch heute noch eine gewiſſe Wirkſamkeit für das bürger=
liche Recht behalten.

1. Der Geburtsſtand.

Wie II, 70, 119 ff. dargelegt, war bis in das 19. Jahr=
hundert die Zugehörigkeit zum hohen oder niederen Adel,
Bürger= oder Bauernſtande die Grundlage, auf der ſich die
privatrechtliche Stellung des Einzelnen aufbaute. Die durch
dieſe Geburtsſtände hervorgerufenen rechtlichen Unterſchiede
ſind ſeit Ende des vorigen Jahrhunderts (franzöſiſche Re=
volution 1789, 1848; PrBU. Art. 4: Standesvorrechte
finden nicht ſtatt) bis auf die folgenden, unbedeutenden
Reſte verſchwunden.

α. Die Zugehörigkeit zum hohen Adel (II, 114²)
gewährt auch heute noch gewiſſe, durch die Deutſche Bundes=

alte zugesicherte Bevorzugungen, die sich auf zwei Grund=
lagen, die körperschaftliche Verfassung des einzelnen hoch=
abligen Hauses und die Zusammenfassung aller hochabligen
Häuser zu einer bevorzugten Genossenschaft, zurückführen
lassen. Der Behandlung des hochabligen Hauses als Körper=
schaft entspricht besonders die Aufrechterhaltung seiner
Autonomie (S. 18). Auf der Anerkennung des hohen
Adels als geschlossener Genossenschaft beruht die Ebenburt
(II, 121). Vgl. über die Führung des hochabligen Namens
§ 19[3], über die einzelnen Bevorzugungen des hohen Adels
und der aus ihm als engere Genossenschaft sich aussondern=
den Mitglieder der landesherrlichen Familien II, 114[2].

Erworben werden kann der hohe Adel seit Auflösung
des ehemaligen Deutschen Reichs (II, 141) — abgesehen
von dem Erwerbe der Souveränität, II, 115[2] — aus=
schließlich durch Abstammung von einem hochabligen Vater
aus standesmäßiger Ehe, also nicht durch Verheiratung
(ERG. 2, 145), Legitimation, Adoption oder Verleihung.
Die Kinder aus einer mésalliance (Mißheirat, disparagium)
folgen „der ärgeren Hand" (II, 81). Standesmäßig ist
nach Gemeinem Privatfürstenrecht (S. 19) nur die Ehe
zwischen Hochabligen; doch werden durch die Hausverfassungen
und Observanzen einzelner (besonders neufürstlicher, II,
123) Häuser auch Ehen mit Angehörigen des niederen
Adels oder sogar des Bürgerstands als ebenbürtig anerkannt.
Ist übrigens eine unebenbürtige Ehe von den Agnaten als
ebenbürtig ausdrücklich anerkannt, so wirkt diese — als
Abänderung der Hausgesetze für den Einzelfall anzusehende
— Anerkennung auch gegen Dritte. Die Kinder einer
solchen Ehe sind also ebenbürtig und erbfolgefähig. Über
die Ehe zur linken Hand vgl. II, 123.

Heiratet eine hochablige Frau einen nicht ebenbürtigen
Mann, so teilt sie während der Dauer der Ehe dessen
Stand. Nach Trennung der Ehe lebt ihr hoher Adel
wieder auf.

β. Der niedere Adel (II, 122) hat heute — abge=
sehen von dem bis 1900 partikularrechtlich (zB. in Ost=
preußen und Pommern II, 802, 806) vorhanden gewesen

Einfluß auf das Ehegüterrecht, welcher bei den vor 1900 abgeſchloſſenen Ehen noch in Frage kommen kann (S. 67) — nur noch inſofern Bedeutung, als er vielfach bei Stiftungen, Ordensinſtituten, Domkapiteln uſw. zur Vorausſetzung der Erbfolge- oder Aufnahmefähigkeit gemacht iſt. Das Recht auf Familiennamen und Wappen iſt im Civilprozeſſe verfolgbar; das gleiche Recht ſteht aber heute auch jedem Nichtadligen zu[9]) (unten § 19[b]).

Erworben wird der niedere Adel durch eheliche Abſtammung von einem adligen Vater, durch legitimatio per subsequens matrimonium (II, 711), durch legitimatio per rescriptum principis, ſofern ſie nicht nur ad honores erfolgt (II, 712), durch Verheiratung („Ritters Weib hat Ritters Recht") und durch Verleihung („Nobilitierung"), auch mittelbar durch Verleihung beſtimmter Orden[10]). Die

---

[9]) Strafrechtlich beſteht dagegen ein Unterſchied, inſofern als nach StGB. § 360[8] die unbefugte Annahme eines Adelsprädikats ſtets, die unbefugte Führung eines bürgerlichen Namens dagegen nur dann ſtrafbar iſt, wenn ſie einem zuſtändigen Beamten gegenüber erfolgt.

Übrigens iſt aus dem Vorhandenſein des „von" vor dem Familiennamen noch kein Schluß auf den Adel der Familie gerechtfertigt, da vielfach auch Bürgerliche ihrem Namen das „von" vorſetzten, um den Herkunftsort zu bezeichnen. Andererſeits giebt es auch adlige Familien, die das „von" nicht annahmen (Knigge, Pflugk). Die Rang- und Quartierliſte bezeichnet die adligen Offiziere mit einem „v."; bei den nichtadligen, die ein „von" vor ihrem Namen führen, iſt das „von" ausgeſchrieben.

Übrigens iſt das Adelsprädikat ſelbſt auch nicht maßgebend für die Zugehörigkeit zum hohen oder niederen Adel. Ebenſowenig entſcheidend iſt die Titulatur. Es giebt Fürſten (Bismarck, Pleß), die zum niederen Adel gehören.

[10]) Der Verleihung gleich ſteht die Erneuerung eines verloren gegangenen oder nicht nachweisbaren Adels im Gegenſatze zu der bloßen Anerkennung eines vorhandenen Adels; der Beweis des Adels kann auch durch unvordenkliche Führung erbracht werden (ſog. Verjährungsadel). Nach ALR. II, 9 §§ 18 ff. (als öffentlich rechtliche Vorſchrift aufrecht erhalten durch AGBGB. Art. 89[1]) iſt adlig, wer oder weſſen Vorfahren im Normaljahre 1740 im wirklichen Beſitze des Adels ſich befunden haben, und eine rechtliche Vermutung für den Geſchlechtsadel iſt gegeben, wenn jemand ſich 44 Jahre ungeſtört des Adels bedient hat. Die Adelsangelegenheiten werden in Preußen durch das Herolds-

Adoption gewährt den Adel nicht; nach ALR. II, 2 § 684 (als Vorschrift des öffentlichen Rechts aufrechterhalten durch AGBGB. Art. 89[1]) bedarf es hierzu der landesherrlichen Verleihung. Das uneheliche Kind einer Abligen ist nicht adlig.

Der Adel geht verloren — er ruht also nicht bloß, wie der hohe Adel — durch Heirat mit einem Nicht-abligen und durch Verzicht, nicht mehr jedoch beim Verluste der bürgerlichen Ehrenrechte (S. 133[6]) oder Betrieb eines niederen Gewerbes.

Arten des niederen Adels sind:

a. Uradel, wenn die väterlichen Vorfahren seit unvordenklichen Zeiten adlig waren, und Briefadel (II, 78[6]), wenn der Adel nachweislich verliehen ist;

b. Alter Adel (Ahnenadel), wenn alle Vorfahren mehrerer Generationen adlig waren, im Gegensatze zum neuen Adel. Der Adel wird bewiesen durch die Ahnen-probe. Für die auf der Ahnentafel aufgeführten Personen ist die Ritterbürtigkeit (Ritterprobe, II, 78) und die eheliche Geburt (Filiationsprobe) nachzuweisen. Bismarck gehörte hiernach ebensowenig zum alten Adel, wie er aus dem S. 139[9] angeführten Grunde trotz seines Fürstentitels zum hohen Adel gehörte; denn seine Mutter war eine Bürgerliche, eine Tochter des Kabinettsrats Mencken;

c. Erbadel, wenn der Adel auch auf die Nachkommen übergeht, und persönlicher Adel. Im Mittelalter galten die Doctores legum als des persönlichen Adels teilhaftig (II, 78[6]). Auch heute noch ist (zB. in Württemberg und Bayern) der persönliche Adel (Verdienstadel) mit gewissen Ämtern und Orden verbunden. Dagegen ist mit der Ver-leihung des Hohen Ordens vom Schwarzen Adler in Preußen und des Ordens der Eisernen Krone in Österreich der erbliche Adel verknüpft.

---

amt bearbeitet. In anderen Staaten (Österreich, Bayern, Württem-berg) werden nur die in die Adelsmatrikel eingetragenen Familien als adlig anerkannt.

2. Der Berufsſtand.

Der Berufsſtand hat auch heute noch eine Bedeutung für die privatrechtliche Stellung des Einzelnen[11]), inſofern gewiſſe Gruppen von Rechtsſätzen ausſchließlich für be=ſtimmte Berufsſtände gelten.

α. Die gewerblichen Beziehungen der Kaufleute richten ſich in erſter Linie nach dem HGB.[12]), diejenigen der ſonſtigen Gewerbetreibenden nach der Reichsgewerbe=ordnung. Für die Seeleute haben das Handelsgeſetzbuch

---

[11]) Das ALR hatte den „Bauer= und gemeinen Bürgerſtand" in 2 Punkten hervorgehoben. Die dazu zu rechnenden Perſonen ſollten nach I, 6 § 112 wegen erlittener Schmerzen ein billiges Schmerzens=geld fordern dürfen und nach II, 1 § 701 wegen geringerer Thätlich=keiten nicht geſchieden werden. Nach Einführung der Verfaſſung wurde wegen VU. Art. 4 („Alle Preußen ſind vor dem Geſetz gleich). Standes=vorrechte finden nicht ſtatt") der Fortbeſtand dieſer Vorſchriften an=gezweifelt. Das Obertribunal ſprach ſich für die Weitergeltung aus, da die Vorſchriften des ALR. keine wahren Standesvorrechte ſchafften, ſondern nur die in gewiſſen Bevölkerungskreiſen vorhandene Empfindungs=weiſe in Rückſicht zögen. Vgl. auch noch ALR. II, 1 §§ 83, 837, II, 2 § 626. Das BGB. hat dieſe Beſonderheiten beſeitigt; vgl. BGB. §§ 847, 1568.

[12]) Das alte HGB. (II, 426) enthielt zwar großen Teils Vor=ſchriften, die allein für Kaufleute beſtimmt waren (vgl. zB. Art. 8—10, 15 ff., 28 ff., 272—274, 289—291, 297, 306, 309 ff.). Die An=wendung vieler Rechtsſätze, insbeſondere des vierten Buchs („Von den Handelsgeſchäften") war dagegen durch die Art des Rechtsgeſchäfts (Handelsgeſchäft im materiellen Sinne), nicht durch den Beruf der dabei Beteiligten bedingt (vgl. zB. Art. 283—288, 292—296, 307 u a.) und erſtreckte ſich deshalb auch auf Nichtkaufleute. Das neue HGB. iſt nun zu einem wahren Geſetzbuche des Handelſtands um=gewandelt worden. Dies konnte um ſo eher geſchehen, als viele der durch das alte HGB. eingeführten Rechtsgedanken, zB. die Sicherung des Erwerbs beweglicher Sachen (Art. 306), die Formfreiheit (Art. 317), die bindende Kraft des Antrags (Art. 318 ff.) durch Übernahme in das BGB. (vgl. §§ 932 ff., 145 ff. und unten § 46) zu allgemeinem Recht erhoben ſind. Das neue HGB. macht daher auch nicht, wie das alte HGB., einen Unterſchied zwiſchen objektiven oder abſoluten (Art. 271) und (gewerbemäßig vorgenommenen) ſubjektiven oder relativen (Art. 272) Handelsgeſchäften, ſondern kennt nur eine Art ſolcher und beſtimmt in § 343: Handelsgeſchäfte ſind alle Ge=ſchäfte eines Kaufmanns, die zum Betriebe ſeines Handelsgewerbes gehören.

Buch IV sowie die Seemannsordnung vom 27. Dezember 1872, für die Binnenschiffer die Reichsgesetze vom 15. Juni 1895 betreffend die privatrechtlichen Verhältnisse der Binnenschiffahrt und der Flößerei, für die Bergleute die landesrechtlichen Berggesetze (II, 637) Sondernormen aufgestellt. Die Zusammenfassung gewerblicher Berufs= genossen ist insbesondere gelegentlich der sozialpolitischen Arbeiterschutzgesetze (Krankenkassen=, Unfallversicherungsgesetze, unten § 17 e) erfolgt.

β. Für die Militärpersonen sind die im rR. vor= handen gewesenen vielfachen materiellen Besonderheiten (zB. im Testamentsrechte) größtenteils beseitigt. Bestehen ge= blieben sind aber zB.: die privilegierte Form der Testaments= errichtung im Felde (R.Milit.Ges. vom 2. Mai 1874 § 44, vgl. auch EGBGB. Art. 44), das als impedimentum impe- diens (II, 672) zu betrachtende Erfordernis des Ehekonsenses sowie des Konsenses zur Übernahme von Vormundschaften und zu Gewerbebetrieben (R.Milit.Ges. §§ 40—43; BGB. §§ 1315, 1784), der notwendige Wohnsitz und Gerichtsstand (BGB. § 9, CPO. §§ 14, 20), die erleichterte Wohnungs= kündigung bei Versetzungen (BGB. § 570), sowie Be= sonderheiten bei Ladungen, Zustellungen, Zwangsvoll= streckungen [13]). Beseitigt sind durch das BGB. die par=

---

[13]) Vgl. CPO. § 172 (Zustellungen für Unteroffiziere und Gemeine erfolgen an den Chef der zunächst vorgesetzten Kommando= behörde); 201 (Zustellungen an Personen eines im Auslande befind= lichen oder mobilen Truppenteils oder Kriegsschiffs mittels Ersuchens der vorgesetzten Kommandobehörde); 378, 380, 390, 409 (die Ladung einer Person des Soldatenstands erfolgt durch Ersuchen der Militär= behörde, die Festsetzung und Vollstreckung einer Strafe bei Ungehorsam oder Zeugnisweigerung durch das Militärgericht, die Zwangsvorführung eines ungehorsamen Zeugen durch die Militärbehörde); 752 (die Zwangs= vollstreckung gegen aktive Militärpersonen darf erst nach Anzeige an die vorgesetzte Militärbehörde erfolgen); 790 (Zwangsvollstreckung in Kasernen usw. erfolgt auf Ersuchen des Vollstreckungsgerichts durch die Militärbehörde); 811 [7—8] (Unpfändbarkeit der Dienstgegenstände, an= ständiger Kleidung sowie eines gewissen Geldbetrags); 850 [8] (Unpfänd= barkeit des Diensteinkommens, pfändbar — und nach BGB. §§ 400, 411 abtretbar — ist nur $\frac{1}{3}$ des 1500 Mk. übersteigenden Betrags);

tikularrechtlichen Vorſchriften über den Konſens zu Dar=
lehen (A.L.R. I, 11 § 678 ff.).

Zu den Militärperſonen gehören nach der Anlage
zum Militärſtrafgeſetzbuche vom 20. Juni 1872:

a. die Perſonen des Soldatenſtands (d. h. die Offi=
ziere, Unteroffiziere, Gemeinen, die Mitglieder des Sanitäts=
korps und des Maſchineningenieurkorps);

b. die Militärbeamten.

Dagegen gehören die Civilbeamten der Militärver=
waltung nicht zu den Militärperſonen, wohl aber zum
aktiven Heere (R.Milit.Geſ. vom 2. Mai 1874 § 38).
Das aktive Heer umfaßt hiernach: die Militärperſonen
des Friedenſtands, die aus dem Beurlaubtenſtand ein=
gezogenen ſowie die in Kriegszeiten aufgebotenen oder frei=
willig eingetretenen Perſonen und endlich die Civilbeamten
der Militärverwaltung.

Die Beſonderheiten des Militärrechts beziehen ſich teils
auf das ganze aktive Heer (z.B. die Befugnis zum Feld=
teſtament, S. 142), teils nur auf die Perſonen des Sol=
datenſtands (z.B. R.Milit.StGB. §§ 14—42), teils ſogar
nur auf die Militärperſonen des Friedensſtands (z.B. das
Erfordernis des Ehekonſenſes, S. 142).

γ. Für öffentliche Beamte kommen, abgeſehen von
den ihr Verhältnis zum Staat ordnenden Sonderrechts=
normen (z.B. Reichsbeamtengeſetz vom 31. März 1873,
vgl. I, 64[7]), einzelne beſondere Beſtimmungen zur An=
wendung, vgl. z.B. BGB. §§ 570 (Kündigung des Miets=
verhältniſſes bei Verſetzungen), 839 ff. (Schadenserſatz bei
Verletzungen der Amtspflicht), 1784, 1888 (Konſens zur
Übernahme einer Vormundſchaft). Über Zwangsvollſtreckungs=
privilegien öffentlicher Beamten vgl. CPO. §§ 811[7—8],
850[8], 910 und Anm. 13; über Einſchränkungen der
Zeugnispflicht CPO. § 376, StPO. § 53; über das Er=
fordernis der Genehmigung zum Gewerbebetriebe RGO. § 12,

904[2], 905[2] (Unzuläſſigkeit und Unterbrechung der Haft gegen mobil
gemachte Militärperſonen); 912 (Vollſtreckung der Haft gegen aktive
Militärperſonen durch Erſuchen der vorgeſetzten Militärbehörde).

R.Beamt.Ges. § 16; über die actio syndicatus gegen Be=
amte I, 331[18]; über die sachlich ausschließliche Zuständigkeit
der Civilkammer des Landgerichts für derartige Klagen sowie
für Klagen der Beamten gegen den Fiskus vgl. I, 198.

§ 13. Die Handlungsfähigkeit.

a. Allgemeines[1]).

Handlungsfähigkeit (S. 107) ist die einer Person
vom Recht zuerkannte Fähigkeit, Handlungen mit rechtlicher
Wirksamkeit vorzunehmen, d. h. durch Willensäußerungen
bestimmend in den Rechtszustand einzugreifen. Die juri=
stischen Handlungen sind — unter Außerachtlassung der
sonstigen, nicht unter einen gemeinsamen Begriff zusammen=
zufassenden und einheitlichen Normen nicht unterstehenden
Rechtshandlungen, S. 96[12] — Rechtsgeschäfte und Delikte,
und man unterscheidet demgemäß betreffs der Handlungs=
fähigkeit: Geschäftsfähigkeit und Deliktsfähigkeit.
Nicht alle Personen sind in gleicher Weise handlungsfähig;
vielmehr wird die Handlungsfähigkeit der natürlichen Per=

---

[1]) Die Darstellung weicht hier von dem sonst befolgten Systeme
des BGB. aus Zweckmäßigkeitsgründen ab. Das BGB. hat nämlich
den allgemeinen Begriff „Handlungsfähigkeit" verworfen, weil die
darunter vereinigten Begriffe, insbesondere die Fähigkeit zur Vornahme
von Rechtsgeschäften (Geschäftsfähigkeit) und sonstigen Rechtshandlungen
(S. 96[12]) und die Verantwortlichkeit für unerlaubte Handlungen
(Deliktsfähigkeit) gemeinsamen Grundsätzen nicht in einem Maße unter=
liegen, daß die Annahme eines einheitlichen Begriffs gerechtfertigt sei.
Daher sind im Titel „Natürliche Personen" (§§ 2 ff.) nur einzelne
der Thatsachen behandelt (Alter, Geisteskrankheit), die für Geschäfts=
und Deliktsfähigkeit in gleicher Weise maßgebend sind, während die
Folgen des Vorliegens solcher Thatsachen für die Geschäftsfähigkeit
in den diese betreffenden Titel (Buch I, 3. Abschnitt, 1. Titel, §§ 104 ff.),
für die Deliktsfähigkeit in den Titel „Unerlaubte Handlungen" (Buch II,
7. Abschnitt, 25. Titel, §§ 823 ff.) verwiesen sind.
Eine planmäßige und die geschichtliche Entwickelung verfolgende
Darstellung kann jedoch einer einheitlichen Zusammenfassung nicht
entbehren. In dem vorliegenden Paragraphen ist diese gegeben, während
die einzelnen, die Geschäftsfähigkeit und die Verantwortlichkeit für
unerlaubte Handlungen regelnden Lehren bei den betreffenden Titeln
darzustellen sind; vgl. bezüglich der Geschäftsfähigkeit unten §§ 38 ff.

sonen — juristische Personen sind nur durch Vermittelung
physischer Personen handlungsfähig, unten § 15 b. 2. — von
bestimmten Thatsachen gänzlich aufgehoben, von anderen be=
schränkend beeinflußt, und zwar zum Teil betreffs der Ge=
schäfts=, zum Teil betreffs der Deliktsfähigkeit. Hinsichtlich
der Geschäftsfähigkeit wird hierbei zuweilen die Fähigkeit
einer Person, ihre Rechtslage zu verbessern (Erwerbs=
fähigkeit) anders behandelt, als die Fähigkeit, ihre Rechts=
lage durch Aufgabe von Rechten oder Übernahme von
Pflichten zu verschlechtern (Veräußerungs= und Ver=
pflichtungsfähigkeit). Eine Unterart der Verpflichtungs=
fähigkeit ist die Fähigkeit, sich durch Verträge zu ver=
pflichten, welche als Voraussetzung der Wechselfähigkeit
(WO. Art. 1) und Prozeßfähigkeit (CPO. § 52) be=
deutungsvoll ist (S. 107 [2]).

Mit der Handlungsfähigkeit nicht zu verwechseln ist
die Verfügungsbefugnis, d. h. das Recht zur rechts=
wirksamen Vornahme einer Handlung betreffs eines be=
stimmten Rechtsobjekts. Diese Verfügungsbefugnis beruht
auf einem subjektiven Recht an diesem Gegenstande, während
die Handlungsfähigkeit eine durch das objektive Recht ge=
ordnete Eigenschaft ist. Fehlt es an einem derartigen sub=
jektiven Recht, oder ist das bestehende Recht durch kon=
kurrierende Rechte eines Anderen beschränkt, so kann eine
Verfügung über das Rechtsobjekt regelmäßig Rechtswirkung
nicht haben. Ein Nichteigentümer überträgt daher an einer
verkauften fremden Sache nicht Eigentum, von einzelnen
Ausnahmen abgesehen (S. 98), und die Abtretung einer
Forderung von Seiten eines Nichtberechtigten ist wirkungs=
los [2]). Aber auch die Verfügung über eigene Rechtsobjekte
kann, z.B. durch die Rechtsstellung des Berechtigten (so für
eine Ehefrau) sowie durch Veräußerungsverbote, Arrest,
Einleitung der Zwangsvollstreckung über ein Grundstück
oder Konkurseröffnung (I, 636) beschränkt sein.

---

[2]) Doch können derartige Verfügungen unter Umständen nach=
träglich wirksam werden, BGB. §§ 184 Abs. 1, 185 Abs. 2.
Vgl. unten § 55.

b. Als Thatsachen, die die Handlungsfähigkeit aufheben oder beschränken, kommen in Betracht: Alter, Gesundheit, Geschlecht, Familienstand.

1. Das Alter.

α. Das Gemeine Recht hat, wie II, 464 dargelegt, die Altersstufen des späteren römischen Rechts unter Berücksichtigung der durch die Reichspolizeiordnung von 1548 getroffenen Änderungen übernommen und unterscheidet hiernach:

a. Infantes (qui fari non possunt) unter 7 Jahren sind gänzlich handlungsunfähig, also erwerbs-, veräußerungs-, verpflichtungs- und deliktsunfähig; nur wird ihnen aus praktischen Rücksichten der Erwerb des Besitzes durch Tradition, insbesondere im Fall einer Schenkung, nachgelassen (l. 3 C. 7, 32).

b. Die infantia majores zwischen 7 und 25 Jahren sind in ihrer Handlungsfähigkeit beschränkt. Betreffs ihrer Geschäftsfähigkeit gelten sie als erwerbsfähig, aber nicht als selbständig (d. h. ohne Genehmigung ihrer Gewalthaber) veräußerungs- und verpflichtungsfähig. Der früher bedeutsame[3]) Unterschied zwischen impuberes

---

[3]) Puberes minores waren im röm. Recht ursprünglich völlig handlungsfähig und, sofern sie nicht unter patria potestas standen, vormundschaftsfrei. Und zwar galten Mädchen mit vollendetem 12. Jahre stets unbestritten als puberes, während die Pubertätsgrenze für Knaben sich nach dem von der Familie zu bestimmenden Zeitpunkte der Annahme der toga virilis an Stelle des Knabenkleides, der toga praetexta, bestimmte. Noch zur Zeit der Rechtsschulen (I, 127) wollte die Schule der Sabinianer die Geschlechtsreife des Knaben (habitus corporis) entscheiden lassen, während die der Prokulianer das vollendete 14. Jahr als Pubertätsgrenze gelten lassen wollte. Justinian hat diesen berühmten Schulstreit zu Gunsten der Prokulianer entschieden.

Durch die lex Plaetoria (186 v. Chr.) war inzwischen die Vollendung des 25. Jahrs bedeutsam geworden. Den minores viginti quinque annis (s. annorum) wurde nämlich durch dieses Gesetz einmal eine Einrede (exceptio legis Plaetoriae) gegen von ihnen zu ihrem Schaden eingegangene Geschäfte, andererseits das Recht gewährt, sich für bestimmte Rechtsakte unter den Schutz eines curator zu stellen. Durch das prätorische Recht erhielten Minderjährige ferner

(7—12 und 14 Jahre, I, 128) und minores (12 und
14—25 Jahre) hatte seit der Reichspolizeiordnung von
1548 nur die Bedeutung behalten, daß puberes minores
ehemündig und selbständig testamentsfähig waren. Be=
züglich der Deliktsfähigkeit blieb die Unterscheidung zwischen
impuberes und puberes auch fernerhin von Einfluß, indem
die letzteren unbedingt, die impuberes dagegen nur dann
für ihre unerlaubten Handlungen (civilrechtlich) haftbar ge=
macht werden konnten, wenn sie die zur Erkenntnis der

---

die in integrum restitutio gegen nachteilige Geschäfte, die sie (selbst
noch an ihrem 26. Geburtstage vor der Geburtsstunde, Fall der
naturalis computatio f. u.) abgeschlossen hatten (I, 311). Mark
Aurel verstattete den minoris XXV annis die Wahl eines Kurators
ohne besondere Veranlassung, bestimmte aber ferner, daß sie für ge=
wisse Rechtsakte (Prozeßführung, Zahlungsempfang, Decharge, d. h.
Entlastung des Vormunds) einen Kurator sich erbitten müßten. Die
Geschäftsfähigkeit des minor war durch die Stellung desselben unter die
cura eines Kurators im übrigen noch nicht beschränkt (l. 101 D. 45, 1:
Puberes sine curatoribus suis possunt ex stipulatu obligari).
Erst Diokletian führte in der viel bestrittenen l. 3 C. 2,21 eine Be=
schränkung der unter Kuratel stehenden minores ein, indem er sie den
entmündigten Verschwendern gleichstellte und somit ohne Konsens ihres
Kurators für veräußerungs= und (nach der richtigen Meinung auch)
verpflichtungsunfähig erklärte. Nicht unter cura stehende minores
blieben verpflichtungsfähig, ihnen wurde aber die in integrum
restitutio gewährt. Den Abschluß bildete die auf die Reichspolizei=
ordnung von 1548 gestützte Rechtsentwickelung, welche alle Minder=
jährigen von 7—25 Jahren, und zwar nach der Praxis sowohl die
unter väterlicher Gewalt stehenden als die bevormundeten, für erwerbs=
fähig, aber veräußerungs= und verpflichtungsunfähig erklärte. Damit
war auch der für das römische Recht wichtige Unterschied in der Form
der Mitwirkung des Tutors oder Kurators bei den vom Mündel vor=
genommenen Rechtsgeschäften beseitigt. Nach rR. konnte die auctoritatis interpositio (Erteilung der Zustimmung) vom Tutor nur
mündlich, in Gegenwart des Mündels und unmittelbar bei dessen Er=
klärung erfolgen, während die Genehmigungserklärung des Kurators
(consensus curatoris) vor, während oder nach der Erklärung
des Mündels geschehen konnte und formlos war. Nach der dem
modernen Recht eigentümlichen unmittelbaren Stellvertretung handelt
der Vormund regelmäßig für den Mündel, nicht neben ihm. Die
neben der Willenserklärung des beschränkt geschäftsfähigen Minder=
jährigen etwa erforderliche Einwilligung des gesetzlichen Vertreters er=
folgt formlos (so auch BGB. §§ 107, 182).

Rechtswidrigkeit erforderliche Einsicht besaßen, „doli capaces" waren, was bei den „pubertati proximi" vermutet wurde.

Eine vorzeitige Volljährigkeit konnte nach Gemeinem, wie schon nach rR., durch venia aetatis (Volljährigkeits= erklärung) seitens des Vormundschaftsgerichts (früher des Kaisers) herbeigeführt werden. Die für volljährig Er= klärten waren voll veräußerungs= und verpflichtungsfähig, nur waren sie bei Veräußerung ihrer Immobilien an die Zu= stimmung des Vormundschaftsgerichts gebunden. Die Voll= jährigkeitserklärung setzte Vollendung des 20. Jahrs bei Männern, des 18. bei Frauen und Antrag des Minder= jährigen voraus.

Keine Beziehung zur Handlungsfähigkeit hatte die „plena pubertas" von 18 Jahren bei Männern, 14 bei Frauen, um die der pater adoptans älter sein sollte, als der adoptandus, und welche bei „bis zur Pubertät" vermachten Alimenten als Endpunkt gelten sollte[4].

---

[4]) Das ALR. folgte im wesentlichen dem späteren Gemeinen Rechte. Nur setzte es den Pubertätstermin für beide Geschlechter gleichmäßig auf das 14. Lebensjahr, den Großjährigkeitstermin auf das 24. (für Juden 20.) Lebensjahr fest. Es unterschied Kinder bis zum 7., Unmündige bis zum 14., Minderjährige bis zum 24. Lebens= jahr (ALR. I, 1 §§ 25 ff.). Kinder waren schlechthin handlungs= unfähig; für schuldhafte Handlungen hafteten sie nur subsidiär hinter den Aufsichtspersonen und beschränkt (I, 6 §§ 41 ff.); an sie erfolgende Geschenke konnte jedoch jeder Dritte annehmen, auch ohne Vertretungs= befugnis (I, 11 § 1060). Zwischen Unmündigen und Minderjährigen wurde weder für die Geschäfts=, noch für die Deliktsfähigkeit ein Unter= schied gemacht. Mehr als 7 Jahre alte waren erwerbs=, aber ohne Zustimmung des Gewalthabers nicht veräußerungs= und verpflichtungs= fähig (I, 4 §§ 20 ff., I, 5 § 14) und hafteten für ihre schuldhaften Handlungen; nur subsidiär hafteten bei vernachlässigter Erziehung Vater und Mutter (ALR. II, 2 §§ 139—146). Die Erreichung der Mündig= keit von 14 Jahren hatte nur in Ausnahmefällen eine Bedeutung: Mündige durften nämlich testieren, allerdings bis 18 Jahren nur mündlich zu Protokoll (ALR. I, 12 §§ 16, 17), konnten Religion (II, 2 § 84) und Beruf (II, 2 § 111) wählen und. waren nach AGO. I, 10 § 230 eidesmündig. Ehemündigkeit trat nach ALR. II, 1, § 37 bei Männern mit dem 18., bei Weibern mit dem 14. Lebens= jahr ein. Venia aetatis durch das Vormundschaftsgericht war nach dem 20. Jahre zulässig.

β. Das BGB. folgt im allgemeinen der neueren preußischen, in Anm. 4 dargestellten Rechtsentwickelung. Nach BGB. § 2 tritt die Volljährigkeit[5]), wie schon bisher nach dem RG. vom 17. Februar 1875, mit dem vollendeten 21. Lebensjahr ein. Die Volljährigkeitserklärung erfolgt (§§ 3—5) nach vollendetem 18. Jahre durch Beschluß des Vormundschaftsgerichts nach Einwilligung des Minder-jährigen und seines Gewalthabers und nach Anhörung der Verwandten oder Verschwägerten (§ 1847) unter der Voraussetzung, daß dadurch das Beste des Minderjährigen befördert wird. Der für volljährig Erklärte erhält in jeder Beziehung, also z.B. auch hinsichtlich der Verfügung über Grundstücke, die rechtliche Stellung eines Volljährigen. Natürlich gilt der für volljährig Erklärte nicht als 21 Jahr alt. Das BGB. hat zwar die in l. 4 C. 2, 44 auf-gestellte Rechtsvermutung nicht aufgenommen, daß eine rechts-geschäftlich von der Erreichung der Volljährigkeit abhängig

---

Diese Grundsätze waren durch neuere Gesetze erheblich geändert worden. Durch PrG. vom 9. Dezember 1869 (später ersetzt durch das RG. vom 17. Februar 1875) wurde der Eintritt der Großjährig-keit auf das 21. Jahr herabgesetzt. Die Geschäftsfähigkeit Minder-jähriger wurde durch PrG. vom 12. Juli 1875 für die ganze Monarchie einheitlich geregelt. Die Großjährigkeitserklärung wurde durch §§ 61, 97 PrVO. vom 5. Juli 1875 schon nach dem 18. Lebensjahre zulässig und führte die Geschäftsfähigkeit des Minderjährigen in jeder Beziehung mit sich. Die Eidesmündigkeit wurde durch CPO. §§ 393, 473, StPO. § 56 auf das 16., die Ehemündigkeit durch das Reichspersonen-standsgesetz vom 6. Februar 1875 § 28 auf das 20., für Frauen auf das 16. Jahr heraufgesetzt.

[5]) Das BGB. unterscheidet nur zwischen Minderjährigen (bis zum 21. Lebensjahr) und Volljährigen (BGB. §§ 2 ff., nicht wie man bisher sagte „Groß"jährigen). Der Sprachgebrauch vor 1900 war sehr schwankend. Insbesondere verstand man unter „Mündigen" bald nur die Volljährigen, bald auch die puberes minores, unter „Un-mündigen" bald die Minderjährigen überhaupt, bald nur die im-puberes. Das BGB. vermeidet den Ausdruck Mündigkeit überhaupt, wohl aber verwendet es den Begriff Entmündigung zur Bezeichnung der Entziehung der Geschäftsfähigkeit. Man spricht ferner von Straf-, Eides-, Ehemündigkeit, wenn man volle strafrechtliche Zurechnung, Fähig-keit zur Eidesleistung und zur Eheschließung ausdrücken will (StGB. § 56, CPO. §§ 393¹, 473, StPO. § 56¹; Reichspersonenstandsgesetz § 28).

gemachte Rechtswirkung erst mit der natürlichen Volljährig=
keit eintreten solle. Ebensowenig gilt aber etwa die um=
gekehrte Vermutung, daß jede in Testament oder Vertrag
an die Volljährigkeit geknüpfte Rechtswirkung schon mit der
Volljährigkeitserklärung eintrete. Vielmehr ist nach Lage
des einzelnen Falls zu entscheiden, ob das Rechtsgeschäft
die Erreichung eines gewissen Lebensalters oder die Er=
langung einer gewissen Rechtsstellung als das die Wirkungen
herbeiführende Ereignis hat bezeichnen wollen. Das BGB.
selbst macht in den §§ 1303 ff. einen Unterschied zwischen Voll=
jährigkeit und Erreichung des 21. Lebensjahrs. Nach § 1303
ist der für volljährig Erklärte ehemündig; hat er aber noch
Eltern, so bedarf er bis zum 21. Lebensjahre noch deren Ein=
willigung zur Eheschließung, die vom Vormundschaftsgericht
ersetzt werden kann (§ 1308, der insofern also noch Bedeutung
hat, S. 37[2]). Die hausverfassungsmäßigen oder landes=
gesetzlichen Bestimmungen über den Beginn der Volljährig=
keit der Landesherren und der Mitglieder der landesherrlichen
Familien sowie der Fürstlichen Familie Hohenzollern werden
durch die Vorschriften des BGB. nicht berührt (oben S. 19[5],
vgl. RG. vom 17. Februar 1875, sowie Art. 57 EGBGB.).

Der einzelnen Partikularrechten (Bayern, Bremen)
entstammende Satz: „Heirat macht mündig" ist vom BGB.
nicht aufgenommen (S. 61). Die väterliche oder vor=
mundschaftliche Fürsorge für verheiratete minderjährige Töchter
oder Mündel beschränkt sich aber auf die die Person be=
treffenden Angelegenheiten (BGB. §§ 1633, 1800).

Der Einfluß der Erreichung der verschiedenen Alters=
stufen auf die Handlungsfähigkeit ist dem Systeme des
BGB. entsprechend (S. 144[1]) erst in der Lehre von der
Geschäftsfähigkeit (unten § 38) und von den unerlaubten
Handlungen darzustellen. Hier genüge der Hinweis, daß:

a. Kinder, die das 7. Lebensjahr nicht vollendet haben,
geschäftsunfähig (BGB. § 104[1]) und deliktsunfähig (BGB.
§ 828 Abs. 1) sind;

b. Minderjährige von 7—21 Jahren erwerbs=, aber
ohne ihre gesetzlichen Vertreter nicht veräußerungs= und
verpflichtungsfähig sind (BGB. §§ 106 ff.);

c. Minderjährige von 7—18 Jahren für Schaden, den sie einem Anderen zufügen, nur verantwortlich sind, sofern sie bei der Begehung die zur Erkenntnis der Verantwortlichkeit erforderliche Einsicht haben (BGB. § 828 Abf. 2). Sind sie hiernach nicht verantwortlich, so haften sie subsidiär, hinter etwa haftbaren aufsichtspflichtigen Dritten, und auch nur in beschränktem Maße (BGB. § 829).

Die Testierfähigkeit (BGB. § 2229) beginnt mit dem vollendeten 16. Lebensjahre; jedoch können Minderjährige nur durch mündliche Erklärung vor Richter oder Notar, nicht holographisch oder durch Übergabe einer Schrift, letztwillig verfügen (BGB. §§ 2238, 2247; vgl. betreffs des Testamentszeugnisses § 2237[1]). Die Ehemündigkeit beginnt für Männer mit der Volljährigkeit, für Frauen mit dem vollendeten 16. Lebensjahre (BGB. § 1303). Um eine „plena pubertas" von 18 Jahren muß der Annehmende älter sein als der zu Adoptierende (BGB. § 1744). Für die Berechnung des Lebensalters ist vorgeschrieben, daß der Tag der Geburt mitgerechnet wird (BGB. § 187 Abf. 2). Die Volljährigkeit tritt demnach mit dem Beginne des „21. Geburtstags" ein.

In welcher Weise die verschiedenen Altersstufen nach Reichsrecht[6] und Preußischem Recht[7] in das Rechtsleben

---

[6]) Altersstufen im Reichsrechte:

2. Lebensjahr: erste Impfung (Reichsimpfges. vom 8. April 1874 § 1);

vollendetes 6 Lebensjahr: Übergang der Sorge für einen Sohn aus geschiedener Ehe, wenn beide Ehegatten für schuldig erklärt sind, auf den Vater (BGB. § 1635);

vollendetes 7. Lebensjahr: Ende der Kindheit (BGB. §§ 104, 828);

vollendetes 12. Lebensjahr: Beginn der strafrechtlichen Zurechnungsfähigkeit (StGB. § 55); Revaccination der Schüler (R.-Impfges. § 1);

vollendetes 13. Lebensjahr: Beginn der Zulässigkeit der Beschäftigung in Fabriken (RGO § 135 in der Fassung der Novelle vom 1. Juni 1891);

vollendetes 14. Lebensjahr: Anhören des Mündels bei der Entlassung aus dem Staatsverbande (BGB. § 1827); Einwilligung in die Ehelichkeitserklärung (BGB. § 1728) und die Annahme an

eingreifen, ist für die wichtigsten Fälle unten zusammen= gestellt. Über die Übergangsbestimmungen für die vor 1900 erlagten Handlungsfähigkeit vgl. S 61.

Kindesstatt (BGB. § 1750); Zulassung zum Schiffsdienst (Reichs= seemannsordnung vom 27. Dezember 1872 § 5); Aufhören des be= sonderen strafrechtlichen Schutzes (StGB. § 176³); vgl. §§ 42ᵇ, 60ᵇ, 135 RGO. in d. Fass. der Novelle v. 6. 8. 1896;

vollendetes 16. Lebensjahr: Ehemündigkeit der Frauen (BGB. § 1303, ebenso früher R.Personenstandsg. § 28); Ende' der Unterhaltspflicht des Vaters eines unehelichen Kindes (BGB. § 1708); Testierfähigkeit des Minderjährigen (BGB. § 2229); Eidesmündigkeit (CPO. §§ 393, 473, StPO. § 56); Ende des strafrechtl. Schutzes gegen Verführung (StGB. § 182) und der Notwendigkeit einer Ver= teidigung in Strafkammersachen (StPO. § 140); Beginn der Invaliditäts= und Altersversicherung (RG. vom 19. Juli 1899 § 1); vergl. RGew.Ordn. § 135;

vollendetes 17. Lebensjahr: Beginn der Wehrpflicht (Bundes= gesetz betreffend die Verpflichtung zum Kriegsdienste vom 9. November 1867 § 3);

vollendetes 18. Lebensjahr: Zulässigkeit der Volljährigkeits= erklärung (BGB. § 3); Anhören des Mündels bei wichtigen Geschäften (BGB. § 1827); volle Deliktsfähigkeit (BGB. § 828); Strafvolljährigkeit (StGB. § 56); selbständiges Antragsrecht (StGB. § 65, EGBGB. Art. 34); Ende der Straflosigkeit bei Inzest (StGB. § 173); selbständiger Erwerb und Verlust des Unterstützungswohnsitzes (RG. vom 12. März 1894 §§ 10, 22, früher 24. Lebensjahr II, 128); vergl. RGO. §§ 106, 120;

begonnenes 20. Lebensjahr: normaler Beginn der Militär= pflicht (RB. Art. 59);

vollendetes 20. Lebensjahr: Ende der durch den Straf= richter angeordneten Zwangserziehung (StGB. § 56);

vollendetes 21. Lebensjahr: Volljährigkeit (BGB. § 2); Ehemündigkeit der Männer (BGB. § 1303, früher 20. Lebensjahr, R.Personenstandsg. § 28); Endigung der väterlichen Gewalt (BGB. § 1626) und des Erfordernisses elterlicher Genehmigung zur Ein= gehung der Ehe (BGB. § 1305) und Annahme an Kindesstatt (BGB. § 1747); Fortfall der die Testierfähigkeit beschränkenden §§ 2238 Abs. 2, 2247 BGB; Fortfall des Arbeitsbuchs (RGO. § 107); vergl. StGB. §§ 65, 174¹, 237, 301, 302;

vollendetes 25. Lebensjahr: Beginn des aktiven und passiven Wahlrechts zum Reichstage (Reichstagswahlges. v. 31. Mai 1869 §§ 1, 4); vgl. RGO. § 57a (Wandergewerbeschein);

vollendetes 30. Lebensjahr: Fähigkeit zum Amt eines Schöffen (GVG. § 33), Geschworenen (GVG. § 85), Handelsrichters

2. Die Gesundheit.

Während Mängel der körperlichen und geistigen Ge=
sundheit die Rechtsfähigkeit nur in verschwindendem Maße

(GBG. § 113) und Gewerbegerichtsvorsitzenden (Gewerbegerichtsgef. v.
29. Juli 1890 § 10);

vollendetes 31. Lebensjahr: frühester Zeitpunkt der Todes=
erklärung (BGB. § 14);

vollendetes 35. Lebensjahr: Fähigkeit, Reichsgerichtsrat
(GBG. § 127) sowie Mitglied des Reichsmilitärgerichts zu werden
(Militärgerichtsordn. v. 1. 12. 98 § 80);

31. März des 39. Lebensjahres: Ende der Landwehrpflicht
(vergl. II, 203);

vollendetes 45. Lebensjahr: Ende der Landsturm= und
damit der Wehrpflicht (II, 203);

vollendetes 50. Lebensjahr: Beginn der Fähigkeit zur An=
nahme an Kindesstatt (BGB. § 1744);

vollendetes 60. Lebensjahr: Ablehnungsgrund für Vor=
mundschaften (BGB. § 1786²);

vollendetes 65. Lebensjahr: Ablehnungsgrund für das
Schöffen= und Geschworenenamt (GBG. §§ 35⁵, 85); Zulässigkeit
der Zwangspensionierung von Reichsbeamten (R.BeamtenGes. vom
31. März 1873 § 60a);

vollendetes 70. Lebensjahr: Herabsetzung der Verschollenheits=
frist (BGB. § 14); Beginn der Altersrente (Invalidenversicherungs=
gesetz vom 19. Juli 1899 § 15).

⁷) Altersstufen im Preußischen Rechte nach 1900:

vollendetes 5. Lebensjahr: Beginn der Schulpflicht (ALR.
II, 12 § 43);

vollendetes 6. Lebensjahr: Frühester Zeitpunkt der durch
den Vormundschaftsrichter für erforderlich zu erklärenden Zwangs=
erziehung (Gesetz betreffend die Unterbringung verwahrloster Kinder
vom 13. März 1878 § 1);

vollendetes 14. Lebensjahr: annus discretionis betreffs
der Religion (S. 136⁸); ist gemäß Art. 134 EGBGB. unberührt
geblieben;

vollendetes 18. Lebensjahr: Volljährigkeit des Königs und
der Prinzen (II, 45³); normales Ende der Zwangserziehung (Gesetz
v. 13. März 1878 § 10; äußerste Grenze: Volljährigkeit);

vollendetes 24. Lebensjahr: Beginn des aktiven Wahlrechts
zum Abgeordnetenhause (II, 183¹¹)

vollendetes 30. Lebensjahr: Wählbarkeit zum Abgeordneten=
haus (PrVU. Art. 74); Fähigkeit zum Herrenhausmitglied (II, 182¹¹);
Fähigkeit zum Oberverwaltungsgerichtsrat (Ob.Verw.Ger.Ges. vom
2. Aug. 1880 § 17);

(vgl. über die Lehns= und Erbfolgefähigkeit II, 604, 738, über die Thronfolge PrVU. Art. 56) beeinflußt haben, sind sie für die Handlungsfähigkeit stets von erheblicher Be= deutung gewesen. Ein Mangel der Gesundheit, der an der Vornahme eines Rechtsgeschäfts hindert, hieß im rR. morbus sonticus.

α. Körperliche Gebrechen.

a. Nach rR. konnten Taube, Stumme und Blinde einer Pflegschaft (cura debilium personarum) unterstellt werden, ohne daß sie dadurch jedoch in ihrer eigenen Handlungs= fähigkeit beschränkt wurden. Blinde durften nur mündlich zu Protokoll und unter Zuziehung eines achten Zeugen (octavus testis subscriptor) oder Notars, Stumme nur schriftlich sua manu testieren. Taubstummgeborenen fehlte die testamenti factio activa gänzlich.

b. Das deutsche Recht verbot die Vergabungen fahrender Habe auf dem Siechbette (II, 464) und gestattete Kampfes= unfähigen die Wahl eines Kampfesvormunds (II, 731).

c. Nach Preußischem Recht erhielten Taube, Stumme und Blinde einen Vormund, wenn sie durch ihr Gebrechen an der Besorgung ihrer Rechtsangelegenheiten gehindert waren (PrVO. § 81³) und standen dann den Unmündigen gleich (ALR. I, 5 § 25). Blinde und Taubstumme mußten ihre schriftlichen Verträge gerichtlich unter Zuziehung eines Bei= stands aufnehmen lassen (ALR. I, 5 § 171). Taubstumme konnten testieren, falls sie sich mündlich oder schriftlich ver= ständlich machen konnten; Blinde testierten nur mündlich zu Protokoll (ALR. I, 12 §§ 26, 113). Diese Schutzvor= schriften sind durch das BGB. größtenteils beseitigt.

---

vollendetes 35. Lebensjahr: Fähigkeit, Mitglied des Kompe= tenzkonfliktsgerichtshofs zu werden (I, 179⁵, Kgl. Verordnung v. 1. August 1879 betreffend die Kompetenzkonflikte zwischen den Gerichten und den Verwaltungsbehörden § 2);
vollendetes 65. Lebensjahr: Zulässigkeit der Zwangspen= sionierung nichtrichterlicher Beamter (Pensionsges. v. 27. März 1872 §§ 1, 30).

b. Nach BGB. § 1910 kann ein nicht unter Vormund=
schaft stehender Volljähriger einen Pfleger erhalten, wenn er
infolge körperlicher Gebrechen, insbesondere weil er taub,
blind oder stumm ist, seine Angelegenheiten nicht zu besorgen
vermag. Stumme können ein Testament nur durch Über=
gabe einer Schrift errichten (BGB. § 2243). Taubstumme
sind strafrechtlich (StGB. § 58) und civilrechtlich (BGB.
§ 828) für ihre Straftaten und unerlaubten Handlungen
nur haftbar, falls sie die zur Erkenntnis der Strafbarkeit
der von ihnen begangenen Handlungen oder der Verantwort=
lichkeit erforderliche Einsicht besitzen.

Nach CPO. § 1032 Abs. 3 können Taube und Stumme
als Schiedsrichter vom Gegner abgelehnt werden.

β. Geisteskrankheit.

Wie S. 144 erwähnt, ist Handlungsfähigkeit die
Fähigkeit zu rechtswirksamen Willensäußerungen. Schon
das römische und ältere deutsche Recht hat daher geistig
Kranke für handlungsunfähig erklärt und unter Vormund=
schaft (cura furiosi) gestellt. Jedoch sind nach dem römischen
und dem darauf beruhenden Gemeinen Rechte die Handlungen
der Geisteskranken rechtsbeständig, wenn sie in lichten
Zwischenräumen (lucida intervalla) erfolgen.

Das Preußische Recht hat einmal eine förmliche Fest=
stellung der Geisteskrankheit durch Richterspruch (Entmün=
digung) eingeführt, andererseits im Gegensatze zum Gemeinen
Recht aus Gründen der Rechtssicherheit ausgesprochen, daß
ein Entmündigter bis zur Aufhebung der Entmündigung
dauernd handlungsunfähig ist, daß angebliche lucida intervalla also nicht zu berücksichtigen sind (ALR. I, 4 § 25).

Das bei der Entmündigung zu beobachtende Verfahren ist schon seit 1879 reichsrechtlich durch die CPO.
Buch VI, Dritter Abschnitt „Verfahren in Entmündigungs=
sachen", §§ 645—687, geordnet (I, 440). Voraus=
setzungen und Wirkungen der Entmündigung richten sich
seit dem 1. Januar 1900 nach dem BGB., während sie
vorher landesgesetzlich geregelt waren.

a. Voraussetzungen und Wirkungen der Entmündigung.

Entmündigt werden kann nach § 6¹ BGB., „wer infolge von Geisteskrankheit oder Geistesschwäche seine Angelegenheiten nicht zu besorgen vermag".

Die wirtschaftliche Voraussetzung der Entmündigung ist also die Unfähigkeit eines Menschen, seine Angelegenheiten zu besorgen. Hierbei ist nicht nur an den Abschluß von Rechtsgeschäften zu denken; sondern alles ist in Betracht zu ziehen, was das Wohl des Kranken angeht, soweit die Angelegenheit überhaupt unter den Schutz und die Fürsorge der Rechtsordnung gestellt ist und somit die Entmündigung von Einfluß auf dieselbe sein kann. Hierher gehören zB. die körperliche Pflege des Kranken, die Sicherung seines Vermögens und die Vorkehrung dagegen, daß er in civil- und strafrechtliche Konflikte verwickelt werde.

Zu dieser wirtschaftlichen Voraussetzung der Entmündigung muß eine medizinische hinzukommen, die Geisteskrankheit oder Geistesschwäche. Es ist davon auszugehen, daß die geistige Bethätigung des Menschen von einem normal entwickelten, unversehrten Gehirn abhängig ist, daß somit alle Geisteskrankheiten in der Regel Gehirnkrankheiten sind. Die Erkenntnis dieser Krankheiten ist Sache der Psychiatrie, und die Hauptaufgabe dieser Wissenschaft für das juristische Gebiet ist, aus den erkannten Anzeichen einer Erkrankung eine möglichst sichere Schlußfolgerung auf die Art und Dauer des einzelnen Krankheitsfalls zu ziehn, damit der Richter in der Lage ist, festzustellen, welche Rechtsfolgen das BGB. an den vorhandenen Zustand knüpft.

Das BGB. unterscheidet folgende Grade der geistigen Störung:

1) die Geisteskrankheit schlechthin (§§ 6¹, 104³, 1569);
2) die Geistesschwäche (§§ 6¹, 114);
3) die dauernde krankhafte Störung der Geistesthätigkeit, welche die freie Willensbestimmung ausschließt (§§ 104², 827);

4) die vorübergehende Störung der Geistes=
thätigkeit (§§ 105 Abf. 2, 1325);
5) die geistigen Gebrechen (§ 1910 Abf. 2)[8]).

Das BGB. ist nicht bemüht gewesen, sich bei der Fest=
stellung dieser Grade der geistigen Störung der medizinischen
Wissenschaft anzuschließen, sondern es ist umgekehrt Sache
dieser, auf die Unterscheidungen des BGB. einzugehen und
dem Richter die Möglichkeit zu verschaffen, festzustellen,
welche Art der geistigen Störung im Sinne des BGB. im
einzelnen Falle vorliegt.

1) Nur Geisteskrankheit und Geistesschwäche lassen
eine Entmündigung zu. Dabei ist zu berücksichtigen, daß
das BGB. das Wort „Geisteskrankheit" in einem
doppelten Sinne gebraucht. Einmal bedeutet Geisteskrankheit
jede erweisbare Gehirnerkrankung, welche psychische
Störungen nach sich zieht, so im § 1569 (Ehescheidung
wegen Geisteskrankheit). Sodann bedeutet dieser Ausdruck
diejenige ausgeprägte Form der Gehirnerkrankung, welche den
Menschen zur selbständigen vernünftigen Besorgung seiner
Angelegenheiten vollkommen unfähig macht, und diese Geistes=
krankheit im engeren Sinn ist in BGB. § 6[1] gemeint.
Hierher gehören namentlich die Paralyse, Idiotie, Paranoia
und schwere Epilepsie. Unheilbarkeit wird nicht gefordert.

2) Geistesschwäche im Sinne des BGB. ist anzu=
nehmen, wenn jemand, ohne daß bei ihm lebhafte Ausbrüche
einer akuten Gehirnerkrankung auftreten, von einer dauernden
Geisteskrankheit befallen ist, welche entweder ein Zurück=
bleiben in der geistigen Entwickelung ist (geistige Stumpfheit,
Imbecillität, Blödsinn) oder die geistigen Fähigkeiten all=
mählich zerrüttet (Altersblödsinn, Gedächtnisverlust)[9]).

---

[8]) Nicht als Unterarten geistiger Anomalien sind die Ver=
schwendung (BGB. § 6[2]), Trunksucht (BGB. § 6[3]) und Be=
wußtlosigkeit (BGB. §§ 105 Abf. 2, 827, 1325) zu bezeichnen,
aber sie stehen mit den geistigen Störungen im engsten Zusammenhange.
[9]) Schon das rR. unterschied zwischen furor, dementia (Wahn=
sinn) und fatuitas (Blödsinn) und erkannte lucida intervalla nur
bei den furiosi an. Auch das ALR. unterschied zwischen Wahnsinnigen
und Blödsinnigen, aber nicht nach der Art, sondern nach dem Maße

Der wegen **Geisteskrankheit** Entmündigte ist gleich einem Kinde völlig geschäftsunfähig (BGB. § 104³). Der wegen **Geistesschwäche** Entmündigte dagegen ist (gleich einem Minderjährigen S. 150) erwerbs=, aber nicht veräußerungs= und verpflichtungsfähig (BGB. § 114); er kann nicht Vormund oder Mitglied des Familienrats sein (BGB. §§ 1780, 1865), auch kein Testament errichten, und zwar schon von Stellung des Antrags an, wohl aber ein errichtetes widerrufen (§§ 2229, 2253). Über sonstige Folgen der Entmündigung vgl. BGB. §§ 1418³, 1425, 1428, 1542, 1547, 1685.

Alle Entmündigten erhalten einen Vormund (§ 1896); auch kann nach § 1906 ein Volljähriger, dessen Entmündigung beantragt ist, unter „vorläufige Vormundschaft" gestellt werden.

Solange jemand entmündigt ist, werden hinsichtlich der Geschäftsfähigkeit seine Gesundung oder angebliche lucida intervalla nicht berücksichtigt. Andererseits ist die Entmündigung aber auch nur die äußerliche Feststellung der Geisteskrankheit.

3) Völlig geschäftsunfähig ist nämlich ferner auch, wer sich in einem die freie Willensbestimmung ausschließenden Zustande krankhafter Störung der Geistesthätigkeit befindet, sofern nicht der Zustand seiner Natur nach ein vorübergehender ist (BGB. § 104²). Hierher gehören diejenigen Fälle, in welchen eine Entmündigung wohl erfolgen kann, aber noch nicht erfolgt ist oder auch nicht erfolgen soll, etwa, weil baldige Besserung des Kranken erhofft wird.

4) Nichtig sind ferner Willenserklärungen, welche im Zustande der Bewußtlosigkeit oder vorübergehender Störung der Geistesthätigkeit abgegeben werden (BGB. § 105 Abf. 2). Derartige Störungen können vorkommen

---

der Störung der Geistesthätigkeit, indem es als Wahnsinnige diejenigen bezeichnete, „welche des Gebrauchs ihrer Vernunft völlig beraubt sind", als Blödsinnige diejenigen, „welchen das Vermögen, die Folgen ihrer Handlungen zu überlegen, mangelt" (I, 1 §§ 27 ff.). Die Wahnsinnigen waren den Kindern unter 7 Jahren, die Blödsinnigen den Unmündigen unter 14 Jahren gleichgestellt.

bei neurasthenischen Zuständen, Hysterie, Trunkenheit, Fieber, transitorischem und circulärem Irresein. Geringfügige Alterationen, wie Ärger, Wut, Zorn, genügen nicht. Auch müssen sie im Gesundheitszustande des Menschen selbst liegen. Ein vom Gegner eingejagter Schrecken (metus) begründet daher nur Anfechtbarkeit der abgegebenen Willenserklärung (BGB. § 123, unten § 40), keine Nichtigkeit aus § 105 Abs. 2. Nur die von dem in einem solchen Zustande vorübergehender Störung der Geistesthätigkeit Befindlichen abgegebenen Willenserklärungen sind nichtig. Gehen ihm empfangsbedürftige (unten § 37 b. 1.) Willenserklärungen zu, so ist deren Abgabe wirksam.

5) Geistig gebrechlich ist, wer nur einzelne seiner Angelegenheiten oder einen bestimmten Kreis derselben nicht zu besorgen vermag.

Der geistig Gebrechliche kann nicht entmündigt, sondern es kann für ihn mit seiner Einwilligung ein Pfleger bestellt werden, welcher dann innerhalb des bei der Bestellung abzugrenzenden Kreises sein gesetzlicher Vertreter ist (BGB. §§ 1910, 1920).

Betreffs der Deliktsfähigkeit ist die Thatsache der Entmündigung überhaupt unerheblich [10]). Vielmehr kann, wer Schaden zufügt, seine Verantwortlichkeit dafür nur durch den ihm auch trotz einer erfolgten Entmündigung obliegenden Nachweis abwenden, daß er die schädigende Handlung „in einem die freie Willensbestimmung ausschließenden Zustande krankhafter Störung der Geistesthätigkeit" vorgenommen hat (BGB. § 827). Die Delikts-

---

[10]) Auch für die strafrechtliche Zurechnung ist es gleichgültig, ob der Thäter entmündigt ist oder nicht. Vielmehr kommt es nur darauf an, ob er zur Zeit der begangenen strafbaren Handlung geisteskrank war; nur dann ist nach StGB. § 51 ein Strafausschließungsgrund vorhanden. Hat also jemand im Zustande der Geisteskrankheit eine strafbare Handlung begangen, so ist er freizusprechen. Hat dagegen ein selbst entmündigter Geisteskranker in einem lichten Augenblicke gehandelt, so ist er strafbar; nur ist nach StPO. § 203 das Verfahren, falls er wieder in Geisteskrankheit verfallen ist, vorläufig einzustellen. Über Aufschiebung der Strafvollstreckung gegen Geisteskranke vgl. StPO. §§ 485, 487.

fähigkeit ist also für den Entmündigten während der lucida
intervalla vorhanden.

  b. Entmündigungsverfahren.

Zuständig für die Entmündigung ist ausschließlich
(I, 442) das Amtsgericht, bei dem der zu Entmündigende
seinen allgemeinen Gerichtsstand (I, 206) hat. Die Ent=
mündigung erfolgt durch Beschluß des Amtsgerichts als Akt
der streitigen Gerichtsbarkeit auf den Antrag bestimmter
Personen (CPO. § 646: Ehegatte, gesetzlicher Vertreter,
welcher die Sorge für die Person hat, Verwandte, Staats=
anwalt). Die die CPO. beherrschende Verhandlungsmaxime
gilt für das Entmündigungsverfahren nicht; vielmehr hat
das Gericht die zur Feststellung des Geisteszustands er=
forderlichen Ermittelungen von Amtswegen zu veranstalten
(CPO. § 653). Lehnt das Amtsgericht nach der regel=
mäßig erforderlichen Vernehmung des zu Entmündigenden
(CPO. § 654) und der stets notwendigen Anhörung von
Sachverständigen (CPO. § 655) die Entmündigung ab, so
steht dem Antragsteller und dem Staatsanwalte die sofortige
Beschwerde (I, 506) zu (CPO. § 663). Der die Ent=
mündigung aussprechende Beschluß des Amtsgerichts dagegen
kann nicht mit einem ordentlichen Rechtsmittel, sondern nur
durch eine gegen den Staatsanwalt zu richtende (CPO.
§ 666) Anfechtungsklage beim übergeordneten Landgerichte
(CPO. § 665) binnen Monatsfrist (CPO. § 664) ange=
griffen werden. Wird auf die Anfechtungsklage der Ent=
mündigungsbeschluß durch rechtskräftiges Urteil aufgehoben,
so wirkt dies ex tunc, d. h. deklaratorisch, insofern die in=
zwischen von oder gegenüber dem Entmündigten vorgenom=
menen Rechtsgeschäfte wirksam bleiben. Ebenso bleiben aber
auch die von oder gegenüber dem gesetzlichen Vertreter vor=
genommenen Rechtsgeschäfte voll wirksam (BGB. § 115).
In ähnlicher Weise erfolgt, falls infolge von Gesundung
des Geisteskranken der Grund der Entmündigung wegfällt
(BGB. § 6 Abs. 2), die Wiederaufhebung der Entmündigung
durch Beschluß des Amtsgerichts (CPO. § 676) auf Antrag
des Entmündigten, seines gesetzlichen Vertreters, dem die

Sorge für seine Person zusteht, oder des Staatsanwalts (CPO. § 675). Der die Entmündigung aufhebende Beschluß kann vom Staatsanwalt mittels sofortiger Beschwerde (CPO. § 678), der die Wiederaufhebung der Entmündigung ablehnende Beschluß vom gesetzlichen Vertreter, dem Staatsanwalt sowie einem dem Entmündigten vom Vorsitzenden des Prozeßgerichts beizuordnenden Rechtsanwalt mittels Klage angefochten werden (CPO. § 679). Die Klage ist demnach bei jeder dem zu Entmündigenden oder Entmündigten ungünstigen Entscheidung zugelassen.

Das Nähere vgl. I, 440 ff.

γ. Verschwendungssucht.

Nach deutschem und römischem Rechte konnten Verschwender — d. h. (nach ALR. I, 1 § 30) Personen, welche „durch unbesonnene oder unnütze Ausgaben oder durch mutwillige Vernachlässigung ihr Vermögen beträchtlich vermindern oder sich in Schulden stecken"[11] — durch obrigkeitliche Anordnung (bonis interdicere des Prätors, Beschluß des Gerichts) in ihrer Handlungsfähigkeit beschränkt und unter Vormundschaft (cura prodigi) gestellt werden, indem sie wie Geisteskranke angesehen wurden.

Nach BGB. § 6² ist die Vergeudung des Vermögens nur dann Entmündigungsgrund, wenn dadurch die Gefahr des Notstands hervorgerufen wird. Unter Notstand ist die Vermögenslage zu verstehen, in welcher es dem Verschwender an Mitteln zum standesgemäßen Unterhalte für sich und seine Familie fehlt. Der entmündigte Verschwender steht in

---

[11] Ähnlich l. 1 pr. D. de curatoribus 27,10: Lege duodecim tabularum prodigo interdicitur bonorum suorum administratio, quod moribus quidem ab initio introductum est; sed solent hodie praetores vel praesides, si talem hominem invenerint, qui neque usque finem expensarum habet, sed bona sua dilacerando et dissipando profudit, curatorem ei dare exemplo furiosi. Ursprünglich war nur die Vergeudung der bona paterna Entmündigungsgrund.

Übertreibend sagt l. 40 D. de R. J. 50, 17: Furiosi vel ejus, cui bonis interdictum sit, nulla voluntas est.

Ansehung seiner Geschäftsfähigkeit dem wegen Geistes schwäche Entmündigten (S. 158) gleich, Er erhält nach BGB. § 1896 (vgl. auch § 1906) einen Vormund und ist ebenso wie nach Gemeinem Recht (§ 2 I, 2, 12) testierunfähig (BGB. § 2229, während das ALR. I, 12 §§ 27 ff. ihm die freie, letztwillige Verfügung über die Hälfte seines Vermögens verstattete). Wohl aber kann der Entmündigte mit Zustimmung seines gesetzlichen Vertreters und, falls dieser ein Vormund ist, mit vormundschaftsgerichtlicher Genehmigung, mit seinem Ehegatten einen Erbvertrag schließen (BGB. § 2275 Abs. 2; über den Rücktritt vom Erbvertrage vgl. BGB. § 2296) und eine Ehe eingehen (BGB. § 1304).

Das Entmündigungsverfahren wegen Verschwendung weicht von dem wegen Geisteskrankheit im wesentlichen nur darin ab, daß eine Mitwirkung der Staatsanwaltschaft regelmäßig nicht stattfindet (CPO. § 680, vgl. aber § 684 Abs. 3 und § 686 Abs. 3), und daß die Entmündigung wegen Verschwendung und deren (nach dauernder Besserung des Verschwenders zulässige, vgl. BGB. § 6) Wiederaufhebung öffentlich bekannt zu machen sind (CPO. § 687); vgl. I, 448.

Auch ohne Entmündigung knüpfen sich an verschwenderische Lebensweise Rechtsfolgen nach BGB. §§ 1468[4], 1495[4], 1509, 1542 (Aufhebung der Gütergemeinschaft) sowie 2338 (Beschränkung des Pflichtteils).

δ. Trunksucht.

Sinnlose Trunkenheit schließt nach BGB. §§ 105 Abs. 2, 827 (wenn unverschuldet), 1325, wie schon nach Gemeinem Recht und ALR. (I, 4 § 28), die Handlungsfähigkeit und strafrechtliche Verantwortlichkeit (StGB. § 51) für die Dauer der eingetretenen Bewußtlosigkeit aus. Trunksucht bildet aber nach BGB. § 6[3] außerdem einen — erst durch das BGB. neu eingeführten — Entmündigungsgrund, sofern der Trunkenbold „seine Angelegenheiten nicht zu besorgen vermag oder sich oder seine Familie der Gefahr des Notstands aussetzt oder die Sicherheit Anderer ge=

fährdet". Der wegen Trunksucht Entmündigte steht betreffs seiner Handlungsfähigkeit dem wegen Geistesschwäche Entmündigten gleich. Das Verfahren ist das gleiche, wie bei der Entmündigung wegen Verschwendungssucht; das Amtsgericht kann bei Aussicht auf Besserung die Beschlußfassung aussetzen (CPO. § 681). Über die Bestrafung des Trunkenbolds vgl. StGB. §§ 361⁵, 362.

3. Das Geschlecht.

In weit erheblicherem Maße als hinsichtlich der Rechtsfähigkeit (S. 122 ff.) waren Frauen von altersher in ihrer Handlungsfähigkeit beschränkt. Nach älterem römischem (wie deutschem II, 465) Rechte wurden sie, soweit sie nicht der patria potestas oder manus eines Vaters oder Ehemanns unterstanden („propter sexus infirmitatem et forensium rerum ignorantiam"), dauernd einer Geschlechtsvormundschaft (tutela mulierum) unterworfen. Zwar stand die Verwaltung ihres Vermögens ihnen selbst zu. Für gewisse Rechtsgeschäfte (Dosbestellung, Erbschaftsantritt, Veräußerung von res mancipi, Testamentserrichtung, gerichtliche Handlungen, I, 225) bedurften sie jedoch gleich den Unmündigen (S. 147³) der auctoritatis interpositio ihres Vormunds.

Wie im deutschen (II, 465), so wurde auch im römischen Rechte die Geschlechtsvormundschaft später beseitigt; dagegen erhielten sich einzelne dem römischen Recht entstammende Beschränkungen der Handlungsfähigkeit der Frauen bis zum Inkrafttreten des BGB. Abgesehen von der Unfähigkeit zum Solennitätszeugnis (S. 164) und der Berücksichtigung des Rechtsirrtums (S. 47) gehörten hierher die Interzessionsbeschränkungen, d. h. die Erschwerung des Eintritts in fremde Verbindlichkeiten (sog. „weibliche Rechtswohlthaten", „beneficia muliebria"). Aber auch diese Beschränkung, die verschiedene Entwickelungsabschnitte durchgemacht hat¹²), gehört seit dem 1. Jan. 1900 völlig der Geschichte an.

---

¹²) Durch Edikte von Augustus und Claudius wurde die Interzession (Bürgschafts- oder Schuldübernahme) zunächst der Ehefrauen

Gegenwärtig hat das Geschlecht, abgesehen von der Stellung einer Frau als Ehefrau und von den S. 123 erwähnten Besonderheiten, keinen Einfluß auf die Rechtsstellung einer Person. Nach BGB. können Frauen auch als Eheschließungs- (BGB. § 1318) und Testamentszeugen (BGB. § 2237) zugezogen werden (unten § 41 [8]), während nach Gemeinem Recht (vgl. auch ALR. I, 12 § 115) Solennitätszeugen nur Männer sein durften.

4. Der Familienstand.

In welcher Beziehung die Stellung einer Person in ihrer Familie ihre Rechtslage beeinflußt, ist im einzelnen gelegentlich der Besprechung des Verhältnisses der Eheleute

---

für ihre Ehemänner, dann durch das S. C. Vellejanum (46 v. Chr.) der Frauen überhaupt verboten. Gegen Klagen aus übernommenen Verbindlichkeiten wurde den Frauen eine privilegierte (I, 525 [12]) exceptio S. C. Vellejani gewährt, es sei denn, daß die Frau den Gläubiger getäuscht oder die Interzession gegen Entgelt geleistet hatte. Die Interzession war hiernach nicht ipso jure nichtig, sondern nur ope exceptionis anfechtbar (I, 275). Justinian dagegen führte Nichtigkeit jeder Weiberinterzession ein, die nicht öffentlich (instrumento publice confecto et a tribus testibus subsignato) beurkundet war, und bestimmte endlich in Novelle 134, von der die Glossatoren einen Auszug als Authentica „Si qua mulier" zu l. 22 C. ad S. C. Vellejanum 4, 29 machten, daß Interzessionen von Ehefrauen für ihre Ehemänner stets, also auch bei Beobachtung der vorgeschriebenen Form, nichtig sein sollten. Bei der Rezeption wurden diese Grundsätze dahin verändert, daß die Interzession stets gültig sein sollte, wenn die Frau sie eidlich bestärkt oder in einer öffentlichen Urkunde nach Belehrung (Certioration) auf die ihr zustehende Rechtswohlthat verzichtet hatte. Im 19. Jahrhundert sind die Interzessionsbeschränkungen der Frauen fast völlig beseitigt worden. Für Handel und Gewerbe treibende Frauen geschah dies durch Reichsgesetze (altes HGB. Art. 6, RGO. § 11, altes Genossenschaftsges. § 23), im übrigen partikularrechtlich, für ganz Preußen, also auch für dessen gemeinrechtliche Teile, durch Gesetz vom 1. Dezember 1869. Das ALR. hatte in I, 14 §§ 221 ff. die Bürgschaften der Frauen von gerichtlicher Form und Belehrung seitens des Richters abhängig gemacht. Bis zum 1. 1. 1900 bestanden Interzessionsbeschränkungen für Frauen in Württemberg, Reuß und Lippe. Das BGB., das keinerlei Sonderstellung der Frau in dieser Hinsicht anerkennt, hat auch diese Reste mit seinem Inkrafttreten beseitigt.

zu einander und zu den Kindern darzulegen. Die Be=
ſchränkungen, denen Frau und Kinder durch ihre Stellung
als Ehefrau und Hauskinder unterworfen ſind, ſtellen ſich
weniger als Beſchränkungen ihrer Handlungsfähigkeit, wie
als Entziehung der alleinigen Verfügungsbefugnis (S. 145)
über gewiſſe Teile ihres Vermögens (Eingebrachtes, vgl. BGB.
§§ 1395 ff., nicht freies Kindesvermögen nach ALR. II,
2 §§ 201 ff.), dar. Eine Beſchränkung der Handlungs=
fähigkeit enthielt die auf dem S. C. Macedonianum (II, 720)
beruhende Beſtimmung des Gemeinen Rechts, daß ſelbſt
großjährige Hauskinder darlehensunfähig ſeien, was im
ALR. II, 2 §§ 168 ff. zu einer allgemeinen Verpflichtungs=
unfähigkeit derſelben ausgebildet war. Nach BGB. § 1626
erliſcht die elterliche Gewalt dagegen mit der Volljährigkeit.
Über alles dies iſt im Familienrechte zu ſprechen.

Zweiter Titel: Juriſtiſche Perſonen (BGB. §§ 21—89).

§ 14. Allgemeines.

a. Begriff der juriſtiſchen Perſon.

Die Rechtsfähigkeit des einzelnen Menſchen iſt zeitlich
begrenzt (S. 112). Die menſchliche Geſellſchaft bedarf
jedoch zur Erreichung der Zwecke, die ſie zu erfüllen be=
rufen iſt, dauernder Einrichtungen, deren Beſtand von
dem Schickſale der einzelnen Perſon unabhängig ſein muß.
Derartige Einrichtungen können ihre Ziele, die Intereſſen
eines größeren oder kleineren Kreiſes zu fördern, nur
erreichen, wenn ſie einer rechtlichen Selbſtändigkeit teil=
haftig, d. h. rechtsfähig ſind. Solche mit einer eigenen
Rechtsfähigkeit ausgeſtattete Rechtsgebilde nennt man im
Gegenſatze zu den rechtsfähigen Individuen, den natürlichen
Perſonen, ſeit Anfang des 19. Jahrhunderts juriſtiſche
Perſonen. Früher waren die Ausdrücke fingierte, myſtiſche,
moraliſche Perſonen üblich [1]).

---

[1]) Als „moraliſch" bezeichnete man im 18. Jahrhundert alles
„transcendente", über das unmittelbar Erfaßbare Hinausgehende. Auch

Juristische Person ist hiernach jedes Rechtssubjekt, das nicht Einzelmensch ist.

Das Bedürfnis derartiger selbständiger, mit eigener
Rechtsfähigkeit, insbesondere auf dem Gebiete des Vermögensrechts, begabter Organisationen, ist niemals bestritten worden, und juristische Personen (Staat, Gemeinden)
bestehen schon, solange es rechtlich geordnete Gemeinschaften
giebt. Dagegen gehört die Frage, wie man sich ihre
Rechtsfähigkeit vorzustellen hat, noch heute zu den bestrittensten des gesamten bürgerlichen Rechts.

Die Theorieen über die rechtliche Konstruktion der juristischen Personen lassen sich unter
die drei Schlagworte: Fiktionstheorie, Theorie des Zweckvermögens, Theorie der realen Verbandspersönlichkeit zusammenfassen.

Das ALR. (zB. II, 6 § 81) sprach von „moralischen Personen".
Dieser Ausdruck zur Bezeichnung juristischer Personen ist von der naturrechtlichen Schule eingeführt worden. Diese (Althusius † 1638) erkannte
von ihrem streng individualistischen Standpunkt aus die juristische Person
nicht als ein ein besonderes Rechtssubjekt darstellendes soziales Gebilde
(universitas, S. 170) an, sondern sah in ihr nur die Bezeichnung für
eine Vereinigung (societas) natürlicher Personen. Auf der naturrechtlichen
Gesellschaftslehre (insbesondere Nettelbladts) beruht die Einteilung des
ALR. Teil II, der von der engsten Gesellschaft (der Ehe, ALR. II, 1)
ausgehend zu immer weiteren Kreisen (Eltern und Kinder: II, 2;
weitere Familie: II, 3; gemeinschaftliche Familienrechte: II, 4; Herrschaft
und Gesinde: II, 5; Gesellschaften: II, 6; Bauern-, Bürger-, Adels-
stand: II, 7, 8, 9; Staatsdiener: II, 10; Kirche: II, 11; Schulen:
II, 12; Staat: II, 13 ff.) fortschreitet; vgl. II, 409.

An die naturrechtliche Lehre, die die juristische Person der Gesellschaft nähert, erinnert die Erklärung, die Jhering von den juristischen
Personen giebt.

Jhering führt in seinem „Geist des römischen Rechts" aus, daß
die wahren Rechtsträger der juristischen Person die natürlichen Personen
seien (Mitglieder der Korporation, Destinatäre der Stiftung), für die sie
bestimmt sei, und daß diese Berechtigten nur zur Erleichterung der Rechtsverfolgung nach außen hin als eine Gesamtheit aufträten, während nach
innen hin die Berechtigten nur als einzelne mit bestimmten Anteilsrechten
versehene Personen in Betracht kämen. Er hält die juristische Person
daher nur als „mechanischen Geschäftsträger" für die Zwecke der Rechtsverfolgung fest. Diese Theorie, wonach zB. jeder Bürger einen bestimmten Anteil am Staatsvermögen hätte, ist allseitig angefochten worden.

1. Die Fiktionstheorie (Postglossatoren, Savigny) geht von dem Satze „hominum causa omne jus constitutum" (l. 2 D. de statu hominum 1, 5) aus und folgert hieraus, daß Rechtssubjekt nur ein Mensch sein kann. Wenn das Bedürfnis die Zuteilung der Rechtsfähigkeit an gewisse Einrichtungen erheische, so sei dies nur dadurch zu rechtfertigen, daß die Rechtsordnung als Träger dieser Einrichtungen ein Rechtssubjekt fingiere, d. h. sich künstlich vorstelle, das in Wirklichkeit nicht vorhanden sei.

2. Die von Brinz aufgestellte Theorie des Zweckvermögens oder der subjektlosen Rechte wies die Haltlosigkeit der Fiktionstheorie und deren inneren Widerspruch nach. Falls der Satz richtig sei, daß nur Menschen Rechtsfähigkeit zukomme, sei die Rechtsfähigkeit der juristischen Personen auf dem von der Fiktionstheorie eingeschlagenen Wege nicht zu begründen. Denn auch die Fiktion schaffe keine wirklichen Rechtssubjekte; es werde vielmehr dadurch anerkannt, daß dasjenige, was sie als Rechtsträger hinstellt, nicht vorhanden sei. Brinz verwirft deshalb den Ausgangspunkt, daß Rechte und Verbindlichkeiten stets notwendig mit einem einzelnen Menschen verbunden sein müssen. Er behauptet, daß neben dem Menschen auch gewisse Zwecke Träger von Rechten und Verbindlichkeiten sein können. Nicht jedes Vermögen stehe einem Rechtssubjekte zu; es gebe auch subjektlose Rechte (S. 89³), d. h. ein Vermögen, das nicht einer Person, sondern einem Zweck angehöre. Die sog. juristischen Personen gehörten daher in die Lehre vom Vermögen, und in die Personenlehre ebensowenig, wie die einen Menschen vorstellende Vogelscheuche in die Naturgeschichte des Menschen. Es gäbe nicht zwei Arten von Personen, sondern zwei Arten von Vermögen: Personenvermögen, das einem Menschen gehöre, und Zweckvermögen, das durch einen Zweck, dem es zu dienen bestimmt sei, eine rechtliche Selbständigkeit erlange. Gegen diese Theorie spricht vor allem, daß das Vorhandensein eines Vermögens nicht begriffliche Voraussetzung der juristischen Person ist.

3. Die gegenwärtig, insbeſondere durch die Be=
ſtrebungen der Germaniſten (Beſeler, Gierke) zur Herrſchaft
gelangte Theorie der realen Verbandsperſönlichkeit
verwirft den Ausgangspunkt der beiden erörterten Theorieen.
Neben dem menſchlichen Organismus ſeien übermenſchliche
Organismen vorhanden, die man zwar nicht körperlich
faſſen könne, wie das Individuum, die aber (wie der
Staat, die Kirche, eine Univerſität) in der Wirklichkeit
vorhanden, nicht bloß vorgeſtellt ſeien, und die ihr Daſein
durch Lebensäußerungen bethätigten, wenn auch dieſe Be=
thätigung in anderen Formen geſchehe als bei der Einzel=
perſon. Die Behandlung derartiger Organismen als
Perſonen bedeute daher nicht eine künſtliche, den That=
ſachen widerſprechende Fiktion, ſondern nur die juriſtiſche
Kennzeichnung eines wirklich vorhandenen Thatbeſtands.

Alle drei Theorieen gehen hiernach von der Erkenntnis
aus, daß ſich im Leben Rechte und Pflichten vorfinden,
die nicht mit einem einzelnen Menſchen verbunden ſind.
Im Widerſpruche mit dem Leben baut ſich jedoch ſowohl
die Fiktions= als die Zweckvermögenstheorie auf der irrigen
Vorausſetzung auf, daß eigentlich nur der einzelne Menſch
Rechtsſubjekt iſt. Um nun das Beſtehen jener an einen
Einzelmenſchen nicht geknüpften Rechte und Verbindlichkeiten
zu erklären, greift die Fiktionstheorie zur künſtlichen
Schaffung eines Rechtsträgers, während die Zweck=
vermögenstheorie behauptet, es bedürfe eines Rechtsträgers
überhaupt nicht unbedingt. Erſt durch die Germaniſten,
insbeſondere Gierke in ſeinem großen Werke „Das deutſche
Genoſſenſchaftsrecht" (1868 — 1881; vgl. auch „Die Ge=
noſſenſchaftstheorie und die deutſche Rechtſprechung" 1887),
iſt überzeugend nachgewieſen worden, daß außer dem Indi=
viduum auch andere Rechtsträger „real" vorhanden ſind,
nämlich die Verbandsperſönlichkeit.

b. Arten der juriſtiſchen Perſonen [2]).

---

[2]) Früher unterſtellte man im weſentlichen nur die Perſonenvereine
den juriſtiſchen Perſonen, ſo auch das ALR., das eine ſelbſtändige Be=
handlung nur der Korporationen in II, 6 enthält und von Verleihung

1. Korporation, Körperschaft, im BGB. Verein genannt (corpus, collegium, universitas sc. personarum),

der „Korporationsrechte" statt Verleihung der Rechtsfähigkeit spricht. Die Theorie des Gemeinen Rechts stellte der Körperschaft als universitas personarum die Stiftung als universitas bonorum entgegen. Das BGB. unterscheidet richtig: I. Vereine (Korporationen §§ 21—79); II. Stiftungen (§§ 80—88); III. juristische Personen des öffentlichen Rechts (§ 89). Diese Einteilung liegt auch der folgenden Darstellung (§§ 15 ff.) zu Grunde.

Zn früherer Zeit behandelte man unter dem Einflusse der Fiktions-theorie und des Grundsatzes, daß alleiniges Rechtssubjekt nur der einzelne Mensch sein könne, eine Anzahl von Rechtsinstituten, bei denen für ge-wisse Rechte ein bestimmtes Individuum als Berechtigter nicht vorhanden schien, als juristische Personen. Hauptsächlich geschah dies im Gem. Rechte mit der ruhenden Erbschaft (hereditas jacens); d. h. dem Ver-mögen eines Verstorbenen, betreffs dessen ein Erbschaftsantritt noch nicht erfolgt war. Da nach röm. Rechte der Nachlaß in das Eigentum des Erben erst mit der aditio hereditatis überging (II, 739), so schien die hereditas jacens herrenlos. Trotzdem blieb sie nicht nur als Ver-mögensinbegriff erhalten, ohne daß die Erbschaftssachen wie res nullius (§ 29ᵃ) der Okkupation unterlagen, sondern der Nachlaß konnte, z.B. durch Vollendung der Ersitzung, durch Geschäfte der Erbschafts-Sklaven, sogar Vermehrungen erfahren. Um dies zu erklären, fingierte man unter Heranziehung der l. 22 D. de fidejussor. 46, 1 („hereditas personae vice fungitur, sicuti municipium"), daß die ruhende Erbschaft eine selbständige juristische Person sei. Heute ist diese Anschauung für das Gemeine Recht fast aufgegeben. Man erkennt an, daß es sich um einen vorübergehenden Zustand handelt, während dessen eine gewisse Unsicherheit in der Person des Berechtigten herrscht, daß aber von einer Herrenlosigkeit des Nachlasses keine Rede sein kann, da ein Erbe, für den er erhalten bleibt, stets vorhanden, wenn auch noch nicht bekannt ist, und wäre es der in letzter Linie berufene Fiskus (II, 755⁴). Für das frühere Preußische Recht und das BGB. ist diese Streitfrage übrigens bedeutungslos, da beide dem deutschrechtlichen Grundsatz „der Tote erbt den Lebendigen" (II, 740) folgen, der gesetzliche oder durch letztwillige Verfügung be-stimmte Erbe also mit dem Tode des Erblassers Eigentümer des Nach-lasses wird. Vgl. hierüber auch oben S 89³.

Auch das Grundstück, zu dessen Gunsten eine Realservitut (z.B. ein Wegerecht) oder ein Realprivilegium (z.B. Apothekengerechtigkeit) besteht, sowie das Amt, dessen jedesmaliger Inhaber zu einem Genusse (z.B. dem mit einer Testamentsvollstreckung verbundenen Honorar) be-rechtigt ist, hat man zuweilen für juristische Personen erklärt, weil auch hier ein Recht nicht mit einer bestimmten physischen Person verbunden ist. Diese Theorien beruhen auf der mindestens für das moderne Recht unrichtigen (S. 90) Anschauung, daß die Befugnis zur Ausübung eines

iſt eine vom Rechte zu einer Einheit zuſammengefaßte und
als ſelbſtändiges Rechtsſubjekt behandelte Mehrheit von
Perſonen. Durch ihre Rechtsfähigkeit unterſcheidet ſich
die Körperſchaft von anderen Perſonenvereinigungen.
Dieſer im rR. in voller Schärfe durchgeführte Gegenſatz
hat jedoch im modernen Recht an Bedeutung verloren.
          α. Nach römiſcher Auffaſſung können mehrere Perſonen
gemeinſame Ziele nur auf zwei Wegen erreichen, nämlich
durch Zuſammentreten zu einer Geſellſchaft (societas)
und durch Zuſammenſchluß zu einer Körperſchaft (úni-
versitas).
          a. Bei der Begründung einer Körperſchaft (uni-
versitas) entſteht ein neues Rechtsſubjekt, deſſen Grundlage
zwar die jedesmaligen Korporationsmitglieder bilden, das
aber ein von dieſen völlig unabhängiges ſelbſtändiges Daſein
hat. Die Körperſchaft wird daher von einem Wechſel im
Mitgliederbeſtande nicht berührt. Dieſem über den Genoſſen
ſich erhebenden rechtsfähigen Gebilde gehört das Korporationsvermögen, auf ihm laſten die Korporationsſchulden.
Die einzelnen Mitglieder haben keinen beſtimmten Anteil
an den Rechten und Schulden der Körperſchaft[3]), können
daher in der Regel auch weder während noch nach Beendigung ihrer Mitgliedſchaft eine Auszahlung aus dem
Korporationsvermögen beanſpruchen. Im Prozeß iſt die
Korporation Partei, nicht die Geſamtheit der einzelnen
Korporationsmitglieder. Dieſe ſind alſo weder von der
Ausübung des Richteramts kraft Geſetzes ausgeſchloſſen,

Rechts an eine beſtimmte Perſon geknüpft ſein muß und nicht erſt durch
den Eintritt in ein gewiſſes thatſächliches Verhältnis beſtimmt werden
kann. Über die Perſonifikation der Gläubigerſchaft und der Konkurs-
maſſe vgl. I, 645[23], 663[2], der gütergemeinſchaftlichen Ehe II,
694, der offenen Handelsgeſellſchaft II, 470[9].
          Auch die kaufmänniſche Firma (unten § 19[5]), die Rhederei, die
Wertpapiere (Wechſel!), in Hamburg früher ſogar die Teſtamente hat
man zu Rechtsſubjekten ſtempeln wollen.
          [3]) Ulpian hat dies in 1. 7 § 1 D. Quod cujuscumque
universitatis nomine vel contra eam agatur 3, 4 ſo ausgedrückt:
Si quid universitati debetur, singulis non debetur: nec quod
debet universitas, singuli debent.

(CPO. § 41 [1]) noch zeugnisunfähig; freilich können sie unter Umständen, „als am Ausgange des Rechtsstreits unmittelbar beteiligt" gelten und müssen alsdann (§ 393 [4] CPO.) zunächst uneidlich vernommen werden. Das Handeln namens der Körperschaft erfolgt durch ihre Organe in einer durch die Verfassung der Körperschaft vorge= schriebenen Weise (unten § 15 b. 2.).

b. In schroffen Gegensatz zur Körperschaft trat nach der römischen Auffassung die Gesellschaft (societas) als eine lose Zusammenfassung bestimmter Teilnehmer zu bestimmten Zwecken. Nach römischer Anschauung entsteht mit dem Abschluß eines Sozietätsvertrags in keiner Be= ziehung ein neues Rechtssubjekt, hinter dem die Personen der Gesellschafter verschwinden. Die letzteren sind daher die notwendige Grundlage der Gesellschaft. Diese löst sich durch jede Veränderung des Personenbestands auf. Das zu den Gesellschaftszwecken etwa zusammengeschossene Gesellschaftsvermögen gehört jedem Gesellschafter zu einem bestimmten ideellen oder reellen Anteil. Ebenso belasten die Gesellschaftsschulden jeden Gesellschafter unmittelbar (sog. individualistische Theorie). Die die Gesell= schaft betreffenden Prozesse sind hiernach Prozesse der Gesellschafter; diese sind also Parteien und können somit als Zeugen nicht vernommen werden. Die Ge= sellschaft hat als solche keine Organe; ein Gesellschafter kann daher namens der Gesellschaft nur auf Grund einer Vollmachtserteilung aller übrigen Gesellschafter handeln.

β. Hiernach kannte das rR. nur zwei, einander schroff gegenüberstehende Vereinigungsformen: die universitas und die societas. Viel reicher war das deutsche Recht, das zwischen diesen beiden Gegensätzen, wie II, 468 dargelegt, eine große Anzahl von Zwischenbildungen aufwies, indem es einerseits Körperschaften mit Sonderrechten einzelner Mit= glieder (wie die Gemeinheiten, II, 472), andererseits Gesellschaften mit korporationsähnlichen Elementen (wie die Gemeinschaften zur gesamten Hand, II, 468 [8]) anerkannte.

γ. Bei der Rezeption wurde das rR. ohne weiteres in das Gemeine Recht übernommen und von der herrschenden Meinung bis zum Inkrafttreten des BGB. als geltendes Recht gelehrt. Erst seit dem 18. Jahrhundert fing man an, auf das deutsche Recht zurück zu gehen, zumal die beiden alleinigen Vereinigungsformen des rR. dem Bedürfnisse nicht mehr entsprachen. Das ALR. gestaltete die Gesellschaft durch eine gewisse „Verselbständigung des Gesellschafts=vermögens" nach dem Grundsatze der gesamten Hand und schob zwischen die Körperschaft und die Gesellschaft eine eigentümliche Vereinigungsform, die „erlaubte Privatgesell=schaft" ein[1]). Das HGB. schuf in der offenen Handels=gesellschaft und der Kommanditgesellschaft, das Reichsrecht in den eingetragenen Genossenschaften und den Gesellschaften mit beschränkter Haftung Vereinigungsformen, auf die weder alle für die universitas, noch alle für die societas geltenden Sätze des rR. anwendbar waren.

---

[1]) Die erlaubte Privatgesellschaft des ALR. sollte nach innen, den Mitgliedern gegenüber, aber nicht nach außen die Rechte der Korporationen besitzen. Hiernach kannte das ALR. drei Vereinigungs=formen:

a. die in Teil I Titel 17 Abschnitt 3 (Von Gemeinschaften, welche durch Vertrag entstehen) behandelte Gesellschaft, ohne alle Körperschafts=rechte, aber mit Anerkennung einer gewissen Selbständigkeit des Gesell=schaftsvermögens, über das die Gesellschafter nur zur gesamten Hand verfügen können; *Haftung pro rata,*

b. die in Teil II Titel 6 §§ 11 ff. behandelten erlaubten Privatgesellschaften, die die inneren, aber nicht die äußeren Rechte der Korporationen hatten, also zwar organisiert und von dem Wechsel der Mitglieder unabhängig waren, aber auf den Namen der Gesellschaft weder Vermögen erwerben noch Schulden eingehen konnten; *Solidarität fr,*

c die in Teil II Titel 6 §§ 25 ff. behandelten „Korporationen und Gemeinden".

Über das Unterscheidungsmerkmal zwischen der nach ALR. I, 17 zu beurteilenden Gesellschaft und der in ALR. II, 6 geregelten erlaubten Privatgesellschaft gingen die Ansichten auseinander. Das Reichsgericht (ERG. 9, 108; 16, 189) fand den begrifflichen Unterschied in dem vorwiegenden Zwecke der Vereinigung. Sei dieser wesentlich auf Förderung des Vermögensinteresses der Mitglieder gerichtet, so liege eine einfache Gesellschaft vor. Die erlaubte Privatgesellschaft müsse wesentlich „ideale Tendenzen" verfolgen.

δ. Auch nach BGB. ist der Gegensatz zwischen dem rechtsfähigen Verein (BGB. §§ 21 ff.) und der Gesell=schaft (BGB. §§ 705 ff.) nicht mehr so schroff wie nach rR.

a. Abgesehen von den Zwischenformen, welche in den neben dem BGB. in Kraft gebliebenen Reichsgesetzen, zu=mal dem HGB., dem Genossenschaftsgesetz und dem RG. über die Gesellschaften mit beschränkter Haftung besonders geregelt sind, weist auch das BGB. selbst eine zwischen der Körperschaft (dem rechtsfähigen Verein) und der Gesellschaft stehende Vereinigungsform auf, nämlich den „nicht rechts=fähigen Verein". Dieser hat zwar keine Rechtspersön=lichkeit; aber er ist doch gleich einer Körperschaft (unten § 15 b. 3.) mit einer Verfassung und gewissen Organen ver=sehen, wenngleich diese nach außen regelmäßig keine Wirk=samkeit ausüben[5]), und ist von dem Wechsel der Mit=glieder unabhängig; dadurch unterscheidet er sich von der bloßen Gesellschaft.

b. Andererseits aber sind für die Behandlung der einfachen Gesellschaft (entgegen dem I. Entwurfe) nicht die „individualistischen" Grundsätze des rR. anerkannt, sondern der deutschrechtliche Grundsatz der gesamten Hand. Das Gesellschaftsvermögen ist mit einer gewissen Selbständigkeit ausgestattet, und dadurch ist eine Annäherung an die Körperschaft herbeigeführt.

Das Nähere gehört in das Recht der Schuldver=hältnisse.

---

[5]) Da ein Verein ohne Körperschaftsrechte nicht rechtsfähig ist, so kann er auch nicht parteifähig sein. Denn Parteifähigkeit ist Rechts=fähigkeit auf prozessualem Gebiete (S. 107²). Aus praktischen Rücksichten wurde dieser Grundsatz jedoch vor 1900 verlassen. Die nicht rechts=fähigen Vereine wurden von der Praxis in der Weise als Parteien zu=gelassen, daß sie, falls sie organisiert waren, unter ihrem Gesellschafts=namen und vertreten durch ihren Vorstand klagen und verklagt werden konnten. Die neue CPO. hat, wie I, 221 dargethan, dem nicht rechtsfähigen Vereine die passive, nicht aber auch die aktive Rechtsfähigkeit zuerkannt; vgl. CPO. §§ 50 Abs. 2 („Ein Verein, der nicht rechtsfähig ist, kann verklagt werden; in dem Rechtsstreite hat der Verein die Stellung eines rechtsfähigen Vereins", vgl. §§ 17, 22, Gerichtsstand) und 735 („Zur Zwangsvollstreckung in das Vermögen eines nicht rechtsfähigen Vereins genügt ein gegen den Verein ergangenes Urteil").

2. Stiftung ist eine vom objektiven Recht als selbständiges Rechtssubjekt behandelte Vermögensmasse (universitas bonorum, unten § 16), deren Erträgnisse einem bestimmten dauernden Zwecke gewidmet sind. Derartige Stiftungen mit eigener, auf das Gebiet des Vermögens= rechts beschränkter Rechtsfähigkeit entstanden in Rom zuerst in der Kaiserzeit, indem einzelne Tempel, deren Vermögen bisher als Staatsvermögen galt, für erbfähig erklärt wurden. Nach Einführung des Christentums wurden die von der Kirche gegründeten pia corpora, piae causae (für die Armen=, Kranken=, Waisenpflege) als selbständige juristische Personen behandelt. Das moderne Recht erkennt Stiftungen nicht nur für gemeinnützige, sondern auch für private Zwecke (Familienstiftungen II, 619 [3]) an. Die Stiftungen haben aber vielfach nicht eigene Rechtspersön= lichkeit, sondern sind einer anderen juristischen Person (Universität, Stadtgemeinde) angegliedert. Von diesen unselbständigen Stiftungen ist hier nicht zu sprechen.

3. Das BGB. stellt neben Körperschaften und Stiftungen die juristischen Personen des öffentlichen Rechts, betreffs derer allerdings nur ein einziger Paragraph (§ 89, unten § 17 [1]) aufgenommen ist [6]).

§ 15. I. Vereine (Körperschaften).

a. Entstehung.

Nach der S. 169, 170 gegebenen Begriffsbestimmung der Körperschaft ist diese eine vom objektiven Recht als rechtsfähig anerkannte Vereinigung von Personen. Daraus

---

[6]) Manche wollen als dritte Art juristischer Personen neben Körper= schaften und Stiftungen die Anstalten stellen, d. h. mit selbständiger Rechtsfähigkeit ausgestattete öffentliche Einrichtungen zur Verfolgung be= stimmter gemeinnütziger Zwecke. Derartige Anstalten gehören meist dem öffentlichen Recht an (Staat, Kirche) und unterliegen keinen gemeinsamen privatrechtlichen Grundsätzen (unten § 17). Soweit die Anstalten privat= rechtlicher Natur sind, unterliegen sie den für Stiftungen aufgestellten Grundsätzen. Gierke unterscheidet Körperschaften und Anstalten und als Unterarten der letzteren: Öffentliche Anstalten und Stiftungen.

ergeben sich als Voraussetzungen der Entstehung einer
Körperschaft: das Vorhandensein einer Mehrheit von Per-
sonen, ein Vereinigungsakt und eine Anerkennung der
Rechtsfähigkeit der Vereinigung.

1. Als geringste Personenzahl hat das Gemeine Recht
die Dreizahl festgehalten (Neratius Priscus tres facere
existimat „collegium“, l. 85 D. de verb. sign. 50, 16,
daher: „tres faciunt collegium“), weil ein Majoritäts-
beschluß mindestens 3 Teilnehmer voraussetze. Das moderne
Recht erachtet zuweilen schon 2 Teilnehmer für genügend
(so das RG. vom 20. April 1892 betreffend die Gesellschaften mit beschränkter Haftung sowie das Pr. Berggesetz
vom 24. Juni 1865 § 94 für die Gewerkschaften), verlangt in einigen Fällen jedoch eine höhere Zahl (5 Gründer
bei der Aktiengesellschaft, HGB. § 182, 7 Mitglieder für
eingetragene Vereine, BGB. § 56, sowie für eingetragene
Genossenschaften, RG. vom 1. Mai 1889, Neufassung vom
20. Mai 1898 § 4).

2. Der Vereinigungsakt besteht bei den privatrechtlichen Körperschaften in dem Abschluß eines die Rechtsverhältnisse der Korporation bestimmenden Gesellschaftsvertrags (Statut, Satzung), für den zuweilen eine
besondere Form vorgeschrieben ist, so z.B. für Gesellschaften
mit beschränkter Haftung im Gesetze vom 20. April 1892
§ 2 und für Aktiengesellschaften im HGB. § 182 gerichtliche oder notarielle Beurkundung und für Erwerbs- und
Wirtschaftsgenossenschaften im RG. vom 1. Mai 1889
(Neufassung vom 20. Mai 1898) § 5 schriftliche Form.

3. Die Anerkennung der Rechtsfähigkeit einer
Körperschaft beruht in allen Fällen auf einem (gesetzlichen
oder gewohnheitsrechtlichen) Satze des objektiven Rechts.
Hierbei kommen jedoch 3 Systeme in Frage: das System
der freien Körperschaftsbildung, das Konzessionssystem und das System der Normativbestimmungen.
Beim ersteren erklärt das Recht jeden Verein, sofern er
nicht unerlaubte Zwecke verfolgt, für rechtsfähig, wenn
die Gründer mit dem Gründungsakte die Schaffung einer
Körperschaft bezweckt haben. Beim Konzessionssystem

entsteht eine Körperschaft stets nur durch einen „die Kor=
porationsrechte" verleihenden Verwaltungsakt oder nach
Anderen durch eine lex specialis. Beim Systeme der
Normativbestimmungen endlich erhält ein Verein ohne
ausdrückliche Verleihung die Korporationsrechte, sofern
er bestimmten für die Gattung aufgestellten, von gewissen
Staatsorganen zu prüfenden und meist durch Eintragung
in öffentliche Bücher als vorhanden festzustellenden Erfor=
dernissen entspricht.

Nicht zu verwechseln mit der die Rechtspersönlichkeit
gewährenden Verleihung ist die im Interesse der öffent=
lichen Ordnung etwa vorgeschriebene Anmeldung bei der
Polizei.

α. Das ältere rR. beruhte unzweifelhaft auf dem
Systeme der freien Körperschaftsbildung, d. h. der von selbst
eintretenden Rechtsfähigkeit von Personenvereinigungen,
welche sich mit dem Willen, eine Korporation zu bilden,
zu dauernden Zwecken zusammenschlossen. Hierzu gehörten
Begräbnis= und Sterbekassen (collegia funeraticia), Ge=
selligkeitsvereine (sodalitates) und die für das römische
Finanzwesen wichtigen (I, 67 [5]), eigenartig organisierten
societates publicanorum. Anfänglich war die Gründung
derartiger Vereine nicht einmal von polizeilicher Ge=
nehmigung abhängig. Durch die lex Julia de collegiis
wurde die Genehmigung des Senats, später des Kaisers
vorgeschrieben; nicht genehmigte Vereine wurden als collegia
illicita für nicht rechtsbeständig erklärt. Dies Erfordernis
landespolizeilicher Genehmigung deckte sich aber, wie
erwähnt, nicht mit einer Verleihung der Korporationsrechte.
Diese kamen vielmehr auch in der Kaiserzeit jedem polizeilich
genehmigten Vereine (corpus licitum) ohne weiteres zu,
sofern er korporativ organisiert war. Hiernach ist für
das Gemeine, auf dem römischen beruhende Recht die
berühmte Streitfrage, ob das System der freien Körper=
schaftsbildung oder das Konzessionssystem gelte, in ersterem
Sinne zu entscheiden, wenn auch das römische öffentliche
Vereinsrecht mit seinen Beschränkungen und Verboten un=
zweifelhaft nicht rezipiert ist. Partikularrechtlich ist freilich

vor 1900 faſt in ganz Deutſchland, ſo auch durch das
ALR. II, 6 §§ 25 ff., die Rechtsfähigkeit eines Vereins
von einer meiſt durch einen Verwaltungsakt (in Preußen
Allerhöchſten Erlaß des Königs), zuweilen durch Geſetz
(ſo nach PrVU. Art. 13 für Religionsgeſellſchaften, II,
250 [5]) geſchehenden „Verleihung der Korporationsrechte" abhängig gemacht worden [1]). Über die durch die
Praxis vor dem Inkrafttreten des BGB. ausgebildete
Parteifähigkeit von im übrigen nicht rechtsfähigen Vereinen vgl. S. 173 [5].

β. Der moderne Geſchäftsverkehr, der mit größeren,
durch einen einheitlichen Willen geleiteten Mitteln zu
arbeiten genötigt iſt, hat die im Konzeſſionsſyſteme liegende
Erſchwerung der Körperſchaftsbildung mit Hülfe des
Syſtems der Normativbeſtimmungen überwunden. Nach
dieſem, bereits vor dem Inkrafttreten des BGB. eine
große Anzahl von Reichs- und Landesgeſetzen beherrſchenden Syſtem erhält ein Erwerbsverein ohne beſondere Verleihung die Rechtsfähigkeit (oder wie dieſe Geſetze ſich
vielfach umſchreibend ausdrücken, die Befugnis: „unter
ſeinem Namen Rechte zu erwerben und Verbindlichkeiten
einzugehen, Eigentum und andere dingliche Rechte an
Grundſtücken zu erwerben, vor Gericht zu klagen und verklagt zu werden"), ſofern er

a. gewiſſen, im Geſetze beſtimmten Vorausſetzungen entſpricht, und

b. ſobald dieſe Thatſache durch eine öffentliche
Behörde feſtgeſtellt iſt [2]).

---

[1]) Reichsrechtlich gilt das Konzeſſionsſyſtem für Innungsverbände (RGO. in der Faſſung des RG. vom 26. Juli 1897
§ 104 [s]: Beilegung der Korporationsrechte durch Bundesratsbeſchluß),
ſowie für Kolonialgeſellſchaften (RG. vom 15. März 1888, Neufaſſung vom 2. Juli 1899, § 8: Bundesratsbeſchluß auf Grund eines
vom Reichskanzler genehmigten Geſellſchaftsvertrags).
[2]) Reichsrechtlich galt ſchon vor 1900 das Syſtem der Normativbeſtimmungen für einzelne Handelsgeſellſchaften. Hierher gehören unter Ausſcheidung der offenen Handelsgeſellſchaft (HGB. §§ 105 ff.)
und der Kommanditgeſellſchaften (HGB. §§ 161 ff.), welche eine gewiſſe

γ. Das BGB. (§§ 21 ff.), deſſen I. Entwurf (§ 42)
dieſe Frage den Landesgeſetzen überlaſſen wollte, verbindet
das Syſtem der Normativbeſtimmungen in folgender Weiſe
mit dem Konzeſſionsſyſtem:

Es unterſcheidet zunächſt die Vereine, deren Zweck auf

Selbſtändigkeit des Geſellſchaftsvermögens aufweiſen, aber keine wahren
juriſtiſchen Perſonen ſind (II, 470⁹):

a. Die Aktiengeſellſchaften (HGB. § 200), die erſt durch
Eintragung in das beim Amtsgerichte (FrG. § 125) des Geſchäftsſitzes
geführte Handelsregiſter entſtehen, während die offene Handelsgeſellſchaft zwar auch in das Handelsregiſter einzutragen iſt (HGB. § 106),
aber ohne dies und ſchon vorher wirkſam wird, ſofern die „Geſellſchaft
ihre Geſchäfte auch nur begonnen hat" (HGB. § 123 Abſ. 2). In
dem urſprünglichen HGB. war für die Aktiengeſellſchaften das Konzeſſionsſyſtem vorgeſehen; es iſt erſt in der Novelle vom 11. Juni 1870
durch das Syſtem der Normativbeſtimmungen erſetzt worden;

b. die Eingetragenen Genoſſenſchaften gemäß dem RG.
vom 1. Mai 1889, Neufaſſung vom 20. Mai 1898, (früher 4. Mai
1868), nämlich „Geſellſchaften von nicht geſchloſſener Mitgliederzahl,
welche die Förderung des Erwerbs oder der Wirtſchaft ihrer Mitglieder
mittels gemeinſchaftlichen Geſchäftsbetriebs bezwecken" (namentlich Vor-
ſchuß- und Kreditvereine, Rohſtoffvereine, Magazinvereine, Produktiv-
genoſſenſchaften, Konſumvereine, Vereine zur Beſchaffung und gemeinſchaftlichen Benutzung von Gegenſtänden des landwirtſchaftlichen oder
gewerblichen Betriebs, zB. Dampfpflügen, Bauvereine), inſofern als ſie
nach § 13 erſt durch Eintragung in das beim Amtsgerichte geführte
Genoſſenſchaftsregiſter Rechtsfähigkeit (§ 17) erhalten;

c. die Geſellſchaften mit beſchränkter Haftung gemäß
dem RG vom 20. April 1892 (Neufaſſung vom 20. Mai 1898, d. h.
Geſellſchaften, bei denen nur das durch die Geſchäftsanteile der Genoſſen
gebildete Geſellſchaftsvermögen den Gläubigern der Geſellſchaft haftet);
auch dieſe entſtehen nach § 11 erſt durch die Eintragung in das Handelsregiſter (§ 13 Abſ. 1).

Partikularrechtlich war vor dem Inkrafttreten des BGB. das
Syſtem der Normativbeſtimmungen beſonders in Bayern durch Geſetz
vom 29. April 1869 betreffend die privatrechtliche Stellung von Vereinen
und in Sachſen durch Geſetz vom 15. Juni 1868 die juriſtiſchen Perſonen
betreffend eingeführt Dieſe beiden Geſetze ſind gemäß Art. 165, 166
EGBGB. in Geltung geblieben für die am 1. Januar 1900 auf
Grund derſelben beſtehenden juriſtiſchen Perſonen (S. 63). In Preußen
galt dies Syſtem nur in beſchränktem Umfange, zB. im Geſetze vom
6. Juli 1875 betreffend Schutzwaldungen und Waldgenoſſenſchaften und
vom 1. April 1879 betreffend die Bildung von Waſſergenoſſenſchaften
(vgl. EGBGB. Art. 83, 65, unten § 17f.).

einen wirtschaftlichen Geschäftsbetrieb gerichtet ist, also die
Erwerbsvereine, von den idealen Vereinen zu ge=
meinnützigen, wohlthätigen, geselligen, künstlerischen, wissen=
schaftlichen Zwecken.

a. Für die Erwerbsvereine ist in § 22 das Kon=
zessionssystem angenommen: sie erhalten — in Ermange=
lung besonderer reichsgesetzlicher Vorschriften, wie sie z.B.
für die handelsrechtlichen Vereine bestehen, S. 178 [2] —
Rechtsfähigkeit nur durch Verleihung seitens des Bundes=
staats, in dessen Gebiet sie ihren Sitz haben, sonst des
Bundesrats. Als Bundesstaat gilt übrigens für das
BGB. auch das Reichsland Elsaß=Lothringen, EGBGB.
Art. 5 (vgl. II, 170 [5]). In Preußen geschieht die Ver=
leihung durch die zuständigen Minister (Kgl. Verordn.
zur Ausführung des BGB. vom 16. November 1899 § 1).

b. Für die idealen Vereine, deren Zweck „nicht auf
einen wirtschaftlichen Geschäftsbetrieb gerichtet" ist, also z.B.
die Geselligkeitsvereine und die Studentenverbindungen, ist
dagegen das System der Normativbestimmungen festgehalten.
Sie erhalten Rechtsfähigkeit durch Eintragung in ein beim
Amtsgerichte zu führendes Vereinsregister (BGB. § 21,
FrG. §§ 159—162). Diese Eintragung erfolgt auf Grund
einer Anmeldung des Vereinsvorstands, der u. a. die
von mindestens 7 Mitgliedern zu unterschreibende Vereins=
satzung beizufügen ist (§ 59 ff.). Ist die Anmeldung
formell in Ordnung, so wird sie „zugelassen", und das
Amtsgericht teilt sie nunmehr der zuständigen Verwaltungs=
behörde (in Preußen gemäß § 3 der Kgl. Verordn. vom
16. November 1899 dem Landrat, in Stadtkreisen der
Ortspolizeibehörde) mit. Diese kann gegen die Eintragung
Einspruch erheben, wenn der Verein nach dem öffent=
lichen Vereinsrechte (das landesrechtlich geordnet ist, in
Preußen z.B. gilt noch die Verordnung vom 11. März 1850
über die Verhütung eines die gesetzliche Freiheit und
Ordnung gefährdenden Mißbrauchs des Versammlungs=
und Vereinigungsrechts, PrVU. Art. 30) unerlaubt ist
oder verboten werden kann, oder wenn er einen politischen,
sozialpolitischen oder religiösen Zweck verfolgt. Wird der

Einspruch erhoben, so muß er im Wege des Verwaltungs=
streitverfahrens (I, 178[4]), in Preußen durch den Bezirks=
ausschuß, beseitigt werden, ehe die Eintragung erfolgen
kann (§ 62). Mit der Eintragung erhält der Name des
Vereins den Zusatz „eingetragener Verein (§ 65).

Bei dieser Zweiteilung der Vereine entsteht eine
Schwierigkeit, wenn der Verein, welcher juristische Person
werden will, neben einem wirtschaftlichen zugleich einen
idealen Zweck verfolgt (zB. ein Asylverein für Obdachlose).
Dann muß der Hauptzweck entscheiden. Wenn keiner
der beiden Zwecke als Hauptzweck erscheint (zB. ein Fach=
verein erstrebt gleichzeitig Absatz für die gewerblichen Er=
zeugnisse seiner Mitglieder und Hebung ihrer Leistungs=
fähigkeit durch Unterricht), dann muß man aus der
negativen Fassung des § 21 BGB. folgern, daß grund=
sätzlich das Konzessionssystem gelten soll. Dagegen entsteht
eine nicht zu beseitigende Schwierigkeit, wenn der Register=
richter die Eintragung ablehnt, weil der Verein ein wirt=
schaftlicher sei, und die Verwaltungsbehörde die Rechts=
fähigkeit nicht verleihen will, weil sie den Verein für einen
Idealverein hält.

b. Rechtsverhältnisse.

1. Rechtsfähigkeit.

Die den Vereinen, wie den juristischen Personen über=
haupt, zukommende Rechtsfähigkeit ist fast ausschließlich
auf das Gebiet des Vermögensrechts beschränkt. Das
Familienrecht[3] und das Intestaterbrecht sind ausgeschlossen.
Als durch letztwillige Verfügung einsetzungsfähig sind da=
gegen heute[4] alle juristischen Personen zu erachten; freilich

---

[3] Freilich kam es im Mittelalter vor, daß Staaten adoptierten;
zB. erklärte 1472 die Republik Venedig die Catharina Cornaro, die
spätere Königin von Cypern, zur Adoptivtochter und stattete sie sogar
aus. Das war natürlich nur ein politischer Akt, der den Vorwand zum
Erwerbe Cyperns (1489) lieferte.

[4] Das ältere rR. erkannte nur die Erbfähigkeit des Fiskus an;
im justin. Rechte wurden auch Städte, Kirchen und milde Stiftungen,
Korporationen dagegen nur auf Grund eines Privilegs für einsetzungs=

ist ihr Erwerb aus letztwilligen Verfügungen durch Amortisationsgesetze (II, 347³) vielfach beschränkt. Auch der Erwerb von Grundstücken ist juristischen Personen, insbesondere solchen des Auslands, vielfach erschwert⁵).

---

fähig erklärt (l. 8. C. 6, 24: Collegium, si nullo speciali privilegio subnixum sit, hereditatem capere non posse, dubium non est). Für das moderne Recht ist die Einsetzungsfähigkeit juristischer Personen unzweifelhaft (vgl. BGB. § 84).

Einzelne juristische Personen haben übrigens auch ein gewisses Intestaterbrecht; so (nach Beseitigung des Rechts der Klöster, S. 114) nach ALR. die Verpflegungsanstalten (II, 19 §§ 50 ff., aufrechterhalten durch EGBGB. Art. 139) und nach BGB. § 1936 der Fiskus, wenn zur Zeit des Erbfalls kein Verwandter oder Ehegatte des Erblassers vorhanden ist. In Berlin beerbt an Stelle des Fiskus die Stadt ihre ohne Hinterlassung von Verwandten verstorbenen Bürger; vgl. EGBGB. Art. 138 und II, 755⁴.

⁵) EGBGB. Art. 86 bestimmt: „Unberührt bleiben die landesgesetzlichen Vorschriften, welche den Erwerb von Rechten durch juristische Personen beschränken oder von staatlicher Genehmigung abhängig machen, soweit diese Vorschriften Gegenstände im Werte von mehr als 5000 Mk. betreffen." Ferner bleiben nach EGBGB. Art. 88 die landesgesetzlichen Vorschriften, die den Erwerb von Grundstücken durch Ausländer (also auch durch ausländische juristische Personen) von staatlicher Genehmigung abhängig machen, unberührt. Hier ist eine Mindestgrenze also nicht vorgeschrieben.

In Preußen sind die bis zum 1. 1. 1900 geltend gewesenen Gesetze vom 23. Februar 1870 (II, 347³) und vom 4. Mai 1846 (S. 125) durch AGBGB. Art. 89 Nr. 13 und 26 aufgehoben und ersetzt durch AGBGB. Art. 6 und 7. Diese bestimmen:

a. Schenkungen oder Zuwendungen von Todeswegen an juristische Personen bedürfen zu ihrer Wirksamkeit ihrem vollen Betrage nach der Genehmigung des Königs, wenn sie Gegenstände im Werte von mehr als 5000 Mk. betreffen.

b. Inländische juristische Personen bedürfen zum Erwerbe von Grundstücken im Werte von mehr als 5000 Mk. der Genehmigung, welche erteilt wird:

1. juristischen Personen, die in Preußen ihren Sitz haben, durch die staatliche Aufsichtsbehörde. Der Genehmigung bedürfen jedoch nicht: Familienstiftungen (S. 192¹), juristische Personen, deren Rechtsfähigkeit auf einem neben dem BGB. bestehenden Reichsgesetze beruht (wie die Aktiengesellschaften), sowie solche juristische Personen des öffentlichen Rechts (S. 178²), die nach den für sie geltenden Gesetzen Grundeigentum ohne Genehmigung erwerben können. Ferner können Sparkassen, die durch staatliche Verleihung Rechtsfähigkeit erlangt haben, ein von ihnen be-

Andererseits hatten früher die Körperschaften gewisse
Privilegien (besonders die privilegia minorum hinsichtlich
der Verjährung und Wiedereinsetzung; vgl. ferner II, 501 über
die verpflichtende Kraft des einseitigen Versprechens — der
pollicitatio ob honorem — zu Gunsten der Stadtgemeinde).
Das moderne Recht zielt auf Beseitigung solcher Vorrechte.
Gewisse Persönlichkeitsrechte (Firma, Warenzeichen, Urheberrechte, vgl. zB. RG. vom 11. Juni 1870 § 13)
können auch einer juristischen Person zustehen.   Auch ist
nach der herrschenden Ansicht der in § 12 BGB. gewährte
Namensschutz auf juristische Personen auszudehnen.
Praktisch werden auch diese Befugnisse freilich fast immer
nur auf dem Gebiete des Vermögensverkehrs.   Streitig
ist, ob Korporationen beleidigt werden können.   Auch
dies ist nur für die Verleumdung im Falle der Kreditgefährdung anzuerkennen (StGB. § 187).   Im RG.
vom 27. Mai 1896 zur Bekämpfung des unlauteren
Wettbewerbs sind dagegen natürliche und juristische Personen hinsichtlich des civil- und strafrechtlichen Schutzes
einander gleichgestellt.

2. Handlungsfähigkeit.

Die Körperschaft erhebt sich, wie S. 170 dargelegt,
als selbständiges Rechtsgebilde über der Summe ihrer
Mitglieder.   Auch ein gemeinschaftliches Handeln sämtlicher Genossen ist daher nicht ohne weiteres für die

---

liehenes Grundstück im Zwangsversteigerungsverfahren ohne Genehmigung
erwerben;

    2 juristischen Personen, die in einem anderen Bundesstaat
ihren Sitz haben, durch den König.   Durch die Kgl. Verordnung zur
Ausführung des BGB. vom 16. November 1899 ist jedoch (gemäß
AGBGB. Art. 7 § 2) die Erteilung der Genehmigung den zuständigen
Ministern „delegiert", soweit es sich handelt um Aktiengesellschaften,
Kommanditgesellschaften auf Aktien, eingetragene Genossenschaften, ein-
geschriebene Hülfskassen, rechtsfähige gegenseitige Versicherungsgesellschaften
und Gewerkschaften.

    c. Ausländische juristische Personen bedürfen zum Erwerb
eines Grundstücks ohne Rücksicht auf dessen Wert der Genehmigung
des Königs.

Korporation rechtswirksam. Vielmehr handelt diese nur
mittels der durch die Körperschaftseinrichtung (S.
184) bestimmten Organe, zu denen freilich auch die General=
versammlung der Mitglieder gehört. Streitig war früher,
ob die juristische Person, wie der infans und der furiosus,
handlungsunfähig und nur durch Stellvertreter in der Lage
zu handeln sei, oder ob sie handlungsfähig sei und ihre
Organe, zumal der Vorstand, gewissermaßen nur dieselbe
Stelle einnähmen, wie beim Individuum Mund und
Hand, durch die es seinen Willensentschluß kundgebe.

Die praktische Bedeutung der Frage liegt besonders
darin, ob die Korporation für Delikte ihrer Organe haftet.
Das rR. verneinte die Handlungsfähigkeit der Korporationen
und ließ daher für Delikte der Organe (auch civilrechtlich)
nur diese, nicht die Korporationen haften (Ulpian l. 15
§ 1 D. de dolo, 4, 3: „quid enim municipes dolo
facere possunt?"; später ⁻so ausgedrückt: universitas
non ⁻delinquit). Die neuere, schon von Bartolus ver=
tretene und im BGB. zum Abschluß gelangte Entwickelung
hat dagegen die Handlungsfähigkeit der Korporation durch
das Mittel ihrer Organe festgestellt[6]). BGB. § 31 er=
klärt „den Verein für den Schaden verantwortlich), den
der Vorstand durch eine in Ausführung der ihm zu=
stehenden Verrichtungen begangene, zum Schadenersatz
verpflichtende Handlung einem Dritten zufügt". Diese
Bestimmung bezieht sich jedoch nur auf die Organe der
Körperschaft, nicht auf die von ihr angestellten Beamten

---

[6]) Das rR. ging von seinem Standpunkte der Unzulässigkeit einer
unmittelbaren Stellvertretung aus (unten § 52b) sogar so weit, die von
den Organen einer Körperschaft vorgenommenen Rechtsgeschäfte als nur
für die Organe, nicht für die Körperschaft unmittelbar verbindlich zu be=
zeichnen. Vgl. l. 27 D. de reb. cred. 12,1: Civitas mutui datione
obligari potest, si ad utilitatem ejus pecuniae versae sunt,
alioquin ipsi soli qui contraxerunt, non civitas tenebuntur;
d. h. hat der Vorstand der Körperschaft namens dieser ein Darlehen auf=
genommen, so hat der Darlehensgeber die condictio mutui nur gegen
den Vorstand, dagegen gegen die Körperschaft höchstens die Bereicherungs=
klage. Die Praxis hat schon seit den Postglossatoren diese zu unleidlichen
Folgen führende Auffassung aufgegeben.

(zB. Prokuristen). Für diese greift der engere, für alle
Stellvertreter geltende § 831 BGB. Platz, der nur die
Haftung für culpa in eligendo feststellt. Die Delikte der
Gesellschaftsorgane gelten hiernach als Delikte der Kor=
poration, für die sie, wie jede Person für ihr eigenes
Verschulden, haftet; die Delikte anderer Angestellter gelten
dagegen als Delikte dieser, für die die Korporation nur
in Fällen haftet, in denen auch die Einzelperson für fremde
Schuld haftpflichtig ist; ebenso schon ERG. 8, 236, 31,
249 für das bisherige Recht[7]).

Da die Körperschaft handlungsfähig ist, so kann sie
innerhalb der ihr begrifflich gezogenen Grenzen (also zB.
nicht auf den Gebieten des Familien= und Erbrechts) Rechts=
geschäfte vornehmen, die freilich bisweilen — besonders für
den Grundstücksverkehr, vgl. oben S. 181[5] — der Ge=
nehmigung einer Aufsichtsbehörde unterliegen. Die Körper=
schaft ist nicht nur parteifähig, sondern auch prozeßfähig
(CPO. § 171: Zustellungen erfolgen an einen Vorsteher;
vgl. § 474 über die namens der Körperschaft zu leistenden
Eide). Früher war für die Prozeßführung regelmäßig ein
besonderes Organ (syndicus, actor) bestellt, heute ist der
Vorstand zur gerichtlichen und außergerichtlichen Vertretung
berufen (BGB. § 26).

3. Organisation.

α. Organe der Korporationen sind diejenigen Ein=
richtungen, durch die der Gemeinwille der Körperschaft sich
bethätigt. Wer hierzu berufen ist, ist in der Körperschafts=
verfassung (Vereinssatzung, BGB. § 25) bestimmt, die heute
jede Korporation haben muß, während man früher universitates ordinatae und inordinatae unterschied. Bei

---

[7]) Wenn also zB. eine Buchdruckereiaktiengesellschaft einen Nach=
druck verübt, so haftet strafrechtlich natürlich nur der Direktor, civil=
rechtlich aber die Gesellschaft. Wenn dagegen der Portier dieser Aktien=
druckerei die ihm aufgetragene Erleuchtung des Hausflurs unterläßt, so
haftet die Aktiengesellschaft für einen hierdurch herbeigeführten Unfall nur
nach § 831 BGB., d. h. wenn bei der Anstellung des Portiers culpa
in eligendo vorliegt.

letzteren, den verfassungslosen Gemeinschaften, erfolgte die
Bethätigung des Gemeinwillens in jedem gegebenen Falle
durch Majoritätsbeschlüsse einer Generalversammlung.
Heute ist für viele Korporationen, besonders für die auf dem
Systeme der Normativbestimmungen beruhenden, die Ver=
fassung mindestens in ihren Grundzügen durch das Gesetz
vorgeschrieben. Die gesetzlichen Vorschriften gelten ent=
weder absolut (vgl. zB. BGB. §§ 26 Abs. 2, 34—37,
HGB. §§ 182, 184, 189, 195) oder nur subsidiär, d. h.
sofern die Vereinssatzung nicht etwas anderes bestimmt
(vgl. zB. BGB. § 40, HGB. §§ 183, 243). Regelmäßig
ist die Fassung und die Ausführung der Beschlüsse ver=
schiedenen Organen zugewiesen, sodaß, ähnlich wie im
Staat, eine „Trennung der Gewalten" eintritt (I, 8).

β. Notwendige Organe jedes Vereins sind Vorstand
und Mitgliederversammlung.

a. Der Vorstand hat die Stellung eines gesetzlichen
Vertreters der Körperschaft; er vertritt den Verein gericht=
lich und außergerichtlich (BGB. § 26). An ihn und so=
fern er aus mehreren Personen besteht, an ein Vorstands=
mitglied erfolgen die empfangsbedürftigen Erklärungen und
Zustellungen (BGB. § 28; CPO. § 171). Prozeßeide
namens der Körperschaft werden regelmäßig von allen
Vorstandsmitgliedern geleistet (CPO. § 474). Die dem
Vorstande zustehende allgemeine Vertretungsmacht kann
satzungsgemäß eingeschränkt werden. In der Regel kann
dies auch mit Wirkung gegen Dritte geschehen (BGB. § 26);
bei manchen Vereinen ist eine derartige Einschränkung zwar
dem Verein, aber nicht Dritten gegenüber wirksam (so zB.
HGB. § 235).

b. Die Mitgliederversammlung (General=
versammlung) ist das oberste Organ des Vereins. Ihr
liegt regelmäßig die Bestellung und Abberufung des Vor=
stands ob (BGB. § 27); ferner die Aufnahme neuer
Mitglieder, falls die Mitgliedschaft nicht auf andere, durch
Gesetz oder Vereinssatzung bestimmte Weise erworben wird,
zB. bei der Aktiengesellschaft durch den Erwerb von Aktien;
sie ordnet die Angelegenheiten des Vereins, soweit sie nicht

von anderen Vereinsorganen zu besorgen sind (BGB. § 32).
Meist genügt einfache Mehrheit der Erschienenen; bei
Satzungsänderungen ist vielfach Dreiviertelmehrheit der
Erschienenen, bei Veränderung des Vereinzwecks Ein=
stimmigkeit aller Mitglieder notwendig (BGB. § 33,
HGB. § 275, Genossenschaftsgesetz § 16). S o n d e r =
r e c h t e einzelner Mitglieder (vgl. S. 188) können nur mit
deren Zustimmung geändert werden (zB. BGB. § 35,
HGB. § 275 Abf. 3). Dem Gesetz oder der Vereins=
satzung widersprechende Beschlüsse sind teils von selbst
nichtig (vgl. zB. BGB. §§ 32 ff.), teils können sie nur
innerhalb einer gewissen Frist und mit gewissen Be=
schränkungen angefochten werden (zB. HGB. §§ 271, 272,
Genossenschaftsgesetz § 51). Vielfach ist gewissen Minder=
heiten das Recht gewährt, die Berufung einer General=
versammlung (zB. BGB. § 37) oder die Einsetzung von
Kontrollorganen (zB. HGB. § 266)) durchzusetzen, sog.
M i n o r i t ä t s r e c h t e. Zuweilen ist durch Gesetz oder
Vereinsatzung vorgeschrieben, daß die Mitgliederversamm=
lung nur bei Anwesenheit einer bestimmten Zahl von Mit=
gliedern „beschlußfähig" ist (eine Art „Quorum" II, 181).

γ. Neben Vorstand und Mitgliederversammlung können
alle Vereine noch andere Organe zur Bethätigung des Ge=
meinwillens in einem bestimmten Geschäftskreise haben,
zB. Körperschaftsgerichte (Innungsschiedsgerichte, RGO.
§ 81 b [4]), Revisoren (HGB. §§ 192 Abf. 2, 266), vgl.
BGB. § 30. Manche Vereine m ü s s e n noch andere Organe
haben, zB. die Aktiengesellschaft einen den Vorstand über=
wachenden Aufsichtsrat (HGB. § 243).

δ. Wie S. 183 hervorgehoben, sind die Handlungen
der Gesellschaftsorgane Handlungen der Gesellschaft. Da
die Organe jedoch Einzelpersonen mit eigener Rechtsfähig=
keit sind, so kann es mitunter zweifelhaft sein, ob die ein
Gesellschaftsorgan darstellende Person eine bestimmte Hand=
lung in der Gesellschaftssphäre oder in der eigenen Rechts=
sphäre vorgenommen hat. Eine für die Gesellschaft rechts=
wirksame Handlung liegt nur dann vor, wenn ein Organ
als solches, also namens der Gesellschaft, ferner innerhalb

der ihm vereinssatzungsgemäß zukommenden Zuständigkeit und endlich in der vorgeschriebenen Form gehandelt hat. Zur Vermeidung von Zweifeln ist meist vorgeschrieben, daß das handelnde Organ, zB. durch Beifügung des Vereinsnamens (der Firma), ersichtlich machen soll, daß es für den Verein handelt (vgl. zB. HGB. § 233). Im übrigen ist es gleichgültig, ob ein Geschäft ausdrücklich namens der Körperschaft vorgenommen ist, oder ob die Umstände ergeben, daß es nach dem Willen der Beteiligten für die Körperschaft geschlossen sein sollte.

4. **Rechte und Pflichten der Genossen.**

α. Aus der Mitgliedschaft bei einer Korporation entspringen für die Genossen Rechte und Pflichten.

a. Als Recht gilt zunächst die Mitgliedschaft selbst, mit den daraus folgenden Befugnissen zu Wahlen, zur Mitwirkung bei Beschlüssen usw.; sie kann nur in den durch die Vereinssatzung bestimmten Fällen entzogen werden. Satzungswidriger Ausschluß kann auf dem Rechtswege beseitigt werden. Bei vielen Korporationen haben die Mitglieder ferner Genußrechte ideeller (Benutzung der Vereinsanstalten) oder materieller Natur (Rechte auf Dividende, d. h. den jährlichen Nutzertrag, zB. HGB. § 214, Weiderechte bei den noch bestehenden Realgemeinden, II, 473). Jedes Mitglied hat auch ein Recht auf einen verhältnismäßigen Teil des Körperschaftsvermögens, das es während des Bestehens der Körperschaft freilich nur durch Veräußerung seiner Mitgliedschaft verwerten kann, da die Auflösung der Körperschaft nicht, wie bei der Gesellschaft (BGB. § 723), durch Kündigung herbeigeführt werden kann (vgl. zB. HGB. § 213). Mangels besonderer gesetzlicher oder statutarischer Bestimmung ist die Mitgliedschaft allerdings nicht ohne weiteres übertragbar (BGB. § 38; HGB. § 180 Abs. 3, sog. vinkulierte Namensaktien).

b. Die Mitgliederpflichten bestehen teils in der Verpflichtung zu Handlungen (zB. zur Übernahme von Ämtern), teils in Vermögensleistungen (Steuern, Beiträgen). In manchen Fällen ist neben Geldleistungen noch die Gewährung anderer Leistungen Mitglieder=pflicht [8]).

β. Von diesen auf der Mitgliedschaft als solcher be=ruhenden Rechten (und Pflichten) aller Mitglieder (jura singulorum in universitate) sind diejenigen Rechte (und Pflichten) zu unterscheiden, die zwischen der Körperschaft und einzelnen ihrer Mitglieder auf Grund besonderer Rechtsverhältnisse (Darlehen, Kauf) bestehen. Für diese Sonderrechte (jura singularia) stehen die Berechtigten der Körperschaft wie „Dritte", d. h. wie Nichtgenossen, gegen=über.

c. Auflösung.

1. Gründe.

α. Durch Zeitablauf und Erreichung des Zwecks kann eine Körperschaft wegfallen, wenn sie nur auf eine bestimmte Zeit (z.B. RG. vom 20. April 1892 betreffend die Gesellschaften mit beschränkter Haftung § 60 [1]) oder zu einem bestimmten Zwecke (z.B. für die Dauer einer Ausstellung) errichtet war. Dagegen geht sie durch Unmöglichwerden der Erreichung des Zwecks an sich noch nicht unter, kann vielmehr unter Änderung der Vereinssatzung regelmäßig neuen Zwecken sich zuwenden (vgl. jedoch z.B. RG. vom 20. April 1892 § 61).

---

[8]) So bestimmt z.B. HGB. § 212: „Neben den Kapitaleinlagen kann im Gesellschaftsvertrage den Aktionären die Verpflichtung zu wieder=kehrenden, nicht in Geld bestehenden Leistungen auferlegt werden, sofern die Übertragung der Anteilsrechte an die Zustimmung der Gesellschaft ge=bunden ist". Damit ist die berühmte Streitfrage entschieden, ob die den Aktionären einer Zuckerfabrik im Gesellschaftsvertrag auferlegte sog. Rübenlieferungspflicht (d. h. die Pflicht, ein gewisses Maß Zucker=rüben zu bestimmtem Preise zu liefern) auf der Mitgliedschaft oder auf einem Sondervertrage beruht. Der letzteren Ansicht hatte sich das Reichs=gericht angeschlossen (ERG. 26, 86) und damit die Aktienzuckerfabriken der Möglichkeit beraubt, den Lieferpreis durch Generalversammlungs=beschlüsse zu ändern. Dagegen ist nach HGB. § 212 die Rübenlieferungs=pflicht eine Mitgliedschaftspflicht, die nach Maßgabe der Vorschriften des Gesellschaftsvertrags geändert werden kann.

β. Wegfall sämtlicher Glieder führt die Auflösung einer — nicht etwa als Anstalt (S. 174⁶) aufzufassenden — Körperschaft unbedingt herbei. Streitig ist
jedoch, ob ein Mitglied zum Fortbestande derselben genügt. Das r.R. scheint in 1. 7 § 2 D. 3, 4 diese Frage
zu bejahen. Dies ist noch heute die herrschende Meinung,
auch die des Reichsgerichts, sodaß z.B. eine Gewerkschaft oder
Aktiengesellschaft trotz Vereinigung aller Kuxe oder Aktien
in einer Hand bestehen bleibt (ERG. 23, 202). Neuere
Gesetze knüpfen jedoch die Auflösung bestimmter Kor-
porationsarten an eine gewisse Verminderung des Mit-
gliederbestands (z.B. BGB. § 73: Entziehung der Rechtsfähigkeit für eingetragene Vereine bei weniger als 3
Mitgliedern; Genoss.Ges. vom 1. Mai 1889 § 80:
Auflösung bei weniger als 7 Genossen).

γ. Konkurseröffnung über das Vermögen einer
Körperschaft führt deren Untergang an sich noch nicht
herbei, da ihre Rechtsfähigkeit hierdurch ebenso wenig
berührt wird, wie die einer natürlichen Person (I, 636).
Das Gesetz läßt jedoch bei vielen Körperschaftsgattungen
die Auflösung mit der Konkurseröffnung eintreten (Vereine, BGB. § 42; Aktiengesellschaften, HGB. § 292³;
eingetragene Genossenschaften, Gen.Ges. § 101; Gesellsch.
mit beschränkter Haftung, RG. vom 20. April 1892
§ 60⁴; Innungen und Innungsverbände, RGO. §§ 97,
104¹; Gewerkschaften PrBerggesetz vom 24. Juni 1865
§ 100). Als Konkursgrund gilt außer Zahlungsunfähigkeit
hier regelmäßig auch Überschuldung (I, 632); vgl. BGB.
§ 42 Abs. 2, KO. §§ 207, 213.

δ. Körperschaftsbeschluß genügt regelmäßig zur
Selbstauflösung (z.B. BGB. § 41), sofern sie nicht aus
öffentlich = rechtlichen Gründen ausgeschlossen (z.B. bei
Krankenkassen RG. vom 13. Juni 1883 § 47) oder an
eine staatliche Mitwirkung geknüpft ist (z.B. bei Innungen, RGO. § 96 Abs. 6). Vielfach ist einfache Ma-
jorität jedoch nicht hinreichend (BGB. § 41, drei Viertel
der erschienenen Mitglieder; vgl. HGB. § 292², Gen.Ges.
§ 78).

ε. Die Staatsgewalt kann auf Grund des ihr zustehenden polizeilichen Aufsichtsrechts die Auflösung eines Vereins verfügen, sofern er das Gemeinwohl gefährdet oder andere als die Satzungszwecke verfolgt (zB. BGB. § 43). Dies kann zuweilen nur im Wege eines Gesetzes, wie bei den auf Gesetz beruhenden Körperschaften, meist aber durch einen Verwaltungsakt geschehen. Dieser kann entweder auf dem Rechtswege (so nach dem Pr. Vereins= gesetz vom 11. März 1850 bei Schließung von Vereinen) oder in dem für Verwaltungsstreitigkeiten gegebenen Ver= fahren (Verwaltungsstreitverfahren, zB. Gen.Gef. § 81, PrAGHGB. Art. 4 und BGB. § 44) angefochten werden[9]).

Nach preußischem Rechte kann eine Aktiengesellschaft aufgelöst werden, wenn sie sich rechtswidriger Handlungen oder Unterlassungen schuldig macht, durch welche das Gemeinwohl gefährdet wird (AGHGB. Art. 4).

2. Wirkungen.

Die Auflösung wirkt auf die juristische Person wie der Tod auf die natürliche. Wie die Anfallsberechtigung be= züglich des hinterlassenen Vermögens eines Individuums, so ist sie auch betreffs des Vermögens einer aufgelösten Körperschaft durch Willenserklärung und Gesetz bestimmt. Früher nahm man wegen der Fiktion der juristischen als einer natürlichen Person (S. 167) an, daß das Vermögen einer aufgelösten Körperschaft als erblose Verlassenschaft stets an den Fiskus falle. Gegenwärtig ist diese An= schauung aufgegeben, und es herrscht Einigkeit darüber, daß das Schicksal des Vermögens einer aufgelösten Körper= schaft sich nach der Natur der letzteren ordnen müsse. Die Auflösung der Körperschaft führt zunächst ein Auseinander= fallen ihres Vermögens überhaupt nicht herbei; vielmehr

---

[9]) In den Fällen des § 43 BGB. entscheidet in Preußen über die Entziehung der Rechtsfähigkeit eines Vereins im Verwaltungsstreit= verfahren der Bezirksausschuß. Für die Erhebung der Klage ist der Landrat, in Stadtkreisen die Ortspolizeibehörde zuständig (Kgl Verordn. zur Ausführung des BGB. vom 16. November 1899 Art. 2).

bleibt es bis zur Befriedigung der Korporationsgläubiger als Sondervermögen zusammen (Zustand der Liquidation, zB. BGB. §§ 45 ff., HGB. §§ 294 ff.), vielfach unter Bestimmung eines sog. Sperrjahrs (BGB. § 51, HGB. § 301). Das nach der Liquidation noch übrig bleibende Vermögen fällt an die in der Vereinssatzung bestimmten Personen (BGB. § 45). Mangels einer Satzungsvorschrift ist der Zweck der aufgelösten Körperschaft in Betracht zu ziehen. Diente sie ausschließlich den Interessen ihrer Mitglieder, wie die Erwerbsvereine, so tritt eine Teilung unter die bei der Auflösung vorhandenen Genossen ein (vgl. zB. BGB. § 45, HGB. § 300, Gen.Ges. § 91). Anderenfalls gelangt das Vereinsvermögen regelmäßig an den Fiskus, welcher die Rechtsstellung eines Intestaterben erhält und das Vermögen thunlichst in einer den Zwecken des Vereins entsprechenden Weise zu verwenden hat (BGB. § 46). Streitig ist das Heimfallsrecht der Kirche gegenüber aufgelösten kirchlichen Korporationen, vgl. S. 205 [7].

§ 16. II. Stiftungen.

a. Entstehung.

1. Zur Entstehung einer selbständigen Stiftung (S. 174) gehört ein Stiftungsgeschäft und die Anerkennung ihrer Rechtsfähigkeit.

α. Das Stiftungsgeschäft (Stiftungsakt) kann durch Verfügung unter Lebenden oder von Todeswegen erfolgen. In letzterem Falle sind die Formen der letztwilligen Verfügungen zu beobachten und das Nachlaßgericht ist verpflichtet, von Amtswegen die Genehmigung einzuholen, sofern nicht der Erbe oder Testamentsvollstrecker dies thut (BGB. § 83); aber auch bei der Errichtung unter Lebenden ist meist eine erschwerende Form zur Verhütung von Übereilungen für erforderlich erklärt worden. Gemeinrechtlich wurde die für größere Schenkungen (I, 47[1]) vorgeschriebene gerichtliche Insinuation auch auf Stiftungsgeschäfte angewendet. Das BGB. § 81 verlangt für Stiftungsgeschäfte unter Lebenden schriftliche Form. Der

Stiftungsakt ist in allen Fällen, auch bei der Errichtung inter vivos, kein Vertrag, welcher der Annahme der Stiftungsorgane bedarf, sondern ein einseitiges Rechts= geschäft, an das der Stifter mit dem Augenblicke der Entstehung der Stiftung (s. u.) gebunden ist.

β. Wie für die Korporation, so war auch für die Stiftung nach Gemeinem Rechte streitig, ob die Verleihung der juristischen Persönlichkeit durch einen Akt der Staats= gewalt erfolgen mußte. Partikularrechtlich ist dies jeden= falls regelmäßig verlangt worden (ALR. II, 19 § 42, PrG. vom 23. Februar 1870, vgl. II, 347³ und oben S. 177). Auch das BGB. hat in § 80 für Stiftungen das reine Konzessionssystem durchgeführt [1]).

2. Hiernach entsteht nach BGB. die Stiftung erst mit Erteilung der Staatsgenehmigung. Der Stifter ist auch erst von diesem Zeitpunkt an gebunden, während die Erben des Stifters schon dann nicht mehr zum Wider= rufe berechtigt sind, wenn der Stifter das Gesuch bei der zuständigen Behörde eingereicht oder im Falle der gerichtlichen oder notariellen Beurkundung des Stiftungsgeschäfts das Gericht oder den Notar bei der oder nach der Beurkundung mit der Einreichung be= traut hat (BGB § 81 Abs. 2). Gemeinrechtlich war gelegentlich des Städelschen Testaments (Städel in Frankfurt a. M. errichtete 1815 in seinem Testament ein Kunstinstitut und setzte es gleichzeitig zum Universalerben ein) streitig, ob eine durch letztwillige Verfügung errichtete Stiftung in dieser Verfügung schon zum Erben eingesetzt werden könne, d. h. ob die Stiftung erst mit der nach dem Tode des Stifters erfolgenden Staatsgenehmigung

---

[1]) In Preußen ist nach AGBGB. Art. 1 für die Genehmigung einer Familienstiftung, d. h. einer Stiftung, die nach der Stiftungs- urkunde ausschließlich dem Interesse der Mitglieder einer bestimmten Familie oder mehrerer bestimmter Familien dient (II, 619³), das Amts= gericht zuständig, in dessen Bezirke die Stiftung ihren Sitz haben soll. Zur Entstehung einer sonstigen rechtsfähigen Stiftung be= darf es der Genehmigung des Königs (Kgl. Verordn. zur Ausführung des BGB. vom 16. November 1899).

rechtsfähig würde, oder ob ihre Rechtsfähigkeit auf den Zeitpunkt—der Errichtung zurückbezogen werden müßte. Der im Gemeinen Rechte herrschend gewesenen Meinung entsprechend bestimmt BGB. § 84, daß durch letztwillige Verfügung errichtete, erst nach dem Tode des Stifters genehmigte Stiftungen für die Zuwendungen des Stifters als schon vor dessen Tod entstanden gelten (über diese Fiktion vgl. S. 46) [2]). Dadurch wird die Schwierigkeit vermieden, die sonst aus BGB. § 1923 Abs. 1 („Erbe kann nur werden, wer zur Zeit des Erbfalls lebt") entstehen würde. Vgl. auch BGB. §§ 2102 Abs. 2 und 2178, 2179.

b. Rechtsverhältnisse.

1. Die Rechts= und Handlungsfähigkeit der Stiftungen bestimmt sich nach den oben S. 180 ff. für Korporationen dargelegten Grundsätzen. Nach früherem Rechte genossen piae causae (milde Stiftungen) manche Privilegien. So vollzog sich die Verjährung der ihnen zustehenden Ansprüche nach Gem. Recht erst in 40 Jahren.

---

[2]) Eigentümliche Verhältnisse entstehen bei den heute vielfach üblichen Sammlungen für gemeinnützige Zwecke, zB. für Abgebrannte, für ein Denkmal oder zu einem Fonds, mit dem später eine Stiftung begründet werden soll. Dernburg hält die eingezahlten Beträge für im Eigentume des „Unternehmens" stehend, da sie aus dem Vermögen der Beitragenden heraus, aber nicht in das des Sammlers gekommen sind, auch nicht als herrenlos betrachtet werden können. Da dem „Unternehmen" eine Rechtsfähigkeit nicht zusteht, so dürfte es richtiger sein, die Beiträge, solange sie noch unterscheidbar vorhanden sind, als im Eigentume der Einzahler stehend zu erachten, bis eine zur Empfangnahme berechtigte Person vorhanden ist. Vermischt der Sammler eingezogene Geldbeträge mit seinem Vermögen, dann geht das Eigentum der Einzahler an ihnen nach allgemeinen Grundsätzen zwar auf den Sammler über (BGB. §§ 935, 1007), dem Einzahler oder dem Empfangsberechtigten, sobald er rechtsfähig ist, steht dann aber ein (freilich nur persönlicher) Anspruch auf Zahlung zu. Auch wäre der Sammler bei rechtswidriger Vermischung wegen Unterschlagung strafbar (StGB. § 246). Nach BGB. § 1914 kann zum Zwecke der Verwaltung und Verwendung eines durch öffentliche Sammlungen zusammengebrachten Vermögens eine Pflegschaft eingeleitet werden, wenn die zur Verwaltung und Verwendung berufenen Personen weggefallen sind. Vgl. oben S. 89[3].

Nach ALR. I, 9 § 629 fand gegen den Fiskus, die Kirchen und ihnen gleichgestellte Korporationen (Armen= und Schulanstalten) nur die ungewöhnliche Verjährung von 44 Jahren statt. Die Praxis des Gem. Rechts ge= währte ferner die in integrum restitutio auch milden Stiftungen. Alles dies hat in das BGB. keine Aufnahme gefunden.

2. Die Verfassung der Stiftung wird, soweit sie nicht auf Reichs= und Landesgesetz[3]) beruht, durch das Stiftungs= geschäft bestimmt (BGB. § 85). Stets ist ein Vorstand er= forderlich (BGB. § 86), als welcher bisweilen eine öffentliche Behörde berufen ist, so zB. die Universitätsbehörde für die Stipendienstiftungen. Alle Stiftungen sind dauernder Staats= aufsicht unterstellt, da die bei Korporationen vorhandene Überwachung durch Mitglieder fehlt[4]).

3. Das Verhältnis der Genußberechtigten (Destinatäre) zur Stiftung hängt von der Verfassung der Stiftung ab. Ein klagbares Recht auf Einräumung eines Genusses haben nur diejenigen, die bereits Sonderrechte auf das Stiftungsvermögen erworben haben, also entweder bestimmte Voraussetzungen erfüllen, an die stiftungsgemäß ein Genuß geknüpft ist (zB. wenn jedem ledigen, hülfs= bedürftigen Mädchen einer gewissen Familie eine bestimmte Jahresunterstützung zu gewähren ist), oder wenn das zur Zuweisung des Genusses berufene Organ (zuweilen von dem Stiftungsvorstande, den Kuratoren, unterschiedene Personen, sog. Kollatoren) die Auswahl bereits bindend getroffen hat.

---

[3]) Nach dem AGBGB. Art. 2 erfolgt bei Familienstiftungen die Änderung der Verfassung sowie die Aufhebung der Stiftung durch Familienschluß, der einstimmig gefaßt werden und durch das Gericht, dem die Verwaltung oder die Beaufsichtigung der Stiftung zusteht, aufgenommen und genehmigt werden muß.
[4]) Welche Behörde die Aufsicht ausübt, bestimmt sich nach der Stiftungsurkunde. Nach AGGVG. § 29 (vgl. AGBGB. Art. 1) liegt die den Gerichten zustehende Verwaltung oder Beaufsichtigung den Amts= gerichten ob; jedoch kann der Justizminister auch ein Land= oder Ober= landesgericht damit betrauen.

c. Erlöſchen.

1. Die notwendige Grundlage jeder Stiftung iſt ein Vermögen. Mit deſſen dauernder Erſchöpfung hört ſie von ſelbſt auf, ebenſo wenn ſie den Zweck, dem ſie gewidmet iſt, erreicht hat oder (z.B. bei Familienſtiftungen im Falle des Ausſterbens der Familie) zu erreichen außer ſtande iſt. Nach BGB. § 87 kann die zuſtändige Behörde (in Preußen der König, bei Familienſtiftungen der Juſtizminiſter, Art. 5 der Kgl. Verordn. zur Ausführung des BGB. v. 16. 11. 99) der Stiftung eine andere Zweckbeſtimmung unter thunlichſter Berückſichtigung der Abſicht des Stifters geben (ſog. Konverſion der Stiftung) oder ſie ganz aufheben, wenn die Erfüllung des Stiftungszwecks unmöglich geworden iſt oder das Gemeinwohl gefährdet; vgl. auch AGHGB. Art. 4 (oben S. 190).

2. Für den Stiftungsnachlaß, d. h. das beim Er=löſchen einer Stiftung noch vorhandene Vermögen, kommen die bezüglich der Vereine S. 190 angegebenen Grundſätze zur Anwendung. An erſter Stelle iſt aber auch hier die Stiftungsverfaſſung entſcheidend, BGB. § 88.[5]

§ 17. III. Juriſtiſche Perſonen des öffentlichen Rechts.

a. Der Fiskus[1].

Fiscus (Korb I, 77) war urſprünglich die Bezeich=nung der kaiſerlichen Kaſſe im Gegenſatz zu dem das

---

[5] Nach AGBGB. Art. 5 fällt in Preußen das Vermögen einer rechtsfähigen Stiftung mit deren Erlöſchen an den in der Verfaſſung der Stiftung beſtimmten Anfallsberechtigten, falls ein ſolcher nicht be=ſtimmt iſt, an den Fiskus, ſofern die Stiftung jedoch von einer Ge=meinde oder einer ſonſtigen Körperſchaft des öffentlichen Rechts errichtet oder verwaltet war, an die Körperſchaft.

[1] Das BGB. berührt die Rechtsverhältniſſe der „juriſtiſchen Perſonen des öffentlichen Rechts" nur in einem Paragraphen (§ 89), der die Vorſchriften des § 31 (Haftung für Delikte von Vertretern, oben S. 183) und des § 42 Abſ. 2 (Konkurseröffnung bei Überſchuldung) für anwendbar erklärt.

Hiernach haftet eine juriſtiſche Perſon des öffentlichen Rechts für die Handlungen ihrer Organe in gleicher Weiſe, wie ein rechts=

sonstige Staatsvermögen vereinenden aerarium. Seit der
Vereinigung aller Staatsmittel in der Hand des Kaisers
in Rom (I, 82) und seit der Auseinandersetzung des
landesherrlichen und staatlichen Vermögens in Deutschland
(II, 89⁴) wird das Staatsvermögen als Fiskus bezeichnet.
Fiskus bedeutet heute den Staat in seinen vermögens=
rechtlichen Beziehungen. Die Rechtspersönlichkeit des
Staats äußert sich aber nicht nur in dieser Richtung.
Er ist auch, abgesehen von seinen vermögensrechtlichen
Beziehungen, als höchstes Gemeinwesen staatsrechtliches
Rechtssubjekt und tritt als völkerrechtliches Rechtssubjekt
anderen Staaten gegenüber (Staatsverträge!).

Die Rechtsfähigkeit des souveränen Staats, auch auf
dem Gebiete des Privatrechts, ist nie bezweifelt worden.

Schon die res publica Romana war Grundeigen=
tümerin und schloß (durch die Censoren I, 67⁵) Verträge
ab, die freilich gewissen Sondernormen unterworfen
waren. Der Fiskus ist, wie erwähnt, nicht etwa eine
vom Staate verschiedene, selbständige juristische Person,
sondern bezeichnet nur eine Richtung der staatlichen
Thätigkeit. Hat also zB. der Domänenfiskus (ERG.
25, 354) einen Pachtvertrag abgeschlossen, so haftet
er auf Schadenersatz auch für diejenige Beeinträchtigung
im Genusse des Pachtgegenstands, die durch Handlungen
eines zur Ausübung von Staatshoheitsrechten berufenen
anderen staatlichen Organs hervorgerufen wird.

In dem aus mehreren souveränen Staaten sich zu=
sammensetzenden Bundesstaate, so im Deutschen Reiche

---

fähiger Privatverein. Dies bezieht sich aber nur auf die von den
Organen in Ausübung der privatrechtlichen Vertretung begangenen
Handlungen, zB. wenn der Magistrat einer Stadt einen Vertrag über
Erbauung einer Gasanstalt oder über Fortschaffung des Straßenschnees
abschließt. Für die Fälle, in denen die Organe des Staats oder
einer Kommune in Ausübung der ihnen anvertrauten öffentlichen
Gewalt eine Handlung vornehmen, richtet sich die Haftung des Staats
oder der Kommune nach den Vorschriften des öffentlichen Rechts.
Reichsrechtlich ist nur die Haftung für die Handlungen der Grundbuch=
beamten geordnet (GBO. § 12), im übrigen kommt gemäß EGBGB.
Art. 77 das Landesrecht zur Anwendung; vgl. II, 513⁶.

(II, 161), iſt ſowohl der Bundesſtaat als jeder Einzelſtaat „Fiskus". In Deutſchland iſt alſo ſeit der Gründung des Deutſchen Reichs neben dem Landesfiskus ein Reichsfiskus zu unterſcheiden, dem zB. durch das RG. vom 25. Mai 1873 alle zum dienſtlichen Gebrauch einer Reichsverwaltung beſtimmten Gegenſtände als Eigentum zugewieſen ſind.

Der Fiskus iſt zur Erleichterung der Verwaltung in Reſſorts (stationes fisci, zB. Militär-, Juſtiz-, Domäneufiskus) geteilt, denen aber nicht, wie man ehemals auf Grund einer mißverſtandenen Quellenſtelle [2]) annahm, die Eigenſchaft ſelbſtändiger juriſtiſcher Perſonen zuſteht. Zuweilen iſt allerdings durch beſonderes Geſetz ein Staatsvermögensteil als ſelbſtändige Anſtalt errichtet, ſo in Preußen die Seehandlung (mit dem von ihr abhängigen Kgl. Leihamt), ein 1772 als Aktiengeſellſchaft gegründetes, 1810 in ein Staatsinſtitut verwandeltes Bankinſtitut [3]).

----

[2]) L. 1 C. de compens. 4, 31 beſtimmte: „compensationi in causa fiscali ita demum locum esse, si eadem statio quid debeat, quae petit." Dieſer auch in das ALR. I, 16 § 368 übergegangenen und durch BGB. § 395 aufrecht erhaltenen Vorſchrift (IV, 282) iſt jedoch nicht die Selbſtändigkeit jeder statio fisci zu entnehmen (ſog. Pluralitätstheorie), vielmehr iſt ſie lediglich eine zur Vermeidung von Verwirrung („propter confusionem diversorum officiorum") erlaſſene Verwaltungsnorm Daß die stationes fisci auch nach rR. nur als Organe derſelben juriſtiſchen Perſon aufzufaſſen ſind (ſog. Einheitstheorie), zeigt l. 2 C. 8, 42, wo das Erlöſchen der Bürgſchaft ausgeſprochen iſt, falls der Fiskus „licet diversis stationibus" Rechtsnachfolger des Gläubigers und des Schuldners geworden iſt. Es tritt alſo zB. Fortfall eines dem Juſtizfiskus zuſtehenden Wegerechts durch Konfuſion ein, wenn der Militärfiskus das belaſtete Grundſtück erwirbt. Vgl. ERG. 2, 392; 21, 57.

[3]) Dagegen iſt die Reichsbank keine statio des Reichsfiskus, ſondern eine Aktiengeſellſchaft unter Reichsaufſicht, deren Rechtsverhältniſſe durch das Reichsbankgeſetz vom 14. März 1875 (Abänderungsgeſetz vom 7. Juni 1899) geordnet ſind. Die Reichsbank iſt an Stelle der 1765 als Staatsanſtalt gegründeten Preußiſchen Bank getreten, an der ſeit 1846 eine Beteiligung von Privaten geſtattet war. Nach § 12 des Reichsbankgeſetzes hat die Reichsbank die Eigenſchaft einer juriſtiſchen Perſon und die Aufgabe, den Geldumlauf

1. Der Fiskus hatte nach Gem. und Pr. Recht einzelne **Privilegien:** betreffs der **Zinsen** (l. 17 § 5 D. de usuris 22, 1: fiscus ex suis contractibus usuras non

---

im gesamten Reichsgebiete zu regeln, die Zahlungsausgleichungen (durch Einrichtung der Girokonten sowie auf dem Wege der Skontration, IV, 294[33]) zu erleichtern und für die Nutzbarmachung verfügbaren Kapitals zu sorgen. Zu diesem Zwecke hat sie außer anderen Privilegien (zB. Freiheit von staatlichen Einkommen- und Gewerbesteuern, § 21) die Befugnis zur Ausgabe von Banknoten, über die unten § 34 b zu sprechen ist. Das Grundkapital der Reichsbank (§ 23) besteht vom 1. Januar 1901 ab aus 180 (bis dahin 120) Mill. Mk., geteilt in 40 000 Anteile von je 3000 und (Neuerung der Novelle) 60 000 Anteile von je 1000 Mk. Die Reichsbankanteile lauten auf den Namen; sie sind nach dem Statute der Reichsbank vom 21. Mai 1875 unteilbar, unkündbar und durch Indossament (WO. Art. 11—13) übertragbar.

Organe der Reichsbank sind:

a. Das **Reichsbankkuratorium**, dem die Aufsicht namens des Reichs zusteht, und das aus dem Reichskanzler und 4 Mitgliedern besteht, von denen 1 vom Kaiser, 3 vom Bundesrat ernannt werden (§ 25);

b. das **Reichsbankdirektorium**, das namens des Reichs unter dem Reichskanzler die Leitung der Reichsbank ausübt und die Reichsbank auch nach außen vertritt, bestehend aus einem Präsidenten und anderen Beamten (§ 26);

c. die **Generalversammlung** der Anteilseigner, die ihre Rechte im übrigen durch einen aus ihrer Mitte gewählten Centralausschuß von 15 Mitgliedern ausüben (§§ 30 ff.).

Die Reichsbank hat ihren Hauptsitz in Berlin. An größeren Plätzen sind Reichsbankhauptstellen; an kleineren Reichsbankstellen und Reichsbanknebenstellen eingerichtet. Die Reichsbank verpflichtende Erklärungen erfordern die Unterschriften zweier Mitglieder des Reichsbankdirektoriums oder des Vorstands einer Reichsbankhauptstelle (§ 38). Das Reich hat sich das Recht der Übernahme der Reichsbank nach einjähriger, am 1. Januar der Jahrzehnte zulässiger Kündigung (also zu 1911 usw.) vorbehalten.

Den gleichen Vorschriften wie die Reichsbank unterliegen die noch zugelassenen Privatnotenbanken, deren Aufsaugung durch die Reichsbank das Ziel der Reichsbankpolitik ist.

Der Geschäftskreis der Reichsbank ist durch § 13 bestimmt. Sie ist hiernach u. a. befugt: zum Ankaufe von Gold und Silber, zur Diskontierung bankfähiger Wechsel (f. u.), zum Lombardverkehr (II, 461), d. h. zur Gewährung zinsbarer Darlehen gegen bestimmte, bewegliche Pfänder, zum Einziehungs- (Inkasso-) und Zahlungsverkehr (Girokonto, IV, 294[33]), zum Depositen- (Verwahrungs-) verkehr.

dat, sed ipse accipit, was im Pr. Recht allmählich darauf beſchränkt wurde, daß der Fiskus während eines Kriegs Zögerungszinſen erſt ſeit Rechtskraft des Urteils zu zahlen brauchte); der Verjährung (40 Jahre nach Gem. Recht, 44 Jahre nach ALR. I, 9 § 629); der Erſitzung (Unerſitzbarkeit ſeiner Sachen nach Gem. Recht, 44jährige Erſitzung nach ALR. I, 9 § 629); des privilegierten ge= ſetzlichen Pfandrechts (l. 46 § 3 D. de jure fisci 49, 14: fiscus semper habet jus pignoris, ebenſo EGPrKO. vom 8. Mai 1855 Art. 11; vgl. KO. § 49¹ und bezüg= lich der einen Titel zur Eintragung einer Hypothek auf die Grundſtücke der Schuldner gewährenden Gerichtskoſten= forderungen PrGer.Koſten=G. v. 25. Juni 1895 § 16, für das jetzige Recht aufrechterhalten durch EGBGB. Art. 91, vgl. I, 543¹⁴); im Konkurſe (KO. § 61²). Ferner blieben dem Fiskus vorbehalten gewiſſe aus= ſchließliche Erwerbsrechte (Regalien, II, 56³), von denen für das Gemeine und preußiſche Recht das Recht auf herrenloſe Grundſtücke und Erbſchaften (II, 57₃) ſowie auf gewiſſe Schätze (II, 582) praktiſch geblieben war⁴).

---

⁴) Überall ſind auch die auf öffentlich=rechtlichen Titeln be= ruhenden Forderungen des Fiskus (Steuern, Gerichtskoſten, Stempel, Beamtendefekte) durch eine erleichterte Vollſtreckbarkeit ausgezeichnet. In Preußen werden dieſe Forderungen ohne das Erforbernis einer vorgängigen Vollſtreckbarkeitserklärung und ohne Mitwirkung der ſonſt notwendigen Organe (Gerichte und Gerichtsvollzieher, I, 543¹⁴) im Wege eines in §. 5 AGCPO. für zuläſſig erklärten, in der Kgl. Ver= ordnung vom 15. November 1899 (bisher 7. September 1879) ge= ordneten Verwaltungszwangsverfahrens beigetrieben. Dagegen erfolgt die Zwangsvollſtreckung für den Fiskus wegen anderer For= derungen, zB. aus Verträgen, nur auf Grund von gerichtlichen Urteilen nach den Vorſchriften der CPO. Wo das Urteil daher nur gegen Sicherheit vorläufig vollſtreckbar iſt (I, 538), muß auch der Fiskus Sicherheit leiſten. Die gemeinrechtlichen Kautionsprivilegien des Fiskus (fiscus semper solvendo eſt I, 230) ſind beſeitigt.

Auch die Zwangsvollſtreckung gegen den Fiskus iſt Sonder= normen unterworfen. Gemäß EGCPO. § 15³ ſind die in dieſer Hinſicht erlaſſenen landesgeſetzlichen Vorſchriften unberührt geblieben. Für die landrechtlichen Teile Preußens gilt noch AGO. I, 35 § 33, wonach bei Zahlungszögerung nur Beſchwerde an die vorgeſetzte Be= hörde zuläſſig iſt. Für die gemeinrechtlichen Landesteile gilt die Juſtiz=

Andererseits wurde für das Gemeine Recht eine ge=
wisse Schlechterstellung des Fiskus auf den angeblich
quellenmäßigen Satz „in dubio contra fiscum" gegründet.
Aus der betreffenden Bemerkung Modestins (l. 10 D.
de jure fisci 49, 14: Non puto delinquere eum, qui
in dubiis quaestionibus contra fiscum facile responderit)
läßt sich ein derartiger allgemeiner Grundsatz jedoch nicht
folgern. Vielmehr ist in diesem Satze nach der einen
Meinung eine beschränkende Auslegung der Fiskalprivilegien
anempfohlen, nach der anderen (Dernburg) nur ausge=
sprochen, daß die Entscheidung gegen den Fiskus kein
Verbrechen ist.

---

ministerialverfügung vom 18. Juli 1881, wonach die Gerichtsvollzieher
bei den fiskalischen Kassen erst dann Pfändungen bewirken dürfen,
wenn seit einer an den Kassenrendanten zu richtenden Aufforderung
eine Woche verflossen ist.
        Weitere prozessuale Privilegien sind für den Reichs= und
Landesfiskus vorgesehen in GVG. § 70 (sachlich ausschließliche Zu=
ständigkeit der Landgerichte für gewisse Prozesse gegen ihn, vgl. I,
198), sowie im Gerichtskostengesetz vom 18. Juni 1878 § 98 (Neu=
fassung vom 20. Mai 1898, Gebührenfreiheit des Reichs vor den
Landesgerichten, der Bundesstaaten vor dem Reichsgericht, aber nicht
z.B. des Bayerischen Fiskus vor den Preußischen Gerichten). Das
Reich genießt für seine Postsendungen auch Portofreiheit, da die
Post Reichsanstalt ist (RV. Art. 48, RG. betreffend die Portofreiheit
vom 5. Juni 1869, das auch für Bayern und Württemberg, II, 109[5]
gilt). Die Einzelstaaten haben dies Privileg nicht. Einige derselben,
z.B. Preußen, zahlen eine jährliche Pauschalsumme (daher der Aufdruck
auf den von Preußischen Behörden ausgehenden, portofrei zu senden=
den Schriften: „Frei laut Aversum Nr. 21").
        Ein eigentümliches Erwerbsrecht war dem Preußischen Fiskus
im ALR. zugewiesen, indem für ihn aus gewissen unerlaubten Ge=
schäften von Privatpersonen Forderungsrechte entstanden, vgl. ALR. 1,
5 § 50, I, 11 § 160 (Anspruch auf den bei rechtswidrigen Verträgen
über fremde Sachen erzielten Gewinn); I, 11 §§ 684, 714 (Rück=
forderungsrecht bei ungenehmigten Offiziersdarlehen und bei Darlehen
zu einem verbotenen Zweck); I, 16 §§ 173, 205, (condictio ob
injustam und ob turpem causam, oben S. 43[8]; vgl. übrigens
StGB. § 335: das zur Bestechung öffentlicher Beamten Gegebene
oder sein Wert ist im Strafurteile für dem Staate verfallen zu er=
klären). Diese Grundsätze des ALR. sind in das BGB. nicht über=
gegangen. Über das Bernsteinregal des Preußischen Fiskus vgl. II, 639[5].

2. Die moderne Rechtsentwickelung geht auf Ein=
ſchränkung der fiskaliſchen Privilegien. Das BGB. hat
ſie, ſoweit ſie nicht dem Konkursrecht angehören, beſeitigt.
Über die Erwerbsrechte des Fiskus an herrenloſen Grund=
ſtücken vgl. BGB. § 928, an dem nicht beanſpruchten
Verſteigerungserlöſe von Fundſachen § 981, über ſein
Erbrecht § 1936 (II, 755⁴); betreffs geſtrandeter Sachen
Reichsſtrandungsordnung vom 17. Mai 1874 § 35 (II,
64⁸). Vgl. auch EGBGB. Art. 91, 92, wonach die
landesgeſetzlichen Vorſchriften über Zahlungen aus öffent=
lichen Kaſſen (zB. ALR. I, 16 § 53, IV, 90¹²), ſowie
die Hypothekentitel (oben S. 199) unberührt geblieben ſind.
Zu bejahen iſt die ſtreitige Frage, ob die Sonderrechte
des Landesfiskus auch dem Reichsfiskus zuſtehen. Denn
letzterer gilt überall in Deutſchland als einheimiſcher Fiskus.
    Über die Haftung des Staats für Verſchulden ſeiner
Beamten vgl. I, 333¹⁸, II, 513,¹⁰ und oben S. 196¹·
    3. Soweit Privilegien nicht beſtehen, richten ſich die
Rechtsbeziehungen des Fiskus nach den allgemeinen Rechts=
normen, und zwar, ſofern in einem Staate verſchiedenes
Recht gilt, nach dem Rechte des Orts, wo die Behörde
ihren Sitz hat, die verfaſſungsmäßig zur Vertretung des
Fiskus⁵) berufen iſt (CPO. § 18). Die Verhältniſſe des

⁵) Die Vertretung des Reichsfiskus ſteht im Zweifel dem
Reichskanzler zu (II, 211). Einzelne Reichsverwaltungen werden von
Landesbehörden für das Reich geführt. Ob in dieſen Fällen dieſe
Landesbehörden auch zur Vertretung des Reichs bei Prozeſſen berufen
ſind, iſt davon abhängig, in welchem Umfang ihnen die Vertretung
zugewieſen iſt. Das Reichsgericht hat zB. angenommen, daß bei Reichs=
zöllen und Reichsſteuern, deren Einziehung durch RV. Art. 36 den
Bundesſtaaten zugewieſen iſt, die Landesbehörden (zB. in Preußen der
Provinzialſteuerdirektor) zur Vertretung des Reichsfiskus bei Prozeſſen
nicht legitimiert ſind, während mit Führung der Reichsmilitärverwaltung
betraute (II, 207³⁸) Landesbehörden zur Vertretung des Reichsmilitär=
fiskus auch in Prozeſſen berufen ſind (ERG. 2, 93, 24, 36).
    Die Vertretung des Landesfiskus iſt ſehr vielgeſtaltig ge=
ordnet. So erfolgt zB. in Preußen die Vertretung des Eiſen=
bahnfiskus (zB. in Haftpflichtprozeſſen) durch die Eiſenbahndirektionen
(§ 6⁴ der Verwaltungsordnung für die Staatseiſenbahnen vom
15. Dezember 1894); die des Juſtizfiskus in bürgerlichen Rechts=

Reichsfiskus und des preußiſchen Landesfiskus können da=
her verſchiedener Beurteilung unterliegen.

Dernburg nimmt ein einheitliches „Quaſidomizil"
des Reichsfiskus in Berlin an.

b. Die Gemeinden.

Schon in Rom hatten die Stadt= und Landgemeinden
eigene Rechtsfähigkeit und genoſſen einzelne Privilegien
(die privilegia minorum, S. 146³, zB. die in integrum
restitutio). Gegenwärtig bilden in Deutſchland ·alle
kommunalen Verbände (Provinzen, Kreiſe, Stadt= und
Landgemeinden) ſelbſtändige juriſtiſche Perſonen, deren
Entſtehung, Rechtsverhältniſſe und Auflöſung ſich jedoch
nach dem öffentlichen Rechte der einzelnen Bundesſtaaten
richten⁶). Das BGB. erwähnt die Kommunen (abgeſehen

ſtreitigkeiten durch die Staatsanwaltſchaft bei dem Oberlandesgericht,
in deſſen Bezirk die dem Rechtsſtreite zu Grunde liegende Angelegenheit
gehört, in den durch die Beitreibung der Gerichtskoſten entſtandenen
Prozeſſen durch den Gerichtskaſſenrendanten (PrG. vom 14. März 1885,
Allgem. Verf. vom 23. März 1885; vgl. früher AGGVG. vom
24. April 1878 § 86).

⁶) In Preußen (I, 72², II, 138) bilden Provinzen, Kreiſe
und Gemeinden mit eigener Rechtsfähigkeit ausgeſtattete Selbſtver=
waltungskörper. Sie ſind aber auch gleichzeitig Staatsverwaltungs=
körper und als ſolche in vermögensrechtlicher Beziehung stationes
fisci. Die zwiſchen den Provinzen und den Kreiſen ſtehenden Regierungs=
bezirke ſind dagegen, wie I, 71² hervorgehoben, ausſchließlich Staats=
verwaltungseinrichtungen.

Die hier allein intereſſierenden Rechtsverhältniſſe der Provinzen,
Kreiſe und Gemeinden als Selbſtverwaltungskörper (Kommunen) ſind
geordnet:

a. Bezüglich der Provinzen durch die Provinzialordnung
vom 29. Juni 1875 (neue Faſſung vom 22. März 1881), die ur=
ſprünglich nur für Preußen, Brandenburg, Pommern, Schleſien und
Sachſen beſtimmt war, ſpäter aber mit geringen Abweichungen auch
in den übrigen Provinzen, mit Ausnahme von Poſen, zur Einführung
gelangt iſt. „Jede Provinz bildet einen mit den Rechten einer Kor=
poration ausgeſtatteten Kommunalverband zur Selbſtverwaltung ſeiner
Angelegenheiten" (§ 1). Provinzialorgane ſind Landesdirektor, Provinzial=
ausſchuß, Provinziallandtag. Verpflichtende Erklärungen namens des
Provinzialverbands ſind unter Anführung des Beſchluſſes des be=
rufenen Organs (Provinziallandtag oder Provinzialausſchuß) vom

von dem auch auf ſie bezüglichen § 89, oben S. 195[1]) in
§ 395 (Unzuläſſigkeit der Aufrechnung bei Beteiligung

Landesdirektor und zwei Provinzialausſchußmitgliedern zu unterſchreiben
und vom Landesdirektor zu unterſiegeln (§ 91).
b. Bezüglich der Kreiſe durch die urſprünglich ebenfalls nur
für Preußen, Brandenburg, Pommern, Schleſien und Sachſen be=
ſtimmte, ſpäter mit Änderungen in alle anderen Provinzen eingeführte
Kreisordnung vom 13. Dezember 1872 (neue Faſſung vom
19. März 1881). „Jeder Kreis bildet einen Kommunalverband zur
Selbſtverwaltung ſeiner Angelegenheiten mit den Rechten einer Kor=
poration" (§ 2). Kreiskommunalorgane ſind Landrat, Kreisausſchuß,
Kreistag. Die Form der Verpflichtungen namens des Kreiſes entſpricht
der namens der Provinzen (Landrat und zwei Mitglieder des Kreis=
ausſchuſſes, § 137).
c. Bezüglich der Stadtgemeinden durch verſchiedene Städte=
ordnungen, von denen die für die 7 öſtlichen Provinzen mit Aus=
ſchluß Neuvorpommerns erlaſſene vom 30. Mai 1853 das größte
Geltungsgebiet hat. „Die Stadtgemeinden ſind Korporationen, ihnen
ſteht die Selbſtverwaltung ihrer Angelegenheiten nach näherer Vorſchrift
dieſes Geſetzes zu" (§ 9). Städtiſche Organe ſind der Bürgermeiſter,
der Magiſtrat (Bürgermeiſter, Beigeordneter, Stadträte) und die Stadt=
verordnetenverſammlung. Die Stadtgemeinde verpflichtende Urkunden
ſind von dem Bürgermeiſter oder dem Beigeordneten als ſeinem Stell=
vertreter und einem anderen Magiſtratsmitgliede zu unterzeichnen (§ 56⁸).
d. Bezüglich der Landgemeinden durch Landgemeinde=
ordnungen, von denen die für die 7 öſtlichen Provinzen erlaſſene
vom 3. Juli 1891 das größte Gebiet umfaßt. „Landgemeinden ſind
öffentliche Körperſchaften; es ſteht ihnen das Recht der Selbſtverwaltung
ihrer Angelegenheiten nach den Vorſchriften dieſes Geſetzes zu" (§ 5).
Gemeindeorgane ſind der Gemeindevorſteher (Schulze), mindeſtens
2 Schöffen und die Gemeindeverſammlung, an deren Stelle bei mehr
als 40 Stimmberechtigten eine Gemeindevertretung tritt. Die Ge=
meinde verpflichtende Urkunden ſowie Vollmachten bedürfen der An=
führung des Gemeindebeſchluſſes und müſſen von dem Gemeindevorſteher
und einem Schöffen unterſchrieben ſowie unterſiegelt ſein (§ 88). Für
die ſelbſtändigen Gutsbezirke, d. h. die größeren nicht einer Gemeinde
zugeteilten Güter, hat der Gutsbeſitzer allein alle Rechte und Pflichten
der Gemeinden.
Alle Kommunalverbände bedürfen für gewiſſe Geſchäfte, ins=
beſondere für Grundſtücksveräußerungen, der Staatsgenehmigung.
Für die Zwecke der Armenpflege ſind gemäß RG. vom 6. Juni
1870 (12. März 1894) über den Unterſtützungswohnſitz Armen=
verbände gebildet. In Preußen fällt nach dem Ausführungsgeſetze
vom 8. März 1871 der in erſter Linie eintretende Ortsarmen=
verband mit der Gemeinde oder dem ſelbſtändigen Gutsbezirke regel=

verschiedener Kassen, S. 197[2]), §§ 976 ff. (Anfall von Fundsachen an die Gemeinden bei Verzicht oder Verschweigen des Finders und bei Funden in Gemeinderäumen), sowie im EGBGB. Art. 71[6], 77 (Aufrechterhaltung der Landesgesetze über die Haftung der Gemeinden für Wildschaden und für Handlungen ihrer Beamten).

Über die verschiedenen Arten des Gemeindevermögens vgl. II, 472.

c. Die Religionsgesellschaften.

Schon seit Konstantin (II, 345) wurde die katholische Kirche als privilegierte vermögensfähige juristische Person angesehen. Auch gegenwärtig ist aber noch — mindestens für die katholische Kirche — streitig, ob die Gesamtanstalt, die im päpstlichen Stuhl ihre Spitze findet, oder die geographisch begrenzte Anstalt (Bistum, Pfarre), oder ob die als Korporation gedachte Gesamtheit der Mitglieder der einzelnen Kirchengemeinde als Subjekt des Kirchenvermögens anzusehen ist. Für das evangelische Kirchenrecht ist die zuletzt genannte Ansicht die herrschende. Das kanonische Recht weist das kirchliche Vermögen den einzelnen Anstalten zu. Die Rechtsfähigkeit der Kirche ist durch Amortisationsgesetze (II, 347) beschränkt. Verleihung und Gestaltung der Rechtsfähigkeit, Organisation und Auflösung der Kirche richten sich in Deutschland nach Landesrecht[7]). Die den Religionsgesellschaften ge-

---

mäßig zusammen; jedoch können mehrere Gemeinden zu Gesamtarmen-verbänden zusammengelegt werden. Der beim Fehlen eines Unterstützungswohnsitzes (II, 128) und demgemäß eines verpflichteten Ortsarmenverbands eintretende Landarmenverband fällt mit der Provinz zusammen.

[7]) Nach Art. 84 EGBGB. sind die landesgesetzlichen Vorschriften unberührt geblieben, nach denen eine Religionsgesellschaft oder geistliche Gesellschaft Rechtsfähigkeit nur im Wege der Gesetzgebung erlangen kann. In Preußen (vgl. II, 249[5]) unterscheidet das ALR. II, 11 zwischen Kirchengesellschaften, d. h. solchen Religionsgesellschaften, die sich zur öffentlichen Feier des Gottesdienstes verbunden haben, und geistlichen Gesellschaften, welche andere kirchliche Zwecke verfolgen

währten Privilegien sind, soweit sie das bürgerliche Recht betreffen (zB. 44jährige Verjährung, ALR. I, 9 § 629) durch Nichtaufnahme in das BGB. beseitigt (vgl. AGBGB. Art. 8 [1], vierjährige Verjährung der Stolgebühren). Nach KO. § 61 [3] haben Kirchen dagegen auch heute noch wegen ihrer Abgabenforderungen aus dem letzten Jahre vor der Konkurseröffnung ein Recht auf vorzugsweise Befriedigung in der dritten Klasse (I, 629 [10]). Ferner werden nach § 10 [3] ZwVG. und Art. 1, 2 AGZwVG. die auf einem Grund= stücke ruhenden Lasten zu Gunsten der Kirchen oder Kirchendiener als „gemeine Lasten" (II, 569) betrachtet und bei der Zwangsvollstreckung in das Grundstück wegen der laufenden und der aus den letzten 2 Jahren rück= ständigen Beträge vorzugsweise befriedigt (I, 585).

d. Die Innungen.

Die Innungen (Zünfte), d. h. Vereinigungen von Personen, die in einem Bezirke das gleiche Gewerbe

(geistliche Ritterorden, II, 283, Stifter, Klöster). Bis zur Verfassung vom 31. Januar 1850 konnten Religionsgesellschaften wie jede andere juristische Person durch Königliche Verleihung Korporationsrechte er= langen; seither ist gemäß VU. Art. 13 dies nur durch Gesetz möglich. Eine katholische Landeskirche (wie zB. in Bayern und Baden) ist in Preußen als selbständiges Rechtssubjekt nicht anerkannt, wohl aber die evangelische Landeskirche (Gesetz vom 3. Juni 1876 betr. die ev. Kirchenverfassung; vgl. II, 300 [3]). Auch den evangelischen Kreis= und Provinzialsynodalverbände haben gemäß dem Kirchengesetze vom 16. Juni 1895 eigene Rechtspersönlichkeit. In der katholischen Kirche sind dagegen nur die lokalen Kirchengemeinden und die sonstigen selbständigen Anstalten (zB. Bistümer, Domkapitel) juristische Personen (II, 346).
Erlischt eine Parochie, so fällt in Preußen ihr Vermögen nach einem Gesetze vom 13. Mai 1833 als herrenlos an den Fiskus, der es zum Vorteile der Religionsparteien gleichen Bekenntnisses in der Provinz verwenden soll. Dagegen sollte nach dem Gesetz vom 31. Mai 1875 (II, 282) das Vermögen der aufgelösten Niederlassungen der Orden und ordensähnlichen Kongregationen zwar in die Verwaltung, aber nicht in das Eigentum des Staats übergehen. Soweit auf Grund des PrG. vom 29. April 1887 diese Niederlassungen wieder zugelassen und eingerichtet werden, ist ihnen das verwahrte Vermögen zurückzugeben.
Über die Stellung der Religionsgesellschaften in Preußen vgl. II, 249 [5].

betreiben, waren im Mittelalter und bis zur Mitte des
19. Jahrhunderts öffentlich = rechtliche Verbände (II, 477).
Unter dem Einflusse der die spätere Entwickelung be=
herrschenden manchesterlichen Lehre (I, 5⁸), welche die
freie Vereinigung unter Ablehnung jedes Zwangs und
jeder Staatsaufsicht verlangte, waren die Innungen zu
gewerblichen Privatvereinen geworden. Auch nach der
auf dem gleichen Standpunkt völliger Gewerbefreiheit
stehenden Reichsgewerbeordnung vom 21. Juni 1869
waren die Innungen lediglich Privatvereine von Fach=
genossen. In neuester Zeit hat die Reichsgesetzgebung
jedoch zwecks Hebung des sehr gesunkenen Handwerker=
stands den neuentstehenden Innungen („neue Innungen")
den Charakter öffentlich=rechtlicher Verbände mit einigen
Zwangsbefugnissen zurückgewährt und für die „alten
Innungen" eine Anpassung an die neuen Grundsätze vor=
geschrieben. Dies geschah durch die Novellen zur RGO.
vom 18. Juli 1881, 1. Juli 1883 (neue Fassung der
RGO. von diesem Tage), 8. Dezember 1884, 23. April
1886, 6. Juli 1887 und besonders vom 26. Juli 1897
(sog. Handwerkergesetz, in Kraft seit dem 1. April
1898).

Bei der Neuordnung des Innungswesens sind zwei
Maßregeln zur Hebung des Handwerkerstands vorgeschlagen
worden: erstens die Einführung von Zwangsinnungen
mit Zunftzwang und zweitens das Erfordernis eines Be=
fähigungsnachweises. Beiden Forderungen hat das
Handwerkergesetz vom 26. Juli 1897 nur zum Teil ent=
sprochen.

1. Freie Innungen und fakultative Zwangs=
innungen.

α. Nach der RGO., auch in der jetzt geltenden
Fassung, beruht das Innungswesen grundsätzlich auf den
freien Innungen, d. h. dem freiwilligen Zusammen=
schlusse der ein Gewerbe in einem gewissen Bezirke selb=
ständig betreibenden Personen zu einer Vereinigung zwecks
Förderung der gemeinsamen gewerblichen Interessen (§ 81).

Aufgabe der Innungen iſt:

a. die Pflege des Gemeingeiſtes ſowie die Aufrecht=
erhaltung und Stärkung der Standesehre unter den
Innungsmitgliedern;

b. die Förderung eines gedeihlichen Verhältniſſes
zwiſchen Meiſtern und Geſellen ſowie die Fürſorge für
das Herbergsweſen und den Arbeitsnachweis;

c. die Regelung des Lehrlingsweſens;

d. die Entſcheidung von Streitigkeiten zwiſchen den
Innungsmitgliedern und ihren Lehrlingen an Stelle des
Gewerbegerichts (§ 81ᵃ).

Die Innungen dürfen ferner ihre Wirkſamkeit auf
andere, den Innungsmitgliedern gemeinſame gewerbliche
Intereſſen ausdehnen (Fortbildungsſchulen, Prüfungsweſen,
Hülfskaſſen, Schiedsgerichte zur Entſcheidung von Streitig=
keiten zwiſchen Innungsmitgliedern und ihren Geſellen und
Arbeitern, Einrichtung eines gemeinſchaftlichen Geſchäfts=
betriebs, § 81ᵇ). Aufgaben, Verwaltung und Rechts=
verhältniſſe der Innung ſind durch ein Innungsſtatut
zu regeln, das der Genehmigung durch die höhere Ver=
waltungsbehörde (in Preußen den Bezirksausſchuß, in
Berlin den Polizeipräſidenten) bedarf (§ 84).

Die Innungen ſind juriſtiſche Perſonen. Sie können
unter ihrem Namen Rechte erwerben und Verbindlichkeiten
eingehen, vor Gericht klagen und verklagt werden. Für
ihre Verbindlichkeiten haftet den Gläubigern nur ihr Ver=
mögen (§ 86). Gewerbetreibenden, welche den geſetzlichen
und ſtatutariſchen Beſtimmungen entſprechen, darf die
Aufnahme in die Innung nicht verſagt werden (§ 87).
Organe der Innung ſind der Vorſtand und die
Innungsverſammlung (§ 92) und als Vertretung der
Geſellen der Geſellenausſchuß.

β. An die Stelle der, wie erwähnt, immer noch die
Grundlage des Innungsweſens bildenden freien Innungen
können nun ſeit dem Handwerkergeſetze vom 26. Juli 1897
Zwangsinnungen geſetzt werden, d. h. ſolche Innungen,
denen die Gewerbetreibenden des gleichen Bezirks und

Gewerbes kraft Gesetzes, nicht auf Grund freiwilligen Eintritts, angehören. Die Errichtung einer Zwangsinnung kann jedoch von der höheren Verwaltungsbehörde (in Preußen dem Regierungspräsidenten, für Berlin dem Oberpräsidenten) nur auf Antrag Beteiligter angeordnet werden (daher die Bezeichnung „fakultative Zwangsinnungen"), und unter der Voraussetzung, daß:

a. die Mehrheit der beteiligten Gewerbetreibenden der Einführung des Beitrittszwangs zustimmt,

b. der Bezirk der Innung so abgegrenzt ist, daß kein Mitglied durch die Entfernung seines Wohnorts an der Teilnahme am Genossenschaftsleben und der Benutzung der Innungseinrichtungen gehindert ist,

c. die Zahl der im Bezirke vorhandenen beteiligten Handwerker zur Bildung einer leistungsfähigen Innung ausreicht (§ 100).

Mit Entstehung einer Zwangsinnung werden die in deren Bezirke befindlichen, für die gleichen Gewerbszweige bestehenden freien Innungen geschlossen.

γ. Neben den Innungen sind zur Vertretung gemeinsamer Interessen bestimmt: die Innungsausschüsse (für mehrere derselben Aufsichtsbehörde unterstehende Innungen, §§ 101 ff.), die Innungsverbände (für mehrere nicht derselben Aufsichtsbehörde unterstehende Innungen, §§ 104 ff.) und die Handwerkskammern zur Vertretung der Interessen des Handwerks eines Bezirks (§§ 103 ff.).

Der Innungsausschuß erhält die Rechte einer juristischen Person durch Verleihung der Landeszentralbehörde (§ 101 Abs. 3), die Handwerkskammer von selbst mit ihrer Errichtung (§§ 103 n, 86), der Innungsverband durch Verleihung seitens des Bundesrats (§ 104 g).

2. Befähigungsnachweis.

Die Handwerkernovelle hat das Erfordernis eines Befähigungsnachweises als Voraussetzung für das Betreiben eines Handwerks nicht aufgenommen. Es sind jedoch einige Vorſchriften zur Ermöglichung einer gewiſſen Aufſicht ſeitens der Fachgenoſſen getroffen:

α. Innungen können im Statute die Aufnahme von Mitgliedern von der Ablegung einer Prüfung abhängig machen; dieſe darf jedoch nur den Nachweis der Be= fähigung zur ſelbſtändigen Ausführung der gewöhnlichen Arbeiten des Gewerbes bezwecken (§ 87).

β. Handwerker dürfen Lehrlinge nur halten, wenn ſie — abgeſehen von dem für alle Lehrherren erforderlichen Beſitze der bürgerlichen Ehrenrechte, § 126 —:

a. das 24. Lebensjahr vollendet haben;

b. in dem Gewerbe, in welchem die Anleitung der Lehrlinge erfolgen ſoll

1) entweder die von der Handwerkskammer vor= geſchriebene Lehrzeit oder mangels ſolcher Vorſchrift min= deſtens eine dreijährige Lehrzeit zurückgelegt und die Ge= ſellenprüfung beſtanden haben; oder

2) fünf Jahre hindurch perſönlich das Handwerk ſelbſtändig ausgeübt haben oder als Werkmeiſter oder in ähnlicher Stellung thätig geweſen ſind (§ 129).

γ. Die Führung des Meiſtertitels ſetzt voraus:

a. den Erwerb der Fähigkeit zur Anleitung von Lehrlingen; ſowie

b. die Ablegung der Meiſterprüfung (§ 133).

e. Juriſtiſche Perſonen für ſozialpolitiſche Zwecke.

Seit der Allerhöchſten Botſchaft vom 17. November 1881 iſt die Sozialpolitik, d. h. die Frage der beſt= möglichen Förderung der minder begüterten Stände und der Verringerung der Klaſſenunterſchiede (ſog. ſoziale Frage), zum Gegenſtande der Reichsgeſetzgebung gemacht worden [8]). Die Förderung des Wohls der ärmeren

---

[8]) Nachdem Bismarck bereits ſeit 1878 (Dezemberbrief) auf dem Gebiete der Handelspolitik die bisher befolgte, den mancheſterlichen Grundſätzen (I, 5 [8]) entſprechende Freihandelspolitik durch eine Schutzzoll=

Klassen, insbesondere zwecks Erhaltung ihrer Arbeitskraft (des einzigen „Patrimoniums der Enterbten"), ist in dreifacher Richtung erfolgt: durch Gewährung von Unterstützung in Krankheitsfällen, bei Berufs= unfällen und bei der infolge von Invalidität oder Altersschwäche eintretenden Arbeitsunfähigkeit. In allen drei Richtungen wird die Unterstützung durch Ver= sicherungsanstalten und =verbände gewährt, welche, sofern sie nicht (wie die Gemeindekrankenversicherung, s. u.) poli= tischen Verbänden angegliedert sind oder (wie die Fabrik= und Baukassen) mit bestimmten Personen zusammenhängen, die Eigenschaften selbständiger juristischer Personen haben.

1. Die Krankenversicherung beruht auf dem Krankenversicherungsgesetze vom 15. Juni 1883, neue Fassung vom 10. April 1892 („KVG."). Danach sind die in gewerblichen Betrieben (mit Ausnahme von Apotheken) beschäftigten Personen[9], soweit sie nicht mehr als $6^2/_3$ Mk.

---

politik ersetzt hatte, wurde auch in der Reichsgesetzgebung die staats=
sozialistische, den „Schutz des wirtschaftlich Schwachen" erstrebende An=
schauung mehr und mehr zur Geltung gebracht, zuerst im Reichs=
wuchergesetz vom 24. Mai 1880 (II, 507[b]).

Auf diesem Umschwunge beruht auch die oben besprochene Arbeiter=
schutzgesetzgebung. Sie fußt auf dem Grundsatze, daß gewisse Klassen
von Arbeitern für bestimmte Fälle kraft Gesetzes versichert sind, während
bisher nur die Möglichkeit freiwilliger Versicherung vorgesehen war
(Ges. über die Eingeschriebenen Hülfskassen v. 7. April 1876 und
Novelle vom 1. Juni 1884). Diese Einrichtung hat auch jetzt noch
insofern Bedeutung, als derjenige, der einer derartigen Freien Hülfs=
kasse angehört, welche die gesetzlichen Mindestleistungen der Zwangs=
krankenkassen gewährt, von der Mitgliedschaft und daher auch von der
Beitragspflicht zu diesen befreit ist.

[9]) Durch satzungsmäßige Bestimmung einer Gemeinde oder eines
weiteren Kommunalverbands kann die Versicherungspflicht u. a. auch
auf die mitarbeitenden Familienangehörigen, ferner auf selbständige
Gewerbetreibende, die in eigenen Betriebsstätten im Auftrag und für
Rechnung anderer Gewerbetreibender mit der Herstellung oder Be=
arbeitung gewerblicher Arbeiten beschäftigt werden (Hausindustrie),
erstreckt werden.

Handlungsgehülfen und Handlungslehrlinge sind nur
versicherungspflichtig, sofern der ihnen nach HGB. § 63 im Fall un=
verschuldeten Unglücks zustehende Anspruch auf Gehalt und Unterhalt

für den Arbeitstag erhalten, nach Maßgabe dieses Gesetzes bei bestimmten Anstalten kraft Gesetzes[10]) versichert, ohne daß es einer Beitrittserklärung der Arbeiter bedarf. Diese Versicherungsanstalten sind für die Regel die Orts=

---

für 6 Wochen durch Vereinbarung mit dem Prinzipal ausgeschlossen ist (KVG. § 1 Abf. 4, vgl. auch BGB. § 617 hinsichtlich der in die häusliche Gemeinschaft aufgenommenen Personen).

Dienstboten sind nicht versicherungspflichtig, aber nach § 4 des Gesetzes zum Beitritt zur Krankenversicherung berechtigt.

Zur Invalidenversicherung sind dagegen sowohl Handlungsgehülfen und =lehrlinge als Dienstboten versicherungspflichtig (S. 216).

[10]) Gemäß § 49 haben zwar die Arbeitgeber jede von ihnen beschäftigte versicherungspflichtige Person spätestens am 3. Tage nach Beginn und Ende der Beschäftigung bei der Ortskrankenkasse oder Gemeindekrankenversicherung an= und abzumelden. Von dieser Anmeldung hängt aber der Anspruch des erkrankten Arbeiters nicht ab; denn dieser ist mit dem Beginne der Beschäftigung kraft Gesetzes ver= sichert. Der die Anmeldung schuldhafter Weise unterlassende Arbeit= geber wird aber nicht nur bestraft (Geldstrafe bis zu 20 Mk., § 81), sondern hat gemäß § 50 auch alle Aufwendungen in einem vor der Anmeldung durch die nicht angemeldete Person veranlaßten Unter= stützungsfalle zu erstatten. Das Gleiche gilt für die Unfallversicherung (UVG. § 104). Bei der Alters= und Invaliditätsversicherung dagegen ist der Eintritt in den Genuß der durch das JVG. gewährten Bezüge von einer Beitragsleistung abhängig (S. 217).

Betreffs der entstehenden Streitigkeiten ist zu unterscheiden:

a. Für die Ansprüche der Versicherten gegen Dritte (z. B. auf Grund des § 823 BGB.), die überhaupt von dem KVG. nicht berührt werden, bleibt der Rechtsweg zulässig; nur geht der Anspruch, soweit Unterstützung geleistet ist, auf die betreffende Kasse kraft Gesetzes über (§ 57).

b. Streitigkeiten zwischen Arbeitgebern und Arbeitern über Be= und Anrechnung der Beiträge werden im Rechtswege nach Maßgabe des Gewerbegerichtsgesetzes (I, 702) entschieden (§ 53a).

c. Streitigkeiten zwischen den Arbeitgebern oder Versicherten einerseits und den Kassen andererseits über das Versicherungs= verhältnis, die Beitragspflicht und die Erstattungsansprüche gegen Arbeitgeber wegen unterlassener Anmeldung (f. o.) werden von der (landesrechtlich bestimmten, § 84) Aufsichtsbehörde entschieden, deren Entscheidung in 4 Wochen auf dem Rechtswege (durch Erhebung der Klage) und, soweit sie landesgesetzlich bestimmt ist, im Verwaltungs= streitverfahren angefochten werden kann (§ 58; in Preußen entscheidet der Bezirksausschuß, hiergegen Revision an das Oberverwaltungsgericht, Kgl. Verordnung vom 9. August 1892).

krankenkaſſen der in einem Gewerbe beſchäftigten Per=
ſonen, an deren Stelle Fabrik=, Bau=, Innungs= oder
Knappſchaftskaſſen treten können. Für die keiner dieſer
Kaſſen angehörenden Perſonen tritt die Gemeinde=
krankenverſicherung ein, d. h. die Gemeinde hat dieſen
Perſonen die ſonſt von den Krankenkaſſen zu leiſtende
Unterſtützung zu gewähren. Von den erwähnten Ver=
ſicherungsanſtalten haben eigene juriſtiſche Perſönlichkeit
nur die beim Vorhandenſein von mindeſtens 100 Ver=
ſicherungspflichtigen in einer Gemeinde von dieſer zu er=
richtenden Ortskrankenkaſſen, während die übrigen, wie
oben erwähnt, einer anderen (juriſtiſchen oder natürlichen)
Perſon angegliedert ſind. Alle Krankenkaſſen müſſen aber
gewiſſe Mindeſtleiſtungen gewähren, nämlich vom Beginne
der Krankheit ab freie Behandlung und Heilmittel, ſowie
im Falle der Erwerbsunfähigkeit vom dritten Krankheits=
tag ab (nach der ſog. Karenzzeit) bis zum Ablaufe von
13 Wochen ein Krankengeld in Höhe der Hälfte des orts=
üblichen Tagelohns gewöhnlicher Handarbeiter. Bei der
Gemeindekrankenverſicherung iſt die Leiſtungspflicht eine
geringere als bei den Ortskrankenkaſſen (§§ 6, 20). Dieſe
gewähren auch ein Sterbegeld, und das Krankengeld, das
auch gegenüber der Gemeindekrankenverſicherung erhöht
werden kann, kann im Kaſſenſtatut (§ 23) über 13 Wochen
hinaus bis zu einem Jahre zugeſagt werden (§ 21).
 Dieſe Leiſtungen werden durch Beiträge ermöglicht,
deren Höhe das Krankenkaſſenſtatut ergiebt. Sie haben
den Charakter von Verſicherungsprämien und ſind von
den Arbeitgebern einzuzahlen, die aber ²/₃ den Arbeitern
von der Lohnzahlung abziehen dürfen, ſodaß ſie nur ¹/₃
leiſten. Organe der als ſelbſtändige juriſtiſche Perſonen
hier allein intereſſierenden Ortskrankenkaſſen ſind der Vor=
ſtand und die Generalverſammlung.
 2. Die Unfallverſicherung beruht auf dem Unfall=
verſicherungsgeſetze vom 6. Juli 1884 („UVG.“). Bis
dahin waren die Arbeiter gegen die Folgen von Betriebsun=
fällen nur inſofern geſchützt, als die Unternehmer von Berg=
werken, Steinbrüchen, Gruben und Fabriken für die durch

einen Betriebsaufſeher verſchuldeten Unfälle haftpflichtig
waren (§ 2 des Reichshaftpflichtgeſetzes vom 7. Juni 1871).
Durch das Unfallverſicherungsgeſetz vom 6. Juli 1884
wurden zunächſt die Arbeiter[11]) dieſer haftpflichtigen Ge=
werbe[12]), dann aber auch die Arbeiter des Bau= und

---

[11]) Im Sinne des Geſetzes (§ 1) ſind „Fabriken" die Be=
triebe, in denen die Be= oder Verarbeitung von Gegenſtänden gewerbe=
mäßig ausgeführt wird und zu dieſem Zwecke mindeſtens 10 Arbeiter
regelmäßig beſchäftigt oder in denen Exploſivſtoffe erzeugt werden. Dieſe
Begriffsbeſtimmung entſpricht nicht dem gewöhnlichen Sprachgebrauch.
Unter „Fabrik" im Gegenſatze zu Handwerk verſteht man regelmäßig
die Anſtalten zur Be= und Verarbeitung von Stoffen, in denen das
Arbeitserzeugnis nicht durch einen Einzelnen, ſondern durch das Zu=
ſammenwirken Mehrerer unter planmäßiger Arbeitsteilung herge=
ſtellt wird.
Das ALR. II, 8 §§ 407 ff. erklärte Fabriken für „Anſtalten, in
welchen die Verarbeitung oder Verfeinerung gewiſſer Naturerzeugniſſe
im Großen betrieben wird". Der Unternehmer einer ſolchen Anſtalt
wurde hier Fabrikunternehmer, der Arbeiter im Gegenſatze zur heutigen
Sprechweiſe „Fabrikant" genannt.
[12]) § 2 des Haftpflichtgeſetzes ſtellte gegenüber dem früheren
Recht inſofern einen Fortſchritt dar, als er eine Haftung für fremde
Schuld ausſprach, während bisher grundſätzlich jeder nur für eigene
Schuld ſchadenserſatzpflichtig war, für die ſeiner Angeſtellten nur bei
culpa in eligendo (II, 512[10]). Dieſe Vorſchrift genügte aber einer=
ſeits dem Bedürfniſſe nicht, weil ſie nur die Fälle eines durch einen
Aufſichtsbeamten verſchuldeten Unfalls vorſah. Andererſeits belaſtete
ſie beim Eintritt eines derartigen Betriebsunfalls den Betriebsunter=
nehmer ſchwer. Endlich erhielten der Verletzte und deſſen Hinterbliebene
die ihnen zuſtehende Entſchädigung vielfach erſt nach langwierigen Pro=
zeſſen. Durch das Unfallverſicherungsgeſetz iſt dieſen Übelſtänden abge=
holfen. Nach §§ 95 ff. muß man jetzt unterſcheiden:
a. Der Betriebsunfall iſt von dem Betriebsunternehmer oder
einem von dieſem angeſtellten Betriebsleiter vorſätzlich herbeigeführt,
und dies iſt durch ſtrafgerichtliches Urteil feſtgeſtellt. Dann haftet der
Betriebsunternehmer (§ 2 des Reichshaftpflichtgeſetzes, vgl. BGB. § 823
und EGBGB. Art. 42) für den vollen Schaden. Nur geht der An=
ſpruch der Geſchädigten kraft geſetzlicher Ceſſion (IV, 313[13]) inſoweit
auf die Krankenkaſſe oder Berufsgenoſſenſchaft über, als dieſe Kaſſen
den Geſchädigten unterſtützen müſſen, ſodaß dieſer gegen den Betriebs=
unternehmer nur den Unterſchied zwiſchen dem von letzterem zu er=
ſetzenden, vollen Schaden und den Leiſtungen jener Kaſſen (S. 212, 215)
geltend machen kann; dies gilt auch für den Fall des Antrags auf
Zuerkennung einer Buße im Strafverfahren (StGB. § 231).

Schornsteinfegergewerbes sowie derjenigen Betriebe, in denen durch elementare Kraft bewegte Triebwerke zur Verwendung kommen, für versicherungspflichtig erklärt, ebenso die Betriebsbeamten mit weniger als 2000 Mk. jährlichem Gehalte. Durch das RG. über die Ausdehnung der Unfall- und Krankenversicherung vom 28. Mai 1885 wurde die Unfall- (und Kranken- S. 210) Versicherung auf den Post-, Telegraphen- und Eisenbahnbetrieb sowie die Betriebe der Marine- und Heeresverwaltungen, ferner auf die Baggerei und sämtliche Transportgewerbe und durch Gesetze von 1886 und 1887 auf die land- und forstwirtschaftlichen Betriebe sowie die Seeleute ausgedehnt.

Alle Betriebsunternehmer desselben unfallversicherungspflichtigen Gewerbes werden kraft Gesetzes zu Gegenseitigkeitsversicherungsgesellschaften mit Rechtspersönlichkeit (§ 9), sog. Berufsgenossenschaften, zusammengefaßt. Für die Entstehung derselben gilt das System der Normativbestimmungen (§ 12), indem regelmäßig (vgl. über die zwangsweise Bildung durch den Bundesrat § 15) die

---

b. Der Betriebsunfall ist von dem Betriebsunternehmer oder seinem Betriebsleiter berufsfahrlässig, d. h. unter Außerachtlassung derjenigen Aufmerksamkeit, zu welcher der Schuldige vermöge seines Amts, Berufs oder Gewerbes besonders verpflichtet war, herbeigeführt, und dies ist durch strafgerichtliches Urteil festgestellt. Dann hat zwar der Geschädigte selbst keine Ansprüche, auch nicht auf Zuerkennung einer Buße im Strafverfahren; aber die Krankenkasse und die Berufsgenossenschaft können von dem Schuldigen Ersatz ihrer Aufwendungen verlangen.

c. Der Betriebsunfall ist von einem Dritten (nicht Betriebsunternehmer oder Beauftragten) vorsätzlich oder fahrlässig herbeigeführt. Dann haftet dieser nach bürgerlichem Rechte (§ 823 BGB.) dem Geschädigten für den ganzen Schaden; nur geht dessen Anspruch kraft gesetzlicher Cession auf die Krankenkasse oder Berufsgenossenschaft in Höhe der Leistungen dieser Kassen über.

Haftpflichtansprüche der Arbeitnehmer gegen die Arbeitgeber sind hiernach nur noch bei einem durch strafgerichtliches Urteil festgestellten Vorsatze des Betriebsunternehmers oder eines Betriebsleiters zulässig. Dagegen ist das Reichshaftpflichtgesetz noch unbeschränkt anwendbar, wenn der Verletzte in dem Betriebe nicht versichert war, zB. weil er mehr als 2000 Mark Jahresgehalt bezog, oder wenn er zu dem Betriebsunternehmer überhaupt in keinem Arbeitsverhältnisse stand (zB. wenn der Besucher einer Fabrik verletzt wird).

Bildung der Genoſſenſchaft durch Vereinbarung der Be=
triebsunternehmer unter Zuſtimmung des Bundesrats, die
nur in den geſetzlichen Fällen verſagt werden darf, erfolgt.
Mitglied der Berufsgenoſſenſchaft iſt kraft Geſetzes jeder
Betriebsunternehmer des betreffenden Gewerbes, ſodaß
(ebenſo wie bei der Krankenverſicherung, S. 211¹⁰)) der
Anſpruch des verunglückten Arbeiters nicht etwa von der
— binnen Wochenfriſt zu bewirkenden — Anmeldung
ſeitens des Betriebsunternehmers zum „Genoſſenſchafts=
kataſter" abhängt. Während bei der Krankenverſicherung
die Arbeiter den größeren Teil der erforderlichen Bei=
träge (²/₃) leiſten, werden die Koſten der Unfallverſicherung
auf die beteiligten Betriebsunternehmer allein unter Berück=
ſichtigung der Unfallgefahr des einzelnen Betriebs (Ge=
fahrentarif) verteilt. Für zahlungsunfähig werdende Be=
rufsgenoſſenſchaften tritt das Reich ein.

Unfallentſchädigung wird bei Verletzung oder Tötung
im Betriebe gewährt, ſofern der Unfall nicht von dem
Betroffenen ſelbſt vorſätzlich herbeigeführt iſt. Bei Ver=
letzungen beſteht der Schadenserſatz in der Gewährung
freier Heilung und einer nach dem Grade der Erwerbs=
unfähigkeit abgeſtuften Rente, beides von der 14. Woche
ab, da für die erſten 13 Wochen die Krankenverſicherung
eintritt (S. 212). Die Rente beträgt bei völliger Erwerbs=
unfähigkeit ²/₃ des durchſchnittlichen Arbeitsverdienſtes des
Verletzten. Das regelmäßig nur die Hälfte des orts=
üblichen Arbeitslohns betragende Krankengeld iſt hiernach
ſtets geringer. Der Betriebsunternehmer hat jedoch bei
Betriebsunfällen dem Verletzten von der 5.—13. Woche
den Unterſchied zwiſchen der von der 14. Woche be=
ginnenden Unfallsrente und dem Krankengeld aus eigenen
Mitteln zuzulegen (§ 5).

Bei Todesfällen iſt als Erſatz der Beerdigungskoſten
das 20 fache des Tagesverdienſtes zu zahlen. Ferner er=
halten die Witwe 20 %, jedes Kind bis zum 15. Lebens=
jahre 15 %, unterhaltsberechtigte bedürftige Aſcendenten
20 % des Jahresarbeitsverdienſtes des Getöteten. Die
ſich wieder verheiratende Witwe verliert ihre Rente, erhält
aber deren Dreijahresbetrag als Abfindung.

Organe der Berufsgenossenschaft, die ihre Ver=
fassung in einem Genossenschaftsstatute hat, sind der Vor=
stand und die Generalversammlung. Ferner ist für die
bei Feststellung der Entschädigung entstehenden Streitig=
keiten ein Schiedsgericht bestimmt, das aus einem be=
amteten Vorsitzenden und 4 Beisitzern besteht, von denen
je 2 von den Arbeitgebern und den Arbeitnehmern gewählt
werden. Die Unfallentschädigung wird durch den Vor=
stand der Genossenschaft festgestellt. Gegen diese Fest=
stellung findet binnen 4 Wochen die Berufung an das
Schiedsgericht und gegen dessen Entscheidung binnen
4 Wochen der Rekurs an das Reichsversicherungsamt
in Berlin statt; I, 700. Die Auszahlung der Entschädigung
erfolgt durch die Postämter.

3. Die Invaliditäts= und Altersversicherung
beruht auf dem Invalidenversicherungsgesetze vom
19. Juli 1899 („JVG.", ursprünglich vom 22. Juni 1889).
Nach diesem Gesetze sind alle über 16 Jahre alten Arbeiter,
Gehülfen, Gesellen, Lehrlinge, Dienstboten, ferner alle
Betriebsbeamten, Werkmeister, Techniker, Handlungs=
gehülfen und Lehrlinge mit einem 2000 Mk. nicht über=
steigenden Jahresarbeitsverdienst, endlich die Personen der
Schiffsbesatzung gegen die infolge von Alter oder aus
sonstigen Gründen eintretende Erwerbsunfähigkeit versichert
(etwa 12 Millionen; § 1, vgl. auch § 14 über die Zu=
lässigkeit einer Selbstversicherung der Betriebsbeamten
und kleinen Gewerbetreibenden). Die Versicherten sind nach
der Höhe ihres Jahresverdienstes in 5 Lohnklassen (bis
350, 550, 850, 1150 und über 1150 Mk.) mit wöchent=
lichen Beiträgen von vorläufig 14, 20, 24, 30 und 36 Pfg.
geteilt, wovon die Hälfte von dem Arbeitgeber, die
Hälfte von dem Versicherten zu leisten ist (§§ 34, 32).
Die Zahlung der Beiträge erfolgt durch Einklebung von
Marken in Versicherungskarten (Klebegesetz!) durch den
Arbeitgeber (§§ 130, 131).

α. Für die Zwecke der Versicherung sind von den
Landesregierungen mit Genehmigung des Bundesrats
Versicherungsanstalten (in Preußen für jede Provinz

und eine besondere für die Stadt Berlin) errichtet, welche
(§ 68) selbständige, durch ein Statut organisierte juristische
Personen sind und als Organe einen Vorstand (§ 73)
und einen aus mindestens je 5 Vertretern der Arbeitgeber
und der Versicherten bestehenden Ausschuß (§ 76) haben.
Ferner werden in ähnlicher Weise wie für die Unfall=
versicherung Schiedsgerichte gebildet (§§ 103—107, vgl.
I, 700).

Den unteren Verwaltungsbehörden liegt die Entgegen=
nahme und Vorbereitung von Anträgen auf Renten=
bewilligung ob. Es können jedoch zur Wahrnehmung
dieser Geschäfte besondere „Rentenstellen" gebildet
werden.

β. Die Versicherung erstreckt sich auf Altersrente und
auf Invalidenrente (§ 15). Voraussetzung der Alters=
rente ist Erreichen des 70. Lebensjahrs (§ 15 Abs. 3)
und eine 1200 Beitragswochen fortgesetzte Zahlung von
Beiträgen (§ 29 ²). Die Invalidenrente setzt Erwerbs=
unfähigkeit (vgl. § 15) nach 200 (falls mindestens 100 Bei=
träge auf Grund der Versicherungspflicht geleistet sind,
sonst 500) Beitragswochen voraus (§ 29 ¹).

γ. Die Höhe der Renten bestimmt sich nach den
Lohnklassen und nach Jahresbeträgen. Die Renten be=
stehen aus einem der Höhe nach verschiedenen Betrage,
der von den Versicherungsanstalten aufzubringen ist, und
einem festen Zuschusse des Reichs von 50 Mk. für jede
Rente. Die Renten werden ebenso wie die der Unfall=
versicherung durch die Postanstalt des Wohnsitzes des
Berechtigten ausgezahlt. Für zahlungsunfähige Versiche=
rungsanstalten tritt der Kommunalverband oder der Bundes=
staat ein, für den sie errichtet sind.

δ. Die Feststellung der Rente erfolgt durch den Vor=
stand der Versicherungsanstalt, gegen dessen Bescheid binnen
eines Monats Berufung an das Schiedsgericht zulässig
ist (§ 114). Gegen die Entscheidung des Schiedsgerichts
findet binnen eines Monats wegen Gesetzesverletzung
Revision beim Reichsversicherungsamte statt. Sind
mindestens 200 Beitragswochen gezahlt, ohne daß eine

Rentenberechtigung eintrat, so können weibliche Personen, die sich verheiraten, oder die Hinterbliebenen männlicher Personen die Hälfte der gezahlten Beiträge zurückerstattet verlangen (§§ 42 und 44).

Die auf Grund der Kranken=, der Unfall= und der Alters= und Invaliditätsversicherung zu zahlenden Beträge sind unpfändbar (Krank.G. § 56, Unfallvers.G. § 68, Inval.G. § 55, vgl. CPO. § 850, I, 572 ³⁷) und nicht abtretbar (BGB. § 400).

f. Sonstige juristische Personen des öffent=lichen Rechts.

Durch Landesgesetze ist vielfach die Bildung gewisser Verbände von Interessenten unter Verleihung der Rechts=fähigkeit angeordnet oder erleichtert worden. Hierher ge=hören zB. in Preußen die sog. Landschaften (II, 575 ¹¹), die Deichverbände (Deichgesetz vom 28. Januar 1848, II, 570), die Fischereigenossenschaften (Fischereigesetz vom 30. Mai 1874), die Waldgenossenschaften (Ges. vom 6. Juli 1875 betreffend Schutzwaldungen und Wald=genossenschaften) und die Wassergenossenschaften (Ges. 1. April 1879). Dagegen sind die Sparkassen und die Feuersozietäten regelmäßig keine selbständigen, sondern den Städten, Kreisen, Provinzen angegliederte Anstalten. Die Schulen sind entweder staatliche oder kommunale Anstalten ohne selbständige Persönlichkeit (II, 341). Soweit jedoch mehrere Gemeinden zu Schulverbänden zusammengelegt sind, können sie eigene juristische Personen bilden. Die Universitäten haben nach Gem.R. eigene Rechtspersönlich=keit nur auf Grund einer — allerdings vielfach geschehenen — Verleihung. Nach ALR. II, 11 §§ 54, 67 haben alle gelehrten Schulen und Universitäten ohne weiteres Korpo=rationsrechte. Diese sind durch besonderes Privileg auch der Kgl. Akademie der Wissenschaften in Berlin ver=liehen. Nach dem Pr. Gesetz über die Landwirtschaftskammern vom 30. Juni 1894 § 20 haben die „zum Zwecke der korporativen Organisation des landwirtschaftlichen Berufs=standes durch Königliche Verordnung für jede Provinz

errichteten Landwirtſchaftskammern die rechtliche
Stellung von Korporationen." Ebenſo beſtimmt jetzt das
PrG. über die Handelskammern vom 24. Februar 1870
in der Faſſung der Novelle vom 19. Auguſt 1897 § 35:
„Die Handelskammer hat die Rechte einer juriſtiſchen
Perſon". Bisher erhielten die zur Wahrung der Geſamt=
intereſſen der Handel= und Gewerbetreibenden beſtimmter
Bezirke errichteten Handelskammern (in Berlin „Älteſte
der Kaufmannſchaft" genannt) Rechtsfähigkeit nur durch
Verleihung. Über die Handwerkskammern vgl. S. 208.

Anhang zum erſten Titel.

Die Perſönlichkeitsrechte.

I. Allgemeines.

§ 18. Begriff der Perſönlichkeitsrechte.

Perſönlichkeitsrechte (S. 91) ſind diejenigen Be=
fugniſſe einer beſtimmten Perſon[1]), die ſich aus deren
beſonderen Eigenſchaften und Fähigkeiten ergeben, bei denen
alſo der Gegenſtand, auf den ſie ſich beziehen (das Rechts=
objekt, unten § 45), ein Beſtandteil der Perſönlichkeitsſphäre
des Rechtsſubjekts iſt[2]). Da ſie auf der Individualität

---

[1]) Dem römiſchen Rechte waren beſonders ausgeſtaltete Rechte
an Beſtandteilen der Perſönlichkeitsſphäre unbekannt. So weit die
letztere eines Schutzes gegen Eingriffe bedurfte, wurde er durch die
actio injuriarum gewährt. Das moderne Recht erſt hat auf deutſch=
rechtlicher Grundlage (vgl. zB. wegen der Hausmarken II, 73) gewiſſe
Beſtandteile der individuellen Perſönlichkeitsſphäre zu privatrechtlich
beſonders geſchützten Gütern ausgebildet und in den Rechtsver=
kehr gebracht.

[2]) Da das die Perſönlichkeitsrechte kennzeichnende Merkmal der
Umſtand iſt, daß gewiſſe Elemente der Perſönlichkeitsſphäre zu des
Rechtsverkehrs teilhaftigen Gütern, alſo zu Rechtsobjekten, geſtempelt
ſind, ſo gehört die Darſtellung, in wieweit Beſtandteile und Ausflüſſe
der Perſönlichkeit als ſolche Gegenſtände von Rechten ſein können, in
in die Lehre von den Rechtsobjekten. Für das vorliegende, dem Syſteme
des BGB. folgende Werk war jedoch die Form eines Anhangs zu der
Darſtellung des allgemeinen Rechts der Perſönlichkeit zu wählen, einmal,
weil das BGB. des einzigen von ihm behandelten Perſönlichkeitsrechts,
des Namenrechts, in § 12, alſo unter dem erſten Titel „Perſonen"
gedenkt, andererſeits, weil das BGB. in Titel 2 nicht das „Rechts=

des Berechtigten beruhen, nennt man sie auch „Individual=
rechte". Nicht zu ihnen gehören die aus dem allgemeinen
Rechte der Persönlichkeit[3]) für jede Person sich ergebenden
Zustände, wie die Rechts= und Handlungsfähigkeit, das
Recht auf Freiheit, Ehre, Religionsübung, die Zugehörig=
keit zu einem Staat, einer Gemeinde[4]). Vielmehr sind

objekt" überhaupt, worunter auch die verselbständigten Bestandteile der
Persönlichkeitssphäre gehören würden, sondern nur die (körperlichen,
unten § 25) „Sachen" behandelt.

[3]) Diese Rechte umfaßte man besonders seit der französischen
Revolution mit dem Begriff „Allgemeine Menschenrechte" (droits
de l'homme). Man versteht hierunter die Gesamtheit der idealen
Ansprüche des Menschen auf gewisse ihm angeblich „angeborene" Rechte,
deren Gewährleistung er vom Staate verlangt. Der Versuch einer
Zusammenstellung ist für England in der Bill of Rigths 1689, für
Nordamerika in der Unabhängigkeitserklärung vom 4. Juli 1776, für
Frankreich in der auf Lafayettes Antrag 1789 aufgestellten „Déclaration
des droits de l'homme et du citoyen", für Deutschland endlich
in den „Grundrechten des Deutschen Volkes" 1848 (II, 195[26]) gemacht
worden. Die letzteren wurden 1851 durch den reaktivierten Bundesrat
wieder außer Kraft gesetzt. Jedoch sind sie gegenwärtig teils in die
Reichsverfassung übergegangen, so das Recht auf Gewerbebetrieb (RV.
Art. 3), teils sind sie durch die Landesverfassungen verbürgt. So ge=
währleistet z.B. die revidierte Verfassungsurkunde für den Preußischen
Staat vom 31. Januar 1850 im Titel II. „Von den Rechten der
Preußen" die Gleichheit Aller vor dem Gesetz (Art. 4), die persönliche
Freiheit (Art. 5), die Unverletzlichkeit der Wohnung und des Eigentums
(Art. 6, 9), die Freiheit der Auswanderung, des religiösen Bekenntnisses,
der Wissenschaft und ihrer Lehre (Art. 11, 12, 20), die freie Meinungs=
äußerung, besonders durch die Presse (Art. 27), das Versammlungs=,
Vereinigungs= und Petitionsrecht (Art. 29, 30, 32); vgl. II, 194.
Man ist jedoch von der naturrechtlichen Anschauung, daß eine Summe
von „angeborenen" Rechten unveränderlich dem Menschen zustehe, ab=
gekommen; ihr Umfang bestimmt sich vielmehr nach dem jeweiligen
positiven Rechte.

Das ALR. I, 9 § 505 faßt „Rechte der natürlichen oder der
allgemeinen bürgerlichen Freiheit, denen durch Gesetze oder rechtsgültige
Willenserklärungen keine besondere Form oder Bestimmung vorgeschrieben
ist", als res merae facultatis, d. h Befugnisse des freien Thuns
und Lassens (z.B. die jedem freistehende Benutzung öffentlicher Wege),
zusammen und stellt den selbstverständlichen Satz auf, daß derartige
Rechte durch Nichtgebrauch nicht verloren gehen. In das BGB. ist
nichts hiervon übergegangen.

[4]) Diese Rechte sind zwar ebenso wie die eigentlichen Persönlich=
keitsrechte (S. 220) strafrechtlich geschützt, so die Freiheit durch

zu den Persönlichkeitsrechten nur Rechte an solchen Be=
standteilen der Persönlichkeitssphäre zu rechnen, die sich
einmal als Besonderheiten einer bestimmten Person dar=
stellen, andererseits von dem Recht eine gewisse Verselb=
ständigung erfahren haben, so daß sie als Rechtsobjekte,
d. h. als privatrechtlich geschützte, des Rechtsverkehrs fähige
Güter in Betracht kommen oder mindestens eines besonderen
Rechtsschutzes teilhaftig sind.   Dieser doppelten Voraus=
setzung entsprechen gegenwärtig nur die Rechte auf körper=
liche Unversehrtheit, Namen, Zeichen und ungestörten Ge=
werbebetrieb, die Monopolrechte und die Urheber= und
Erfinderrechte.   So verschiedenartig diese Rechte sind, so
unterliegen sie doch gewissen gleichartigen Grundsätzen, die
zunächst festzustellen sind.

Nach dem Vorstehenden gewähren die Persönlichkeits=
rechte Rechte an gewissen, von der Rechtsordnung mit

StGB. §§ 234 ff. (Menschenraub § 234, Entführung § 236, Freiheits=
beraubung § 239, Nötigung § 240, Bedrohung § 241, Erpressung
§ 253), die Ehre durch StGB. §§ 185 ff. (Beleidigung § 185, üble
Nachrede § 186, Verleumdung § 187), die Religion durch StGB.
§§ 166 ff. Ein unerlaubter Eingriff in diese Rechte verpflichtet auch
zum Schadensersatze (BGB. §§ 823 ff.). Sie unterscheiden sich aber
von den eigentlichen Persönlichkeitsrechten dadurch, daß sie nicht wie
diese sich auf Befugnisse beziehen, die Gegenstand des Rechtsverkehrs
sein können. Während Körper, Name, Urheberrechte, wie S. 224 ff zu
zeigen, in mehr oder minder umfassender Weise Gegenstände von Rechts=
geschäften sein können, sind solche über Rechts= und Handlungsfähigkeit,
Freiheit, Ehre, Religion, Indigenat — wenigstens nach modernem
Rechte, das germanische Recht kannte ein Verspielen und Verpfänden
von Freiheit und Ehre (II, 6) — unzulässig. Es ist also zB. ein Ver=
trag nichtig, durch den jemand seine Handlungsfähigkeit zu Gunsten eines
Anderen aufgiebt und sich unter dessen Vormundschaft begiebt (ERG.
4, 162). Ebenso sind alle Verträge nichtig, die eine Beschränkung der
in RGO. § 1 festgestellten Gewerbefreiheit herbeizuführen geeignet sind;
zB. ist die Vereinbarung eines Kaufmanns mit seinem Handlungs=
gehülfen, daß dieser bei Vermeidung einer Vertragsstrafe ein Konkurrenz=
geschäft nicht begründen oder in ein solches nicht eintreten dürfe, nur
insoweit verbindlich, als die Beschränkung nach Zeit, Art und Gegen=
stand nicht die Grenzen überschreitet, durch die eine unbillige Er=
schwerung des Fortkommens des Handlungsgehülfen ausgeschlossen wird
(HGB. §§ 74—76, EGHGB. Art. 9 II.); vgl. hierüber unten § 44².

beſonderem Privatrechtsſchutz verſehenen, zum Teil ſogar
als Rechtsobjekte anerkannten Elementen der Perſönlichkeits=
ſphäre. Der Anſpruch auf Achtung dieſer Rechte richtet
ſich, wie bei den dinglichen Rechten, gegen jedermann; ſie
ſind alſo abſolute Rechte (S. 88). Sie unterſcheiden
ſich aber von den dinglichen Rechten dadurch, daß das
Rechtsobjekt, woran ſie beſtehen, bei ihnen innerhalb
der Perſönlichkeitsſphäre des Berechtigten ſich befindet,
nicht, wie bei den dinglichen Rechten, außerhalb derſelben.
Wie ferner ſchon S. 92 [6] erwähnt, laſſen ſich dieſe ver=
ſelbſtändigten Beſtandteile zum Teil zwar unter den weiteren
Begriff „Rechtsobjekt", aber nicht unter den engeren
„Sache" (im Sinne von körperlicher Sache, S. 221 [2])
bringen. Rechtsobjekt (S. 90) kann alles ſein, woran Rechte
beſtehen: ſowohl Sachen, nämlich körperliche Gegenſtände
(BGB. § 90), als fremde Perſönlichkeiten, als auch Elemente
der eigenen Perſönlichkeit. Nur einzelne, nicht alle die
dinglichen Rechte beherrſchenden Grundſätze gelten hiernach
auch für die Perſönlichkeitsrechte. Die erſteren ſind ſtets,
die letzteren nur ausnahmsweiſe Vermögensrechte. Soweit
dies der Fall iſt (zB. bei der Firma, den Urheberrechten)
werden ſie, weil die in ihnen geſchützten Rechtsgüter einer
körperlichen Grundlage entbehren, „Immaterialgüter=
rechte" genannt, und dieſe bilden alſo eine Unterart der
Perſönlichkeitsrechte oder „Individualrechte" [5]). Die
Perſönlichkeitsrechte ſind regelmäßig höchſtperſönlich (S. 89),
daher nur ausnahmsweiſe übertragbar (Firma, unten § 19 b,
Urheberrecht, unten § 20). Sie kommen einer Perſon entweder
ſchon mit ihrer Geburt zu (Namenrechte) oder bedürfen

---

[5]) Auf die Notwendigkeit einer Unterſcheidung der Individual=
rechte und der Immaterialgüterrechte hat vor allem Kohler hingewieſen.
Darauf beruht zB. auch ERG. 18, 10, wo ausgeſprochen iſt, daß der
Urheber eines Geiſteswerks gegen willkürliche Veränderungen (zB.
Verkauf von rechtmäßig erworbenen Exemplaren mit verändertem Titel=
blatte) ſelbſt dann geſchützt iſt, wenn der Schutz wegen Nachdrucks ver=
ſagt. Hier handelt es ſich um einen aus dem Individualrechte des
Urhebers hergeleiteten Anſpruch, der ſich aus einem Immaterialgüterrechte
nicht begründen ließe.

eines besonderen Erwerbstitels (Verleihung bei Titeln, früher auch bei Urheberrechten, unten § 20 b., Schöpfung bei den heutigen Urheber= und Erfinderrechten, unten § 20 c. 2, Aneignung und Registrierung bei den Markenrechten, unten § 19 c.). Die Persönlichkeitsrechte enden regelmäßig mit dem Tode des Berechtigten. Nur einzelne (Firma, Rechte aus geistigen Erzeugnissen) sind vererblich; manche (z. B. Urheberrechtei unten § 20 f.) überdauern den Tod des ursprünglich Berechtigten jedoch nur eine gewisse Zeit.

§ 19. Die einzelnen Persönlichkeitsrechte.

Von den eben erwähnten allgemeinen Grundsätzen abgesehen wird jedes Persönlichkeitsrecht von eigenen Regeln beherrscht, deren Gestaltung von der Art des ihm gewährten Rechtsschutzes und ferner von dem Grade abhängt, bis zu dem es zu einem selbständigen verkehrsfähigen Rechts= objekte geworden ist.

a. Leib und Leben.

Die körperliche Unversehrtheit ist gegen widerrechtliche Eingriffe sowohl strafrechtlich (StGB. § 211 Mord, § 212 Totschlag, § 221 Aussetzung, § 222 fahrlässige Tötung, § 223 leichte, § 223 a gefährliche, § 224 schwere, § 230 fahrlässige Körperverletzung, § 53 Notwehr), als durch das bürgerliche Recht (BGB. § 823 widerrecht= liche Verletzung, § 227 Notwehr) geschützt. Hier handelt es sich jedoch darum, inwieweit eine Person über ihr Leben und ihren Körper, wie über ein Rechtsobjekt, ver= fügen kann.

1. Was zunächst das Leben anbetrifft, so folgt aus der Thatsache, daß nach deutschem Rechte der Selbstmord= versuch nicht (wie in England) strafbar ist, noch nicht, daß das Leben zu den verfügbaren Rechtsgütern gehört. Denn sonst müßte das „ausdrückliche und ernstliche Verlangen des Getöteten" die Tötung straffrei machen und nicht, wie nach § 216 StGB., nur ein Strafmilderungsgrund sein. Ebensowenig ist für das Privatrecht das Leben als ein

irgend welchen Rechtsgeschäften zugängliches Gut aufzu=
fassen.

2. Zweifelhafter ist die Beantwortung der Frage, in
wieweit jemand über seinen Körper verfügen kann. Straf=
rechtlich ist die Verletzung des eigenen Körpers nur dann
ein Delikt, wenn sie erfolgt, um die Wehrpflicht zu umgehen
(StGB. § 142). Auch für die Verletzungen durch einen
Dritten auf Verlangen oder mit Einwilligung des Ver=
letzten gilt der Grundsatz „volenti non fit injuria", so daß
zB. eine Amputation, in die der Operierte oder sein gesetz=
licher Vertreter eingewilligt hat, nicht als eine strafbare
(StGB. § 224) oder ersatzpflichtig machende (nach BGB.
§ 823) widerrechtliche Verletzung anzusehen ist. Dasselbe
gilt übrigens, wenn die Operation unaufschieblich, eine
Einwilligung des zu Operierenden aber wegen mangelnden
Bewußtseins nicht zu erlangen ist. Dagegen ist eine gegen
den Willen des Betroffenen vorgenommene, wenn auch
unbedingt nötig gewesene Operation ein widerrechtlicher
Eingriff.

Auch Rechtsgeschäfte über den eigenen Körper sind
nicht schlechterdings nichtig. Allerdings steht er nicht der=
gestalt im Eigentume der Person, daß diese seine Teile,
zB. einen Arm oder ein Pfund Fleisch (wie Antonio dem
Shylock), verkaufen oder verpfänden könnte mit der Wir=
kung, daß der Käufer oder Gläubiger die actio empti oder
hypothecaria auf Übernahme anstellen könnte (Ulp. l. 13
pr. D. 9,2: dominus membrorum suorum nemo videtur).
Strafrechtlich ist deshalb das widerrechtliche Abschneiden
eines Zopfes nicht Diebstahl, sondern Körperverletzung.
Vielmehr ist der menschliche Körper nach Analogie der
res extra commercium (unten § 29) zu behandeln. Aber
wie Verträge über diese nach heutigem Recht unter der
Bedingung, daß sie diese Eigenschaft verlieren, zulässig sind
(unten § 29 B. a.), so kann zB. auch ein Mädchen seinen Zopf
verkaufen. Freilich kann der Käufer die actio empti erst an=
stellen, wenn das Mädchen sich den Zopf abgeschnitten hat,
nicht aber sie durch Klage zum Abschneiden des Zopfes
zwingen. Auch die zuweilen vorkommende letztwillige Ver=

fügung über seinen Leichnam zu wissenschaftlichen Zwecken wird mit dem Tode rechtsbeständig. Dagegen ist ein ent= geltlicher Veräußerungsvertrag über den eigenen oder einen fremden Leichnam als gegen die guten Sitten ver= stoßend nichtig (BGB. § 138). Über den strafrechtlichen Schutz der Leichen vgl. StGB. §§ 168, 367[1].

Künstliche Glieder, falsche Zähne und Haare stehen im Eigentum und sind verkehrsfähig. Sie sind jedoch unpfändbar, soweit sie zum Gebrauche des Schuldners und seiner Familie bestimmt sind (CPO. § 811[12]).

b. Name.

Die Kennzeichnung einer bestimmten Person erfolgt durch den Namen, der sich heute[1]) aus dem Familien= namen und einem oder mehreren Vornamen zusammen= setzt. In manchen Fällen, insbesondere bei viel ver= tretenen Familiennamen, wird allerdings der Name allein die Feststellung der Persönlichkeit nicht ermöglichen. Immer= hin ist er der wichtigste Behelf dazu; denn aus dem be= schränkten Kreise desselben Vor= und Familiennamens wird der Gemeinte sich leicht feststellen lassen[2]).

---

[1]) Bei den Griechen gab es keine Familiennamen, sondern der Neugeborene erhielt nach Bestimmung der Eltern einen Namen, dem später zur Kennzeichnung der Name des Vaters im Genitiv zugesetzt wurde. Die Namen der Römer setzten sich in republikanischer Zeit aus dem praenomen (Vornamen, zB. Marcus), nomen (Namen der gens, zB. Porcius) und cognomen (Namen der Familie, zB. Cato) zusammen, wozu vielfach noch ein agnomen (Beiname, zB. Censorius) trat. Bei den Germanen erhielten die Kinder, wie bei den Griechen, nur einen Namen nach Art unserer heutigen Vornamen. Familien= namen zur Kennzeichnung der Zugehörigkeit zu einem Geschlechte bildeten sich erst seit dem 14. Jahrhundert aus, wobei für die Bürgerlichen vielfach das Gewerbe oder die Würde (Meier = Hofhalter, Schulze = Schultheiß), bei Adligen der Stammsitz mit dem Zusatze „von" zu Grunde gelegt wurde, S. 139[9]. Die Juden wurden erst zu Ende des vorigen Jahrhunderts zur Annahme fester Familiennamen gezwungen (II, 463[5]).

[2]) Die Identifizierung einer Person ist auch für das Straf= verfahren wichtig, weil die Kenntnis der Vorstrafen einer Person bei deren Aburteilung nicht nur für die Strafabmessung, sondern auch für

1. Der Familienname bezeichnet die Zugehörigkeit
zu einer beſtimmten Familie und wird gleich dieſer Zuge=
hörigkeit regelmäßig durch Geburt und Heirat erworben.
Das eheliche Kind erhält den Familiennamen des Vaters
(BGB. § 1616), das uneheliche [3]) den Stammnamen der
Mutter (§ 1706), die Frau den Familiennamen des Mannes
(§ 1355); anders bei einer Ehe zur linken Hand, II, 123. Für
die geſchiedene Frau beſtimmt das BGB. (im Anſchluß
an ALR. II, 1 §§ 741, 742): ſie hat die Wahl, ob ſie
den Familiennamen des Mannes weiterführen oder den
Namen wieder annehmen will, den ſie zur Zeit der Ein=

---

die Frage des Rückfalls (StGB. §§ 244, 250[5], 264) unerläßlich iſt.
Es iſt daher in Deutſchland die Einrichtung getroffen (Bundesrats=
verordnung vom 16. Juni 1882), daß jede Strafvollſtreckungsbehörde
(Staatsanwalt, Amtsrichter, StPO. § 483) von jeder Verurteilung
wegen Verbrechen und Vergehen ſowie der in § 361[1—8] StGB. auf=
geführten Übertretungen (bei denen meiſt Überweiſung an die Landes=
polizeibehörde zwecks Unterbringung in ein Beſſerungshaus erfolgen
kann), der Staatsanwaltſchaft des Geburtsorts des Beſtraften, bei
Ausländern dem Reichsjuſtizamt, eine formularmäßige „Strafnach=
richt" giebt. Dieſe Strafnachrichten, welche Namen, Geburtsort und =tag,
Wohnort, Beruf und Familienſtand des Verurteilten, die Namen ſeiner
Eltern und einen Auszug aus der verurteilenden Entſcheidung enthalten,
werden bei dieſen Regiſterbehörden geſammelt, ſo daß in einem ſpäteren
Verfahren die Vorſtrafen leicht zu ermitteln ſind. Dieſes Syſtem verſagt
freilich, wenn der Verbrecher falſche Angaben macht. Deshalb iſt in
Frankreich und Belgien das Bertillonſche Syſtem eingeführt, das
auf dem Grundſatze beruht, daß die Maßverhältniſſe zweier Menſchen
im einzelnen nicht übereinſtimmen. Nach dieſem Syſteme wird jeder
Verurteilte genauen Meſſungen unterworfen und deren Ergebnis einer
Centralbehörde zur Regiſtrierung nach gewiſſen Grundſätzen übermittelt.
Sollen die Vorſtrafen eines Verbrechers ermittelt werden, ſo wird er
den gleichen Meſſungen unterworfen, worauf die Centralbehörde durch
Vergleichung der Maße die Identität des Verbrechers mit einem früher
ſchon Verurteilten wird feſtſtellen können. In neuerer Zeit iſt das
Maßſyſtem auch bei den größeren deutſchen Polizeiverwaltungen zur
Einführung gelangt. Zu ähnlichen Zwecken ſammeln die größeren
Polizeibehörden Photographieen der Beſtraften im ſog. „Verbrecheralbum".

[3]) Nach ALR. II, 2 § 641 erhält das uneheliche Kind einer
adligen Mutter nicht den Adel. Dieſe Vorſchrift iſt als dem öffentlichen
Recht angehörend, auch jetzt noch in Geltung; vgl. AGBGB. Art. 89[1].
Nach BGB. § 1706 Abſ. 2 kann der Mann dem — von einem Anderen
erzeugten, alſo durch die Eheſchließung nicht ehelich werdenden — un=
ehelichen Kinde ſeiner Frau ſeinen Namen beilegen.

gehung der geschiedenen Ehe führte, also entweder ihren eigenen Familiennamen oder den Namen des Mannes einer früheren Ehe, sofern sie nicht bei deren Scheidung für den allein schuldigen Teil erklärt ist. Die Wiederannahme des Namens erfolgt durch öffentlich beglaubigte Erklärung gegenüber der zuständigen Behörde. Ist die Frau bei der Scheidung für den allein schuldigen Teil erklärt worden, so kann der Mann ihr die Führung seines Namens untersagen (BGB. § 1577). Bei Findelkindern erfolgt die Namen=gebung durch die Ortspolizeibehörde (RPersonenst. Ges. § 24).

Die Änderung des Familiennamens steht zur Ver=meidung von Verwirrung nicht (wie nach rR., 1. un. C. 9, 25) im Belieben des einzelnen, ist vielmehr von staatlicher Genehmigung (in Preußen des Regierungspräsidenten) ab=hängig, es sei denn, daß sie durch den Eintritt in eine andere Familie bedingt wird, wie bei der Verheiratung (S. 227), der Legitimation durch nachfolgende Ehe (BGB. § 1719) und Ehelichkeitserklärung (§ 1736) sowie bei der Annahme an Kindesstatt (§§ 1758, 1772; über An=nahme an Kindesstatt durch einen Adligen vgl. S. 140).

2. Die Vornamen werden durch Beilegung seitens des Vaters oder der Mutter erworben und durch Ein=tragung in das Geburtsregister beurkundet, welche, da die Beilegung vielfach erst in der Taufe geschieht, nach RPersonenst.G. § 22 noch 2 Monate nach der Geburt erfolgen darf. Ein französisches Gesetz von 1813, das bis 1894 noch in Rheinpreußen galt, gestattete nur kalendermäßige oder aus der alten Geschichte bekannte Namen. Derartige Beschränkungen gelten zwar nicht mehr; der Standesbeamte kann aber die Eintragung von Vor=namen ablehnen, die der guten Sitte oder der öffentlichen Ordnung widersprechen. Auch die Änderung der Vor=namen ist ohne staatliche Genehmigung unzulässig.

3. Der vor 1900 lediglich durch die Praxis[4]) ge=

---

[4]) Dies hatte auch das Reichsgericht wiederholt ausgesprochen; vgl. zB. ERG. 2, 145 und 19, 123. Das erste Erkenntnis erging in dem berühmten Prozesse des Fürsten Sayn=Wittgenstein=Sayn gegen die

währte Namensschutz ist im BGB. gesetzlich festgestellt und weiter ausgestaltet worden. BGB. § 12 lautet: „Wird das Recht zum Gebrauch eines Namens dem Berechtigten von einem Anderen bestritten oder wird das Interesse des Berechtigten dadurch verletzt, daß ein Anderer unbefugt den gleichen Namen gebraucht, so kann der Berechtigte von dem Anderen Beseitigung der Beeinträchtigung verlangen. Sind weitere Beeinträchtigungen zu besorgen, so kann er auf Unterlassung klagen"; vgl. die in § 823 festgestellte Schadensersatzpflicht bei widerrechtlicher, schuldhafter Verletzung dieses Rechts.

Daraus, daß somit der Name (Vor= und Familienname) als Gegenstand des Privatrechts anzusehen ist, ergiebt sich das Recht jedes befugten Namensträgers, auch mit einer Feststellungsklage aus CPO. § 256 gegen jeden das Recht zur Namensführung Bestreitenden auf Anerkennung dieses Rechts zu klagen. Die Vollstreckung eines gemäß § 12 BGB. auf Unterlassung der Namensführung ergangenen Urteils erfolgt nach CPO. § 890 (Verurteilung bis zu 1500 Mk. oder 6 Monaten Haft durch das Prozeßgericht I. Instanz für jeden Fall der Zuwiderhandlung).

Der Namensschutz des § 12 BGB. ist nicht auf den bürgerlichen Namen einer physischen Person zu beschränken. Er ist vielmehr auch Autoren und Künstlern für ihre festerworbenen Pseudonyme, andererseits auch juristischen Personen zuzubilligen, wenngleich der § 12 unter dem Titel „Natürliche Personen" steht. Strafbar ist die Anmaßung eines fremden Namens — von Betrug und Urkundenfälschung abgesehen — nur, sofern sie einem zuständigen Beamten gegenüber erfolgt (StGB. § 360⁸), vgl. jedoch bezüglich der Anmaßung von Adelsprädikaten S. 139⁹. Gemäß § 6¹ des RG. vom 9. Januar 1876 betr. das Urheberrecht an Werken der bildenden Künste

---

Witwe seines Bruders, geborene Lilienthal, auf Aberkennung des Rechts zur Führung des Namens und Wappens einer Fürstin Sayn=Wittgenstein=Sayn; vgl. oben S. 78.

(unten § 22) wird ferner die Anbringung des Namens oder Monogramms des Künstlers auf einer ohne Verwertungsabsicht angefertigten und daher nicht verbotenen Einzelkopie mit Geldstrafe bis zu 500 Mk. bestraft.

4. Ist hiernach ein aus dem allgemeinen Rechte der Persönlichkeit sich heraushebendes Persönlichkeitsrecht am Namen anzuerkennen, so ist dieses ferner auch als ein des Rechtsverkehrs, wenn auch in engen Grenzen, fähiges Gut zu betrachten.

Allerdings ist der bürgerliche Name regelmäßig weder vererblich noch veräußerlich. Aber durch das Mittel der Verheiratung, Annahme an Kindesstatt (sofern dieselbe nicht lediglich zu dem Zwecke der Namenszuwendung erfolgt, vgl. ERG. 29, 123), Namenserteilung (S. 227³) und Ehelichkeitserklärung ist der Träger eines Namens in der Lage, ihn auch anderen zuzuwenden.

Eine gesteigerte Verkehrsfähigkeit hat ferner der kaufmännische Name, die Firma, erhalten⁵).

α. Firma (S. 235) ist die Bezeichnung, unter der ein Kaufmann im Handel seine Geschäfte betreibt und die Unter-

---

⁵) Bei der gleichzeitig mit dem BGB. in Kraft getretenen Neuordnung des Handelsrechts (II, 425) sind die das Firmenrecht bisher beherrschenden Grundsätze, insbesondere die Verbindung von Firmenwahrheit bei Neubegründung und Firmenfreiheit bei Fortführung von Handelsbetrieben, im wesentlichen aufrechterhalten worden. Außer den im folgenden hervorgehobenen Neuerungen ist bemerkenswert die bisher fehlende gesetzliche Regelung der Haftung eines Geschäftsnachfolgers für die Geschäftsschulden des früheren Inhabers. Nach § 25 HGB. ist zu unterscheiden, ob die bisherige Firma fortgeführt wird oder nicht. Im Falle der Fortführung haftet der Erwerber für die bisherigen Geschäftsschulden, und die bisherigen Geschäftsforderungen gelten den Schuldnern gegenüber als auf den Erwerber übergegangen. Abweichende Vereinbarungen müssen in das Handelsregister eingetragen oder dem Dritten mitgeteilt sein. Wird andererseits die Firma nicht fortgeführt, so haftet der Erwerber für die früheren Verbindlichkeiten nur, wenn ein besonderer Verpflichtungsgrund vorliegt, insbesondere wenn die Übernahme der Verbindlichkeiten in handelsüblicher Weise (zB. durch Cirkulare, öffentliche Anzeigen) von dem Erwerber bekannt gemacht ist. Diese Regelung entspricht ungefähr der bisherigen, insbesondere auch vom Reichsgerichte geübten Praxis (ERG. 17,96). Das Nähere vgl. IV, 351⁸·

ſchrift abgiebt (HGB. § 17). Die Firma kann einen
Namen enthalten (Perſonenfirma, ſo regelmäßig beim
Einzelkaufmann) oder vom Gegenſtande des Unternehmens
hergenommen ſein (Sachfirma, ſo in der Regel bei Aktien=
geſellſchaften und Kommanditgeſellſchaften auf Aktien, HGB.
§ 20 und notwendig bei eingetragenen Genoſſenſchaften,
RG. vom 1. Mai 1889 § 3, wahlweiſe bei Geſellſchaften
mit beſchränkter Haftung, RG. vom 20. April 1892 § 4).
β. Die Firma ſoll einen beſtimmten Handelsbetrieb
kennzeichnen. Nach § 30 HGB. ſoll daher jede neue
Firma ſich von jeder an dem Orte der Handelsnieder=
laſſung bereits beſtehenden und in das Handelsregiſter
eingetragenen Firma deutlich unterſcheiden. Die Firma
muß ferner in der einmal gewählten Form gebraucht
werden (Prinzip der Firmeneinheit). Für die Wahl
gilt grundſätzlich das Prinzip der Firmenwahrheit,
d. h. ein Einzelkaufmann muß ſeinen Familiennamen mit
mindeſtens einem ausgeſchriebenen Vornamen, nötigenfalls
unter Hinzufügung einer unterſcheidenden Kennzeichnung (Carl
Schulze jun.) als Firma führen (HGB. §§ 18, 30).
Die Firma einer offenen Handelsgeſellſchaft muß die
Namen aller Geſellſchafter oder mindeſtens den eines der=
ſelben mit einem auf das Vorhandenſein einer Geſellſchaft
deutenden Zuſatze (C. H. Schultze & Co.) enthalten (HGB.
§ 19). Der Grundſatz der Firmenwahrheit gilt aber nur
für die Neubegründung eines Handelsgeſchäfts. Das ent=
ſtandene Firmenrecht dagegen iſt zu einem wahren, von
dem Handelsbetriebe freilich nicht ablösbaren (HGB. § 23),
veräußerlichen und vererblichen Rechtsobjekte geworden
(HGB. § 22). Indeſſen behält es doch immer den
Charakter eines Individualrechts und wird nicht zu einem
reinen Vermögensrechte. Daher hat das Reichsgericht
zB. auch mit Recht die Veräußerung des Geſchäfts ſamt
der Firma durch den Konkursverwalter ohne Zuſtimmung
des Kridars für unzuläſſig erklärt (ERG. 9, 104). Da
hiernach⁶) aus der Firma der Name des Inhabers nicht

---

⁶) Inhaber der Firma Carl Schultze kann alſo zB. Reinhold
Müller ſein. Die urſprüngliche Einzelfirma des Einzelkaufmanns (zB.

immer erſichtlich iſt (ſog. Prinzip der Firmenfreiheit),
ſo hat das HGB. §§ 8 ff. die Führung eines öffentlichen
Buchs, des Handelsregiſters, angeordnet[7]), zu dem
die weſentlichen das Firmen=, Geſellſchafts= und Prokuren=
recht betreffenden Vorgänge zur Vermeidung von Ordnungs=
ſtrafen (HGB. § 14, FrG. §§ 132 ff.) und ſachlichen

Auguſt Meier) kann auch durch Beitritt eines Sozius (HGB. § 24)
zur Firma einer offenen Handelsgeſellſchaft geworden ſein (Inhaber
Auguſt Meier und Friedrich Schmidt). Ebenſo kann alleiniger Inhaber
einer Firma „Franz Richter & Co.", nach Austritt des urſprünglichen
Mitbegründers Franz Richter, deſſen ehemaliger Sozius Friedrich
Lehmann ſein. In allen Fällen bedarf es zur Fortführung der Firma
der ausdrücklichen Einwilligung des bisherigen Inhabers oder ſeiner
Erben (HGB. § 24), auch wenn die alte Firma nur zur Kennzeichnung
der Geſchäftsübernahme (Richard Fiſcher, vormals Walter Schnell, vgl.
ERG. 5, 110) in die neue Firma aufgenommen iſt.

[7]) Der gegenwärtige Inhaber einer eingetragenen Firma iſt hier=
nach immer aus dem Handelsregiſter zu ermitteln. Schwieriger iſt dies
bei Minderkaufleuten (S. 234). Beſonders üblich iſt gegenwärtig die
„Verſchiebung" des Geſchäfts ſeitens des in Zahlungsſchwierigkeiten
gekommenen Inhabers auf den Namen ſeiner Ehefrau oder eines
minderjährigen Kindes, wobei der bisherige Inhaber in dem „neuen"
Geſchäfte die Stelle eines Prokuriſten oder Handlungsbevollmächtigten
einnimmt. Äußerlich iſt dieſe auf Schädigung der bisherigen oder der
neuen Gläubiger abzielende „Verſchiebung" kaum bemerkbar, zumal
wenn die von dem bisherigen Inhaber geführte Firma ſeinen Namen
überhaupt nicht enthält. Da die hierdurch hervorgerufenen Schädigungen
der Gläubiger ſich weſentlich beim Betrieb offener Geſchäfte heraus=
geſtellt haben, ſo iſt nach Art. 9 EGHGB. in die Gewerbeordnung
als § 15a die Vorſchrift eingeſtellt worden, daß alle Gewerbetreibende,
die einen offenen Laden haben, gleichgültig, ob ſie eine eingetragene
Firma führen oder nicht, ihren perſönlichen Namen mit mindeſtens
einem ausgeſchriebenen Vornamen am Ladeneingang anzubringen haben.

Während die offene Handelsgeſellſchaft, wenngleich ſie nicht als
juriſtiſche Perſon aufzufaſſen iſt (II, 470[9]), betreffs ihres Handels=
vermögens durch das HGB. mit einer gewiſſen Selbſtändigkeit aus=
gerüſtet und insbeſondere für parteifähig erklärt iſt, iſt die Firma des
Einzelkaufmanns lediglich eine Bezeichnung desſelben in ſeinen geſchäft=
lichen Beziehungen und hat keinerlei Selbſtändigkeit. Der Einzel=
kaufmann kann daher unter ſeiner Firma Rechte im Grundbuch (Eigen=
tum, Hypotheken) nicht erwerben, wohl aber nach der neuen Vorſchrift
des HGB. § 17 Abſ. 2 klagen oder verklagt werden. Dies letztere war
bisher ſtreitig.

Nachteilen [8]) anzumelden sind. Konstitutive Bedeutung hat die Eintragung dagegen nur bei gewissen Gesellschaften (S. 178 [2]).

Das Handelsregister wird von den Amtsgerichten geführt (FrG. § 125). Die Einrichtung des Handels=registers beruht auf dem Landesrechte (FrG. § 200) [9]).

---

[8]) Für die Fälle der Änderung oder des Erlöschens der Firma (§§ 29, 31, 106, 107, 162, 198) oder der Prokura (§ 53), der Ver=tretungsbefugnis eines Vorstandsmitglieds (§ 234) oder Liquidators (§ 148) gilt der Grundsatz, daß eine solche Thatsache, wenn sie fälschlich nicht eingetragen und bekannt gemacht ist, einem Dritten nur ent=gegengesetzt werden kann, wenn ihm bewiesen wird, daß er sie gekannt hat, während der Dritte die eingetragene und bekannt gemachte That=sache gegen sich gelten lassen muß, sofern nicht die Umstände die An=nahme begründen, daß er die Thatsache weder gekannt hat, noch hat kennen müssen (HGB. § 15). Wenn also z.B. Sozius A. der bisherigen offenen Handelsgesellschaft A. & B. ausscheidet und später von dem Gesellschaftsschuldner C. dessen Schuld für sich einzieht, so kann B., falls das Ausscheiden des A. nicht eingetragen und bekannt gemacht ist, eine nochmalige Zahlung von C. nur verlangen, wenn er beweist, daß C. die Zahlung in Kenntnis des Ausscheidens des A. geleistet hatte. War dagegen das Ausscheiden des A. eingetragen und bekannt gemacht, so muß C. noch einmal zahlen, sofern er nicht seine Un=kenntnis des Ausscheidens darthut und entschuldigt.

[9]) In Preußen zerfiel das Handelsregister bis zum 1. Januar 1900 in drei Abteilungen (Firmen=, Gesellschafts=, Prokurenregister). Nach der Verfügung des Justizministers vom 7. November 1899 wird dagegen vom 1. Januar 1900 ab eine besondere Abteilung für die er=teilten Prokuren nicht mehr geführt; vielmehr werden diese bei den Firmen eingetragen, für welche sie erteilt sind. Das Handelsregister besteht nunmehr aus zwei Abteilungen A. und B.

a. In die Abteilung A. werden eingetragen: die Firmen der Einzelkaufleute, die offenen Handelsgesellschaften und die Kommandit=gesellschaften.

b. In die Abteilung B. werden eingetragen: die Aktiengesell=schaften, die Kommanditgesellschaften auf Aktien, die Gesellschaften mit beschränkter Haftung und die in §§ 33, 36 HGB. bezeichneten juristischen Personen, nämlich solche, deren Eintragung mit Rücksicht auf den Gegenstand oder die Art und den Umfang ihres Gewerbebetriebs zu erfolgen hat (z.B. Kolonialgesellschaften, Gewerkschaften neueren Rechts, durch Staatsakt für rechtsfähig erklärte Vereine und solche Unternehmen des Reichs, eines Bundesstaats oder eines inländischen Kommunal=verbands, deren Anmeldung zum Handelsregister erfolgt ist).

Die Beſtimmungen des HGB. über die Firma gelten
jedoch nur für Vollkaufleute. Minderkaufleute im
Sinne des § 4 HGB. (nämlich Handwerker und Per=
ſonen, deren Gewerbebetrieb nicht über den Umfang des
Kleingewerbes hinausgeht) ſind eines vollen Firmenrechts
nicht teilhaftig, genießen vielmehr grundſätzlich nur nach
den oben angeführten allgemeinen Beſtimmungen über das
Namensrecht Schutz, wenngleich auch ſie einen von ihrem
bürgerlichen Namen ſich unterſcheidenden Geſchäftsnamen
führen können, deſſen Übertragung mit dem Geſchäfte für
zuläſſig zu erachten iſt.

γ. Wer durch den unbefugten Gebrauch einer Firma
in ſeinen Rechten verletzt iſt, kann den Unberechtigten auf
Unterlaſſung der weiteren Führung der Firma und auf
Schadenserſatz belangen (HGB. § 37), alſo auch, falls
der S. 229 beſprochene Schutz des Namensrechts nicht
eingreifen könnte, weil die Firma den Namen des In=
habers nicht enthält. Auch hat das Handelsgericht von
Amtswegen durch Ordnungsſtrafen gegen diejenigen ein=
zuſchreiten, die ſich einer ihnen nicht zuſtehenden Firma
bedienen (vgl. FrG. § 140). Durch § 8 des RG. zur
Bekämpfung des unlauteren Wettbewerbs (S. 240) iſt
ferner für unterlaſſungs= und ſchadenserſatzpflichtig erklärt,
wer im geſchäftlichen Verkehr einen Namen, eine Firma
oder die beſondere Bezeichnung eines Erwerbsgeſchäfts,
eines gewerblichen Unternehmens oder einer Druckſchrift
in einer Weiſe benutzt, die darauf berechnet und geeignet
iſt, Verwechslungen hervorzurufen.

c. Marken und Zeichen.

1. Schon zur Zeit der Volksrechte war es in
Deutſchland Sitte, zur Bezeichnung einer beſtimmten
Perſon ein aus geraden und krummen Strichen zuſammen=
geſetztes Zeichen (Marke, signum) zu gebrauchen. Solche
Marken wurden ſpäter teils als Zeichen der Zugehörigkeit zu
einer beſtimmten Familie verwendet, teils dienten ſie zur
Bezeichnung beſtimmter Grundſtücke (Handgemal, II, 73)
ſowie eines beſtimmten Gewerbebetriebes. Sehr früh

wurden diese Marken auch schon in öffentlichen Büchern
aufgezeichnet (II, 73). Die Marken wurden zunächst benutzt bei Ausstellung von schriftlichen Urkunden an Stelle,
später neben der Unterschrift, „Handfestung", „firmatio",
II, 307. Der anfänglich zur Bezeichnung der Gewerbe-
marke von Kaufleuten dienende Ausdruck „Firma" (S. 230)
wurde dann für den Gewerbsnamen verwendet. Ferner
wurde die Marke an den Vermögensstücken angebracht
und diente so als Beweis der Zugehörigkeit der gezeichneten Sachen zum Vermögen des zur Führung der Marke
Berechtigten, was bei der Anefangsklage (II, 592), der
Übergabe (so war nach ALR. die Übergabe stehender Bäume
durch Anschlag mit dem Forsthammer zulässig, unten § 27 b. 1)
und Aneignung besonders wichtig war. Endlich wurde die
Marke von Künstlern, Handwerkern und Kaufleuten auf die
aus ihrer Werkstatt oder ihrem Lager herausgehenden Erzeugnisse gesetzt und diente so als Ursprungszeichen. Während
die Personen- und Hausmarken teils ihre Bedeutung ein-
büßten, teils, wie beim Adel und den Patriziern der
Städte, in das Wappen aufgenommen wurden, hat sich
die Marke als Ursprungs- und Herkunftszeichen erhalten
und durch die neueste Reichsgesetzgebung einen weitgehenden
Rechtsschutz gefunden.

2. Das Markenschutzgesetz vom 30. November
1874 gewährte nur Gewerbetreibenden, die im Handelsregister eingetragen waren, für Zeichen, die zur Unterscheidung von Waren auf diesen oder ihrer Verpackung
angebracht waren, einen straf- und civilrechtlichen Schutz
gegen mißbräuchliche Verwendung. Der Zeichenschutz kam
daher nur Vollkaufleuten zu Gute. Das Markenschutz-
register wurde bei dem Amtsgerichte geführt, das jedes
angemeldete Warenzeichen ohne weitere Prüfung eintrug.
Widersprach ein neu eingetragenes Warenzeichen einem
bereits für einen Anderen geschützten, so mußte dieser im
Klagewege die Beseitigung der widerrechtlich angemeldeten
Marke verlangen.

3. Durch das an Stelle des Markenschutzgesetzes getretene Reichsgesetz zum Schutze der Warenbezeich-

nungen vom 12. Mai 1894 iſt eine weſentliche Er=
weiterung und Sicherung des Markenſchutzes herbeigeführt
worden.

α. Das Markenrecht iſt von der bisherigen Verbindung
mit einer eingetragenen Firma losgelöſt. Nach § 1 kann
ein Warenzeichen zur Eintragung in die Zeichenrolle jeder,
zB. auch ein Landwirt, anmelden, der in ſeinem Geſchäfts=
betriebe desſelben zur Unterſcheidung ſeiner Waren von
den Waren Anderer ſich bedienen will.

Die Führung der Zeichenrolle iſt daher von dem
Handelsregiſter getrennt, dem Gericht abgenommen und dem
Kaiſerlichen Patentamt in Berlin übertragen.

β. Die Eintragung erfolgt erſt nach einer Prüfung des
angemeldeten Zeichens und iſt zu verſagen, wenn das
letztere mit einem geſchützten Zeichen übereinſtimmt.

Eintragungsfähig ſind nicht Freizeichen, d. h.
Warenbezeichnungen, die ſich bisher im Gebrauch aller
oder gewiſſer Klaſſen von Gewerbetreibenden befunden
haben, ſodaß ſie im Verkehre nicht als individuelle Marken
erſcheinen (zB. ein rauchender Neger auf Tabaksfabrikaten).
Eintragungsfähig ſind ferner nicht (§ 4) Warenzeichen,
die ausſchließlich in Zahlen, Buchſtaben oder ſolchen
Worten beſtehen, die ſich auf Herſtellung, Beſchaffenheit
oder Beſtimmung der Ware beziehen (zB. „Beſtes Haar=
färbemittel"). Wohl aber können ſeit dem Geſetze von
1894 Phantaſienamen (zB. „Odol", „Brennaborfahrräder")
als Warenzeichen verwendet werden, während bisher
Warenzeichen aus Worten allein überhaupt nicht beſtehen
konnten. Endlich ſind von der Eintragung in= und aus=
ländiſche Staatswappen und inländiſche Kommunalwappen
ſowie ſolche Warenzeichen ausgeſchloſſen, die Ärgernis er=
regende Darſtellungen oder offenſichtlich unwahre, die Ge=
fahr einer Täuſchung begründende Angaben enthalten
(zB. eine Kuh auf Margarinefabrikaten).

γ. Die Anmeldung zur Zeichenrolle gilt für 10 Jahre
und muß in zehnjährigen Zwiſchenräumen erneuert werden.
Die erſte Eintragung koſtet 30, jede Erneuerung 10 Mk.
Das Recht am eingetragenen Warenzeichen iſt vererblich

und mit dem Geschäftsbetriebe, zu dem es gehört, veräußerlich. Das Zeichenrecht gewährt dem Berechtigten
die ausschließliche Befugnis, das Warenzeichen auf den
Waren oder ihrer Umhüllung sowie auf Geschäftspapieren
anzubringen (§ 12). Wissentlich widerrechtlicher Gebrauch
eines für einen Anderen geschützten Zeichens zieht strafrechtliche Verfolgung (Geldstrafe von 150—5000 Mk.
oder Gefängnisstrafe bis zu 6 Monaten) und civilrechtliche Schadensersatzpflicht, grob fahrlässiger Mißbrauch nur
letztere nach sich (§ 14). Zur Verhütung unlauteren
Wettbewerbs (S. 238) ist ferner für schadensersatzpflichtig
und strafbar erklärt (§ 15), wer zum Zwecke der Täuschung
für Waren, Umhüllungen oder Geschäftspapiere eine
Ausstattung verwendet, die in den beteiligten Verkehrs-
kreisen als Kennzeichen gleichartiger Waren eines Anderen
gilt (zB. die Verwendung der eigentümlichen Benediktiner-
liqueurflaschen für andere Liqueure). Endlich ist auch die
Verwendung von öffentlichen Wappen strafbar, wenn sie
zum Zwecke der Irrtumserregung erfolgt (§ 16). In
allen diesen Fällen kann der Berechtigte, trotzdem dies
als selbstverständlich im Gesetze nicht besonders zum Ausdrucke gekommen ist, auch ohne ein Verschulden des
Gegners auf Unterlassung künftiger Beeinträchtigung
klagen. Soweit ein Strafverfahren zulässig ist, kann der
Schadensersatzanspruch im Wege der Nebenklage (StPO.
§§ 435 ff.) geltend gemacht und eine Buße bis zu
10000 Mk. zugesprochen werden.

δ. Besonders geschützt ist die inländische Industrie durch
die Vorschriften, daß ausländische Waren, die mit
einer deutschen Firma oder Ortsbezeichnung oder widerrechtlich mit einem Warenzeichen versehen sind, der Einziehung unterliegen (§ 17); ferner daß der Bundesrat
zur Anordnung eines Vergeltungsrechts (S. 127) berechtigt ist, falls inländische Waren in das Ausland nur
mit einer die deutsche Herkunft erkennbar machenden Bezeichnung eingeführt werden dürfen (wie zB. in England:
„made in Germany") oder Zollerschwerungen unterworfen
sind (§ 22); und endlich, daß Ausländer auf den Schutz

des Warenzeichengesetzes nur Anspruch haben, wenn sie entweder, im Inland eine Niederlassung mit einem Vertreter haben oder wenn in ihrem Heimatstaate die Gegenseitigkeit (S. 126) verbürgt ist (§ 23).

d. Ungestörter Gewerbebetrieb.

Zu einem besonders geschützten Persönlichkeitsgut ist in der jüngsten Zeit der wirtschaftliche Thätigkeitsbereich des Gewerbetreibenden ausgebildet worden. Die durch die Reichsgewerbeordnung vom 21. Juni 1869 geschaffene völlige Gewerbefreiheit (S. 222[4]) hatte fast auf allen Gebieten des Erwerbslebens einen eifrigen Wettbewerb hervorgerufen, aus dem sich bald bedrohliche Mißstände ergaben. Die Gewerbetreibenden suchten vielfach ihre Mitbewerber durch unlautere Mittel: marktschreierische Reklame, unrichtige Angaben über Konkurrenzfabrikate, Benutzung fremder, durch Verrat von Angestellten erlangter Geschäfts= und Betriebsgeheimnisse — aus dem Felde zu schlagen. Diesem unlauteren Wettbewerbe war die Praxis im Auslande, besonders in Frankreich (concurrence déloyale) auf Grund des Art. 1382 Code civil (Tout fait quelconque de l'homme, qui cause à autrui un dommage, oblige celui, par la faute duquel il est arrivé, à le réparer; vgl. den engeren § 823 BGB.) schon lange entgegengetreten. In Deutschland aber bestanden hierfür nur einige Sonderbestimmungen, so der S. 237 erwähnte § 15 des Warenzeichengesetzes. Zur Beseitigung dieses Mangels ist das Reichsgesetz zur Bekämpfung des unlauteren Wettbewerbs vom 27. Mai 1896 erlassen worden. Das Gesetz gewährt jedem Gewerbetreibenden, auch dem Landwirte, für das von ihm betriebene gewerbliche Unternehmen privatrechtlichen und strafrechtlichen Schutz gegen bestimmte, von Konkurrenten unternommene Eingriffe.

1. Unlautere Reklame[10]). Wer öffentlich unrichtige

---

[10]) Reklame nennt man die Thätigkeit, durch die ein Gewerbetreibender die Abnehmer auf seine Waren in Aufsehen erregender

thatsächliche Angaben über die von ihm angepriesenen
Waren, zB. über deren Beschaffenheit oder Herkunft („echt
französischer Cognac"), über den Besitz von Auszeichnungen
oder den Zweck des Verkaufs („Ausverkauf wegen Aufgabe
des Geschäfts") macht, kann von jedem Konkurrenten auf
Unterlassung dieser unrichtigen Angaben und bei be=
wußter Unrichtigkeit auch auf Schadensersatz verklagt
werden. Natürlich muß in letzterem Falle der Kläger den ur=
sächlichen Zusammenhang zwischen jenen irreführenden An=
gaben und einem ihm angeblich erwachsenen Schaden beweisen,
wobei freilich ebenso, wie bezüglich der Höhe des Schadens,
gemäß CPO. § 287 freie richterliche Würdigung eintritt.
Zur Sicherung des Anspruchs auf Unterlassung der irre=
führenden Mitteilungen ist der Erlaß einstweiliger Ver=
fügungen (I, 610 ff.) zulässig (§§ 1—3). Wer in der Absicht,
den Anschein eines besonders günstigen Angebots hervor=
zurufen, wissentlich unrichtige Angaben der vorbezeichneten
Art öffentlich verbreitet (Schwindelauktionen!), wird mit
Geldstrafe bis zu 1500 Mk., im Wiederholungsfall auch
mit Gefängnis bis zu 6 Monaten oder mit Haft be=
straft (§ 4).

2. Eingriffe in eine fremde Erwerbssphäre.
Wer zu Zwecken des Wettbewerbs über die Persönlichkeit
oder die geschäftlichen Verhältnisse eines Konkurrenten nicht
erweislich wahre Thatsachen mitteilt, ist dem Verletzten
zum Schadensersatze verpflichtet, es sei denn, daß der
Mitteilende oder der Empfänger der Mitteilung an ihr
ein berechtigtes Interesse hat (wie zB. bei geschäftlichen
Auskünften). Geschehen derartige unwahre, den Geschäfts=
betrieb eines Anderen schädigende Mitteilungen wider
besseres Wissen, so wird der Verleumder mit Geldstrafe
bis zu 1500 Mk. oder mit Gefängnis bis zu einem Jahre
bestraft. Hierin liegt also eine Ausdehnung des § 187
StGB., wonach nur die Verleumdung gegen Persönlichkeit
und Kredit strafbar ist (§§ 6, 7).

Weise aufmerksam zu machen sich bestrebt, vermutlich hergenommen
von le réclame, dem Lockrufe des Jägers, um das Wild zu täuschen.

Ferner kann auf Schadensersatz und Unterlassung be=
langt werden, wer im geschäftlichen Verkehre Namen, Firma
oder besondere Bezeichnung eines Erwerbsgeschäfts, eines
gewerblichen Unternehmens oder einer Druckschrift (zB. den
Titel einer Zeitung, eines Theaterstücks oder Romans) in
einer auf Hervorrufung von Verwechslungen berechneten
und hierzu geeigneten Weise benutzt (§ 8). Hierher gehört
endlich der S. 237 besprochene Schutz der Ausstattung
aus § 15 des RG. betreffend die Warenbezeichnungen.

3. Verrat von Geschäftsgeheimnissen.
Schadensersatzpflichtig und strafbar (Geldstrafe bis zu
3000 Mk. oder Gefängnisstrafe bis zu 1 Jahr) ist jeder
Angestellte eines Geschäftsbetriebs, der während der Dauer
des Dienstverhältnisses Geschäfts= oder Betriebsgeheimnisse
verrät, und ebenso, wer die auf solche Weise oder durch
eine eigene gegen das Gesetz oder die guten Sitten ver=
stoßende Handlung erlangten Geschäftsgeheimnisse im
eigenen Betriebe verwertet oder weiter verrät (§ 9). Straf=
bar ist auch schon, wer es unternimmt, einen Anderen zu
einem derartigen Verrate zu verleiten (§ 10).

Die Ansprüche aus diesem Gesetz auf Schadensersatz
und Unterlassung verjähren in 6 Monaten vom Tage der
Kenntnis und ohne Rücksicht auf diese in 3 Jahren vom
Tage der Begehung der Handlung oder des eingetretenen
Schadens an (§ 11). Für die Strafverfolgung gelten
(§ 12) die für die Verfolgung von Beleidigungen und leichten
Körperverletzungen geltenden Regeln (Antrag, Zurücknahme
desselben, Privatklage; StGB. §§ 185 ff., 223, StPO.
§§ 414 ff.). Soweit ein Strafverfahren zulässig ist, kann
ein daneben gewährter Schadensersatzanspruch im Wege
der Nebenklage (StPO. §§ 435 ff.) geltend gemacht und
eine Buße bis zu 10000 Mk. zuerkannt werden (§ 14).

Wer im Inlande keine Hauptniederlassung besitzt, ge=
nießt den Schutz des Gesetzes nur bei verbürgter Gegen=
seitigkeit (§ 16). Dem Bundesrat ist endlich in § 5 die
Befugnis zugewiesen worden, festzusetzen, daß gewisse
Waren im Einzelverkehre nur in vorgeschriebenen Einheiten
der Zahl, der Länge und des Gewichts oder mit einer

Angabe über diese Thatsachen verkauft werden dürfen, also zB., daß auf den Streichholzschachteln die Anzahl der Streichhölzer angegeben sein muß.

e. Monopolrechte.

Der Persönlichkeitssphäre entstammen auch diejenigen Rechte, die einen ausschließlichen Gewerbebetrieb (Mono= pol, II, 56 ³) oder ein ausschließliches Aneignungsrecht gewährleisten, und die mit Gierke als Monopolrechte be= zeichnet werden können. Zu ihnen gehören:

1. Die Zwangs= und Bannrechte. Die Zwangs= rechte enthalten (wenigstens nach der Sprechweise des ALR. I, 23 §§ 2, 4) die Befugnis, bestimmte, die Bannrechte alle Einwohner eines gewissen Bezirks zu zwingen, einzelne Bedürfnisse ausschließlich bei dem Be= rechtigten zu befriedigen, zB. nur bei ihm ihr Getreide mahlen (Mahlzwang), ihr Brot backen (Backofenzwang) zu lassen, ihr Bier oder ihren Branntwein von ihm zu beziehen (Brau= und Branntweinzwang). Diese Rechte richten sich also gegen die Konsumenten. Zuweilen richteten derartige Gewerberechte sich nur gegen die Pro= duzenten, d. h. der Berechtigte war befugt, Konkurrenten von dem Betriebe des gleichen Gewerbes innerhalb eines örtlichen Bezirks auszuschließen, ohne daß er aber die Konsumenten zwingen konnte, ihren Bedarf gerade bei ihm zu decken. Beide Arten von Monopolrechten waren meist an ein Grundstück geknüpft (sog. Realgewerberechte, zB. manche Apothekergerechtigkeiten), vielfach jedoch nur einzelnen Personen verliehen (sog. selbständige Ge= rechtigkeiten (zB. die Fährgerechtigkeit über einen öffentlichen Fluß). Die moderne Gesetzgebung erstrebt die Beseitigung der Zwangs= und Bannrechte, sowie der Real= gewerberechte (II, 66 ¹³). Übrigens sind die mit einem Grundstücke verknüpften Gewerberechte nicht immer auch Monopolrechte, d. h. ausschließliche Gewerberechte. So ist zB. bei den an ein Grundstück geknüpften sog. Real= apothekenprivilegien nach dem Inhalte des einzelnen Privi= legiums zu beurteilen, ob die Errichtung anderer Apotheken

in einem bestimmten Bezirk ausgeschlossen sein sollte. Die landesgesetzlichen Vorschriften über Zwangs=, Bann= und Realgewerberechte sind zwar durch das BGB. nicht be= rührt worden (EG. Art. 74), die Beseitigung aller dieser Rechte ist aber nur eine Frage der Zeit.

2. Die ausschließlichen Aneignungsrechte. In weit höherem Maße als das römische, hat das deutsche Recht die ausschließliche Aneignung herrenloser Sachen durch bestimmte Personen ausgebildet. Über diese Rechte, zu denen das Fischerei=, Jagd=, Bergrecht gehören, ist im Sachenrechte bei der Lehre von der Aneignung zu sprechen. Über die Entwickelung derselben aus staatlichen Regalien vgl. II, 63.

II. Urheberrecht.

§ 20. Urheberrecht. Allgemeines.

a. Begriff und Arten.

Urheberrecht (in subjektivem Sinn) ist die aus= schließliche Befugnis des Schöpfers eines Geisteserzeug= nisses, darüber, besonders über seine Veröffentlichung, Ver= vielfältigung und Verwertung zu verfügen. Im objektiven Sinne bedeutet Urheberrecht die Gesamtheit der Rechts= normen, welche Inhalt und Umfang der Berechtigung an Geistesprodukten ordnen.

Begriffliche Voraussetzung jedes subjektiven Urheber= rechts ist hiernach, daß eine Person (Urheber) einen neuen Gedanken zum Ausdrucke gebracht hat. Der dem Geistes= erzeugnisse zu Grunde liegende Gedanke kann dem Gebiete der Wissenschaft, der Kunst oder des Gewerbes (der Technik) angehören. Der Ausdruck dieses schöpferischen Gedankens kann durch das Mittel der Sprache, der Schrift und der Töne, der theatralischen oder künst= lerischen Darstellung, endlich auch durch eine Vorlage zwecks Nachbildung verkörpert werden. Auf diesen ver= schiedenen Formen der Verkörperung eines Geistesprodukts beruht die heutige Einteilung der Urheberrechte in solche an Schriftwerken, Abbildungen, musikalischen Kompositionen

und dramatischen Werken (unten § 21, zusammengefaßt als
„Litterarisches Urheberrecht", weil hierbei ein Schrift=
werk die körperliche Unterlage bildet oder bilden kann),
an Kunstwerken (§ 22), Photographieen, Geschmacks= und
Gebrauchsmustern (§ 23). Der Kreis dieser Verkörperungs=
formen ist nicht geschlossen, wie die erst jüngst erfolgte Ein=
reihung der Photographieen (unten § 23 a.) und Gebrauchs=
muster (unten § 23 b. 2.) erweist.

Zu den Urheberrechten gehört auch das Erfinderrecht
(unten § 24), insofern als es gleich jenen aus einer geistigen
Schöpfung entsteht. Während jedoch bei den übrigen Ur=
heberrechten eine die Geistesschöpfung verkörpernde Form
(Schrift= oder Kunstwerk, Photographie, Muster) geschützt
ist, bezieht sich bei der Erfindung der Schutz auf den ihr
zu Grunde liegenden neuen Gedanken, nicht auf seine
äußerliche Verkörperung. Daher hat derjenige, der eine
Naturkraft entdeckt und beschreibt, nur an der Beschreibung
ein Urheberrecht (S. 248), während der Erfinder gegen
jede Anwendung der neuen Idee geschützt ist, auch wenn
dies in einer anderen Form geschieht, als in der, die er
ihr gegeben hat.

b. Geschichte.

Dem römischen und dem älteren deutschen Rechte war
ein Rechtsschutz des Urhebers einer Geistesschöpfung unbe=
kannt. Ein solcher bildete sich vielmehr erst aus, als mit der
Erfindung des Buchdrucks die Vervielfältigung und Ver=
wertung eines Schriftwerks erleichtert wurde. Der Schutz
des Urheberrechts nimmt daher auch von dem Verbote des
Nachdrucks (S. 254) eines Schriftwerks, der schon von
Luther dem Raube gleichgestellt wurde, seinen Anfang.
Geschützt wurde anfangs auch weniger der Urheber, als
der Drucker (Verleger) eines Schriftwerks, und zwar nicht
durch allgemeine Gesetze, sondern durch Privilegien für
bestimmte Bücher, die ihnen vorgedruckt wurden und jeden
Nachdruck mit Strafe bedrohten [1]). Erst seit dem 17. Jahr=

---

[1]) Das älteste bekannte Verlagsprivileg ist 1486 seitens der
Republik Venedig an Sabellus für seine Geschichte Venedigs erteilt

hundert ergingen allgemeine Landesgesetze gegen den Nach=
druck von Schriftwerken, in denen allmählich die Auffassung
Platz griff, daß schutzberechtigt zunächst der Urheber eines
Schriftwerks sei, nicht der Verleger oder Drucker. Leopold II.
(1790—1792) versprach in seiner Wahlkapitulation ein
Reichsgesetz gegen den Nachdruck. Aber erst nach dem
Vorgang eines französischen Dekrets von 1793 und auf
Grund der Deutschen Bundesakte Art. XVIII kamen im
Deutschen Bunde seit 1832 mehrere Bundesbeschlüsse zu=
stande, welche das Urheberrecht auf eine gemeinsame ge=
setzliche Grundlage stellten und durch verschiedene Landes=
gesetze verwirklicht wurden (II, 415). Vorbildlich wirkte
für diese Landesgesetze das Preußische Gesetz vom
11. Juni 1837.

Gegenwärtig ist das gesamte Rechtsgebiet auf Grund
von RV. Art. 4 Nr. 5 und 6 reichsrechtlich geordnet
und zwar:

1. das litterarische Urheberrecht durch das ehe=
malige Bundes=, jetzt (II, 418) Reichsgesetz vom 11. Juni
1870 betreffend das Urheberrecht an Schriftwerken, Ab=
bildungen, musikalischen Kompositionen und dramatischen
Werken[2]);

---

worden. In Deutschland erteilte der Bischof von Bamberg 1490 ein
Druckprivileg für ein Missale, der Kaiser 1501 ein Privileg an den
Humanisten Konrad Celtes für die Werke der neulateinischen Dichterin
Hroswitha (um 950), Nonne des Benediktinerinnenklosters von Ganders=
heim in Braunschweig.

[2]) Da das RG. vom 11. Juni 1870 nicht mehr in allen Punkten
den jetzigen Anschauungen entspricht und es erforderlich ist, das Urheber=
recht mit der jetzigen Reichsgesetzgebung und dem internationalen
Urheberrecht in Einklang zu bringen, so ist die Einführung eines neuen
Urheberrechtsgesetzes beabsichtigt. Im Jahre 1899 ist bereits der „Ent=
wurf eines Gesetzes betreffend das Urheberrecht an Werken der Litteratur
und der Tonkunst" erschienen. Er ist unter Mitwirkung der Bundes=
regierungen innerhalb der Reichsverwaltung von einer Kommission aus=
gearbeitet, in die namentlich Schriftsteller und Verleger berufen waren.
Dieser Entwurf umfaßt 5 Abschnitte: 1. Voraussetzungen des Schutzes
(§§ 1—11), 2. Befugnisse des Urhebers (§§ 12—27), 3. Dauer des
Schutzes (§§ 28—36), 4. Rechtsverletzungen (§§ 37—54), 5. Schluß=
bestimmungen (§§ 55—70) und enthält gegenüber dem RG. vom

2. das künstlerische Urheberrecht durch das RG. vom 9. Januar 1876 betreffend das Urheberrecht an Werken der bildenden Künste;

11. Juni 1870 u. a. folgende Abänderungen und Neuerungen (die mit den bisherigen Vorschriften unten verglichen sind):

§ 1. Auch plastische Abbildungen sind schutzfähig (nach § 43 des RG. streitig, S. 252¹).

§ 3. Juristische Personen, welche ein Werk als Herausgeber veröffentlichen, werden, wenn der Verfasser nicht genannt ist, als Urheber angesehen (S. 253³).

§ 7. Zwischen Miturhebern besteht eine Gemeinschaft nach Bruchteilen, nicht, wie nach § 51 des RG., zur gesamten Hand (S. 253).

§ 9. Das Recht des Urhebers geht auf die Erben und auch gemäß § 1936 BGB. auf den Fiskus über (letzteres war nach § 17 des RG. nicht möglich, S. 264). Bei der Übertragung auf andere Personen ist insbesondere eine Beschränkung in der Weise zulässig, daß die Befugnis zur Verbreitung des Werks nur für ein bestimmtes Gebiet eingeräumt wird (S. 260¹¹).

§ 10. Nach der Übertragung des Urheberrechts darf der Erwerber an dem Werke selbst nichts ändern, widrigenfalls ihn gemäß § 45 des Entwurfs eine Geldstrafe bis zu 1000 Mk. trifft (S. 249).

§ 11. Die Zwangsvollstreckung in das Urheberrecht findet nicht gegen den Urheber statt, wohl aber gegen seine Erben, wenn das Werk erschienen ist (S. 249⁴).

§ 12 Abs. 2. Der Komponist hat auch ohne Vorbehalt (vgl. § 50 des RG., S. 256) die ausschließliche Befugnis, das Werk öffentlich aufzuführen.

§ 12 Abs. 3. Nur der Urheber hat die Befugnis, ein noch nicht erschienenes Werk öffentlich vorzutragen (S. 257⁹).

§ 13. Das ausschließliche Übersetzungsrecht ist dem Urheber vorbehalten (S. 256⁶).

§ 13³. Die Dramatisierung einer Erzählung und Wiedergabe eines Dramas in erzählender Form steht nur dem Urheber zu (S. 257⁹).

§ 14 Abs. 2. Bei einem Werke der Tonkunst ist die Entnahme erkennbarer Melodien, zB. zu Potpourris, verboten (S. 257).

§ 15. Jede rechtswidrige Vervielfältigung gilt als Nachdruck, nicht, wie bisher, nur die mechanische (S. 256).

§ 16². Der Nachdruck amtlicher Schriftstücke (mit Ausnahme von Gesetzen, amtlichen Erlassen und Entscheidungen) kann durch ein ausdrückliches Verbot untersagt werden (gerichtet gegen die unbefugte Veröffentlichung vertraulicher amtlicher Schriftstücke durch die Presse).

§ 16³. Nur Zeitungen und Zeitschriften ist die Wiedergabe öffentlicher Verhandlungen aller Art gestattet (S. 252¹).

3. das gewerbliche Urheberrecht durch die Reichs=
gesetze vom 10. Januar 1876 betreffend den Schutz der
Photographieen gegen unbefugte Nachbildung; vom 11. Ja=
nuar 1876 betreffend das Urheberrecht an Mustern und
Modellen und vom 1. Juni 1891 betreffend den Schutz
von Gebrauchsmustern;

4. das Erfinderrecht durch das Reichspatentgesetz
vom 7. April 1891 (früher 25. Mai 1877).

c. Allgemeine Grundsätze.

1. Über Wesen und juristische Konstruktion
des Urheberrechts bestehen die verschiedensten Ansichten.
An den ursprünglichen Privilegienschutz gegen Nachdruck
knüpft eine in neuerer Zeit noch von Gerber verteidigte
Theorie an, wonach es ein subjektives Recht des Urhebers
überhaupt nicht giebt, der Urheber vielmehr nur wegen
der Strafbarkeit des Nachdrucks einen gewissen Schutz
gegen Ausbeutung genießt, ähnlich wie die leibliche Un=
versehrtheit durch Strafgesetze gesichert ist, ohne daß des=
halb ein subjektives Recht besteht. Diese Theorie ist der
modernen, eine vielfältige Verwertung des Urheberrechts
gestattenden (S. 257) Gesetzgebung gegenüber unhaltbar.

§ 17². Beim Abdruck aus Zeitungen (S. 251) ist die Quelle
anzugeben, bei Vermeidung einer Geldstrafe von 500 Mk. (§ 46 des
Entwurfs).

§ 21. Werke der Tonkunst dürfen für mechanische Musik=
instrumente verwandt werden (S. 256⁷).

§ 28. Der Schutz eines nicht veröffentlichten Werks ist zeitlich
unbegrenzt; der Schutz eines veröffentlichten Werks dauert 10 Jahre
von der Veröffentlichung an, falls nicht durch die Lebensdauer des
Urhebers ein längerer Schutz begründet ist (S. 264¹⁵).

§ 32. Für Werke der Tonkunst ist der Schutz auf 50 Jahre
erhöht (S. 264¹⁵).

§ 39. An die Stelle der im § 55 Abf. 2, 3 des RG. vor=
gesehenen Schadensberechnung tritt die freie Beweiswürdigung.

§ 44. Die vorsätzliche unbefugte Veröffentlichung eines geschützten,
aber noch nicht veröffentlichten Werks wird bestraft, ebenso die vor=
sätzliche Veröffentlichung von Privatbriefen, Tagebüchern oder persönlichen
Aufzeichnungen anderer Art, an denen ein geschütztes Urheberrecht nicht
besteht, und die noch nicht erlaubter Weise veröffentlicht sind (S. 250).

Auf die ehemaligen Druckerprivilegien führen auch diejenigen Theorieen zurück, welche das Urheberrecht lediglich
vom Gesichtspunkte der Nutzbarmachung als „Monopol-
recht", d. h. als ausschließliches Gewerberecht (S. 241),
oder als „absolutes Verbietungsrecht" oder als „absolutes
Vermögensrecht ohne sachliche Grundlage" behandeln.
Diese Theorien lassen außer Betracht, daß eine Geistesschöpfung für den Urheber nicht nur von materieller,
sondern auch von erheblicher, vielfach überwiegender ideeller
Bedeutung ist. Ausschließlich die vermögensrechtliche Seite
des Urheberrechts betont auch die Theorie des „geistigen
Eigentums", wonach das Urheberrecht über die in einem
greifbaren Gegenstande (Manuskript, Bild, Statue) verkörperte Geistesschöpfung die gleiche Herrschaftsmacht verleiht, wie das Eigentum über eine körperliche Sache. Vom
„geistigen Eigentum" sprechen zB. auch das Pr. Gesetz vom
11. Juni 1837 sowie die RV. Art. 4 Nr. 6 („Schutz des
geistigen Eigentums"). Andere verwerfen die Gleichstellung
mit dem Sacheigentume wegen des dem Urheberrechte mangelnden körperlichen Substrats. Als ein solches kann das
Manuskript oder das Bild auch in der That nicht gelten, denn
das Urheberrecht besteht an der Geistesschöpfung, nicht an der
diese nach außen hin erkennbar machenden Form. Sie
setzen daher an die Stelle des „geistigen Eigentums" ein
„Recht an einer unkörperlichen Sache" oder (Kohler, vgl.
oben S. 223 [5]) ein „immaterielles Güterrecht".

Alle diese Theorien kranken an der einseitigen Hervorhebung der vermögensrechtlichen Seite des Urheberrechts. Zweifellos hat der Schutz gegen gewerbliche Ausnutzung der Geistesschöpfungen den Anstoß zur Ausbildung
des Urheberrechts gegeben und ist noch heute für manche
Gattungen (Muster und Modelle, Gebrauchsmuster, Erfindungen) von fast ausschließlicher Bedeutung. Diese
Möglichkeit einer Ausnutzung macht das Urheberrecht aber
nicht zu einem reinen Vermögensrechte; denn es wird geschützt ohne Rücksicht darauf, ob es eine gewerbliche Verwertung zuläßt oder nicht. Es gehört vielmehr (Gierke,
Gareis) als der individuellen Sphäre des Schöpfers ent-

stammend in die Gattung der Persönlichkeitsrechte (In=
dividualrechte), wenn es auch in höherem Maße als die
sonstigen Persönlichkeitsrechte (S. 222) die Fähigkeit besitzt,
sich von der Persönlichkeit des Urhebers abzulösen und als
Rechtsobjekt in den Verkehr einzutreten³).

2. Das Urheberrecht wird b e g r ü n d e t durch
S c h ö p f u n g. Wer ein altes Manuskript findet, erlangt
durch dessen Herausgabe kein Urheberrecht, ebensowenig
wer eine in Vergessenheit geratene Erfindung ans Licht
zieht oder eine neue Naturkraft (zB. die sich in den
Röntgenschen Strahlen äußernde) entdeckt. Die Schöpfung
kann in einer Sache (Manuskript, Statue) verkörpert sein,
ist aber von dem Vorhandensein einer körperlichen Unter=
lage nicht abhängig; das Urheberrecht kommt zB. auch
dem freien Vortrag in den Universitätsvorlesungen zu. Wie
erwähnt (S. 247), deckt sich bei vorhandener Verkörperung
in einer Sache das Eigentum an dieser nicht mit dem
Urheberrecht an dem Geisteserzeugnisse. So bedarf zB.
nach RG. vom 11. Juni 1870 § 5ᵃ auch der rechtmäßige
Besitzer eines Manuskripts der Genehmigung des Urhebers
zum Abdrucke.

Der Inhalt des Urheberrechts besteht in der aus=
schließlichen Berechtigung, über das Geisteswerk zu ver=
fügen, insbesondere es in Verkehr zu bringen. Das

---

³) Die juristische Konstruktion, welche man dem Urheberrechte giebt,
ist nicht nur von Einfluß auf seine Stellung im Systeme — nach der
Persönlichkeitstheorie gehört das Urheberrecht in die Lehre vom Personen=
recht, nach der Theorie vom „geistigen Eigentum" in das Sachenrecht,
nach der Anschauung, daß es nur eine „Reflexwirkung eines Verbots"
sei, in die Lehre von den Deliktsobligationen —, sondern sie ist auch
von großer praktischer Bedeutung. Nach der Persönlichkeitstheorie wird
zB. das Urheberrecht erst dann Rechtsobjekt, wenn der Autor es aus
seiner Persönlichkeitssphäre entläßt, d. h. veröffentlicht, ähnlich wie die
Haare erst dadurch Rechtsobjekt werden, daß ihr Träger sie abschneidet
(S. 225). Die Theorieen, welche das Urheberrecht als ein reines
Vermögensrecht ansehen, müssen dagegen seine Verkehrsfähigkeit schon
mit seiner Entstehung annehmen, sodaß zB. ein Gläubiger des Autors
dessen Urheberrecht an noch nicht veröffentlichten, aber druckfertigen
Schriftwerken pfänden könnte (S. 254).

Urheberrecht ist veräußerlich, vererblich und, nachdem der Schöpfer seinen Willen, das Geisteswerk zu veröffentlichen, kund gegeben hat (S. 254, 255), auch pfändbar⁴).

Der Übergang des Urheberrechts geschieht aber in allen Fällen der Sondernachfolge (S. 99) nur zur gewerblichen Ausübung, nicht der Substanz nach. Die Schöpfung bleibt auch in der Hand eines Singularsuccessors Schöpfung des Urhebers. Daher kann ein solcher Rechtsnachfolger z.B. den Titel oder Inhalt nicht willkürlich ändern (anders der Erbe, S. 258); vgl. §§ 10, 45 des Entwurfs (S. 245²).

Beendet wird das Urheberrecht durch Zeitablauf, was ebenfalls gegen die Behandlung des Urheberrechts als „geistiges Eigentum" spricht. Denn das Eigentum ist seinem Wesen nach zeitlich unbeschränkt.

§ 21. Das litterarische Urheberrecht.

a. Gegenstand.

Wie S. 244 erwähnt, ist das litterarische Urheberrecht geregelt durch das Reichsgesetz vom 11. Juni 1870 betreffend das Urheberrecht an Schriftwerken, Abbildungen, musikalischen Kompositionen und dramatischen Werken, zu dessen demnächstigem Ersatze der S. 244² erwähnte „Entwurf eines Gesetzes betreffend das Urheberrecht an Werken der Litteratur und der Tonkunst" bestimmt ist. Die Erteilung neuer Privilegien (S. 243) ist nicht mehr zulässig (§ 60); den In-

---

⁴) Die Pfändung der Urheberrechte erfolgt gemäß §§ 857, 828 CPO. durch das Amtsgericht des Wohnsitzes des Urhebers als Vollstreckungsgericht. Da ein Drittschuldner, wie bei der Pfändung von Forderungen, nicht vorhanden ist, gilt die Pfändung mit der Zustellung des Verfügungsverbots an den Urheber als bewirkt. Die Art der Veräußerung bestimmt das Gericht (meist Versteigerung durch einen Gerichtsvollzieher). Der S. 244² erwähnte Entwurf läßt jedoch gemäß § 11 keine Pfändung des litterarischen Urheberrechts gegenüber dem Urheber selbst zu, sondern nur gegenüber dessen Erben, wenn das Werk erschienen ist.

habern solcher ist aber freigestellt, sich unter den Schutz dieser oder des Reichsgesetzes zu begeben. Wird jedoch der Urheberschutz der Privilegien gewählt, so ist er auf den Umfang des Staats beschränkt, von dem das Privilegium erteilt ist, und dieses muß dem Werke vorgedruckt werden.

Schriftwerk ist ein durch die Schriftsprache der Außenwelt vermitteltes Geisteserzeugnis. Nicht jede schriftliche Äußerung ist Schriftwerk. Vielmehr kann als ein solches nur ein „Werk", also einerseits eine planmäßige Darstellung, andererseits eine individuelle Schöpfung gelten. Als Schriftwerke sind daher weder Mitteilungen einzelner Thatsachen (Zeitungsnachrichten — vgl. R©. § 7^b —, Familienanzeigen, wissenschaftliche Entdeckungen, Wetterprognosen, Fahrpläne) noch Darstellungen ohne eigentümlichen Geistesinhalt (Museumskataloge, Preislisten, Kurs- und Theaterzettel) anzusehen, sofern sie nicht eine eigenartige Form der Zusammensetzung aufweisen. Streitig ist, ob die Privatbriefe und die Titel von Schriftwerken dem Urheberrecht unterliegen. In letzterer Beziehung greift jetzt § 8 des Gesetzes zur Bekämpfung des unlauteren Wettbewerbes vom 27. Mai 1896 (S. 240) ein, vgl. auch die S. 223 erwähnte E R©. Ob Briefe, deren vorsätzliche und unbefugte Öffnung §§ 299, 354 StGB. mit Strafe belegen, als Schriftwerke anzusehen und unter den Schutz des R©. zu stellen sind, ist nach ihrem Inhalte zu beurteilen. Soweit dieser den für den Begriff des Schriftwerks aufgestellten Voraussetzungen entspricht, ist ihre unerlaubte Veröffentlichung als Nachdruck anzusehen; aber auch wo dies nicht zutrifft, kann in der unbefugten Veröffentlichung ein zum Schadensersatze verpflichtender Eingriff in die Persönlichkeitssphäre des Schreibers liegen (vgl. BGB. § 823: „ein sonstiges Recht" und Entwurf § 44).

Nach R©. § 5^b werden erbauende, belehrende und unterhaltende Vorträge, auch wenn sie noch nicht niedergeschrieben sind, wie Schriftwerke geschützt. Herausgabe eines „Ineditum" erzeugt kein Urheberrecht (S. 248),

wohl aber kann der beigefügte „kritische Apparat" oder
Kommentar und die Angabe von Varianten sich als Ur=
heberrecht genießendes Schriftwerk darstellen. Gewissen
unzweifelhaft als Schriftwerke anzusehenden Schöpfungen
ist im öffentlichen Interesse der Urheberschutz entzogen,
nämlich Gesetzen und anderen öffentlichen Schriftstücken
(§ 7ᶜ, Entwurf § 16²) sowie den bei gerichtlichen, poli=
·tischen und kirchlichen Verhandlungen und Versammlungen
gehaltenen Reden (§ 7ᵈ). Nicht· geschützt sind auch (§ 7ᵇ)
die in öffentlichen Blättern enthaltenen Artikel, sofern sie
nicht novellistischen oder wissenschaftlichen Inhalts sind
oder ihr Abdruck ausdrücklich untersagt ist (vgl. Entwurf
§§ 17², 46). Als des litterarischen Urheberrechts fähige
Abbildungen betrachtet das RG. vom 11. Juni 1870
geographische, topographische, naturwissenschaftliche, archi=
tektonische, technische und ähnliche Zeichnungen und Ab=
bildungen, die nach ihrem Hauptzwecke nicht als Kunstwerke
anzusehen sind und daher nicht dem RG. vom 9. Januar
1876 unterstehen (265). Auch bei Abbildungen sind nur
eigenartige Geistesschöpfungen urheberrechtlich geschützt.

Musikalische Kompositionen sind Geistes=
schöpfungen, deren Wiedergabe durch das Mittel der
Tonkunst und der Tonzeichen erfolgt. Dramatische
Werke — wozu unzweifelhaft auch Pantomimen und
Ballets dramatischen Inhalts gehören — sind solche Geistes=
produkte, die auf dem Wege mimischer Darstellung zur
Vorführung gelangen.

Von diesen verschiedenen Arten von Geisteserzeug=
nissen, die Gegenstand von Urheberrechten sein können,
fließen zuweilen mehrere zu einer Verbindung zusammen,
die als einheitliches Werk in die Außenwelt tritt, so Text
und Komposition beim Liede, Libretto und Musik bei der
Oper, Schriftwerk und Abbildung bei Lehrbüchern der
Anatomie (S. 253).

Nicht geschützt sind unzüchtige Schriften, Abbildungen
und Darstellungen; vielmehr wird deren Verkauf, Ver=
teilung oder Verbreitung an Orten, die dem Publikum
zugänglich sind, nach § 184 StGB. mit Geldstrafe bis

zu 300 Mk. oder Gefängnis bis zu 6 Monaten bestraft. Auch ist deren Beschlagnahme (StPO. §§ 94 ff.) und Un=brauchbarmachung (StGB. § 41) statthaft [1]).

b. **Urheber.**

1. Das litterarische Urheberrecht entsteht regelmäßig nur in der Person des Schöpfers, als welcher gemäß §§ 11, 28 Abs. 2 und 53 des RG. vom 11. Juni 1870 bis zum Gegenbeweise derjenige gilt, dessen Name auf dem Titelblatt oder in der Zueignung oder der Vorrede angegeben oder bei der Ankündigung einer öffentlichen Aufführung als Urheber bezeichnet ist (sog. prima facie= Legitimation). Urheberrecht hat weder ein nicht als Mitschöpfer bezeichneter Gehülfe, noch der Besteller, noch der Herausgeber (zB. eines neu aufgefundenen Klassikers, S. 248). Nur bei einem aus Beiträgen mehrerer be=stehenden, ein einheitliches Ganzes bildenden Werke (zB. einem Konversationslexikon) gilt der Herausgeber (auch eine juristische Person, zB. eine Akademie, Universität, § 13) bezüglich des Ganzen als Urheber (§ 2), unter Wahrung

---

[1]) Der Kreis der geschützten Werke des Entwurfs deckt sich mit dem des RG., denn nach § 1 sind geschützt die Urheber von Schriftwerken und der Erbauung, Belehrung und Unterhaltung dienenden Vorträgen, von Werken der Tonkunst und von solchen Abbildungen wissenschaftlicher oder technischer Art, welche nicht ihrem Hauptzwecke nach als Kunstwerke zu betrachten sind. Ausdrücklich hervorgehoben ist, daß zu den Abbildungen auch plastische Darstellungen gehören. Unter den Schriftwerken sind die dramatischen Werke mitbegriffen; soweit der Entwurf für diese aber Sonderbestimmungen giebt (§§ 12 Absatz 2, 13[3]), spricht er von „Bühnenwerken". Der Kreis der im öffentlichen Interesse nicht geschützten Schriftwerke (§§ 16 und 17) deckt sich im wesentlichen mit dem des RG. (§ 7[c—d]). Nur können Behörden den Abdruck in gewissen Fällen untersagen (§ 16[2]). Ferner ist die Wiedergabe öffentlicher Verhandlungen aller Art nur den Zeitungen und Zeitschriften gestattet, während die Wiedergabe von Reden bei den Verhandlungen der Gerichte sowie der politischen, kommunalen und kirchlichen Vertretungen jedem freisteht (§ 16[3—4]), und endlich ist bei Mitteilungen aus anderen Zeitungen zwischen that=sächlichen Mitteilungen und Artikeln unterschieden (§ 17[1—2]): bei letzteren kann der Nachdruck untersagt werden, doch ist bei dem er=laubten Nachdruck in beiden Fällen deutlich die Quelle anzugeben.

des Urheberrechts der Verfasser der einzelnen Beiträge. Bei anonymen und pseudonymen (d. h. keinen oder einen erfundenen Verfassernamen angebenden) Werken, steht das Urheberrecht doch dem wahren Schöpfer zu (§ 11); nur werden dessen Rechte, bis er seinen wahren Namen kund= giebt, durch den Herausgeber oder den Verleger wahr= genommen (§ 28 Abf. 3)[2]).

2. Sind mehrere Miturheber bei einem Werke beteiligt, ohne daß ein Sammelwerk (S. 252) vorliegt, so entsteht unter den Miturhebern eine Gemeinschaft zur gesamten Hand (II, 468[8]), dergestalt, daß sie nur alle zu= sammen über das Werk verfügen können (vgl. RG. § 51); für die Dauer des Urheberrechts (S. 264) ist deshalb nach RG. § 9 der Tod des Letztlebenden bestimmend. Dies gilt sowohl bei der Mitarbeiterschaft an einem einheitlichen Werke, wie bei der Verbindung ungleichartiger Schöpfungen (S. 251). Nur ist gemäß RG. § 51 Abf. 2 bei musikalischen Werken, zu denen Text gehört, zur Veranstaltung einer öffentlichen Aufführung die Genehmigung des Komponisten genügend[3]).

3. Der Schutz des RG. vom 11. Juni 1870 bezieht sich (§ 61) grundsätzlich nur auf die Werke deutscher Autoren, gleichgültig ob diese Werke im Inland oder

---

[2]) Auch der Entwurf betrachtet als Urheber den Verfasser (§ 2), und es gilt ebenfalls die prima facie=Legitimation. Bei nicht er= schienenen, aber öffentlich aufgeführten oder vorgetragenen Werken wird vermutet, daß derjenige der Urheber sei, der bei der Ankündigung der Aufführung oder des Vortrags als Verfasser bezeichnet worden ist (§ 8).

[3]) Nach dem Entwurfe besteht bei Miturhebern eine Gemeinschaft nach Bruchteilen gemäß den §§ 741—758 BGB., und für die Dauer des Schutzes ist der Tod des Letztlebenden maßgebend (§§ 7, 29). Bei einer Verbindung von Schriftwerken mit Werken der Tonkunst oder Abbildungen gilt jeder der Verfasser auch nach der Verbindung für sein Werk als Urheber (§ 6). Als Urheber eines Sammelwerks wird der Herausgeber, und wenn dieser nicht genannt ist, der Verleger angesehen (§ 4).

Auch juristische Personen können als Urheber gelten, wenn sie als Herausgeber ein Werk veröffentlichen (§ 3), nicht bloß dann, wie nach dem RG., wenn das Werk aus Beiträgen mehrerer besteht (RG. §§ 13, 2).

Ausland erschienen oder noch nicht veröffentlicht sind, sowie auf die bei im Inlande domizilierten Verlegern erschienenen Werke nichtdeutscher Urheber. Als Inland gilt aber in dieser Beziehung (§ 62) auch das nicht zum Deutschen Reiche gehörende Gebiet des ehemaligen Deutschen Bundes (Österreich), Luxemburg, Limburg, Liechtenstein, S. 127 [2]), sofern den Reichsdeutschen dort Gegenseitigkeit verbürgt ist [4]). Ausgedehnt ist der Urheberschutz durch vielfache Litterarkonventionen, von denen die umfassendste ist: die Berner Konvention vom 9. September 1886, „betr. die Bildung eines internationalen Verbandes zum Schutze von Werken der Litteratur und Kunst", der alle europäischen Staaten, mit Ausnahme von Rußland, beigetreten sind. Mit den Vereinigten Staaten von Nordamerika, wo deutsche Werke bis dahin gänzlich ungeschützt waren, ist am 15. Januar 1892 eine Litterarkonvention geschlossen worden.

c. Inhalt des Urheberrechts.

Der wesentliche Inhalt des Urheberrechts besteht, wie erwähnt (S. 248), in der ausschließlichen Befugnis des Urhebers, über sein Werk zu verfügen. Die Verletzung des Urheberrechts wird mit einem von der gewöhnlichsten Art derselben hergenommenen und verallgemeinerten Ausdruck als Nachdruck bezeichnet. In dem ausschließlichen Verfügungsrechte liegt zunächst, daß nur der Urheber zu bestimmen hat, ob sein Werk überhaupt zu veröffentlichen ist, und wann und wie dies zu geschehen hat. Wie schon hervorgehoben (S. 248 [3]), kann weder ein Gläubiger noch der Konkursverwalter eine Geistesschöpfung des Schuldners ohne dessen Zustimmung veröffentlichen, selbst wenn sie nach dem Gutachten Sachverständiger für die Öffentlichkeit reif ist. Die Veröffentlichung eines Werks geschieht durch Herausgabe,

---

[4]) Auch der Entwurf gewährt in erster Linie nur den Reichsangehörigen unter Einbeziehung der zum ehemaligen Deutschen Bunde gehörigen Gebiete (§ 57) Schutz (§ 55), den Ausländern nur, wenn ihr Werk im Inlande erscheint (§ 56).

d. h. Verbreitung von Kopieen des Originals, oder durch
öffentlichen (d. h. einer unbeschränkten Personenzahl zugänglichen) Vortrag oder öffentliche Aufführung. Ist eine
derartige Veröffentlichung [5]) erfolgt, so verengert sich das
Recht des Schöpfers an dem seiner Persönlichkeitssphäre
nunmehr entzogenen Werke. Während nämlich das nicht
veröffentlichte Werk gegen jede Art der Benutzung geschützt
ist, wird es mit der durch den Schöpfer bewirkten
Veröffentlichung in gewissen Grenzen Gemeingut. Das einmal
veröffentlichte Werk kann nämlich nicht nur von jedermann
bei eigenen Arbeiten frei benutzt werden, sondern nach
§§ 7ᵃ, 47 ist sogar das wörtliche Anführen einzelner
Stellen oder kleinerer Teile veröffentlichter Werke, sowie
deren Aufnahme in Sammelwerke gestattet. Eine derartige
Benutzung wird nicht als Nachdruck verfolgt, vielmehr nach
§ 24 (als sog. Plagiat) nur mit einer geringen Strafe
belegt, wenn die benutzte Quelle nicht angegeben ist [6]).
Nach § 7ᵇ wird der Abdruck aus öffentlichen Blättern
nicht als Nachdruck angesehen, sofern es sich nicht um
novellistische, wissenschaftliche oder solche Artikel handelt,
an deren Spitze der Abdruck untersagt ist. Nach § 48 ist

---

[5]) Die Drucklegung eines Werks ist also mit der Veröffentlichung nicht gleichbedeutend. Wenn zB. ein Universitätslehrer einen
Grundriß zwecks Unterstützung und Erleichterung seiner Vorlesung zum
ausschließlichen Gebrauche seiner Zuhörer drucken läßt und verteilt, so
ist dies keine Veröffentlichung im Sinne des Gesetzes; Citate aus
derartigen Grundrissen sind daher nicht gestattet. Regelmäßig wird
ein Merkmal dafür, ob ein Buch veröffentlicht ist oder nicht, darin zu
erblicken sein, ob es im Buchhandel zu haben ist. Bei einer Drucklegung ohne Veröffentlichungsabsicht ist der Aufdruck üblich. „Als
Manuskript gedruckt". Natürlich hat eine derartige Bemerkung keine
Bedeutung, wenn thatsächlich die Veröffentlichung erfolgt ist. Das
wäre eine protestatio facto contraria (unten § 41¹). Man kann
also hierdurch ein im Buchhandel erschienenes Werk nicht vor dem
Citiertwerden bewahren.

Bei Bühnenwerken bedeutet der Vermerk „Den Bühnen gegenüber
als Manuskript gedruckt" den Vorbehalt des Aufführungsrechts.

[6]) Wann das Plagiat zum Nachdrucke wird, ist Thatfrage, deren
Entscheidung von der Art und dem Umfange der Benutzung des fremden
Geisteswerks abhängt.

Die Benutzung veröffentlichter Schriftwerke als Text zu Kompositionen gestattet, sofern Text und Komposition zusammen abgedruckt werden und es sich nicht um Opern- oder Oratorienlibretti handelt, und nach § 50 Abs. 2 können musikalische durch den Druck bereits veröffentlichte Werke — mit Ausnahme der dramatisch-musikalischen — ohne weiteres öffentlich aufgeführt werden, sofern nicht der Komponist sich dies Recht ausdrücklich vorbehalten hat.

Nach der Veröffentlichung eines Werks ist das Urheberrecht gemäß §§ 4 ff., 43, 45, 50 wesentlich auf das Recht beschränkt, die mechanische, d. h. durch Werkzeuge[7]) bewirkte Vervielfältigung, die auch durch Abschreiben bewirkt werden kann, bei dramatischen Werken die öffentliche Aufführung zu untersagen. Der Urheber einer veröffentlichten Novelle ist also gegen deren gewerbemäßiges Vorlesen nicht geschützt. Gegen ungenehmigte Übersetzungen ist der Urheber eines veröffentlichten Originalwerks ferner nur mit gewissen Einschränkungen geschützt[8]).

---

[7]) Als mechanische Vervielfältigung einer Komposition behandelt das Reichsgericht (oben S. 41[7]) zB. die mechanische Herstellung von Tafeln als auswechselbare Notenblätter für Musikinstrumente (Herophone usw.). Keine Vervielfältigung des Musikstücks ist aber zB. das Herstellen einer Walze für eine Drehorgel; vgl. Entwurf § 21 (S. 246[2]).

[8]) Nach RG. § 6 gelten Übersetzungen als Nachdruck nur: a. wenn von einem in toter Sprache erschienenen Werk eine Übersetzung in einer lebenden Sprache und (für 5 Jahre seit dem Erscheinen des Originalwerks, § 15) von einem in verschiedenen Sprachen herausgegebenen Werk eine Übersetzung in einer dieser Sprachen veranstaltet wird; b. (ebenfalls auf 5 Jahre vom Erscheinen der rechtmäßigen Übersetzung) wenn der Urheber sich das Übersetzungsrecht vorbehalten hat und die vorbehaltene Übersetzung spätestens im nächsten Kalenderjahre begonnen und binnen 3 Jahren vollendet ist, auch diese Thatsachen zu einer von dem Stadtrat in Leipzig geführten Eintragsrolle (§§ 39 ff.) angemeldet sind. Bei dramatischen Werken muß die Übersetzung sogar binnen 6 Monaten vollständig veröffentlicht sein. Ist der Übersetzungsvorbehalt nicht gemacht, dann kann zB. ein altgriechisch geschriebenes Werk zwar nicht französisch, aber lateinisch und in deutsch und englisch herausgegebenes Werk zwar nicht in einer veränderten deutschen Übersetzung des englischen Originals, wohl aber in einer französischen Übersetzung herausgegeben werden. Durch die Berner Konvention (S. 254) ist dem Urheber für die Verbandsländer ein

Andererseits genießen berechtigte Übersetzungen den Urheber=
schutz gleich Originalwerken (§§ 6 Abs. 6, 50 Abs. 3).
Ob endlich die Dramatisierung einer veröffentlichten
Erzählung und die Umwandlung eines Dramas in
eine Erzählung eine Urheberrechtsverletzung darstellt,
hängt davon ab, ob es sich um die Verarbeitung eines
fremden Stoffs zu einer eigenartigen Geistesschöpfung
oder um die Wiedergabe eines fremden Werks in einer
anderen Darstellungsform handelt. Für Tonwerke be=
stimmt § 46 in ähnlicher Weise, daß die Bearbeitung
einer fremden Komposition in Potpourris, Auszügen,
Arrangements nur dann erlaubt ist, wenn sie den Charakter
einer selbständigen Komposition hat [9]).

d. Übertragung des Urheberrechts.

1. Das Urheberrecht vererbt sich seiner Substanz, nicht
nur seiner Ausübung nach, wenngleich durch die Beziehung
der Schutzfrist auf den Tod des Urhebers (S. 264) der

---

ausschließliches Übersetzungsrecht für 10 Jahre seit Erscheinen des
Originalwerks eingeräumt. Der Entwurf behält dem Verfasser jede
Bearbeitung seines Werks vor (Anm. 9).

[9]) Der Entwurf hat die ausschließlichen Befugnisse des Ur=
hebers erheblich vermehrt. Nicht nur die mechanische Vervielfältigung,
wie nach dem RG., sondern jede unbefugte Vervielfältigung, auch die
einzelne Abschrift, ist unzulässig. Nur eine Vervielfältigung zum per=
sönlichen Gebrauch ist statthaft, wenn sie nicht den Zweck hat, eine
Einnahme aus dem Werke zu erzielen (§ 15). Dem Urheber eines
Werks der Tonkunst steht auch ohne Vorbehalt die ausschließliche
Befugnis zu, dasselbe öffentlich aufzuführen (§ 12 Abs. 2). Doch ist
eine öffentliche Aufführung ohne seine Einwilligung gestattet, wenn
sie keinem gewerblichen Zwecke dient, ferner bei Volksfesten, Ver=
anstaltungen zu einem wohlthätigen Zweck und innerhalb von
Vereinen, wenn nur Vereinsmitglieder oder deren Hausgenossen Zu=
hörer sind (§ 26). Solange ein Schriftstück oder ein Vortrag noch
nicht erschienen ist, ist nur der Urheber befugt, sein Werk öffentlich
vorzutragen (§ 12 Abs. 3). Endlich ist dem Urheber jede Bearbeitung
seines Werks vorbehalten, insbesondere die Übersetzung in eine fremde
Sprache oder in eine andere Mundart derselben Sprache und die
Wiedergabe einer Erzählung in dramatischer Form oder eines Bühnen=
werks in der Form einer Erzählung (§ 13), außer wenn dadurch eine
eigentümliche Schöpfung hervorgebracht wird (§ 14).

Zusammenhang mit dessen Persönlichkeit rechtlich gewahrt bleibt. Daher können die Erben auch über Veröffent= lichung der Nachlaßmanuskripte und über Neuauflagen bestimmen.

2. Die (freiwillige oder unfreiwillige, S. 249) Über= tragung des Urheberrechts unter Lebenden dagegen geschieht stets nur der Ausübung nach, welche quantitativ (z.B. auf eine bestimmte Anzahl von Kopieen) oder quali= tativ (z.B. Einräumung des Übersetzungsrechts in eine be= stimmte Sprache) beschränkt sein kann (§ 3).

α. Die gewerbliche Verwertung eines litterarischen Werks durch Verbreitung von Kopieen kann sich in drei Formen vollziehen. Entweder das Werk wird von dem Ur= heber selbst auf eigene Kosten vervielfältigt und verbreitet (Selbstverlag); oder der Urheber vervielfältigt sein Werk auf eigene Kosten, bedient sich aber zur gewerblichen Verbreitung eines Buch= oder Kunsthändlers als Mittels= person gegen Gewährung einer Vergütung (Kommissions= verlag); oder er schließt mit einem Buchhändler einen Verlagsvertrag, durch den der Urheber gegen oder ohne Gewährung von Vorteilen (Honorar, Gewinnanteil) sein Urheberrecht dem Buchhändler in bestimmten Grenzen gegen die von diesem übernommene Verpflichtung überträgt, das Werk auf eigene Kosten zu vervielfältigen und zu vertreiben.

Das Verlagsrecht ist (abgesehen von der Bestimmung des HGB. § 1 [8], daß ein Gewerbebetrieb, der Verlags= geschäfte zum Gegenstande hat, als Handelsgewerbe gilt) reichsrechtlich noch nicht geordnet. Vielmehr sind auch noch in EGBGB. Art. 76 die landesgesetzlichen Be= stimmungen aufrechterhalten. Das demgemäß (vgl. AGBGB. Art. 89 [1]) noch in Geltung stehende ALR. [10]) be-

---

[10]) Mit einer dem heutigen Sprachgebrauche geradezu wider= sprechenden Terminologie nennt das ALR. (I, 11 §§ 1011 ff.) eine neue „Auflage" den unveränderten Abdruck einer Schrift in demselben Format, eine neue „Ausgabe" den Neudruck einer Schrift mit Ver= änderungen oder in einem anderen Formate.

handelt den Verlagsvertrag als „Vertrag über Hand=
lungen" in I, 11 §§ 996 ff. Die in § 998 vorgeschriebene
Schriftform ist für den Vertrag mit einem gewerbemäßigen
Verleger oder einem Kaufmann bedeutungslos, da auf
dessen Seite der Verlagsvertrag Handelsgeschäft, daher
formfrei ist (HGB. §§ 1, 343 und EGHGB. Art. 2).
Der Urheber hat das Manuskript zur versprochenen Zeit,
sonst so rechtzeitig zu liefern, daß das Werk noch auf die
nächste Leipziger Messe gebracht werden kann (§ 1002).
Eine Klage auf Lieferung des Manuskripts hat der Ver=
leger nicht (§ 1005, S. 254), wohl aber auf Schadens=
ersatz beim Rücktritte des Verfassers. Giebt dieser das
Werk binnen Jahresfrist nach dem Rücktritt in einem
anderen Verlage heraus, so kann der Verleger auch den
entgangenen Gewinn, in anderen Fällen aber nur seinen
wirklichen Schaden ersetzt verlangen (§ 1007).

Der Verleger kann sein Verlagsrecht nur an Personen
weiter übertragen, die dem Urheber dieselbe Sicherheit
gehörigen Betriebs gewähren, wie der ursprüngliche Ver=
leger. Durch den Verlagsvertrag tritt eine Beschränkung
des Urheberrechts ein, insofern der Urheber an seinem
eigenen Werke durch vertragswidrigen Abdruck einen Nach=
druck begehen kann (RG. § 5 c.). Ebenso begeht der Ver=
leger einen Nachdruck durch eigenmächtige Neuauflage oder
Überschreitung der vertragsmäßigen Zahl von Exemplaren
(§ 5 c. d.).

β. Bei dramatischen Werken erfolgt die Verwertung
außer durch einen ·die druckschriftliche Verbreitung be=
zweckenden Verlagsvertrag auch durch Übertragung des
Aufführungsrechts. Wird das letztere von dem Leiter einer
ständigen Bühne erworben, dann gilt es (ERG. 6, 28)
als für diese, also nicht für den zeitigen Direktor erworben,
so daß die Aufführung durch den Direktor oder das Personal
auf anderen Bühnen nicht ohne weiteres gestattet ist.
Diesen Grundsatz hat das Reichsoberhandelsgericht in
Prozessen, welche Lortzingsche und Wagnersche Opern be=
trafen, auch für die Zeit vor Erlaß des RG. vom 11. Juni
1870 ausgesprochen (oben S. 58 [1]). Durch die Überlassung

17*

des Aufführungsrechts an eine Bühne erhält diese ohne ausdrückliche Übertragung übrigens nicht etwa das dem Urheber zustehende Recht, die Aufführung anderen Bühnen (z.B. des gleichen Orts) zu untersagen [11]).

e. Schutz des Urheberrechts.

Das Urheberrecht ist in der Hand des Urhebers und seines Rechtsnachfolgers civilrechtlich und strafrechtlich gegen Verletzung geschützt. Als besondere Urheberrechtsdelikte kommen in Frage: der Nachdruck, d. h. die unbefugte mechanische Vervielfältigung zum Zwecke der Verbreitung (RG. vom 11. Juni 1870 § 4, oben S. 254); das gewerbsmäßige Verbreiten von Nachdrucksexemplaren (RG. § 25); das Plagiat (oben S. 255), d. h. die Nichtangabe des Urhebers bei im übrigen erlaubter Benutzung eines fremden Werks (RG. § 24); und die unbefugte öffentliche Aufführung eines dramatischen, musikalischen oder dramatisch-musikalischen Werks (S. 251, RG. § 54).

Die Rechtsfolgen der Verletzung des Urheberrechts sind teils civil-, teils strafrechtlicher Natur. Zunächst ist es durch Feststellungsklage aus § 256 CPO. gegen Bestreiten und durch eine kurz als actio negatoria zu bezeichnende Leistungsklage gegen Eingriffe geschützt. Als fernere Rechtsfolgen kommen Einziehung, Entschädigungspflicht oder Buße und öffentliche Strafe in Betracht. Für die Feststellungsklage, die actio negatoria und die Einziehung ist es gleichgültig, ob der Thäter schuldhaft handelte oder nicht. Die Entschädigungspflicht dagegen

---

[11]) Auch nach dem Entwurf ist das Urheberrecht vererblich und beschränkt oder unbeschränkt übertragbar (§ 9). Fortgefallen ist die in § 17 des RG. enthaltene Einschränkung, daß der Fiskus nicht gesetzlicher Erbe sein kann. Die beschränkte Übertragung ist insbesondere in der Weise zulässig, daß die Befugnis zur Verbreitung des Werks nur für ein bestimmtes Gebiet eingeräumt wird. Im Falle der Übertragung darf der Erwerber an dem Werke selbst, dessen Titel oder der Bezeichnung des Urhebers ohne Einwilligung des Urhebers keine Zusätze, Weglassungen oder sonstige Änderungen vornehmen (§ 10).

tritt regelmäßig (Ausnahme RG. § 18 Abf. 6 und § 55
Abf. 4: Haftung auf die Bereicherung bei Schuldlosigkeit,
unten S. 261), die Strafe ausschließlich bei Verschulden
des Thäters ein, wobei die Art des Verschuldens (Vorsatz
oder Fahrläſſigkeit) noch von Bedeutung iſt.

1. Wer vorſätzlich oder fahrläſſig im Inland oder
Ausland (abweichend vom StGB. § 4, oben S. 87[10])
einen Nachdruck oder eine unbefugte öffentliche Aufführung
veranstaltet oder veranlaßt[12]), wird schadenersatzpflichtig
und mit Geldstrafe bis zu 3000 Mark (im Falle der
Nichtbeitreibung mit Gefängnis bis zu 6 Monaten) bestraft.
Die Bestrafung, nicht aber die Entschädigungspflicht, bleibt
jedoch ausgeschloſſen, wenn der Thäter auf Grund ent-
ſchulbbaren thatſächlichen oder rechtlichen[13]) Irrtums in
gutem Glauben gehandelt hat. Iſt der Thäter schuldlos,
ſo haftet er dem Urheber für den entſtandenen Schaden
in Höhe ſeiner Bereicherung (RG. §§ 18, 55). Der Einziehung unterliegen — und zwar wie erwähnt auch bei
mangelndem Verſchulden des Veranſtalters oder Veranlaſſers
— die Nachdrucksvorrichtungen (Formen, Platten) und diejenigen Nachdruckexemplare, die ſich im Eigentume des
Veranſtalters oder des gewerbsmäßigen Verbreiters (Buch-
händlers) befinden. Die bereits von Leſern gekauften
Exemplare unterliegen der Einziehung alſo nicht (RG. § 21).
Die eingezogenen Nachdrucksvorrichtungen und Exemplare
ſind zu vernichten, falls der Beſchädigte ſie nicht für die
Herſtellungskoſten übernimmt.

---

¹²) Der Begriff „veranlaſſen" geht weiter als der der Anſtiftung
im StGB. § 48. Die Anſtiftung ſetzt dolus bei dem Anſtiftenden
und Vorliegen einer ſtrafbaren Handlung bei dem Angeſtifteten voraus
(„wer einen Anderen zu der von demſelben begangenen ſtrafbaren
Handlung vorſätzlich beſtimmt hat"), während das „Veranlaſſen" auch
aus Fahrläſſigkeit erfolgen kann und ſelbſt dann ſtrafbar oder erſatz-
pflichtig macht, wenn der Veranlaſſer ſtraflos oder nicht erſatzverbindlich
iſt (RG. § 20).

¹³) Während ſonſt (S. 49¹⁷) gemäß § 59 StGB. nur ein That-
ſachenirrtum und ein Irrtum über das Civilrecht, nicht aber ein, wenn
auch entſchulbbarer, Irrtum im Strafgeſetz oder deſſen Vorausſetzungen
Strafausſchließungsgrund iſt, wird hier ein entſchulbbarer Strafrechts-
irrtum beachtet.

Das Vergehen des Nachdrucks ist vollendet mit der Herstellung eines Nachdruckexemplars (vgl. dagegen wegen der Verjährung, S. 263); bei bloßem Versuche des Nach=drucks tritt weder Strafe noch Entschädigungspflicht, wohl aber Einziehung ein (RG. § 22).

2. Bei vorsätzlichem oder fahrlässigem Plagiat (S. 255) tritt gegen den Veranstalter und Veranlasser Geldstrafe bis zu 60 Mark (ohne substituierte Freiheits=strafe), aber weder Entschädigungspflicht noch Einziehung ein (RG. § 24).

3. Vorsätzliche, gewerbsmäßige Verbreitung von Nachdrucksexemplaren zieht die Folgen des Nachdrucks (1) nach sich. Fahrlässige Verbreitung dagegen macht weder strafbar noch schadenersatzpflichtig. Die Einziehung erfolgt jedoch auch bei nicht vorhandenem Verschulden des Ver=breiters (RG. § 25).

Auf Strafe kann natürlich nur im Wege des öffent=lichen Strafverfahrens erkannt werden. Dagegen kann die Entschädigungspflicht sowohl durch Civilklage als in einem Strafverfahren im Wege einer Nebenklage (StPO. §§ 435 ff.) auf Zuerkennung einer — jede weitere Ent=schädigungspflicht ausschließenden — Buße bis zu 6000 Mark geltend gemacht werden, und ebenso kann die Einziehung sowohl im Wege des Civil= als des Strafverfahrens be=antragt werden (RG. §§ 18, 26). Soweit eine zu be=strafende Person nicht vorhanden ist, findet zum Zwecke der Einziehung das sog. objektive Strafverfahren ge=mäß StGB. § 42, StPO. §§ 477 ff. statt.

Die Höhe der Entschädigung wird im allgemeinen vom Richter nach freiem Ermessen festgesetzt (RG. § 19, übereinstimmend mit CPO. § 287), wobei er sich der für die einzelnen Arten litterarischer Erzeugnisse gebildeten Sachverständigenvereine bedienen kann (RG. §§ 31, 49, 56), ohne an deren Gutachten gebunden zu sein (I, 400). Nur bei der unbefugten vorsätzlichen oder fahrlässigen Auf=führung ist positiv bestimmt, daß die Entschädigung in der ganzen (bei Aufführung mit anderen Werken teilweisen) Einnahme ohne Abzug der Kosten besteht (RG. § 55).

Die hierin liegende Beschränkung der in CPO. § 287 ausgesprochenen freien richterlichen Schätzung ist als reichs= rechtliche Vorschrift durch § 13 EGCPO. aufrechterhalten.

4. Die Strafverfolgung und die Entschädigungsklage wegen Nachdrucks, Verbreitung von Nachdrucksexemplaren und öffentlicher Aufführung verjähren in 3 Jahren (RG. §§ 33 ff., 56). Der Lauf der Verjährung wegen Nachdrucks beginnt mit dem Tage der ersten, wegen Ver= breitung mit dem Tage der letzten Ausgabe eines Nach= drucksexemplars, während der Nachdruck selbst, wie S. 262 erwähnt, schon mit der Herstellung eines Exemplars vollendet ist. Dagegen ist die Einziehung so lange zulässig, als Nachdrucksvorrichtungen oder =exemplare vorhanden sind. Die erwähnten Delikte sind Antragsdelikte im Sinne des StGB. §§ 61 ff. (RG. § 35), d. h. sie sind nicht zu verfolgen, wenn der Antragsberechtigte den Antrag nicht binnen 3 Monaten seit Kenntnis von That und Thäter stellt. Die Strafverfolgung wegen Plagiats (S. 255) verjährt in 3 Monaten seit der ersten Verbreitung des Abdrucks (§ 37)[14].

---

[14]) An die Verletzung des Urheberrechts knüpft der Entwurf im wesentlichen dieselben privatrechtlichen und strafrechtlichen Folgen (§§ 37 ff.) wie das RG. Nur ist hervorzuheben, daß ein thatsächlicher oder Rechtsirrtum, auch wenn er entschuldbar ist, nicht mehr die Be= strafung ausschließen soll, und in Verbindung hiermit steht, daß der Kreis der fahrlässigen Verletzungen des Urheberrechts fast ganz be= seitigt ist. Ferner ist an die Stelle von § 55 Abs. 2 des RG. die freie Beweiswürdigung getreten. Mit Rücksicht auf den im Entwurfe vor= gesehenen erweiterten Schutz des Urhebers (S. 257[9]) sind neue Strafen eingeführt (§§ 45, 46 S. 245[2], 246[2]). Statt der Vernichtung der wider= rechtlich hergestellten Vervielfältigungen und der zur widerrechtlichen Vervielfältigung ausschließlich bestimmten Formen, Platten, Steine und Stereotypen kann dem Urheber das Recht zuerkannt werden, die Exemplare und Vorrichtungen ganz oder teilweise gegen eine an= gemessene, höchstens dem Betrage der Herstellungskosten gleichkommende Vergütung zu übernehmen (§§ 42, 43). Ferner gewährt der Entwurf dem Verfasser auch einen Schutz für Erzeugnisse, an welchen ein Urheberrecht nicht besteht: Derjenige wird bestraft, welcher vorsätzlich solche Privatbriefe, Tagebücher oder persönliche Aufzeichnungen anderer Art, an denen ein geschütztes Ur= heberrecht nicht besteht, und die noch nicht erlaubter Weise veröffentlicht

f. Ende des Urheberrechts.

Das Urheberrecht endet bei nicht veröffentlichten oder veröffentlichten, den wahren Namen des Urhebers angebenden Werken 30 Jahre nach dem Ablaufe des Todesjahrs (§ 16) des Urhebers, bei mehreren Urhebern des letztversterbenden. Anonyme und pseudonyme Werke werden 30 Jahre seit Ablauf des Jahrs ihres Erscheinens geschützt; doch können sie innerhalb dieser Zeit durch Anmeldung des wahren Urhebers zu der von dem Stadtrat in Leipzig geführten Eintragsrolle (S. 256 [8]) den meist längeren Schutz der benannten Werke erhalten. Bei erblosem Versterben des Urhebers eines nicht einem Anderen übertragenen Werks findet nicht, wie sonst, ein Erbrecht des Fiskus oder anderer zu herrenlosen Verlassenschaften berechtigter Personen (II, 755) statt, vielmehr wird das Werk Gemeingut (RG. §§ 8—17). Durch RG. § 10 ist dem Urheber das Recht eingeräumt, in periodischen Werken erschienene Aufsätze nach 2 Jahren nach Ablauf des Erscheinungsjahrs anderweit abzudrucken. Über die Dauer des Urheberrechts an Übersetzungen vgl. S. 256 [8] und RG. § 15. [15])

---

worden sind, wörtlich oder dem Inhalte nach öffentlich mitteilt. Unbefugt ist eine Mitteilung, die ohne Einwilligung des Verfassers oder des Eigentümers der Schrift erfolgt, oder nach dem Tode des Verfassers ohne Einwilligung des überlebenden Ehegatten (§ 44).

[15]) Hinsichtlich der Dauer des Schutzes des Urheberrechts trifft der Entwurf zwei wichtige Neuerungen. Er hat für die Werke der Tonkunst die dreißigjährige Frist auf 50 Jahre erhöht (§ 32), weil auf dem Gebiete der Musik bedeutende Werke häufig erst nach langen Jahren Anerkennung und Verbreitung fanden (Lortzing!). Läuft beim Inkrafttreten des Entwurfs für ein Werk der Tonkunst noch die 30 jährige Frist des RG., dann erhöht sich diese Schutzfrist ohne weiteres auf 50 Jahre (§ 62). Ferner genießt ein Werk, das später als 30 Jahre nach dem Tode des Verfassers herausgegeben wird, und das nach dem RG. alsdann schutzlos war, nach dem Entwurfe doch noch einen 10 jährigen Schutz (§ 28). Über die gesetzliche Erbfolge des Fiskus vgl. S. 245 [2].

§ 22. Das künstlerische Urheberrecht.

Das Urheberrecht an Werken der Malerei und Bild=
hauerkunst[1]) ist geschützt (S. 245) durch das RG. vom
9. Januar 1876 betreffend das Urheberrecht an
Werken der bildenden Künste. Das Urheberrecht be=
steht hier in dem ausschließlichen Rechte des Urhebers zur
Nachbildung, das, wie das litterarische Urheberrecht, ver=
erblich und veräußerlich ist (§§ 1, 2). Nicht verboten ist
die freie Benutzung eines Werks der bildenden Künste zur
Hervorbringung eines neuen Werks (§ 4); ferner die An=
fertigung einer Einzelkopie ohne Verwertungsabsicht, wobei
jedoch die Anbringung des Urhebernamens oder Mono=
gramms strafbar ist (S. 230). Gestattet ist ferner die
Nachbildung eines Werks der zeichnenden oder malenden
Kunst durch die plastische Kunst und umgekehrt (§ 6 [2]).
Diese Nachbildung darf jedoch keine rein mechanische, sondern
muß eine künstlerische sein. Daher ist die unbefugte An=
fertigung von Photographieen nicht nur von Gemälden,
sondern auch von Skulpturen (ERG. 18, 102 u. 150)
verboten und giebt dem Photographen kein Urheberrecht
an der Photographie (S. 266). Gestattet ist die Nach=
bildung von auf oder an öffentlichen Straßen dauernd
aufgestellten Kunstwerken, nur nicht in derselben Kunstform
(d. h. derselben Form sinnlicher Erscheinung, so daß also
Fresken in Öl, aber nicht al fresco, Marmorstatuen in
Bronce, aber nicht in Marmor wiedergegeben werden dürfen),
sowie die Aufnahme von Nachbildungen eines Kunstwerks
als den Text erläuternde Abbildungen in ein Schriftwerk
(§ 6 [3, 4]).

Bei Porträts und Porträtbüsten geht das Nachbildungs=

---

[1]) Nicht geschützt sind Werke der Baukunst (RG. vom 9. Januar
1876 § 3); natürlich sind aber architektonische Zeichnungen und Ab=
bildungen als solche gegen Nachdruck gemäß dem RG. vom 11. Juni
1870 geschützt (S. 251). Auch Moden werden nicht nach dem RG.
vom 9. Januar 1876, wohl aber als Gebrauchsmuster nach dem RG.
vom 1. Juni 1891 oder als Geschmacksmuster nach dem RG. vom
11. Januar 1876 (unten S. 267) geschützt.

recht auf den Besteller über, nicht aber in sonstigen Fällen
(§ 8). Im übrigen finden die für das litterarische Ur=
heberrecht dargelegten Grundsätze auch hier entsprechende
Anwendung (§§ 9—16).

§ 23. Das gewerbliche Urheberrecht.

a. Das Urheberrecht an Photographien

ist geschützt durch das Reichsgesetz vom 10. Januar
1876 betreffend den Schutz der Photographieen
gegen unbefugte Nachbildung. Danach steht dem
Verfertiger einer photographischen Aufnahme für 5 Jahre
(§ 6) das Recht zur Nachbildung auf mechanischem Wege
ausschließlich zu (§ 1), sofern auf der Abbildung oder dem
Karton Name und Wohnort des Verfertigers oder Ver=
legers und das Erscheinungsjahr angegeben ist (§ 5). Nur
bei Porträts geht das Recht ipso jure auf den Besteller
über (§ 7). Im übrigen gelten die Grundsätze des RG.
vom 11. Juni 1870; jedoch findet der Schutz des RG.
vom 10. Januar 1876 gemäß § 9, der nur auf § 61
Abf. 1 (nicht auch Abf. 2) des RG. vom 11. Juni 1870
Bezug nimmt, mangels internationaler Verträge nur auf
deutsche Verfertiger Anwendung; nach der Zusatzakte vom
4. Mai 1896 zur Berner Übereinkunft (S. 254) genießen
jedoch jetzt auch ausländische photographische Erzeugnisse
den durch die Berner Akte gewährleisteten Schutz.

Auf Photographieen von gesetzlich gegen Nachbildung
geschützten Werken findet das RG. vom 10. Januar
1876 keine Anwendung. Wer unbefugt ein Gemälde
photographiert (S. 265), genießt für diese Photographie
keinen Schutz.

b. Der Musterschutz.

Muster sind graphische (gezeichnete), Modelle
plastische (körperliche) Vorbilder für Industrieerzeugnisse.
Der Ausdruck „Muster" wird aber auch für Flächen=
und körperliche Vorlagen zusammen verwendet, zB. in dem
Worte „Musterschutz". Die Bedeutung solcher Vorbilder

liegt in einer eigentümlichen Form, die sich entweder an das ästhetische Gefühl wendet (sog. Geschmacksmuster) oder dem Erzeugnisse, für das sie bestimmt ist, eine gesteigerte praktische Verwendbarkeit sichern soll (sog. Gebrauchsmuster). Der Fuß einer Lampe bildet zB. ein Geschmacksmuster oder ein Gebrauchsmuster, je nachdem seine Eigentümlichkeit in einer besonders gefälligen Ausführung oder etwa in der Erhöhung der Sicherheit gegen Umfallen besteht. Das Geschmacksmuster nähert sich dem Kunstwerke, das Gebrauchsmuster der Erfindung. Während jedoch die Erfindung auf einer neuen Idee beruht, die einen technischen Fortschritt darstellt, legt das Gebrauchsmuster eine vorhandene Idee zu Grunde und erhöht ihre Verwendbarkeit nur durch eine neue Weise praktischer Anwendung. Die Erzeugung von Gasglühlicht wird also zB. als Erfindung, ein Brenner mit besserem Schutze des Glühstrumpfs gegen Erschütterungen als Gebrauchsmuster geschützt. Jede in einem plastischen Modelle verkörperte Erfindung stellt sich in diesem Modell als Gebrauchsmuster dar; der Erfinder hat in einem solchen Falle die Wahl, die Erfindung patentieren oder das Modell als Gebrauchsmuster schützen zu lassen.

Wie S. 246 erwähnt, sind Geschmacksmuster, Gebrauchsmuster und Erfindungen durch 3 besondere Reichsgesetze geschützt.

1. Auf Geschmacksmuster bezieht sich das Reichsgesetz vom 11. Januar 1876 betreffend das Urheberrecht an Mustern und Modellen. Danach (§ 1) steht das Recht, ein gewerbliches Muster oder Modell, das sich als ein neues und eigentümliches Erzeugnis darstellt, nachzubilden, dem Urheber ausschließlich zu. Bei Mustern und Modellen, die von den in einer gewerblichen Anstalt beschäftigten Personen im Auftrag und für Rechnung des Unternehmers angefertigt sind, gilt dieser mangels anderweiter Vertragsbestimmung (§ 2) als Urheber. Der Musterschutz wird erworben durch eine vor der Verbreitung geschehende Anmeldung zu einem jedermann zugänglichen Musterregister (§ 7) und Niederlegung des Musters oder

Modells bei der dieses Register führenden Registerbehörde (in Preußen dem Amtsgerichte). Die Niederlegung kann auch versiegelt erfolgen. In diesem Falle geschieht die Eröffnung 3 Jahre nach Anmeldung, in Streitfällen auch schon früher (§§ 9, 11). Die Eintragung in das Muster= register erfolgt ohne Prüfung der Berechtigung (§ 10) und gewährt eine Rechtsvermutung (I, 261) für das Ur= heberrecht des Anmeldenden (§ 13). Der Schutz gegen Nachbildung wird dem Urheber nach seiner Wahl für 1—15 Jahre (§ 8) gewährt gegen eine Gebühr von jährlich 1 Mark für die ersten 3 Jahre, von jährlich 2 Mark für das 4.—10., von jährlich 3 Mark für das 11.—15. Jahr (§ 12). Der Musterschutz wird nur für im Inlande ge= fertigte Erzeugnisse deutscher und solcher ausländischen Urheber gewährt, die im Deutschen Reich ihre gewerbliche Niederlassung haben (§ 16); doch ist durch Handelsverträge (so mit Österreich, Italien, Schweiz, Serbien) auch in Deutsch= land nicht angesessenen Ausländern Musterschutz gewährt. Entschädigung, Strafen, Verfahren und Verjährung richten sich nach den Bestimmungen des RG. vom 11. Juni 1870.

2. Gebrauchsmuster sind erst durch das Reichs= gesetz vom 1. Juni 1891 betreffend den Schutz von Gebrauchsmustern eines besonderen Schutzes teilhaftig geworden. Bis dahin genoß ein Gebrauchsmuster eines Schutzes nur dann, wenn es gleichzeitig (S. 267) eine Erfindung und als solche patentirt war.

Nach § 1 des Gebrauchsmustergesetzes vom 1. Juni 1891 werden als Gebrauchsmuster geschützt: „Modelle von Arbeitsgerätschaften oder Gebrauchsgegenständen oder von Teilen derselben, insoweit sie dem Arbeits= oder Gebrauchs= zwecke durch eine neue Gestaltung, Anordnung oder Vor= richtung dienen sollen." Voraussetzung des Gebrauchs= musterschutzes ist also das Vorhandensein eines Modells, d. h. eines Probeexemplars, das eine neue geistige Schöpfung erkennen läßt. Nicht als neu gelten Vorrichtungen, die zur Zeit der Anmeldung (s. u.) in öffentlichen Druckschriften beschrieben oder im Inland offenkundig benutzt sind (§ 1). Der Gebrauchsmusterschutz wird erworben durch schriftliche

Anmeldung zu der beim Patentamt in Berlin geführten Rolle für Gebrauchsmuster unter Beifügung einer Nach=bildung des Modells. Mit der Eintragung des Gebrauchs=musters erhält der Eingetragene das ausschließliche Recht, gewerbemäßig das Muster nachzubilden, die durch Nach=bildung hervorgebrachten Gerätschaften und Gegenstände in Verkehr zu bringen, feilzuhalten und zu gebrauchen. Stößt ein eingetragenes Gebrauchsmuster mit einem früher an=gemeldeten Gebrauchsmuster oder Patente zusammen, so darf es nur mit Erlaubnis des Inhabers des letzteren aus=geübt werden (§§ 4, 5). Die Schutzfrist beträgt 3 Jahre seit der Anmeldung, kann aber auf 6 Jahre verlängert werden. Bei der Anmeldung sind 15, bei der Verlängerung 60 Mark zu zahlen (§§ 2, 8). Wer wissentlich oder aus grober Fahrlässigkeit ein geschütztes Gebrauchsmuster in Be=nutzung nimmt, ist zur Entschädigung verpflichtet, und wer dies wissentlich thut, wird außerdem auf Antrag mit Geld=strafe bis zu 5000 Mark oder mit Gefängnis bis zu 1 Jahre bestraft. Neben einem Strafverfahren kann die Entschädigung im Wege einer Nebenklage (StPO. §§ 435 ff.) beansprucht und eine Buße bis zu 10000 Mark zugesprochen werden.

Die Eintragung in die Gebrauchsmusterrolle erfolgt (vgl. für Warenzeichen S. 236, für Patente S. 271) ohne Prüfung der Berechtigung des Anmeldenden, der als prima facie legitimiert (S. 252) gilt, und hat keine konstitutive Bedeutung, sondern gewährt nur die Vermutung der Be=rechtigung. Liegen daher die objektiven Voraussetzungen des Gebrauchsmusterschutzes, zB. Neuheit des Modells, nicht vor, so kann jedermann (actio popularis I, 285), ist der Eingetragene nicht der wahre Urheber, so kann dieser auf Löschung der Eintragung klagen (§ 6).

Das Gebrauchsmustergesetz schützt grundsätzlich nur die im Reichsgebiet angesessenen Gewerbetreibenden. Wer im Inlande Wohnsitz oder Niederlassung nicht hat, hat nur dann einen Anspruch auf den Schutz des Gesetzes, wenn in dem Staate seiner Niederlassung deutsche Gebrauchsmuster einen Schutz genießen; auch muß er bei der Anmeldung einen im Inlande wohnhaften Vertreter angeben (§ 13).

§ 24. Der Schutz von Erfindungen.

a. Patentrecht.

Erfindung ist ein schöpferischer Gedanke zur Her=
vorbringung eines technischen Erfolgs. Sie steht in einem
Gegensatze zur Entdeckung, die nur den Nachweis des
Vorhandenseins eines Gegenstands erbringt. Der Nach=
weis, daß die Diphtherie durch gewisse Bakterien hervor=
gerufen wird, war eine Entdeckung, die Angabe eines
Mittels zu ihrer Beseitigung (Behringsches Heilserum) eine
Erfindung. Ein besonderes Erfinderrecht ist erst in neuerer
Zeit (zuerst in England 1623) anerkannt und wie das
litterarische Urheberrecht (S. 243) anfänglich an die Er=
teilung eines staatlichen Verwertungsprivilegs (litterae
patentes, daher „Patent") geknüpft worden. Erst ein
französisches Gesetz von 1791 gewährte jedem Erfinder ge=
setzlichen Schutz gegen die unbefugte Benutzung seiner
Erfindung. Nachdem bereits in der ersten Hälfte des
19. Jahrhunderts in den größeren deutschen Staaten
Patentgesetze erlassen waren (Preußen 1815), kam am
25. Mai 1877 auf Grund der RV. Art. 4⁵ ein Reichs=
patentgesetz zustande, welches nach einer Revision durch
das heute geltende Reichspatentgesetz vom 7. April
1891 ersetzt ist.

Patente (§ 1) werden erteilt für neue Erfindungen
(also nicht für Entdeckungen von Naturkräften, zB. die
Röntgenschen Strahlen S. 248), die eine gewerbliche Ver=
wertung gestatten. Nicht patentfähig sind Erfindungen,
deren Verwertung den Gesetzen oder guten Sitten zuwider=
laufen würde; ferner Erfindungen von Nahrungs=, Genuß=
und Arzneimitteln sowie Chemikalien. Bei diesen ist nur
das Erzeugungsverfahren patentfähig, so daß das Erzeugnis
gegen die Herstellung durch ein anderes Verfahren, als
das patentierte, nicht geschützt ist. Nach § 35 gilt aber
bei einer Erfindung, die ein Verfahren zur Herstellung
eines neuen Stoffs zum Gegenstande hat, bis zum Be=
weise des Gegenteils jeder Stoff von gleicher Beschaffen=

heit als nach dem patentierten Verfahren hergestellt. Als neu und daher patentfähig gilt eine Erfindung dann nicht (§ 2), wenn sie zur Zeit der Anmeldung (S. 272) in öffentlichen Druckschriften der letzten 100 Jahre bereits derartig beschrieben oder im Inlande bereits so offenkundig benutzt ist, daß danach die Benutzung durch andere Sach= verständige möglich ist. Ist die Erfindung im Auslande zur Patenterteilung angemeldet und amtlich veröffentlicht, so schadet — soweit Gegenseitigkeit verbürgt ist — diese Veröffentlichung nicht, sofern die Erfindung binnen drei Monaten im Inland angemeldet ist.

Die Erteilung des Patents erfolgt auf Grund einer prima facie Legitimation (S. 252) an den ersten Anmelder (§ 3), ohne Prüfung, ob er der Erfinder ist, und selbst dann, wenn er dem wahren Erfinder seine Geistesschöpfung unbefugt entlehnt hat. Nur kann in letzterem Falle der wahre Erfinder durch Einspruch (S. 273) das Patent für sich verlangen. Der Patentinhaber ist ausschließlich befugt (§ 4), gewerbsmäßig den Gegenstand der Erfindung her= zustellen, in Verkehr zu bringen, feilzuhalten und zu ge= brauchen. Ist das Patent für ein Verfahren erteilt, so erstreckt sich die Wirkung auch auf die durch das Verfahren unmittelbar hergestellten Erzeugnisse. Diese Wirkung des Patents tritt gegen denjenigen nicht ein (§ 5), der zur Zeit der Anmeldung die Erfindung in Benutzung genommen oder hierzu bereits Veranstaltungen getroffen hat. Dieser ist vielmehr zur Ausnutzung der Erfindung für die Bedürf= nisse des eigenen Betriebs befugt. Eine Art von Expro= priation gegen Entschädigung kann der Reichskanzler be= züglich solcher Erfindungen herbeiführen, die für das Heer, die Flotte oder im Interesse der öffentlichen Wohlfahrt benutzt werden sollen.

Das Patentrecht ist vererblich, veräußerlich und pfänd= bar (§ 6). Es dauert regelmäßig 15 Jahre seit der An= meldung (§ 7), kann aber außerordentlicher Weise auch schon früher erlöschen: 1. bei nicht rechtzeitiger Entrichtung der Gebühren (30 Mk. bei der Anmeldung, 50 Mk. für das zweite und je 50 Mk. mehr für jedes folgende Jahr;

§ 8); 2. bei Verzicht (§ 9); 3. durch Nichtigkeitserklärung,
falls die Erfindung nicht patentfähig ist, einem früheren
Patent unterfällt oder dem Berechtigten unbefugter Weise
entwendet war (§ 10); 4. durch Zurücknahme nach Ablauf
von 3 Jahren, falls der Patentinhaber die Erfindung im
Inlande nicht zur Ausführung bringt oder falls er die
Erteilung der Ausführungserlaubnis (sog. Lizenz) an
andere grundlos verweigert, vorausgesetzt, daß die Lizenz-
erteilung im öffentlichen Interesse liegt (§ 11).

Der inländische Patentschutz ist Inländern wie Ausländern zugänglich; nur hat, wer nicht im Inlande wohnt,
einen hier wohnenden Vertreter zu bestellen, und der Reichskanzler kann mit Zustimmung des Bundesrats gegen Ausländer ein Vergeltungsrecht (S. 127) ausüben (§ 12).
Internationale Verträge bestehen betreffs des Patent-,
Marken- und Musterschutzes u. a. mit Österreich, Italien
und der Schweiz.

b. Verfahren.

Die Erteilung, die Nichtigkeitserklärung und die
Zurücknahme der Patente erfolgt durch das Kaiserliche
Patentamt in Berlin, bei dem, wie erwähnt, auch die
Rollen für Warenzeichen (S. 236) und Gebrauchsmuster
(S. 269) geführt werden. Das Kaiserliche Patentamt ist
eine dem Reichsamte des Innern (II, 213) unterstellte, von
einem Präsidenten geleitete und aus juristischen und technischen Mitgliedern zusammengesetzte Reichsbehörde. Für
Patentsachen sind Anmeldeabteilungen, Beschwerdeabtei-
lungen und eine Nichtigkeitsabteilung gebildet (§§ 13—19).
Alle Entscheidungen ergehen „Im Namen des Patent-
amts" (nicht des „Reichs", wie beim Reichsgericht, oder
des „Kaisers", wie in Elsaß-Lothringen); vgl. I, 414[61].
Die Patenterteilung erfordert zunächst eine schriftliche
Anmeldung mit genauer Beschreibung sowie Bezeichnung
des Patentanspruchs, d. h. dessen, was als patentfähig
unter Schutz gestellt werden soll (§ 20).
Während die meisten Patentgesetze auf dem sog.
Anmeldeverfahren beruhen, wonach die Patentbehörde

nur die formellen Voraussetzungen der Patenterteilung fest=
stellt (wie dies auch für Gebrauchsmuster vorgeschrieben
ist, S. 269) und die Frage, ob es in schon bestehende
Patente eingreift, der gerichtlichen Feststellung in etwaigen
späteren Prozessen überläßt, beruht das Reichspatentgesetz
(ebenso wie das Warenzeichengesetz S. 236) auf dem
Prüfungsverfahren, welches dem Patentamt auch die
Prüfung der materiellen Voraussetzungen des Patents
zuweist.

Nach einer Vorprüfung durch ein Mitglied der
Anmeldeabteilung (§ 21) erfolgt, sofern die Erfindung
nicht als patentunfähig zurückgewiesen wird (§ 22), die
Bekanntmachung der Anmeldung, womit für den An=
meldenden einstweilen die Wirkungen des Patents eintreten
(§ 23, D.R.P.A.=Deutsches Reichspatent angemeldet).
Nur bei den von der Reichsverwaltung für die Zwecke
des Heeres oder der Flotte nachgesuchten Patenten erfolgt
die Erteilung ohne Bekanntmachung und ohne Eintragung
in die Patentrolle.

Binnen zwei Monaten nach der Veröffentlichung kann
gegen die Patenterteilung schriftlicher Einspruch erhoben
werden, weil entweder die Erfindung nicht patentfähig sei,
oder dem Patentsucher ein Anspruch auf Erteilung des
Patents nicht zustehe. Der Einspruch kann von jedermann
erhoben werden (moderne Popularklage I, 305⁴); nur bei
der Behauptung der unbefugten Entlehnung (S. 271) steht
der Einspruch allein dem angeblich Verletzten zu (§ 24).
Nach Ablauf der zwei Monate und Einzahlung der ersten
Jahresgebühr (S. 271) erfolgt der Beschluß der Anmelde=
abteilung. Gegen den die Anmeldung zurückweisenden Be=
schluß kann der Anmeldende, gegen den über die Patent=
erteilung entscheidenden Beschluß der Patentsucher und der
Einsprechende binnen Monatsfrist seit Zustellung an die Be=
schwerdeabteilung des Patentamts Beschwerde einlegen (§ 26).

Ist die Patenterteilung endgültig beschlossen, so macht
das Patentamt dies im Reichsanzeiger bekannt, fertigt für
den Patentinhaber eine Patenturkunde aus und trägt das
Patent in die Patentrolle ein (§ 27).

Besondere Arten von Patenten sind die Kom=
binationspatente, die abhängigen Patente und die
Zusatzpatente. Bei den ersteren wird ein technischer
Fortschritt geschützt, der durch das Zusammenwirken
mehrerer selbständiger Erfindungen hervorgebracht wird.
Diese selbst können wieder Gegenstand von Einzelpatenten
sein. Das Abhängigkeitspatent schützt eine Erfindung,
die nur unter Benutzung einer anderen noch geschützten
Erfindung verwertbar ist, insbesondere die letztere verbessert
(Verbesserungs= oder Ausbildungserfindung). Ist der
Patentinhaber bezüglich der Haupterfindung gleichzeitig
Inhaber der Verbesserungserfindung, so kann er betreffs
der letzteren ein Zusatzpatent verlangen, für das nur eine
einmalige Gebühr von 30 Mark zu entrichten ist, das
aber mit dem Hauptpatente fortfällt (§§ 7, 8).

Die Nichtigkeitserklärung sowie die Zurücknahme des
Patents erfolgt nur auf Antrag (§ 28, oben S. 272).
Gegen die Entscheidung der Nichtigkeitsabteilung (S. 272)
findet binnen 6 Wochen seit der Zustellung Berufung an
das Reichsgericht (I, 700) statt (§ 33).

c. Rechtsschutz.

Wer wissentlich oder aus grober Fahrlässigkeit eine
patentierte Erfindung unbefugt in Benutzung nimmt, ist
dem Verletzten zur Entschädigung verpflichtet; bei wissent=
lich unbefugter Benutzung wird er auf Antrag mit Geldstrafe
bis zu 5000 Mark oder mit Gefängnis bis zu 1 Jahre
bestraft. Neben einem Strafverfahren kann die Ent=
schädigung im Wege einer Nebenklage (StPO. §§ 435 ff.)
durch Antrag auf Buße bis zu 10 000 Mark beansprucht
werden (§§ 35—39).

In die Kategorie des unlauteren Wettbewerbs gehört
die mit Geldstrafe bis 1000 Mark bestrafte Patent=
berühmung, d. h. das Versehen von Gegenständen oder
Reklamen und Kundgebungen mit einer Bezeichnung
(„D.R.P."), die den Irrtum erregen könnte, die bezeich=
neten Gegenstände seien patentiert (§ 40).

Zweiter Abschnitt.
Sachen (BGB. §§ 90—103).
I. Allgemeines.
§ 25. Begriff der Sachen.

Das subjektive Recht (S. 88) gewährt eine Herrschaft. Diese kann sich über eine Person, und zwar die eigene oder eine fremde, oder über einen Teil der vernunftlosen Natur erstrecken. Rechtsobjekt, Gegenstand des Rechts, Sache im weiteren Sinne heißt nun die Person oder der Naturteil, worauf sich ein subjektives Recht bezieht.

Die Römer teilten die Rechtsobjekte in körperliche Sachen (res corporales, Sachen im engeren Sinn) und unkörperliche Sachen (res incorporales). Als körperliche Sachen bezeichneten sie die begrenzten Teile der vernunftlosen Natur, als unkörperliche Sachen die Rechte[1]).

---

[1]) Gajus, libro II. Instit.; l. 1 § 1 D. de divisione rerum et qualitate 1, 8: Quaedam res corporales sunt, quaedam incorporales. Corporales hae sunt, quae tangi possunt, veluti fundus, homo, vestis, aurum, argentum et denique aliae res innumerabiles. Incorporales sunt, quae tangi non possunt, qualia sunt ea, quae in iure consistunt, sicut hereditas, ususfructus, obligationes quoquo modo contractae.

Auf dieser Behandlung von Rechten als Rechtsobjekten beruht die Vorstellung, daß es Rechte an Rechten gebe (zB. ususfructus und pignus nominis). Die juristische Konstruktion derartiger, in allen Rechten (über das BGB. vgl. S. 277) anerkannter Befugnisse ist sehr bestritten.

Die neueren Kodifikationen (Österreich. BGB., Code civil, ALR., aber nicht das Sächs. BGB.) unterscheiden ebenfalls noch zwischen Sachen im weiteren und im engeren Sinne. Das ALR. I,

18*

Heute ist man sich darüber klar, daß diese Einteilung nicht gerechtfertigt ist. Einmal ist sie überhaupt keine Einteilung der Rechtsobjekte, sondern eine solche der Vermögens=bestandteile [2]). Denn Rechte sind nicht Rechtsobjekte,

2 §§ 1 ff. nannte „Sache überhaupt alles, was der Gegenstand eines Rechtes oder einer Verbindlichkeit sein kann", einschließlich „der Handlungen der Menschen, ingleichen ihrer Rechte, insofern dieselben den Gegenstand eines anderen Rechtes ausmachen"; Sache im engeren Sinne dagegen dasjenige, „was entweder von Natur oder durch die Übereinkunft der Menschen eine Selbständigkeit hat, vermöge deren es der Gegenstand eines dauernden Rechtes sein kann". Diese Gleichstellung der einer dauernden Nutzung fähigen Rechte mit den körperlichen Sachen führt auf die Ausbildung der Gewere (II, 517) zurück. Das BGB. beschränkt, wie S. 277 ausgeführt, den Begriff Sache auf die „körperliche Sache". Der erste Entwurf hatte daher die allgemeinen Vorschriften über die Sachen an die Spitze des Sachenrechts gestellt. Bei der Revision ist die Einstellung in den Allgemeinen Teil für zweckmäßig erachtet worden, weil manche der Vorschriften (zB. Zubehör=eigenschaft, Vertretbarkeit) für alle Rechtsgebiete von Bedeutung sind.

²) Ebenso bezog sich die Einteilung in res mancĭpi (man-cĭpii) und nec mancĭpi (I, 48⁵) auf Vermögensbestandteile. Diese Einteilung gehörte schon zu Justinians Zeit der Vergangenheit an, wurde aber von ihm auch noch ausdrücklich aufgehoben. Sie be=ruhte auf der Form, in der einzelne Vermögensbestandteile veräußert werden mußten. Die res mancipi konnten nur im Wege einer mancipatio, d. h. eines abstrakten Formalakts per aes et libram vor 5 cives und einem libripens (I, 163), später auch durch in jure cessio (I, 168), die res nec mancipi durch traditio auf Grund eines Rechtsgeschäfts zu Eigentum übertragen werden. Wurde eine res mancipi tradiert, nicht manzipiert, so blieb das civilrechtliche (quiritarische, I, 170) Eigentum beim Tradenten; dieser hatte also die rei vindicatio und konnte hiermit die übergebene Sache dem Käufer wieder entreißen, ähnlich wie heute ein Grundstücksverkäufer, der das verkaufte Grundstück dem Käufer übergeben, aber nicht auf=gelassen hat. Der Prätor schützte später aber den Erwerber, indem er ihm gegen die rei vindicatio des Veräußerers mit einer exceptio rei venditae et traditae (I, 171) und bei Besitzverlust mit der actio Publiciana (I, 288⁷) half. Dem Namen nach blieb der Tradent Eigentümer. Sein Recht war aber wirkungslos, ein „nudum jus Quiritium"; der wahre Eigentümer war der, welcher die Sache „in bonis" hatte. So entstand der Begriff des bonitarischen Eigentums (I, 171; vgl. unten § 55⁸). Justinian beseitigte in der l. un. C. de nudo jure Quiritium tollendo diesen Unterschied als „antiquae subtilitatis ludibrium".

sondern der Inhalt von Rechtsverhältnissen. Die Einteilung hat aber auch als solche der Vermögensbestandteile keine Berechtigung. Die Römer identifizierten nämlich das Eigentumsrecht an einer körperlichen Sache mit dieser und stellten es nicht etwa unter die die übrigen „Rechte" umfassenden res incorporales. Die Einteilung in res corporales und incorporales bedeutete also in Wahrheit eine Sonderung der Rechte einer Person, d. h. ihres Aktivvermögens (S. 93⁷), in Eigentumsrechte (res corporales) und sonstige Rechte (persönliche und beschränkte dingliche Rechte). Eine solche Teilung hat aber gar keine praktische Bedeutung, denn die unter dem Begriffe „nicht-körperliche Sachen" zusammengefaßten Vermögensbestandteile unterstehen gemeinsamen Regeln nicht in einem Umfange, der eine Zusammenstellung unter einem besonderen Unterbegriffe rechtfertigen könnte. Mit Recht hat daher das BGB. § 90 von einer Einteilung der Rechtsobjekte abgesehen und den Ausdruck Sache (als Unterart des Ausdrucks „Gegenstand" vgl. z.B. § 260 „Inbegriff von Gegenständen", unten S. 284) auf die körperlichen Gegenstände, die bisher sog. „Sachen im engeren Sinne" beschränkt. In den Fällen, wo die für Sachen gegebenen Vorschriften auch für nicht-körperliche Objekte (Sachgesamtheiten, Vermögensgesamtheiten, Rechte) angewandt werden sollen, ist dies besonders ausgesprochen; vgl. z.B. BGB. §§ 96 (Rechte als Grundstücksbestandteile); 435, 437 (Rechte als Kaufgegenstand); 1035 (Nießbrauch an einem Inbegriff); 1068 ff. (Nießbrauch an Rechten); 1085 ff. (Nießbrauch an einem Vermögen); 1273 ff. (Pfandrecht an Rechten). Es giebt

---

Zu den res mancipi zählte das italische Bauerngut mit seinen wesentlichen Pertinenzen. Als solche gelten: der italische Grund und Boden, die Rustikalservituten - iter, actus, via, aqaeductus —, die Sklaven, die Haustiere, welche „collo dorsove domantur", und zwar nach Ansicht der Sabinianer von der Geburt, nach Ansicht der Prokulianer von der Benutzbarkeit an. Als res mancipi wurden hiernach die Vermögensbestandteile angesehen, die für die Höhe des census maßgebend waren und deren Verbleib daher von öffentlichem Interesse war (I, 48⁵).

hiernach dingliche Rechte, die nach dem Sprachgebrauche des BGB. nicht Sachenrechte sind; vgl. hierüber S. 92⁶. Nach BGB. ist also Sache nur die einzelne körperliche Sache. Hieraus darf aber nicht etwa gefolgert werden, daß für die Unterstellung eines Rechtsgegenstands unter diesen Begriff eine sichtbare oder fühlbare Körperlichkeit erforderlich ist. Vielmehr ist Sache jeder nachweisbare Naturteil, so auch die atmosphärische Luft, der elektrische Strom (ERG. 17, 269)³). Andererseits ist auch nicht jede körperliche Sache im natürlichen Sinn eine Sache im Rechtssinne, wie unten bei der Lehre von den res extra commercium darzulegen ist.

---

³) Anders faßt die herrschende Meinung den Begriff der „fremden Sache" nach §§ 242, 303 StGB. auf, indem hierfür Körperlichkeit verlangt wird. Insbesondere hat das Reichsgericht im Falle rechtswidriger Entziehung elektrischer Kraft diese §§ des StGB. für nicht anwendbar erklärt, weil sie Körperlichkeit der entzogenen oder beschädigten Sache voraussetzen. Hiernach würde die rechtswidrige Entziehung elektrischer Energie in den meisten Fällen straflos bleiben, da der allenfalls noch in Betracht kommende Betrugsparagraph (StGB. § 263) regelmäßig nur dann Platz greift, wenn ein Vertrag über entgeltliche Abgabe elektrischer Kraft besteht und der Bezugsberechtigte sich durch täuschende Vorkehrungen in die Lage versetzt, elektrische Energie ohne die vereinbarte Gegenleistung zu entnehmen. Um diese Lücke auszufüllen, wird ein Gesetzentwurf über die Bestrafung der widerrechtlichen Entziehung fremder elektrischer Arbeit vorbereitet. Danach wird bestraft, „wer einer elektrischen Anlage oder Einrichtung fremde elektrische Arbeit dadurch entzieht, daß er sie in eine Vorrichtung überleitet, die zur ordnungsmäßigen Entnahme elektrischer Arbeit aus der Anlage oder Einrichtung nicht bestimmt ist"; und zwar wenn er die Handlung begeht:

a. in der Absicht, die elektrische Arbeit sich rechtswidrig anzueignen: mit Gefängnis und mit Geldstrafe bis zu 1000 Mk. oder mit einer dieser Strafen;

b. in der Absicht, einem Anderen rechtswidrig Schaden zuzufügen: mit Geldstrafe bis 1000 Mk. oder Gefängnis bis zu 2 Jahren.

II. Einteilung der Sachen.

§ 26. Einzelsache und Inbegriff.

Die römischen Juristen unterschieden, der stoischen Lehre folgend, drei Arten von körperlichen Sachen: einfache Sachen, zusammengesetzte Sachen und Sachinbegriffe[1]). Diese Einteilung hat auch heute noch eine gewisse Bedeutung.

a. Universitas rerum cohaerentium (Zusammengesetzte Sachen).

Der Unterschied zwischen einer einfachen Sache (res unīta) und einer zusammengesetzten Sache (universitas rerum cohaerentium, res composita, connexa) liegt darin, daß die ursprünglichen Bestandteile bei ersterer nicht, bei letzterer noch erkennbar sind. Während daher bei der Einheitssache (zB. einem Kleiderstoffe) die ursprünglichen Bestandteile (die Wollfäden) kein gesondertes rechtliches Dasein haben können, vielmehr in der Sache völlig aufgegangen sind, ist bei der zusammengesetzten Sache (zB. einem Schiff, Haus) ein Sonderrecht an Bestandteilen (zB. eingebauten Planken oder Ziegeln) denkbar, wenn auch erst nach dem etwaigen Auseinanderfallen der Sache in ihre Bestandteile zu verwirklichen. So lange dies nicht geschieht, steht die zusammengesetzte Sache rechtlich der einfachen völlig gleich, und die Bestandteile einer zusammengesetzten Sache als solche können daher ebensowenig

---

[1]) Pomponius l. 30. pr. D. de usurp. 41, 3: Tria genera sunt corporum; unum quod continetur uno spiritu et Graece ἡνωμένον vocatur, ut homo, tignum, lapis et similia; alterum quod ex contingentibus, hoc est pluribus inter se cohaerentibus constat, quod συνημμένον vocatur, ut aedificium, navis, armarium; tertium, quod ex distantibus constat, ut corpora plura (non) soluta, sed uni nomini subjecta, veluti populus, legio, grex. — „Spiritus" bedeutet (wie Göppert, „Über einheitliche, zusammengesetzte und Gesamtsachen nach röm.", 1870, nachgewiesen hat) die ἕξις der Stoiker, d. h. den Teil der allgemeinen Weltseele (πνεῦμα), welcher die einzelne Sache durchdringt und von den anderen unterscheidbar macht.

Gegenstand besonderer Rechte sein, als die Atome der Einheitssache (unten S. 292).

Als Einheitssache behandelt das Recht zuweilen auch gewisse Vereinigungen gleichartiger Körper, die nicht als einzelne, sondern nur in Mengen wirtschaftlichen Wert haben, zB. Getreide, Heu, Pulver, Mehl. Flüssige und luftförmige Körper werden zu Sachen nur durch ihre Aufnahme in feste Behältnisse. Bei Grundstücken endlich beruht die Individualisierung, d. h. die Bestimmung eines Erdbodenteils zur Einzelsache, stets auf menschlicher Verfügung (Abgrenzung, ager arcifinius, I, 70[1], Kataster I, 83[4], Grundbuchbezeichnung II, 557), da der Erdboden von Natur eine zusammenhängende Fläche bildet.

b. Universitas facti (Sachgesamtheit).

Ein Inbegriff (oder — im Gegensatze zu dem unter c. zu besprechenden Rechtsinbegriffe — Sachinbegriff, Sachgesamtheit, bei den Römern corpus ex distantibus, bei den Neueren universitas facti, universitas rerum distantium genannt, vgl. zB. BGB. § 1035: Nießbrauch an einem Inbegriffe von Sachen, im Gegensatze zu § 260: Herausgabe eines Inbegriffs von Gegenständen) ist vorhanden, wenn mehrere Einzelsachen unter Aufrechterhaltung ihrer Selbständigkeit in eine wirtschaftliche Verbindung miteinander treten und mit einem gemeinsamen Namen bezeichnet werden, zB. eine Herde, ein Warenlager, eine Bibliothek, Heergewäte und Niftelgerade im deutschen Rechte (II, 482[2], 690). Eine der berühmtesten Streitfragen des Gemeinen Rechts bestand über die Frage, inwieweit diese wirtschaftliche und begriffliche Zusammenfassung rechtliche Bedeutung habe, insbesondere, ob der Sachinbegriff ein eigenes Rechtsobjekt darstelle.

Grundsätzlich wird durch die Zusammenfassung mehrerer körperlich getrennt bleibender Sachen zu einem Inbegriffe kein neues Rechtsobjekt geschaffen. Eigentum und Besitz bestehen, wie schon in l. 30 § 2 D. 41, 3 ausgesprochen ist, nicht an der Sachgesamtheit, sondern

an den einzelnen Sachen[2]). Hiernach hat die Zuſammen=
faſſung mehrerer ſelbſtändiger Sachen zu einem Inbegriffe
keine juriſtiſche, ſondern weſentlich nur die praktiſche Be=
deutung einer Erleichterung in der Bezeichnung, ſo daß
Rechtsgeſchäfte (Kauf, Verpfändung, Nießbrauchsbeſtellung)
über einen Inbegriff ſo anzuſehen ſind, als ob ſie über
die einzelnen darunter begriffenen Sachen geſchloſſen wären.
Nur bei ſolchen Inbegriffen, bei denen ein natürlicher
Wechſel der Einzelſachen ſtattfindet, wie beim Warenlager,
bei der Herde, hat die Zuſammenfaſſung die fernere
rechtliche Bedeutung, daß Rechtsgeſchäfte bezüglich des
Inbegriffs als unter Berückſichtigung dieſes Wechſels ab=
geſchloſſen gelten müſſen, ſodaß der Zuſtand zur Zeit der
Erfüllung, nicht der zur Zeit des Abſchluſſes maßgebend
iſt. Beim Nießbrauch an einer Herde z.B. hat der Nieß=
braucher nicht nur das regelmäßige Einkommen aus Milch,
Wolle, Tierjungen, ſondern auch das Recht zum Verkauf
einzelner Stücke, z.B. des Maſtviehs, in den Grenzen
ordnungsmäßigen Wirtſchaftsbetriebs, freilich unter der
Verpflichtung zur Ergänzung (ſog. Summiſſion) aus
dem Jungvieh. In ähnlicher Weiſe kann der Vermieter
eines Ladens auf Grund ſeines geſetzlichen Pfandrechts

---

[2]) Wenn in den römiſchen Quellen dennoch eine vindicatio
gregis, d. h. eine Eigentumsklage für zuläſſig erklärt worden iſt, bei
der der Kläger ſchon ſiegen ſoll, wenn er ſein Eigentum an der Herde
als ſolcher erwieſen hat, auch wenn einzelne Stücke ihm nicht gehören
(„licet singula capita nostra non sint"; l. 1 § 3 D. de rei
vind. 6, 1), ſo iſt dies nur als prozeſſuale Erleichterung für den
Kläger, insbeſondere zu dem Zweck aufzufaſſen, ihn der Gefahr der
Abweiſung wegen plus petitio re (I, 228) zu entziehen. Hätte die
intentio (I, 280) nicht gelautet „gregem meam esse", ſondern hätte
der Kläger hie von ihm herausverlangten Viehſtücke einzeln bezeichnen
müſſen, ſo hätte er nach klaſſiſchem Prozeßrecht abgewieſen werden
müſſen, wenn auch nur ein Stück ihm nicht gehörte. Daß die vindicatio gregis in Wahrheit nur als Klage auf Herausgabe der dem
Vindikanten gehörenden Stücke aufzufaſſen iſt, ergiebt ſich einmal
daraus, daß er die ihm nicht gehörenden Stücke der Herde nicht erhält
(l. 2 D. de R.V. 6, 1), andererſeits daraus, daß, wenn er mit der vindicatio gregis abgewieſen iſt, ſeiner erneuten Klage auf Herausgabe
einzelner Stücke die exceptio rei judicatae entgegenſteht.

(BGB. § 559) zwar den völligen Ausverkauf des Waren=
lagers hindern, nicht aber den ordnungsmäßigen Verkauf,
wie er im regelmäßigen Betriebe des Geschäfts des
Mieters erfolgt (BGB. § 560 Satz 2).

Das BGB. hat zwar, von seiner „atomistischen",
nur die einzelne körperliche Sache als „Sache" an=
erkennenden Auffassung ausgehend (S. 277), den Begriff
der „Sachgesamtheit" grundsätzlich verworfen, spricht aber
dennoch in §§ 92, 1035 ausdrücklich von einem Jnbegriffe
von Sachen. Ferner behandelt es in den §§ 588, 589,
1048 das Jnventar eines Grundstücks als Sachgesamtheit.

c. Universitas juris (Rechtsgesamtheit).

Neben die eben besprochene Sachgesamtheit, die
universitas facti, wird vielfach als ein — besonderen
Rechtsgrundsätzen unterstehender — Rechtsbegriff die
Rechtsgesamtheit, universitas juris, gestellt[3]).

Unter universitas juris versteht man (der Glosse,
„Non utetur" zu l. 1 § 8 D. 15, 2 folgend, welche der
„universitas corporea" eine „universitas incorporea et
juris, in qua actiones continentur" entgegenstellt), die
Zusammenfassung von körperlichen Sachen und Rechten,
also von verschiedenartigen Vermögensbestandteilen
zu einer Einheit unter einer gemeinsamen Bezeichnung.
Hierzu rechnete man in Rom den Nachlaß (hereditas),
die Gesamtheit der zur Mitgift bestellten Vermögenswerte
(dos), das peculium der Hauskinder (I, 173). Heute

---

[3]) Vgl. ALR. I, 2 § 32: „Mehrere besondere Sachen, die mit
einem gemeinschaftlichen Namen bezeichnet zu werden pflegen, machen
einen Jnbegriff von Sachen aus und werden, zusammen genommen,
als ein einzelnes Ganze betrachtet." Das ALR. verwandte den hier
bestimmten Begriff der universitas facti zB. in I, 5 §§ 339 ff. (von
einem Vertrag über einen Sachinbegriff kann wegen Fehler einzelner
Stücke nicht abgegangen werden) und I, 7 § 53 (der Besitz eines
Sachinbegriffs wird durch Besitzergreifung einzelner Stücke erworben).
Ferner bestimmte ALR. I, 2 § 33: „Auch der Jnbegriff aller
einzelnen Sachen und Rechte, die einem Menschen zugehören, kann als
ein einzelnes Ganze angesehen werden." Als Beispiel einer derartigen
universitas juris bezeichnete I, 2 § 34 die Verlassenschaft.

kommen als universitas juris das Vermögensganze und gewisse Teile desselben, sog. Sondervermögen, be= sonders das in einem Handelsbetriebe steckende Vermögen, das Schiffsvermögen (fortune de mer) des Rheders (HGB. § 486), die Mitgift, die Konkursmasse (I, 616), das (Lehns= und) Fideikommißvermögen (II, 616, 618) in Betracht. Wie bei der universitas facti ist auch bei der universitas juris nach Gemeinem Rechte streitig, ob die Zusammenfassung unter einen gemeinsamen Begriff nur die wirtschaftliche Bedeutung einer einheitlichen Bezeich= nung oder ob sie auch eine juristische Bedeutung hat, in= dem sie die Anwendung gewisser besonderer Rechtsnormen herbeiführt. Als solche werden vor allem bezeichnet:

1. die Zulässigkeit einer dinglichen-Universalklage (zB. hereditatis petitio, actio rei uxoriae und actio de peculio) zum Schutze der Gesamtheit der in der universitas enthaltenen Vermögensbestandteile, sodaß deren Aufzählung im Klageantrage sich erübrige; und

2. die Geltung des Grundsatzes „res succedit in locum pretii et pretium in locum rei" oder all= gemeiner „surrogatum sapit naturam ejus, cui surrogatur", wonach der Erlös körperlicher Sachen und die als Ersatz für die zur universitas gehörigen und ver= äußerten Vermögensbestandteile erworbenen Sachen von selbst in die universitas eintreten sollen.

Die Behauptung, daß jede universitas juris beson= deren und gleichartigen, insbesondere den beiden eben ge= nannten Rechtsnormen unterstehe, ist sowohl nach früherem Recht als auch nach dem BGB. unrichtig. Allerdings treten sowohl das Gesamtvermögen, als auch gewisse Sondervermögen in einzelnen Beziehungen als Gesamtheit in den Rechtsverkehr ein. ZB. ist nach BGB. § 311 ein Vertrag auf Überlassung des gegenwärtigen Vermögens oder eines Bruchteils, nach § 419 die vertragsmäßige Übernahme des gegenwärtigen Vermögens eines Anderen, nach §§ 1085 ff. die Bestellung des Nießbrauchs an einem Vermögen, nach §§ 2371 ff. der Verkauf einer angefallenen Erbschaft, nach HGB. § 25 der Erwerb eines Handels=

geschäfts mit dem darin steckenden Vermögen zulässig. Aber diese und ähnliche Fälle unterliegen nicht gemein= schaftlichen, dem Begriffe der universitas juris entsprin= genden, sondern besonderen Grundsätzen, die aus der Natur jedes einzelnen dieser Rechtsverhältnisse sich ergeben. Beim Nachlasse, nicht aber bei den sonstigen universitates juris, sind auch die beiden erwähnten, angeblich für jede Rechtsgesamtheit maßgebenden Sätze geltend, daß er durch eine Universalklage (hereditatis petitio, BGB. § 2018) geschützt und dem Grundsatze „res succedit in locum pretii" und umgekehrt (BGB. §§ 2019, 2374 ff.) unter= worfen ist. Der letztere Grundsatz gilt in gewissem Um= fang auch für das eingebrachte Gut der Ehefrau: BGB. §§ 1381 (Eigentumserwerb beweglicher, mit den Mitteln des eingebrachten Guts vom Mann angeschaffter Sachen durch die Frau) und 1382 (Ersatz verbrauchter Haus= haltungsgegenstände des eingebrachten Guts).

Aus dem Vorstehenden ergiebt sich ferner, daß das grundsätzlich den Rechtsinbegriff, wie den Sachinbegriff, verwerfende BGB. (S. 277) diesen Begriff doch wieder in manchen Beziehungen berücksichtigen mußte; vgl. zB. auch § 260 (Verpflichtung, einen „Inbegriff von Gegen= ständen" herauszugeben). Für verschiedene Rechtsinbegriffe giebt das BGB. auch eingehendere Sonderbestimmungen, zB. für das Gesellschaftsvermögen (§§ 718 ff.), für das eingebrachte und vorbehaltene Vermögen der Ehefrau (§§ 1363, 1365 ff.), für das Gesamtgut bei der allge= meinen Gütergemeinschaft (§ 1438), für das freie und unfreie Kindesvermögen (§§ 1638, 1650).

§ 27. Bestandteil und Zubehör.

a. Begriffliche Unterscheidung.

1. Mehrere körperliche Sachen können in verschiedener Weise und mit verschiedener Innigkeit zu einander in recht= liche Beziehungen treten. Ihre Vereinigung kann unter dem Gesichtspunkte der Gleichordnung (Koordination) oder unter dem der Unterordnung (Subordination) geschehen.

α. Mehrere als gleichwertig mit einander in Ver=
bindung tretende Sachen können wieder unter voller
Wahrung ihrer Individualität nur eine lose, lediglich
begriffliche Vereinigung eingehen. Dies ist der Fall beim
Sachinbegriff (universitas facti, rerum distantium,
(S. 280); oder sie können derart mit einander ver=
schmelzen, daß aus ihnen als Elementen eine neue Sache
entsteht. Dann nennt man diese neu entstandene Sache
(sofern die Elemente überhaupt noch unterscheidbar sind,
S. 279) eine zusammengesetzte Sache, res composita,
universitas rerum cohaerentium (S. 279), ihre Elemente
Bestandteile oder **Substanzteile**.

Das ALR. bestimmte treffend den Begriff der
Substanzteile in I, 2 § 4 wie folgt: „Alle Teile und
Eigenschaften einer Sache, ohne welche dieselbe nicht das
sein kann, was sie vorstellen soll oder wozu sie bestimmt
ist, gehören zur Substanz". Das BGB. hat eine Be=
griffsbestimmung der Bestandteile nicht gegeben (wohl aber
eine solche der „wesentlichen Bestandteile", S. 293). Sie
ist also der Natur der Sache zu entnehmen, unter Ab=
grenzung einerseits gegenüber der selbständigen Sache,
andererseits gegenüber dem Zubehör (vgl. unten S. 286 ff.).
Diese natürliche Begriffsbestimmung wird durch das BGB.
§§ 95, 96 jedoch insofern eingeengt und umgekehrt er=
weitert, als einerseits als Bestandteile eines Grundstücks
und Gebäudes solche (von Natur aus als Bestandteile
anzusehenden) Sachen nicht gelten sollen, die nur zu einem
vorübergehenden Zwecke mit dem Grund und Boden ver=
bunden sind; andererseits als Bestandteile eines Grund=
stücks auch Rechte gelten (z.B. Prädialservituten, Real=
gewerberechte), die mit dem Eigentum an einem Grund=
stücke verbunden sind; vgl. S. 296.

β. Ist bei einer Verbindung hingegen der Gesichts=
punkt der Subordination maßgebend, dann wird die über=
geordnete Sache als **Hauptsache**, die untergeordnete als
Nebensache oder **Accession** bezeichnet. Eine derartige
Unterordnung erfolgt aber aus so verschiedenen Gründen
und zu so verschiedenen Zwecken, daß gemeinsame Rechts=

regeln für das Verhältnis von Hauptsache und Neben=
sache sich überhaupt nicht aufstellen lassen[1]). Hier ist nur
eine dieser Verbindungen zu besprechen, nämlich das Ver=
hältnis einer Hauptsache zu einem Zubehörstück.

2. In Übereinstimmung mit der herrschenden gemein=
rechtlichen Anschauung bestimmt BGB. § 97 den Begriff
des Zubehörs (Zubehörung, Pertinenz; die Römer, denen
ein technischer Ausdruck fehlt, sagen „quasi pars", „res
fundi est" usw.) wie folgt:

„Zubehör sind bewegliche Sachen, die, ohne Be=
standteile der Hauptsache zu sein, dem wirtschaftlichen
Zwecke der Hauptsache zu dienen bestimmt sind und zu
ihr in einem dieser Bestimmung entsprechenden räumlichen
Verhältnisse stehen. Eine Sache ist nicht Zubehör, wenn
sie im Verkehr nicht als Zubehör angesehen wird."

Bei der näheren Bestimmung des Begriffs „Zu=
behör" ist auf eine Abgrenzung einerseits dem Bestand=
teil, andererseits der allein stehenden Sache gegenüber
Bedacht zu nehmen; denn wie S. 292 zu zeigen ist, sind
alleinstehende Sachen, Zubehörstücke und Bestandteile ver=
schiedenartigen Rechtsregeln unterworfen.

---

[1]) Unter den Begriff „Nebensachen" stellten die Romanisten,
verführt durch eine völlig unsichere Verwendung des Ausdrucks accessio
in den Quellen, außer den oben und in § 28 behandelten Pertinenzen
und Früchten auch noch den partus ancillae und den in einer Sache
gefundenen Schatz sowie gewisse natürliche Vermehrungen der Grund=
stücke (alluvio, avulsio, alveus derelictus, insula in flumine
nata), endlich bei den res incorporales die sog. accessorischen Rechte
(S. 88): Zinsen, Pfand, Bürgschaft. Der einzige für alle diese Gebilde
zutreffende Satz ist bestenfalls der Grundsatz „accessio cedit principali",
d. h. die Nebensache oder das Nebenrecht teilt das rechtliche Schicksal
der Hauptsache oder des Hauptrechts. Aber auch dieser Satz hat bei
den einzelnen Rechtsgebilden eine ganz verschiedenartige Bedeutung.
Das BGB. erwähnt den Begriff Nebensache in den §§ 470
(Wandelung wegen der Hauptsache erstreckt sich auch auf die Nebensache,
aber nicht umgekehrt) und 651 (Verpflichtung des Werkmeisters zur
Beschaffung von Zutaten oder sonstigen Nebensachen). Gemeint sind
Sachen von — im Verhältnisse zu einer anderen Sache — unter=
geordneter wirtschaftlicher Bedeutung. Besonderen, einheitlichen Rechts=
regeln unterliegt auch dieser Begriff nicht.

Aus der erwähnten Begriffsbeſtimmung ergeben ſich als Merkmale des Begriffs „Zubehör":

α. Eine ſelbſtändige Sache muß zu einer anderen in eine Beziehung treten. Durch die Fortdauer der Selbſtändigkeit unterſcheidet ſich die Zubehörſache vom Beſtandteile. Der in einen Ring gefaßte Brillant iſt Be=ſtandteil, das Futteral, in welchem der Ring vom Juwelier feilgeboten wird, Zubehör des Ringes; der Maſt iſt Be=ſtandteil, das Boot Zubehör (anders nach rR., vgl. unten S. 290) des Schiffs.

β. Dieſe ſelbſtändig bleibende Sache ſoll einer an=deren dienen. Es muß alſo ein Unterordnungsverhältnis vorliegen. Iſt eine Beziehung zwiſchen gleichgeordneten, ſelbſtändigen Sachen vorhanden, ſo tritt der Begriff Sachgeſamtheit ein (ein Spiel Karten, ein Paar Strümpfe, Schachbrett und Schachfiguren, Meſſer und Gabel). An=dererſeits ſoll das Zubehörſtück dem im weſentlichen von der Hauptſache ſchon verwirklichten wirtſchaftlichen Zweck aber eben nur dienen, d. h. ihn befördern, nicht erſt er=möglichen. Die Wannen und Keſſel eines als Badeanſtalt errichteten Hauſes ſind daher Subſtanzteile, eine elektriſche Beleuchtungsanlage für die Badeanſtalt iſt Zubehör (ERG. 36, 261). Gerade hier wird aber im einzelnen Falle die Entſcheidung ſchwierig ſein (vgl. zB. auch ERG. 26, 343 und unten S. 289).

γ. Zwiſchen der Hauptſache und der Hülfsſache muß eine räumliche Beziehung (wenngleich keine körperliche Verbindung, S. 291 [5]) vorhanden ſein. Das noch auf der Werft lagernde Rettungsboot iſt noch nicht, das dauernd einer anderen Beſtimmung zugeführte nicht mehr Zubehör des Schiffs, deſſen Namen es trägt.

δ. Pertinenzen haben können ſowohl bewegliche als unbewegliche Sachen. Pertinenzen ſein können unzweifel=haft bewegliche Sachen; für die unbeweglichen iſt dies nach Gemeinem Rechte ſtreitig, nach ALR. zu bejahen[2]), nach

---

[2]) ALR. I, 2 §§ 43, 44 beſtimmten: „Unbewegliche Sachen, die mit einer anderen unbeweglichen Sache durch die Natur verbunden

BGB. zu verneinen (§ 97: „Zubehör sind bewegliche Sachen" usw., S. 286).

Auch die Frage, ob Rechte Zubehör sein und Zu= behör haben können, ist nach den verschiedenen Gesetz= gebungen verschieden zu beurteilen. Nach Gemeinem Rechte war dies streitig. Jedenfalls ist die zuweilen aufgestellte Behauptung unrichtig, daß das Aktienrecht Zubehör der

werden, machen mit ihr nur eine Substanz aus. Dagegen haben sowohl bewegliche als unbewegliche Sachen, die einem anderen Ganzen durch die Handlung oder Bestimmung eines Menschen zugeschlagen werden, die Eigenschaften eines Pertinenzstückes." Hiernach konnte der Eigentümer eines Grundstücks dies zur (gewillkürten, S. 298) Pertinenz eines anderen machen. Durch die Grundbuchordnung vom 5. Mai 1872 war dies beibehalten. Nach §§ 5, 13 derselben hatte der Erwerber eines Grundstücks die Möglichkeit, es mit seinem bis= herigen, im Bezirke desselben Amtsgerichts belegenen Grundbesitze dadurch zu verbinden, daß er das erworbene Grundstück auf das Grundbuch= blatt eines für ihn bereits verzeichneten Grundstücks eintragen ließ. Diese Zuschreibung konnte nun nach Wahl des Erwerbers in doppelter Weise erfolgen. Entweder die Zuschreibung erfolgte als „Zubehör": dann trat das zugeschriebene Grundstück in die Rechtslage des Haupt= grundstücks ein, insbesondere also in die auf diesem haftenden Lasten und Schulden (EGG. § 30). Freilich gingen die Sonderlasten des Zubehörgrundstücks vor. Die Zuschreibung eines Grundstücks auf das Grundbuchblatt eines anderen konnte aber auch ohne die Bezeich= nung „als Zubehör" erfolgen, doch nur, wenn das Amtsgericht keine Verwirrung besorgte. Solche „walzende Äcker" oder „Wandeläcker" standen nur in einer äußerlichen Verbindung mit einander. Die Lasten des einen Grundstücks gingen das andere nichts an. Nur eine nach erfolgter Zuschreibung geschehende Belastung traf alle Bestandteile des Grundstücks.

Nach § 890 Abs. 2 BGB. macht die Zuschreibung eines Grund= stücks zu einem anderen jenes zu einem Bestandteile dieses Grundstücks. Das BGB. kennt keine unbeweglichen Pertinenzen (s. o.), die Reichs= grundbuchordnung vom 24. März 1897 daher auch keine Zuschreibung als Zubehör, sondern nur eine Zuschreibung als Bestandteil oder zwecks Vereinigung der zusammengeschriebenen Grundstücke zu einem Grund= stücke (BGB. § 890, GBO. § 5). Wohl aber kann auch nach Reichs= recht (GBO. § 4) über mehrere im Bezirke desselben Grundbuchamts belegenen Grundstücke desselben Eigentümers ein gemeinschaftliches Grundbuchblatt geführt werden, solange hiervon Verwirrung nicht zu besorgen ist. Solche „walzende Äcker" gelten also nach der Zusammen= schreibung als selbständige Grundstücke; vgl. das dem Sachenrecht bei= gefügte Grundbuchformular.

Aktie, aber ebenso auch die, daß die Schuldurkunde Zu=
behör der Forderung ist. Dagegen konnten nach ALR.
Rechte sowohl Zubehör sein (zB. die mit einem Grund=
stücke verbundenen sog. subjektiv=dinglichen Rechte, S. 90[4]),
als Zubehör (sog. adminicula juris) haben; zB. war
das Fährboot Zubehör der Fährgerechtigkeit (vgl. ALR. I,
2 §§ 67—69, 71: Zubehör der Jagd=, Brau=, Brannt=
weinbrennerei=, Schankgerechtigkeit). Das BGB. beschränkt
den Zubehörbegriff auf das Verhältnis körperlicher Sachen
zu einander[3]). Nur insofern nach § 1017 ein Erbbau=
recht (Superfizies) wie ein Grundstück behandelt wird,
kann auch ein solches Recht Pertinenzen haben. Dagegen
sind die subjektiv=dinglichen, d. h. mit dem Eigentum an
einem Grundstücke verbundenen Rechte ausdrücklich zu
Bestandteilen des Grundstücks erklärt (BGB. § 96).

ε. Endlich ist eine Sache nur Zubehör, wenn die
Annahme einer derartigen Beziehung nicht der Verkehrs=
anschauung widerspricht. Diese ist, wie ein Vergleich
der modernen Anschauung mit den Entscheidungen der
Quellen ergiebt, in fortwährendem Wechsel begriffen. Sie
hängt ferner von gewerblichen, örtlichen und klimatischen
Einflüssen ab. So werden zB. Öfen in manchen Gegen=
den als Substanzteile, in anderen als Zubehörstücke des
Hauses angesehen. Liegen die sonstigen Merkmale des
Zubehörs vor, so hat, wer die Zubehöreigenschaft als der
Verkehrsanschauung widersprechend bestreitet, hierfür die
Beweislast.

a. Die Römer rechneten zum Zubehör nur gering=
wertige Sachen. Als Pertinenzen eines Hauses gelten

---

[3]) Die Schuldurkunde kann also auch nicht als Zubehör der
Forderung bezeichnet werden. Jedoch bestimmt BGB. § 952: „Das
Eigentum an dem über eine Forderung ausgestellten Schuldschein steht
dem Gläubiger zu. Das Recht eines Dritten an der Forderung erstreckt
sich auf den Schuldschein." Ferner kann nach CPO. § 836 Abs. 3
der Überweisungsgläubiger vom Drittschuldner die Herausgabe der über
die Forderung vorhandenen Urkunden verlangen und im Wege der
Zwangsvollstreckung erwirken (I, 575). Es gilt also schließlich das
gleiche, als wäre die Urkunde Zubehör der Forderung.

Fensterläden und Schlüssel (l. 17 pr. D. de act. empti venditi 19, 1), eines Guts Dünger und Streu (l. 17 § 2 D. eod.), eines Weinbergs die Rebpfähle (l. 17 § 11 D. eod.). Dagegen sollen Gefäße nicht Zubehör des darin Aufbewahrten (non pars sunt vini vasa, l. 3 § 1 D. de tritico 33, 6), Schiffsboote nicht Zubehör des Schiffs (l. 44 D. de evict. 21, 2: nam scapham ipsam per se parvam naviculam esse; vgl. dagegen heute HGB. § 478), angefahrene Baumaterialien (ruta caesa, l. 18 § 1 D. 19, 1), vor allem aber das Gutsinventar (instrumentum fundi) nicht Zubehör des Grundstücks sein (l. 1 pr. D. 33,7: Sive „cum instrumento" fundus legatus est sive „instructus", duo legata intelleguntur; vgl. l. 14 D. 33,10 sowie l. 17 pr. D. 19,1: Fundi nihil est, nisi quod terra se tenet).

b. Das deutsche Recht hat den Pertinenzbegriff sehr erweitert, insbesondere auf „Geschiff und Geschirr", d. h. das Inventar des Landguts. Das ALR. (I, 2 §§ 48 ff.) hat, seiner Neigung zur Kasuistik folgend, bei einer großen Anzahl von Sachen die als Pertinenzstücke anzusehenden Gegenstände einzeln aufgeführt, das BGB. dagegen die freie richterliche Beurteilung des Vorliegens der vorstehend aufgeführten begrifflichen Voraussetzungen nur in einem Punkte beschränkt. Nach § 98 sollen nämlich als dem wirtschaftlichen Zwecke der Hauptsache zu dienen bestimmt gelten:

1) „Bei einem Gebäude, das für einen gewerblichen Betrieb dauernd eingerichtet ist, insbesondere bei einer Mühle, einer Schmiede, einem Brauhaus, einer Fabrik, die zu dem Betriebe bestimmten Maschinen und sonstigen Gerätschaften;

2) bei einem Landgute, das zum Wirtschafts= betriebe bestimmte Gerät und Vieh, die landwirtschaft= lichen Erzeugnisse, soweit sie zur Fortführung der Wirt= schaft bis zu der Zeit erforderlich sind, zu welcher gleiche oder ähnliche Erzeugnisse voraussichtlich gewonnen wer= den, sowie der vorhandene, auf dem Gute gewonnene Dünger."

ζ. Keine begriffliche Voraussetzung der Zubehör=
eigenschaft ist nach BGB. (wie auch wohl schon nach
Gemeinem Recht, ERG. 28, 148, a. M. Kohler, aber im
Gegensatze zu ALR. I, 2 § 208), daß der Eigentümer der
Hauptsache auch Eigentümer der Zubehörsache ist. Immer=
hin läßt das BGB. gewisse Rechtsfolgen der Zubehör=
eigenschaft nur eintreten, wenn der Eigentümer der Haupt=
sache gleichzeitig Eigentümer der Zubehörsache ist[4]).

η. Begriffliche Voraussetzung der Eigenschaft als
Bestandteil sowohl wie als Zubehör ist dagegen nach Ge=
meinem Recht, ALR. (I, 2 § 42) und BGB. §§ 95, 97,
daß die Einfügung oder Benutzung in oder für eine an=
dere Sache zu einem dauernden Zweck erfolgt. Aus
der körperlichen oder räumlichen Verbindung einer Sache
mit einer anderen kann daher auf die Eigenschaft derselben
als Bestandteil oder Zubehör ohne weiteres noch nicht
geschlossen werden[5]). Immerhin fällt demjenigen die Be=
weislast zu, der für einen regelmäßig als Bestandteil oder
als Zubehör aufzufassenden Gegenstand Selbständigkeit in
Anspruch nimmt, weil die Einfügung oder Benutzung nur
zu vorübergehenden Zwecken erfolgt sei (S. 296).

---

[4]) Der Erwerber eines Grundstücks (vgl. S. 297[9]) erlangt mit
der Auflassung das Eigentum nur an denjenigen zur Zeit des Erwerbs
vorhandenen Zubehörstücken, die dem Veräußerer gehören (BGB. § 926);
die Hypothek erstreckt sich nicht auf Zubehörstücke des Grundstücks, die
nicht in das Eigentum des Grundstückseigentümers gelangt sind (BGB.
§ 1120); das Pfandrecht an einem Schiff ergreift nicht die nicht in
das Eigentum des Schiffseigners gelangten Zubehörstücke (BGB.
§ 1265); vgl. auch § 1031 (Nießbrauch).

[5]) Aus der Art der körperlichen Verbindung kann kein Unter=
scheidungsmerkmal hergenommen werden. Nach einer in das ALR. I,
2 § 80 übergegangenen Rechtsvermutung soll bei Grundstücken alles
als Zubehör gelten, was „erd=, wand=, band=, mauer=, niet=
und nagelfest" ist. Diese Regel ist einerseits natürlich nur beim
Vorliegen aller anderen Voraussetzungen richtig, andererseits aber
wieder unvollständig, da ja auch sehr viele frei bewegliche Sachen Zu=
behör sind (zB. Vorsatzfenster, Löscheimer, Hausschlüssel). Die Regel
will aber überhaupt nur die Frage entscheiden, ob eine Sache als Zu=
behör oder als unabhängige Sache anzusehen ist, nicht etwa, ob eine
Sache Zubehör oder Substanzteil ist.

19*

Umgekehrt hebt aber auch die vorübergehende Trennung eines Zubehörstücks von der Hauptsache (zB. die Mit= nahme des Hausthürschlüssels auf die Ferienreise) die Zu= behöreigenschaft nicht auf (BGB. § 97).

b. Rechtliche Bedeutung der Unterscheidung.

Die Aufstellung juristischer Begriffe ist nicht Selbst= zweck. Es fragt sich daher: welche rechtliche Bedeutung hat die Unterscheidung zwischen Bestandteil und Zubehör, und welche praktischen Folgen hat die Unterstellung eines Naturteils unter einen dieser Begriffe? Die Antwort läßt sich dahin zusammenfassen: Bestandteile folgen not= wendig, Zubehörstücke nur vermutlich dem Rechts= schicksale der Sache oder Hauptsache.

1. Die rechtliche Verfügung über eine zusammengesetzte Sache trifft begrifflich alle ihre Bestandteile. Denn eine solche Sache ist nichts anderes als die Summe ihrer Be= standteile. Wird daher eine Sache mit einer anderen so verbunden, daß sie deren Bestandteil wird, so hört sie auf, selbständiges Rechtsobjekt zu sein[6]). Es fragt sich nun, was wird aus denjenigen Rechten, deren Gegenstand die eingefügte Sache war? Da diese, wie erwähnt, als Be= standteil keine eigenen Rechtsschicksale mehr hat, so ist eine Geltendmachung jener Rechte jedenfalls so lange aus= geschlossen, als die Verbindung besteht. Hieraus folgt, daß die Rechte in Wahrheit untergegangen sind, wenn die Ver= bindung unauflöslich, d. h. die Trennung unmöglich ist. Ist die Verbindung dagegen löslich, wie zB., wenn ein Brillant in einen Goldreif gefaßt wird, so liegt kein Grund vor, den sofortigen Untergang der bisherigen Rechte ein= treten zu lassen. Der Grundsatz, daß ein Bestandteil als solcher keine eigenen Rechtsschicksale hat, verlangt nur, daß

---

[6]) Diese begriffliche Folge kann auch durch einen Vorbehalt nicht verhindert werden. Wenn also zB. A. für den Neubau des B. Thüren und Fenster liefert, so werden diese mit dem Einbauen Substanzteile und dem Pfandrechte der Hypothekare selbst dann unterworfen, wenn A. sich das Eigentum ausdrücklich vorbehalten hat (ERG. 9, 169; 26, 346); vgl. unten S. 297[10], 298[10].

dieſe Rechte für die Dauer der Verbindung unwirkſam ſind, d. h. ruhen. Bei unlöslicher Verbindung kann alſo nur die Entſchädigung derjenigen in Frage kommen, welche durch die Einfügung ihre Rechte an der verbundenen Sache verloren haben. Bei der löslichen Verbindung fragt es ſich, ob die Berechtigten ein ſofortiges Wiederaufleben ihrer ruhenden Rechte nicht dadurch bewirken können, daß ſie die Trennung herbeiführen. Unter welchen Vorausſetzungen ſie einen ſolchen Anſpruch (actio ad exhibendum) haben, und in welcher Weiſe ſie andererſeits bei untrennbarer Verbindung zu entſchädigen ſind, das hängt von den Umſtänden ab, unter denen die Verbindung erfolgt iſt, und iſt daher nicht hier, ſondern im Sachenrechte bei der Lehre von der Verbindung, Vermiſchung und Verarbeitung zu behandeln. Hier iſt nur die nicht immer zweifelloſe Frage zu erörtern, wann eine Verbindung als eine unlösliche zu betrachten iſt?

α. Das BGB. hat im § 93 einen neuen techniſchen Begriff: „weſentliche Beſtandteile" geſchaffen: „Beſtandteile einer Sache, die von einander nicht getrennt werden können, ohne daß der eine oder der andere zerſtört oder in ſeinem Weſen verändert wird (weſentliche Beſtandteile) können nicht Gegenſtand beſonderer Rechte ſein".

Das BGB. entſcheidet die Löslichkeit und Unlöslichkeit der Verbindung alſo danach, ob nach der Trennung ſowohl der abgetretene Sachteil als die Reſtſache als ſelbſtändige Sachen gleicher wirtſchaftlicher Bedeutung beſtehen können oder nicht. Die von dieſem Standpunkt aus nicht löslichen, ſelbſtändiger Rechtsſchickſale nicht teilhaftigen Teile nennt das BGB. weſentliche Beſtandteile. Es ſoll mit dieſem Begriffe nicht geſagt werden, daß die Beſtandteile notwendig zu dem Weſen derjenigen Sache, welche ſie bilden, erforderlich ſind. Vielmehr will das Recht ſie nicht als ſelbſtändige Sachen, ſondern ausſchließlich als Sachteile behandeln. Nicht weſentliche Beſtandteile folgen ebenfalls dem rechtlichen Schickſale der Hauptſache, aber an ihnen ſind beſondere Rechte möglich. „Beſondere Rechte" im Sinne des § 93 BGB. ſind dingliche Rechte, nicht obligatoriſche. Dieſe können auch an einem weſentlichen

Beſtandteile beſtehen, zB. kann ein Teil eines Gebäudes
vermietet werden.

β. In vorſtehendem liegt keine erhebliche Abweichung
vom bisherigen Rechte. Das BGB. beſtimmt aber weiter
in § 94:

„Zu den weſentlichen Beſtandteilen eines Grund=
ſtücks gehören die mit dem Grund und Boden feſt verbundenen Sachen, insbeſondere Gebäude, ſowie die Er=
zeugniſſe des Grundſtücks, ſo lange ſie mit dem Boden
zuſammenhängen. Samen wird mit dem Ausſäen, eine
Pflanze wird mit dem Einpflanzen weſentlicher Beſtandteil
des Grundſtücks. Zu den weſentlichen Beſtandteilen eines
Gebäudes gehören die zur Herſtellung des Gebäudes
eingefügten Sachen".

Das BGB. unterwirft durch die poſitive Vorſchrift
des § 94 dem Begriffe der „weſentlichen", d. h. unſelb=
ſtändigen, eigener Rechtslage unzugänglichen Beſtandteile,
auch ſolche Sachelemente, die nach der in § 93 gegebenen
Begriffsbeſtimmung als unlöslich nicht angeſehen werden
könnten, und tritt hierdurch in mancher Beziehung in Gegen=
ſatz zum früheren Rechte.

Zwar galt auch nach rR. der Grundſatz „solo cedit,
quod solo inaedificatur" oder „superficies (Bauwerk) solo
cedit". Damit war aber nur ausgeſprochen, daß der
Eigentümer des solum Eigentümer des darauf errichteten
Bauwerks als ſolchen wurde (vgl. ebenſo BGB. § 946),
nicht aber auch, daß er Eigentümer des Materials wurde.
Im Gegenteile behielt der Eigentümer des letzteren das
Eigentum (anders ALR. I, 9 § 334). Nur ſollte er aus
baupolizeilichen, ſchon in den XII Tafeln anerkannten
Gründen gegen den Einbauenden nicht die actio ad exhibendum auf Trennung des „tignum aedibus vineaeve
junctum", ſondern während des Beſtehens nur eine
Schadenserſatzklage auf den doppelten Wert (actio de
tigno juncto) haben. Auch wurde das Eingeſäte und
Eingepflanzte erſt mit der feſten Verbindung Beſtandteil
des Grund und Bodens. Das BGB. geht hier über das
rR. hinaus.

In noch erheblicherem Maße sind durch § 94 deutsch=
rechtliche, in die Partikularrechte, so besonders in das ALR.,
übergegangene Grundsätze geändert. Ein „Stockwerks=
eigentum", wie es z.B. in Bayern und nach Code civil
besteht, kann jetzt nicht neu begründet werden; das be=
stehende ist jedoch erhalten (EGBGB. Art. 182). Die
stehenden und hängenden Früchte gelten, wie im rR., bis
zu ihrer Trennung als wesentliche Bestandteile, während
sie nach ALR. Zubehör sind (ALR. I, 2 § 45) und dem
Nutzungsberechtigten schon mit ihrer Entstehung zufallen
(ALR. I, 9 § 221; vgl. II, 584³ und unten S. 303).
Die nach ALR. für zulässig erachtete Eigentumsübertragung
stehender Bäume durch Anschlag mit dem Forsthammer ist
nach BGB., wie auch nach Gemeinem Recht[7], unmöglich,
denn stehendes Holz kann als „wesentlicher Bestandteil"
nicht Gegenstand eines besonderen Eigentums sein. Die
Vorschriften der §§ 810, 824 CPO. über die Zulässigkeit
einer Pfändung von Früchten auf dem Halme sind jedoch
durch das BGB. nicht beseitigt[8].

---

[7]) Vgl. Pomponius l. 40 D. de act. empti venditi 19, 1:
Arborum, quae in fundo continentur, non est separatum corpus
a fundo et ideo ut dominus suas specialiter arbores vindicare
emptor non poterit: sed ex empto habebit actionem; d. h. der
Käufer hat die persönliche Kaufklage, nicht die Eigentumsklage betreffs
der gekauften Stämme.

[8]) Es ist also der Rechtszustand, wie er früher in den gemein=
rechtlichen Teilen war, aufrecht erhalten worden, daß ungetrennte
Früchte zwar hinsichtlich der Zwangsvollstreckung, aber nicht in sonstiger
Beziehung als selbständige Sachen gelten. Wenn also z.B. A. dem B.
Früchte auf dem Halme verkauft hat, welche C., ein Gläubiger des A.,
später pfändet, so kann B. auch nach BGB. die Pfändung nicht durch
eine Exekutionsinterventionsklage aus § 771 CPO. (vgl. I, 237³, 552)
beseitigen; denn er hat nur ein persönliches Recht gegen A. auf Über=
lassung der Früchte, aber an diesen kein die Veräußerung hinderndes
Recht im Sinne des § 771 CPO. Das Reichsgericht hat bei Be=
urteilung eines solchen Falls (ERG. 18, 365) unter Hinweis auf die
Stellung des § 810 unter dem Abschnitte „Zwangsvollstreckung in
körperliche Sachen" übrigens mit Recht ausgesprochen, daß die durch
§ 810 CPO. gestattete Pfändung ein Pfandrecht an den Früchten und
nicht etwa nur an dem Recht auf deren Aberntung gewährt.

Insofern ist also auch noch nach BGB. ein Sonder=
recht an wesentlichen Bestandteilen möglich. Eine fernere
Ausnahme bildet BGB. § 997, wonach der zur Heraus=
gabe einer Sache verpflichtete Besitzer ein jus tollendi
auch für die von ihm eingefügten wesentlichen Bestand=
teile hat.

γ. Der Grundsatz des BGB. § 94 ist jedoch durch § 95
wesentlich eingeschränkt. Danach gehören nicht zu den
Bestandteilen eines Grundstücks oder Gebäudes die nur zu
einem vorübergehenden Zwecke mit dem Grund und
Boden verbundenen oder dem Gebäude eingefügten Sachen
(zB. die von einem Restaurationspächter für ein Sängerfest
erbauten Tribünen). Solche Sachen behalten ihre bisherige
Rechtsstellung in jeder Beziehung. Das Gleiche gilt von
solchen Bauwerken, die zwar zu einem dauernden Zweck,
aber in Ausübung eines Rechts an einem fremden
Grundstücke (zB. Gebäude bei einem Erbbaurechte, BGB.
§§ 1012 ff., Wasserleitungsröhren bei einer servitus aquaeductus) errichtet sind.

2. Ganz anders ist die rechtliche Stellung des Zu=
behörstücks. Der Bestandteil geht in der Sache auf,
die Pertinenz bleibt selbständige Sache, deren Rechtslage
nur durch das Eintreten in eine wirtschaftliche Verbindung
mit einer anderen Sache beeinflußt wird. Die Bedeutung
dieser Verbindung liegt vor allem darin, daß Hauptsache
und Hülfssache für den Rechtsverkehr als wirtschaftliche
Einheit gelten. Daher umfaßt zunächst jede rechtsgeschäft=
liche Verfügung über die Hauptsache im Zweifel auch die
Zubehörstücke, weil mangels ersichtlicher anderer Absicht
des Verfügenden anzunehmen ist, daß er über die wirt=
schaftliche Einheit und nicht über die ohne Zubehör meist
nicht verwendbare Hauptsache allein habe verfügen wollen.

Die Zubehöreigenschaft hat aber nicht — wie manche
annehmen — nur die Bedeutung einer Auslegungsregel
für Rechtsgeschäfte, sondern die wirtschaftliche Verbindung
des Zubehörs mit der Hauptsache führt ferner in vielen
Beziehungen die rechtliche Gleichstellung beider herbei. So
werden vor allem die beweglichen Zubehörstücke unbeweg=

licher Sachen hinsichtlich des Erwerbs, der Pfändung und Veräußerung wie unbewegliche Sachen behandelt[9]). Der praktische Unterschied vom Bestandteile zeigt sich in der jeder= zeit möglichen Lösung des Bandes und darin, daß das Zubehör an den Rechtsschicksalen der Hauptsache nicht not= wendig, sondern nur vermutlich teilnimmt und stets nur unter Wahrung der Sonderrechte, die an ihm vor der Ver= bindung bestanden[10]).

---

[9]) Auch der I. Entwurf betonte im § 790 ausschließlich die Be= deutung der Zubehöreigenschaft als eines Auslegungsmittels: „Das eine Sache betreffende Rechtsgeschäft unter Lebenden erstreckt sich im Zweifel auch auf diejenigen Sachen, welche zur Zeit des Abschlusses des Rechtsgeschäfts Zubehör jener Sache sind." Das BGB. hat den Grundsatz der zu vermutenden Teilnahme des Zubehörs an allen Rechtsschicksalen der Hauptsache, nicht nur den durch Rechtsgeschäft be= wirkten, zwar nicht allgemein ausgesprochen, aber in vielen Fällen an= erkannt; so in den §§ 314 (die Verpflichtung zur Veräußerung und Belastung einer Sache erstreckt sich im Zweifel auf deren Zubehör); 498 (der Wiederverkäufer ist zur Herausgabe der Sache nebst Zubehör verpflichtet); 926 (die Veräußerung eines Grundstücks erstreckt sich im Zweifel auf das Zubehör; das Eigentum an diesem wird, soweit es dem Veräußerer gehört, durch die Auflassung, also ohne die bei Mobilien sonst erforderliche Übergabe, Eigentum des Erwerbers); 1031 (mit dem Nießbrauch an einem Grundstück erlangt der Nießbraucher den Nieß= brauch an dem Zubehöre); 1062 (die rechtsgeschäftliche Aufhebung des Nießbrauchs an einem Grundstücke bezieht sich im Zweifel auch auf das Zubehör); 1096 (das Vorkaufsrecht an einem Grundstück erstreckt sich im Zweifel auch auf dessen Zubehör); 1120 ff., 1135 (der Hypothek an einem Grundstück unterliegt auch dessen Zubehör); 1265 (das Pfand= recht an einem Schiff erstreckt sich auch auf dessen Zubehör); 2164 (das Vermächtnis einer Sache erstreckt sich im Zweifel auf das zur Zeit des Erbfalls vorhandene Zubehör). Ferner ist die Zugehörigkeit des Zubehörs zum unbeweglichen Vermögen bei der Zwangsvollstreckung in CPO. § 865 (I, 558, 583) und bei der Fahrnisgemeinschaft in BGB. § 1551 ausgesprochen.

Es giebt aber umgekehrt Fälle, in welchen das Zubehörstück nicht das rechtliche Schicksal der Hauptsache teilt. So wird zB. der Besitzer der Hauptsache nicht auch ohne weiteres Besitzer des Zubehörs. Ferner bedarf es beim Eigentumserwerb an beweglichen Sachen nebst deren Zubehör einer besonderen Eigentumsübertragung am Zubehör.

[10]) Wenn also A. für das neue Fabrikgebäude des B. eine Dampfmaschine liefert, die mit dem Bau ein derart untrennbares Ganze bildet, daß sie als Substanzteil gelten muß, so würde, wie S. 292[6]

Aus dem Satze, daß das Zubehör den durch Rechts=
geschäfte bestimmten Schicksalen der Hauptsache nur insoweit
unterworfen ist, als die Beteiligten nichts anderes bestimmt
haben, hat man früher (vgl. auch ALR. I, 2 § 44, oben
S. 288 ²) geschlossen, daß die Zubehöreigenschaft überhaupt
von der Willensbestimmung der Parteien abhänge, und
hat neben „präsumtiven" oder „gesetzlichen" auch „gewill=
kürte Pertinenzen" anerkannt. Heute ist man einig
darüber, daß eine Sache Zubehör ist nicht auf Grund des
subjektiven Willens der Beteiligten, sondern des Vorliegens
der objektiven Begriffsmerkmale, deren Voraussetzungen
allerdings durch die Beteiligten geschaffen werden können.

§ 28. Früchte und Nutzungen.

a. Früchte.

1. Begriff.

Frucht ist der wirtschaftliche Vorteil, der aus
einem Vermögensstücke seiner Bestimmung gemäß
gewonnen wird. Der Frucht gegenüber heißt das sie
gewährende Vermögensstück Substanz (res, vorwiegend bei
körperlichen Sachen) oder Grundstock, Kapital (sors, vor=
wiegend bei anderen Vermögensstücken). Das BGB. spricht

---

dargelegt, B. selbst dann mit dem Augenblicke des Einbauens Eigen=
tümer werden, wenn A. sich das Eigentum vorbehalten hat. A. hat
zwar gegen B. die persönliche Klage auf Trennung und Rückgabe; die
Dampfmaschine tritt aber ohne weiteres in die Rechtslage des Grund=
stücks ein, insbesondere in dessen Hypothekenschulden (BGB. § 1120).
Sie kann auch nicht mehr im Wege der Mobiliarzwangsvollstreckung
gepfändet werden. Ist das Verhältnis der Maschine zum Gebäude
jedoch ein solches, daß die Maschine nur als Pertinenz anzusehen ist,
so bleibt A. Eigentümer, und die Maschine tritt nicht in die Pfand=
haft des Grundstücks. Verkauft aber zB. B. das Grundstück an C.,
so gilt die Maschine, weil sie Pertinenz ist, von dieser Verfügung im
Verhältnisse von B. zu C. als mitumfaßt, d. h. B. ist dem C. mit der
actio empti auf Gewährung der Maschine haftbar. Im Verhältnis
von A. zu C. treten dagegen die Rechtsverhältnisse zwischen Eigentümer
und Besitzer ein, d. h. C. muß die Maschine an A. herausgeben,
soweit er nicht etwa durch die Bestimmungen des bürgerlichen Rechts
über den Erwerb in gutem Glauben geschützt ist (BGB. § 926 Abs. 2).

gelegentlich von „Stamm" (§ 1579 Abſ. 2; Stamm=
forderung § 1820, Stammwert § 2126).

Aus dieſer Begriffsbeſtimmung[1]) folgt:

α. Frucht iſt nur das aus dem Vermögensſtücke
Gewonnene, ſein Ertrag. Daher fällt unter den Begriff

---

[1]) Die Quellen haben den Fruchtbegriff weſentlich mit Beziehung
auf die organiſchen Erzeugniſſe entwickelt, d. h. diejenigen Vor=
teile, die ein Naturbeſtandteil (Boden, Pflanze, Tier) infolge einer ihm
innewohnenden Naturkraft aus ſich, und zwar salva substantia, hervor=
bringt. Mit dieſen organiſchen Erzeugniſſen werden aber bereits in
den Quellen zuweilen auch Zinſen, Miet= und Pachtgelder zuſammen=
geſtellt („vicem fructuum optinent", „pro fructibus", l. 19 pr.,
34, 36 D. de usuris 22, 1), freilich ohne daß auf dieſe die für die
Erzeugniſſe aufgeſtellten Grundſätze für unmittelbar anwendbar erklärt
würden (l. 62 pr. D. 6, 1; l. 20 § 14 D. 5, 3). Aus dieſer Zu=
ſammenſtellung entwickelte ſich im Gemeinen Rechte die Anſchauung,
daß unter dem allgemeinen Begriffe Früchte die Unterarten fructus
naturales (Früchte im eigentlichen Sinn) und fructus civiles
(juriſtiſche Früchte) zu unterſcheiden ſeien, wobei dem letzteren Begriffe
diejenigen Vorteile unterfallen ſollten, die ein Vermögensſtück nicht
unmittelbar, ſondern vermöge eines Rechtsverhältniſſes gewährt. Unter
den fructus naturales wurden als fernere Unterarten die fructus
mere naturales (zB. Walderdbeeren, Pilze) und die fructus
industriales, d. h. die durch menſchliche Arbeit hervorgebrachten
(zB. Getreide), unterſchieden. Zu den fructus naturales rechnete man
ſchließlich (S. 301²) nicht nur die organiſchen Erzeugniſſe, ſondern auch
die ſonſtige Ausbeute körperlicher Sachen.

In neuerer Zeit iſt der hergebrachte (auch noch von Goeppert
„Über die organiſchen Erzeugniſſe" 1869 feſtgehaltene) Fruchtbegriff
und deſſen Einteilung von Leo von Petrażycki („Die Lehre vom
Einkommen") einer ſcharfen Kritik unterworfen worden. Er geht davon
aus, daß der Begriff „Frucht" keine Eigenſchaft der Sache, ſondern
lediglich das Verhältnis einer Perſon zu einem wirtſchaftlichen Gute
bezeichne. Was heute (zB. für den Erblaſſer, l. 58 § 1 D. 26, 7)
Frucht ſei, ſei morgen (zB. für den Erben) ſchon Kapital. „Frucht" ſei
nichts anderes, als das regelmäßig wiederkehrende Einkommen, das
eine Perſon aus einem Vermögensſtücke beziehe. Hierbei ſei zwiſchen
der Bruttofrucht, zB. dem Ertägnis eines Ackers, und der Nettofrucht,
d. h. dem Erträgnis abzüglich der aufgewendeten Koſten, zu unter=
ſcheiden. Der Begriff der Bruttofrucht ſei beſonders für die Frage
der Art des Fruchterwerbs, der Begriff der Nettofrucht für die Frage
des Umfangs der Erſatzpflicht (S. 304) weſentlich. Dagegen habe die
Einteilung in fructus naturales und civiles und der erſteren in

Frucht in der Regel nicht der Vorteil, welcher durch den Gebrauch (S. 305) oder durch die Vernichtung oder Verminderung des Vermögensstücks selbst oder seiner Bestandteile erzielt wird. Deshalb ist z.B. das Fleisch keine Frucht des Tiers, das Eisen keine Frucht des Eisenerzes. Dieser Satz unterliegt aber einer doppelten Beschränkung. Einmal fallen unter den Begriff der Frucht alle Bestandteile, die — wie die stehenden und hängenden natürlichen Zuwüchse, die Tierjungen — von Natur aus die Bestimmung haben, von der Muttersache getrennt zu werden, um gleichartigen Bestandteilen Platz zu machen. Andererseits werden mindestens in neuerer Zeit auch sich nicht ersetzende Bestandteile dann als Früchte behandelt, wenn der wirtschaftliche Vorteil einer (körperlichen) Sache wesentlich nur in der Möglichkeit der Gewinnung derartiger Bestandteile besteht, wie bei Mineralquellen, Bergwerken Steinbrüchen, Torfstichen[2]).

---

fructus mere naturales und industriales keine Bedeutung, da diese Einteilung logisch nur dann gerechtfertigt wäre, wenn für jeden dieser Unterbegriffe besondere Rechtssätze gelten würden, was nicht der Fall sei. Der Fruchtbegriff gehöre überhaupt nicht in die Lehre von den Sachen, sondern in die vom Vermögen.

Das BGB. hat zwar die Beschränkung des Fruchtbegriffs auf die organischen Erzeugnisse überwunden, behandelt aber die Früchte im Abschnitt „Sachen" und hält in § 99 die Einteilung in fructus naturales (Abs. 1 und 2) und civiles (Abs. 3) aufrecht. An diese Einteilung werden in § 101 auch rechtliche Folgerungen geknüpft (S. 303). Dagegen ist die Einteilung in fructus mere naturales und industriales als bedeutungslos übergangen. BGB. § 99 bestimmt demgemäß:

„Früchte einer Sache sind die Erzeugnisse der Sache und die sonstige Ausbeute, welche aus der Sache ihrer Bestimmung gemäß gewonnen wird.

Früchte eines Rechtes sind die Erträge, welche das Recht seiner Bestimmung gemäß gewährt, insbesondere bei einem Rechte auf Gewinnung von Bodenbestandteilen die gewonnenen Bestandteile.

Früchte sind auch die Erträge, welche eine Sache oder ein Recht vermöge eines Rechtsverhältnisses gewährt."

Unter „Früchten eines Rechts" versteht das BGB. nicht etwa die juristischen, sondern diejenigen natürlichen Früchte, die ein Nichteigentümer auf Grund eines an der Sache ihm zustehenden Nutzungsrechts gewinnt, z.B. der Pacht (§§ 581 ff.), des Nießbrauchs (§§ 1030, 1037).

[2]) Die römischen Quellen haben Zweifel hervorgerufen. In l. 77 D. de V.S. 50, 16 heißt es: Frugem pro reditu appellari,

β. Frucht ist nur der Vorteil, der aus dem Ver=
mögensstücke seiner Bestimmung gemäß gewonnen wird
(id, cujus causa res comparatur). Daher ist der Schatz
nicht Frucht des Grundstücks, in dem er gefunden wird
(BGB. § 1040; vgl. l. 7 § 12 D. soluto matrimonio
24, 3). Die Römer rechneten die Tierjungen, nicht aber
die Sklavenkinder (partus ancillae) zu den Früchten
(quia non temere ancillae ejus rei causa comparantur,
ut pariant, l. 27 pr. D. de hered. pet. 5, 3), und die
Jagdausbeute galt ihnen nur bei den hauptsächlich zur
Jagdausübung bestimmten Grundstücken als Frucht (l. 26 D.
de usuris 22, 1).

Die herrschende Meinung des Gemeinen Rechts zählte
zu den Früchten nur die im Wege ordnungsmäßiger
Wirtschaft erworbenen, also z.B. bei einem Walde die
schlagbaren Bäume (silva caedua), nicht aber den Wind=
bruch (l. 7 § 12 D. sol. matrim. 24, 3). Das BGB.
hat mit Recht dieses Merkmal nicht in seine Begriffs=
bestimmung (S. 300[1]) aufgenommen. Denn begrifflich sind
auch die im Wege nicht ordnungsmäßiger Wirtschaft ge=
wonnenen Vorteile Früchte. Die Ordnungsmäßigkeit hat
nur eine Bedeutung bei der Auseinandersetzung zwischen
dem zum Fruchtbezug aus einem Vermögensstücke Berechtigten
und dem Eigentümer[3]).

---

non solum, [quod] ex frumentis aut leguminibus, verum et
quod ex vino, silvis caeduis, cretifodinis, lapidicinis capitur.
Dagegen bestimmt l. 7 § 13 D. soluto matrim. 24, 3: „nec in
fructu est marmor, nisi tale sit, ut lapis ibi renascatur, quales
sunt in Gallia, sunt et in Asia." Aus dieser, einen besonderen
Fall (Erstattung der Auslagen eines Ehemanns nach der Ehetrennung)
behandelnden, schwer verständlichen Stelle ist ein allgemeiner Grundsatz
jedoch nicht herzuleiten. Immerhin hat diese Stelle das ALR. be=
einflußt, das in I, 21 § 37 bestimmte, der Nießbraucher eines Berg=
werks habe nicht die Ausbeute selbst, sondern nur deren Zinsen zu
beanspruchen. Dagegen erklärt das BGB. § 99 bei einem Recht auf
Gewinnung von Bodenbestandteilen (z.B. dem sog. Bergwerkseigentume II,
637) die gewonnenen Bestandteile selbst als Früchte (oben S. 300[1]).
[3]) So bestimmt z.B. BGB. § 581: „Durch den Pachtvertrag
wird der Verpächter verpflichtet, dem Pächter den Gebrauch des ver=
pachteten Gegenstands und den Genuß der Früchte, soweit sie nach

2. Rechtliche Bedeutung des Fruchtbegriffs.

Der Fruchtbegriff hat in dreifacher Beziehung recht=
liche Bedeutung:

α. Bei der Frage, wie werden Früchte erworben?

β. Bei der Frage, welche Vorteile gebühren dem=
jenigen, der an dem Vermögensstück eines Anderen ein
Recht auf Fruchtziehung hat?

γ. Bei der Frage, was ist herauszugeben oder wofür
ist Ersatz zu leisten, wenn das Recht bestimmt, daß
„Früchte" herauszugeben oder zu ersetzen sind?

α. Die Frage nach der Art des Fruchterwerbs ist
verschieden zu beantworten, je nach der Art des Vermögens=
stücks, um dessen Früchte es sich handelt. Betreffs der
körperlichen Sachen insbesondere gehört die Lehre vom
Fruchterwerb in die Lehre vom Erwerb und Verluste des
Eigentums, also in das Sachenrecht (BGB. §§ 953
bis 957).

β. Die Frage, welche Vorteile eines Vermögensstücks
dem zum Fruchtbezuge Berechtigten gebühren und welche
dem Eigentümer zustehen (zB. beim Nießbrauch, anti=
chretischen Pfandrechte, Recht des Ehemanns und Vaters
am Vermögen der Ehefrau und Hauskinder), beantwortet
sich nach dem Fruchtbegriff. Ist das Bezugsrecht zeitlich
begrenzt, so entsteht die fernere Frage, mit welchem Augen=
blick ein Vorteil als Frucht anzusehen ist. Hier ist die
Unterscheidung zwischen fructus naturales und civiles jeden=
falls noch bedeutungsvoll (S. 299[1]).

a. Bezüglich der fructus naturales steht das römische
Recht auf einem dem deutschen entgegengesetzten Stand=
punkte. Die Erzeugnisse und Bestandteile sind, solange
sie von der Sache noch nicht getrennt sind (fructus stantes

---

den Regeln einer ordnungsmäßigen Wirtschaft als Ertrag an=
zusehen sind, während der Pachtzeit zu gewähren"; dagegen in § 1039:
„Der Nießbraucher erwirbt das Eigentum auch an solchen Früchten,
die er den Regeln einer ordnungsmäßigen Wirtschaft zu=
wider zieht."

et pendentes, S. 304), nach römischer Auffassung Sach=
teile (S. 295 [7]) und eigener Rechtsverhältnisse daher
frühestens mit der Trennung fähig (sog. Substantial=
prinzip). Daher gebühren dem Früchtberechtigten auch
nur diejenigen Früchte, die während der Dauer seines
Bezugsrechts von der Sache getrennt sind. Nur bei der
Rückgewähr des Dotalguts werden die Früchte des Dotal=
jahrs, in dessen Verlaufe die Ehe gelöst wurde, zwischen
den Eheleuten oder deren Erben nach Verhältnis der Zeit
geteilt. Das deutsche Recht sieht dagegen (gemäß den
Rechtsparömieen „Wer säet, der mähet", „Hat die Egge
das Land bestrichen, so ist die Saat verdient" II, 583)
die stehenden und hängenden Früchte schon mit dem Her=
vortreten als selbständige Sachen und als in das Eigentum
des Nutzungsberechtigten fallend an (sog. Produktions=
prinzip) [4]. Für die fructus civiles (zB. Miet= und
Pachtzinsen, Gewinnanteile, Darlehenszinsen) hat sich für
das Gemeine Recht eine einheitliche Theorie nicht heraus=
gebildet.

b. Das BGB. folgt für die fructus naturales wieder
dem römischen Recht, im übrigen der herrschenden gemein=
rechtlichen Anschauung. Es bestimmt in § 101:

„Ist jemand berechtigt, die Früchte einer Sache oder
eines Rechts bis zu einer bestimmten Zeit oder von einer
bestimmten Zeit an zu beziehen, so gebühren ihm, sofern
nicht ein Anderes bestimmt ist:

1) die im § 99 Abf. 1 bezeichneten Erzeugnisse und

---

[4]) Das ALR. folgte für den Kauf und den Beginn des Nieß=
brauchs dem Gemeinen Recht, indem es die zur Zeit der Übergabe
noch nicht abgesonderten Früchte dem Käufer oder Nießbraucher, die
bereits abgesonderten dem Verkäufer oder Eigentümer zusprach. Dagegen
trat im Verhältnisse des redlichen Besitzers zum Eigentümer oder des
Nießbrauchers zum Eigentümer bei Endigung des Nießbrauchs eine
Verteilung der (Netto=) Früchte des letzten Wirtschaftsjahrs nach
Maßgabe der Dauer des Bezugsrechts der Beteiligten (pro rata tem=
poris) ein. Als Beginn des Wirtschaftsjahrs galt der 1. Juli, bei
nicht zur Landwirtschaft bestimmten Grundstücken der 1. Juni (ALR. I,
7 §§ 189 ff., 199; I, 11 §§ 105, 108; I, 21 §§ 29, 143 ff., 171).
Das BGB. kennt ein derartiges „Normalwirtschaftsjahr" nicht.

Bestandteile, auch wenn er sie als Früchte eines Rechtes zu beziehen hat, insoweit, als sie während der Dauer der Berechtigung von der Sache getrennt werden[5]);

2) andere Früchte insoweit, als sie während der Dauer der Berechtigung fällig werden; bestehen jedoch die Früchte in der Vergütung für die Überlassung des Gebrauchs oder des Fruchtgenusses in Zinsen, Gewinnanteilen oder anderen regelmäßig wiederkehrenden Erträgen, so gebührt dem Berechtigten ein der Dauer seiner Berechtigung entsprechender Teil".

γ. Der Fruchtbegriff wird endlich auch dann bedeutungsvoll, wenn jemand unberechtigt Vorteile aus einer Sache gezogen und sie herauszugeben oder zu erstatten hat, zB. bei der Auseinandersetzung zwischen Besitzer und Eigentümer (BGB. §§ 987 ff.). Hierbei ist regelmäßig nicht der Brutto=, sondern der Nettoertrag herauszugeben (BGB. § 102).

δ. Bei den unter β und γ erwähnten Fällen kommt es vielfach auf den Entwickelungsabschnitt an, in dem die Früchte sich befinden. Hierbei werden üblicherweise genannt:

fructus stantes et pendentes diejenigen (natürlichen) Früchte, die mit dem Stamme noch zusammenhängen;

fructus separati die vom Stamme getrennten;

fructus percepti die in die Innehabung des Fruchtziehers gelangten;

fructus percipiendi (in den Quellen fructus, qui percipi potuerunt) die gewinnbaren, d. h. diejenigen, welche jemand hätte ziehen können, aber zu ziehen versäumt hat;

fructus consumti die vom Fruchtzieher in Besitz genommenen, aber verbrauchten oder veräußerten;

---

[5]) Diese Vorschrift wird zu Gunsten des bisher zum Fruchtbezuge Berechtigten durch die Bestimmung gemildert, daß ihm der Nachfolger die aufgewendeten Kosten in gewissen Grenzen zu erstatten hat; vgl. §§ 592 (Pacht), 998 (Herausgabe eines landwirtschaftlichen Grundstücks durch den Besitzer), 1055 (Nießbrauch).

fructus exstantes die bei ihm noch vorhandenen Früchte.

b. Nutzungen.

Der wirtschaftliche Vorteil, den ein Vermögensstück gewährt, beschränkt sich nicht immer auf seinen Ertrag. Auch der Gebrauch des Guts kann einen Vorteil ge= währen. Nach dem Vorgange neuerer Gesetzbücher (vgl. ALR. I, 2 § 110) hat das BGB. in § 100 den Begriff „Nutzungen" aufgestellt, der außer den Früchten einer Sache oder eines Rechts auch die Vorteile umfaßt, die der Gebrauch des Vermögensstücks gewährt. Dieser umfassende Begriff ist für viele Rechtsverhältnisse maß= gebend [6]).

III. Rechtserhebliche Eigenschaften der Sachen.

§ 29. Verkehrsfähigkeit.

Die Gegenstände haben die Bestimmung, der Be= friedigung menschlicher Bedürfnisse zu dienen. Regelmäßig erfüllen sie diese Bestimmung einem gewissen Rechtssubjekte gegenüber, unter dessen Sonderherrschaft (patrimonium) sie treten. Der Berechtigte kann sie zur Befriedigung seiner Bedürfnisse verwenden, entweder unmittelbar durch Gebrauch und Nutzung oder mittelbar durch Eintausch gegen andere Gegenstände. Durch die Fähigkeit, unter

---

[6]) Vgl. zB. BGB. §§ 446, 452 (von der Übergabe an gebühren dem Käufer die Nutzungen und hat er den Kaufpreis zu verzinsen); 487 (der Wandelung verlangende Käufer von Vieh hat nur die Nutzungen zu ersetzen, die er gezogen hat); 818 (die Verpflichtung zur Heraus= gabe oder zum Ersatz ungerechtfertigter Bereicherung erstreckt sich auf die gezogenen Nutzungen); 987 ff. (Auseinandersetzung zwischen dem zur Herausgabe verpflichteten Besitzer und dem Eigentümer); 1213 ff. (antichretischer Pfandbesitz); 2020 ff. (der Erbschaftsbesitzer hat den Erben die gezogenen Nutzungen herauszugeben oder zu erstatten); 2184 (beim Vermächtnis eines bestimmten Gegenstands hat der Beschwerte die gezogenen Früchte herauszugeben, für die übrigen Nutzungen aber nicht Ersatz zu leisten); vgl. noch §§ 256, 292, 302.

Sonderherrschaft, d. h. im Sondereigentume zu stehen (Rechtsfähigkeit), und ferner Gegenstand des Austauschs zu sein (Verkehrsfähigkeit), wird ein Gegenstand zu einem wirtschaftlichen Gute.

Rechtsfähigkeit und Verkehrsfähigkeit sind regelmäßige Eigenschaften der Sachen. Es giebt aber auch Sachen, welche diese Fähigkeiten nicht oder nicht in vollem Maße haben. Derartige Sachen faßt man unter den Begriff verkehrsunfähige Sachen, res, quarum commercium non est, res extra commercium zusammen. Man muß sich aber darüber klar sein, daß die diesem Begriff unterstellten Sachen nicht alle in gleichem Maße der Rechts= oder Verkehrsfähigkeit entbehren. Wie sich aus dem Folgenden ergeben wird, ist vielmehr — insbesondere im modernen Rechte — das Maß der Beschränkung bei den einzelnen Gattungen verschieden. Einzelne sind völlig rechtsunfähig (S. 307), andere zwar fähig, im Sondereigentume zu stehen, aber gänzlich unfähig, in den Verkehr einzutreten, d. h. Gegenstände des Güteraustauschs zu sein, noch andere endlich nur in einzelnen Beziehungen[1]) verkehrsunfähig, im übrigen verkehrsfähig. Die Verkehrsunfähigkeit einer Sache kann auf ihrer Natur, auf ihrer Zweckbestimmung oder auf Gesetz beruhen (nicht aber auf Rechtsgeschäft, unten 44c.).

Das BGB. enthält keinerlei allgemeine Vorschriften über die Rechtsfähigkeit und Verkehrsfähigkeit der Sachen und deren Aufhebung oder Minderung; die bezüglichen Grundsätze sind daher der Natur der Sache zu entnehmen.

---

[1]) Eine Verminderung der Verkehrsfähigkeit erleiden z.B. manche Gegenstände (Sachen und Rechte) nur hinsichtlich bestimmter Rechtsgeschäfte, während sie im übrigen verkehrsfähig bleiben (z.B. CPO. §§ 811, 850 über die Unpfändbarkeit einzelner Sachen und Ansprüche). Über die Veräußerungsverbote, die nur bisweilen eine (objektive) Verkehrsunfähigkeit herbeiführen, meist nur eine (subjektive) Verfügungsbeschränkung enthalten, vgl. unten § 44; über die geminderte Verkehrsfähigkeit des menschlichen Körpers vgl. oben S. 225.

I. Natürliche Verkehrsunfähigkeit.

Aus natürlichen Gründen der Sonderberechtigung entzogen, also rechtsunfähig und daher auch völlig ver=kehrsunfähig, sind die von der Natur zum allgemeinen Gebrauche[2]) bestimmten Sachen (res naturali jure omnium communes), zu denen nach römischer Auffassung zählten: aer, aqua profluens et mare et per hoc litora maris (l. 2 § 1 D. de rerum divisione et qualitate 1, 8).

a. Der an der atmosphärischen Luft (aer) statt=findende Gemeingebrauch hindert nicht, daß sie durch Fassung in Behältnisse (zB. für pneumatische Triebwerke zusammengepreßt) der Beherrschung eines Rechtssubjekts unterworfen wird. Der Gemeingebrauch bezieht sich ferner nur auf die Luft selbst, nicht auf den Raum, den sie aus=füllt, und der als Bestandteil des Grundstücks, über dem er sich befindet, regelmäßig — vgl. jedoch zB. Telegraphen=wegegesetz vom 18. Dezember 1899 — der Verfügung des Grundstückseigentümers unterliegt (BGB. § 905).

b. Ebenso ist bei der fließenden Wasserwelle (aqua profluens) nur diese im Gemeingebrauch, nicht etwa der Raum, innerhalb dessen sie sich bewegt und über den bei der Lehre von den Flüssen (S. 318 ff.) zu sprechen ist. Der Gemeingebrauch am fließenden Wasser zeigt sich in der Straflosigkeit der Entnahme von solchem. Einerseits kann aber diese Entnahme unter Umständen verboten werden (vgl. zB. das PrG. über die Benutzung der Privatflüsse vom 28. Februar 1843 § 2, aufrechterhalten gemäß EGBGB. Art. 65); andererseits hört der Gemein=gebrauch auf, wenn das Wasser infolge einer befugt vor=genommenen Abschließung (zB. bei Mineralquellen, Wasser=leitungen, Regentonnen) nicht freien Abfluß hat. An

---

[2]) Die res naturali jure omnium communes sind ebenso res nullius wie herrenlose, der Aneignung unterworfene Sachen (Wild, Fische. Der Unterschied zwischen diesen beiden Arten von res nullius liegt aber darin, daß die ersteren ihrer Natur nach verkehrs=unfähig, die letzteren verkehrsfähig, nur noch nicht oder nicht mehr im Verkehre befindlich sind.

Wasserleitungswasser ist also sehr wohl ein Diebstahl möglich.

c. Das Meer und seine Gestade (mare et per hoc litora maris, und zwar letztere „quousque maximus fluctus a mari pervenit", l. 96 D. de V. S. 50, 16) unterliegen dem Gemeingebrauche durch Befahren, Fischen, Entnahme von Sand und Steinen. Dieser Gemeingebrauch kann aber auf Grund der dem Staat über die Gestade und die Küstengewässer (I, 3[5]) zustehenden Hoheit Beschränkungen unterworfen werden[3]). Ferner kann das Gestade dadurch in das Privateigentum treten, daß — ebenfalls mit Staatsgenehmigung — darauf Gebäude errichtet werden[4]).

---

[3]) Hierauf beruht die Regelung des Strandrechts (II, 64[8]), der Küstenfischerei (vgl. StGB. § 296[a]) und der Küstenfahrt (I, 3[5]). Durch Reichsgesetz vom 22. Mai 1881 betr. die Küstenfrachtfahrt (sog. cabotage) ist bestimmt, daß die Seebeförderung von Gütern zwischen zwei deutschen Seehäfen ausschließlich deutschen Schiffen, ausländischen aber nur auf Grund eines Staatsvertrags (so mit Österreich und Rumänien) oder einer Kaiserlichen Verordnung mit Zustimmung des Bundesrats (so Belgien, Brasilien, Dänemark, Großbritannien, Schweden, Italien) gestattet ist.

Viel weiter ging die während Oliver Cromwells Protektorat erlassene Navigationsakte vom 9. Oktober 1651, nach der die Einfuhr nach Großbritannien und Irland ausschließlich durch britische Schiffe erfolgen durfte. 1849 wurden die letzten Reste der Navigationsakte beseitigt, und gegenwärtig steht nur der Regierung die Befugnis zu, fremde Schiffe von der Küstenschifffahrt auszuschließen, sofern nicht Gegenseitigkeit verbürgt ist.

[4]) Während regelmäßig das Gebäude das Schicksal des Grund und Bodens teilt (superficies solo cedit, S. 294), findet hier das umgekehrte Verhältnis statt, indem mit Abbruch des Gebäudes auch der Grund und Boden wieder gemeinfrei wird (vgl. l. 49 D. de R. V. 6, 1). Nach deutschrechtlicher Anschauung gelten die Gestade als res publicae, publico usui destinatae (S. 312[7]). Das Eigentum an ihnen (nicht nur ein Hoheitsrecht) steht also dem Staate zu, es findet aber ein Gemeinbrauch statt; vgl. ALR. II, 14 § 21; II, 15 § 80. Dies war schon die Auffassung des Celsus.

II. Verkehrsunfähigkeit kraft Zweck=
bestimmung.

Die Römer erkannten neben den res naturali jure
omnium communes als weitere Gattungen von res extra
commercium die res divini juris und die res publicae an.
Diese Einteilung ist für das moderne Recht nur mit ge=
wissen Einschränkungen begründet.

a. Res divini juris

(Gegensatz: res profanae, res humani juris) waren
die den Göttern geweihten Sachen, und zwar bezeichnete
man die den diis superis gewidmeten Tempel und Altäre
als res sacrae[5]), die den diis manibus unterstehenden
Begräbnisplätze als res religiosae. Die res divini juris
waren verkehrsunfähig und konnten nicht einmal unter
der Bedingung des Aufhörens dieser Eigenschaft zum Gegen=
stande von Rechtsgeschäften gemacht werden, „nec enim
fas est, ejusmodi casus exspectare", l. 34 § 2 D. de
contrah. emt. 18, 1. Sie waren durch besondere straf=
und civilrechtliche Behelfe (actio sepulcri violati, interdictum ne quid in loco sacro fiat) geschützt. Die Widmung
einer Sache zu einer res divini juris geschah entweder
durch votum, obligatorische Verpflichtung, oder durch dedi-
catio, Eigentumsübertragung. Beide waren einseitig ver=
pflichtende Rechtsgeschäfte (IV, 175).

Nach modernem Rechte sind die res divini juris rechts=
fähig, aber nur beschränkt verkehrsfähig. Die Widmung

---

[5]) Mit den res sacrae nicht zu verwechseln sind die res
sanctae, d. h. die durch besondere Strafrechtsnormen geschützten,
sog. befriedeten Sachen. Die res sacrae waren eine Unterart
der res sanctae, zu denen außerdem aber noch die meisten res publicae
(unten S. 310 ff.) sowie einzelne unzweifelhaft in commercio befindliche
Sachen gehörten, zB. Grenzmauern, Zäune. Auch das moderne Straf=
recht kennt „befriedete Sachen", zB. das „befriedete Besitztum" (Haus=
friedensbruch), StGB. §§ 123, 243²), die Kirchen (StGB. §§ 167,
243¹, 304, 306¹), Eisenbahnen und Telegraphen (StGB. §§ 305,
315 ff.), öffentliche Denkmäler (StGB. § 304). Vgl. auch die Be=
schränkungen der StPO. § 104 hinsichtlich der Durchsuchung der
Wohnung und des befriedeten Besitztums.

einer Sache zum Gottesdienste geschieht nach katholischem Kirchenrecht (11, 349) durch Konsekration (Kirchen, Altäre, Gerätschaften) oder Benediktion (Glocken, Friedhöfe), nach evangelischem Kirchenrecht durch befugte Verwendung. Trotz Weihe und Verwendung bleiben die geheiligten Sachen heute jedoch eigentumsfähig. Sie stehen im Eigentume teils der Kirchengemeinde, teils der politischen Gemeinde (zB. Kommunalkirchhöfe), teils des Einzelnen (zB. Erbbegräbnis oder Kapelle auf einem Gut). Auch ihre Verkehrsunfähigkeit beschränkt sich auf die Unzulässigkeit solcher Verfügungen, die dem Weihezwecke widersprechen. Daher ist zwar die Einräumung eines Wegerechts über einen Kirchhof denkbar, nicht aber die Verpfändung einer Kirche[6]). Verlieren ge= heiligte Sachen diese Eigenschaft, so treten sie voll in den Rechtsverkehr ein (zB. Kirchhöfe in Preußen 40 Jahre nach der letzten Beerdigung). Unter der Bedingung des Aufhörens der „Extrakommerzialqualität" sind auch schon vorher alle Rechtsgeschäfte über sie gültig.

b. Res publicae

waren im rR. die dem ursprünglich einzigen Verbande, der Stadt Rom und dem mit diesem zusammenfallenden

---

[6]) Streitig ist die Behandlung der einer Leiche in das Grab mitgegebenen Gegenstände (Kleider, Schmuck). Nach der einen Meinung sind sie — als derelinquiert — herrenlos, nach der anderen bleiben sie im Eigentume des Erben, das durch die Zweckbestimmung dieser Sachen freilich beschränkt ist. Nach dieser letzteren Meinung ist die Wegnahme solcher Gegenstände Diebstahl (sog. Leichenraub, nicht zu verwechseln mit der in der Polizeisprache so genannten „Leichenfledderei", dem gegen einen im Freien Schlafenden verübten Diebstahl). Hält man dagegen die der Leiche mitgegebenen Sachen für herrenlos, so wäre die un= befugte Wegnahme nur unter dem Gesichtspunkte der §§ 168, 304 StGB. (unbefugte Beschädigung eines Grabes oder Grabmals) strafbar. Die bei einem noch nicht beerdigten Leichname (zB. einem aufgefundenen Selbstmörder) vorgefundenen Gegenstände sind natürlich jedenfalls nicht herrenlos, wenn auch zur Zeit in niemandes Gewahrsam. Die un= befugte Aneignung solcher Sachen ist daher nicht Diebstahl, sondern Unterschlagung. Als delictum sui generis wird gemäß MilStGB. vom 20. Juni 1872 §§ 134, 160 mit Zuchthaus bis zu 10 Jahren bestraft die Wegnahme von Sachen im Felde gebliebener Angehöriger der deutschen oder verbündeten Truppen (Hyänen des Schlachtfelds!).

römischen Staate gehörenden, später auch die den übrigen
Gemeinden (civitates) gehörigen Sachen. Unter diesen
lassen sich aber bezüglich der Fähigkeit, im Rechtsverkehre
zu stehen, wieder drei Klassen von Sachen unterscheiden.

1. Staats= und Kommunalgut.

Das den Begriff des Fiskus (S. 195) ausmachende
Staatsgut und das Kommunalvermögen der kleineren
öffentlichen Verbände, bei Städten Kämmereigut (II, 472)
genannt (zB. Waldungen, Eisenbahnen, Bergwerke, Grund=
stücke, Wertpapiere: res quae in pecunia populi sunt,
Finanzvermögen, nutzbares Staatsvermögen), steht im Eigen=
tume des betreffenden politischen Verbands und wird dem
Vermögen anderer Rechtssubjekte im Verkehre gleich be=
handelt, nur daß aus Zweckmäßigkeitsgründen (S. 181⁵)
die Veräußerung und der Erwerb zuweilen erschwert, ins=
besondere von der Genehmigung der Aufsichtsbehörde ab=
hängig gemacht ist.

2. Verwaltungsvermögen.

Das den Zwecken der öffentlichen Verwaltung
dienende Vermögen (Festungswerke, Gerichtsgebäude, Kreis=
häuser, Rathäuser, Gefängnisse) steht zwar auch im Eigen=
tume des betreffenden öffentlichen Verbands (vgl. zB. betreffs
des Eigentums des Reichs das Reichsgesetz vom 25. Mai
1873 „über die Rechtsverhältnisse der zum dienstlichen
Gebrauch einer Reichsverwaltung bestimmten Gegenstände"
§ 1); es ist aber dem Rechtsverkehre nur in gleicher Weise
zugänglich wie die res divini juris, d. h. nur insoweit der
öffentliche Verwaltungszweck nicht entgegensteht. Daher ist
zB. die Verpachtung des Rathauskellers zulässig. Werden
diese Sachen ihres öffentlichen Zwecks entkleidet, so treten sie
von selbst voll in den Rechtsverkehr ein. Bei einzelnen zur
Befriedigung öffentlicher Bedürfnisse dienenden, gleichzeitig
aber als Erwerbsquelle nutzbaren öffentlichen Anlagen (Gas=,
Elektrizitäts=, Wasserwerke, Markthallen) kann zweifelhaft sein,
ob sie zum Finanzvermögen oder zum Verwaltungsvermögen
gehören, ob sie also zB. für Gemeindeschulden ver= und ge=

pfändet werden können oder nicht. Diese Frage ist im
einzelnen Falle darnach zu entscheiden, ob die Anlagen
zur Erfüllung der den politischen Verbänden obliegenden
öffentlichen Aufgaben unentbehrlich oder wesentlich Er=
werbszwecken gewidmet sind.

3. Sachen im Gemeingebrauche.

Eine besondere Rechtsstellung haben noch gewisse
Sachen, an denen ein öffentlicher Gemeingebrauch
stattfindet (res publicae, publico usui destinatae). Dazu
gehören vor allem die den öffentlichen Verkehr vermittelnden
Straßen (öffentliche Wege und Flüsse, Kanäle, Straßen
und Plätze, in Rom auch Theater und Hallen). Auch sie
stehen nach der richtigen Meinung[7] im Eigentume des
Staats (oder der kleineren politischen Verbände, so zB.
Provinzial= und Kreischausseen), und der Berechtigte be=
zieht den Nutzen, den sie etwa abwerfen, zB. die Schatz=
hälfte (BGB. § 984), die Obst= und Grasnutzung, die
Fischerei sowie etwaige Abgaben für die Benutzung (zB.
für die Gestattung einer Schienenanlage für eine Straßen=
bahn, ferner Chaussee=, Brücken=, Häfen=, Marktstands=
gelder). Dieses Eigentum wird aber durch den Gemein=
gebrauch des Publikums insofern beschränkt, als der
Berechtigte sich seines Eigentums in keiner den Gemein=
gebrauch hindernden Art bedienen darf. Soweit keine
Kollision stattfindet, ist auch die Einräumung von Sonder=

---

[7] Nach einer anderen Meinung sind die res in publico usu
als res nullius anzusehen, über die der Staat oder der Kommunal=
verband nur ein Hoheitsrecht ausübt, und die als herrenlos okkupiert
werden können, sobald sie dem öffentlichen Zwecke zu dienen aufhören.
Diese Streitfrage ist besonders lebhaft behandelt worden, als 1859 die
Festungswerke der Stadt Basel geschleift wurden. Es entstand
zwischen den Kantonen Basel Stadt und Basel Land (dieser beanspruchte
den Grund und Boden, auf dem die Festungswerke gestanden hatten,
auf Grund einer angeblichen Okkupation für sich) ein Rechtsstreit, in
dessen Verlauf Dernburg zu Gunsten von Basel Stadt (Eigentums=
theorie), Keller und Jhering zu Gunsten von Basel Land (Theorie des
Hoheitsrechts) Gutachten abgaben.

nutzungsrechten (zB. Fischerei, Obstnutzung, aber nicht zB. der ausschließlichen Berechtigung zum Fahren) zulässig.

Die dem Gemeingebrauche gewidmeten Sachen waren in Rom gegen Beeinträchtigung dieses Gebrauchs durch verschiedene Rechtsbehelfe (vgl. Buch 43 Titel 7—15 der Digesten, zB. interdictum ne quid in loco publico vel itinere fiat, 43, 8) geschützt, die meist Popularklagen (I, 285), d. h. von jedermann anstellbar, waren. Heute erfolgt die Aufsicht über die öffentlichen Sachen im Gemeingebrauche durch die Verwaltungsbehörden (Wege-, Wasserpolizei, I, 305 [4]). Die Beeinträchtigung dieses Gebrauchs ist mit Strafe bedroht (vgl. StGB. § 366 Nr. 2—5, 8—10). Hat jemand ein Sonderrecht an einer res publica in publico usu (zB. eine Fährgerechtigkeit, eine Schienenanlage), so kann er gegen den Störer im Rechtswege vorgehen. Dagegen kann der einem jeden zustehende Gemeingebrauch als aus dem öffentlichen Rechte folgend nur im Verwaltungsverfahren geltend gemacht werden. Wenn jemand also durch Aufstapeln von Kisten den Straßenverkehr sperrt, so kann der dadurch behinderte Bürger die Polizei anrufen, aber nicht im Wege einer Civilklage den Störer auf Wegschaffung verklagen.

Von den im Gemeingebrauche befindlichen Sachen fordern die öffentlichen Wege und Gewässer eine besondere Besprechung. Als neue, zwar im Privateigentume stehende, aber in beschränkter Weise ebenfalls dem Gemeingebrauche zugängliche Verkehrswege haben sich ferner die Eisenbahnen entwickelt, die besonderen Normen unterworfen sind.

α. Wege.

Öffentliche Wege (viae publicae) sind die dem öffentlichen Gebrauche dienenden Verkehrsstraßen, wobei es heute (anders l. 2 § 21 D. ne quid in loco publico 43, 8) gleichgültig ist, wem der Grund und Boden gehört, der ihre Unterlage bildet (zB. bestehen in Städten nicht selten öffentliche Durchgänge durch Privathäuser). Privatwege sind demgegenüber die (auf Grund Eigentums oder einer

Wegeſervitut) dem ausſchließlichen Nutzen und Gebrauche
beſtimmter Perſonen dienenden Verkehrsſtraßen. Die
öffentlichen Wege teilen ſich nach rR. und ALR. in
Land= und Heerſtraßen („viae militares exitum ad
mare aut in urbes aut in flumina publica aut ad aliam
viam militarem habent," 1 3 § 1 D. de locis et itin.
publ. 43, 7, ALR. II, 15 § 1; die „Königſtraßen" des
Sachſenſpiegels) und Vicinal= ſowie Kommunikations=
wege (viae vicinales), die nur dem Verkehr in und unter
den Gemeinden dienen⁸). Über die ehemalige Regalität
der Heerſtraßen vgl. II, 57⁴.

Der Gemeingebrauch an öffentlichen Wegen beſchränkt
ſich auf deren Benutzung für den Verkehr durch Gehen,
Reiten oder Fahren. Jede andere Benutzung, zB. für
Kabel, Leitungsröhren, Straßenbahnen, bedarf der Ein=
räumung eines Sonderrechts durch den Eigentümer des
Wegebodens und der Genehmigung der Wegepolizeibehörde.
Dieſe hat auch über Einziehung und Verlegung öffentlicher
Wege zu beſchließen (für Preußen nach dem Zuſtändigkeits=
geſetze vom 1. Auguſt 1883 § 57). Hierbei iſt ſtreitig, ob
die Straßenanlieger für den ihnen durch Einziehung oder
Verlegung, Erhöhung oder Erniedrigung öffentlicher Wege
entſtandenen Schaden von dem Unterhaltungspflichtigen
(Staat, Provinz, Gemeinde) Entſchädigung beanſpruchen

---

⁸) Das ALR. erklärte II, 14 § 21 die Land= und Heerſtraßen
(ebenſo wie die von Natur ſchiffbaren Ströme, S. 318, die Meeresufer
und Häfen) für „ein gemeines Eigentum des Staates". Durch §§ 18 ff.
des Geſetzes vom 8. Juli 1875 wegen der Dotation der Provinzial=
und Kreisverbände hat der Preußiſche Staat jedoch die Chauſſeen auf
die Provinzen übertragen.

Das Wegerecht iſt weder reichsgeſetzlich noch für Preußen durch
ein einheitliches Landesgeſetz geordnet; vielmehr ſind Wegepflicht (d. h.
die Pflicht zur Erbauung und Unterhaltung von Wegen) und Wege=
polizei provinziell verſchieden beſtimmt. Nur die Befugniſſe der Wege=
polizeibehörden und die Rechtsbehelfe gegen deren Entſcheidungen ſind
in §§ 54 ff. des Preuß. Zuſtändigkeitsgeſetzes vom 1. Auguſt 1883 ein=
heitlich geordnet (Einſpruch, Klage im Verwaltungsſtreitverfahren vor
dem Kreisausſchuß, in größeren Städten, bei Chauſſeen, bei Beteiligung
von Kommunalverbänden oder bei Beſchlüſſen des Landrats vor dem
Bezirksausſchuß).

können. Für das moderne Recht ist der Grundsatz fest=
zuhalten, daß jeder entschädigungsberechtigt ist, der durch
im öffentlichen Interesse erfolgte Maßnahmen eine Ver=
mögensminderung erleidet[9]). Von manchen, auch vom
Reichsgerichte, wird die Entschädigungspflicht des Gemein=
wesens auf einen „stillschweigenden Vertrag" zurückgeführt.
Wer sich an einer öffentlichen Straße anbaue, habe durch das
Anbauen den in der Herstellung des öffentlichen Weges
liegenden Antrag zur Ansiedlung angenommen und dadurch
das Recht auf ungehinderte Verbindung mit seinem Hause
erworben. Dies Recht müsse sich zwar den Interessen des
öffentlichen Verkehrs unterordnen, die Anlieger könnten
daher einer Verlegung des Weges im Rechtswege (vgl.
Anm. 9) nicht widersprechen; sie müßten aber für die
hierdurch erlittenen Vermögensnachteile mindestens ent=
schädigt werden. Für das ALR. wird der Entschädigungs=
anspruch auf Einl. § 75 gegründet (aufrechterhalten gemäß
EGBGB. Art. 109 durch AGBGB. Art. 89[1]; vgl. ERG.
7, 213, 36, 272, abweichend 3, 171).

Die Umwandlung eines Privatwegs in einen öffent=
lichen Weg vollzieht sich in den vielfach allerdings er=
leichterten[10]) Formen des Enteignungsverfahrens. Die

---

[9]) In Preußen ist gegen das Vorhaben der Wegepolizeibehörde,
einen öffentlichen Weg einzuziehen oder zu verlegen, gemäß § 57 des
Zuständigkeitsgesetzes vom 1. August 1883 Einspruch und nötigenfalls
Klage im Verwaltungsstreitverfahren zulässig.

[10]) So bedarf es zB. nach dem Pr. Enteignungsgesetze vom
11. Juni 1874 § 3 zur Erweiterung und Geradelegung öffentlicher
Wege sowie zur Umwandlung von Privatwegen in öffentliche nicht
der sonst die Enteignung einleitenden Königlichen Verordnung; vielmehr
genügt Genehmigung des Bezirksausschusses, sofern das in Anspruch
genommene Grundeigentum außerhalb der Städte und Dörfer belegen
und nicht mit Gebäuden besetzt ist (II, 530[6]). Über die Entnahme
von Wegebaumaterialien vgl. Enteignungsgesetz §§ 50 ff. Ebenso findet
sich ein vereinfachtes Verfahren im sog. Fluchtliniengesetz vom 2. Juli
1875 (PrG. betreffend die Anlegung und Veränderung von Straßen
und Plätzen in Städten und ländlichen Ortschaften). Danach werden
die Straßenzüge (Straßenfluchtlinien, die regelmäßig, aber nicht
notwendig, zB. bei Freilassung von Vorgärten, mit den Baufluch t=
linien, d. h. den Grenzen, über die hinaus eine Bebauung aus=

Feststellung, ob ein Weg ein öffentlicher oder privater ist, kann wegen des obwaltenden öffentlichen Interesses unmittelbar nur im Verwaltungswege (Verwaltungsstreitverfahren, vgl. Pr. Zuständigkeitsgesetz vom 1. August 1883 § 56) erfolgen. Gelegentlich eines Civilprozesses (z.B. im Falle der actio negatoria des Eigentümers eines angeblichen Privatwegs gegen einen diesen Weg als öffentlichen Benutzenden) oder eines Strafverfahrens (auf Grund des StGB. §§ 366 [2. 3. 5. 8] oder 368 [9]) kann mittelbar (inzidenter I, 516) eine solche Entscheidung, freilich ohne an der Rechtskraft teilzunehmen, auch von den Gerichten erfolgen. Gemäß § 148 CPO., § 261 StPO. können die Gerichte unter Aussetzung des Verfahrens allerdings auch die Entscheidung der Verwaltungsbehörde abwarten.

Denselben Grundsätzen wie die öffentlichen Wege unterliegen die öffentlichen Brücken.

Die Benutzung der öffentlichen Wege für die Zwecke des Telegraphenwesens ist reichsgesetzlich geordnet durch das Telegraphenwegegesetz vom 18. Dezember 1899.

---

geschlossen ist, zusammenfallen) und die Bebauungspläne für größere Flächen vom Gemeindevorstande (Magistrat) im Einverständnisse mit der Gemeinde (Gemeindevertretung, Stadtverordnetenversammlung, I, 72[2]) unter Zustimmung der Ortspolizeibehörde festgesetzt. In Berlin, Potsdam, Charlottenburg bedarf es dazu Königlicher Genehmigung. Gegen den offenzulegenden Plan finden binnen einer Frist von mindestens 4 Wochen Einwendungen statt, über welche der Kreisausschuß, in Städten mit mehr als 10 000 Einwohnern der Bezirksausschuß, in Berlin der Minister der öffentlichen Arbeiten entscheidet. Von der Offenlegung des Plans an kann den Grundeigentümer die Vornahme von Neu-, Um- und Ausbauten über die Fluchtlinie versagt werden. Gleichzeitig erhält die Gemeinde das Recht, die durch die festgesetzten Straßenfluchtlinien für Straßen und Plätze bestimmten Grundflächen gegen Entschädigung dem Eigentümer zu entziehen. Im übrigen wird der Eigentümer durch die in Folge der Änderung der Straßenbaufluchtlinie eintretenden Erschwerungen in der Bebauungsfähigkeit nur entschädigt, wenn die Baustelle noch an eine andere fertige Straße grenzt und die Bebauung in der Fluchtlinie der neuen Straße erfolgt (§ 13).

β. Gewässer.

Wie S. 307 dargelegt, ist die Wasserwelle (aqua profluens) als solche herrenlos. Hier sind jedoch nicht die Rechtsverhältnisse des fließenden Wassers, sondern diejenigen des Raums zu behandeln, der dem Wasser als Bett dient. In dieser Beziehung ist zwischen den öffentlichen, dem Gemeingebrauch unterliegenden und den privaten Binnengewässern zu unterscheiden, über welche Einzelnen die ausschließliche Verfügung zusteht. Das Wasserrecht ist durch EGBGB. Art. 65 der landesgesetzlichen Regelung überlassen worden, so daß die Bestimmungen des Gemeinen und französischen Rechts sowie des ALR. und sonstiger Partikulargesetze in Geltung geblieben sind (AGBGB. Art. 89), vgl. z.B. für Preußen das für die ganze Monarchie geltende Gesetz vom 28. Februar 1843 über die Benutzung der Privatflüsse, sowie das Gesetz vom 1. April 1879 betr. die Bildung von Wassergenossenschaften. Eine Kodifikation des Wasserrechts wird in Preußen vorbereitet.

Bezüglich der Frage, welche Gewässer zu den öffentlichen und welche zu den privaten zu rechnen sind, ist die römische Auffassung von der deutschen, die als die gemeinrechtliche anzusehen und auch in das ALR. (I, 9 §§ 98 ff., II, 14 § 21, II, 15 §§ 38 ff.) aufgenommen ist, grundsätzlich verschieden. Beide Rechte stimmen allerdings darin überein, daß Quellen und Brunnen Bestandteile des Grundstücks sind, auf dem sie sich befinden, und daß ebenso Teiche und Seeen gleich anderen körperlichen Sachen im Privateigentume stehen. Bezüglich der Flüsse (im weiteren Sinne) dagegen, d. h. der in natürlichen Rinnsalen frei abfließenden Gewässer, die nach ihrer Wassermenge als Bäche[11]), Flüsse und Ströme unterschieden zu werden

---

[11]) Ulpian. l. 1 § 1 de fluminibus 43, 12: Flumen a rivo magnitudine discernendum est aut existimatione circumcolentium. Eine verschiedene rechtliche Behandlung wurde durch diese Unterscheidung nicht herbeigeführt. Bei der Rezeption wurde anfänglich urteilslos das römische Unterscheidungsmerkmal als maßgebend erachtet.

pflegen, sieht das römische Recht, entsprechend der für ein
südliches Klima besonders erheblichen Benutzung derselben
zur Bewässerung, das Unterscheidungsmerkmal zwischen
öffentlichen und privaten darin, ob sie ständig Wasser haben
(öffentliche Flüsse; flumen quod perenne est, l. 1 § 3 D.
43, 12) oder zeitweilig austrocknen (Privatflüsse; flumina torrentia). Das der deutschen Auffassung
folgende moderne Recht legt dagegen den Schwerpunkt auf
die Benutzung der Flüsse als Verkehrswege und zählt zu
den öffentlichen Flüssen nur die schiff- und flößbaren
(vgl. II, 64⁹; Code civil art. 538: fleuves et rivières
navigables ou flottables; Const. de regalibus: Flumina
navigabilia et ex quibus fiunt navigabilia), zu den
Privatflüssen diejenigen, die mit Schiffen oder verbundenen
Flößen nicht befahrbar sind. Der Sachsenspiegel (II. Buch)
28 § 4: Swilch wazzer strâmez vlûzet — stromweis
fließt — daz is gemeine zu varende und zu vischende
inne) kennt diese Unterscheidung noch nicht. Ob auch die
nichtschiffbaren Teile und die Nebenflüsse eines stromab-
wärts schiffbar werdenden Flusses sowie dessen nicht schiff-
bare Nebenarme öffentlich seien, ist bestritten, vom Obertribunal für das ALR. verneint worden.

a. Öffentliche Flüsse.

Was die Rechtsverhältnisse der öffentlichen
Flüsse betrifft, so steht deren Eigentum nach der herrschenden Meinung¹²) dem Staate zu (ALR. II, 14 § 21:

Hierbei gerieten bei den gänzlich verschiedenen klimatischen Verhältnissen
eine große Anzahl unzweifelhaft im Privateigentume stehender Gewässer
unter den Begriff der öffentlichen Flüsse. Um dies Mißverhältnis zu
beseitigen, schied man die Bäche aus und behandelte sie als stets im
Privateigentume stehende Gewässer.

¹²) Die für alle res publicae (S. 312⁷) streitige Frage, ob der
Staat Eigentümer ist, oder ob sie res nullius sind und dem Staate
nur ein Hoheitsrecht zusteht, ist für die öffentlichen Flüsse deshalb besonders zweifelhaft, weil das verlassene Flußbett (alveus derelictus)
und die neu entstandene Insel (insula in flumine nata) nach römischem
Rechte (§§ 22—24 J. 2, 1) und mangels abweichender Provinzial-
gesetze (ALR. I, 9 §§ 244, 270) auch nach ALR. nicht dem Staate,
sondern den Anliegern zufallen, vgl. S. 320.

„gemeines Eigentum des Staates"). Dies Eigentum ist jedoch durch den Gemeingebrauch sowohl, als durch die besonderen Rechte der Uferanlieger sehr beschränkt. Der Gemeingebrauch am öffentlichen Flusse besteht, abgesehen von dem schon oben S. 307 erwähnten Gebrauche der Wasserwelle als solcher zum Schöpfen, Baden, Trinken, Waschen, vor allem in der Benutzung zum Schiffen und Flößen[13]) sowie zum Ableiten der Abwässer. Streitig (vom Reichsgerichte bejaht, ERG. 4, 258) ist die Frage, ob der Gemeingebrauch sich auch auf Entnahme von Steinen und Kies aus dem Flußbett und auf die Eisgewinnung erstreckt. Jeder weitere Gebrauch des öffentlichen Flusses, zB. die Wasserjagd, die ehemals regale Fischerei („piscationum redditus", II, 64[10]), die Errichtung von öffentlichen Fähren, von Wasserleitungen und Triebwerken bedarf staatlicher Verleihung. Außerdem kann der Staat aus polizeilichen Rücksichten (Wasserpolizei) zwecks Erhaltung der Wasserstraße und Verhütung von Überschwemmungen auch den Gemeingebrauch entsprechend ordnen und beschränken.

Der Fluß setzt sich aus dem Bett (alveus), dem Wassergerinne (fluor aquae) und den einschließenden Ufern (ripae), d. h. dem Lande zwischen dem normalen und dem höchsten Wasserstande, zusammen. Die Ufer stehen im Privateigentume der Anlieger; diese müssen aber einen beschränkten Gemeingebrauch der Ufer, besonders deren Benutzung zum Anlegen und als Leinpfad zum Treideln (Schiffsziehen) gestatten. Dagegen braucht kein Anlieger

---

[13]) Hierbei ist zu unterscheiden das Flößen mit verbundenen Hölzern (jus ratium) und die Wildflößerei mit unverbundenem Holz (jus grutiae). Die Binnenschiffahrt und die Flößerei sind reichsrechtlich geordnet durch RV. Art. 54 (Abgaben nur für die Benutzung besonderer Anlagen), Bundes- (jetzt Reichs-) Gesetz vom 1. Juni 1870 über die Abgaben von der Flößerei, sowie die Reichsgesetze vom 15. Juni 1895 betreffend die privatrechtlichen Verhältnisse der Flößerei und der Binnenschiffahrt (Neufassung vom 20. Mai 1898). Besondere Vorschriften bestehen für die mehreren Staaten gemeinsamen Ströme, vgl. zB. Revidierte Rheinschiffahrtsakte vom 17. Oktober 1868, Elbschiffahrtsakte vom 23. Juni 1821, Kongoakte von 1885.

fremde Personen über sein Grundstück gehen zu lassen,
um ihnen den Gemeingebrauch, zB. die Wasserentnahme,
zu ermöglichen; vielmehr ist er hierzu nur beim Vorhandensein einer Wasserservitut (servitus aquae haustus
und pecoris ad aquam appulsus) verpflichtet. Wohl
aber unterliegen auch die Uferanlieger den Maßnahmen
der Strompolizei, worüber in Preußen das „Gesetz vom
20. August 1883 betreffend die Befugnisse der Strom-
bauverwaltung gegenüber den Uferbesitzern an öffentlichen
Flüssen" ergangen ist. Gemäß § 1 entscheidet über die
Schiffbarkeit der Oberpräsident mit Ausschluß des
Rechtswegs, jedoch vorbehaltlich des Rekurses an den
Minister.

Besondere Vorschriften regeln die durch Naturereignisse
hervorgerufenen Veränderungen in und am Flußbette.
Gemäß EGBGB. Art. 65 sind derartige landesgesetzliche
Vorschriften unberührt geblieben, wie überhaupt das Wasserrecht reichsrechtlich nicht geordnet ist.

Allmähliche Anschwemmungen (alluvio) wachsen
sowohl nach Gemeinem Recht als nach ALR. (I, 9
§§ 225 ff.) von selbst, also ohne Besitzergreifung, den
Ufergrundstücken zu.

Abgerissenes Land (avulsio) erwirbt der Ufer-
besitzer, an dessen Grundstück es antreibt, nach Gemeinem Rechte mit dem Augenblicke der Verwachsung mit
dem Ufer (l. 7 § 2 D. de adquirendo rerum dominio 41, 1);
nach ALR. I, 9 §§ 223 ff. dagegen erst durch Besitzergreifung nach Ablauf eines Jahrs. Vor der Verwachsung oder Besitzergreifung hat der vorige Eigentümer
die rei vindicatio.

Das infolge einer Änderung des Flußlaufs verlassene Flußbett (alveus derelictus) und die im
Flußbett entstehende Insel (insula in flumine nata)
fallen nach Gemeinem Rechte den Uferanliegern bis zur
Mittellinie und in der Längsausdehnung ihrer Grundstücke
von selbst zu (l. 7 § 3 D. 41, 1). Nach Preußischem
Recht (ALR. I, 9 §§ 242 ff., 263 ff.) erhalten die Uferanlieger das Flußbett und die Insel auf Grund einer

Besitzergreifung, sofern nicht nach Provinzialgesetzen der Staat als Eigentümer des Flußbetts gilt [14]). Ebenso wie bei Verlegung öffentlicher Wege (S. 314, 315) ist für die Veränderung der öffentlichen Wasserstraßen die Entschädigungspflicht des Staats gemeinrechtlich bestritten. Im ALR. II, 15 § 71 ist sie anerkannt.

b. Privatflüsse.

Privatflüsse stehen zwar im Eigentume (communio pro diviso) der Uferanlieger in der Längsausdehnung ihrer Grundstücke und bis zur Mittellinie, so daß die Jagd und Fischerei, die Stein- und Eisgewinnung, die Nutzung der Wasserkraft und der Wasserwelle den Anliegern für ihre Parzellen zustehen. Aber kein Anlieger darf sein Nutzungsrecht in einer das Nutzungsrecht der übrigen Berechtigten beeinträchtigenden Weise ausüben. In Preußen bestimmen sich die gegenseitigen Rechte der Uferanlieger nach dem Gesetze vom 28. Februar 1843 über die Benutzung der Privatflüsse. Hiernach (§§ 1, 13 ff.) ist zwar jeder Anlieger zur Benutzung der halben Wasserwelle befugt, er darf aber keinen Rückstau vornehmen und muß das zwecks Bewässerung oder für Betriebszwecke abgeleitete Wasser noch innerhalb seiner Uferstrecke dem Flusse wieder zuführen, soweit es nicht verbraucht ist. Gemäß dem Gesetze vom 1. April 1879 betr. die Bildung von Wassergenossenschaften können Genossenschaften für

---

[14]) Das ALR. I, 9 § 242 kennzeichnet als Insel eine Erderhöhung in dem Flußbett eines Stroms, die bei gewöhnlichem Wasserstande mit einem gemeinen Fischernachen umfahren werden kann. Streitig ist für das Gemeine Recht, in welcher Weise bei nicht parallelen Ufern die Teilung des verlassenen Flußbetts und der Insel vorzunehmen ist. Nach der einen Meinung wächst jeder Teil dem nächstbelegenen Ufer zu. Nach der herrschenden, auch in das ALR. I, 9 §§ 247 ff., 265 aufgenommenen Meinung wird eine Mittellinie gezogen und der Anteil der Ufernachbarn durch Senkrechte bestimmt, die von den Grenzpunkten der Grundstücke auf diese Mittellinie gefällt werden. Nach früherem rR. wuchsen die oben besprochenen Accessionen nur den Besitzern von agri arcifinii (I, 70[1]), nicht denen von agri limitati zu; vgl. unten S. 330[1].

Wasserkulturzwecke (Bewässerung, Entwässerung, Uferschutz, Wasserstraßen) entweder durch Vertrag, sog. freie Ge= nossenschaften, oder durch Beschluß der Staatsbehörden, sog. öffentliche Genossenschaften, gebildet werden; oben S. 218.

γ. Eisenbahnen.

Die wichtigsten Verkehrsstraßen der Gegenwart sind die Eisenbahnen. Sie sind wegen der Eigenart ihres Betriebs und des öffentlichen Interesses an dessen un= gestörter Aufrechterhaltung vielfach besonderen Regeln unterworfen. Eisenbahnrecht ist der Inbegriff der für die Anlage und den Betrieb von Eisenbahnen sowie die Beförderung auf ihnen bestehenden Rechtsnormen.

Eisenbahnen, d. h. Verkehrswege, bei denen die zur Beförderung dienenden Mittel auf Eisen laufen, waren, insbesondere in den englischen Bergwerken, schon seit 1767 in Gebrauch, erhielten Bedeutung für den öffentlichen Ver= kehr jedoch erst durch die Erfindung der Lokomotiven (Stephenson 1814). Die ersten dem öffentlichen Verkehre dienenden Eisenbahnen in Deutschland waren die Nürnberg= Fürther (1835), die Leipzig=Dresdener (1837) und die Berlin=Potsdamer (1838). Die ersten Eisenbahnen waren Privatunternehmungen. Bald aber traten auch die Staaten als Eisenbahnunternehmer auf, und in den letzten Jahr= zehnten haben, so besonders auch in Preußen seit 1879, umfassende „Verstaatlichungen" d. h. Ankäufe von Privatbahnen durch den Fiskus, stattgefunden. Reichs= eisenbahnen giebt es nur in Elsaß=Lothringen (Reichsamt für die Verwaltung der Reichseisenbahnen). Über die übrigen Bahnen steht dem Reiche die Aufsicht zu (Reichseisenbahn= amt II, 213).

Die Eigentümlichkeit des neuen Verkehrsmittels er= forderte von vornherein seine Unterstellung unter besondere Rechtsnormen. Von vorbildlicher Bedeutung wurde hier= bei das Preußische Gesetz über die Eisenbahnunter= nehmungen vom 3. November 1838.*) Es ist in ein= zelnen Punkten noch heute in Kraft, so z.B. hinsichtlich der

Konzessionen und der in § 25 ausgesprochenen Haftung des Betriebsunternehmers für den gelegentlich des Betriebs an Sachen entstehenden Schaden, auf den das Reichshaftpflichtgesetz sich nicht erstreckt (vgl. unten S. 327). In anderen Beziehungen hat es die Grundlage für die spätere Rechtsentwickelung gebildet. So sind die Vorschriften des Pr. Eisenbahngesetzes über die Bildung von Aktiengesellschaften durch das HGB. (S. 178²), über die Verleihung des Enteignungsrechts durch das Preußische Enteignungsgesetz vom 11. Juni 1874 (II, 530), über die Haftpflicht für die Schäden, welche Personen treffen, durch das Reichshaftpflichtgesetz vom 7. Juni 1871 (S. 327) ersetzt worden. Durch Art. 42 EGBGB. ist das Reichshaftpflichtgesetz vom 1. 1. 1900 an mehrfach geändert worden. Gemäß Art. 105 EGBGB. sind dagegen die landesgesetzlichen Bestimmungen vom BGB. unberührt geblieben, nach denen der Betriebsunternehmer für einen aus dem Betrieb entstehenden Schaden in weiterem Umfang als nach BGB. verantwortlich ist (also auch der erwähnte § 25 des Pr. Eisenbahngesetzes vom 3. November 1838, unten S. 327).

Durch Art. 4⁸ RV. ist die Regelung des Eisenbahnwesens der Reichsgesetzgebung zugewiesen, für Bayern jedoch nur hinsichtlich der für die Landesverteidigung wichtigen Eisenbahnlinien (vgl. über dies Reservatrecht RV. Art. 4⁸ und 46; II, 166²).

a. Anlage und Betrieb.

1) Für die Anlage von Eisenbahnen ist die Konzession einer Staatsbehörde erforderlich. In Preußen wird sie für Haupteisenbahnen gemäß dem Eisenbahngesetze vom 3. November 1838 vom Handelsminister, für Kleinbahnen (d. h. solche dem öffentlichen Verkehre dienenden Eisenbahnen, die hauptsächlich den Verkehr innerhalb eines Gemeindebezirks oder benachbarter Gemeindebezirke vermitteln oder die nicht mit Lokomotiven betrieben werden; Sekundär- und Tertiärbahnen, auch Pferde- und Straßenbahnen) sowie Privatanschlußbahnen gemäß § 3 des

PrG. vom 28. Juli 1892 „über Kleinbahnen und Privat=
anschlußbahnen" regelmäßig vom Regierungs=, in Berlin
vom Polizeipräsidenten erteilt. Die Eisenbahnen entrichten
nur Eisenbahnabgaben, unterliegen aber nicht der Ge=
werbesteuer (Pr. Gewerbesteuergesetz vom 24. Mai 1891
§ 4⁶). Gemäß Art. 41 RV. können „Eisenbahnen, welche
im Interesse der Verteidigung Deutschlands oder im In=
teresse des gemeinsamen Verkehrs für notwendig erachtet
werden, kraft eines Reichsgesetzes auch gegen den Wider=
spruch der Bundesglieder, deren Gebiet die Eisenbahnen
durchschneiden, unbeschadet der Landeshoheitsrechte, für
Rechnung des Reichs angelegt oder an Privatunternehmer
zur Ausführung konzessioniert und mit dem Expropriations=
recht ausgestattet werden" (II, 530⁷).

2) Für den Betrieb¹⁵) sind einzelne grundlegende
Vorschriften in RV. Art. 42—44 enthalten. Auf Grund
derselben sind vom Reichskanzler nach Beschlüssen des
Bundesrats erlassen: Betriebsordnung, Signalordnung
und Normen für den Bau und die Ausrüstung der Haupt=
eisenbahnen Deutschlands vom 5. Juli 1892. Die Wahr=
nehmung der dem Reiche durch die Reichsverfassung zu=
gewiesenen Rechte geschieht durch das dem Reichskanzler
unterstehende Reichseisenbahnamt in Berlin (II, 213).

Die Verwaltung der Staatseisenbahnen in Preußen
geschieht gemäß einer durch Allerhöchsten Erlaß vom

---

¹⁵) Die Sicherheit des Eisenbahnbetriebs ist durch besondere
Strafvorschriften geschützt. Nach StGB. §§ 315, 316 ist die vorsätzliche
und fahrlässige Transportgefährdung als „gemeingefährliches Verbrechen
und Vergehen" strafbar. Die Praxis rechnet zu den Eisenbahnen im
Sinne der §§ 315 ff. StGB. zwar nicht Pferdeeisenbahnen, aber
sonstige mit elementarer Kraft (Dampf, Elektrizität) betriebenen Straßen=
bahnen. Bei der in neuester Zeit steigenden Bedeutung der Straßen=
bahnen sind die Gerichte außerordentlich häufig mit Anklagen wegen
Transportgefährdung befaßt gewesen, und es mußte auch bei Fahr=
lässigkeit stets auf Gefängnis erkannt werden, was mit der vielfachen
Geringfügigkeit der Delikte in keinem Verhältnisse stand. Durch RG.
vom 27. Dezember 1899 ist daher in StGB. § 316 Abs. 1 hinter
„mit Gefängnis bis zu einem Jahre" eingeschoben worden: „oder mit
Geldstrafe bis zu 900 M.".

15. Dezember 1894 verkündeten „Verwaltungsordnung für die Staatseisenbahnen" unter der Leitung des Ministers der öffentlichen Arbeiten durch 20 Eisenbahndirektionen, die also zB. bei Haftpflichtprozessen (s. u.) zur Vertretung des Fiskus im Sinne des § 18 CPO. berufen sind (oben S. 201 [5]).

Um Betriebsstörungen, wie sie gelegentlich der „Österreichischen Kuponprozesse" (S. 81 [5]) vorkamen, vorzubeugen, ist durch RG. vom 3. Mai 1886 „betreffend die Unzulässigkeit der Pfändung von Eisenbahnfahrbetriebsmitteln" die Unpfändbarkeit der Fahrbetriebsmittel inländischer und — bei verbürgter Gegenseitigkeit — auch ausländischer Eisenbahnen festgestellt. Weitergehende Vollstreckungsbeschränkungen bestehen in Preußen gemäß dem Preußischen Gesetze vom 19. August 1895 „betreffend das Pfandrecht an Privateisenbahnen und Kleinbahnen und die Zwangsvollstreckung in dieselben". Nach diesem Gesetze bilden Privateisenbahnen und Kleinbahnen mit den dem Bahnunternehmen gewidmeten Vermögenswerten eine Einheit (Bahneinheit) und einen Gegenstand des unbeweglichen Vermögens. Diese Bahnunternehmungen können wie Grundstücke in Bahngrundbücher eingetragen und mit Hypotheken und Grundschulden (Bahnpfandschulden) belastet werden, die sogar ohne Bezeichnung eines Gläubigers in das Bahngrundbuch eingetragen werden können, sofern die Schuld in Teilschuldverschreibungen auf den Inhaber zerlegt ist. Die Zwangsvollstreckung in die Bahneinheit folgt den Regeln über die Zwangsvollstreckung in das unbewegliche Vermögen. In einzelne zur Bahneinheit gehörende Gegenstände findet dagegen eine Zwangsvollstreckung nur statt, falls die Bahnaufsichtsbehörde bescheinigt, daß die Vollstreckung mit dem Betriebe des Bahnunternehmens vereinbar ist. Diese landesgesetzlichen Bestimmungen sind gemäß § 871 CPO. unberührt geblieben.

b. Beförderung.

Auch für die Beförderung auf den Eisenbahnen gelten einzelne besondere Vorschriften, deren Grund in dem sog.

thatsächlichen Monopole der Eisenbahnen liegt, d. h.
in dem Umstande, daß das Publikum regelmäßig zur Be=
nutzung einer gewissen Bahnstrecke mangels anderer gleich=
wertiger Verkehrswege genötigt ist. Der die Eisenbahn=
beförderung beherrschende wesentliche Grundsatz geht des=
halb dahin, daß die Benutzung der Bahn regelmäßig
jedermann freisteht und nur unter besonders bezeichneten
Umständen verweigert oder erschwert werden kann, und
daß die Beförderung nach festen, ihrer Höhe nach der
staatlichen Aufsicht unterliegenden Tarifsätzen zu erfolgen
hat. Auf Grund des Art. 45 der RV. ist an Stelle der
„Verkehrsordnung für die Eisenbahnen Deutschlands
vom 15. November 1892" gemäß Beschluß des Bundes=
rats die Eisenbahnverkehrsordnung vom 26. Oktober
1899 veröffentlicht worden, die seit dem 1. Januar 1900 gilt.

Die Beförderung von Personen und Gütern durch
eine Eisenbahn erfolgt auf Grund eines von dem die Be=
förderung Veranlassenden mit dem Eisenbahnbetriebsunter=
nehmer geschlossenen Frachtvertrags (Werkverdingung,
locatio conductio operis). Für diesen Frachtvertrag galten
vor 1900 mangels besonderer Abmachung im einzelnen
Falle die Vorschriften der Verkehrsordnung vom 15. No=
vember 1892 und etwaiger besonderer Betriebsreglements
als vereinbart (leges contractus, I, 67⁵). Diese Vor=
schriften waren also Vertragsbestimmungen, nicht Rechts=
normen; auf ihre Verletzung konnte daher eine Revision
nicht gestützt werden (I, 499). Dagegen ist durch § 454
des neuen Handelsgesetzbuchs die Eisenbahnverkehrsordnung
vom 26. Oktober 1899 zu einer Rechtsverordnung
erhoben. Sie enthält also objektives Recht, findet auch
ohne besondere Abmachung Anwendung und auf Verletzung
ihrer Bestimmungen kann das Rechtsmittel der Revision
gestützt werden.

Die Eigentümlichkeit des bei der Benutzung einer
Eisenbahn geschlossenen Frachtvertrags liegt, abgesehen von
dem dem Betriebsunternehmer in bestimmten Grenzen ob=
liegenden Beförderungszwange (vgl. betreffs des Güter=
transports auch HGB. § 453 und Eisenbahnverkehrs=

ordnung § 49), in der vertragsmäßig regelmäßig nicht auszuschließenden weitgehenden Haftung des Eisenbahn= betriebsunternehmers für die gelegentlich der Beförderung vorkommenden Schäden.

Betreffs der Personen bestimmt § 1 des Reichs= haftpflichtgesetzes vom 7. Juni 1871: „Wenn bei dem Betrieb einer Eisenbahn ein Mensch getötet oder körper= lich verletzt wird, so haftet der Betriebsunternehmer für den dadurch entstandenen Schaden, sofern er nicht beweist, daß der Unfall durch höhere Gewalt oder durch eigenes Verschulden des Getöteten oder Verletzten verursacht ist." Betreffs der Sachen ist der gleiche Grundsatz der „Haftung bis zur höheren Gewalt" enthalten:

1) soweit es sich um Beförderung von Gütern auf Grund von Frachtverträgen handelt,

in BGB. § 456;

2) soweit es sich um Beschädigung anderer Sachen (insbesondere in Folge von Überfahren usw.) handelt,

in dem — gemäß Art. 105 EGBGB. in Geltung ge= bliebenen — § 25 des preußischen Eisenbahngesetzes vom 3. November 1838 (oben S. 323).

Der Grund dieser die Haftung des gewöhnlichen Frachtführers [16]) ausdehnenden Vorschriften ist in der be= sonderen Gefährlichkeit des Eisenbahnbetriebs zu finden.

Für die Beförderung der Postsendungen mittels der Bahn gilt das RG. vom 20. Dezember 1875 (Eisenbahn=

---

[16]) Während § 429 des neuen HGB. die in Art. 395 des alten HGB. ausgesprochene Haftung des Frachtführers bis zur höheren Ge= walt dahin gemildert hat, daß der Frachtführer nur für die Sorgfalt eines ordentlichen Frachtführers haftet, deren Anwendung er aber be= weisen muß, haftet die Eisenbahn als Frachtführer nach wie vor bis zur höheren Gewalt. Sie wird von der Haftung nur durch den Nach= weis befreit, „daß der Schaden durch ein Verschulden oder eine nicht von der Eisenbahn verschuldete Anweisung des Verfügungsberechtigten, durch höhere Gewalt, durch äußerlich nicht erkennbare Mängel der Verpackung oder durch die natürliche Beschaffenheit des Guts, namentlich durch inneren Verderb, Schwinden, gewöhnliche Leckage, verursacht ist" (HGB. § 456).

postgesetz), für die Beförderung des Militärs die auf
Grund des RG. vom 13. Juni 1873 „über die Kriegs=
leistung" vom Kaiser erlassene Kriegstransportordnung vom
26. Januar 1887 sowie die auf Grund des RG. vom
13. Februar 1875 (Neufassung vom 24. Mai 1898) „über
die Naturalleistungen für die bewaffnete Macht im Frieden"
vom Kaiser erlassene Friedenstransportordnung vom
11. Februar 1888.

III. Verkehrsunfähigkeit kraft Gesetzes.

Unrechtmäßig erlangte Sachen (res furtivae et vi
possessae) waren nach rR. in ihrer Verkehrsfähigkeit be=
hindert, ohne sie ganz einzubüßen. Sie konnten zB. nicht
ersessen werden. Derartige Behinderungen finden sich auch
im BGB.; vgl. §§ 935, 1006, 1007 sowie II, 596. Über
res litigiosae vgl. I, 326, über die Minderung der Ver=
kehrsfähigkeit durch gesetzliche Veräußerungsverbote unten
§ 44c. Nach römischem Rechte war ferner an gewissen
gemeingefährlichen Sachen, zB. Giften und verbotenen
Büchern, Eigentum und Rechtsverkehr ausdrücklich aus=
geschlossen (l. 4 § 1 D. fam. erciscundae 10, 2). Das
moderne Recht entzieht ebenfalls gewisse Sachen unter
bestimmten, meist durch eine Behörde festzustellenden Vor=
aussetzungen zwar nicht dem Sondereigentum, aber dem
freien Verkehre[17]).

---

[17]) Hierher gehören u. a. folgende reichsgesetzliche Bestimmungen:
a. Nach § 2 des RG. vom 7. April 1869 Maßregeln gegen
die Rinderpest betreffend, §§ 24, 37 des RG. vom 1. Mai 1894
(früher 23. Juni 1880) betreffend die Abwehr und Unterdrückung von
Viehseuchen, § 2 des RG. vom 6. März 1875 Maßregeln gegen
die Reblauskrankheit betreffend sowie § 3 des RG. vom 3. Juli
1883 betreffend die Abwehr und die Unterdrückung der Reblauskrankheit:
können Tiere und Pflanzen, die von den in diesen Gesetzen behandelten
Krankheiten befallen oder derselben verdächtig sind, von Amtswegen ver=
nichtet werden (also eine Art von Enteignung).
b. Nach § 10 des RG. vom 3. Juli 1878 betreffend den
Spielkartenstempel unterliegen ungestempelte Spielkarten der
Einziehung.

§ 30. Bewegliche und unbewegliche Sachen.

a. Begriff.

Eine körperliche Sache ist beweglich (Mobilie),
wenn sie ohne Änderung ihres Wesens einem Ortswechsel
unterworfen werden kann, unbeweglich (Immobilie),
wenn dies nicht möglich ist.

c. Nach §§ 1, 2 des RG. vom 8. Juni 1871, betreffend die
Inhaberpapiere mit Prämie, dürfen im Inland Inhaberpapiere
mit Prämie nur auf Grund eines Reichsgesetzes und nur zum Zweck
einer Anleihe des Reichs oder eines Bundesstaats ausgegeben und
ausländische Inhaberpapiere mit Prämie zum Gegenstand eines in=
ländischen Börsengeschäfts nur gemacht werden, falls sie vor dem
1. Mai 1871 ausgegeben und im Inland abgestempelt sind.

d. Nach § 14 des RG. vom 7. Mai 1874 über die Presse
kann nach zweimaliger Verurteilung einer ausländischen periodischen
Zeitschrift innerhalb Jahresfrist auf Grund der §§ 41, 42 StGB.
deren fernere Verbreitung im Inlande bis zu 2 Jahren vom Reichs=
kanzler verboten werden.

e. Nach §§ 5, 6 des RG. vom 14. Mai 1879 betreffend den
Verkehr mit Nahrungsmitteln, Genußmitteln und Gebrauchs=
gegenständen können für solche Sachen Kaiserliche Verordnung
Verkehrsbeschränkungen oder =verbote angeordnet werden.

f. Nach § 1 des RG. vom 9. Juni 1884 gegen den verbrecherischen
und gemeingefährlichen Gebrauch von Sprengstoffen (Dynamitgesetz)
ist die Herstellung, der Vertrieb, der Besitz und die Einführung von
Sprengstoffen nur mit polizeilicher Genehmigung zulässig.

Vgl. ferner StGB. §§ 40, 41 (Einziehung von sceleris instru=
menta und scelere producta), 152, 295, 296a, 360 Abs. 2, 367
Abs. 2; RG. vom 11. Juni 1870 über das Urheberrecht an Schrift=
werken §§ 21, 25 (Einziehung von Nachdrucksexemplaren und Vor=
richtungen, oben S. 262), RG. vom 12. Mai 1894 zum Schutze der
Warenbezeichnungen §§ 17, 22. Vgl. endlich noch §§ 43, 56 des
Reichsbankgesetzes vom 14. März 1875, wonach die Braunschweigischen
Banknoten zu Zahlungen außerhalb Braunschweigs nicht verwendet
werden dürfen (unten § 34 b), und für Preußen das Gesetz vom 29. Juli
1885 betreffend das Spiel in außerpreußischen Lotterien § 2, wonach
der Vertrieb von Losen einer außerpreußischen Lotterie, „die nicht in
Königlicher Genehmigung in Preußen zugelassen ist", verboten und mit
Geldstrafe bis zu 1500 Mk. bedroht ist. Über die fortdauernde Gültig=
keit dieses Gesetzes gegenüber EGStGB. § 2 (wegen StGB. §§ 284
bis 286, vgl. I, 104³) und gegenüber BGB. § 763 ist im Recht der
Schuldverhältnisse zu sprechen.

Unbeweglich sind die Grundstücke (fundi, praedia), d. h. abgegrenzte Stücke der Erdoberfläche (solum), sowie die res soli, d. h. die mit dem Grundstücke fest verbundenen und damit (BGB. § 94, oben S. 294) zu Bestandteilen gewordenen ehemaligen Mobilien, besonders die Gebäude, endlich die Zubehörstücke eines Grundstücks, sofern sie als solche, nicht als selbständige Sachen in Betracht kommen (S. 296). Die Römer teilten die Grundstücke nach ihrer wirtschaftlichen Bestimmung (nicht etwa nach ihrer Lage) ein: in praedia urbana (Gebäudegrundstücke, zB. auch eine auf dem Lande belegene Villa) und praedia rustica (landwirtschaftliche Grundstücke, zB. auch ein in der Stadt belegener Acker). Unter praedia suburbana verstanden sie zur Landwirtschaft bestimmte, aber in der Nähe einer Stadt belegene Grundstücke[1]).

---

[1]) Diese für das römische Recht besonders betreffs der Grundbdienstbarkeiten wichtige Unterscheidung (servitutes praediorum urbanorum, zB. servitus stillicidii, ne prospectui officiatur; und servitutes praediorum rusticorum, zB. iter, actus, via, aquaeductus) hat auch für das BGB. rechtliche Bedeutung behalten; vgl. zB. über Gebäude §§ 94 (Bestandteile), 98 (Zubehör), 1128 (Zahlung der Brandentschädigung). Die praedia rustica unterscheidet das BGB. in Landgüter, d. h. auf dem Lande belegene, ein wirtschaftliches Ganzes bildende Flächen zum Betriebe der Viehzucht, der Landwirtschaft und deren Nebengewerbe (Brennerei, Brauerei) und landwirtschaftliche (d. h. zur Fruchtziehung bestimmte) Grundstücke (Äcker, Wiesen). Über Landgüter vgl. BGB. §§ 98 (Zubehör), 593 ff. (Pacht), 1055 (Nießbrauch), 1822⁴ (Genehmigung des Vormundschaftsgerichts zu einem vom Vormunde geschlossenen Pachtvertrag), 2049, 2312 (testamentarische Zuweisung an einen Miterben), 2130 (Herausgabe an einen Nacherben); über landwirtschaftliche Grundstücke vgl. BGB. §§ 582 ff. (Pacht), 998 (Herausgabe seitens des Besitzers), 1055 (Nießbrauch), 1421 (Herausgabe durch den Ehemann); vgl. §§ 1663 und 2130. Das ALR. verstand unter „Landgut" regelmäßig (vgl. I, 2 § 48) ein der Landwirtschaft und Viehzucht gewidmetes Grundstück. Im Sinne der Landgüterordnungen (II, 631⁴) ist Landgut eine zum Betriebe der Land- oder Forstwirtschaft bestimmte Besitzung. Über den römischen Unterschied zwischen agri limitati (amtlich vermessene) und arcifinii (nicht vermessene) Grundstücke vgl. I, 70¹. Diese Unterscheidung behielt bis in die spätere Kaiserzeit insofern rechtliche Bedeutung, als die Accessionen (S. 321¹⁴) den Uferanliegern nur

In l. 211 D. de V.S. 50, 16 werden unter dem allge=
meinen Begriffe fundus unterschieden: aedes (städtische
Gebäude), villae (ländliche Gebäude), area (unbebauter
Platz in der Stadt), ager (ein solcher auf dem Lande).
Unter den beweglichen Sachen unterscheiden die
Römer von den Mobilien i. e. S. die Moventien (res
sese moventes), d. h. die zur Selbstbewegung fähigen
Sklaven und Tiere, unter den letzteren die wilden (ferae
bestiae), zahmen und gezähmten. Die zuletzt genannte
Unterscheidung ist auch in das BGB. übergegangen; vgl.
§§ 481 ff. (Hauptmängel der Haustiere), 833 (Schadens=
zufügung durch ein Tier), 960 (Aneignung wilder und
solcher gezähmter Tiere, welche den animus revertendi
verloren haben). Dagegen ist die in das ALR. auf=
genommene, übrigens dem gewöhnlichen Sprachgebrauche
vielfach zuwiderlaufende Zusammenfassung gewisser Mo=
bilien unter bestimmte Inbegriffe vom BGB. nicht auf=
genommen[2]).

b. Rechtliche Bedeutung des Unterschieds.

Der Unterschied zwischen Mobilien und Immobilien
hatte schon für das römische Recht in mehreren Be=
ziehungen rechtliche Bedeutung. Der Besitzschutz wurde für
bewegliche Sachen durch das interdictum utrubi, für un=

---

bei agri arcifinii, nicht bei agri limitati zufielen. Über die Unter=
scheidung des modernen Rechts zwischen Grundstücken, die auf das
Grundsteuerbuch zurückgeführt, und solchen, deren Grundbuchblatt noch
nicht mit dem Kataster in Einklang gesetzt ist, vgl. I, 83⁴, II, 557.
[2]) Das ALR. I, 2 §§ 10 ff. nannte: „Mobiliarvermögen":
alle beweglichen Sachen mit Ausnahme der Pertinenzen von Immo=
bilien; „bares Vermögen": gemünztes Geld und Papiergeld;
„Kapitalsvermögen": verbriefte Forderungen, insbesondere Inhaber=
papiere; „Effekten": alle beweglichen Sachen außer dem baren und
dem Kapitalsvermögen; „Möbel": die zum bequemen Gebrauch und
zur Verzierung, „Hausrat": die zum gemeinen Dienst in einer
Wohnung, „Gerätschaften": die zu einem Geschäfts= und Gewerbe=
betriebe bestimmten Gegenstände (Möbel, Hausrat und Gerätschaften
werden als „Mobilien" zusammengefaßt); „Equipage": Wagen,
dazu gehörige Pferde und Geschirr, bei Militärpersonen die militärische
Ausrüstung.

bewegliche unter anderen Voraussetzungen durch das interdictum uti possidetis gewährt (I, 307). Die Ersitzung betrug für Mobilien 3, für Immobilien 10 und 20 Jahre. Dotalmobilien gingen in das Eigentum des Ehemanns über und unterlagen daher dessen freier Verfügung, während seit der lex Julia de fundo dotali Mitgiftgrundstücke nur mit Genehmigung der Frau veräußerlich und verpfändbar waren. Die interdicta quod vi aut clam und unde vi (I, 305, 306) bezogen sich nur auf Immobilien; ein furtum war andererseits nur an beweglichen Sachen möglich. Über die Oratio Severi endlich (Erfordernis vormundschaftsrichterlicher Genehmigung zum Verkaufe von Mündelgrundstücken) vgl. I, 112.

Ungleich bedeutungsvoller war der Unterschied zwischen beweglichen Sachen (Fahrnis, Fahrende Habe) und unbeweglichen Sachen (Liegenschaft, Erbe, Eigen) für das deutsche Recht (II, 482). In der Deutschen Rechts= geschichte ist daher die Darstellung des Immobiliarsachen= rechts von der des Mobiliarsachenrechts völlig zu trennen (II, §§ 70 ff., 76 ff.). Auch hinsichtlich der Ver= erbung bestand ein durchgreifender Unterschied. Bei der Rezeption wurden die deutschen Grundsätze durch die römischen, die Mobilien und die Immobilien besonders hinsichtlich der Veräußerung und Belastung gleichmäßig behandelnden (II, 554, 579) Normen zeitweise zurück= gedrängt. Im modernen Rechte sind aber die deutschen Ideen wieder zur Herrschaft gelangt, und der Unterschied zwischen Mobilien und Immobilien begründet fast auf allen Rechtsgebieten eine verschiedene rechtliche Behandlung[3]).

---

[3]) Hierher gehören u. a.:

a. aus dem BGB.: Die Vorschriften der §§ 196[6], 197 (zwei= jährige Verjährung der Mietzinsansprüche gewerbsmäßiger Vermieter beweglicher Sachen, vierjährige Verjährung sonstiger Mietzinsen); 237 (Sicherheitsleistung mit einer beweglichen Sache nur in Höhe von ²/₃ des Schätzungswerts); 313 (Erfordernis der gerichtlichen oder notariellen Beurkundung des Vertrags, durch den jemand sich ver= pflichtet, das Eigentum eines Grundstücks zu übertragen); 477 (Ver= jährung der actio redhibitoria und quanti minoris in 6 Monaten

c. Bewegliche, den unbeweglichen gleich=
gestellte Sachen.

Gewisse ihrer Natur nach bewegliche Sachen werden

seit der Ablieferung bei beweglichen Sachen, in 1 Jahre seit der Über=
gabe bei Grundstücken); 503 (Wiederkaufsrecht gilt bei Grundstücken 30,
sonst drei Jahre seit der Vereinbarung); 565 (Kündigungsfrist bei
Mietverträgen über Grundstücke zum Ablaufe des Kalenderquartals
oder =monats oder der Kalenderwoche, über bewegliche Sachen 3 Tage);
859 (gewaltsame Wiederabnahme und Entsetzung des Thäters bei eigen=
mächtiger Besitzentziehung beweglicher und unbeweglicher Sachen);
§§ 873—902 (allgemeine Vorschriften über Rechte an Grundstücken);
§§ 903—924 (Inhalt des Eigentums an Grundstücken); §§ 925—928
und 929—984 (Erwerb und Verlust des Eigentums an Grundstücken
und an beweglichen Sachen); 1006 (Vermutung des Eigentums zu
Gunsten des Besitzers einer beweglichen Sache); 1007 (Herausgabe
einer beweglichen Sache an den früheren Besitzer); 1018 ff. (Grund=
dienstbarkeiten); 1031, 1048, 1056, 1062 (Nießbrauch an einem Grund=
stücke); 1032, 1033, 1063, 1064 (Nießbrauch an einer beweglichen
Sache); 1105 (Reallasten); 1113 ff. (Verpfändung eines Grundstücks
nur durch Eintragung); §§ 1204 ff. (Pfandrecht an beweglichen Sachen
nur durch Übergabe); 1362 (praesumtio Muciana für bewegliche
Sachen, I, 125⁵); 1378, 1445 (Verfügung des Ehemanns über Grund=
stücke); 1643, 1797 (Genehmigung des Vormundschaftsgerichts bei Ver=
(fügung des Vaters oder Vormunds über ein Grundstück); §§ 2165 ff.
Vermächtnis von Grundstücken);

b. aus der CPO.: die Bestimmungen der §§ 803—863 und
883 ff. einerseits und §§ 864—871 sowie 932 andererseits, welche die
Zwangsvollstreckung und den dinglichen Arrest in das bewegliche und
unbewegliche Vermögen regeln. In Ergänzung der §§ 864—871 ist
das RG. betreffend die Zwangsversteigerung und Zwangsverwaltung
vom 24. März 1897 ergangen, das gemäß Art. 1 EGBGB. gleichzeitig
mit dem BGB. in Kraft getreten ist. Vor 1900 war die Ordnung
der Immobiliar=Zwangsvollstreckung der Landesgesetzgebung überlassen
(I, 581). Diese regelte für Preußen das Gesetz vom 13. Juli 1883;
vgl. ferner noch §§ 883, 885 (Zwangsvollstreckung bei Herausgabe be=
weglicher und unbeweglicher Sachen);

c. aus der KO: die Vorschriften der §§ 47, 52 (Absonderungs=
recht der Immobiliargläubiger); 48 (Absonderungsrecht der Faust=
pfandgläubiger);

d. aus dem StGB.: die §§ 242, 246, 249, 289 (Diebstahl,
Unterschlagung, Raub, strafbarer Eigennutz nur bezüglich beweglicher
Sachen);

e. aus dem alten HGB.: Art. 275 „Verträge über unbewegliche
Sachen sind keine Handelsgeschäfte". Das neue HGB. (II, 430⁵) hat
diese Vorschrift beseitigt.

kraft besonderen Rechtssatzes in einzelnen Beziehungen
wie unbewegliche behandelt. Dies sind vor allem die
Schiffe hinsichtlich der Verpfändung und der Zwangsvoll=
streckung.

I. Nach § 4 des RG. „betreffend das Flaggenrecht
der Kauffahrteischiffe" vom 27. Juni 1899, das mit
dem 1. Januar 1900 (§ 30) an die Stelle des RG.
„betreffend die Nationalität der Kauffahrteischiffe und ihre
Befugnis zur Führung der Bundesflagge" vom 25. Oktober
1867 getreten ist, sind für die zur Führung der Reichs=
flagge befugten Kauffahrteischiffe in den an der See oder
an Seeschiffahrtsstraßen belegenen Gebieten Schiffs=
register zu führen. Diese Schiffsregister werden von den
Amtsgerichten des Heimatshafens geführt (§ 4 Abs. 2;
vgl. auch FrG. §§ 100—124 und PrFrG. Art. 29); sie
sind öffentlich und können von jedem eingesehen werden
(§ 5). Zur Führung der Reichsflagge sind die Kauffahrtei=
schiffe aber nur dann berechtigt, wenn sie im ausschließ=
lichen Eigentume von Reichsangehörigen stehen. Doch
werden den Reichsangehörigen gleichgeachtet offene Handels=
gesellschaften und Kommanditgesellschaften, wenn die persön=
lich haftenden Gesellschafter sämtlich Reichsangehörige
sind, andere Handelsgesellschaften, eingetragene Genossen=
schaften und juristische Personen, wenn sie im Inland ihren
Sitz haben, Kommanditgesellschaften auf Aktien jedoch nur
dann, wenn die persönlich haftenden Gesellschafter sämtlich
Reichsangehörige sind (§ 2). Wenn der Eigentümer einer
Schiffspart die Reichsangehörigkeit verliert oder eine
im Eigentum eines Reichsangehörigen stehende Schiffspart
in anderer Weise als durch Veräußerung (HGB § 503),
zB. durch Erbgang, auf einen Ausländer übergeht, so darf
das Schiff nur noch ein Jahr lang die Reichsflagge
führen (§ 3).

Über die Eintragung ins Schiffsregister, welche Namen,
Gattung, Größe, Zeit und Ort der Erbauung, Heimats=
hafen, Eigentumsverhältnisse des Schiffs, Rechtsgrund
des Erwerbs des Schiffs oder der einzelnen Schiffsparten,
Tag der Eintragung und Ordnungsnummer enthalten

muß (§ 7), ist eine mit dem Inhalte der Eintragung über=
einstimmende Urkunde (Schiffscertificat) zu erteilen
(§ 10), welche außerdem zu bezeugen hat, daß das Schiff
zur Führung der Reichsflagge befugt ist.

2. In gleicher Weise werden gemäß §§ 119 ff. des
RG. vom 15. Juni 1895 „betreffend die privatrechtlichen
Verhältnisse der Binnenschiffahrt" (Neufassung vom 20. Mai
1898) Binnendampfschiffe von mehr als 15000, und
Binnensegelschiffe von mehr als 20000 kg Tragfähig=
keit in ein — regelmäßig beim Amtsgerichte des Heimats=
orts geführtes — Schiffsregister eingetragen. Über
die Eintragung wird ein Schiffsbrief erteilt.

3. Diese Schiffsregister haben für die darin auf=
genommenen Schiffe eine ähnliche Bedeutung, wie die
für die Grundstücke eingerichteten öffentlichen Bücher.
Während die letzteren aber gegenwärtig nach dem Grund=
buchsysteme (II, 554) eingerichtet sind, haben die Schiffs=
register höchstens die Bedeutung von Hypothekenbüchern,
d. h. sie sind nur zur Beurkundung der Belastung, nicht
aber auch der Eigentumsverhältnisse bestimmt. Der
Eigentumsübergang an einem registrierten Fahrzeuge
vollzieht sich daher außerhalb des Schiffsregisters, und
die Eintragung in dieses ist nur Voraussetzung der Ent=
stehung eines vertragsmäßigen Pfandrechts. Ein fernerer
Unterschied liegt in der Zulassung einer großen Zahl
gesetzlicher Pfandrechte (Schiffsgläubiger, HGB. §§ 754 ff.,
Binnenschiffahrts=Gesetz §§ 102 ff.), weshalb dem Schiffs=
register auch nur eine beschränkte publica fides (II, 556)
zukommt[4]).

---

[4]) a. Bis zum Inkrafttreten des BGB. und des neuen
HGB. mußte man unterscheiden:

1. Der Eigentumserwerb an einem Seeschiff oder einer
Schiffspart (ideeller Anteil an einem solchen) erfolgte nach den Vor=
schriften des bürgerlichen Rechts über den Erwerb beweglicher Sachen.
Die hiernach (wie zB. nach Gemeinem Recht und ALR., aber nicht
nach französischem Rechte, das den Eigentumsübergang an den bloßen
Abschluß des Veräußerungsvertrags knüpfte, Code civil Art. 711,
1138, 1583) etwa erforderliche Übergabe konnte jedoch durch die unter

d. Bewegliches und unbewegliches Vermögen.

Die Einteilung in Mobilien und Immobilien bezieht sich nur auf körperliche Sachen, nicht auf die als Ver=

---

den Vertragsparteien getroffene Vereinbarung erſetzt werden, daß das Eigentum ſofort auf den Erwerber übergehen ſollte (altes HGB. Art. 439). Betreffs der Verpfändung war im HGB. Art. 780 ebenfalls auf die Landesgeſetze verwieſen. In Preußen entſtand nach Art. 59 EGHGB. vom 24. Juni 1861 ein Pfandrecht an einem regiſtrierten Seeſchiffe nur durch die Eintragung in das Schiffsregiſter. Ob die Zwangsvollſtreckung in Seeſchiffe ſich nach den für unbewegliche oder den für bewegliche Sachen geltenden Normen vollzog, beſtimmte ſich gemäß der früheren CPO. § 757 danach, ob Seeſchiffe nach den Landesgeſetzen in Anſehung der Zwangsvollſtreckung zum unbeweglichen oder zum beweglichen Vermögen gehörten. In Preußen war erſteres nach §§ 1⁴, 163—179 des Zwangsvollſtreckungsgeſetzes vom 13. Juli 1883 hinſichtlich der Kauffahrteiſchiffe (alſo zB. nicht der Vergnügungs=yachten) der Fall. Die Zwangsvollſtreckung in Kauffahrteiſchiffe (und Schiffsparten) geſchah alſo in Preußen nicht durch den Gerichts= vollzieher (I, 548) mittels Pfändung und Verſteigerung, ſondern durch das Amtsgericht (des Aufenthaltsorts, bei Schiffsparten des Heimats= hafens) mittels Beſchlagnahme und Zwangsverſteigerung. Nur die Vollziehung eines Arreſtbefehls in ein Schiff geſchah nach den Vorſchriften der CPO. über die Zwangsvollſtreckung in bewegliche Sachen, alſo durch den Gerichtsvollzieher (PrZwVG. § 178).

2. Der Eigentumserwerb an Binnenſchiffen geſchah nach den für bewegliche Sachen geltenden Grundſätzen. Die Ver= pfändung regiſtrierter Binnenſchiffe war nach Reichsrecht (Binnen= ſchiffahrtsgeſetz § 131) nur durch Eintragung in das Schiffsregiſter zuläſſig. Die Verpfändung nicht regiſtrierter Binnenſchiffe geſchah nach Landesrecht, im Gebiete des ALR. bei Binnenfrachtſchiffen ſymboliſch (ALR. I, 20 §§ 302 ff.: durch gerichtlichen oder notariellen Vermerk der Verpfändung auf den Schiffsurkunden und Übergabe einer be= glaubigten Abſchrift derſelben an den Pfandgläubiger), bei Binnen= perſonenſchiffen durch wirkliche Übergabe (ALR. I, 20 § 299). Die Zwangsvollſtreckung in (regiſtrierte oder nicht regiſtrierte) Binnen= frachtſchiffe erfolgte in Preußen gemäß §§ 757 der früheren CPO., 1⁴ PrZwVG. wie in Grundſtücke (nach den oben 1. erörterten Grund= ſätzen); die Zwangsvollſtreckung in Binnenperſonenſchiffe dagegen geſchah ebenſo, wie in andere bewegliche Sachen.

b. Seit dem Inkrafttreten des BGB., des neuen HGB. und des RG. v. 24. März 1897 über die Zwangsverſteigerung und die Zwangsverwaltung iſt das ganze Rechtsgebiet vom 1. Januar 1900 ab reichsrechtlich geregelt. Der Eigentumserwerb an Schiffen vollzieht ſich grundſätzlich nach den Regeln über den Erwerb beweglicher

mögensbestandteile (unkörperliche Sachen, S. 275) sonst noch in Betracht kommenden Gegenstände. Wenn dennoch von beweglichem und unbeweglichem Vermögen gesprochen wird, so ist damit gemeint, daß gewisse Vermögensbestand= teile, insbesondere Rechte, den für bewegliche oder den für unbewegliche Sachen, vor allem für deren Veräußerung und Verpfändung gegebenen Vorschriften unterliegen.

1. Gemeinrechtlich war streitig, welche Rechte als beweglich und welche als unbeweglich zu gelten hatten. Nach der herrschenden Meinung sollten die dinglichen Rechte (Eigentum, Servituten) als beweglich oder unbe= weglich gelten, je nachdem sie an einer beweglichen oder unbeweglichen Sache bestanden. Nur das Pfandrecht sollte stets als Mobilie gelten, weil es nur ein accessorisches Recht eines auf Geldzahlung gehenden Anspruchs sei. Auch bei Forderungen sollte der Leistungsgegenstand aus= schlaggebend sein, so daß der Anspruch aus einem Grund= stückskaufvertrage zu den immobilen Rechten gehörte. Nach ALR. I, 2 §§ 7 ff. sollten Rechte als bewegliche Sachen betrachtet werden, es sei denn, daß die Befugnis zur Aus= übung eines Rechts mit dem Besitz einer unbeweglichen Sache verbunden war, wie bei Grundgerechtigkeiten, Real= gewerberechten (zB. den an ein Grundstück geknüpften Apothekenprivilegien), oder daß einem Rechte die „Immo= biliarqualität" durch Rechtsvorschrift ausdrücklich beigelegt worden war (wie den sog. immobilen Knxen des früheren Rechts, II, 648).

2. Das BGB. hat eine allgemeine Begriffsbestimmung der auch von ihm verwendeten Begriffe „bewegliches und

Sachen, also durch Vertrag und Übergabe (BGB. § 929); nur kann bei allen Seeschiffen die Übergabe durch eine Vereinbarung der Parteien ersetzt werden (EGHGB. Art. 6). Die Verpfändung registrierter Kauffahrtei= oder Binnenschiffe geschieht durch Eintragung in das Schiffsregister (BGB. §§ 1259 ff., vgl. auch FrG. §§ 100 ff.), die Verpfändung nicht registrierter Schiffe wie die beweglicher Sachen, also durch Übergabe (BGB. § 1205). Die Zwangsvollstreckung in Kauffahrtei= und Binnenfrachtschiffe erfolgt wie in unbewegliche Sachen (CPO. § 864, vgl. I, 583), in andere Schiffsgefäße wie in bewegliche Sachen.

unbewegliches Vermögen" (vgl. zB. §§ 1549, 1551) nicht
gegeben, so daß bezüglich der Auslegung von Rechts=
geschäften, welche dieser Ausdrücke sich bedienen, der Wille
des Erklärenden im einzelnen Falle zu ermitteln ist. Nur
der Umfang des bei der Fahrnisgemeinschaft (§§ 1549 ff.)
von dem Gesamtgut ausgeschlossenen unbeweglichen Ver=
mögens (eingebrachten Guts) eines Ehegatten ist im BGB.
§ 1551 Abs. 2 dahin bestimmt, daß dahin gehören:
„Grundstücke nebst Zubehör, Rechte an Grundstücken mit
Ausnahme der Hypotheken, Grundschulden und Renten=
schulden, sowie Forderungen, die auf die Übertragung des
Eigentums an Grundstücken oder auf die Begründung oder
Übertragung eines der bezeichneten Rechte oder auf die
Befreiung eines Grundstücks von einem solchen Rechte ge=
richtet sind." Diese Sondervorschrift hat jedoch für die
Auslegung von Rechtsgeschäften, zB. eines Testaments,
keine unmittelbare Bedeutung. Vielmehr wird im einzelnen
Fall, insbesondere nach dem örtlichen Sprachgebrauche,
der Wille des Erklärenden hinsichtlich des Umfangs der
zum beweglichen und unbeweglichen Vermögen gehörenden
Gegenstände festzustellen sein. Nur gelten nach § 96 BGB.
Rechte, die mit dem Eigentum an einem Grundstücke ver=
bunden sind (zB. Realapothekenprivilegien), als Bestand=
teile des Grundstücks und damit unzweifelhaft als „unbe=
wegliches Vermögen" und ebenso das Erbbaurecht (Super=
fizies) gemäß § 1017 BGB.

3. Auch die CPO. unterscheidet im 2. Abschnitte
des VIII. Buchs („Zwangsvollstreckung wegen Geld=
forderungen") zwischen beweglichem und unbeweglichem
Vermögen. Die Zwangsvollstreckung in das bewegliche
Vermögen ist im 1. Titel (§§ 803—863, I, 557), die
Zwangsvollstreckung in das unbewegliche Vermögen im
2. Titel (§§ 864—871, ergänzt durch das ZwVG. vom
24. März 1897) geordnet [5].

---

[5] Welche Gegenstände in Ansehung der Zwangsvollstreckung zum
unbeweglichen Vermögen gehören, ergeben die §§ 864, 865 CPO.;
bis zum 1. Januar 1900 bestimmte sich dies gemäß alter CPO.

§ 31. Vertretbare und verbrauchbare Sachen.

a. Genus und Species.

Keine Sache stimmt mit einer anderen in physikalischer Beziehung völlig überein. Andererseits hat jede Sache mit anderen Sachen gewisse Eigenschaften gemeinsam, und man faßt daher diejenigen Sachen, die gewisse übereinstimmende Eigenschaften aufweisen, unter einem einheitlichen Begriffe (Gattung, Art, Sorte) zusammen, der sich umsomehr verengt, je größer die Anzahl der übereinstimmenden Eigenschaften ist (zB. Tiere, Vierfüßler, Pferde, Hengste, Trakehner Hengste).

Körperliche Sachen können in doppelter Weise Gegenstand des Rechtsverkehrs werden. Entweder nämlich werden nur die Gattungseigentümlichkeiten ins Auge gefaßt (zB. „Senden Sie mir ein Brennabor-Fahrrad, Modell 1900"), oder es wird eine einzelne bestimmte Sache der Gattung zum Gegenstand eines Rechtsgeschäfts gemacht („Senden Sie mir das Fahrrad Nr. 24, 346, das ich jüngst in Ihrem Geschäfte besah"). Im ersteren Falle sprechen die römischen Quellen von genus, im letzteren von species, certum corpus. Eine Sache ist also genus oder species nicht wegen ihrer natürlichen Eigenschaften, sondern je nach ihrer Behandlung im rechtsgeschäftlichen Verkehre, was

---

§ 757 nach dem Landesrecht (vgl. für Preußen ZwVG. vom 13. Juli 1883 § 1).

CPO. § 864 Abs 1 lautet: „Der Zwangsvollstreckung in das unbewegliche Vermögen unterliegen außer den Grundstücken die Berechtigungen, für welche die sich auf Grundstücke beziehenden Vorschriften gelten (vgl. I, 583") und die im Schiffsregister eingetragenen Schiffe".

§ 865 lautet: „Die Zwangsvollstreckung in das unbewegliche Vermögen umfaßt auch die Gegenstände, auf welche sich bei Grundstücken und Berechtigungen die Hypothek, bei Schiffen das eingetragene Pfandrecht erstreckt.

Diese Gegenstände können, soweit sie Zubehör sind, nicht gepfändet werden. Im übrigen unterliegen sie der Zwangsvollstreckung in das bewegliche Vermögen, solange nicht ihre Beschlagnahme im Wege der Zwangsvollstreckung in das unbewegliche Vermögen erfolgt ist."

22*

besonders im Rechte der Schuldverhältnisse (IV, 13) ver=
schiedenartige Folgen nach sich zieht[1]).

b. Vertretbarkeit.

Manche Sachen kommen im Rechtsverkehre regelmäßig
als species in Betracht (z.B. Gemälde, Pferde), andere
(Getreide, Wein, Obst) regelmäßig nur der Gattung nach.
Da in letzterem Falle jede Sache der Gattung jeder anderen
Sache der Gattung gleichwertig ist, von ihr also vertreten
werden kann, so nennt man solche Sachen vertretbare
oder fungible Sachen[2]). Die Vertretbarkeit ist hier=
nach eine wirtschaftliche Eigenschaft gewisser Sachen,
während die Behandlung einer Sache als genus oder
species davon abhängt, wie sie in einem bestimmten Fall
in den Rechtsverkehr eintritt[3]). M.a.W.: Die Vertretbar=

---

[1]) Vgl. BGB. §§ 243 Abs. 1 („Wer eine nur der Gattung nach
bestimmte Sache schuldet, hat eine Sache von mittlerer Art und Güte
zu leisten"); 279, 480, 491, 524, 2155, 2182 ff. Zuweilen wird der
ursprünglich nur generisch bestimmte Leistungsgegenstand im Lauf eines
Schuldverhältnisses zu einem speziellen; so beschränkt sich z.B. nach
BGB. § 243 Abs. 2, wenn der zur Leistung einer Genussache Ver=
pflichtete die ihm obliegende Individualisierung vorgenommen hat, das
Schuldverhältnis auf die so bestimmte Sache, so daß also bei Annahme=
verzug des Gläubigers die Gefahr des Untergangs der ausgewählten
Sache auf ihn übergeht, BGB. § 300 Abs. 2 (IV, 18).

[2]) Der Ausdruck res fungibiles, dessen Übersetzung der
zuerst von Zachariä gebrauchte Ausdruck „vertretbare Sachen" bildet,
ist von Ulrich Zasius (1556, vgl. II, 395) aufgebracht worden, in An=
lehnung an l. 2 § 1 D. 12, 1: res quae in genere suo functionem
recipiunt per solutionem [magis] quam specie, d. h. Sachen,
die bei der Erfüllung nur ihrer Gattung nach Bedeutung haben. Das
ALR. kannte den Ausdruck „vertretbare Sachen" nicht, wohl aber
(I, 2 § 120) „verbrauchbare Sachen".

[3]) Klaviere sind z.B. nach der Verkehrsauffassung vertretbare
Sachen; das hindert nicht, daß in einem bestimmten Rechtsverhältnis
ein bestimmter Flügel als species in Betracht kommt. Grundstücke
sind nicht vertretbare Sachen. Es ist aber auch ein Geschäft denkbar,
das sich auf ein Grundstück als solches, also der Gattung nach bezieht,
z.B. Vollmacht zum Kauf einer gewisse Eigenschaften aufweisenden Villa
in einem bestimmten Vororte.

Unrichtig ist die vielfach aufgestellte Behauptung, daß die Parteien
vertretbare Sachen zu unvertretbaren erklären können und umgekehrt.

keit einer Sache beruht auf der Anschauung des Ver=
kehrs, die Behandlung als genus auf dem Willen der
Beteiligten.

Die vertretbaren Sachen werden hiernach im Rechts=
verkehre regelmäßig nach ihrer Gattung (Qualität) und näher
nach einer ziffermäßigen Abmessung (Quantität, Zahl, Maß,
Gewicht) bestimmt. Das BGB. § 91 bezeichnet daher
vertretbare Sachen als „bewegliche Sachen, die im Ver=
kehre nach Zahl, Maß oder Gewicht bestimmt zu werden
pflegen" (nach pr. I. 3, 14: res, quae pondere, numero,
mensurave constant, daher auch Quantitätssachen, Quantitäten genannt). Die wichtigste vertretbare Sache ist das
Geld, d. h. der allgemeine Wertmesser, worüber im
folgenden Paragraphen zu sprechen ist. Geld ist sogar in
erhöhtem Maße fungibel, insofern als Stücke einer Geldart
nicht nur durch Stücke der gleichen, sondern auch einer
anderen Geldart (1 Mk. durch 10 Zehnpfennigstücke) ersetzt
werden können.

Die vertretbaren Sachen unterliegen gewissen be=
sonderen Rechtsregeln[4]). Der Ausdruck Vertretbarkeit
wird übertragen auch bei anderen Rechtsbeziehungen als

Denn die Vertretbarkeit wird den Sachen durch die Verkehrsauffassung,
nicht durch den Parteiwillen beigelegt. Gemeint ist, daß ausnahms=
weise vertretbare Sachen als species (vgl. 1. 30 § 4 D. ad leg.
Falcid. 35, 2), unvertretbare als genus (vgl. 1. 18 D. de jure
dotium 23, 3) Gegenstand von Rechtsverhältnissen sein können, was
nicht zu bezweifeln ist. Auch können manche vertretbare Sachen in
unvertretbare umgeschaffen werden, zB. Bücher durch Einschreiben einer
Widmung. Nicht aber können die Parteien vereinbaren, daß die für
vertretbare Sachen gegebenen Rechtsvorschriften (Anm. 4) auf un=
vertretbare Sachen Anwendung finden sollen.

[4]) Vgl. BGB. §§ 607 (Darlehen, Zurückerstattung des Empfangenen
in Sachen von gleicher Art, Güte und Menge); 700 (depositum
irregulare); 706 (vertretbare in eine Gesellschaft eingebrachte Sachen
werden im Zweifel Eigentum der Gesellschafter); 783 (Anweisung);
vor allem aber können nach CPO. §§ 592, 688, 794⁵ nur vertretbare
Sachen Gegenstand des Urkundenprozesses, des Mahnverfahrens oder
einer vollstreckbaren Urkunde sein (I, 425, 448, 541); vgl. auch CPO.
§ 884 (Zwangsvollstreckung betreffs vertretbarer Sachen oder Wert=
papiere; I, 597).

körperlichen Sachen verwendet. So spricht man von
fungibeln und nicht fungibeln Handlungen (CPO. §§ 887,
888, vgl. I, 598).

c. Verbrauchbarkeit.

Verbrauchbare Sachen oder Konsumtibilien
sind (BGB. § 92) bewegliche Sachen, deren bestimmungs=
mäßiger Gebrauch in dem Verbrauch oder der Veräußerung
besteht (res, quae usu consumuntur vel minuuntur,
quae in abusu consistunt); zB. Nahrungs= oder Genuß=
mittel, Futter[5]). Als verbrauchbar gelten nach BGB.
§ 92 Abf. 2 auch bewegliche, zu einem Warenlager oder
einem sonstigen zur Veräußerung bestimmten Sachinbegriffe
gehörende Sachen, also unter dieser Voraussetzung auch
Möbel eines Möbelhändlers, Schlösser eines Eisenlagers.
Dies ist eine Neuerung des BGB. Dagegen war schon
im rR. den verbrauchbaren Sachen gleichgestellt (vgl. BGB.
§§ 1376 1, 1653) das Geld (vgl. unten § 32), weil bei
ihm vom Standpunkte des Besitzers aus die Verausgabung
dem Verbrauche gleichkommt, wenn auch das Geldstück selbst
eine Vernichtung oder sichtbare Verminderung nicht erleidet.
(l. 5 § 1 D. de usufructu earum rerum, quae usu consumuntur vel minuuntur 7,5).

Nicht zu verwechseln mit Verbrauchbarkeit ist Ver=
tretbarkeit der Sachen, wenngleich sich beide Eigenschaften
vielfach bei denselben Sachen vorfinden, zB. regelmäßig
bei den Nahrungsmitteln. Die erstere bezeichnet eine wirt=
schaftliche, die letztere eine natürliche Eigenschaft derselben.
Es giebt verbrauchbare Sachen, die nicht vertretbar sind,
zB. ein bestimmtes Stück Wein des Bremer Ratskellers,
andererseits vertretbare Sachen, die nicht verbrauchbar

---

[5]) Der Verbrauch muß der bestimmungsmäßige Gebrauch sein.
Sachen, deren Bestimmung eine andere ist, als daß sie verbraucht
werden, zB. Kleidungsstücke, Handwerkszeug, sind nicht zu den ver=
brauchbaren zu zählen, auch wenn sie allmählich abgenutzt werden; vgl.
jedoch § 2 J. 2, 4, wo gleichgestellt sind: vinum, oleum, frumentum,
vestimenta.

sind (zB. Bücher der gleichen Auflage, Fahrräder, Steck=
nadeln).

Auch die verbrauchbaren Sachen unterliegen gewissen
besonderen Rechtsnormen, vor allem betreffs der Rechts=
geschäfte, durch die an ihnen ein Gebrauch (Leihe, Nieß=
brauch) eingeräumt wird, sobaß das Eigentum und das
Gebrauchsrecht verschiedenen Personen zustehen. Da
bei ihnen der Gebrauch im Verbrauche besteht, so ist
der Empfänger nicht, wie bei der Einräumung des Gebrauchs
an unverbrauchbaren Sachen, zur Rückgabe derselben Sache
verpflichtet, sondern entweder zur Geldzahlung oder zur
Leistung gleichartiger Sachen[6]). Das „tantundem" steht
bei der Rückgabe dem „idem" also gleich, und zwar in noch
höherem Maße als bei vertretbaren Sachen. Denn während
diese, wenn nicht im Original, in Sachen gleicher Art,
Güte und Menge zurückerstattet werden müssen, genügt bei
verbrauchbaren Sachen daneben auch die Rückerstattung in
Geld. Vielfach (vgl. zB. BGB. §§ 1067, 1086, 1087,
1377, 1653) ist überhaupt nur Geldersatz für verbrauchte
Konsumtibilien zulässig.

§ 32. Das Geld. Allgemeines.

a. Wie in l. 1 D. de contrah. emptione 18, 1 aus=
geführt ist[1]), beruht die Vermögensbewegung in den Ur=

---

[6]) Vgl. BGB. §§ 706 (verbrauchbare in die Gesellschaft ein=
gebrachte Sachen werden im Zweifel Eigentum der Gesellschafter); 1067
(der Nießbraucher an verbrauchbaren Sachen wird Eigentümer derselben,
sog. Quasiususfrukt), vgl. §§ 1075, 1084, 1086, 1087; 1377 und
1653 (der Ehemann und Vater darf verbrauchbare Sachen aus dem
Eingebrachten der Frau und dem seiner Nutznießung unterliegenden
Vermögen der Hauskinder für sich verbrauchen).

[1]) Paulus libro trigensimo tertio ad edictum. Origo
emendi vendendique a permutationibus coepit. Olim enim
non ita erat nummus, neque aliud merx, aliud pretium voca=
batur, sed unusquisque secundum necessitatem temporum ac
rerum utilibus inutilia permutabat, quando plerumque evenit,
ut quod alteri superest alteri desit. Sed quia non semper
nec facile concurrebat, ut, cum tu haberes, quod ego desi=
derarem, invicem haberem, quod tu accipere velles, electa

zeiten ausschließlich auf Tausch, d. h. der Hingabe eines Guts gegen Empfang eines anderen zwecks Befriedigung gegenseitiger Lebensbedürfnisse. Mit der Verfeinerung und Erhöhung der letzteren wird der Tausch dadurch erschwert, daß der eines Guts Bedürftige nur selten eine Person ausfindig zu machen imstande sein wird, die einerseits ihm dies Gut zu verschaffen in der Lage ist, andererseits für das von ihm dagegen angebotene Gut Verwendung hat. Der Verkehr hat bei seiner Fortentwickelung diese Schwierigkeit dadurch überwunden, daß er einen durch leichte Umsatzfähigkeit und allgemeine Verwendbarkeit ausgezeichneten Stoff als allgemeines Tauschmittel anerkannte. Dieses allgemein „geltende" Tauschmittel heißt, im weiteren Sinne, Geld.

Steht ein Gut aber als allgemeines Tauschmittel, d. h. als Geld, einmal fest, so hat es für den Verkehr die fernere Bedeutung, daß an ihm der Vermögenswert (unten § 36) aller übrigen Güter abgemessen werden kann. Das Geld hat daher zugleich die Bedeutung eines allgemeinen Wertmessers.

Endlich ist das Geld auch allgemeines Zahlungsmittel. Die für den Rechtsverkehr wichtigsten Schuldverhältnisse (Kauf, Miete, Darlehen, unerlaubte Handlungen) nötigen den Verpflichteten zur Hingabe nicht eines bestimmten Guts aus seinem Vermögen, sondern eines abstrakten Vermögenswerts. Solche sog. Wertschulden werden erfüllt durch Zahlung[2]), d. h. durch Hingabe von Geld.

---

materia est, cuius publica ac perpetua aestimatio difficultatibus permutationum aequalitate quantitatis subveniret. Eaque materia forma publica percussa usum dominiumque non tam ex substantia praebet quam ex quantitate, nec ultra merx utrumque, sed alterum pretium vocatur.

[2]) Der Ausdruck Zahlung, d. h. Hinzählung von Geldstücken, ist mehrdeutig. Er umfaßt die römische numeratio, d. h. die Eigentumsübertragung an Geld zu irgend einem rechtlichen Zwecke (donandi, obligandi, solvendi causa, unten § 37), und die röm. solutio, d. h. die Hingabe von Geld zur Lösung einer rechtsbeständigen Verbindlichkeit.

b. Seine volle rechtliche Bedeutung als Wertmesser und
Zahlungsmittel erhält ein von dem Verkehr als allgemeines
Tauschmittel aufgenommener Stoff freilich erst durch Rechts=
satz. Geld im engeren Sinn oder Staatsgeld ist
derjenige Stoff, der durch Rechtssatz zur Währung
(Valuta, franz. étalon, engl. standard, legal tender) er=
hoben ist, mit der Wirkung, daß alle Vermögenswerte
durch Quantitäten dieses Stoffs ausgedrückt werden können
und der Schuldner einer Wertschuld sich von dieser durch
Hingabe solcher Quantitäten befreien kann. Währung ist
also der vom Recht als allgemeines Zahlungs=
mittel anerkannte Stoff; ihn muß der Gläubiger
einer Wertschuld zu deren Tilgung bei Vermeidung der
Folgen des Verzugs annehmen.

Neben dem durch Rechtssatz zur Währung bestimmten
Stoffe kann der Verkehr auch noch andere Stoffe als all=
gemeines Tauschmittel anerkennen, sog. usuelles Geld.
Ja, solche Stoffe werden vielfach durch den Verkehr dem
Währungsgelde derartig gleichgeachtet, daß ihre Hingabe
bei Tilgung einer Wert=(Geld=)schuld als Zahlung, nicht
als Hingabe an Zahlungsstatt oder zahlungshalber (S. 365[1])
aufgefaßt wird. Der Unterschied zwischen usuellem und
Währungsgelde besteht aber darin, daß letzteres als Zahlungs=
mittel genommen werden muß, während die Annahme des
ersteren stets im Belieben des Gläubigers steht[3]). Der

---

[3]) Wie unten S. 360 auszuführen ist, beruht das Geldwesen
des Deutschen Reichs auf der Goldwährung. Daneben giebt es aber
Wertpapiere (Banknoten, Reichskassenscheine), die zwar nicht Geld sind
(S. 366[1]), aber im Verkehre mit Rücksicht auf die günstige Finanzlage
der Ausgeber (der Notenbanken und des Reichs) wie Geld behandelt
werden. Kein Gläubiger — außer den Notenbanken, unten § 34[b] —
ist verpflichtet, eine Zahlung in Banknoten anzunehmen. Thut er dies
jedoch, so gilt die Hingabe der Banknoten als Zahlung (solutio), nicht
als Hingabe an Zahlungsstatt (datio in solutum). Wenn also zB.
ein später in Konkurs geratener Schuldner seinem Gläubiger zur Til=
gung einer Geldschuld von tausend Mark eine Tausendmarknote über=
giebt, so kann diese Hingabe nicht etwa aus KO. § 30[2] (vgl. I, 641)
mit der Begründung angefochten werden, der Gläubiger habe die Be=
friedigung nicht „in der Art" zu beanspruchen gehabt, wie sie ge=

Zwang zur Annahme, und zwar zu dem einer bestimmten Quantität des Währungsstoffs beigelegtem Werte, wird mit dem Satz ausgedrückt: Währungsgeld hat Zwangskurs.

Währungsgeld kommt erst bei fortgeschrittener Entwickelung vor. Das Vieh (pecus, davon pecunia I, 48[5]) in den ältesten Zeiten Roms, die Kaurimuscheln und Tuchstreifen im heutigen Afrika sind zwar allgemeines Tauschmittel, aber mangels einer gesetzlichen Grundlage kein Währungsgeld. Unter den Stoffen, die durch Rechtssatz zur Währung erhoben sind, nehmen die Metalle wegen ihres inneren Werts und ihrer Umsatzfähigkeit sowie wegen der durch ihre leichte Teilbarkeit bewirkten Fähigkeit, jede Abstufung des Tauschwerts zu ermöglichen, die erste Stelle ein (Metallgeld, unten § 33). Daneben tritt seit dem 18. Jahrhundert das Papiergeld (unten § 34). Währung heißt jedoch nicht nur der Stoff, der zum gesetzlichen Zahlungsmittel erhoben ist (Gold=, Silber=, Papierwährung), sondern auch die Rechnungseinheit[4]), auf welcher das Geldsystem eines Landes beruht (Thaler=, Gulden=, Markwährung).

Die einzelnen Währungsgeldstücke haben im Inlande den Wert (sog. Nennwert), der ihnen durch den Gesetzgeber beigelegt ist (sog. Tarifierung). Im Auslande

---

schehen ist. Vielmehr gilt die Forderung des Gläubigers ebenso als getilgt, wie wenn der Schuldner ihm 50 Zwanzigmarkstücke übergeben hätte. Usuelles Geld sind auch die Scheidemünzen, soweit sie den Betrag übersteigen, hinsichtlich dessen ein Annahmezwang besteht (S. 362), sowie die ausländischen Münzen, sofern sie nicht als Ware (wie an der Börse, (S. 348[7]), sondern als Zahlungsmittel in Betracht kommen (wie z.B. an Grenzorten). Die österreichischen, 1857—1866 geprägten Thaler (Vereinsthaler) stehen jedoch im Deutschen Reiche den von den Bundesstaaten ansgegebenen gleich.

[4]) Unter Rechnungswährung versteht man eine Währung, bei der ausgeprägte Münzen bestimmten Gewichts und Feingehalts nicht vorhanden sind, sondern die Geldeinheit durch den Wert einer gewissen Quantität nicht ausgeprägten Edelmetalls von bestimmter Feinheit dargestellt wird. Eine derartige Rechnungswährung bestand in Hamburg bis zum Inkrafttreten des Reichsmünzgesetzes (1 Mark Banco = 8,4272 Gramm Feinsilber = 1,513 deutsche Mark).

dagegen, das den Anordnungen des inländischen Gesetz=
gebers nicht unterliegt, wird das inländische Geld wie jede
andere Ware nach seinem „inneren Werte" beurteilt, also
nach dem Metallwerte[5]) bei Metallgeld, bei Papiergeld da=
gegen nach seiner Umsatzfähigkeit und der Finanzlage des
Staats, welcher die Einlösung mit der darauf angegebenen
Menge Metallgeldes (S. 367) gewährleistet. Diese das
inländische Geld als Ware behandelnde und mit aus=
ländischem Gelde vergleichende Bewertung heißt der Kurs=
wert des Geldes. In der gleichen Weise werden aus=
ländische Münzen im Inlande nicht nach ihrem Nennwerte,
sondern nach einem Kurswerte bewertet, der sich an den
Börsenplätzen feststellt und in den Börsenkurszetteln (unten
§ 36[3]) zum Ausdrucke gelangt[6]). Der Kurswert fällt zu=
weilen mit dem Nennwerte zusammen (die Münzen stehen
„al pari"). Meist weichen Nenn= und Kurswert aber
von einander ab; die Differenz heißt Agio (Aufgeld),
wenn der Kurswert den Nennwert übersteigt („über pari"),
Disagio, wenn der Kurswert unter dem Nennwerte steht
(unter „pari")[7]).

---

[5]) In einem geordneten Münzwesen soll sich der innere Wert,
der Metallwert, mit dem Nennwerte decken. Das ist aber nur bei den
Hauptmünzen (Kurantmünzen) durchgeführt, während die für den
Kleinverkehr unentbehrlichen kleinen Münzen stets unterwertig ausge=
prägt werden (sog. Scheidemünze; „Billon" genannt, wenn die
Münzen Silber — freilich in einer dem Nennwerte nicht entsprechenden
Menge — enthalten, wie die Reichssilbermünzen). Im Deutschen
Reiche giebt es übrigens auch heute noch unterwertiges Währungs=
kurant, nämlich die Silberthaler (S. 362).

[6]) Zur Erleichterung des internationalen Verkehrs ist dem Bundes=
rat in Art. 13[2] des S. 358 besprochenen Reichsmünzgesetzes vom
9. Juli 1873 die Befugnis zur Festsetzung eines sog. Kassenkurses
eingeräumt worden, d h. des Werts, zu dem ausländische Münzen
bei inländischen öffentlichen Kassen anzunehmen sind.

[7]) ZB. hat der dem französischen und italienischen Münzsysteme
(S. 361[4]) zu Grunde liegende Frank im Vergleiche zu der deutschen
Mark einen Goldwert von 0,81 Mk., d. h. in 100 Franken Gold=
münzen ist eben soviel reines Gold enthalten, wie in 81 Mk. deutscher
Goldmünzen. Das 20 Frankenstück hat daher (in Mark ausgedrückt)
einen Wert von 16,20 Mk. Ist der Börsenkurs des 20 Frankenstücks
nun an einem bestimmten Tage 16,30 Mk., so sagt man: es habe

c. Das Geld tritt in verschiedenen Beziehungen und mit verschiedener Wirkung in den Rechtsverkehr ein. Zunächst

---

ein Agio von 0,10 Mk.; ist er 16,10 Mk.: es erleide ein Disagio von 0,10 Mk.

Das dem Metallwert entsprechende feststehende Wertverhältnis zwischen den Münzen verschiedener Länder (die sog. Münzparität, also z.B. 100 Franken = 81 Mk., ein Pfund Sterling = 20,43 Mk.) ist auch die Grundlage des für den internationalen Geschäftsverkehr überaus wichtigen Wechselkurses.

Der deutsche Geschäftsmann, der seine in Paris gemachten Einkäufe nach Ablauf der Kreditfrist bezahlen will, muß dies in Paris in französischer Münze thun. Er müßte zu diesem Zweck an der Berliner Börse französisches Geld kaufen und dies an seinen Pariser Gläubiger auf seine Kosten und Gefahr übersenden. Die ihm durch den Ankauf und die Versendung des fremden Geldes erwachsenden Kosten und Umstände kann er dadurch vermeiden, daß er einen in Paris zahlbaren, etwa zu gleicher Zeit wie seine Warenschuld fälligen, zweifellos sicheren Wechsel ankauft und ihn seinem Gläubiger indossirt oder zur Einziehung übersendet, mit der Anweisung, das empfangene Geld als Zahlung der Warenschuld zu behalten. Wechselkurs ist nun der Preis, den er in Berlin für den Wechsel auf Paris zahlen muß. Dieser Wechselkurs hängt zunächst von der Münzparität Deutschlands und Frankreichs ab. Der Käufer eines Wechsels auf Paris wird also — abgesehen von der etwa von ihm zu zahlenden Vermittelungsgebühr — normaler Weise für einen 100 Frankenwechsel 81 Mk. zahlen müssen: der Wechselkurs steht dann al pari. Thatsächlich wird dieser aber noch von einem anderen Umstande beeinflußt, nämlich davon, ob in Berlin mehr Wechsel auf Paris angeboten als verlangt werden oder umgekehrt. Der Wechselkurs hängt m. a. W., wie der Preis jeder Ware (unten § 36), von dem Verhältnisse von Angebot zur Nachfrage bezüglich derartiger Wechsel ab, und diese Umstände werden u. a. davon beeinflußt, wie die Handelsbilanz, d. h. das Verhältnis von Einfuhr zu Ausfuhr zwischen Frankreich und Deutschland ist. Hat Deutschland mehr von Frankreich eingeführt, als nach Frankreich ausgeführt, so würde bei einem vorgestellten Ausgleich aller wechselseitigen Forderungen ein Guthaben für Frankreich überbleiben. Es werden also an den deutschen Börsen (unten § 36³) Wechsel auf Paris gesucht sein, der Wechselkurs auf Paris wird über pari, d. h. auf mehr als 81 Mk. für 100 Franken steigen. Im umgekehrten Falle, wenn mehr Wechsel auf Paris angeboten werden, als verwendbar sind, wird der Wechselkurs auf Paris unter pari gehen. Aus dem Stande der Wechselkurse zwischen zwei Ländern läßt sich also einigermaßen die Handelsbilanz zwischen ihnen erkennen; sie ist für dasjenige Land günstiger, auf das der Wechselkurs über pari steht, und umgekehrt. Von der (merkantilistischen) Anschauung, daß die Handelsbilanz sich ohne weiteres aus dem Stande der Wechsel-

können die einzelnen Geldstücke als Sachen Gegenstand
dinglicher Rechte (Eigentum, Besitz) werden. Es kommen
dann im allgemeinen die gewöhnlichen Grundsätze zur Anwendung. Nur führt die den Geldstücken in noch höherem
Maße als anderen vertretbaren Sachen anhaftende Gleichartigkeit (S. 341) zu einer notwendigen Beschränkung der
Eigentumsklage. Vermischt der Besitzer fremder Geldstücke
(Depositar, Pfandgläubiger) sie ununterscheidbar mit den
seinen, so ist die rei vindicatio des Eigentümers ausgeschlossen, weil er außer stande ist, die ihm herauszu-
gebenden Gegenstände in einer dem § 253² CPO. entsprechenden Weise („bestimmte Angabe des Gegenstands")
zu bezeichnen. Es hat deshalb eine Wertersatzklage (condictio) statt. Dies gilt gegenüber dem redlichen, wie dem
unredlichen Besitzer fremder Geldstücke (vgl. l. 78 D. de
solut. 46, 3). Aus Gründen der Verkehrssicherheit ist
aber nach moderner Auffassung der redliche Erwerber
fremder Geldstücke selbst dann gegen die Eigentumsklage
zu schützen, wenn die Geldstücke noch unterscheidbar
vorhanden sind. Dieser im ALR. I, 15 §§ 45 ff. nur

---

kurse ergebe, ist man jedoch längst zurückgekommen. Denn die Wechsel
sind nicht die einzigen Gelderſatzmittel (S. 366¹); ferner kann vermöge der Wechſelarbitrage (ſ. u.) bei hohem Wechselkurs eines Platzes
auf einen anderen (Berlin auf Paris) der Bedarf an einem dritten
Orte (London auf Paris) gedeckt werden; und endlich entspringen
Zahlungen an das Ausland nicht nur dem Warenaustausche, sondern
können ſehr verschiedene Zwecke verfolgen, vor allem eine Kapitalanlage.

Der Wechselkurs kann den sog. Goldpunkt nicht überschreiten;
d. h. der Preis eines Wechsels kann nur bis zu derjenigen Grenze
steigen, jenseits derer es billiger wäre, die im Auslande zu machende
Zahlung durch Barsendung des im Inland umgewechselten fremden
Geldes zu leisten, als einen Wechsel anzukaufen.

Die Wechselkurse werden für kurze (8—14 Tage) und lange
Sichten (3 Monate) festgestellt; daher spricht man von „kurz Paris",
„lang London" usw. Der Wechselkurs für lange Sichten ist niedriger
als für kurze, da bei den ersteren das interusurium (Diskont, Zins
der Zwischenzeit bis zum Verfalltag) in Abzug kommt.

Arbitrage heißt die börsenmäßige Thätigkeit, welche die an den
verschiedenen Börsenplätzen ſich bildenden Geld- und Wechselkurse ver-
gleicht und benutzt. Hierauf und auf die Börsengeschäfte überhaupt ist
im zweiten Buche bei der Lehre vom Börsenwesen einzugehen (IV § 156).

für den Fall redlichen, entgeltlichen Erwerbs aufgestellte Grundsatz ist durch das BGB. § 935 Abs. 2 auf alle Fälle redlichen Erwerbs ausgedehnt. Er kommt auch dann zur Anwendung, wenn die Geldstücke dem Eigentümer wider seinen Willen abhanden gekommen sind, also in dem Fall, in welchem der den redlichen Eigentumserwerb an beweglichen Sachen sonst beherrschende Grundsatz „Hand wahre Hand" (II, 590 BGB. §§ 935 Abs. 1, 1006 Abs. 1) nicht anwendbar ist.

Über andere Sonderrechtssätze vgl. CPO. §§ 720, 815 Abs. 3 (Wegnahme von Geld durch den Gerichtsvollzieher gilt als Zahlung, sofern dem Schuldner nicht Hinterlegung nachgelassen ist; in diesem Fall ist das Geld zu hinterlegen); BGB. § 270 (Geldzahlungen müssen dem Gläubiger übermittelt werden); HGB. § 429 (der Frachtführer haftet für Kostbarkeiten, Geld und Wertpapiere nur dann, wenn ihm diese Beschaffenheit oder der Wert des Guts angegeben ist; vgl. die ähnliche Vorschrift des BGB. § 702 betreffs der Gastwirte); BGB. §§ 1376¹ (Verfügungsrecht des Mannes über Geld der Frau ohne deren Zustimmung) und 1653 (der Vater darf Geld des Hauskinds nur mit Genehmigung des Vormundschaftsgerichts für sich verwenden).

Für ein Schuldverhältnis können Geldstücke in dreifacher Bedeutung in Betracht kommen. Entweder es sind bestimmte Geld stücke gemeint (Spezies schuld, zB. Kauf einer Thalersammlung), oder es ist nur eine Geldsorte bezeichnet (Genusschuld, zB. „100 Mk."). In letzterem Falle kann entweder eine Geldsortenschuld⁸) gemeint sein, dergestalt, daß eine gewisse Stückzahl der

---

⁸) Eine Unterart der Geldsortenschuld liegt vor, wenn die Schuld auf besonders geartete Stücke der Geldsorte (100 Kaiser Friedrich-Kronen, 100 Siegesthaler) geht. Hierbei kommen insofern besondere Grundsätze zur Anwendung, als bei Unmöglichwerden der Erfüllung nicht bloße Umwandlung in eine Summenschuld stattfindet (BGB. § 245), sondern die Grundsätze über Schadensersatz bei nachträglicher Unmöglichkeit der Leistung (BGB. §§ 280 ff., IV 107 ff.) zur Anwendung gelangen.

bezeichneten Geldsorte (100 Einmarkstücke) als geschuldet anzusehen ist, oder eine Summenschuld, dergestalt, daß die Beifügung der Geldsorte nur die Bedeutung der Wert= angabe hat, sodaß die Lösung des Schuldverhältnisses nicht gerade durch Stücke der bezeichneten Geldsorte geschehen muß, sondern durch Währungsgeld überhaupt erfolgen kann. Bei den in inländischer Währung ausgedrückten Schuldverhältnissen wird die Angabe einer Geldsorte meist nicht auf Geldsortenschuld, sondern auf Summenschuld hin= deuten. Wenn zB. ein Maler sein Bild für 100 „Doppel= kronen" verkauft, so ist anzunehmen, daß es ihm darauf ankommt, 2000 Mk. in Reichswährung, nicht gerade 100 20 Mk.=Stücke zu erhalten. Zweifelhafter ist die Frage, wenn eine im Inlande zu leistende Geldschuld nach aus= ländischer Währung bestimmt ist. Nach dem Vorgange der WO. Art. 37 und des alten HGB. Art. 336 Abf. 2 bestimmt BGB. § 244, daß eine derartige Schuld als Summenschuld, nicht als Geldsortenschuld zu betrachten, d. h. auch in Reichswährung zahlbar ist, es sei denn, daß Zahlung in ausländischer Währung ausdrücklich (zB. „1000 Franken Gold effektiv") bedungen ist. Die Um= rechnung in Reichswährung erfolgt in dem Normalfalle nach dem zur Zeit der Fälligkeit für den Zahlungsort maßgebenden Kurse (S. 347).

Wird eine wahre Geldsortenschuld zu einer Zeit fällig, zu der die Münzsorte sich nicht mehr im Umlaufe be= findet, so verwandelt sie sich in eine Summenschuld (BGB. § 245), d. h. die Zahlung ist so zu leisten, als wenn eine Geldsorte überhaupt nicht bestimmt wäre. Ändert sich der Münzfuß, so sind die unter dem früheren Münzfuß ein= gegangenen, unter dem neuen zu erfüllenden Summen= schulden nach dem Verhältnisse des neuen zum alten Münz= fuße zu zahlen. In der Gegenwart wird dies Verhältnis betreffs der einzelnen Münzsorten stets gesetzlich festgestellt (S. 362; vgl. auch ALR. I, 16 § 74 und I, 11 §§ 787 ff.).

§ 33. Das Metallgeld.

a. Grundbegriffe.

Als Währungsmittel kommen von jeher die Edel=
metalle Gold und Silber in Betracht. Ist nur eines
dieser Metalle mit Währungseigenschaft bekleidet, so spricht
man von einfacher Währung. Sind beide Metalle zur
Währung erhoben, so kann Doppelwährung (Bi=
metallismus) oder Parallelwährung herrschen. Bei
der ersteren ist das Wertverhältnis von Gold zu. Silber
gesetzlich festgestellt (Wertrelation); jede — gleichviel ob
in Gold oder Silber eingegangene — Wertschuld kann
durch eine gewisse Quantität eines dieser Metalle gezahlt
werden[1]. Bei der Parallelwährung dagegen besteht kein

[1] Einer der Hauptwünsche der Agrarier geht auf die Ersetzung
der gegenwärtig in Deutschland herrschenden (hinkenden S. 363) Gold=
währung durch die Doppelwährung. Die Vertreter des Bimetallismus
(v. Kardorff, Arendt) versprechen sich hiervon eine Erhöhung der Preise
für landwirtschaftliche Produkte, indem sie den Satz aufstellen, daß die
Kaufkraft des Geldes um so größer, daher der Preis der gekauften
Ware um so geringer ist, je schmaler die „metallische Basis" des Münz=
systems eines Landes, d. h. je seltener das zur Währung verwendete
Metall ist; daß dagegen die Kaufkraft des Geldes, d. h. die Menge
der für einen gewissen Rechnungsbetrag zu kaufenden Waren, sinkt,
also der Preis für das einzelne Warenstück steigt, wenn die metallische
Basis eine breitere ist. M. a. W.: Heute erhalte man zB. für 110 Mk.
Gold 20 Ztr. Roggen, nach Einführung der Doppelwährung werde
man für 110 Mk. nur etwa 15 Ztr. Roggen erhalten. Der Landwirt
werde dann für 15 Ztr. also den gleichen Betrag erhalten, wie gegen=
wärtig für 20 Ztr. Die nominellen Einnahmen des Landwirts würden
also steigen, die Ausgaben, insbesondere für die Schulden und deren
Verzinsung aber die gleichen bleiben.

Nach der Meinung der Goldwährungsmänner (Bamberger) ist
die Richtigkeit dieser Folgerungen zu verneinen. Jedenfalls stehe der
Einführung der Doppelwährung die praktische Schwierigkeit entgegen,
daß dem Golde fast überall, mindestens in allen europäischen Ländern,
eine größere und sich dauernd fast gleich bleibende Wertschätzung zu=
komme, als dem Silber, das auf dem Weltmarkte je nach der größeren
oder geringeren Erzeugung den größten Kursschwankungen unterliege.
Der Bimetallismus könne daher bestenfalls nur bei Beteiligung aller
Hauptkulturländer, insbesondere Englands, eingeführt werden. Denn
es bestehe sonst die Befürchtung, daß die auf der reinen Goldwährung

gesetzliches Verhältnis zwischen Gold und Silber; die Goldschuld ist in Gold, die Silberschuld in Silber zu zahlen.

Das Währungsmetall wird zum Währungsgelde durch die Ausmünzung. Münze (monēta, von der beim Tempel der „warnenden" Juno, der Juno Monēta, auf dem Kapitol belegenen ersten Münzstätte hergeleitet) heißt eine bestimmte Quantität Währungsmetall, die von dem zur Ausmünzung Berechtigten (Münzherr, vgl. II, 62) mit einer amtlichen Wertsbezeichnung (Prägung) versehen ist. Jedes Münzsystem beruht auf:

1. der Feststellung eines Gewichts, nach dem die den einzelnen Münzen zuzuteilenden Quantitäten des Währungsmetalls zu bemessen sind, sog. Münzgrundgewicht (zB. das as, die Kölnische Mark, das Zollpfund, S. 356, 357);

2. der sog. Stückelung, d. h. der Feststellung, wie viele Münzstücke und welche Münzsorten aus dem Münzgrundgewichte zu prägen sind (S. 359);

3. dem Feingehalte, d. h. der Feststellung, zu welchem Prozentsatze dem — im reinen Zustande praktisch unverwendbaren, weil zu leicht abnutzbaren — edlen Währungsmetall unedles Metall (Kupfer) zuzusetzen ist, sog. Beschickung oder Legierung (S. 359³).

Münzfuß ist der gesetzlich festgestellte Maßstab, nach dem ein Staat seine Münzen ausprägt. Er ergiebt sich aus den Grundsätzen über das Münzgrundgewicht, dessen Stückelung und die Legierung. Wenn man also zB. vom Preußischen 14 Thaler-Fuß spricht (S. 356), so versteht man darunter, daß aus dem damaligen Münzgewichte, der

---

beharrenden Länder ihre in Deutschland zu leistenden Zahlungen in dem für sie minderwertigen Silber leisten, während die in jenen Ländern zu leistenden Zahlungen in Gold zu erfolgen hätten, so daß schließlich alles Gold ins Ausland ginge.

Gegenwärtig besteht Goldwährung in: Deutschland, Großbritannien, Österreich, Rußland, Dänemark, Schweden, Norwegen, Nordamerika (vgl. jedoch die Blandbill, S. 361⁴); Silberwährung in China, Ostindien, Mexiko; Doppelwährung in den Ländern der lateinischen Münzunion (S. 361⁴).

Mark reinen Silbers, nach Zusatz der gesetzlich vorge=
schriebenen Kupfermenge, 14 Thalerstücke ausgeprägt wurden.

Bei dem einzelnen Münzstücke nennt man Schrot
(Rauhgewicht) das Gewicht, Korn den Gehalt an Edel=
metall, Münzzeichen das die Münzstätte angebende
Zeichen (meist ein Buchstabe, S. 363), Avers die Vorder=
prägung (Kopf), Revers die Prägung der Rückseite
(Schrift), Legende die auf einer oder beiden Seiten,
Ränderung die zur Verhütung des Abfeilens auf dem
Raude sich findende Umschrift.

Weder Schrot (Bruttogewicht) noch Korn (Feingehalt)
lassen sich in den Münzstätten dem Gesetz entsprechend
mit absoluter Genauigkeit herstellen. Das Gesetz erklärt
daher eine geringfügige Abweichung (Remedium,
Toleranz, Laisser) für unschädlich, d. h. die nach Ge=
wicht und Feingehalt innerhalb dieser Fehlergrenze sich
haltenden Münzen für vollgültige Geldstücke. Da durch
den Verkehr eine allmähliche Abnutzung der Münzen im
Gewichte stattfindet, so ist ferner festgestellt, bis zu welchem
Mindestgewichte (sog. Passiergewicht, Passer) das
Schrot des einzelnen Geldstücks im Verkehre sinken kann,
ohne daß das Geldstück seine Umlaufsfähigkeit verliert.
Sinkt es unter das Passiergewicht, dann braucht es im
Verkehre nicht angenommen zu werden, es muß aber vom
Münzherrn umgetauscht werden.

Außer durch das Herabgehen unter das Passier=
gewicht können die einzelnen Münzen ihre Währungs=
eigenschaft durch absichtliche Beschädigung (Durchlöcherung,
Beschneiden, S. 364[7]) verlieren. Münzsorten können
nur unter Änderung des Münzsystems, also durch Rechts=
satz, ihre Währungseigenschaft verlieren (Außerkurs=
setzung, Münzverruf, II, 62) oder in ihrem Werte
vermindert werden, sog. Devalvation (vgl. zB. I, 46[1]
bezüglich des as). Energischer als die Außerkurssetzung
wirkt das Umlaufsverbot, das die Benutzung gewisser
Münzen (meist ausländischer im Inlande) bei Strafe ver=
bietet, vgl. zB. Art. 13[1] des Reichsmünzgesetzes vom
9. Juli 1873.

b. Geschichte.

1. Das älteste Tauschmittel in Rom waren Rinder und Schafe (pecus, davon pecunia, peculium), später Kupfer mit einer Legierung von Zinn. Das Kupfer wurde ursprünglich nach Gewicht bemessen; aus dem Erfordernisse des Zuwägens erklärt sich die älteste Form der Manzipatiou ("per aes et libram", I, 163) und die Heranziehung eines Unparteiischen (libripens). Schon unter Servins Tullius sollen Bronzebarren mit einem Viehzeichen gestempelt (pecunia signata) in Stücken von einem römischen Pfunde vorgekommen sein (as, aes grave, I, 46[1]).

Wirkliche Münzen (Asse, in ihrem Gewicht und Werte mehr und mehr verfeinert) erscheinen jedoch erst zur Zeit der Dezemvirn (450 v. Chr.). Seit 269 v. Chr. wurden neben den Kupfermünzen auch Silbermünzen (Denare im Werte von 10 Assen und Sestertien im Werte von 2½ Assen), seit Sulla auch Goldmünzen geprägt. Cäsar ließ eine Goldmünze (aureus) zu ¹⁄₄₀ Pfund Gold (zu 327 g), Konstantin eine solche (solidus) zu ¹⁄₇₂ Pfund (etwa 4½ g schwer) ausprägen (vgl. I, 47[1]).

2. Der Silberdenar und der Goldsolidus waren auch für Deutschland die Grundlage der ursprünglichen Münzverfassung, soweit überhaupt nicht noch reine Tauschwirtschaft stattfand. Unter Chlodwig (etwa 480) faud eine Verschlechterung des solidus (Schilling) insofern statt, als aus dem Pfunde reinen Goldes nicht mehr 72, sondern 84 Stücke ausgeprägt wurden. Dem Schilling entsprachen 40 Silberdenare (Pfennige). Diese Münzverfassung liegt der lex Salica hinsichtlich der Bußtaxen (II, 361) zu Grunde. Im achten Jahrhundert gingen die Frauken infolge des eintretenden Goldmangels zur reinen Silberwährung über (II, 24). Nach einer von Karl dem Großen um 780 vorgenommenen Münzreform wurde als Münzgrundgewicht ein Pfund von etwa 400 g zu Grunde gelegt. Aus dem Pfunde Silber wurden 20 Silbersolidi (Schillinge) zu je 12 Denaren (Schatzen, Pfennigen) geprägt. Die karolingische Silberwährung erhielt sich bis

23*

in das späte Mittelalter. Neben ganzen Denaren wurden „Hälblinge" (Heller) und Vierlinge geprägt. An die Stelle des karolingischen Pfundes von 400 g trat jedoch das Kölnische Pfund von 467,70 g und dessen Hälfte, die Kölnische Mark zu 233,85 g, die in den Reichsmünz=ordnungen von 1524, 1551 und 1559 zum Reichsmünz=grundgewicht erklärt wurde und bis 1857 (S. 357) das Münzgrundgewicht aller deutschen Münzsysteme gebildet hat (II, 63⁷). Aus der Kölnischen Mark reinen Silbers, der sog. Feinen Mark, wurden anfänglich 12 Schillinge zu 12 Pfennigen geprägt.

Goldmünzen kommen erst im späteren Mittelalter, meist im Anschluß an den Florentiner Goldgulden (Florins), vor. Während das Münzrecht im übrigen schon früh=zeitig an die Landesherren kam, blieb die Goldprägung dem Kaiser vorbehalten; doch wurde sie durch die Goldene Bulle den Kurfürsten eingeräumt. Die damalige Wert=relation von Gold zu Silber kann man nach einer Stelle des Sachsenspiegels (II, 63) auf 1 : 10 schätzen. Das Münzwesen wurde seit dem 16. Jahrhundert durch viel=fache Verrufserklärungen und Devalvationen immer ver=wirrter, am meisten zur Zeit des Dreißigjährigen Kriegs (Zeit der Kipper und Wipper 1621—1623; „kippen" heißt das Beschneiden, „wippen" das Aussondern der vollwichtigen Geldstücke). Zur Hebung und Vereinfachung des Münzwesens schlossen seit Ausgang des 17. Jahr=hunderts die Territorien Münzkonventionen ab, unter denen die wichtigste die Leipziger Konvention von 1690 zwischen Kurbrandenburg, Kursachsen und Braunschweig ist. Durch diese Vereinbarung wurde der — 1738 zum Reichsmünzfuß erhobene — „Leipziger oder 18 Gulden=fuß" begründet, d. h. es sollten aus der (Kölnischen) Mark feinen Silbers 9 Speziesthaler zu 2 Gulden aus=geprägt werden. 1750 wurde in Preußen der (nach dem damaligen Münzdirektor sogenannte) Graumannsche Münz=fuß eingeführt, wonach aus der feinen Mark 14 Thaler à 24 Groschen à 12 Pfg. geprägt wurden. Daneben wurde als Goldmünze der Friedrichsdor zu 5 Thaler

Gold eingeführt, ohne daß aber diese Goldmünzen zu den Silberwährungsmünzen (Silberkurant) in ein gesetzliches Wertverhältnis gesetzt wurden. Es herrschte also Parallelwährung; freilich galt Silberkurant als Hauptwährung, und Zahlungen in Gold waren nur bei besonderen Abreden oder Gesetzen zu leisten und anzunehmen (ALR. I, 16 § 76). Thatsächlich wurden die Friedrichsdore zu 5²/₃ Thaler Kurant auch von den Staatskassen angenommen. Den Gegensatz zum Silberkurant bildeten außer den Goldmünzen die nicht vollwertig ausgeprägten Scheidemünzen, die nur bis zu 10 Thalern angenommen werden mußten (ALR. I, 16 § 77). Neben dem Preußischen 14 Thalerfuße hatte im Deutschen Bunde noch in Österreich der 20 Guldenfuß (sog. Konventionsmünze seit 1753) und der süddeutsche 24¹/₂ Guldenfuß (seit 1837) besondere Bedeutung; danach wurden aus der Mark fein 20 und 24¹/₂ Gulden geprägt.

3. Durch den Wiener Münzvertrag vom 24. Januar 1857 wurde für den Deutschen Bund an Stelle der Kölnischen Mark das Zollpfund zu 500 g als Münzgrundgewicht eingeführt; es wurden aus dem Pfunde fein ausgeprägt 30 Thaler (Thalerwährung) oder 45 Gulden (Florin) zu 100 Kreuzern (Österreichische Währung) oder 42¹/₂ Gulden zu 60 Kreuzern (süddeutsche Währung). Als Vereinsgoldmünze wurde die Krone und halbe Krone zu ¹/₅₀ und ¹/₁₀₀ Pfund Gold angenommen; doch ist sie unpraktisch geblieben. Als Legierung wurde für alle Währungsmünzen das Verhältnis von 9 : 1 festgestellt.

c. Das Münzwesen des Deutschen Reichs.

Durch Art. 4³ der RV. wurde die „Ordnung des Maß, Münz und Gewichtssystems nebst Feststellung der Grundsätze über die Emission von fundiertem und unfundiertem Papiergelde" der Reichsgesetzgebung unterstellt. Nachdem das Maß und Gewichtssystem bereits zur Zeit des Norddeutschen Bundes seine Regelung erhalten hatte²),

---

²) Maß und Gewichtsordnung vom 17. August 1868, ergänzt durch RG. vom 11. Juli 1884. Danach ist die Grundlage

wurde das Münzwesen auf Grundlage des Maß= und Gewichtssystems unter grundsätzlicher Annahme der Gold= währung an Stelle der Silberwährung geordnet durch das Reichsgesetz vom 4. Dezember 1871 betr. die Ausprägung von Reichsgoldmünzen und das Reichsmünzgesetz vom 9. Juli 1873.

Auf diesen beiden Reichsgesetzen beruht das Münz= system des Deutschen Reichs.

1. Als Münzgrundgewicht gilt das Pfund, d. h. das halbe Kilogramm (500 g). Das Mischungsverhältnis (die Legierung) ist sowohl für die Reichsgold= als die Reichssilbermünzen auf $900/1000$ Edelmetall zu $100/1000$

---

des deutschen Maß= und Gewichtssystems das Meter, d. h. diejenige Längeneinheit, die durch (französische) Messungen als der zehnmillionste Teil des Erdquadranten zwischen Äquator und Nordpol festgestellt ist. Dies Längenmaß ist zunächst die Grundlage des Körpermaßes, indem ein Würfel von $1/10$ Meter Seitenlänge, nämlich das Kubikdezimeter, das Einheitsmaß, das Liter bildet. Auf dem Liter, d. h. dem Kubik= dezimeter, beruht wieder das Gewicht, indem als Einheitsgewicht das Kilogramm bestimmt ist, nämlich das Gewicht eines Liters (Kubik= dezimeters) destillierten Wassers von 4° Celsius Wärme. Die Teilungen und Vervielfachungen der Längen=, Flächen=, Körpermaße und der Gewichte folgen dem Dezimalsystem. Als Urmaß und Urgewicht (Prototyp) gilt ein im Besitze der Preuß. Regierung befindliches Platinmeter und Platinkilogramm, von dem beglaubigte Kopien gefertigt sind, die wieder für Normalmaße und Normalgewichte als Vorbild gedient haben. Zum Zumessen und Zuwägen im öffentlichen Verkehre dürfen nur Maße und Gewichte verwendet werden, welche durch die einer Normal= aichungskommission untergeordneten Aichungsämter geaicht, d. h. als richtig durch Stempelung beglaubigt sind.

Durch das RG. vom 1. Juni 1898 betr. die elektrischen Maß= einheiten sind auch die elektrischen Messungen reichsgesetzlich geordnet. Gesetzliche Einheiten hierfür sind (benannt nach hervorragenden Elek= trifern): das Ohm (Einheit des elektrischen Widerstands), das Ampere (Einheit der elektrischen Stromstärke) und das Volt (Einheit der elektro= motorischen Kraft). Bei der gewerbsmäßigen Abgabe elektrischer Arbeit dürfen Meßwerkzeuge, sofern sie nach den Lieferungsbedingungen zur Bestimmung der Vergütung dienen sollen, nur verwendet werden, wenn ihre Angaben auf den gesetzlichen Einheiten beruhen. Die amtliche Prüfung und Beglaubigung (also die „Aichung") elektrischer Meßgeräte erfolgt durch die Physikalisch=technische Reichsanstalt in Charlottenburg.

Kupfer festgestellt[3]). Als Einheitsmünze gilt der 1395. Teil des Pfundes reinen Goldes, die Mark.

Aus dem Pfunde reinen Goldes werden also ge=
prägt: 69³/₄ Zwanzigmarkstücke (Doppelkronen) oder 139¹/₂ Zehnmarkstücke (Kronen) oder 279 Fünfmarkstücke (halbe Kronen). Da zum Pfunde feinen Goldes zur Herstellung der gesetzlichen Legierung ¹/₉ Pfund Kupfer zugesetzt wird, so wiegen z.B. 139¹/₂ Zehnmarkstücke 1¹/₉ Pfund, d. h. 125,55 Zehnmarkstücke oder 62,775 Zwanzigmarkstücke ein Pfund = 500 g. Die Kronen und Doppelkronen dürfen bei der Ausgabe im Feingehalte (Korn, S. 354) nicht mehr als 2 Tausendstel, im Gewichte (Schrot) nicht mehr als 2¹/₂ Tausendstel von der Norm abweichen (Toleranz). Als vollwichtig gelten aber diese Goldmünzen noch, wenn sie durch den Umlauf nicht mehr als ⁵/₁₀₀₀ ihres Normal= gewichts verloren haben (Passiergewicht). Bei den

---

[3]) Seit dem Wiener Münzvertrage wird der Feingehalt regel=
mäßig nach Tausendsteln bezeichnet. Früher wurde er bei Gold in Karaten, bei Silber in Loten ausgedrückt. Das reine Gold wurde 24 Karat zu 12 Gran, das reine Silber 16 Lot zu 18 Gran gleich= gestellt. 18 karätiges Gold enthielt danach ¹⁸/₂₄ Gold und ⁶/₂₄ Kupfer, entsprach also einem Feingehalte von ⁷⁵⁰/₁₀₀₀, ebenso 12 lötiges Silber. Die Reichsmünzen, die zu einem Feingehalte von 0,900 ansgeprägt werden, würden also nach der früheren Bezeichnung 21,6 karätig (Gold= münzen) und 14,4 lötig (Silbermünzen) sein.

Die Angabe des Feingehalts darf nach dem Reichsgesetze vom 16. Juli 1884 über den Feingehalt der Gold= und Silberwaren auf Gold= und Silbergeräten ebenfalls nur nach Tausendsteln erfolgen, und zwar durch eine die Zahl der Tausendstel und die Firma angebende Stempelung unter Zufügung der Reichskrone sowie einer Sonne für Gold=, und eines Halbmonds für Silberwaren. Goldene Geräte dürfen nur gestempelt werden, wenn sie mindestens ⁵⁸⁵/₁₀₀₀ Gold, silberne Geräte, wenn sie mindestens ⁸⁰⁰/₁₀₀₀ Silber enthalten; Schmucksachen dürfen in jedem Feingehalte gestempelt werden. Unrichtige oder unzulässige Stempelung von Gold= und Silberwaren und das Feilhalten von solchen mit unrichtiger Stempelung bezeichneten Waren wird mit Geldstrafe bis zu 1000 Mk. oder Gefängnis bis zu 6 Monaten bestraft. Auch ist bei der Verurteilung auf Vernichtung der gesetzwidrigen Be= zeichnung, oder wenn die Vernichtung in anderer Weise nicht möglich ist, auf Zerstörung der Waren zu erkennen. Dagegen ist es natürlich gestattet, Gold= oder Silberwaren zu jedem Feingehalt anzufertigen und feilzuhalten, sofern sie nicht gestempelt sind.

Fünfmarkstücken beträgt die Toleranz im Schrot $^4/_{1000}$, die Abweichung zwischen Normal= und Passiergewicht $^8/_{1000}$.

Bei den Reichssilbermünzen wird das Pfund feinen Silbers zu 100 Mk. angenommen (was einer Wert= relation des Goldes zum Silber von 1 : 13,95 entspricht, S. 352), und es werden daraus 20 Fünfmark=, 50 Zwei= mark=, 100 Einmark= oder 200 Fünfzigpfennigstücke aus= geprägt. Da die Legierung mit Kupfer, wie beim Gold, $^1/_9$ beträgt, so wiegen 100 Mk. Silber $1^1/_9$, also 90 Mk. ein Pfund. Die Toleranz im Korn darf $^3/_{1000}$, im Schrot (außer bei den jetzt nicht mehr geprägten 20 Pfennig= stücken) $^{10}/_{1000}$ nicht übersteigen. Ein Passiergewicht ist nicht festgestellt, da die Reichssilbermünzen, wie unten darzulegen, überhaupt nicht Währungsgeld, sondern Scheide= münzen sind; doch sollen sie für Rechnung des Reichs eingezogen werden, falls sie infolge längeren Umlaufs erheblich an Gewicht oder Erkennbarkeit verloren haben.

An Nickelmünzen werden Zehnpfennig=, Fünfpfennig= und seit 1886 auch Zwanzigpfennigstücke, an Kupfer= münzen Zwei= und Einpfennigstücke geprägt.

2. Wie schon S. 345[3] erwähnt, beruht das Münzwesen des Reichs (bisher nur teilweise, S. 363) auf der reinen Goldwährung. Das Reichsgold ist also nach der Be= stimmung des Art. 1 des Reichsmünzgesetzes das einzige Währungsgeld; es muß daher auch von jedermann und in jedem Betrag in Zahlung genommen werden. Der der Goldwährung zu Grunde gelegte Goldpreis von 1395 Mk. für das Pfund Feingold entspricht auch dem Weltmarkt= preise des Goldes, wie er sich seit Jahrzehnten mit gering= fügigen Abweichungen erhalten hat. Der Nennwert der Reichsgoldmünzen entspricht also ihrem Metallwert (inneren Wert), und dieser Umstand sichert dem deutschen Währungs= gelde seine fast verlustlose Verwendbarkeit im Auslande. Dagegen sind die Reichssilbermünzen unterwertig[4] aus=

---

[4] Nämlich nach einer Wertrelation zum Golde von 13,95 : 1, d. h. es werden aus einem Pfunde Silber 100 Mk. geprägt, aus 13,95 Pfund also 1395 Mk. Reichssilbermünzen, ebensoviel wie aus

geprägt, d. h. Scheidemünze, bei welcher der Metallwert hinter dem Nennwerte je nach den Schwankungen des Silberpreises mehr oder weniger zurückbleibt. Während ein Höchstbetrag für Reichsgoldmünzen nicht festgestellt ist, soll der Gesamtbetrag der Reichssilbermünzen — damit nicht eine Überschwemmung mit Nichtwährungsgeld statt= findet — 10 Mk., derjenige der Nickel= und Kupfer= münzen 2½ Mk. auf den Kopf der Reichsbevölkerung nicht übersteigen (Art. 4, 5 des Reichsmünzgesetzes). Der Charakter der Reichssilber=, Nickel= und Kupfermünzen als Scheidemünze, nicht als Währungsgeld, zeigt sich — ab= gesehen von der eben erwähnten Beschränkung auf einen gewissen Betrag — in Art. 9 des Reichsmünzgesetzes,

---

einem Pfunde Gold (S. 359). Dieses Wertverhältnis entspricht jedoch nicht dem gegenwärtigen Weltmarktpreise der beiden Edelmetalle. Der Silberpreis ist vielmehr in Folge des Übergangs Deutschlands (und in neuerer Zeit Rußlands und Österreichs) zur Goldwährung sowie über= mäßiger Silberproduktion (besonders in Nordamerika: Nevada, Kolorado) sehr gefallen, so daß er zuweilen schon 1 : 24 betrug, d. h. man erhielt auf dem Weltmarkte (London) für 1 Pfund Feingold 24 Pfund Fein= silber. Die am 23. Dezember 1865 abgeschlossene sog. Lateinische Münzunion zwischen Frankreich, Italien, Belgien und der Schweiz (der 1868 Griechenland beitrat, während Spanien, Rumänien, Serbien, Bulgarien, ohne der Münzunion beizutreten, das gleiche Münzsystem angenommen haben) beruhte auf der Doppelwährung unter Annahme einer Wertrelation des Goldes zum Silber von 1 : 15½. Die Er= niedrigung des Silberpreises führte aber schon 1876 zur Einstellung der Ausprägung silberner Fünffrankstücke, die Währungscharakter hatten. Der Entwertung (sog. Demonetisierung) des Silbers versuchte im Interesse der amerikanischen Minenbesitzer ein Münzgesetz, die sog. Blandbill 1878 — ohne dauernden Erfolg — entgegen zu treten, wonach allmonatlich 2—4 Millionen Silberdollars im Wertverhältnisse von 1 : 16 ausgeprägt werden, die von allen öffentlichen Kassen als Zahlungsmittel anzunehmen sind. Läge der deutschen Silberprägung das dem Marktpreise des Silbers bestenfalls entsprechende Verhältnis von 1 : 20 zu Grunde, so dürfte aus dem Pfunde Feinsilber nur $\frac{1}{20}$ der aus dem Pfunde Feingold zu prägenden Münzen im Nennwerte geprägt werden, also $\frac{1395}{20}$ = 69,75 Mk., nicht 100 Mk.; das Mark= stück hat hiernach einen „inneren Wert" von höchstens 70 Pf. Die Thaler (S. 362) sind dagegen nach einer Wertrelation von 1 : 15½ ausgeprägt, 30 Stück aus dem Pfunde Feinsilber („XXX Ein Pfund Fein", vgl. II, 63[7]).

wonach nur die Reichs- und Landeskassen Reichssilbermünzen in jedem Betrag in Zahlung nehmen müffen,
während sonst niemand mehr als 20 Mk. Reichssilbermünzen und mehr als 1 Mk. Nickel- und Kupfermünzen
anzunehmen braucht. Chikanöser Teilung der Schuld
zwecks Zahlung in Scheidemünze ist durch den Grundsatz
vorgebeugt, daß der Schuldner zu Teilleistungen nicht
berechtigt ist (BGB. § 266, IV, 29). Gewisse vom
Bundesrate bezeichnete Kassen tauschen Reichssilbermünzen
in Beträgen von 200 Mk. an, Nickel- und Kupfermünzen
in Beträgen von 50 Mk. an, in Reichsgold um.

3. Die Reichsgoldwährung ist im Deutschen Reich am
1. Januar 1876 (in Preußen schon am 1. Januar 1875)
in Kraft getreten. Sie fand wesentlich[5]) Landessilbermünzen vor (S. 356), von denen bei einer Umrechnung
in die Reichswährung der Thaler mit 3, der süddeutsche
Gulden mit $1^5/_7$ und die in Hamburg und Lübeck geltende
Mark Kurant mit 1,20 Mk. berechnet werden sollten.
Die Außerkurssetzung dieser Landessilbermünzen erfolgt
gemäß Art. 8 des Reichsmünzgesetzes durch Anordnung
des Bundesrats. Betreffs der wichtigsten Landessilber-
münze, des Thalers, ist jedoch eine derartige Außerkurssetzung — oder die durch RG. vom 6. Januar 1876
für zulässig erklärte Gleichstellung mit dem Reichssilber —
noch nicht erfolgt, und die eingeleitete allmähliche Einziehung wurde bald eingestellt, da das Sinken des Silberpreises (S. 361[4]) bei den zur Abstoßung des ein-
geschmolzenen Silbers herbeigeführten Silberverkäufen zu
große Verluste herbeiführte. Es ist demnach noch die
Bestimmung des Art. 15[1] in Geltung, wonach die Thalerstücke deutschen Gepräges bei allen Zahlungen und in
jedem Betrag an Stelle der Reichsmünzen zu 3 Mk. angenommen werden müffen, d. h. Währung haben. Gegen-

---

[5]) Nur in Bremen galt Goldwährung (Louisdor- oder Pistolen-
währung). Die Pistole wurde zu 5 Thalern gerechnet. Im RG. vom
4. Dezember 1871 wurden $3^1/_{93}$ Thaler Gold Bremer Rechnung dem
Zehnmarkstücke gleichgestellt.

wärtig sind noch etwa 400 Millionen Mark in Thalern im Umlaufe. Das Deutsche Reich hat daher thatsächlich noch keine reine, sondern nur eine sog. hinkende Gold= währung (étalon boiteux)[6].

Über die durch die Einführung des Reichsmünzsystems herbeigeführten sog. Österreichischen Kuponprozesse vgl. S. 81[5], über den Kassenkurs S. 347[6].

4. Die Münzprägung erfolgt auf Kosten des Reichs an bestimmten Landesmünzstätten, welche durch den Münz= buchstaben gekennzeichnet werden (A. = Berlin, B. = Hannover, C. = Frankfurt, D. = München, E. = Dresden, F. = Stuttgart, G. = Karlsruhe, H. = Darmstadt, J. = Hamburg). Auch Private können hier gegen eine Prägegebühr (Schlagschatz) von 3 Mk. für das Pfund Feingold aus Barren Zwanzigmarkstücke prägen lassen. Die Verletzung des allein dem Reiche zustehenden Münz= regals wird strafrechtlich verfolgt[7].

---

[6]) Wie festgestellt ist, befand sich am 31. Dezember 1898 etwa die Hälfte der Thaler in den Kellern der Reichsbank, da der Verkehr 400 Millionen Mark in Thalern nicht aufnimmt. Da der Metallwert der Thaler aber bedeutend geringer ist als ihr Nennwert, so befindet sich die Reichsbank, welche das Metall zur Deckung der Banknoten ver= wendet (S. 373), hierdurch im Nachteile. Sie hätte sich freilich der Thaler dadurch entledigen können, daß sie ihre Verpflichtungen mit ihnen bezahlt hätte; aber von diesem Rechte macht sie keinen Gebrauch, wenn ausdrücklich Gold verlangt wird. Die im Herbst 1899 dem Bundesrate vorgelegte Novelle zum Münzgesetze vom 9. Juli 1873 beabsichtigt, diesem Übelstande dadurch abzuhelfen, daß die Thalerstücke in Reichsscheidemünze umgewandelt werden. Es soll der Betrag der Scheidemünzen von 10 auf 14 Mark für den Kopf der Bevölkerung erhöht werden. Dann müßten nach dem jetzigen Stande der Be= völkerung des Deutschen Reichs 220 Millionen Mark Silbermünzen als Scheidemünzen neu geprägt werden, und hierzu sollen die Thaler verwendet werden. Ferner soll niemand verpflichtet sein, Zahlungen von mehr als 20 Mark in Thalern anzunehmen.

Wenn diese Novelle zum Gesetz erhoben wird, ist im deutschen Reiche die Goldwährung vollkommen durchgeführt.

[7]) Das Reichsstrafgesetzbuch bestraft — indem es dem Metall= gelde das Papiergeld und andere Inhaberpapiere gleichstellt, StGB. §§ 146, 149 —:

§ 34. Das Papiergeld.

a. Begriff und Arten.

Wie S. 344 dargelegt, liegt die Bedeutung des Geldes darin, daß es allgemeines Tauschmittel, allgemeiner Wertmesser und allgemeines Zahlungsmittel ist. Von diesen Funktionen kann ein aus Papier hergestelltes Geld die beiden ersten niemals erfüllen. Papiergeld hat keinen „inneren Wert", weder einen Gebrauchs= noch einen Tausch= wert (S. 346), wie das Metallgeld. Aus dem gleichen

---

a. als Verbrechen:

Die Falschmünzerei, d. h. die Anfertigung falschen Geldes in der (wenn auch noch nicht ausgeführten) Absicht, es in den Verkehr zu bringen; ihr gleich steht die Veränderung echten Geldes zwecks Bei= legung höheren Werts und verrufenen, d. h. außer Kurs gesetzten Geldes zwecks Beilegung des Ansehens noch geltenden, sowie das in Verkehr Bringen nachgemachten und verfälschten Geldes (StGB. §§ 146, 147, Zuchthaus nicht unter zwei Jahren);

b. als Vergehen:

1. Die Münzverfälschung, d. h. das Verringern echten Metallgelds durch Beschneiden, Abfeilen usw. in Verbindung mit dem in Verkehr Bringen als vollgültiges Geld (StGB. § 150, Gefängnis);

2. die Ausgabe gefälschten, als echt empfangenen Geldes nach erkannter Unechtheit (StGB. § 148, Gefängnis bis zu 3 Monaten oder Geldstrafe bis zu 300 Mk.);

3. das Anschaffen oder Anfertigen von Gerätschaften zum Zweck eines Münzverbrechens (StGB. § 151, Gefängnis bis zu zwei Jahren);

c. als Übertretung:

Die ohne schriftlichen Auftrag einer Behörde erfolgende An= fertigung oder Verabfolgung von Gerätschaften, welche zu einem Münzdelikte dienlich sein können (StGB. § 360⁴·⁵, Haft oder Geldstrafe bis zu 150 Mk.).

Vgl. StGB. §§ 4¹ (Verfolgung im Auslande begangener Münz= verbrechen); 139 (Strafbarkeit der Nichtanzeige bevorstehender Münz= verbrechen); sowie das RG. vom 26. Mai 1885 betreffend den Schutz des zur Anfertigung von Reichskassenscheinen verwendeten Papiers gegen unbefugte Nachahmung (Gefängnis bis zu einem Jahre, bei Nachahmung zum Zweck eines Münzverbrechens Gefängnis von 3 Monaten bis zu 2 Jahren, bei Fahrlässigkeit Geldstrafe bis zu 1000 Mk. oder Gefängnis bis zu 6 Monaten).

Grunde kann Papiergeld aber auch nicht als Wertmesser dienlich sein, denn die der Bewertung zu Grunde liegende Schätzung (S. 378) bedeutet Gleichstellung des Werts der zu schätzenden Sache mit einer anderen Sache von feststehendem Tauschwerte. Hieraus ergiebt sich, daß eine alleinige Papierwährung undenkbar ist. Denn das Papiergeld kann bestenfalls die Funktion als Zahlungsmittel erfüllen; ein allgemeines Tauschmittel, ein allgemeiner Wertmesser ist aber bei entwickeltem Verkehr unentbehrlich. Es ist deshalb in allen Staaten, in denen Papiergeld überhaupt vorhanden ist, die Grundlage des Geldsystems eine Metallwährung, auf welche die Papierwährung zurückführt.

Für die Begriffsbestimmung des Papiergelds ist nach dem Vorstehenden zunächst festzuhalten, daß nur seine Funktion als Zahlungsmittel an Stelle des Metallgelds — also als Gelderfatzmittel — in Betracht kommen kann. Damit sind aber die Begriffsmerkmale des Papiergelds zweifellos nicht erschöpft. Nicht jedes Papier, das vom Verkehr als Gelderfatzmittel angesehen wird, ist als Papiergeld zu bezeichnen [1]. Geld in seiner eigentlichen Be=

---

[1] Die Ausdrucksweise ist außerordentlich schwankend. Im Text ist als „Papiergeld" nur dasjenige Gelderfatzmittel bezeichnet, das durch Rechtsfatz zum Geld erhoben ist und wie Metallgeld zum Nenn= wert als Zahlungsmittel verwendet werden kann und angenommen werden muß. Andere unterstellen dem Begriffe „Papiergeld" jedoch auch solche auf eine bestimmte Summe lautende papierene Umlaufs= und Gelderfatzmittel, die im Verkehre thatsächlich als Zahlungsmittel gegeben und genommen werden, sodaß ihre Hingabe nicht datio in solutum, sondern solutio ist (usuelles oder konventionelles Geld, S. 345), ohne daß aber ein allgemeiner Annahmezwang besteht. Das Papiergeld ist körperliche Sache. Geht es unter, so ist jeder Anspruch des Besitzers erloschen. Die Geldpapiere sind dagegen Urkunden über Forderungen. Werden sie vernichtet, dann ist ihre Amortifation möglich, die Forderung bleibt an sich bestehen. Wird mit Papiergeld gezahlt, so ist der Gläubiger bezahlt. Werden Geldpapiere hingegeben, so entscheidet die Verkehrsanschauung hinsichtlich des einzelnen Geld= papiers, ob solutio (Zahlung), datio in solutum (Hingabe an Zahlungs= ftatt) oder gar nur datio solutionis causa (Hingabe zahlungshalber, damit der Empfänger versucht, sich bezahlt zu machen) gemeint ist.

deutung (S. 345) ist nur ein durch Rechtssatz zur Währung und darum zum allgemeinen Zahlungsmittel erhobener Stoff. Demgemäß ist Papiergeld ein aus Papier her= gestelltes Geldstück, dem durch Rechtssatz ein bestimmter — in Währungsmetallgeld ausgedrückter — Wert mit der Wirkung beigelegt ist, daß es in Höhe der entsprechenden Metallgeldquantität überall im Geltungsbereiche jenes Rechts= satzes als Zahlungsmittel verwendet werden kann. Das Wesen des Papiergelds liegt also in seiner Gleichstellung mit dem Metallgeld und in seiner Erhebung zum· gesetz=

Wenn zB. A. seinem Gläubiger B. zur Tilgung einer Schuld von 1000 Mk. einen von C. acceptierten Wechsel gleichen Betrags indossiert, so liegt hierin nur eine datio solutionis causa, d. h. B. ist, falls er den Wechsel von A. annimmt, zwar verpflichtet, den Versuch zu machen, den Wechsel bei C. einzuziehen, bevor er von A. Zahlung fordert, seine ursprüngliche Forderung an A. bleibt aber bestehen, bis er von C. das Geld erhalten hat (vgl. IV, 254[6]).

Besonders streitig ist, welchem Begriffe die Reichskassenscheine und die Banknoten zu unterstellen sind. Wenn man das Wesen des Papiergelds, wie im Text ausgeführt, in seiner auf Rechtssatz be= ruhenden Gleichstellung mit dem Metallgelde findet, so gehören beide Geldpapiere nicht unter den Begriff „Papiergeld“. Anzuerkennen ist freilich, daß der Reichskassenschein sich äußerlich dem Gelde nähert („5 Mk.“ usw., S. 370), während die Banknote sich als Urkunde über ein Zahlungsversprechen („100 Mk.“ zahlt usw. S. 371[5]) darstellt. Die Frage, ob diese Papiere wirklich Papiergeld sind, hat übrigens keine erhebliche praktische Bedeutung. Denn für jedes derselben bestehen in den wichtigsten Beziehungen (Amortisation, Annahmepflicht) aus= drückliche gesetzliche Vorschriften.

Eine eigentümliche Stellung hat die Briefmarke. Sie ist ein zwecks Erleichterung des Verkehrs in besonderer Weise verwend= bares Zahlungsmittel für eine von der Post erwartete Leistung (Brief=, Packet=, Telegrammbeförderung). Ebenso ist die Stempelmarke Zahlungsmittel für eine gewisse Verkehrssteuer (II, 60[6]). Beide Arten von Marken werden auch vielfach unter Privaten als Zahlungsmittel verwendet und treten dann in die Gattung des usuellen Geldes. Gierke stellt unter den Begriff „Geldzeichen“ solche an sich minder= wertige (Scheidemünze) oder wertlose (Papiergeld) Sachen, die aus= gegeben werden, um im Verkehre das Geld zu vertreten.

Über sonstige Zahlungsersatzmittel ist im Rechte der Schuldver= hältnisse zu sprechen; vgl. IV, 243 (Novation), IV, 248 (Delegation), IV, 271 (Aufrechnung), IV, 291 (Kontokurrent), IV, 293 (Skontration, Giroverkehr, Abrechnungsstellen).

lichen Zahlungsmittel. Ob der Ausgeber (Emittent) solches Papiergelds (regelmäßig der Staat) zur sofortigen Um=wechslung gegen Währungsmetall verpflichtet ist, sog. Einlösungspflicht, oder nicht, ob ferner diese Einlösung durch besondere Vermögenswerte des Emittenten gesichert ist oder nicht (fundiertes und unfundiertes Papier=geld, vgl. RV. Art. 4³), das ist für den Begriff des Papier=gelds gleichgültig.

Das Papiergeld hat, wie eingangs dargelegt, keinen inneren, sondern nur einen „fiktiven" Wert, indem durch einen staatlichen Rechtssatz festgestellt wird, daß ein be=stimmtes Stück Papier einer bestimmten Quantität Metall=geld gleichstehen soll. Ein solcher Rechtssatz gilt natürlich nur für das Machtgebiet des Gesetzgebers, d. h. für das Inland. Im Auslande zu leistende Zahlungen sind da=gegen in der dortigen Währung zu erfüllen (S. 348⁷). Ein ausländischer Gläubiger braucht inländisches Papier=geld ebensowenig anzunehmen, wie inländisches Währungs=geld; m. a. W. alles inländische Geld, auch das Papier=geld, hat im Auslande keine gesetzliche, sondern nur usuelle Zahlungskraft und wird nicht zum Nenn=, sondern zum Kurswerte genommen. Der letztere richtet sich, wie S. 347 erörtert, beim Metallgelde nach dessen „innerem Werte". Das Papiergeld mit Einlösungspflicht wird regelmäßig dem Metallgelde gleichstehen, wenn das Vertrauen vorhanden ist, daß der Emittent seiner Einlösungspflicht jederzeit wird genügen können und wollen. Solches Papiergeld ist gleich der Scheidemünze und in weit höherem Maße als sie (S. 347⁵) Kreditgeld. Das Papiergeld ohne Einlösungspflicht wird dagegen, da es höchstens zu Zahlungen an das Inland verwendbar ist, im Auslande regelmäßig einen erheblichen und sehr schwankenden, im Wechselkurse sich ausdrückenden (S. 348⁷) Kursverlust erleiden. Im Inlande wird sich eine Kursdifferenz zwischen Metall= und Papiergeld wegen der beiden Stoffen gleich=mäßig innewohnenden Eigenschaft als Zahlungsmittel solange nicht zeigen, als das Metallgeld das Hauptumlaufsmittel bildet und der Betrag des Papiergelds das inländische

Bedürfnis nicht übersteigt. Tritt jedoch das Papiergeld in den Vordergrund, so findet mit dem regelmäßig gleichzeitig eintretenden Verschwinden des Metallgelds aus dem Verkehr eine allmähliche Entwertung des Geldes, d. h. eine Verminderung seiner Kaufkraft statt (S. 352¹), die wieder eine Preissteigerung aller Lebensbedürfnisse hervorruft, das Verhältnis der verschiedenen Einkommensarten (Arbeitslohn, Kapitalzins, Grundrente, Unternehmergewinn) in einer aller Berechnung spottenden Weise verändert und jede planmäßige Wirtschaft ebenso unmöglich macht, wie gefestigte Beziehungen zum Auslande. Diese Wirkung vorwiegender Papierwährung ist am deutlichsten in Frankreich zur Zeit der Law'schen Bankgründung und der Assignatenwirtschaft²), in neuerer Zeit, wenn auch in vermindertem Maße, in Rußland und Österreich bis zu der erst jüngst erfolgten Einführung der Goldwährung hervorgetreten.

Das Papiergeld ist, wie Metallgeld, eine verbrauch=

---

²) John Law (sprich Looh) gründete 1716 in Paris eine Bank, welche die Erlaubnis zur Ausgabe von Banknoten erhielt. 1718 wurde diese Bank in eine Staatsbank verwandelt, welche Banknoten im Betrage von mehr als 3 Milliarden (3000 Millionen) Francs emittierte und unter dem Namen Compagnie d'Occident eine Gesellschaft zur Kolonisierung der Länder am Mississippi gründete. Die Aktien dieser Bank stiegen von dem Nominalwerte von 500 Livres auf 20000 Livres, während die Noten ein Agio von 10% gegenüber barem Gelde genossen. Schon 1720 trat ein „Krach" ein, die Bank wurde zur Einlösung ihrer Noten unfähig, die Aktien waren fast wertlos.

Die Assignaten (ursprünglich Anweisungen auf die konfiszierten Güter, „Domaines nationaux") wurden 1790 von der Nationalversammlung zur Tilgung der Nationalschuld eingeführt und mit Zwangskurs ausgestattet. Bei der allmählichen Überschwemmung Frankreichs mit Assignaten (im ganzen etwa 46 Milliarden) trat eine Entwertung bis auf etwa 1% und eine entsprechende Preissteigerung der Waren bei Bezahlung mit Assignaten ein. 1796 wurden sie außer Kurs gesetzt und zu ¹/₃₀, später ¹/₁₀₀ ihres Nennwerts gegen ein neu geschaffenes Papiergeld, die Mandaten, umgetauscht, die aber schließlich auf ¹/₄₀₀ ihres Nennwerts zurückgingen.

Heute ist im Deutschen Reich einer Wiederholung derartiger Vorgänge durch die S. 372 besprochene Deckungspflicht der Banken vorgebeugt.

bare und vertretbare körperliche Sache, nicht etwa ein Wertpapier[3]), und unterliegt den gleichen Grundsätzen, wie das Metallgeld, zB. hinsichtlich der Vindikation (S. 349). Ebensowenig wie für verlorenes Metallgeld wird für vernichtetes Papiergeld Ersatz geleistet (vgl. da=gegen S. 372).

[3]) Die Lehre von den Wertpapieren ist wegen ihrer vor= wiegenden Bedeutung für das Recht der Schuldverhältnisse im zweiten Buche beim Titel von den Inhaberpapieren darzustellen. Hier soll zum Verständnisse des oben erwähnten Unterschieds nur auf folgendes hin= gewiesen werden.

Die Beurkundung kann für ein Rechtsverhältnis eine dreifache Bedeutung haben: entweder für den Beweis oder für die Entstehung oder für die Verwertung des beurkundeten Rechts.

a. Entsteht das Rechtsverhältnis unabhängig von der Beurkundung und wird diese nur zur Beweissicherung vorgenommen, so spricht man von „schlichter Beweisurkunde" (notitia, II, 367). Diese Beurkundung hat lediglich prozessuale Bedeutung (CPO. §§ 415 ff.).

b. Entsteht das Recht (wie zB. bei vorgeschriebener Schriftform, vgl. unten § 41) erst durch die Beurkundung, so liegt eine dispositive Urkunde (carta) vor.

c. Bedarf ein Rechtsverhältnis zu seiner Entstehung der Schrift= form, so folgt daraus noch nicht, daß die Vorlegung der Urkunde Voraussetzung der Verwertung des darin verbrieften Rechts ist. ZB. bedarf nach § 566 BGB. ein für länger als ein Jahr geschlossener Mietvertrag über ein Grundstück der Schriftform. Die Geltendmachung der Rechte erfolgt jedoch unabhängig von der errichteten Urkunde. Bei manchen Rechtsverhältnissen dagegen ist die Vorlegung der Urkunde Voraussetzung auch der Verwertung des Rechts, und zwar entweder nur der Übertragung (so zB. bei der Namensaktie) oder auch der Geltendmachung (Wechsel, Grundschuldbrief). Wertpapier heißt nun die Urkunde über ein Privatrecht, dessen Verwertung durch die Inne= habung der Urkunde bedingt ist. Man unterscheidet: materiell= rechtliche Wertpapiere und Skripturobligationen (von Brunner Papiere öffentlichen Glaubens genannt), je nachdem noch Verhältnisse außerhalb des Papiers das darin verbriefte Privatrecht bestimmen oder das letztere (wie zB. beim Wechsel, WO. Art. 82) sich ausschließlich nach dem Inhalte des Papiers richtet; individualisierte und abstrakte Wertpapiere, je nachdem sie die causa debendi ent= halten (wie Staatsanleihen) oder nicht (wie der Wechsel); Rekta=, Order=, (Legitimations=) und Inhaberpapiere, je nachdem das im Papiere verbriefte Recht einer bestimmten im Papiere bezeichneten Person oder jedem sich als berechtigten Inhaber Ausweisenden oder jedem Inhaber schlechthin zusteht.

b. Rechtszustand im Deutschen Reiche.

Das Deutsche Reich hat kein Papiergeld[4]) in dem S. 366 dargelegten Sinne, nämlich mit allgemeiner Annahmepflicht zum Nennwerte. Da aber die Reichskassenscheine und Banknoten einerseits im inländischen Verkehre wie Währungsgeld behandelt (S. 345[3]) werden, andererseits wenigstens dem Emittenten gegenüber ein Annahmezwang vorhanden ist, rechtfertigt sich die Behandlung dieser Geldpapiere bei der Lehre vom Papiergelde.

1. Reichskassenscheine.

Auf Grund des RG. vom 30. April 1874 betreffend die Ausgabe von Reichskassenscheinen sind solche zum Gesamtbetrage von 120 Millionen Mark in Abschnitten (Appoints) von 50, 20 und 5 Mk. ausgegeben worden. Das zu ihrer Anfertigung verwendete Papier ist durch RG. vom 26. Mai 1885 gegen Nachahmung geschützt (S. 364[7]). Die Ausfertigung der Reichskassenscheine erfolgt durch die Preußische Hauptverwaltung der Staatsschulden unter der Benennung „Reichsschuldenverwaltung". Sie enthalten nicht, wie die Banknoten, ein Zahlungsversprechen, sondern nur die Angabe des Nennwerts und die Unterschrift der Mitglieder der Reichsschuldenverwaltung. Eine Ersatzpflicht im Fall einer Beschädigung tritt für Rechnung des Reichs nur ein, wenn mehr als die Hälfte eines echten Reichskassenscheins vorgelegt wird; aus Billigkeitsgründen kann aber auch ohne dies Ersatz geleistet werden.

Die Reichskassenscheine werden bei allen Kassen des Reichs und sämtlicher Bundesstaaten nach ihrem Nennwert in Zahlung angenommen und von der — mit der Reichsbankhauptkasse verbundenen — Reichshauptkasse für

---

[4]) Wenn die Reichsgesetze dennoch von Papiergeld reden, so meinen sie usuelles Papiergeld oder Geldpapiere überhaupt (StGB. §§ 146 ff., 360⁴⁻⁶, vgl. S. 364⁷); RG. vom 5. Juli 1896 betr. die Pflichten der Kaufleute bei Aufbewahrung fremder Wertpapiere, sog. Depotgesetz, § 1 (nach der S. 36² besprochenen Berichtigung). Das BGB. kennt den Ausdruck Papiergeld nicht.

Rechnung des Reichs jederzeit auf Erfordern gegen bares Geld eingelöst. Ob diese Einlösungspflicht im Rechtsweg erzwingbar ist, ist streitig. Im Privatverkehre findet ein Zwang zur Annahme von Reichskassenscheinen nicht statt.

2. Banknoten.

Banknoten sind unverzinsliche, auf den Inhaber lautende und auf Sicht gestellte, abstrakte (S. 398) Zahlungsversprechen einer des Notenprivilegs teilhaftigen Bank. Ihre Ausgabe beruht auf dem Reichsbankgesetze vom 14. März 1875 (Novelle vom 7. Juni 1899), durch welches das bis dahin in Deutschland sehr zersplitterte Zettelbankwesen geordnet wurde.

Die Befugnis zur Ausgabe von Banknoten kann hiernach nur durch Reichsgesetz erworben oder erweitert werden (§ 1). Zwecks Vermeidung der Verwendung von Banknoten im Kleinverkehr ist bestimmt, daß Banknoten nur auf Beträge von 100, 200, 500, 1000 oder einem Vielfachen von 1000 ausgefertigt werden dürfen (§ 3). Thatsächlich sind nur solche von 100, 500 und 1000 Mk. vorhanden. Weder ein Privatmann noch eine öffentliche Kasse ist verpflichtet, Banknoten in Zahlung zu nehmen (§ 2). Wohl aber muß jede Bank ihre Noten auf Präsentation sofort zum Nennwert einlösen (§ 4), auch ihre Noten⁵), sowie die der übrigen deutschen Noten=

---

⁵) Der Text eines Fünfmarkscheins lautet z.B.:

Reichskassenschein.

Gesetz vom 30. April 1874.

Fünf Mark.

Berlin, 10. Januar 1882.

Reichsschuldenverwaltung.

(Unterschriften).

Der Text einer 100 Mk.=Reichsbanknote lautet dagegen:

Reichsbanknote.

Ein Hundert Mark

zahlt die Reichsbankhauptkasse in Berlin ohne Legitimations=prüfung dem Einlieferer dieser Banknote.

Berlin, den 1. Juli 1898.

Reichsbankdirektorium

(Unterschriften).

24*

banken, solange diese ihrer Einlösungspflicht pünktlich nach=
kommen, zum Nennwert in Zahlung nehmen (§§ 19,
44 [5]). Beschädigte Noten sind zu ersetzen, nicht nur, wie
bei den Reichskassenscheinen, wenn mehr als die Hälfte
vorgelegt wird (S. 370), sondern auch, wenn zwar weniger
vorgelegt, aber nachgewiesen wird, daß der Rest vernichtet
ist. Eine Amortisation ganz vernichteter oder verlorener
Banknoten findet aber ebensowenig wie bei den Kassen=
scheinen statt (§ 4).

Die den Notenbanken auferlegte Einlösungspflicht ist
durch verschiedene Maßnahmen gesichert. Einmal dürfen
Notenbanken weder Wechsel acceptieren, noch Zeitgeschäfte
machen (§ 7), müssen monatlich viermal den Stand der
Aktiva und Passiva und alljährlich eine genaue Bilanz
veröffentlichen (§ 8), unterstehen der Aufsicht des Reichs=
kanzlers (§§ 26, 48) und sind endlich hinsichtlich des Be=
trags der auszugebenden Noten in gewisser Weise be=
schränkt (§ 9). Betreffs des Gesamtbetrags der von den
einzelnen Banken (s. u.) auszugebenden Banknoten gilt
nämlich das sog. System der Dritteldeckung und der
indirekten Kontingentierung.

α. Dritteldeckung bedeutet, daß jede Bank, um für
den Fall eines „run" (Ansturms zur Einlösung der Noten)
gerüstet zu sein, für den Betrag ihrer in Umlauf befind=

Die Reichskassenscheine bilden eine unverzinsliche Reichsschuld,
die ungedeckt ist, da die Einlösung nur durch den Reichskredit, nicht
durch besondere Deckung, wie bei den Banknoten (S. 373), gesichert
ist. Insbesondere steht der ebenfalls auf 120 Mill. Mark bemessene,
aus der französischen Kriegsentschädigung herrührende Reichskriegs=
schatz im Juliusturm in Spandau in keinem rechtlichen Zusammen=
hange mit den Reichskassenscheinen. Verzinsliche Reichsschulden sind
die durch Anleihen entstandenen. Die Reichskassenscheine und die
Reichsanleihen sind dauernde Schulden des Reichs; daneben werden
zur Deckung vorübergehender Bedürfnisse, besonders zu Beginn des
Etatsjahrs (1. April), Reichsschatzanweisungen, d. h. verzinsliche,
neuerdings auch unverzinsliche Schuldverschreibungen mit höchstens
einjähriger Umlaufszeit ansgegeben, die eine „schwebende Schuld"
(dette flottante) darstellen, da sie aus den jährlichen, bestimmt zu er=
wartenden Einnahmen zu decken sind.

lichen Banknoten mindestens ein Drittel bar, d. h. in kursfähigem deutschen Gelde (Reichsgold und Thalern, S. 362), Reichskassenscheinen oder Gold in Barren oder ausländischen Münzen (das Pfund Fein = 1392 Mk., S. 360) zur Deckung bereit halten muß, während der Rest in bankfähigen, d. h. solchen diskontierten (vor Verfall angekauften) Wechseln vorhanden sein muß, die bei einer Verfallzeit von höchstens 3 Monaten mindestens zwei als zahlungsfähig bekannte Verpflichtete aufweisen (§§ 17, 44³).

β. Indirekte Kontingentierung bedeutet, daß der Höchstbetrag der nicht bar gedeckten Noten nicht unmittelbar ziffermäßig bestimmt ist, sondern daß die Innehaltung gewisser Grenzen bei der Notenausgabe mittelbar erzwungen wird. Jede Notenbank hat nämlich durch das Reichsbankgesetz einen Notenbetrag, sog. Kontingent, zugewiesen erhalten, der steuerfrei ist. Im ganzen sind dies nach der Bankgesetznovelle vom 7. Juni 1899 vom 1. Januar 1901 ab 541,6 Millionen Mk. (bisher 385 Millionen Mk.). Jede Bank kann nun — Dritteldeckung vorausgesetzt — soviel Noten ausgeben, wie sie will. Übersteigt jedoch der Notenumlauf einer Bank ihr Kontingent, so ist von dem Überschusse, soweit er nicht bar gedeckt ist, eine Steuer von 5 % jährlich an die Reichskasse zu entrichten (§ 9). Dadurch wird die Notenausgabe mittelbar begrenzt. Denn keine Bank wird, sofern ihr steuerfreies Kontingent erschöpft ist, neue Geschäfte machen, zB. Wechsel ankaufen (diskontieren) oder Waren beleihen (lombardieren), es sei denn, daß sie dabei an Diskont oder Lombard mehr als die fünfprozentige Steuer verdient, was selten eintreten wird[6].

---

[6] Außer der bereits S. 197³ besprochenen Reichsbank (§§ 12 ff.) giebt es noch sog. Privatnotenbanken. Es sind dies Banken, die zur Zeit des Erlasses des Reichsbankgesetzes Privilegien zur Notenausgabe besaßen. Ihnen konnten die Privilegien nicht genommen werden. Da diese jedoch nur für das Gebiet eines Einzelstaats galten, so bestimmte das Reichsbankgesetz, daß diese Banken außerhalb des Konzessionsgebiets keine Bankgeschäfte betreiben

3. Ergebnis. Gesetzliche Zahlungsmittel.

Aus dem vorstehend und dem in § 33 über das Metallgeld Gesagten ergiebt sich für das Deutsche Reich folgender Rechtszustand bezüglich der gesetzlichen Zahlungsmittel:

---

und daß die Noten solcher Banken außerhalb dieses Gebiets nicht zu Zahlungen verwendet werden dürfen (§§ 42 ff.). Diesen Einschränkungen konnten die Banken dadurch entgehen, daß sie gewisse Reformen (vgl. § 43) vornahmen, was alle Notenbanken, bis auf die Braunschweigische Bank, gethan haben. Die Verwendung braunschweigischer Banknoten außerhalb Braunschweigs ist deshalb verboten und strafbar. Übrigens nimmt die Zahl der Notenbanken allmählich ab. Das steuerfreie Kontingent solcher ihr Notenprivileg verlierender Banken wächst der Reichsbank zu. Diese hat nach der Bankgesetznovelle vom 7. Juni 1899 ein steuerfreies Kontingent von 450 Millionen Mark.

Nach §§ 11. 57 des Reichsbankgesetzes dürfen ausländische Banknoten und ähnliche unverzinsliche Schuldverschreibungen, die auf eine inländische Währung lauten, zu inländischen Zahlungen bei Strafe nicht verwendet werden.

Auf ganz anderen Grundlagen beruht die gegenwärtig durch die Peelsche Bankakte von 1844 bestimmte Verfassung der Bank von England. Sie ist im Jahre 1694 gegründet worden, um der Regierung ein Darlehen zu machen. Diese Darlehnsforderung bildete den Hauptstock des Grundkapitals der Englischen Bank (300 Mill. Mk.). Nach der Peelschen Bankakte darf die Bank von Noten ohne volle Bardeckung nur bis zum Betrage dieses Grundkapitals ausgeben (sog. direkte Kontingentierung). Werden Noten darüber hinaus ausgegeben, so muß volle bare Deckung vorhanden sein. Zu einer Ausgabe über den Betrag des Grundkapitals hinaus ohne Bardeckung ist eine Suspension der Bankakte (1847, 1857, 1866) erforderlich.

Das Reichsbankgesetz beruht auf dem sog. Banking principle, die Peel'sche Bankakte auf dem von John Lloyd (Lord Overstone) aufgestellten sog. Currency (spr. Körrenßi) principle. Die diesem zu Grunde liegende Theorie fußt auf der Anschauung, daß jedes Land nur einen bestimmten Betrag von Umlaufsmitteln (Münzen und Banknoten, metallic and paper currency) aufnehmen könne. Wenn daher die Umlaufsmittel durch Ausgabe von Noten vermehrt würden, so müsse ein gleicher Betrag Münzen dem Verkehr entzogen werden. Die Bankingtheorie verwirft dagegen den ersten Satz und führt aus, daß die Menge der für ein Land erforderlichen Umlaufsmittel durch das jeweilige Verkehrsbedürfnis bestimmt werde. Die Bank müsse daher in der Lage sein, diesem Bedürfnisse nachzukommen.

Es müssen in Zahlung genommen werden:

α. Reichsgold und Thaler (einschließlich der österreichischen Vereinsthaler): von jedermann und in jedem Betrage (S. 362);

β. Reichssilbermünzen: bis zu einem Betrage von 20 Mk. von jedermann, darüber hinaus nur von den Reichs= und Landeskassen (S. 361, 362);

γ. Reichsnickel= und Reichskupfermünzen: von jedermann bis zu einem Betrage von 1 Mk. (S. 362);

δ. Reichskassenscheine: im Privatverkehr über=haupt nicht, aber von allen Reichs= und Landeskassen (S. 370, 371);

ε. Banknoten der Reichsbank und der übrigen Notenbanken mit Ausnahme der Braunschweigischen Bank: weder im Privatverkehre, noch von den öffentlichen Kassen, aber von den Kassen aller Notenbanken (S. 371, 372);

ζ. Braunschweigische Banknoten: nur von der Braunschweigischen Bank (S. 374[6]).

§ 35. Teilbarkeit.

a. Begriff.

Jede körperliche Sache ist im natürlichen Sinne teilbar, bis sie in ihre Atome aufgelöst ist. Diese physi=kalische Teilbarkeit hat für das Recht keine Erheblichkeit. Im Rechtssinne teilbar (res dividuae) sind vielmehr nur solche Sachen, die ohne Zerstörung ihres Wesens und ohne Verminderung ihrer wirtschaftlichen Bedeutung, ins=besondere ihres Werts, in Teile zerlegt werden können, deren jeder alle wesentlichen Gattungseigenschaften der ungeteilten Sache aufweist. Daher sind Pferde oder Gemälde ebensowenig teilbar, als Handschriften oder Diamanten. Sachen sind m. a. W. nur teilbar, wenn die Teile dem Ganzen gleichartig und gleich gebrauchs=wertig sein würden. Hierdurch unterscheidet sich die Teil=barkeit von der Möglichkeit der Auflösung einer Sache in ihre Bestandteile (vgl. l. 26 § 2 D. 30: res, quae sine damno dividi possunt; l. 35 § 3 D. 6, 1: res quae sine interitu dividi non possunt).

Die Teilbarkeit ist hiernach zunächst eine natürliche Eigenschaft der Sachen. Grundstücke sind somit stets teilbar, Gebäude höchstens in senkrechter Richtung, wenn jeder der Teile durch eigenen oder mindestens gemein= schaftlichen Eingang, Hofraum usw. wirtschaftlich be= nutzbar bleibt, nicht in wagerechter Richtung (über das Stockwerkseigentum vgl. S. 295). Von den beweglichen Sachen sind diejenigen teilbar, deren wirtschaftliche Be= deutung im Stoffe, nicht in der Form liegt, bei denen die Zusammenfassung zu einer Einheit also willkürlich und für das Wesen der Sache bedeutungslos ist. Daher ist ein Silberbarren teilbar, nicht aber ein Silbergeschirr, ein Stück Tuch, nicht aber ein Kleidungsstück.

b. Vollziehung.

Die Vollziehung der Teilung ist nach der Art der zu teilenden Sachen verschieden. Bei Grundstücken ist ein räumliches Auseinanderbringen unmöglich, die Teilung (sog. Parzellierung) kann hier also nur durch Grenzziehung (regionibus, l. 6 § 1 D. 8, 4) und durch Eintragung in den Kataster (I, 83⁴) und die Grundbücher (II, 557) sowie durch Abschreibung des abgetrennten Stücks von dem Hauptgrundstücke (wobei Karten und Auszüge aus der Grundsteuermutterrolle und der Gebäudesteuerrolle einzu= reichen sind) kenntlich gemacht werden. Ob eine derartige Linienteilung auch bei beweglichen Sachen möglich ist, war für das Gemeine Recht (vgl. l. 8 D. de R. V. 6, 1; l. 83 D. pro socio 17, 2) streitig. Die Frage ist aber zu bejahen, soweit äußerlich ersichtlich gemacht werden kann, in welcher Weise die Teilung vollzogen ist.

Nach der Teilung ist jeder Abschnitt nicht mehr Teil, sondern selbständige Sache. Trotzdem spricht man von „partes" divisae; die römischen Quellen insbesondere reden in den Fällen bloßer Linienteilung von partes pro diviso (reelle Teile). Dieser Ausdruck soll einerseits aber nur darauf hinweisen, daß die selbständig gewordenen

Sachen früher zusammenhingen, andererseits wird er als
Gegensatz zu dem Ausdrucke partes pro indiviso ver=
wendet, womit die Teilung des Rechts an einer Sache nach
Anteilen (ideellen Teilen, sog. intellektuelle Teilung
S. 90) bezeichnet wird[1]).

c. Wirkung.

Die Teilung einer Sache wirkt in mancher Beziehung
auf deren Rechtsverhältnisse ein. Zuweilen tritt eine Ver=
vielfältigung, zuweilen eine Vereinfachung ihrer Rechts=
beziehungen ein. So erhält z.B. der Pfandgläubiger des
geteilten Grundstücks Pfandrechte in ganzer Höhe seiner
Forderung an jedem der Teilgrundstücke, aus seiner ein=
heitlichen wird eine Korrealhypothek (pignoris causa in-
divisa est). Wird das zu einer Grundgerechtigkeit be=
rechtigte Grundstück (praedium dominans) geteilt, so besteht
die Servitut für die einzelnen Teile fort; die geteilte
Ausübung z.B. eines Wegerechts darf dem Eigentümer des
belasteten Grundstücks jedoch nicht beschwerlicher werden
als bisher. Gereicht die für ein Grundstück bestehende
Dienstbarkeit nur einem Teile zum Vorteile (z.B. eine
Brunnengerechtigkeit zu Gunsten einer auf einem Gute be=
findlichen Brauerei) oder lastet eine solche nur auf einem
Teile des belasteten Grundstücks (z.B. ein Überfahrtsrecht
über eine bestimmte Wiese), so erlischt bei einer Teilung
die Dienstbarkeit bezüglich der nicht betroffenen Teile
(BGB. §§ 1025, 1026, 1109, 1132, vgl. EGBGB.
Art. 119—121).

---

[1]) Sind also A. und B. Eigentümer eines Gartens, so haben sie
partes pro indiviso (ideelle Anteile), es besteht eine „Gemeinschaft
nach Bruchteilen", BGB. § 741; teilen sie den Garten wirklich derart,
daß A. die östliche, B. die westliche Hälfte erhält, so heißen diese in
Wahrheit selbständige Grundstücke darstellenden Abschnitte partes pro
diviso. (Eine Teilung des Rechts nach Bruchteilen ist natürlich auch
bei unteilbaren Sachen möglich. Vgl. über Rechte an Bruchteilen
BGB. §§ 310, 311 (Übertragung eines Bruchteils des Vermögens),
1008 ff. (Miteigentum), 1095, 1106, 1114 (Belastung des Anteils des
Miteigentümers mit einem Vorkaufsrecht, einer Reallast oder Hypothek),
2087 ff., 2157 (Erbeinsetzung und Vermächtnis nach Bruchteilen).

Wie oben erwähnt, ist die Teilbarkeit eine aus der natürlichen Beschaffenheit der Sachen sich ergebende, wirtschaftliche Eigenschaft. Von Natur unteilbare Sachen können daher nicht für teilbar, teilbare nicht für unteilbar erklärt werden. Wohl aber ist es möglich, daß betreffs von Natur teilbarer Sachen die Teilung dauernd oder zeitweise ausgeschlossen wird mit der Wirkung, daß entweder nur ein Einziger Eigentümer dieser Sachen sein kann und ihm die Befugnis zur Teilung entzogen ist, oder falls mehrere als Miteigentümer zugelassen sind, ihnen die Möglichkeit der Umsetzung ihrer ideellen in reelle Anteile (S. 90) durch eine Teilungsklage (actio communi dividundo) ebenso entzogen ist, als handele es sich um von Natur unteilbare Sachen. Solche Teilungsverbote können auf Gesetz oder Rechtsgeschäft beruhen. Gesetzliche Teilungsverbote finden sich besonders für Grundstücke (vgl. II, 628). Die diesbezüglichen landesgesetzlichen Vorschriften sind durch EGBGB. Art. 119² aufrechterhalten. Vgl. auch HGB. § 179: „Die Aktien sind unteilbar." Rechtsgeschäftliche Teilungsverbote bezwecken meist die Zusammenhaltung gewisser Vermögenskomplexe (Familienfideikommisse, II, 619).

Nach der Teilbarkeit und Unteilbarkeit der körperlichen Sachen (und ebenso der Handlungen) bestimmt sich bei den Schuldverhältnissen, die auf Leistung solcher gehen, die Teilbarkeit und Unteilbarkeit der Rechte und Pflichten (teilbare und unteilbare Leistungen). Hierauf ist in der Lehre von der Mehrheit von Schuldnern und Gläubigern (vgl. BGB. § 420—432, IV, 352) einzugehen.

§ 36. Wert.

Wert einer Sache ist die Bedeutung, welche der Sache als einem zur Befriedigung menschlicher Bedürfnisse geeigneten Gute zukommt. Die Bestimmung des Werts eines Guts erfolgt durch Schätzung, d. h. durch Gleichstellung mit einer gewissen Summe Geldes, des allgemeinen Wertmessers (S. 344); daher heißt die Schätzung in den

Quellen aestimatio. Manche Güter lassen sich in Geld
überhaupt nicht ausdrücken, (Leben, Gesundheit, Name,
Ehre, Personenstand), sie sind unschätzbar[1]). Andere
sind zur Befriedigung menschlicher Bedürfnisse unverwend=
bar, also wertlos (z B. ein einzelnes Getreidekorn).

Die Schätzung eines Guts kann von verschiedenen
Gesichtspunkten aus erfolgen, entweder nach dem Ge=
brauchswerte, d. h. dem Nutzen, welchen der dauernde
Gebrauch des Guts gewährt, oder nach dem Tausch=
werte, d. h. der Menge anderer Güter, die durch Ver=
äußerung des Guts gewonnen werden kann. Wird der Tausch=
wert in Geld, als dem allgemeinen Tauschmittel angegeben,
so spricht man von Preis des Guts; Preis ist also der
in Geld ausgedrückte Tauschwert eines Guts. Gebrauchs=
und Tauschwert decken sich häufig nicht. Ist der landes=
übliche Zinsfuß 4%, so ist der Gebrauchswert eines
Hauses von 1000 Mk. jährlichem Mietsertrage 25000 Mk.
Der Tauschwert desselben kann aber je nach der Lage
(Konjunktur) des Grundstücksmarktes, der Bauart, der
örtlichen Lage und der Beschaffenheit des betreffenden
Grundstücks höher oder niedriger sein.

Für das Recht kommt regelmäßig nur der Tausch=
wert eines Guts in Betracht, und zwar derjenige, den
das Gut unter allen Umständen und für jedermann hat,
sog. gemeiner Wert, verum rei pretium. Zu=
weilen wird jedoch bei der Schätzung (so z B. bei der
Expropriation, beim Schadensersatze) derjenige (Gebrauchs=)
Wert ermittelt, den ein Gut für eine bestimmte Person
hat (sog. Interesse, außerordentlicher Wert). Keine

---

[1]) Ist ein solches unschätzbares Gut im Streite befangen (z B. bei
einer Ehescheidungs= oder Illegitimitätsklage), so muß zwecks Berech=
nung der Gerichtskosten (I, 230[16]) der Wert des Streitgegenstands
festgestellt werden. Nach CPO. § 3 (vgl. auch § 287) erfolgt dies
durch das Prozeßgericht nach freiem Ermessen. Gemäß § 10 G.K.G. wird
bei nicht vermögensrechtlichen Ansprüchen der Wert des Streitgegenstands
zu 2000 Mk., ausnahmsweise niedriger bis 200 oder höher bis
50000 Mk. angenommen; vgl. ebenso für Preußen § 22 des Pr. Gerichts=
kostengesetzes vom 25. Juni 1895 (Neufassung vom 6. Oktober 1899).

Bedeutung für das Recht hat der sog. Affektionswert (pretium affectionis), d. h. der Wert, den eine Sache (z.B. ein Hund) für den Eigentümer wegen seiner besonderen Vorliebe für sie hat[2]). Über das jusjurandum in litem und den Schätzungseid der CPO. § 287 vgl. I, 292[12].

Der gemeine Wert und dessen Geldäquivalent, der Preis eines Guts, bestimmt sich, abgesehen von den Herstellungs- und Herbeischaffungskosten und anderen auf die Preisbestimmung einwirkenden Umständen, durch das Verhältnis von Angebot (verfügbare Gütermenge) zur Nachfrage (verlangte Gütermenge). Überwiegendes Angebot erzeugt Notpreise, überwiegende Nachfrage Liebhaberpreise. Die Ausgleichung zwischen beiden vollzieht sich auf dem Markte (Messe, Börse), womit der Platz und die Einrichtung bezeichnet wird, wo Angebot und Nachfrage sich begegnen (Leipziger Ostermesse, Berliner Börse). Bezüglich derjenigen Güter, die an einem solchen Platze regelmäßig umgesetzt zu werden pflegen (Waren genannt, sofern sie gewöhnlicher Gegenstand des Handels sind; daher

---

[2]) Vgl. aus den röm. Quellen u. a. 1. 63 pr. D. ad leg. Falcidiam 35,2: Pretia rerum non ex affectu nec utilitate singulorum, sed communiter funguntur. In den Quellen wird dem „verum rei pretium" der außerordentliche Wert als „id quod interest" entgegengestellt (l. 2 § 13 D. 47,8). Die Formel „quanti ea res est" bedeutet regelmäßig den gemeinen Wert (veram rei aestimationem, l. 179 D. 50,16); vgl. jedoch l. 68 D. 6,1.

Das ALR. definierte I, 2 § 111: „Der Nutzen, welchen eine Sache ihrem Besitzer leisten kann, bestimmt den Wert derselben". § 112: „Der Nutzen, welchen die Sache einem jeden Besitzer gewähren kann, ist ihr gemeiner Wert". § 114: „Der außerordentliche Wert einer Sache erwächst aus der Berechnung des Nutzens, welchen dieselbe nur unter gewissen Bestimmungen und Verhältnissen leisten kann". § 115: „Der Wert der besonderen Vorliebe entsteht aus bloß zufälligen Eigenschaften oder Verhältnissen einer Sache, die derselben in der Meinung ihres Besitzers einen Vorzug vor allen anderen Sachen gleicher Art beilegen." Das ALR. ließ den Affektionswert nur vorsätzlicher Schadenszufügung ersetzen, I, 6 § 87, wie es überhaupt den Umfang des Schadensersatzes nach der Größe des Verschuldens (Vorsatz, grobes, mäßiges, geringes Versehen) bestimmte; das BGB. läßt in allen Fällen den vollen Schaden einschließlich des entgangenen Gewinns ersetzen (§ 252).

sind zB. Grundstücke nicht Waren), bildet sich aus der
Beobachtung der bei den verschiedenen Umsatzgeschäften zu
einer gewissen Zeit gezahlten Preise ein mittlerer Wert:
Durchschnitts-, Markt-, laufender Preis, der auf
Börsen durch sog. Kursmakler festgestellt und im Kurs-
zettel³) veröffentlicht zu werden pflegt. Das Gut, welches
an einem bestimmten Ort einen Marktpreis hat, heißt für
diesen Ort „marktgängiges Gut". Den Gegensatz zum
Marktpreise bildet der Gelegenheitspreis bei Gütern,
die nur selten umgesetzt werden und bezüglich deren sich
daher ein Durchschnittspreis nicht bilden kann. Während

---

³) Der Kurszettel verzeichnet entweder nur den Durchschnittspreis einer Ware, wie er sich bei Vergleichung der an einem Tage
geschlossenen, sofort (Kassageschäfte) oder später (Zeitgeschäfte)
erfüllbaren Geschäfte ergiebt, oder auch die höchsten und niedrigsten,
ersten und letzten Preise. Die dem Tageskurse beigefügten Zeichen
bedeuten: B. = Brief, starkes Überwiegen von Angebot; G. = Geld,
starkes Überwiegen von Nachfrage; b. = bezahlt, ungefähres Gleichstehen
von Angebot und Nachfrage; b.G. = bezahlt und Geld, sowie b.B. =
bezahlt und Brief, minder starkes Überwiegen von Nachfrage und
Angebot.

Die Feststellung des Marktpreises an den Börsen, den Versamm-
lungsorten von Produzenten, Konsumenten und Zwischenhändlern (d. h.
den Güterumlauf vermittelnden Personen) ist durch das Börsengesetz
vom 22. Juni 1896 reichsgesetzlich geregelt. Nach §§ 29 ff. geschieht
bei Waren oder Wertpapieren, deren Börsenpreis amtlich festgestellt
wird, diese Feststellung durch den Börsenvorstand unter Mitwirkung
von vereideten Hülfspersonen, sog. Kursmaklern, welche die Vermittelung von Börsengeschäften in bestimmten Waren oder Wertpapieren
betreiben.

Nach § 4 des Reichsbörsengesetzes ist für jede Börse eine
Börsenordnung zu erlassen, deren Genehmigung durch die Landesregierungen erfolgt. Diese können auch anordnen, daß im Börsen-
vorstande der Produktenbörsen die Landwirte und Müller entsprechend
vertreten sein sollen. In Preußen haben sich in Folge der von der
Regierung angeordneten, angeblich zu starken Berücksichtigung der gedachten Berufszweige bei Bildung der Börsenvorstände fast alle
Produktenbörsen aufgelöst; ihre Mitglieder waren zu „Freien Vereinigungen" zusammengetreten. Ob diese Vereinigungen als „Winkel-
börsen" den Vorschriften des Börsengesetzes zu unterstellen sind, ist
eine sehr bestrittene, von der Staatsregierung und dem Oberver-
waltungsgerichte bejahte Frage. Das Nähere vgl. im Recht der
Schuldverhältnisse bei der Darstellung des Börsenwesens.

der Wert marktgängiger Waren nur mäßigen Schwankungen ausgesetzt zu sein pflegt, weil Angebot und Nachfrage, besonders mit Rücksicht auf die moderne Entwickelung des Verkehrswesens, sich leicht ausgleichen, ist der Gelegenheits= preis auch nicht annähernd bestimmbar. Für das Privat= recht ist besonders der Marktpreis von Bedeutung⁴).

---

⁴) Vgl. z.B. aus dem alten HGB. Art. 311: Ist die Bestellung eines Faustpfands unter Kaufleuten für eine Forderung aus beider= seitigen Handelsgeschäften erfolgt und schriftlich Selbsthülfeverkauf ver= einbart, so kann der Gläubiger bei Verzug des Schuldners den Ver= kauf auch nichtöffentlich bewirken, falls das Pfand einen Markt= oder Börsenpreis hat; die Bestimmung ist verallgemeinert durch BGB. §§ 1235, 1221 und daher in das neue HGB. nicht aufgenommen; ferner HGB. § 376 (der Betrag des Schadensersatzes bei Firgeschäften besteht in dem Unterschiede zwischen Kaufpreis und Marktpreis), § 400 (Ein= trittsrecht des Kommissionärs bei Waren, welche einen Börsen= oder Marktpreis haben, wodurch §§ 70—74 des Börsengesetzes vom 22. Juni 1896 ersetzt sind; vgl. EGHGB. Art. 14 VI). Vgl. ferner BGB. §§ 385 (freihändiger Verkauf bei Annahmeverzug des Gläubigers, sofern die Sache einen Börsen= oder Marktpreis hat); 453 (Marktpreis als Kaufpreis); KO. § 18 (Behandlung der Firgeschäfte über Waren, die einen Markt= oder Börsenpreis haben, I, 648²⁵).

Dritter Abschnitt. Rechtsgeschäfte.

§ 37. Allgemeines.

a. Begriff der Rechtsgeschäfte.

Wie Seite 96 dargelegt, sind die juristisch erheblichen Thatsachen Handlungen (Willensäußerungen) oder Ereignisse, die juristischen Handlungen hauptsächlich Rechtsgeschäfte oder schuldhafte Handlungen, Rechtsgeschäfte[1])

---

[1]) Das Wort Rechtsgeschäft findet sich zuerst in den Hugo'schen Pandekten (1805). Die Römer bedienten sich des Ausdrucks negotium, womit aber auch einerseits die prozessualen Rechtshandlungen umfaßt wurden, während es anbererseits auf Schenkungen nicht ausgedehnt wurde. Das prätorische Edikt sprach von gestum (vgl. zB. l. 1 § 1 D. de minoribus XXV annis 4, 4. Praetor edicit: Quod cum minore quam viginti quinque annis natu gestum esse dicetur, uti quaeque res erit, animadvertam, d. h. bei dem von einem Minderjährigen geschlossenen Rechtsgeschäfte werde ich nach Lage des Falls einschreiten). Das ALR. kannte das Wort Rechtsgeschäft noch nicht.

Das BGB. verwendet den Ausdruck Rechtsgeschäft häufig, ohne jedoch eine Begriffsbestimmung zu geben. Nach den Motiven ist Rechtsgeschäft im Sinne des BGB. „eine Privatwillenserklärung, gerichtet auf Hervorbringung eines rechtlichen Erfolgs, welcher nach der Rechtsordnung deswegen eintritt, weil er gewollt ist". Das BGB. stellt Rechtsgeschäft und Willenserklärung einander völlig gleich (vgl. zB. §§ 117, 119 ff., 125, 134, 138, 139 ff., 142, 144, 182, 186). Diese bereits von Savigny ausgesprochene Gleichstellung ist jedoch ungenau:

a. Nicht jede, sondern nur die von der Rechtsordnung mit Rechtswirksamkeit ausgestattete Willenserklärung ist Rechtsgeschäft.

b. Die Willenserklärung ist nur ein Element des Rechtsgeschäfts, das zu seinem Zustandekommen häufig noch weiterer Elemente (zustimmende Gegenerklärung, Leistung bei den Realverträgen) bedarf.

c. Endlich bezeichnet man als Rechtsgeschäft nicht nur die auf eine Rechtswirkung gerichtete Willenserklärung, also den Erklärungsakt, sondern auch das durch die Willenserklärung geschaffene Rechtsverhältnis, d. h. den Erfolg der Erklärung.

endlich solche Willenserklärungen, die auf Hervorbringung eines rechtlichen Erfolgs (Begründung, Änderung, Endigung von Rechtsverhältnissen, S. 96) gerichtet und nach der Rechtsordnung hierzu geeignet sind.

Diese Begriffsbestimmung der Rechtsgeschäfte bedarf mit Rücksicht auf verschiedene in neuerer Zeit erhobene Bedenken einer näheren Erläuterung.

1. Die Rechtsgeschäfte sind dazu bestimmt, die Gestaltung der Privatrechtsverhältnisse in einer dem Interesse der Beteiligten entsprechenden Weise herbeizuführen. Die durch das objektive Recht den Beteiligten zu diesem Zweck eingeräumte Freiheit, ihre Rechtsverhältnisse zu ordnen, ist — im Gegensatze zu der gewissen Interessentenkreisen zustehenden Befugnis zur Schaffung objektiven Rechts, der Autonomie (S. 15) — Privatautonomie genannt worden. Unter die Rechtsgeschäfte fallen nur die durch die Beteiligten vorgenommenen, ihre Rechtsverhältnisse ordnenden Handlungen, nicht die vielfach eine gleiche Wirkung hervorbringenden Anordnungen staatlicher Organe. Kein Rechtsgeschäft ist daher zB. eine richterliche Entscheidung, selbst wo sie nicht (wie regelmäßig, I, 524) rechtserläuternde (deklaratorische), sondern rechtsbegründende (konstitutive) Wirkung hat, ebensowenig die Mitwirkung des Richters bei einem Akte der freiwilligen Gerichtsbarkeit.

2. Nach der gegebenen Begriffsbestimmung ist Rechtsgeschäft eine auf Hervorbringung eines Rechtserfolgs gerichtete Willenserklärung. Hiernach verhalten sich Wille der Beteiligten und Erfolg zu einander wie Ursache und Wirkung. Dieser Zusammenhang zwischen Wille und Erfolg wird neuerdings (Lotmar, Über causa im röm. R., 1875)

Über den Unterschied von Rechtsgeschäft und bloßer Rechtshandlung vgl. oben S. 97[12]. Streitig ist, ob der Besitzerwerb (BGB. § 854 Abs. 1), die Aneignung (§ 958), der Funderwerb (§ 965), der Schatzfund (§ 984) als Rechtsgeschäfte oder als bloße Rechtshandlungen aufzufassen sind. Nach der letzteren Ansicht genügt die Erlangung der thatsächlichen Gewalt, während nach der ersteren Ansicht diese Gewalt von einem Geschäftsfähigen und bewußt erlangt sein muß, um Rechtswirkungen hervorzubringen. Das Nähere gehört in die Lehre vom Besitze.

mit der Begründung in Abrede gestellt, daß die Folgen
einer Willenserklärung durch das objektive Recht bestimmt
werden, nicht durch den Willen der Beteiligten. Wer zB.
eine Erbschaft antrete, hafte von selbst auch für die Erb=
schaftsschulden, wer eine Sache verkaufe, auf Gewähr=
leistung, ohne daß diese Folgen auf seinen Willen zurück=
geführt werden könnten. Diese Anschauung, nach der die
Willensäußerung der Beteiligten nur den Anstoß zum
Eintritt eines Rechtserfolgs giebt, dieser aber kraft Ge=
setzes eintritt, gleichgültig, ob die Beteiligten ihn gewollt
haben oder nicht, ist nur insoweit richtig, als die Personen,
die ein Rechtsgeschäft vornehmen, vielfach nur den mit diesem
Rechtsgeschäft erfahrungsgemäß verbundenen nächsten
wirtschaftlichen Erfolg (Erlangung der Erbschaftssachen,
des Kaufpreises) im Auge haben, ohne sich über die
möglichen ferneren Rechtsfolgen oder rechtlichen Neben=
folgen klar zu sein, und daß diese Unklarheit nach dem
Grundsatz ignorantia juris nocet nicht zu beachten ist
(S. 47). Aber jene erste Wirkung tritt eben nur kraft
des darauf gerichteten Willens ein. Das Gesetz fordert
zu ihrer Erzeugung den darauf gerichteten Willen des
Rechtssubjekts. Das Rechtsgeschäft ist daher die unmittel=
bare Ursache des Eintritts des beabsichtigten Rechtserfolgs
(der Begründung, Änderung, Endigung eines Rechts=
verhältnisses). Welche fernere rechtliche Wirkung dieser
Eintritt hat, das ist freilich von der Rechtsordnung fest=
gesetzt. Sie bestimmt auch, welcher Art von Geschäften
und demnach welchen Rechtssätzen eine gewisse Willens=
erklärung zu unterstellen ist. Was die Parteien Kauf
oder Hinterlegung nennen, kann von der Rechtsordnung
als Pfand= oder Darlehnsgeschäft aufgefaßt werden (eine
Art von Konversion des Geschäfts, § 45 $^{b\,3}$, vgl. I, 334 ^{1}).
Insofern könnte man allerdings sagen, daß die Rechts=
folgen eines Rechtsgeschäfts durch das Recht, nicht durch
den Parteiwillen bestimmt werden. Es handelt sich aber
hier nur um eine rechtsirrtümliche Bezeichnung, die für
die Ermittelung des in Wahrheit von den Parteien Ge=
wollten unerheblich ist.

3. Zum Begriffe des Rechtsgeschäfts gehört die Ab=
sicht, einen Rechtserfolg hervorzubringen. Eine Willens=
erklärung verliert jedoch dadurch nicht den Charakter eines
Rechtsgeschäfts, daß die beabsichtigte Rechtsfolge nicht ein=
tritt. Man spricht von gültigen und ungültigen Rechts=
geschäften und teilt die letzteren wieder in nichtige und
anfechtbare. Ein gültiges Rechtsgeschäft liegt vor,
wenn es die gewollte Einwirkung auf den Rechtszustand
hervorzubringen imstande ist, ein ungültiges, wenn diese
Folge durch einen Mangel des Rechtsgeschäfts verhindert
wird. Das ungültige Rechtsgeschäft heißt nichtig,
wenn der Mangel so beschaffen ist, daß die beabsichtigte
Rechtswirkung überhaupt nicht eintritt, gerade als wäre
das Rechtsgeschäft gar nicht vorgenommen, anfechtbar,
wenn die beabsichtigte Rechtswirkung zwar hervorgerufen
wird, aber unter gewissen Umständen und von bestimmten
Personen (Anfechtungsberechtigten) wieder beseitigt
werden kann.

Die Voraussetzungen, denen ein bestimmtes Rechts=
geschäft genügen muß, um gültig, d. h. voll wirksam, zu
sein, hängen zunächst von seiner Art ab. Außerdem muß
aber jedes Rechtsgeschäft gewissen allgemeinen Voraus=
setzungen genügen, um gültig zu sein. Über diese ist
in den folgenden Paragraphen zu sprechen. Der ein
Rechtsgeschäft Vornehmende muß vor allem geschäfts=
fähig sein (§ 38), seine Willenserklärung muß regel=
mäßig seinem wahren Willen entsprechen (§ 39). Auf
diesen Willen darf auch nicht in unzulässiger Weise
eingewirkt sein (§ 40). Die Erklärung muß zuweilen
in bestimmter Form abgegeben sein (§ 41). Das
Rechtsgeschäft darf endlich nur einen gewissen Inhalt
haben (§ 44).

Mangelt es an einer allgemeinen oder besonderen
Gültigkeitsvoraussetzung, so tritt Ungültigkeit ein, und
zwar je nach der Art dieses Mangels bald Nichtigkeit,
bald Anfechtbarkeit. Die Fälle und die rechtliche Bedeu=
tung der einen und der anderen Art von Ungültigkeit sind
besonders darzustellen (§ 45).

b. Einteilung der Rechtsgeschäfte.

Die Rechtsgeschäfte werden gewissen Einteilungen unterworfen, welche die einzelnen Arten unter einen Be=griff zusammenfassen. Die Bedeutung dieser Einteilungen liegt darin, daß bestimmte Rechtsgrundsätze auf alle unter einen Begriff zusammengefaßten Rechtsgeschäfte anwendbar sind. Man unterscheidet hiernach:

1. Einseitige und zweiseitige Rechtsgeschäfte.

Einseitige Rechtsgeschäfte sind solche, bei denen die Willenserklärung nur einer Partei [2]) genügt, zweiseitige solche, bei denen die übereinstimmenden Erklärungen zweier oder mehrerer Parteien zum Zustandekommen des Rechts=geschäfts erforderlich sind. Zweiseitige Rechtsgeschäfte heißen Verträge (l. 1 § 2 D. de pactis 2, 14: Est pactio duorum pluriumve in idem placitum [et] consensus).

α. Unter den einseitigen Rechtsgeschäften unter=scheidet man diejenigen, deren Wirksamkeit davon abhängt, daß sie einem bestimmten Gegner gegenüber vorgenommen werden (von Zitelmann passend empfangsbedürftige Rechtsgeschäfte genannt, zB. Kündigung, Mahnung, Offerte, Annahme, Leistungsangebot, Anfechtung, Rücktritts=erklärung, Aufrechnung), von denjenigen, die nicht einem Empfänger gegenüber vorgenommen zu werden brauchen (streng einseitige Rechtsgeschäfte, zB. letztwillige Verfügungen, mit Ausnahme der Schenkungen von Todeswegen, Auslobung, Besitzerwerb, Aneignung, Erb=schaftsantritt). Das BGB. (zB. § 117) spricht beim Vorliegen empfangsbedürftiger Rechtsgeschäfte von „Willens=erklärungen, die einem Anderen gegenüber abzugeben sind.

---

[2]) Partei ist die Bezeichnung des bei einem Rechtsvorgange beteiligten Rechtssubjekts oder mehrerer hierbei, aber in der gleichen Richtung interessierter Rechtssubjekte. Partei und Person decken sich hiernach nicht; denn die Partei kann auch aus mehreren Personen be=stehen. Bei einem einseitigen Rechtsgeschäfte können daher auch mehrere Personen beteiligt sein (zB. Miteigentümer, Kollektivprokuristen), aber nur in der gleichen Willensrichtung.

β. Die Verträge sind heute (II, 494[1]) nicht wie die römischen pacta und contractus (II, 496) auf das Recht der Schuldverhältnisse beschränkt; sondern sie finden sich auf allen Rechtsgebieten (dingliche Verträge, zB. die Auflassung, familienrechtliche Verträge, zB. die Annahme an Kindesstatt, erbrechtliche Verträge, zB. der Erbvertrag; übrigens auch auf dem Gebiete des öffentlichen Rechts: Staatsverträge, Konkordate, Weltpostverein, Berner Konvention).

Die obligatorischen Verträge (I, 285, IV, 207) sind entweder einseitig (contractus unilaterales, zB. Darlehen) oder zweiseitig (contractus bilaterales), je nachdem sie nur eine oder beide Parteien verpflichten. Die zweiseitigen Verträge zerfallen wiederum in vollkommen zweiseitige, wenn von vornherein und notwendig beide Parteien verpflichtet sind (contractus bilaterales aequales, zB. Kauf, Miete, sog. synallagmatische, nach BGB. §§ 320 ff. gegenseitige Verträge), oder in unvollkommen zweiseitige, wenn zunächst und notwendig nur eine Partei verpflichtet ist, unter gewissen Umständen aber eine Nebenverpflichtung auch der anderen Partei entstehen kann (contractus bilaterales inaequales, zB. Auftrag, Hinterlegung).

2. Rechtsgeschäfte unter Lebenden und von Todeswegen.

Manche Rechtsgeschäfte bezwecken die Regelung der Verhältnisse des Erklärenden für den Fall seines Todes. Man nennt sie (vgl. l. 25 D. de inoff. test. 5, 2) Geschäfte von Todeswegen (negotia mortis causa) und im Gegensatze dazu alle übrigen Geschäfte Rechtsgeschäfte unter Lebenden (negotia inter vivos). Die Geschäfte von Todeswegen stellen eine Verfügung über den Nachlaß, d. h. über die Gesamtheit der Rechtsverhältnisse des Verfügenden nach seinem Tode, dar, sollen also erst nach seinem Tode in Wirksamkeit treten. Daher ist der Abschluß eines Lebensversicherungsvertrags kein negotium mortis causa, denn seine Wirksamkeit (Prämien-

zahlung des Versicherten) beginnt sofort, wenn auch die Er=
füllung durch den einen Vertragsteil bis zum Tode des Ver=
sicherten hinausgeschoben ist. Wohl aber würde die außer=
halb des Vertrags getroffene Bestimmung des Versicherten
über die Verteilung der bei seinem Tode fälligen Lebens=
versicherungssumme eine Verfügung von Todeswegen sein.

Unter den Verfügungen von Todeswegen nehmen die
letztwilligen Verfügungen noch eine besondere Stelle
ein, insofern sie nur unter der Bedingung (condicio juris,
§ 48a) rechtswirksam sind, daß sie der letzte Wille des
Verfügenden sein werden. Sie können daher von dem
Verfügenden bis zu seinem Tode frei widerrufen werden.
Solche letztwilligen Verfügungen sind zB. Testament und
Kodizill (Nachzettel), nicht aber der Erbvertrag, bei dem
der Rücktritt regelmäßig (vgl. BGB. §§ 2293 ff.) eben=
sowenig wie bei Verträgen unter Lebenden zulässig ist.
Die Schenkung von Todeswegen (donatio mortis causa),
d. h. ein Schenkungsversprechen, das unter der Bedingung
erteilt wird, daß der Beschenkte den Schenker überlebt,
ist nach Gemeinem Recht und ebenso nach BGB. § 2301
regelmäßig frei widerruflich, gehört hiernach zu den letzt=
willigen Verfügungen. Dagegen behandelte das ALR.
(J, 11 §§ 1134 ff.) die Schenkungen von Todeswegen
grundsätzlich als Geschäfte unter Lebenden, d. h. gleich
diesen als unwiderruflich.

3. Entgeltliche, unentgeltliche, gemischte
Rechtsgeschäfte.

Der größte Teil der Rechtsgeschäfte betrifft das
Vermögen. Je nachdem ein durch ein Rechtsgeschäft
vermittelter Vermögenserwerb eine vermögenswerte Gegen=
leistung des Erwerbers erfordert (zB. Kauf) oder nicht
(zB. Schenkung), bezeichnet man das Rechtsgeschäft als
entgeltlich, oneros oder als unentgeltlich, lukrativ und
den Erwerb als einen solchen ex causa onorosa oder
ex causa lucrativa[3]). Ein gemischtes Geschäft

---

[3]) Nicht jede unentgeltliche Verfügung ist eine Schenkung;
denn diese setzt einen durch den Schenker cum animo donandi be=

(negotium mixtum cum donatione) nennt man ein
solches, wobei eine Gegenleistung zwar bestimmt ist, aber
in keinem Wertverhältnisse zu dem Empfangenen steht, zB.
Überlassung eines schuldenfreien Guts gegen Gewährung
eines geringen Altenteils.

4. Über kausale und abstrakte Rechts=
geschäfte vgl. unten S. 397.

c. Bestandteile der Rechtsgeschäfte (essentialia, naturalia, accidentalia negotii).

1. Die Zugehörigkeit eines Rechtsgeschäfts zu einer
gewissen Gattung und seine daraus folgende Unterwerfung
unter die für die Gattung geltenden Rechtsnormen richtet
sich nach bestimmten Merkmalen. Diese für die Kenn=
zeichnung eines Rechtsgeschäfts unentbehrlichen Merkmale
nennt man wesentliche Bestandteile, essentialia
negotii. Wenn zB. der Kauf (vgl. BGB. § 433) Ver=
schaffung des Eigentums einer Sache für einen Preis ist,
so wird ein Vertrag nur dann als Kauf aufzufassen sein,
wenn A. und B. sich dahin geeinigt haben, daß A. dem
B. das Eigentum einer bestimmten Sache verschaffen soll,
wofür B. dem A. eine gewisse Geldleistung zu gewähren
hat. Fehlt eins dieser Begriffsmerkmale, haben A. und
B. sich zB. dahin geeinigt, daß B. nicht das Eigentum,
sondern nur den Gebrauch der Sache einräumen, oder

---

wirkten Vermögensübergang aus dem Vermögen des Schenkers in das
des Beschenkten voraus. Der weitere Begriff der unentgeltlichen Ver=
fügung, der besonders für den Anfechtungsprozeß im Konkurse sowie
außerhalb desselben rechtserheblich ist (KO. § 32, Reichsanfechtungsgesetz
vom 21. Juli 1879 § 3³⁴, vgl. I, 636 ff.), umfaßt dagegen alle
Rechtsgeschäfte, für die ein Entgelt nicht gewährt ist, auch wenn weder
auf der Seite des Verfügenden eine Vermögensminderung auf Grund
einer Absicht, zu schenken, noch auf der Seite des Erwerbers eine
Vermögensmehrung eintritt, zB. Bürgschaftsleistung, Pfandbestellung,
Prioritätseinräumung. Ebenso liegt (vgl. BGB. § 517) keine Schenkung,
aber eine unentgeltliche Verfügung vor, wenn jemand zum Vorteil
eines Anderen einen Vermögenserwerb unterläßt oder auf ein an=
gefallenes, noch nicht endgültig erworbenes Recht verzichtet oder eine
Erbschaft oder ein Vermächtnis ausschlägt.

daß B. dem A. nicht Geld, sondern eine andere Sache
oder gar keine Gegenleistung gewähren soll, so liegt nicht
Kauf, sondern eine andere Geschäftsart (Miete, Tausch,
Schenkung) vor [4]).

Die Schaffung der von der Rechtsordnung vorge-
schriebenen Essentialien hat durch die Parteien zu geschehen.
Eine eingehendere Regelung des hiermit entstandenen
Rechtsverhältnisses (z.B. bei einem Kaufe: Zahlung des
Kaufpreises, Zeit und Ort der Erfüllung, Haftung für
Mängel der Kaufsache) ist überflüssig. Denn wenn die
Geschäftsgattung feststeht, wird das Rechtsverhältnis von
den für die Gattung maßgebenden Rechtsnormen beherrscht,
dergestalt, daß diese unbedingt (absolut, jus cogens) oder
wenigstens mangels besonderer Bestimmung der Beteiligten
(suppletorisch, dispositive Rechtssätze, S. 3) Platz greifen.
Immerhin pflegen die Beteiligten auch noch andere Punkte
der letztgedachten Art, außer den Essentialien des Rechtsverhältnisses, zu ordnen. Solche das Rechtsgeschäft innerhalb der durch die Essentialien feststehenden Geschäftsgattung und innerhalb der durch das suppletorische Recht
gewährten Grenzen individualisierenden Bestimmungen
heißen Nebenbestimmungen, accidentalia negotii,
während die mangels solcher durch das objektive Recht
geregelten Nebenpunkte als naturalia negotii bezeichnet
werden. Das Vorhandensein von Accidentalien ist von
demjenigen, der aus ihnen Rechte herleitet, zu beweisen
(accidentalia specialiter probanda); denn die Naturalien
gelten als gewollt, ihr Ausschluß durch Accidentalien muß
daher nachgewiesen werden (naturalia inesse prae-
sumuntur) [5]). Die Accidentalien können auf die Ab-

---

[4]) Wie S. 385 ausgeführt, ist es für die rechtliche Kennzeichnung
eines Rechtsgeschäfts gleichgültig, wie es die Parteien genannt oder zu
welcher Gattung sie es gerechnet wissen wollten. Der Richter hat bei
entstehendem Streite (da mihi factum, dabo tibi jus, S. 35 und
I, 334¹) unter Berücksichtigung der Gattungsmerkmale diese Unterordnung vorzunehmen.

[5]) Die Frage der Beweislast für die Bestandteile eines
Rechtsgeschäfts ist sehr bestritten.

änderung der Naturalien gerichtet sein (3B. Ablehnung
der Haftung für Mängel der Kaufsache, Bewilligung eines

---

a. Hinsichtlich der essentialia negotii herrscht im allgemeinen Einverständnis, daß sie von dem zu beweisen sind, der aus
dem Rechtsgeschäfte Rechte herleitet. Hierbei sind im wesentlichen nur
zwei Fragen streitig geworden:

1. Wer hat zu beweisen, wenn A. den angemessenen Kaufpreis für eine dem B. verkaufte Sache einklagt und B. behauptet,
daß ein bestimmter Preis vereinbart ist? Wie I, 258⁹ dargelegt, hat
A. zu beweisen, daß kein fester Preis vereinbart ist. Denn A. kann
einen angemessenen, d. h. durch sein billiges Ermessen zu bestimmenden,
Kaufpreis nach BGB. §§ 315, 316 (IV, 204) nur dann fordern, wenn
die Preisbestimmung ihm durch Unterlassen der Vereinbarung eines
Preises überlassen ist. Dies muß er als notwendige Grundlage seines
Anspruchs beweisen.

2. Wer hat zu beweisen, wenn A. einen Anspruch geltend macht
und der Beklagte B. einwendet, das dem Anspruche zu Grunde liegende
Rechtsgeschäft sei unter einer Bedingung abgeschlossen? Wie I, 218³
und unten § 48¹⁶ dargelegt ist, ist B.s Vorbringen als Bestreiten
(negative Litiskontestation) zu behandeln, also A. für beweispflichtig
zu erklären, falls B. eine aufschiebende Bedingung vorbringt, während
das Vorschützen einer auflösenden Bedingung sich als Einwand
eines selbständigen Nebenvertrags darstellt, dessen Vorhandensein B. nachzuweisen hat.

b. Sehr bestritten ist die Frage, wer zu beweisen hat, wenn
behauptet wird, daß die als gesetzliche Dispositivsätze zu betrachtenden
naturalia negotii durch besondere Vereinbarung geändert, also durch
accidentalia negotii ersetzt sind? 3B.: A. klagt gegen B. auf
Zahlung des Kaufpreises für ihm gelieferte Waren; B. beantragt
Abweisung („zur Zeit", I, 299¹⁰), indem er einwendet, daß „6 Monate
Ziel" vereinbart sei, die noch nicht abgelaufen seien (also daß die
Dispositivvorschrift des § 271 BGB. durch Vereinbarung ausgeschlossen
ist). Oder: B. kündigt seinem Handlungsgehülfen A. am 1. Juni
zum 1. Juli; A. klagt gegen B. unter Berufung auf HGB. § 66 auf
Zahlung des Gehalts bis zum 1. Oktober, wogegen B. einwendet, er
habe bei Abschluß des Dienstvertrags mit A. einmonatige Kündigung
vereinbart.

Nach der herrschenden, im Text angenommenen Lehre (vgl. besonders Staub, HGB. S. 12 ff.) hat derjenige die Beweislast, der von
den gesetzlichen Dispositivvorschriften (den naturalia negotii) abweichende Regeln (also accidentalia) vorbringt. Denn die naturalia
negotii sind Regeln, die der Gesetzgeber als das Normale, Regelmäßige,
als „Niederschlag aus dem stereotypen Inhalt einer unendlichen Masse
von gleichwertigen Rechtsgeschäften" (Laband) hinstellt und die daher
als von den Beteiligten gewollt anzusehen sind, wenn diese Folgerung

Zahlungsziels statt der gesetzlichen Erfüllung Zug um Zug), aber auch besondere Zusätze machen (zB. Feststellung einer Konventionalstrafe bei nicht rechtzeitiger Leistung der Kaufsache, Zufügung einer Auflage).

2. Nach dem Vorstehenden ist für die Entstehung des Rechtsgeschäfts regelmäßig nur die Feststellung der begrifflichen Essentialien, zB. beim Kauf: Einigung über Ware und Preis, erforderlich. Es liegt aber im Ermessen der Beteiligten, die Wirksamkeit des Rechts= geschäfts von der Feststellung eines Nebenpunkts abhängig zu machen. Dadurch wird ein derartiges begriffliches Accidentale für das bestimmte Rechtsgeschäft zum ge= willkürten Essentiale. Wenn zB. der Käufer den Abschluß des Kaufvertrags von der Bewilligung eines Zahlungsziels abhängig macht, so ist erst mit dem ent= sprechenden Zugeständnisse des Verkäufers der Kaufvertrag geschlossen, selbst wenn die Parteien über Ware und Preis schon vorher einig waren. Hiernach können die wesent= lichen Bestandteile eines Rechtsgeschäfts auf Rechtsvorschrift oder auf Parteiwillen beruhen.

d. Beweggründe und Zweck des Rechts= geschäfts.

1. Beweggründe.

Das Rechtsgeschäft ist begrifflich (S. 384) die Erklärung eines Willensentschlusses, der in der Seele des Erklärenden unter dem Einflusse gewisser Umstände entsteht. Diese

---

nicht durch besondere Umstände ausgeschlossen wird. Hiernach gelten die naturalia von selbst, die accidentalia nur kraft gegenteiliger Vereinbarung; wer naturalia anführt, beruft sich also auf das kraft Gesetzes Geltende, hat daher nichts zu beweisen.

Hiergegen hat sich in neuerer Zeit insbesondere Stölzel (Schulung für die civilistische Praxis) gewendet. Er führt u. a. aus: Da die Dispositivregel nur mangels entgegenstehender Abrede gelte, so habe den Mangel der Abrede zu beweisen, wer sich auf die Dispositiv= regel stützt und es sei ferner unrichtig, daß eine Vermutung dafür spreche, daß Verträge unter Zugrundelegung der gesetzlichen Dispositiv= regeln geschlossen seien.

das Rechtsgeschäft veranlassenden Umstände werden Beweggründe oder Motive genannt.

α. Für den Bestand eines Rechtsgeschäfts sind die
Beweggründe, die den Erklärenden zur Vornahme veranlaßt haben, gewöhnlich gleichgültig (falsa causa non
nocet, vgl. 1. 72 § 6 D. de condicion. 35, 1). Wenn
z.B. A. dem B. ein Darlehen giebt, so fragt das Recht
nicht danach, ob A. beim Abschlusse des Darlehnsvertrags
durch die Absicht, dem B. aus einer Notlage zu helfen,
oder durch das Bestreben, sein Geld zinsbar anzulegen,
sich hat leiten lassen, und ebensowenig kann X. die mit
Fräulein Y. geschlossene Ehe anfechten, wenn er zu deren
Eingehung durch die später nicht verwirklichte Aussicht
bestimmt worden ist, Fräulein Y. werde eine reiche Tante
beerben. Auch die Mitteilung des Beweggrundes giebt
diesem keine Bedeutung für den Bestand des Rechtsgeschäfts. Wenn also z.B. A. beim Kauf eines Lorbeer-
kranzes erklärt, er solle bei der Abendvorstellung Fräulein
B. zugeworfen werden, so kann er den Kauf nicht rück-
gängig machen, wenn die Dame durch Krankheit am
Auftreten verhindert ist.

β. Die Beweggründe können aber für den Bestand
des Rechtsgeschäfts bedeutungsvoll werden: einmal, wenn
auf ihre Entstehung rechtswidrig eingewirkt ist (Betrug,
§ 40ª, Zwang, § 40ᵇ), zuweilen auch, wenn sie irrig
waren⁶), endlich wenn sie durch Parteivereinbarung zu

------

⁶) Da die Beweggründe für das Rechtsgeschäft regelmäßig bedeutungslos sind, so kann ein Irrtum, d. h. eine falsche Vorstellung
des Erklärenden, über die ihnen zu Grunde liegenden Thatsachen ebenfalls nicht erheblich sein. Ausnahmen finden bei der condictio indebiti (Zurückforderung einer in der irrigen Annahme einer Schuld
geleisteten Zahlung) und im Erbrechte statt; vgl. BGB. §§ 812 ff.,
sowie §§ 1949 (die Annahme der Erbschaft gilt als nicht erfolgt, wenn
der Erbe über den Berufungsgrund im Irrtume war), 2078 (eine
letztwillige Verfügung kann angefochten werden, soweit der Erblasser
dazu durch die irrige Annahme oder Erwartung des Eintritts oder
Nichteintritts eines Umstands bestimmt worden ist), 2079 (eine
letztwillige Verfügung kann angefochten werden, wenn der Erblasser
einen Pflichtteilsberechtigten wegen Unkenntnis seines Vorhandenseins

Bestandteilen des Rechtsgeschäfts erhoben, d. h. zur Be=
dingung des Wirksamwerdens (Suspensivbedingung, unten
§ 49) oder Wirksambleibens (Resolutivbedingung, unten
§ 50) des Rechtsgeschäfts gemacht sind. Wenn also A.
in dem letzterwähnten Beispiele davor sicher sein will, den
Lorbeerkranz auch dann abnehmen zu müssen, wenn er
dafür wegen Hinfälligwerdens des Beweggrundes keine Ver=
wendung hat, so muß er den Beweggrund zur Geschäfts=
bedingung machen, d. h. mit dem Blumenhändler verein=
baren, daß der Kauf aufgelöst sein solle, wenn Fräulein
B. am Abend nicht auftreten sollte. Die Erhebung eines
Beweggrundes zur Geschäftsbedingung braucht nicht aus=
drücklich zu geschehen, sondern kann auch aus dem Zwecke
des Geschäfts gefolgert werden. Wenn zB. A. einen
Laden „zur Stehbierhalle" mietet, so ist als Parteiwille
anzunehmen, daß der Mietvertrag nur unter der Be=
dingung rechtsbeständig sein soll, daß A. die Schank=
konzession (RGO. § 33) erhält. Nicht zu verwechseln
mit dieser aus der Parteiabsicht durch die Auslegung
(s. u.) zu entnehmenden Berücksichtigung des Beweggrundes
ist der Fall der condicio juris s. tacita (§ 48ᵃ), wobei
aus dem Begriff eines bestimmten Rechtsgeschäfts die
Berücksichtigung eines gewissen Beweggrundes folgt. Wenn
zB. A. dem Verlobten seiner Tochter ein Kapital als
„Mitgift" verspricht, so folgt aus dem Begriffe „Mitgift"
von selbst, daß die eingegangene Verpflichtung nur für
den Fall der Eingehung der Ehe mit A.s Tochter rechts=
wirksam sein soll.

In einzelnen Fällen schreibt das Recht die Berück=

übergangen hat). Auch nach römischem Rechte wurde der Grundsatz
„falsa causa non nocet", wie im Erbrechte darzustellen ist, in einzelnen
Fällen verlassen, so besonders, wenn der Erblasser irrigerweise eine
Verwandtschaft oder den Tod einer Person vorausgesetzt hatte.

Das ALR. I, 4 § 150 erklärte: „Willenserklärungen, woraus
nur der, zu dessen Gunsten sie geschehen, allein den Vorteil ziehen
würde, sind unkräftig, sobald erhellt, daß der ausdrücklich angeführte
irrige Bewegungsgrund die einzige Ursache der Willensäußerung selbst
gewesen sei." Dies hat das BGB. nicht aufgenommen.

sichtigung eines bestimmten Beweggrundes ausdrücklich vor.
So ist z.B. nach BGB. § 534 eine Schenkung unwider=
ruflich, wenn durch sie einer sittlichen Pflicht oder einer
auf den Anstand zu nehmenden Rücksicht entsprochen wird.
Nach KO. § 30² sind Rechtshandlungen anfechtbar, die
in der Absicht, einen Konkursgläubiger zu begünstigen,
vorgenommen sind. Nach rR. war das einseitige Ver=
sprechen zu Gunsten einer Stadtgemeinde (pollicitatio)
bindend, wenn es „ob honorem vel ob aliam justam
causam" erfolgte.

Sind hiernach die Beweggründe nur in besonderen
Fällen für die Rechtsbeständigkeit des Geschäfts von
Bedeutung, so sind sie doch vielfach für die Auslegung
maßgebend. Wenn also z.B. Frau H. Fruchteis für ein
am 12. März bei ihr stattfindendes Souper bestellt, so
ist, wenn sie dies dem Konditor mitteilt, auch ohne Zeit=
beredung als Wille der Parteien anzunehmen, daß das
Eis am 12. März gegen Abend zu liefern ist; die ab=
weichenden suppletorischen Bestimmungen des Gesetzes (vgl.
z.B. § 271 BGB.) sind also ausgeschlossen.

2. Zweck (causa).

Jedes Rechtsgeschäft strebt einem Ziele zu, will einen
Rechtserfolg herbeiführen. Dieser erstrebte Rechtserfolg
heißt der Zweck, die causa[7] des Rechtsgeschäfts.
Rechtliche Zweckbestimmung und Beweggrund sind nicht
zu verwechseln. Der Beweggrund giebt an, welcher that=
sächliche (wirtschaftliche, moralische) Erfolg erstrebt wird
(ich verkaufe mein Pferd, um mich der eingetretenen Ver=
schlechterung meiner Vermögensverhältnisse anzupassen), der

---

[7] Mit dem Ausdrucke causa bezeichnen die Römer sinnverwirrend
die verschiedensten Rechtsbegriffe, u. a.: den Beweggrund (falsa causa
non nocet, S. 394), den Zweck (z.B. condictio ob injustam causam),
den Prozeß (z.B. causa centumviralis, I, 187, causa Curiana,
ebenso im französischen: „causes célèbres"), die rechtliche Stellung
(res transit cum sua causa), das zu einer Hauptsache Hinzugekommene
(omnis causa, I, 287⁵), den Klagegrund (causa agendi, I, 216¹),
die Begründungsart bei Schuldverhältnissen (causae civiles, I, 170⁵).

Zweck, welcher rechtliche Erfolg mit dem Rechtsgeschäfte herbeigeführt werden soll (ich verkaufe mein Pferd, damit ich gegen Übertragung des Eigentums des Pferdes an den Käufer von diesem den Preis zu Eigentum erhalte). Während der Beweggrund, wie oben gezeigt, für den Bestand des Rechtsgeschäfts regelmäßig unerheblich ist, ist der Zweck ein so wesentlicher Bestandteil des Rechts-geschäfts, daß die Nichterreichung dieses Zwecks die Hin-fälligkeit des Rechtsgeschäfts nach sich ziehen kann.

Die Abhängigkeit des Rechtsgeschäfts von seinem rechtlichen Zwecke (causa) kann nun mehr oder weniger eng sein, und diese Verschiedenheit begründet eine wichtige Zweiteilung der Rechtsgeschäfte: die Scheidung in kausale (materielle, individualisierte) und abstrakte (for=male) Rechtsgeschäfte.

α. Kausale Rechtsgeschäfte sind solche, bei denen die Erreichung des Zwecks Bedingung des Bestehens des Rechtsgeschäfts ist. Wenn A. dem B. eine Urkunde folgenden Wortlauts einhändigt: „Ich verpflichte mich, an B. am 1. Oktober 1902 als Kaufpreis für sein mir am gleichen Tag aufzulassendes Haus 20,000 Mk. zu zahlen", so ist aus dieser Parteivereinbarung ersichtlich, daß die Entstehung der Zahlungsverpflichtung von der Rechts=beständigkeit und Erfüllung des ihr zu Grunde liegenden Kaufvertrags über B.s Haus abhängig ist. Ihr Zweck ist, die Gegenleistung gegen die dem B. als Verkäufer (vgl. BGB. § 433) obliegende Verpflichtung zur Über=tragung des Eigentums an seinem Hause auf den A. zu bilden. Würde B. oder sein Cessionar den Kaufpreis einklagen, bevor B. sein Haus dem A. aufgelassen hätte oder ohne zu dieser Auflassung Zug um Zug bereit zu sein, so würde A. (sofern der Kaufpreis nicht vertrags=mäßig vor der Auflassung zu zahlen war) seine Ver=pflichtung (vgl. § 320 BGB.) mit Recht bestreiten (sog. exceptio non adimpleti contractus, I, 285[4], IV, 212). Denn A. hat sich nicht zu einer Zahlung schlechthin, sondern zu einer individualisierten Kaufpreiszahlung ver=pflichtet.

398 § 37. Rechtsgeschäfte. Allgemeines.

β. **Abstrakte Rechtsgeschäfte** (d. h. von ihrem Bestimmungsgrund „abgezogene") dagegen sind solche, bei denen das Eintreten des Rechtserfolgs unabhängig ist von der Verwirklichung des Zwecks, den die Beteiligten im Auge hatten. Wenn zB. in dem oben genannten Fall A. so unvorsichtig gewesen wäre, dem B. auf Grund des von diesem erst am 1. Oktober 1900 zu erfüllenden Kaufvertrags einen eigenen Wechsel auszustellen: „Am 1. Oktober 1900 zahle ich gegen diesen Wechsel an B. 20,000 Mk.", so könnte er gegen die Klage eines dritten gutgläubigen Wechselinhabers (Indossatars) nicht einwenden, daß der Zweck der eingegangenen Verpflichtung die Gegenleistung für die dem B. obliegende, noch nicht erfüllte Verpflichtung zur Auflassung seines Hauses gewesen sei. Denn der Inhaber würde mit Recht erwidern, daß er dies bei Erwerb des Wechsels nicht gewußt habe und nach dessen Inhalt auch nicht habe wissen können (WO. Art. 82). A. habe sich in dem Wechsel zur Zahlung von 20,000 Mk. schlechthin verpflichtet; eine Beziehung zu einem mit B. geschlossenen Kaufgeschäft und also zu dem Zwecke der eingegangenen Zahlungsverpflichtung sei bei der notwendig abstrakten Natur des Wechsels garnicht zu erkennen gewesen.

γ. Wenn hiernach die Erreichung des Zwecks bei den kausalen Rechtsgeschäften Wirksamkeitsbedingung des Rechtsgeschäfts ist, während die Rechtswirksamkeit des abstrakten Rechtsgeschäfts ohne Rücksicht auf die Verwirklichung des Zwecks entsteht, so ist doch auch beim abstrakten Rechtsgeschäft ein Bestimmungsgrund vorhanden — denn ohne einen solchen ist kein Rechtsgeschäft denkbar — und wenn auch nicht für das Wirksamwerden, wie beim kausalen Geschäfte, so doch für das Wirksambleiben, wie im folgenden darzulegen, bedeutungsvoll.

Die abstrakten Rechtsgeschäfte sind im Interesse der Sicherheit und Erleichterung des Rechtsverkehrs eingeführt, der sich hauptsächlich auf dem Gebiete des Vermögensrechts bewegt.

Mit einer Vermögenszuwendung, d. h. der
Übertragung von Bestandteilen unseres Vermögens in
ein fremdes Vermögen, können verschiedene rechtliche Zwecke
(causae) verfolgt werden. Wenn A. dem B. 1000 Mk.
zu Eigentum übergiebt, so kann er die Absicht haben, sie
ihm zu schenken; er kann aber mit den 1000 Mk. auch
dem B. ein Darlehen gewähren oder ein von ihm erhaltenes
Darlehen zurückzahlen wollen. Die Römer sprechen daher
davon: eine Vermögenszuwendung könne schenkungs-, ver-
pflichtungs- oder zahlungshalber (donandi, obligandi
oder credendi und solvendi causa) erfolgen[8]. Bei
den eine Vermögenszuwendung bezweckenden Rechtsgeschäften
kann man also einen doppelten Zweck unterscheiden. Ihr
nächster Zweck ist die Bewirkung der Vermögenszuwendung,
die Herbeiführung des Vermögensübergangs; ihr weiterer
Zweck die Vollziehung einer Schenkung, die Eingehung
oder Lösung eines Schuldverhältnisses. Bei den kausalen
Rechtsgeschäften nun tritt, wie oben dargelegt, der nächste
Zweck, der Vermögensübergang, nur ein, wenn auch der
weitere Zweck erfüllt ist. Bei den abstrakten dagegen tritt
der nächste Zweck ein ohne Rücksicht auf die Erreichung
des weiteren Zwecks. In dem S. 398 gegebenen Beispiele
wird mit Aushändigung des von A. gezeichneten eigenen
Wechsels ohne weiteres das Vermögen des B. um eine
Forderung von 20,000 Mk. vermehrt, das des A.
um eine Schuld von 20,000 Mk. gemindert. Der
nächste Zweck, der Vermögensübergang, ist äußerlich
also erreicht. Im inneren Verhältnisse zwischen A. und B.
wird aber durch die Thatsache, daß die Vermögenszuwendung sich durch die Wahl eines abstrakten Ver-
mögensübertragungsgeschäfts sofort vollzogen hat, nichts
daran geändert, daß die Eingehung der Wechselverpflichtung

---

[8] Diese Zwecke einer Vermögenszuwendung sind zwar die
häufigsten, aber nicht die einzigen. Eine Zahlung kann ferner auch
zwecks Bestellung einer Mitgift oder zur Erfüllung einer Bedingung
(condicionis implendae causa) erfolgen, wenn zB. A. dem B. ein
Haus vermacht unter der Bedingung, daß er 1000 Mark an die
Armenkasse zahle.

nur Mittel zum Zweck war, nämlich zur Erfüllung des von den Parteien geschlossenen Hauskaufs. Ist dieser „weitere Zweck" nicht erreichbar, zB. weil B. als Wahn= sinniger gar kein Kaufgeschäft über sein Haus abschließen konnte, das Geschäft also hinfällig ist, so ist die einmal vollzogene Vermögenszuwendung an B. ohne rechtlichen Grund geschehen; sie muß also, soll nicht B. ungerecht= fertigt bereichert werden, von B. an A. zurückgewährt werden. Dazu dienen vor allem die sog. Kondiktionen (vgl. BGB. §§ 812 ff.).

Das Ergebnis der vorstehenden Ausführung ist: Ver= mögenszuwendungen können erfolgen durch kausale und durch abstrakte Geschäfte. In ersterem Falle wird die Vermögenszuwendung erst wirksam, wenn der Zweck, zu welchem sie vorgenommen ist, sich verwirklicht; in letzterem Falle tritt sie ohne weiteres ein, kann aber im Verhältnisse der Beteiligten unter einander, also durch eine rein persön= liche Klage oder durch persönliche Einrede gegen die Er= füllungsklage, zurückgefordert werden[9]). Die große prak=

---

[9]) Windscheid (Die Lehre des römischen Rechts von der Voraus= setzung 1850) bezeichnet als Voraussetzung eine das Handeln einer Person beeinflussende Vorstellung davon, daß eine gewisse Thatsache eingetreten sei oder eintreten werde. Wenn A. dem B. ein von letzterem gekauftes Pferd zu Eigentum übergebe, so thue er dies in der Voraussetzung, daß ein gültiger Kaufvertrag zu stande gekommen sei. Durch diese Voraussetzung werde nicht — wie in dem Falle, daß die Gültigkeit des Vertrags zur aufschiebenden Geschäftsbedingung erhoben sei — der Eigentumsübergang gehindert, deshalb sei die Voraussetzung nur eine unentwickelte Bedingung. Die sich später herausstellende Unrichtigkeit der Voraussetzung begründe aber eine Anfechtung des Geschäfts.

Dieser Begriff der Voraussetzung, nach dem der gewollte Rechts= erfolg zunächst eintritt, aber wieder beseitigt werden kann, würde auch die causa, den weiteren Zweck für Vermögenszuwendungen, sowie den modus umfassen, d. h. die bei einer unentgeltlichen Vermögens= zuwendung gemachte Auflage. Theorie und Praxis haben aber die Zusammenfassung dieser und ähnlicher Fälle unter einen allgemeinen, durch einheitliche Regeln bestimmten Begriff nicht gebilligt und vor allem daran festgehalten, daß, abgesehen von der causa und dem modus, für welche Rechtsinstitute besondere Regeln gelten, Vorstellungen der Partei, die nicht zu Geschäftsbedingungen erhoben sind, auf die

tische Bedeutung der abstrakten Rechtsgeschäfte liegt ge=
rade darin, daß die durch sie bewirkte Vermögens=
zuwendung sogleich und ohne Rücksicht auf den Eintritt
des weiteren Zwecks sich vollzieht und bei Ausfall des
letzteren die Auseinandersetzung wegen der angeblich un=
gerechtfertigten Bereicherung nur die an dem abstrakten
Rechtsgeschäft unmittelbar Beteiligten, nicht einen dritten
Erwerber des Vermögensstücks, angeht. Soweit das
abstrakte Rechtsgeschäft insbesondere eine Eigentumsüber=
tragung bezweckt, tritt diese, ebenso wie andere auf ab=
strakten Rechtsgeschäften beruhende Vermögenszuwendungen,
selbst dann ein, wenn die Parteien über deren Zweck gar=
nicht einig waren. Wenn A. dem B. zB. ein Grundstück
aufläßt, in der Meinung, hierzu auf Grund eines Kauf=
vertrags verpflichtet zu sein, B. die Auflassung entgegen=
nimmt in der Meinung, A. schenke ihm das Grundstück,
so ist, da die Auflassung ein notwendig abstraktes Geschäft
ist (S. 403), mit der Eintragung B.s als Eigentümer im
Grundbuche das Grundstück in das Eigentum des B.
übergegangen. A. kann es mit der condictio sine causa
von B. freilich wieder zurückfordern, nicht aber von dem
gutgläubigen C., dem B. es etwa inzwischen weiter auf=
gelassen hat; denn die condictio sine causa ist eine per=
sönliche, keine dingliche Klage. Der Unterschied zwischen
kausalen und abstrakten Geschäften ist ferner auch für
die Frage der Beweislast erheblich. Beim kausalen Ge=
schäfte gehört die Erfüllung des weiteren Zwecks zum
Klagegrund und ist daher vom Kläger zu beweisen.
Beim abstrakten Geschäfte hat der Kläger nur dessen
Vorhandensein zu erweisen (zB. Unterzeichnung des Wech=
sels durch den Beklagten); die aus der mangelnden
Erreichung des weiteren Zwecks sich ergebenden Folge=
rungen (zB. Nichtigkeit der Wechselerklärung wegen
Wuchers) hat Beklagter nachzuweisen, soweit sie dem

Rechtsbeständigkeit des Geschäfts überhaupt keinen Einfluß haben,
vielmehr unter die regelmäßig bedeutungslosen Beweggründe gehören
(ERG. 24, 170).

Kläger gegenüber überhaupt rechtserheblich sind (WO. Art. 82).

δ. Unter den abstrakten Rechtsgeschäften ist wieder zu unterscheiden zwischen den notwendig abstrakten, die eine Bezugnahme auf die causa der Vermögens= zuwendung garnicht dulden, und den willkürlich ab= strakten, die eine solche zwar zulassen, aber nicht nötig haben.

Notwendig abstrakte Geschäfte waren in Rom die mancipatio und in jure cessio, willkürlich abstrakte die stipulatio (IV, 184) und nach der richtigen Ansicht[10]) die

---

[10]) Ob die traditio abstraktes oder kausales Rechtsgeschäft ist, ob also insbesondere, wenn beide Teile Eigentum übertragen und empfangen wollten, eine mangelnde Willensübereinstimmung bezüglich des weiteren Zwecks der Übergabe gleichgültig ist, war unter den römischen Juristen streitig. Es besteht eine berühmte, noch nicht sicher gelöste Antinomie zwischen zwei Aussprüchen Julians und Ulpians: Julianus l. 36 D. de adquir. rerum dominio 41, 1: Cum in corpus quidem, quod traditur, consentiamus, in causis vero dissentiamus, non animadverto, cur inefficax sit traditio; veluti si ego credam, me ex testamento tibi obligatum esse, ut fundum tradam, tu existimes, ex stipulatu tibi eum deberi; nam et si pecuniam numeratam tibi tradam donandi gratia, tu eam quasi creditam accipias, constat proprietatem ad te transire nec impedimento esse, quod circa causam dandi atque accipiendi dissenserimus. Hiernach behandelt Julian die Tradition als abstrakten Vertrag; denn die zwecks Eigentumsübertragung vor= genommene Tradition soll selbst dann Eigentumserwerb herbeiführen, wenn der mit der Tradition beabsichtigte weitere Zweck nicht eintritt, weil die Parteien über ihn nicht einig sind. Selbstverständlich kann durch die Tradition nur dann ein Eigentumsübergang herbeigeführt werden, wenn die Parteien mindestens über den nächsten Zweck der Tradition, nämlich den Eigentumsübergang selbst, einig sind; d. h. es muß bei ihnen jedenfalls der sog. animus dominii transferendi et adquirendi vorhanden sein.

Im Gegensatze dazu sagt Ulpian in l. 18 pr. D. de rebus creditis 12, 1: Si ego pecuniam tibi quasi donaturus dedero, tu quasi mutuam accipias, Julianus scribit, donationem non esse; sed an mutua sit, videndum. Et puto, nec mutuam esse, magisque nummos accipientis non fieri, cum alia opinione acceperit. — Quare si eos consumpserit, licet condictione teneatur, tamen doli exceptione uti poterit, quia secundum voluntatem dantis nummi sunt consumpti.

traditio. Nach modernem Rechte sind u. a. notwendig abstrakt: die Auflassung (vgl. BGB. § 873), die Grundschuld (vgl. BGB. §§ 1191 ff.), der Wechsel (WO. Art. 4); willkürlich_abstrakt: das Schuldversprechen und Schuldanerkenntnis (vgl. BGB. §§ 780 ff., HGB. § 363), worüber im einzelnen gehörigen Orts zu sprechen sein wird [11]).

ε. Vielfach wird für die Rechtsgültigkeit abstrakter Rechtsgeschäfte wegen der in ihrer Unabhängigkeit von der causa liegenden Gefahr für die Beteiligten die Beobachtung einer gewissen Form (zB. der Schriftform beim abstrakten Schuldversprechen, BGB. § 780) gefordert. Es ist aber unrichtig, deshalb die abstrakten Rechtsgeschäfte als formelle, die kausalen als nicht formelle zu bezeichnen. Denn es giebt abstrakte nicht formelle, zB. die Übergabe (vgl. BGB. § 929), und kausale an eine Form gebundene (zB. der für mehr als ein Jahr geschlossene Mietvertrag über ein Grundstück nach BGB. § 566) [12]).

Der Meinung des Julian ist der Vorzug zu geben. Auch das BGB. sagt in § 929: „Zur Übertragung des Eigentums an einer beweglichen Sache ist erforderlich, daß der Eigentümer die Sache dem Erwerber übergiebt und beide darüber einig sind, daß das Eigentum übergehen soll". Hierüber ist das Nähere bei der Lehre von der Übergabe zu sagen.

[11]) Hier ist nur darauf hinzuweisen, daß das BGB. das dingliche Rechtsgeschäft (insbesondere den dinglichen Vertrag), d. h. ein Rechtsgeschäft, das unmittelbar die Begründung, Übertragung oder Aufhebung eines Rechts an einer Sache oder einem Rechte zum Inhalte hat, grundsätzlich als abstraktes behandelt, also auch dann wirksam werden läßt, wenn der von den Parteien vorausgesetzte Rechtsgrund (der weitere Zweck) nicht vorhanden oder ungültig ist, vgl. zB. BGB. §§ 398, 873, 875, 929.

[12]) Dagegen bezeichnet man die abstrakten Rechtsgeschäfte mit Recht als formale, weil sie ohne Rücksicht auf ihre materielle Grundlage lediglich infolge der Formalität ihres Daseins wirken.

Erster Titel. Geschäftsfähigkeit.
(BGB. §§ 104—115.)

§ 38. Aufhebung und Beschränkung der Geschäftsfähigkeit.

Die Gründe, welche die Fähigkeit zur Vornahme von Rechtsgeschäften ausschließen und beschränken, sind in ihrer historischen Entwickelung schon in § 13, bei der Lehre von der Handlungsfähigkeit, dargelegt. Hier ist deshalb nur der Rechtszustand darzustellen, wie er mit dem In= trafttreten des BGB. sich gestaltet hat, unter Hervor= hebung derjenigen Änderungen, die der bisherige Rechts= zustand hierdurch erlitten hat.

Das BGB. unterscheidet Geschäftsunfähigkeit und beschränkte Geschäftsfähigkeit.

a. Geschäftsunfähigkeit.

1. Voraussetzungen.

Nach BGB. § 104 ist geschäftsunfähig:

α. wer nicht das 7. Lebensjahr vollendet hat (S. 150);

β. wer sich in einem die freie Willensbestimmung aus= schließenden Zustande krankhafter Störung der Geistes= thätigkeit befindet, sofern nicht der Zustand seiner Natur nach ein vorübergehender ist (S. 158);

γ. wer wegen Geisteskrankheit entmündigt ist (S. 156).

Im letzten Fall ist der Beweis, daß der Entmün= digte eine gewisse Willenserklärung in einem lichten Zwischenraum abgegeben hat, ausgeschlossen. Denn im Gegensatze zum Gemeinen Recht und in Übereinstimmung mit dem ALR. I, 4 § 25 werden solche lucida inter= valla vom BGB. nicht berücksichtigt (S. 155). Anderer= seits gilt ein nicht Entmündigter als geschäftsfähig. Das Vorhandensein einer geschäftsunfähig machenden, dauernden Geistesstörung eines nicht Entmündigten ist daher von demjenigen zu beweisen, der sie behauptet.

Die Geschäftsunfähigkeit ist stets ein dauernder Zu= stand. Dem Geschäftsunfähigen wird in der Wirkung aber derjenige sonst Geschäftsfähige gleichgestellt, der eine bestimmte Willenserklärung im Zustande der Bewußt= losigkeit (Trunkenheit[1]), Fieberdelirium, Hypnose) oder einer vorübergehender Störung der Geistesthätigkeit ab= gegeben hat (vgl. BGB. § 105).

2. Folgen.

Die Willenserklärungen der Geschäftsunfähigen haben keinerlei rechtliche Wirkung, d. h. sie sind nichtig (§ 105). Aber auch zur Empfangnahme von Willenserklärungen Dritter bei den sog. empfangsbedürftigen Geschäften (S. 387) sind Geschäftsunfähige außer stande. Vielmehr werden derartige Willenserklärungen erst wirksam, wenn sie dem gesetzlichen (d. h. durch das Gesetz berufenen) Vertreter (Vater, Vormund, Pfleger) des Geschäfts= unfähigen zugehen. Folgen dieser Grundsätze[2]) zeigen sich u. a. in der Hemmung der Verjährung (§ 206) und Er= sitzung (§ 939) gegen den Geschäftsunfähigen, der keinen Vertreter hat, in der Nichtigkeit der von einem solchen geschlossenen Ehe (§ 1325), im Ruhen der väterlichen Gewalt des geschäftsunfähigen Vaters (§ 1676). Maß= gebend ist jedoch nur der Augenblick der Abgabe oder des Empfangs der Willenserklärung. Später eintretende Geschäftsunfähigkeit ist wirkungslos (§ 130), so auch, wenn der Antragende vor der Annahme, aber nach dem Zugehen des Antrags (§§ 130, 153), der Auftraggeber

---

[1]) Die römischen Quellen behandeln die Folgen der Trunkenheit für die Geschäftsfähigkeit nicht; die neuere gemeinrechtliche Entwickelung beruht auf c. 7 C. 15 qu. 1: Nesciunt quid loquantur, qui nimio vino indulgent, jacent ut sepulti.

[2]) Da das BGB., wie S. 144[1] erwähnt, den alle Rechts= handlungen umfassenden Begriff „Handlungsfähigkeit" nicht kennt, viel= mehr „Geschäftsfähigkeit" und „Deliktsfähigkeit" gesondert behandelt, so würden die die Geschäftsfähigkeit regelnden Grundsätze auf die nicht als Rechtsgeschäfte anzusehenden Rechtshandlungen (S. 96[12]) nicht ohne weiteres anwendbar sein. Daher spricht das BGB. im § 8 bezüglich der zu diesen Rechtshandlungen zu rechnenden Begründung und Auf= hebung des Wohnsitzes es besonders aus, daß Geschäftsunfähige und beschränkt Geschäftsfähige hierzu nicht selbständig imstande sind.

vor der Ausführung des Auftrags geschäftsunfähig wird
(§ 672).

b. Beschränkte Geschäftsfähigkeit.

1. Voraussetzungen.

Beschränkt geschäftsfähig ist nach BGB. §§ 106, 114:

α. ein Minderjähriger, welcher das 7. Lebensjahr
vollendet hat (S. 150), vorausgesetzt, daß er nicht für
volljährig erklärt und daher voll geschäftsfähig (S. 149),
oder geisteskrank oder wegen Geisteskrankheit entmündigt
und daher gänzlich geschäftsunfähig (S. 158) ist[3]);

β. wer wegen Geistesschwäche, Verschwendung oder
Trunksucht entmündigt oder während des Entmündigungs-
verfahrens unter vorläufige Vormundschaft gestellt ist
(S. 158).

2. Folgen.

Die Geschäftsfähigkeit beschränkt geschäftsfähiger Personen wird — wie die der infantiā majores des Gemeinen
und der mehr als 7 Jahre alten Minderjährigen des
späteren Preußischen Rechts (PrG. vom 12. Juli 1875,
S. 149[4]) — von dem Grundsatze beherrscht: beschränkt
Geschäftsfähige können ihre Rechtslage selbständig verbessern, aber nur unter Einwilligung ihrer ge-

---

[3]) Beseitigt ist durch das BGB. die beschränkte Geschäftsfähigkeit
der großjährigen Hauskinder. Nach Gemeinem Rechte waren auf
Grund des S. C. Macedonianum (II, 720) großjährige, aber aus
der väterlichen Gewalt noch nicht entlassene (emanzipierte) Kinder nur
in ihrer Darlehns- und Kreditfähigkeit beschränkt, im übrigen jedoch
völlig geschäftsfähig. Das ALR. hatte dagegen in II, 2 §§ 125 ff. die
Rechtswirksamkeit aller Veräußerungs- und Verpflichtungsgeschäfte
großjähriger Hauskinder von der Einwilligung des Vaters abhängig
gemacht, soweit sie sich nicht auf das freie Vermögen bezogen und
dies sichtbar gemacht war (ALR. II, 2 § 166). Diese den Verkehr im
höchsten Grade störenden Beschränkungen hat das BGB. nicht aufgenommen. Denn nach § 1626 steht ein Kind nur, so lange es
minderjährig ist, unter elterlicher Gewalt. Es giebt also nach BGB.
überhaupt keine „großjährigen Hauskinder" mehr.

setzlichen Vertreter verschlechtern (vgl. BGB. §107, der nur von Minderjährigen handelt, aber gemäß § 114 sich auch auf die sonstigen beschränkt Geschäftsfähigen bezieht).

Während also der Geschäftsunfähige auch reine Er= werbs= und Entlastungsgeschäfte nicht vornehmen, daher zB. auch (anders als im spätrömischen Rechte, S. 146) keine Schenkungen annehmen kann, bedarf der beschränkt Geschäftsfähige zu Willenserklärungen, durch die er ledig= lich einen rechtlichen Vorteil erlangt, also zu den rein lukrativen Rechtsgeschäften (S. 389), keiner Einwilligung seines gesetzlichen Vertreters (BGB. § 107). Ob ein Rechtsgeschäft lediglich lukrativ ist, hängt von der Ge= schäftsart, nicht von dem einzelnen Geschäft ab. Daher ist die Zahlungsempfangnahme wegen des dadurch herbei= geführten Untergangs der Forderung und der Antritt einer angeblich schuldenfreien Erbschaft wegen der gesetzlichen Haftung für die Nachlaßschulden kein lediglich lukratives Geschäft. Wohl aber gehören dazu reine, nicht mit einer Auflage (BGB. § 525) belastete Schenkungen sowie die Entgegennahme des Schulderlasses (BGB. § 397).

Bezüglich der nicht ausschließlich lukrativen Rechts= geschäfte ist zu unterscheiden:

α. Verträge beschränkt Geschäftsfähiger sind nur wirksam, wenn der gesetzliche Vertreter (Vater, Mutter, Vormund, Pfleger) zustimmt, entweder vorher (Einwilligung, S. 409) oder nachträglich (Genehmigung). Ein von einem Minderjährigen ohne vorherige Einwilligung des gesetzlichen Vertreters geschlossener Kaufvertrag ist also nicht, wie der von einem Wahnsinnigen eingegangene (BGB. § 105), nichtig. Er ist vielmehr rechtlich vorhanden, aber noch nicht wirksam. Die Rechtslage ist nach BGB. §§ 108 ff. nämlich folgende:

Solange die Genehmigung noch nicht erteilt, aber auch noch nicht verweigert ist, ist das Rechtsverhältnis, ähnlich wie bei der Offerte nach Gemeinem Rechte (§ 46 ᶜ), in der Schwebe (negotium pendet). Auch der andere Teil ist, abweichend vom Gemeinen und Preußischen

Rechte[4]), regelmäßig noch nicht gebunden; denn er ist nach BGB. § 109 regelmäßig zum Widerrufe berechtigt, und dieser kann sogar — im Gegensatze zu der Regel des § 131 BGB. — auch dem Minderjährigen gegenüber erklärt werden. Aber der zwischen dem beschränkt Geschäftsfähigen und dem anderen Teile geschlossene Vertrag gilt, vorausgesetzt, daß er sonst gültig, also zB. in der etwa vorgeschriebenen Form abgeschlossen ist, als vorhanden, wenn auch noch unwirksam. Tritt die Genehmigung

---

[4]) Nach Gem. Recht und nach § 4 des PrGesetzes betreffend die Geschäftsfähigkeit Minderjähriger vom 12. Juli 1875 war derjenige, der mit einem Minderjährigen einen Vertrag geschlossen hatte, seinerseits bis zur Genehmigung oder Verweigerung der Genehmigung seitens des gesetzlichen Vertreters gebunden. Man nennt ein solches Geschäft, wobei der eine, nicht aber der andere Teil gebunden ist, ein hinkendes Geschäft, negotium claudicans. Außer dem erwähnten, in l. 13 § 29 D. de action. empti venditi 19, 1 behandelten Falle („Si quis a pupillo sine tutoris auctoritate emerit, ex uno latere constat contractus; nam qui emit, obligatus est pupillo, pupillum sibi non obligat") rechnete man dazu zB. den Fall, wo jemand eine res furtiva in Kenntnis dieser ihrer Eigenschaft kauft, während der Verkäufer gutgläubig ist. Die juristische Konstruktion der hinkenden Verträge ist sehr bestritten. Savigny und Puchta führten aus, daß hierbei eine relative Nichtigkeit (§ 45 b) stattfände, d. h. daß der Vertrag erst mit der gültigen Erklärung des nicht gebundenen Teils rechtsbeständig würde. Dem widersprechen die Quellen, wonach der eine Kontrahent sogleich „obligatus", der andere „non obligatus" ist. Andere nahmen deshalb an, daß wirklich der eine Teil sogleich verpflichtet wäre, der andere nicht. Nur könnte bei den wesentlich in Frage kommenden synallagmatischen Verträgen (I, 285 4) der nicht Verpflichtete die Gegenleistung nur fordern, wenn er die ihm obliegende Leistung anbiete; sonst könnte der andere Teil mit einer exceptio doli (exceptio non adimpleti contractus, I, 285 4) seine Leistung bis zur erfolgten Gegenleistung ablehnen. Immerhin ist der Verpflichtete bei den hinkenden Verträgen deshalb in ungünstiger Lage, weil nicht er, wohl aber der Gegner auf Leistung klagen kann. Das PrGesetz vom 12. Juli 1875 hatte ihm daher in § 4 Abs. 2 (vgl. BGB. § 108 Abs. 2) für den im Texte behandelten, praktisch wichtigsten Fall die Befugnis gewährt, eine bindende Erklärung des gesetzlichen Vertreters des Minderjährigen binnen 2 Wochen herbeizuführen.

Nach BGB. § 109 ist der mit einem Minderjährigen geschlossene Vertrag kein negotium claudicans; denn wie im Texte dargelegt, ist auch der andere Teil regelmäßig noch nicht gebunden.

hinzu, so ist die condicio juris seiner Wirksamkeit erfüllt. Der Vertrag gilt dann als von vornherein, nicht erst als seit Erteilung der Genehmigung, vorhanden, d. h. es tritt Rückwirkung (unten § 55) ein. Da hiernach der beschränkt Geschäftsfähige und nicht der gesetzliche Vertreter Vertragspartei ist, so bedarf die Genehmigung des Vertreters keiner Form, selbst wenn der Vertrag selbst von einer solchen abhängig ist (BGB. § 182 Abs. 2). Sie kann auf jede Weise, ausdrücklich oder stillschweigend, dem beschränkt Geschäftsfähigen oder dem anderen Teile gegenüber, erfolgen. Ist jedoch eine solche Erklärung dem anderen Teile gegenüber noch nicht erfolgt und fordert dieser den Vertreter zur Erklärung auf, dann hat der Vertreter, auch wenn er dem beschränkt Geschäftsfähigen selbst schon die Genehmigung erklärt oder verweigert hat, doch noch freie Hand. Er kann binnen 2 Wochen seit der Aufforderung seine Genehmigung dem Dritten gegenüber erklären; thut er dies nicht, so gilt sie als verweigert[5]). Bei verweigerter Genehmigung gilt der Vertrag als von vornherein nichtig. Über die Sprechweise des BGB., das unter dem allgemeinen Begriffe „Zustimmung" die (vorhergehende) „Einwilligung" von der (nachfolgenden) „Genehmigung" unterscheidet, vgl. unten § 55.

---

[5]) Wenn zB. der minderjährige A. ein Fahrrad kauft, davon seinem gesetzlichen Vertreter Mitteilung macht und dessen Genehmigung erhält, so kann der andere Teil sich des ihm in § 109 eingeräumten Widerrufsrechts nicht mehr bedienen; er kann sich aber seinerseits auf die dem A. gegenüber erklärte Genehmigung, sofern er von ihr Kenntnis erhält, berufen. Fordert er aber den Vertreter zur Erklärung auf, so kann dieser nunmehr immer noch erklären, er genehmige den Kauf nicht.

Anders ist es dagegen, wenn der Vertreter bereits vor der Vornahme des Geschäfts seine ebenfalls formlos zulässige „Einwilligung" erklärt hatte; dann ist der Vertrag schon mit dem Augenblicke des Eingehens durch den beschränkt Geschäfsfähigen voll wirksam.

Ist der beschränkt Geschäftsfähige inzwischen unbeschränkt geschäftsfähig, zB. volljährig, geworden, so tritt seine Genehmigung an die Stelle der Genehmigung des bisherigen gesetzlichen Vertreters (BGB. § 108 Abs. 3, ebenso PrG. vom 12. Juli 1875 § 3).

β. Betreffs einseitiger Rechtsgeschäfte können
die für die Verträge geltenden Grundsätze nicht maßgebend
sein, weil derartige Geschäfte (zB. Kündigung eines Dar=
lehens, einer Wohnung) einen Schwebezustand nicht zu=
lassen. Sie sind daher „unwirksam", d. h. nichtig (BGB.
§ 111), wenn sie ohne die erforderliche Einwilligung des
gesetzlichen Vertreters vorgenommen sind. Nur zur
Testamentserrichtung bedarf der beschränkt Geschäfts=
fähige, soweit er dazu überhaupt befugt ist, nicht der
Zustimmung seines gesetzlichen Vertreters[6]). Testieren
kann jedoch nur ein Minderjähriger nach Vollendung des
16. Lebensjahrs (nicht schon wie nach Gemeinem Rechte
mit dem 12. und 14. Lebensjahre, S. 147); ein wegen
Geistesschwäche, Verschwendung und Trunksucht Ent=
mündigter (und zwar schon von der Stellung des Ent=
mündigungsantrags an) kann dagegen überhaupt nicht
testieren (S. 158, BGB. § 2229)[7]).

γ. Zur Eingehung der Ehe bedarf der beschränkt
Geschäftsfähige der Einwilligung des gesetzlichen Vertreters
(BGB. § 1304). Der Mangel derselben führt aber nicht
Nichtigkeit, wie in den anderen Fällen, sondern nur An=
fechtbarkeit herbei (§ 1331). Vgl. noch BGB. §§ 8
(Wohnsitz), 206, 939 (Ruhen der Verjährung und Er=
sitzung gegen den beschränkt Geschäftsfähigen, der keinen
Vertreter hat), 1676 (Ruhen der väterlichen Gewalt des
in der Geschäftsfähigkeit beschränkten Vaters).

---

[6]) Einen Erbvertrag kann als Erblasser dagegen nur ein
unbeschränkt Geschäftsfähiger schließen, ein beschränkt Geschäftsfähiger
nicht einmal mit Zustimmung des gesetzlichen Vertreters. Nur Ver=
lobte und Eheleute können, auch wenn sie in ihrer Geschäftsfähigkeit
beschränkt sind, mit Zustimmung ihrer gesetzlichen Vertreter Erb=
verträge schließen (BGB. § 2275). Zu Erbverzichten bedarf der
beschränkt Geschäftsfähige nicht der Zustimmung seines gesetzlichen Ver=
treters, regelmäßig aber der Genehmigung des Vormundschaftsgerichts
(BGB § 2347).

[7]) Demnach können von den beschränkt Geschäftsfähigen nur
testieren: die Minderjährigen, die das 16. Lebensjahr vollendet haben,
und die nach § 1906 unter vorläufige Vormundschaft Gestellten, wenn
dem Entmündigungsantrage nicht entsprochen wird.

3. Fälle erweiterter Geschäftsfähigkeit[8]).

Die nach dem Vorstehenden zu den nicht lediglich einen Rechtsvorteil verschaffenden Rechtsgeschäften der beschränkt Geschäftsfähigen erforderliche Zustimmung des gesetzlichen Vertreters ist in drei Gruppen von Fällen nicht erforderlich:

α. Bewirkt der beschränkt Geschäftsfähige die Erfüllung eines von ihm selbständig geschlossenen Vertrags mit Mitteln, die ihm zu diesem Zweck (Einhändigung von Geld seitens des Vaters zum Ankauf eines Fahrrades) oder zu freier Verfügung (Taschengeld) überlassen sind, so ist der Vertrag — aber erst durch diese Erfüllung aus den vorbezeichneten Mitteln — von Anfang an wirksam. (BGB. § 110).

β. Ermächtigt der gesetzliche Vertreter mit Genehmigung des Vormundschaftsgerichts (dieser bedarf, abweichend vom bisherigen PrG. vom 12. Juli 1875 § 5 auch der Vater, sodaß er von nun an den Namen seiner Kinder zum Deckmantel seiner Geschäfte nicht mehr miß-

---

[8]) In früherer Zeit war die Rechtsstellung der Studierenden (vgl. auch I, 709, II, 385) vielfach besonderen, ihre Geschäftsfähigkeit teils beschränkenden, teils erweiternden Normen unterworfen. So war z.B. in Preußen nach dem Gesetze vom 29. Mai 1879 betreffend die Rechtsverhältnisse der Studierenden, das diese grundsätzlich den Normen des gemeingültigen Rechts unterwarf, eine Besonderheit insofern vorhanden, als nach § 1 Abs. 2 daraus, daß ein Studierender zur Zeit der Annahme einer Vorlesung minderjährig war oder unter väterlicher Gewalt stand, ein Einwand gegen die Verpflichtung zur Zahlung des Honorars nicht entnommen werden durfte.

Das BGB. hat alle derartigen Sonderbestimmungen beseitigt. Soweit der minderjährige Studierende aus dem ihm überwiesenen „Wechsel" Barzahlungen auf von ihm geschlossene Verträge leistet, kommt BGB. § 110 (s. o.) zur Anwendung. Im übrigen haftet er, soweit nicht, wie bei der Annahme von Vorlesungen, stillschweigende Einwilligung des gesetzlichen Vertreters zu unterstellen ist, mindestens aus der rechtlosen Bereicherung. Mit der Frage der persönlichen Haftung des Studierenden ist die der Haftung des Vaters für Schulden seines studierenden Sohns nicht zu verwechseln; hierüber ist im Familienrechte zu sprechen.

brauchen kann, vgl. S. 232 [7]) den beschränkt Geschäfts=
fähigen zum selbständigen Betrieb eines Erwerbs=
geschäfts, so ist dieser für solche Rechtsgeschäfte (Einkauf,
Verkauf, Mieten und Kündigen des Ladens) unbeschränkt
geschäftsfähig, die der Geschäftsbetrieb mit sich bringt, es
sei denn, daß es sich um Rechtsgeschäfte handelt, zu denen
auch der gesetzliche Vertreter der Genehmigung des Vor=
mundschaftsgerichts bedarf (BGB. § 112; vgl. §§ 1643,
1822 [3]).

γ. Ermächtigt der gesetzliche Vertreter den beschränkt
Geschäftsfähigen, in Dienst oder Arbeit zu treten, so
ist dieser zur Eingehung, Erfüllung und Aufhebung der=
artiger Dienst= oder Arbeitsverhältnisse mit der zu β.
erwähnten Beschränkung geschäftsfähig (BGB. § 113).

In den zu β. und γ. gedachten, dem Verkehrs=
bedürfnis entspringenden Fällen, die den §§ 5, 6 des
PrG. vom 12. Juli 1875 nachgebildet sind, ist der im
übrigen beschränkt Geschäftsfähige voll geschäftsfähig, also
„insoweit" (vgl. CPO. § 52 und S. 107 [2], I 223 [7]) auch
prozeßfähig. Über die (zulässige) Verwendung eines be=
schränkt Geschäftsfähigen als Stellvertreter vgl. BGB.
§ 165 und unten § 52d.

Was die Beweislast betrifft (I, 256), so ist davon
auszugehen, daß die Behauptung, eine Person sei bei Ab=
gabe einer Willenserklärung geschäftsunfähig oder beschränkt
geschäftsfähig gewesen, als das Vorbringen einer die regel=
mäßige Wirkung der Willenserklärung aufhaltenden, sog.
rechtshemmenden Thatsache (I, 217 [3]) anzusehen ist.
Ihr Beweis liegt also nicht demjenigen ob, der aus der
Willenserklärung Rechte herleitet, sondern demjenigen, der
behauptet, daß die Willenserklärung, als von einem Ge=
schäftsunfähigen oder beschränkt Geschäftsfähigen ohne die
erforderliche Einwilligung des gesetzlichen Vertreters ab=
gegeben, keine Rechtsfolgen nach sich ziehen könne.

Besondere Verwickelungen können eintreten, wenn die
Geschäftsunfähigkeit oder beschränkte Geschäftsfähigkeit durch
eine Entmündigung herbeigeführt ist, die infolge einer An=
fechtungsklage (S. 160) beseitigt wird. Nach § 115 BGB.

kann die Wirksamkeit der inzwischen von dem entmündigt Gewesenen vorgenommenen Rechtsgeschäfte nicht in Frage gestellt werden; andererseits bleiben aber auch die inzwischen von dem gesetzlichen Vertreter vorgenommenen Geschäfte wirksam. Eintretende Kollisionen (z.B. verschiedenartige Verfügungen des Entmündigten und seines Vertreters über denselben Gegenstand) sind dann so zu behandeln, als wären sie durch Rechtshandlungen derselben Person hervorgerufen (S. 104).

Zweiter Titel. Willenserklärung.
(BGB. §§ 116—144).

§ 39. Zwiespalt zwischen Willen und Erklärung.

a. Allgemeines.

1. Das Rechtsgeschäft ist eine Willenserklärung (S. 384). Darin liegt zweierlei: es muß bei dem, der Rechtsgeschäfte vornimmt, ein Willensentschluß vorhanden, und dieser muß erklärt sein.

Der Wille ohne Erklärung ist (wie die Sprichwörter: „Gedanken sind zollfrei", „Cogitationis poenam nemo patitur", l. 18 D. de poenis 48, 19 und c. 14 dist. 1 de poenit. dies für das Strafrecht ausdrücken) rechtlich bedeutungslos. Dem steht nicht etwa entgegen, daß nach der im BGB. § 133 zur gesetzlichen Anerkennung gelangten modernen Anschauung bei der Auslegung der Willenserklärung der wirkliche Wille (id quod actum) zu erforschen und nicht an dem buchstäblichen Sinne des Ausdrucks (id quod dictum oder scriptum) zu haften ist. Denn dieser Grundsatz will nicht die Notwendigkeit einer Erklärung des Gewollten in Abrede stellen, sondern nur darauf hinweisen, daß der wahre Willensinhalt sich aus der Erklärung selbst nicht immer mit Sicherheit ergiebt. Auf welche Weise und wem gegenüber die Erklärungen zu erfolgen haben, darüber ist unten in § 41 zu sprechen.

Ist nach dem Vorstehenden der nicht erklärte Wille rechtlich bedeutungslos, so ist umgekehrt eine Erklärung, der kein Willensentschluß zu Grunde liegt, für das Recht nicht immer ohne Bedeutung. Aus dem Folgenden wird vielmehr erhellen, daß in zahlreichen Fällen der Erklärende das von ihm als gewollt Bezeichnete in Wirklichkeit nicht will, daß also ein Zwiespalt zwischen Willen und Erklärung vorhanden ist und dennoch die Erklärung rechtliche Wirkung hat. Vorausgesetzt ist hierbei natürlich immer, daß die Erklärung als solche, d. h. der Erklärungsvorgang selbst, von dem Erklärenden gewollt ist. Bei der rechtsgeschäftlichen Erklärung muß man nämlich unterscheiden: zwischen dem auf Abgabe der Erklärung selbst gerichteten Willen (Erklärungswille) und dem Willen, durch die Erklärung eine gewisse rechtliche Wirkung hervorzurufen (Wirkungswille). Der Erklärungswille muß immer vorhanden sein, soll die Erklärung überhaupt rechtlich bedeutungsvoll sein. Wer einen Wechsel unterschreibt in der Meinung, einen Mietvertrag zu unterschreiben, wer durch vis absoluta (§ 40ᵇ) zur Unterschrift gezwungen wird, hat keinen Erklärungswillen; die von ihm abgegebene Erklärung ist stets nichtig und wird nur ausnahmsweise — wie der Wechsel in der Hand des gutgläubigen Erwerbers, WO. Art. 82 — aus Verkehrsrücksichten aufrechterhalten. In den folgenden Fällen ist also immer vorausgesetzt, daß der Erklärungswille beim Erklärenden vorhanden und daß nur ein Zwiespalt zwischen Erklärung und Wirkungswillen vorhanden ist.

2. Der Nichtübereinstimmung von (Wirkungs-) Willen und Erklärung kann der Erklärende sich bewußt sein. Hierbei kann er mit der trotzdem abgegebenen Erklärung bezwecken, entweder den Erklärungsempfänger (Mentalreservation, vgl. BGB. § 116, unten b.) oder einen Dritten (Simulation, vgl. BGB. § 117, unten c.) zu täuschen, oder er kann die nicht ernstlich gemeinte Erklärung in der Erwartung abgegeben haben, der Mangel der Ernstlichkeit werde nicht verkannt werden (Scherz, vgl. BGB. § 118, unten d.). Dem Erklärenden kann der Zwiespalt

zwischen Wille und Erklärung aber auch unbewußt sein, entweder wegen Irrtums (vgl. BGB. § 119, unten e.) oder wegen unrichtiger Übermittelung der Erklärung (vgl. BGB. § 120, unten f.). Über die im Zustande vorübergehender Bewußtlosigkeit abgegebenen Erklärungen vgl. S. 405.

3. Betreffs der rechtlichen Bedeutung eines Zwie= spalts zwischen Willen und Erklärung sind für das Ge= meine Recht drei Theorieen aufgestellt worden.

α. Nach der Willenstheorie (Savigny, Windscheid) kommt es ausschließlich auf den wahren Willen an. Ist dieser unrichtig erklärt und wird dies bewiesen, so ist das Rechtsgeschäft nichtig.

β. Nach der Erklärungstheorie (Leonhard, Kohler) kommt es umgekehrt ausschließlich auf das Erklärte an. Das Rechtsgeschäft ist also auch bei einem Zwiespalte zwischen Willen und Erklärung wirksam.

γ. Nach der Vertrauens= (Verkehrs=, Läsions=) theorie (Dernburg, Regelsberger) ist bei Zwiespalt zwischen Willen und Erklärung das Geschäft regelmäßig nichtig. Es ist jedoch dann rechtsbeständig, wenn die Erklärung ihrem Empfänger als Ausdruck des wahren Willens des Erklärenden erscheinen konnte und mußte[1]).

---

[1]) ZB.: A. läßt sich in einem Restaurant die Speisekarte geben und findet in ihr als Preis einer Portion Forellen 1 Mk. verzeichnet, worauf er eine Portion bestellt. Der Kellner weist bei der Zahlung unter Vorlegung der übrigen Speisekarten nach, daß die Einfügung eines Preises von 1 Mk. in die vorgelegte Speisekarte, statt des in Wahrheit gemeinten Preises von 3 Mk., auf einem Schreibfehler be= ruht. In diesem Falle wäre nach der Willenstheorie wegen dieses Zwiespalts in dem (essentiellen S. 390) Preise der in der Bestellung der Forellen liegende Kaufvertrag zwischen dem Wirt und dem Gaste für nicht geschlossen zu erachten. Der Wirt könnte den Gast danach zwar nicht auf Grund eines Kaufs (mit der actio empti) auf 3 Mk., wohl aber auf Grund der rechtlosen Bereicherung (mit der actio de in rem verso) auf Zahlung eines angemessenen Preises verklagen. Nach der Erklärungstheorie würde der Gast nur auf Zahlung des Kaufpreises von 1 Mk. haften, während nach der Vertrauenstheorie unter Berücksichtigung der Saison, des Orts und der Gattung des

Die Willenstheorie zog ausschließlich das Interesse des Erklärenden („Irren ist menschlich"), die Erklärungs= theorie ausschließlich das des Erklärungsempfängers („Uti lingua nuncupassit, ita jus esto", I, 167, „Ein Mann, ein Wort", II, 496) in Betracht. Die Vertrauenstheorie ließ das Verkehrsbedürfnis und die den Verkehr be= herrschenden Grundsätze von Treu und Glauben entscheiden. Ihre Anhänger unterschieden die den entgeltlichen Ver= mögensverkehr vermittelnden sog. Verkehrsgeschäfte von den familienrechtlichen, letztwilligen und lukrativen Geschäften. Für die letzteren wendeten sie die Willens=, für die ersteren die Vertrauenstheorie an, vorausgesetzt, daß das dem wahren Willen angeblich nicht entsprechend Erklärte von dem Erklärungsempfänger als Erklärung des wahren Willens aufgefaßt worden war und werden mußte. Von manchen wurde der Erklärende an die seinem Willen nicht entsprechende Erklärung mindestens dann für gebun= den erachtet, wenn die Unrichtigkeit durch ihn verschuldet war; andererseits wurde er in denjenigen Fällen, wo er bei seiner Erklärung nicht festgehalten wurde, wenigstens für verpflichtet erklärt, das sog. negative Vertrags= interesse[2]), d. h. den Schaden zu ersetzen, den der

---

Restaurants zu entscheiden wäre, ob der Gast wirklich annehmen konnte, die Portion Forellen koste nur 1 Mk. Wäre dies nicht der Fall, so würde der Gast den angemessenen Preis zahlen müssen.

[2]) Während Interesse (positives Vertragsinteresse oder Er= füllungsinteresse) alle diejenigen Vorteile umfaßt, die ein bei einem Rechtsgeschäfte Beteiligter durch dessen Erfüllung erlangt, sowie auch die Nachteile, die er bei Nichterfüllung oder nicht ordnungsmäßiger Erfüllung erleidet, versteht man unter dem (von Jhering aufgebrachten) Ausdrucke negatives Vertragsinteresse den Schaden, den jemand dadurch erleidet, daß er sich auf die Rechtsbeständigkeit eines Rechts= geschäfts verlassen hat, den er also nicht erlitten hätte, wenn von dem Rechtsgeschäfte gar keine Rede gewesen wäre. Das negative Vertrags= interesse ist regelmäßig bei Vorliegen einer culpa in contrahendo zu ersetzen. Wenn also zB. A. dem B. das Haus Goethestraße 12 für 100000 Mk. verkauft, und es sich später herausstellt, daß er sich in der Hausnummer geirrt und sein Haus Goethestraße 22 gemeint hat, so würde er, wenn er nach der Erklärungstheorie an seiner Er= klärung festgehalten werden müßte, dem B. das Haus Goethestraße 12

Gegner dadurch erlitt, daß er sich auf die Erklärung
verließ.

Weder Doktrin und Praxis des Gemeinen Rechts
noch die neueren Kodifikationen folgen für alle hierher
gehörenden Fälle ausnahmslos derselben Theorie. Die
meisten Zweifel hat die Behandlung des Irrtums erweckt.
Wie Zwiespalt zwischen Willen und Erklärung nach dem
Gemeinen Rechte, dem ALR. und dem BGB. wirkt, ist
daher bei jedem der im folgenden behandelten Fälle be=
sonders darzustellen. Im BGB. ist grundsätzlich das
Willensdogma festgehalten; es wird aber von dem ent=
gegengesetzten Grundsatze durchkreuzt, daß der Erklärende
dann bei seiner Erklärung festgehalten wird, wenn dies
dem Verkehrsinteresse und der Billigkeit entspricht, und
daß er in den Fällen, in denen dies nicht geschieht, min=
destens den dem Gegner durch das Vertrauen auf die
Gültigkeit der Erklärung entstandenen Schaden, das nega=
tive Vertragsinteresse, ersetzen muß.

b. Mentalreservation.

Reservatio mentalis liegt vor, wenn der Urheber
einer Willenserklärung sich insgeheim vorbehält, das Er=
klärte nicht zu wollen. Der Zwiespalt zwischen Willen
und Erklärung ist dem Erklärenden also bewußt; er ver=
hehlt ihn, um den Schein eines aufrichtigen Geschäfts
hervorzurufen. Die Berufung auf einen derartigen Vor=
behalt gestatten[3]), hieße gegen den allgemeinen Grundsatz

---

verschaffen oder ihm, falls ihm dies unmöglich wäre, das zahlen müssen,
was B. bei dem Geschäfte nachweislich verdient hätte. Wäre er nach
dem zur Anwendung kommenden Rechte von der Erfüllung des Kauf=
vertrags wegen des unterlaufenden Irrtums frei, aber wenigstens
für das negative Vertragsinteresse haftbar, so müßte er den Schaden
ersetzen, den B. dadurch erleidet, daß er sich auf den Kaufvertrag ver=
lassen hat, also zB. die dem B. durch den Vertragsschluß erwachsenen
Stempel= und Reisekosten, die Provision, die B. dem Vermittler zahlen
muß usw. Hierüber ist das Nähere im Rechte der Schuldverhältnisse
gesagt (IV, 199).

[3]) Zuweilen wird die Behauptung aufgestellt, nach der „jesuitischen
Doktrin" wäre die Mentalreservation, insbesondere beim Eide, wirksam

verstoßen, daß niemand sich durch Berufung auf eigene Arglist von den Folgen einer Erklärung freimachen kann. Durch eine Mentalreservation wird die Wirksamkeit der Erklärung daher, wie nach Gemeinem Rechte, so auch nach ALR. (I, 4 §§ 52 ff.) und BGB. § 116 nicht berührt. Es gilt hier also die Erklärungstheorie. Nur wenn der etwa vorhandene Erklärungsempfänger den Vorbehalt kennt, gilt die Willenstheorie, d. h. die Erklärung ist nichtig. Diese Ausnahme gilt jedoch aus Gründen der öffentlichen Ordnung und Sittlichkeit nicht für die Ehe= schließung. Bei dieser ist eine Mentalreservation vielmehr auch dann bedeutungslos, wenn der andere Teil den Vorbehalt (zufällig, s. u.) kennt (vgl. jedoch für das kanonische Recht die entgegengesetzte, in ihrer Tragweite sehr bestrittene Entscheidung in c. 26 X. de sponsal. 4, 1).

Wer die Nichtigkeit einer Erklärung auf Grund einer dem Erklärungsempfänger bekannten Mentalreservation behauptet, hat hierfür die Beweislast. Über den Vor= behalt wie über dessen Kenntnis ist unter den sonstigen Voraussetzungen auch die Eideszuschiebung zulässig („innere Thatsachen", S. 96[11], I, 405[47]).

c. Simulation.

1. Ein simuliertes oder Scheingeschäft liegt vor, wenn bei einem Vertrag oder einem einseitigen, aber empfangsbedürftigen Rechtsgeschäfte die Nichtübereinstim= mung der Erklärung mit dem wahren Willen des Er= klärenden beiden Teilen in gegenseitigem Einverständnisse bekannt ist. Während also bei der Mentalreservation der Erklärende dem Erklärungsempfänger einen Willen vor= spiegelt, den er nicht hat, und die Kenntnis des anderen Teils davon nur zufällig ist, rufen beim Scheingeschäfte

---

gewesen. Diese von katholischer Seite lebhaft zurückgewiesene Behaup= tung gründet sich auf gelegentliche Äußerungen jesuitischer Schriftsteller, besonders des Thomas Sanchez († 1610): man dürfe unter gewissen Umständen schwören, eine begangene That nicht vollbracht zu haben, wenn man im Geiste zusetzte „vor meiner Geburt" (II, 280[1]).

beide Parteien bewußter Weise nach außen hin den Schein eines Willens hervor, den sie nicht haben.

α. Betreffs der Scheingeschäfte folgen sowohl das Gemeine Recht (und das ALR. I, 4 § 52; I, 11 §§ 70—74) als das BGB. der Willenstheorie[4]). BGB. § 117 sagt: „Wird eine Willenserklärung, die einem Anderen gegen= über abgegeben ist, mit dessen Einverständnisse nur zum Schein abgegeben, so ist sie nichtig". Da das Schein= geschäft nichtig ist, so wird es sowohl unter den Kontra= henten als Dritten gegenüber als nicht vorhanden ange= sehen[5]). Die hieraus sich ergebende, den Verkehr ge=

---

[4]) Ob auch bei der Eheschließung die Berufung auf Simulation zulässig sei, war nach Gemeinem Rechte streitig. Das BGB., das in den §§ 1323 ff. die allein zulässigen Nichtigkeits= und Anfechtungs= gründe einzeln aufzählt, hat durch Nichterwähnung die Einrede der Simulation ebenso wie die der Mentalreservation (f. o.) abgeschnitten.

[5]) Die Nichtigkeit wird bald durch Klage, bald durch Einrede geltend gemacht. Die Simulationsabsicht ist von dem zu beweisen, der sich auf sie beruft. Der Beweis kann auch durch Eideszuschiebung geführt werden (S. 418). Ein Dritter ist zur Geltendmachung der Simulation nur beim Vorliegen eines eigenen Interesses legitimiert (ERG. 4, 253; 32, 230).

Die meisten Scheingeschäfte werden von verschuldeten Personen abgeschlossen, um Vermögensstücke dem Zugriffe der Gläubiger zu ent= ziehen. Zur Geltendmachung der Nichtigkeit derartiger Scheingeschäfte sind hierbei nach Lage des Falls verschiedene Wege einzuschlagen. Der Normalfall, wie er in den auf § 771 CPO. gestützten Interventions= klagen (richtiger Exekutionsinterventionsklagen, I, 237[3]) tagtäglich die Gerichte beschäftigt, ist folgender: A. fürchtet Pfändungen von seiten seiner Gläubiger. Er schließt daher mit seinem Verwandten oder Freunde B. einen (simulierten) Kaufvertrag ab, wonach er dem B. seine Möbel und sonstigen Vermögensstücke für einen fingierten Preis ver= kauft. Freilich ist damit zunächst für B. betreffs der gekauften Sachen nur ein persönliches jus ad rem (II, 485[1]) geschaffen, das dem pfändenden Gläubiger gegenüber bedeutungslos ist, da es kein die Ver= äußerung hinderndes Recht im Sinne des § 771 CPO. (I, 237[3]) ist. A. und B. müssen daher, um ihren Plan durchzuführen, diejenigen Maßnahmen treffen, die kraft Gesetzes dem B. ein dingliches Recht verschaffen; m. a. W. A. muß dem B. die zum Scheine verkauften Mobilien übergeben und die Grundstücke auflassen. Für bewegliche Sachen sind nun zwei Fälle zu unterscheiden, je nachdem B. die wirk= liche Innehabung der Sachen des A. erhielt oder nicht.

fährdende Folgerung, daß gutgläubige Dritte, die im Ver=
trauen auf das Scheingeschäft mit dem Scheinerwerber

a. Für solche beweglichen Sachen, die, wie Hausrat, Wäsche,
Kleider, vielfach von dem Scheinveräußerer A. gar nicht entbehrt, von
dem Scheinerwerber B. gar nicht benutzt werden können, pflegt neben
dem „Kaufvertrage", der äußerlich ganz korrekt durch eine Scheinüber-
gabe (meist unter Zuziehung von Zeugen) erfüllt wird, von B. mit A.
ein zweiter simulierter Vertrag geschlossen zu werden, durch welchen A.
die Innehabung der Sachen wieder zurückerhält. B. „vermietet" dem
A. die von demselben soeben „erkauften und übergeben erhaltenen"
Sachen für einen fingierten Mietzins und giebt sie ihm zurück. Die
Übergabe von A. an B. zur Erfüllung des angeblichen Kaufvertrags
und die Rückgabe von B. an A. zur Erfüllung des angeblichen Miet=
vertrags kann durch constitutum possessorium (vgl. BGB. § 930),
ersetzt werden. Bei dieser Sachlage hat sich äußerlich nichts geändert.
A. hat nach wie vor den Gewahrsam seiner Sachen, er behauptet nur,
daß er nicht mehr Eigenbesitzer (BGB. § 872) wie bisher, sondern
unmittelbarer Besitzer (BGB. § 868) für B. sei. An diese Behauptung
hat sich der im Auftrage des Gläubigers X. erscheinende Gerichtsvoll=
zieher freilich nicht zu kehren. Denn da die angeblich dem B. gehören=
den Sachen von ihm im Gewahrsam des A. vorgefunden werden, so
hat er gemäß § 808 CPO. diese Sachen zu pfänden und es dem B.
zu überlassen, seine angeblichen Eigentumsansprüche in einer auf § 771
CPO. gestützten Interventionsklage gegen X. geltend zu machen. In
diesem Prozesse B.c/aX. hat letzterer die (rechtshindernde) Einrede der
Simulation vorzubringen und zu beweisen.
b. Schwieriger gestaltet sich das Vorgehen des X., wenn A. die
Sachen nicht in seinem Gewahrsam behalten, sondern dem B. that=
sächlich übergeben hat. Damit hat sich A. des Vergehens gegen § 288
StGB. (Beiseiteschaffung von Vermögensbestandteilen zwecks Vereitelung
der Befriedigung der Gläubiger bei drohender Zwangsvollstreckung)
und, sofern er seine Zahlungen eingestellt hat oder in Konkurs ver=
fallen ist, sogar des Verbrechens gegen § 239¹ KO. (betrügerischer
Bankerutt) und B. sich der Mitthäterschaft oder mindestens der Bei=
hülfe schuldig gemacht. Civilrechtlich wird die Rechtslage so beurteilt,
als wären die auf Grund des simulierten Kaufvertrags dem B. über=
gebenen Sachen noch Eigentum des A. Der Gläubiger X. kann die
Sachen jedoch gemäß CPO. § 809 bei B. nur pfänden lassen, wenn
dieser zu ihrer Herausgabe bereit ist, was natürlich nie der Fall sein
wird. Läßt B. nicht zu, daß die Sachen bei ihm gepfändet werden,
so muß X. auf Grund seines vollstreckbaren Titels gegen A. dessen
Anspruch gegen B. auf Herausgabe der Sachen (rei vindicatio) nach
Maßgabe der §§ 846 ff. CPO. pfänden und sich zur Einziehung über=
weisen lassen (vgl. I, 577 ff.). Erklärt der „Drittschuldner" B. auf
die ihm nach § 840 CPO. zuzustellende Aufforderung, die Sachen an den

ein Geschäft abschließen, von diesem nach dem Grundsatze
„Nemo plus juris transferre potest quam ipse habet"
(S. 98) keine Rechte erwerben können, hat für das moderne
Recht dadurch seine Bedeutung verloren, daß in den
wichtigsten Beziehungen der gutgläubige Erwerb von
Nichtberechtigten geschützt wird [6]).

von X. zu beauftragenden Gerichtsvollzieher nicht herausgeben zu
wollen, so muß X. gegen B. auf diese Herausgabe klagen und hierbei
beweisen, daß A., in dessen Recht er durch die Pfändung und Über=
weisung eingetreten ist, mit Rücksicht auf den simulierten und daher
als nicht vorhanden zu betrachtenden Kaufvertrag zur Rückforderung
der Sachen als Eigentümer berechtigt ist. Mit dem Antrag auf
Herausgabe wird meist der Antrag verbunden: „festzustellen (oder den
Beklagten zu verurteilen, anzuerkennen), daß der zwischen ihm und A.
geschlossene Kaufvertrag zum Scheine geschlossen ist". Durch diese
Hervorhebung eines inzidenter stets festzustellenden Thatbestandsmoments
im Antrage wird die Klage natürlich nicht etwa zu einer — nur bei
Nachweis eines rechtlichen Interesses an alsbaldiger Feststellung zu=
lässigen — Feststellungsklage im Sinne des § 256 CPO. (vgl. I, 276[1]).
    Noch umständlicher wird die Sache, wenn X. nicht weiß, an
wen die „Schiebung" erfolgt ist. Er muß dann bei fruchtloser Voll=
streckung zunächst A. zum Offenbarungseide (CPO. § 807) laden.
Giebt A. hierbei die simuliert veräußerten Gegenstände nicht in seinem
Vermögensverzeichnis an, so begeht er einen wissentlichen Meineid
(StGB. § 153, „auferlegten Eid", nicht § 162, der nur von dem der
CPO. unbekannten promissorischen Eide spricht).
    Ebenso wie in dem Falle, wenn A. dem B. bewegliche Sachen
auf Grund eines Scheinvertrags übergeben hat, um sie dem Zugriffe
der Gläubiger zu entziehen, ist zu verfahren, wenn A. dem B. zu
gleichem Zweck ein Grundstück aufgelassen hat. Der Gläubiger X.
kann an das im Grundbuch auf den Namen des B. stehende Grund=
stück mit dem gegen A. lautenden vollstreckbaren Titel unmittelbar
nicht heran. Er muß vielmehr gemäß CPO. § 848 (vgl. BGB. § 985)
den Anspruch des A. gegen B. auf Rückauflassung pfänden und sich
zur Einziehung überweisen lassen und dann gegen B. auf Rückauflassung
an einen zu bestellenden Sequester klagen. Über das Verfahren vgl.
CPO. § 848 Abs. 2.
    Über die neben den erwähnten Rechtsbehelfen dem Gläubiger und
Konkursverwalter zustehende actio Pauliana, vgl. I, 635 ff.
    [6]) Wer gutgläubig vom Scheinerwerber an unbeweglichen oder
beweglichen Sachen Eigentum oder ein sonstiges dingliches Recht er=
wirbt, wird, wie nach richtiger gemeinrechtlicher Auffassung und dem
früheren Preußischen Rechte, so auch nach BGB. §§ 892, 932, 1032,
1207 geschützt. Zahlt der Schuldner einer Forderung an den ihm

β. Unter den Scheingeschäften kann man zwei Arten unterscheiden. Einem Scheingeschäfte liegt nämlich entweder überhaupt kein Rechtsgeschäft zu Grunde, so in dem Anm· 5 erwähnten Falle, daß ein Schuldner sein Vermögen einem Anderen übereignet, um es dem Zugriffe seiner Gläubiger zu entziehen. Oder die Parteien verdecken mit dem simulierten Geschäft ein anderes, von ihnen wirklich gewolltes Geschäft; zB. A. verkauft dem B. sein Grundstück für 100,000 Mk.; die Parteien schreiben aber in den schriftlichen Kaufvertrag als Kaufpreis 10,000 Mk. (zB. um einen Teil des preußischen einprozentigen Wertstempels zu sparen). Das Scheingeschäft ist hier der Kauf zu einem Preise von 10,000 Mk. Ob das dahinter verborgene[7] sog. dissimulierte Geschäft (der Kauf zu einem Kaufpreise von 100,000 Mk.) wirksam ist, hängt davon ab, ob für das dissimulierte Geschäft alle gesetzlichen Voraussetzungen, zB. die in BGB. § 313 vorgeschriebene Form, vorhanden sind. In Übereinstimmung mit dem bisherigen Rechte bestimmt BGB. § 117 Abs. 2: „Wird durch ein Scheingeschäft ein anderes Geschäft verdeckt, so finden die für das verdeckte Geschäft geltenden Vorschriften Anwendung." Vgl. auch den Codextitel 4,22: Plus valere quod agitur quam quod simulate concipitur.

2. Mit den simulierten sind die fiduziarischen Geschäfte nicht zu verwechseln. Ein fiduziarisches Geschäft liegt vor, wenn die Parteien einen von ihnen gewollten wirtschaftlichen Erfolg durch ein Rechtsgeschäft zu erreichen versuchen, dessen Wirkung nach außen, wie sie wohl wissen, über jenen erstrebten Erfolg hinausreicht. Wenn zB. A. in Berlin einen auf B. in Köln gezogenen Wechsel durch einen Kölner Geschäftsfreund C. präsentieren

---

vom bisherigen Gläubiger bezeichneten Cessionar, so wird er (BGB. § 409) auch im Fall einer Scheincession befreit (IV, 334). Ebenso muß, wer eine Vollmacht zum Schein erteilt, die ·Verhandlungen gutgläubiger Dritter mit dem angeblichen Bevollmächtigten gegen sich gelten lassen (vgl. BGB. §§ 170 ff.).

[7]) Hexameter: Quae non sunt, simulo, quae sunt, ea dissimulantur.

und mangels Zahlung protestieren und einklagen lassen
will, so muß er ihn hierzu bevollmächtigen. Dies kann
gemäß WO. Art. 17 durch ein Indossament „zur Ein=
kassierung", „in Prokura" usw. (sog. offenes Pro=
kurainossament) geschehen. Dann fällt der hiermit
erreichte Erfolg mit dem erstrebten, nämlich der Bevoll=
mächtigung, zusammen. Solche offenen Prokurainossa=
mente sind jedoch wegen der durch Art. 17 dem Indossatar
gezogenen Schranken dem Geschäftsverkehr unbequem und
daher unbeliebt. Vielmehr indossiert regelmäßig A. dem
C. den Wechsel ohne Prokuravermerk. Dadurch wird C.
nach außen hin (WO. Art. 10, 36) Eigentümer des
Wechsels. Da A. und C. sich jedoch klar darüber sind,
daß C. nicht Eigentümer, sondern nur Einziehungs=
beauftragter sein soll, so ist nach außen hin ein Rechts=
erfolg hervorgerufen, der über den von den Parteien er=
strebten und für ihr Verhältnis unter einander maßgebenden
Erfolg hinausgeht (sog. stilles Prokurainossament,
II, 467[7]).

Ein derartiges Geschäft heißt fiduziarisch, weil es
von dem Vertrauen des ein Recht Einräumenden getragen
wird, daß der Empfänger von der ihm gewährten Rechts=
stellung nur nach Maßgabe des zwischen den Parteien
Vereinbarten Gebrauch machen, sie nicht mißbrauchen
werde; daher die Strafe der Infamie in Rom (I, 167[4];
vgl. die heute zulässige Aberkennung der bürgerlichen
Ehrenrechte bei Untreue, StGB. § 266). Für das Ver=
hältnis der Beteiligten untereinander bleibt ihre Verein=
barung maßgebend. Der Vollmachtgeber, der dem In=
kassomandatar die Forderung zu Eigentum überträgt, kann
daher zB. im Konkurse des Beauftragten ein Aussonderungs=
recht betreffs der Forderung geltend machen (I, 620).
Nach außen hin hat aber der Empfänger die Stellung
eines Eigentümers. Wenn also der stille Prokurainossatar
C. in dem erwähnten Beispiele den Wechsel weiter in=
dossiert und den Erlös für sich behält, so wird er zwar
wegen Untreue strafbar (§ 266[2] StGB.), weil für ihn
der formell in sein Eigentum übergegangene Wechsel im

Verhältnisse zu A. immer noch dessen Forderung ist, der gutgläubige Indossatar ist aber unanfechtbarer Eigentümer des Wechsels geworden (WO. Art. 82).

Derartige fiduziarische Geschäfte, bei denen nach außen ein anderes Rechtsverhältnis (Eigentum) in die Erscheinung gebracht wird, als nach innen zwischen den Parteien besteht (Auftrag), sind nicht simuliert. Denn die Parteien wollen niemand täuschen. Daher kann auch der Trassat B. in dem gedachten Beispiele der auf das Vollindossament gestützten Wechselklage des C. nicht den Einwand entgegensetzen, C. sei nicht aktiv legitimiert, weil das Vollindossament simuliert sei. Denn das Vollindossament ist wirklich als solches gemeint. Aus welchem Grunde die Parteien diese Rechtsform statt der Form des Prokuraindossaments gewählt haben, geht B. nichts an. Ein auf dies innere Verhältnis gestützter Einwand wäre als exceptio de jure tertii zurückzuweisen[8]).

Fiduziarische Geschäfte werden entweder, wie in dem gegebenen Beispiel, aus Bequemlichkeitsrücksichten oder deshalb vorgenommen, weil das Recht keine Form kennt, durch die der erstrebte Rechtserfolg sich unmittelbar erzielen läßt. Das war zB. der Grund der römischen Eigentumsübertragung zwecks Verpfändung (fiducia, I, 167[4]). In solchen Fällen ist festzustellen, ob das Recht einen derartigen Rechtserfolg nicht überhaupt verbietet. Dann wäre das Erreichen desselben auf dem Schleichwege eines nach außen als fiduziarisch erscheinenden Geschäfts ein keines Rechtsschutzes teilhaftiges in fraudem legis agere (S. 43[9]). So ist zB. in neuerer Zeit streitig geworden, ob die von dem modernen Recht allein zuge-

---

[8]) Anders liegt der Fall natürlich, wenn A., um dem B. eine begründete Einrede (zB. des Wuchers) abzuschneiden, ein Vollindossament an den der Sachlage kundigen C. giebt. In diesem Fall ist dem B. der Nachweis zu gestatten, daß O. in Wahrheit nur Inkassomandatar sei, der sich die gegen seinen Auftraggeber begründete Einrede gefallen lassen müsse. Denn dann hat B. an der Aufdeckung des Innenverhältnisses ein eigenes Interesse (exceptio doli generalis, WO. Art. 82, vgl. ERG. 36, 54).

lassene Verpfändung beweglicher Sachen durch Übergabe
(II, 598[1]) dadurch umgangen werden kann, daß der
Schuldner die zu verpfändende Sache seinem Gläubiger
unter Anrechnung des Kaufpreises auf dessen Forderung
verkauft, sie jedoch auf Grund eines constitutum
possessorium und Mietvertrags in Gewahrsam behält.
Das Reichsgericht (ERG. 2, 168 ff.) hat derartige Verträge — selbstverständlich unter der Voraussetzung, daß
sie überhaupt ernsthaft gemeinte Kaufverträge, mit der bei
den Parteien vorhandenen Absicht, das Eigentum übergehen zu lassen, nicht dissimulierte Pfandverträge sind —
als gültige fiduziarische, nicht als in fraudem legis errichtete angesehen[2]). Ein häufiges fiduziarisches Geschäft
ist auch die sog. Sekuritätscession, bei welcher der
Schuldner, um seinem Gläubiger eine vorläufige Sicherung
zu gewähren, eine Forderung cediert (IV, 305[6]).
Fiduziarische Geschäfte werden endlich auch vermittelt
durch das Institut der Treuhänder, das in früherer
Zeit für die Stellvertretung (II, 466) und die Testamentsvollstreckung (II, 763), in neuerer Zeit dann verwendet
wird, wenn einem nicht rechtsfähigen Vereine das Eigentum an einem Grundstücke zugewendet wird; vgl. auch
§§ 29 ff. des Hypothekenbankgesetzes vom 13. Juli 1899,
wonach bei jeder Hypothekenbank ein „Treuhänder" zu
bestellen ist, dem vor allem die Verwahrung der zur
Deckung der Hypothekenpfandbriefe bestimmten Wertpapiere
obliegt.

---

[2]) In der That ist die Nichtanerkennung einer Hypothek an
Mobilien (vgl. S. 80[4]) nicht als ein absolutes Verbotsgesetz aufzufassen.
Anders, wenn zB. das S. C. Macedonianum oder das landrechtliche
Verbot unkonsentierter Gelddarlehen an Subalternoffiziere (ALR. I, 11
§ 678) durch — wenn auch ernst gemeinte, aber dem verbotenen
wirtschaftlichen Zwecke dienende — Kaufgeschäfte umgangen wurde.
Vgl. ERG. 26, 180.
Nicht unter die Gattung der simulierten Geschäfte gehören die
als Rechtsformen dienenden Scheingeschäfte, wie die man-
cipatio nummo uno und die in jure cessio in Rom (I, 167).
Hierbei ist von einer Täuschung seitens der Beteiligten nicht die Rede.

d. Scherz.

Zuweilen werden Erklärungen abgegeben, die dem Willen des Erklärenden nicht entsprechen, weil sie nicht ernstlich gemeint sind, ohne daß jedoch bei dem Erklärenden die Absicht vorliegt, den Erklärungsempfänger (wie bei der Mentalreservation) oder Dritte (wie beim Scheingeschäfte) zu täuschen. Hierher gehören die zum Scherz, als Lehrbeispiel (Ausfüllung eines Wechselformulars im Rechtsunterricht), aus Prahlerei[10]), auf dem Theater abgegebenen Erklärungen, bei deren Abgabe der Erklärende erwarten darf, der Mangel der Ernstlichkeit werde nicht verkannt werden. Derartige nicht ernstlich gemeinte, nicht in Täuschungsabsicht abgegebene Willenserklärungen sind, wie nach Gemeinem Recht und ALR. (I, 4 § 4: „die Willenserklärung muß frei, ernstlich und gewiß oder zuverlässig sein", vgl. §§ 52 ff.), so auch nach BGB. § 118 nichtig; es herrscht also insoweit das Willensdogma (S. 415). Gleichgültig ist hierbei — vorausgesetzt, daß der Erklärende den Mangel der Ernstlichkeit nachweist — ob der Gegner die Erklärung ernsthaft aufgefaßt hat oder nicht. Hat er sich aber auf ihre Ernsthaftigkeit verlassen und nach Lage der Sache verlassen können und müssen, so erfordert die Billigkeit, daß ihm der Urheber des bösen Scherzes den Schaden ersetzt, den er durch sein Vertrauen auf die Ernsthaftigkeit der Erklärung erleidet (so auch)

---

[10]) Einen interessanten Fall enthält ERG. 8, 248: Ein Klempnermeister war mit einem Kaufmann über den Preis von Bleirohr für gelieferte Röhrenanlagen in Streit geraten, in dessen Verlauf der Kaufmann erklärte, er wolle dem Klempner eine Million Pfund Bleirohr zu einem Viertel des von diesem berechneten Preises liefern. Der Klempnermeister nahm diese Offerte ausdrücklich an. Auf seine Erfüllungsklage wandte der Kaufmann ein, daß sein Angebot offensichtlich ein scherzhaftes gewesen. Der Gerichtshof I. Instanz verurteilte den Kaufmann zur Erfüllung; das Berufungsgericht und das Reichsgericht wiesen die Klage ab, legten dem Kaufmann als Urheber dieses „bösen Scherzes" wegen der ihm zur Last fallenden culpa in contrahendo aber auf Grund von ALR. I, 4 §§ 52—56 die Prozeßkosten auf.

BGB. § 122, vgl. ALR. I, 4 § 56; negatives Vertrags=
interesse, S. 416²).

e. Irrtum.

In allen bisher besprochenen Fällen war der Ur=
heber der Erklärung der Nichtübereinstimmung derselben
mit seinem Willen sich bewußt. Weit erheblichere Zweifel
über die Behandlung hat von jeher der Fall des unbe=
wußten Zwiespalts zwischen Willen und Erklärung, des
Irrtums, hervorgerufen.

Hier ist nur der Irrtum bei Rechtsgeschäften zu er=
örtern. Aber auch bei anderen Rechtsvorgängen übt der
Irrtum einen Einfluß aus; vgl. z.B. aus dem BGB.
§§ 231 (Irrtum bei Selbsthülfehandlungen), 1949 (Irr=
tum des annehmenden Erben über den Berufungsgrund),
2078 (Irrtum bei letztwilligen Verfügungen).

1. Begriff und Arten.

Der Ausdruck Irrtum umfaßt, wie der römische
Ausdruck error, Fälle der Nichtübereinstimmung zwischen
Willen und Erklärung, die ihren Voraussetzungen und
Wirkungen nach von einander verschieden sind. Der Irr=
tum kann auf Nichtwissen (ignorantia) oder Falsch=
wissen (error im engeren Sinne) beruhen. Irrtum in
der Erklärung liegt vor, wenn der Erklärende eine
andere Erklärung abgiebt, als er abgeben will und ab=
zugeben meint, also wenn er in der Zerstreutheit sich ver=
greift, verschreibt, verspricht; z.B. wenn jemand für eine
Sache einen Kaufpreis von 100 Mk. fordert und 100 Thaler
meint (Erklärungsirrtum). Irrtum über den In=
halt der Erklärung ist dagegen vorhanden, wenn die
abgegebene Erklärung selbst gewollt ist, die Vorstellung
des Erklärenden von der rechtlichen Bedeutung des Er=
klärten jedoch eine irrige ist (Geschäftsirrtum). Bei
zweiseitigen Rechtsgeschäften (Verträgen) kann auch, wenn
jede Partei ihre Erklärung ihrem Willen entsprechend ab=
giebt, ein Irrtum insofern unterlaufen, als eine Partei die

Erklärung oder den Inhalt der Erklärung der Gegenseite
falsch auffaßt (sog. Mißverständnis).

Mit dem Geschäftsirrtum ist der Irrtum im Mo=
tive (S. 394⁶) nicht zu verwechseln. Bei ersterem ist die
Erklärung, bei letzterem der dieser Erklärung zu Grunde
liegende Wille durch eine falsche Vorstellung hervorgerufen
worden. Beim Irrtum im Beweggrund ist daher ein
Zwiespalt zwischen Willen und Erklärung, soweit das
Rechtsgeschäft selbst in Betracht kommt, nicht vorhanden.

2. Erheblichkeit des Irrtums.

Nicht jede falsche Vorstellung und jedes Mißverständ=
nis wird vom Rechte beachtet. Der Irrtum heißt wesent=
lich (error essentialis), wenn er für den Bestand des
Geschäfts erheblich, unwesentlich (error concomitans),
wenn dies nicht der Fall ist. Die Frage, unter welchen
Voraussetzungen einer irrigen Vorstellung ein Einfluß auf
die Rechtswirksamkeit der Willenserklärung einzuräumen,
an welchem Maßstabe die Erheblichkeit oder Unerheblich=
keit des Irrtums zu messen sei, ist auf den verschiedenen
Stufen der Rechtsentwickelung verschieden beantwortet
worden.

Für das römische und Gemeine Recht pflegt man den
Grundsatz aufzustellen, daß — abgesehen davon, daß regel=
mäßig nur thatsächlicher Irrtum in Betracht kommt, S. 47 —
wesentlich ist: „error in negotio, in persona, in corpore,
in substantia (qualitate)". Dieser Satz war schon für
das römische Recht, in noch höherem Maße aber für das
moderne Gemeine Recht ungenau. Vielmehr ist für das
heutige Verkehrsleben als leitender (in BGB. § 119 zum
Gesetz erhobener) Grundsatz festzuhalten, daß ein Irrtum
oder ein Mißverständnis dann als wesentlich zu behandeln
ist, wenn unter Berücksichtigung der Umstände des einzelnen
Falls die Annahme Platz greifen muß, daß der Erklärende
bei Kenntnis der Sachlage und bei verständiger Würdi=
gung des Falls die von ihm abgegebene Erklärung nicht
abgegeben haben würde. Die Entscheidung hat also nach
der Verkehrsanschauung, d. h. nach objektiven Momenten,

nicht nach der subjektiven Auffassung des Irrenden zu erfolgen.

Bei der ganzen Lehre ist übrigens nicht zu vergessen, daß infolge des Selbstbestimmungsrechts der Parteien diese selbst zunächst festsetzen können, was als wesentlich gelten soll. Sie können also auch an sich unwesentliche Momente für wesentlich erklären und andererseits bestimmen, daß selbst ein Irrtum in an sich wesentlichen Thatsachen keine Anfechtung begründen solle. Erfolgt eine derartige Bestimmung ausdrücklich, so ist sie an erster Stelle maßgebend. Mangels einer ausdrücklichen Bestimmung sind die Absichten der Parteien aber selten mit Sicherheit zu erkennen, und für diese Fälle greifen die vorstehend und im folgenden dargelegten Grundsätze ein.

Es ist ferner wohl zu beachten, daß der (regelmäßig erhebliche) Geschäftsirrtum und der (regelmäßig unerhebliche) Irrtum im Motive theoretisch zwar streng geschieden sind; in der Praxis wird es in den meisten Fällen aber gerade zweifelhaft sein, ob ein Irrtum, in den ein Beteiligter verfiel, als Geschäftsirrtum oder als Irrtum im Beweggrunde zu behandeln ist [11]).

---

[11]) Vgl. zB. die — auch besonders wegen des Hineinspielens der Windscheidschen Lehre von der Voraussetzung (S. 400⁹) interessante — ERG. 19, 260:

A. hatte an B. eine Baustelle verkauft; beide Teile gingen von der Annahme aus, der im Falle der Bebauung zu zahlende Beitrag zur Straßenanlage betrage 500 Mk., während später dem B. 3500 Mk. abgefordert wurden. Das Reichsgericht hat die Klage des B. auf Aufhebung des Kaufvertrags abgewiesen, ohne hier auf die — in ERG. 24, 170 als nicht quellenmäßig verworfene — Lehre von der Voraussetzung einzugehen. Es handle sich um einen gemeinschaftlichen Irrtum der Vertragsteile, der nur dann als wesentlicher von rechtlicher Bedeutung sein könne, wenn der Irrtum sich als Irrtum in einer Eigenschaft kennzeichne, wegen welcher — nach der von Savigny begründeten richtigen Meinung, vgl. S. 432 — die Sache zu einer anderen Art von Sachen gerechnet werden müßte, als wozu sie thatsächlich gehöre. Der Irrtum über die Höhe des Beitrags sei kein Irrtum über eine derartige Eigenschaft, sondern ein die Wirksamkeit des Vertrags nicht berührender Irrtum im Beweggrunde.

Im einzelnen ist zu bemerken:

α. Error in negotio, d. h. eine falsche Vorstellung oder ein Mißverständnis in der Geschäfts art, ist regel= mäßig wesentlich, zB. wenn A. dem B. Gegenstände zur Verwahrung übergiebt, während sie B. in der Meinung annimmt, A. biete sie ihm zum Kauf an. Ein error in negotio liegt aber nur vor, wenn über die thatsächlichen Geschäftsbedingungen ein Zwiespalt obwaltet, nicht etwa, wenn die Parteien über diese einig sind und nur in der Auffassung ihrer rechtlichen Bedeutung von einander ab= weichen; zB. wenn A. dem B. gegen Empfang einer Summe Geldes eine Sache übergiebt und beide darüber einig sind, daß dieselbe nach Rückzahlung der Summe zurück= gegeben werden solle, der eine aber diesen Vertrag für einen Kauf auf Wiederkauf, der andere für ein Darlehen mit Pfandbestellung hält.

β. Der error in persona (Irrtum über die Person des Erklärungsempfängers) ist in den römischen Quellen durchgängig als wesentlich behandelt [12]). Für das moderne

---

[12]) Vgl. die berühmte l. 32 D. de rebus creditis 12, 1 (Celsus): Si et me et Titium mutuam pecuniam (Darlehen) rogaveris et ego meum debitorem tibi promittere jusserim, tu stipulatus sis, quum putares, eum Titii debitorem esse, an mihi obligaris? subsisto (ich trage Bedenken), si quidem nullum negotium mecum contraxisti: sed propius est, ut obligari te existimem, non quia pecuniam tibi credidi (hoc enim nisi inter consentientes fieri non potest): sed quia pecunia mea ad te pervenit, eam mihi a te reddi bonum et aequum est.

Juventius Celsus giebt hier — in das moderne Geschäftsleben übersetzt — etwa folgenden Fall: A. hatte sich an B. und C. wegen eines Darlehens gewandt. B. weist seinen Bankier X. an, für seine Rechnung an A. 1000 Mk. zu zahlen. A. nimmt die 1000 Mk. von X. in der Meinung an, sie seien ihm auf C.'s Veranlassung zu= gesandt. Dann ist, so lautet die Entscheidung, wegen dieses Irrtums des A. in der Person seines Gläubigers ein Darlehen zwischen A. und B. nicht zustande gekommen. B. habe auf Rückzahlung seines Geldes daher keinen Darlehnsanspruch (condictio mutui), sondern nur einen Anspruch aus der ungerechtfertigten Bereicherung (condictio sine causa), die später mit Rücksicht auf diese Stelle sog. condictio Juventiana). Nach der heutigen Auffassung (S. 431) wäre ein Darlehnsvertrag

Recht ist dies jedenfalls nicht aufrecht zu erhalten. Wenn
A. in B.s Laden Cigarren gegen bar kauft, so ist es für
den Rechtsbestand des Geschäfts natürlich gleichgültig, daß
B. den A. für den C. gehalten hat. Anders kann die
Sache liegen, wenn es sich um einen Verkauf auf Krebit
handelt oder der Käufer in der Person des Verkäufers
irrt[13]). Über den (nach Gemeinem Recht und BGB.
nicht wesentlichen) Irrtum des Geschäftsführers über die
Person des Geschäftsherrn bei der negotiorum gestio
vgl. BGB. § 686.

γ. Error in objecto (Irrtum über den Geschäfts=
gegenstand) ist ebenfalls im rR. als unbedingt erheblich
behandelt (l. 9 pr. D. de contrahenda emptione 18, 1).
Für das heutige Recht ist, zumal wenn es sich um ver=
tretbare Sachen oder Zubehörstücke handelt, nach Lage
des einzelnen Falls zu entscheiden. Als error in objecto
behandelte das Reichsgericht zB. den Fall, daß A. von B. ein
Los kaufte, das bereits mit einem Gewinne gezogen war,
was die Vertragsparteien nicht wußten (ERG. 6, 290).

δ. Wann ein error in substantia et qualitate
(Irrtum über Eigenschaften des Geschäftsgegenstands)
den Bestand der Erklärung gefährdet, d. h. als wesentlich
anzusehen ist, war bei den Römern bestritten. Noch
Marcellus[14]) meinte, daß, sofern die Parteien nur über

---

zwischen A. und B. sehr wohl zustande gekommen, denn dem A. war
es, da er sich ja an beide gewandt hatte, ganz gleichgültig, ob er das
Darlehen von B. oder von C. erhielt.

[13]) ZB. Schneider A. bezieht seine Tuche regelmäßig von der
Firma X. durch deren ihn seit Jahren besuchenden Reisenden B.
B. geht von der Firma X. ab und zu der Firma Z., und A. bestellt
bei B. Tuche, in der Meinung, dieser reise noch für X. Auch hier
ist aber alles Thatfrage. Der Irrtum wäre zB. unerheblich, wenn A.
weniger daran liegt, aus welchem Geschäft er seine Waren bezieht, als
daran, daß sie durch den ihm als zuverlässig bekannten Reisenden
B. besorgt erhält.

[14]) (Ulpianus) l. 9. § 2 D. de contrah. emptione 18, 1:
Inde quaeritur, si in ipso corpore non erratur, sed in substantia error sit, ut puta si acetum pro vino veneat (verkauft
wird), aes pro auro vel plumbum pro argento, vel quid aliud,
argento simile: an emptio et venditio sit? Marcellus scripsit

das „corpus" einig seien, ein Auseinandergehen betreffs
der „materia" unerheblich sei. Die neuere römische Juris=
prudenz folgte, wie Savigny aus den in die Justinianische
Kodifikation aufgenommenen Beispielen nachgewiesen hat,
dem Grundsatze, daß der Irrtum über eine Eigenschaft
dann erheblich ist, wenn deren Vorhandensein oder Mangel
die Gattungszugehörigkeit des Geschäftsgegenstands,
nicht nur dessen Güte bestimmt (sog. Irrtum in Klassifikations=
faktoren). Daher erschien es als wesentlich, wenn Essig
für Wein (vgl jedoch die Stelle Anm. 14), versilberte
Gegenstände für silberne, Erz für Gold, ein Sklave für
eine Sklavin gehalten wurde, während der Irrtum in der
Jungfräulichkeit von Sklavinnen, im Goldgehalt eines
Gefäßes, in der Güte des Weins als unwesentlich be=
handelt wurde. Für das moderne Verkehrsleben ist auch
dieser (vom Reichsgerichte zB. in der in Anm. 11 wieder=
gegebenen Entscheidung festgehaltene) Grundsatz nicht an=
zuerkennen. Als erheblich gilt vielmehr der Irrtum
über alle vom Verkehr als wesentlich angesehenen
Eigenschaften der Geschäftsparteien oder =gegenstände
(BGB. § 119 Abf. 2). So können nach Lage des Falls
nicht nur natürliche (zB. die Größe oder Bebaubarkeit
eines Grundstücks, die Herkunft eines Weins, eines
Pferdes), sondern auch juristische (Mietsvertrag eines
Grundstücks, Kursfähigkeit eines Wertpapiers) Eigen=
schaften des Geschäftsobjekts wesentlich sein [15]). Vielfach

---

libro sexto digestorum, emptionem esse et venditionem, quia
in corpus consensum est, etsi in materia sit erratum. Ego in
vino quidem consentio, quia eadem prope οὐσία [substantia]
est, si modo vinum acuit; ceterum si vinum non acuit, sed
ab initio acetum fuit, ut embamma, aliud pro alio venisse
videtur; in ceteris autem nullam esse venditionem puto,
quoties in materia erratur.

[15]) Besondere Grundsätze gelten für den Irrtum bei einer Ehe=
schließung sowie im Erbrechte. Nach BGB. §§ 1332, 1333 kann eine
Ehe nur von dem Ehegatten angefochten werden, der bei der Ehe=
schließung nicht gewußt hat, daß es sich um eine Eheschließung handelt
(error in negotio), oder dies zwar gewußt hat, aber eine Erklärung,
die Ehe eingehen zu wollen, nicht hat abgeben wollen (Erklärungs=

wird die Entscheidung, ob Geschäftsirrtum oder Irrtum im Beweggrunde vorliegt, freilich gerade beim Irrtum über Sacheigenschaften schwierig sein, zB. wenn ein Fabrikbesitzer einen Bauplatz zur Errichtung eines Fabrik= gebäudes kauft und sich später herausstellt, daß dieser Platz bereits im „Landhausbezirke" liegt, in dem Fabriken nach Ortsstatut nicht errichtet werden dürfen.

Ob ein Irrtum in der Quantität wesentlich ist, hängt ebenfalls davon ab, ob bei Kenntnis der Sachlage der Irrende die Erklärung nicht abgegeben hätte. Wenn A. eine Wohnung für „1000" an B. vermietet, und A. Thaler, B. Mark meint, so ist der Preisirrtum erheblich, wenn A. jedoch Mark, B. Thaler meint, unerheblich (vgl. l. 110 pr. D. de regulis juris 50, 17: „in eo, quod plus sit, semper inest et minus").

3. Rechtsfolgen des wesentlichen Irrtums.

α. Für das Gemeine Recht nahmen die Anhänger der Willenstheorie (S. 415) absolute Nichtigkeit der im wesentlichen Irrtum abgegebenen Erklärung an [16]), und

---

irrtum); oder der sich in der Person des anderen Ehegatten oder über solche persönliche Eigenschaften des anderen Ehegatten geirrt hat, die ihn bei Kenntnis der Sachlage und bei verständiger Würdigung des Wesens der Ehe von der Eingehung der Ehe abgehalten haben würden. Nach BGB. § 1949 gilt die Erbschaftsannahme als nicht erfolgt, wenn der Erbe über den Berufungsgrund (gesetzliche Erbfolge, Testament, Erbvertrag) im Irrtume war. Nach §§ 2078, 2079 kann eine letzt= willige Verfügung angefochten werden, soweit der Erblasser über den Inhalt seiner Erklärung im Irrtume war, oder eine Erklärung dieses Inhalts überhaupt nicht abgeben wollte und anzunehmen ist, daß er die Erklärung bei Kenntnis der Sachlage nicht abgegeben haben würde; oder wenn er einen Pflichtteilsberechtigten übergangen hat, dessen Vor= handensein ihm zur Zeit der Testamentserrichtung unbekannt war; vgl. oben S. 394⁶.

[16]) Savigny hat mit Recht darauf hingewiesen, daß der Geschäfts= irrtum nicht unmittelbar die Erklärung nichtig macht, sondern daß die Aufdeckung desselben zunächst nur feststellt, daß kein wirklicher Wille da war und erst infolge dieser Feststellung sich ergiebt, daß keine Übereinstimmung zwischen Willen und Erklärung, also kein Rechts= geschäft vorhanden ist (vgl. l. 3 D. de rebus dubiis 34, 5: „qui

zwar ohne zu unterscheiden, ob er entschuldbar oder un=
entschuldbar war und mit der Wirkung, daß auch der
Gegner des Irrenden und jeder Dritte diese Nichtigkeit
geltend machen konnte. Die Anhänger der Erklärungs= und
der Verkehrstheorie ließen dagegen meist nur relative Nichtig=
keit (unten § 45³) oder Anfechtbarkeit des Geschäfts durch
den Irrenden eintreten; sie unterschieden ferner, soweit es sich
um Verkehrsgeschäfte (S. 416) handelte, ob der Irrtum
entschuldbar oder unentschuldbar war, und ließen die An=
fechtung nur bei Entschuldbarkeit zu (Dernburg). Soweit
das Geschäft unwirksam war, gaben die Anhänger beider
Theorieen dem Gegner einen Anspruch auf das negative
Vertragsinteresse ¹⁷).

---

aliud dicit quam vult, neque id dicit, quod vox significat,
quia non vult, neque id quod vult, quia id non loquitur").
Weil der Geschäftsirrtum hiernach nur scheinbar eine (unmittelbare)
Wirkung ausübt, nennt Savigny ihn unechten Irrtum, während
er den Irrtum (im Beweggrunde), der unmittelbar eine Rechtswirkung
hat, zB. den Irrtum, der die Zahlung einer Nichtschuld veranlaßt und
damit den Grund zur condictio indebiti (S. 394⁶) legt, echten
Irrtum nennt. Diese Terminologie ist jedenfalls nicht glücklich, denn
sie erweckt den Anschein, daß der „unechte Irrtum“, der Geschäfts=
irrtum, nur scheinbarer Irrtum sei, während Savigny damit nur aus=
drücken wollte, daß er nur scheinbar eine (unmittelbare) rechtliche
Wirkung ausübe. Savigny zog aus seiner Unterscheidung die Folgerung,
daß der echte Irrtum nur ausnahmsweise und wenn er entschuldbar
sei, der unechte Irrtum dagegen in allen Fällen, auch wenn er unent=
schuldbar sei, als Ungültigkeitsgrund in Betracht komme. Denn es
handele sich hierbei um einen Zwiespalt zwischen Willen und Erklärung,
infolge dessen der wahre Wille überhaupt nicht zum Ausdrucke gelangt
sei. Dieser Zwiespalt und nicht der ihn hervorrufende Irrtum sei der
unmittelbare Grund der Ungültigkeit. Auf die Entschuldbarkeit des
Irrtums komme es daher nicht an.
    ¹⁷) Nach ALR. (I, 4 §§ 75 ff.) war zu unterscheiden zwischen
Irrtum im wesentlichen des Geschäfts, in der Identität von Person
und Gegenstand und in ausdrücklich vorausgesetzten Eigenschaften
einerseits und Irrtum in gewöhnlich vorausgesetzten Eigenschaften
andererseits. Bei letzterem bestand die Willenserklärung, wenn der
Irrende durch grobes oder mäßiges Versehen seinen Irrtum veranlaßt
hatte; in allen anderen Fällen wurde die Willenserklärung, auch wenn
sie in unentschuldbarem Irrtum abgegeben war, ungültig (d. h. nach
der herrschenden Meinung anfechtbar, nicht nichtig, weil gemäß I, 5

β. Nach BGB. §§ 119, 121, 122 ift die in weſent=
lichem Irrtum (S. 428) abgegebene Willenserflärung nicht
nichtig, ſondern nur ſeitens des Erflärenden und zwar
unverzüglich (ohne ſchuldhaftes Zögern) nach erhaltener
Kenntnis des Irrtums anfechtbar; gleichgültig ift es hier=
bei, ob es ſich um thatſächlichen oder Rechtsirrtum, um
ein Verfehrs= oder ein anderes Geſchäft handelt und ob
der Irrtum entſchuldbar ift oder nicht. Wird die Willens=
erflärung infolge der Anfechtung unwirfſam, ſo ift das
negative Vertragsintereſſe zu erſehen, auch hier ohne
Unterſchied, ob der Anfechtende entſchuldbar oder unent=
ſchuldbar irrte.

Dagegen tritt nach § 122 Abſ. 2 die Schadenserſah=
pflicht nicht ein, wenn der Beſchädigte den Irrtum fannte
oder in Folge von Fahrläſſigfeit nicht fannte („fennen
mußte").

Die Anfechtung geſchieht durch einfache Erflärung an
den Gegner (BGB. § 143). Beruhigt ſich dieſer aber
nicht hierbei, alſo flagt er zB. aus einem Vertrag auf
Erfüllung, ſo hat der angeblich Irrende zu beweiſen:

a. daß er bei Abgabe der Willenserflärung ſich
wirflich in einem Irrtume befunden hat,

b. daß dieſer Irrtum ein erheblicher ift,

c. daß die Anfechtung, d. h. die Erflärung an den
Gegner, unverzüglich nach Entdeckung des Irrtums erfolgt ift.

f. Unrichtige Übermittelung.

Bei den für einen Empfänger beſtimmten Willens=
erflärungen fommt es häufig vor, daß der Erflärende
eine ſeinem wahren Willen entſprechende Erflärung ab=
giebt, die aber dem Empfänger durch die zur Übermittelung
dienende Perſon (Bote) oder Anſtalt (Telegraph) unrichtig
übermittelt wird[18]). Darüber, daß bei einem derartigen

---

§ 186 rückwirfendes Anerfenntnis möglich war). Der Irrende war
aber bei grobem oder mäßigem Verſehen zum Erſahe des dem Gegner
erwachſenen Schadens (negativen Vertragsintereſſes, S. 416²) verpflichtet.

[18]) Die Frage ift beſonders eingehend im Jahre 1856 erörtert
worden, als das Bankhaus Oppenheim in Köln dem Bankhaufe Weiler

Mißverständnisse der Erklärende an seine Erklärung nicht gebunden ist, war man für das Gemeine Recht einig. Lebhafter Streit herrschte jedoch darüber, ob — von einem etwaigen, jedenfalls haftbar machenden Verschulden des Erklärenden bei der Wahl des Mittels abgesehen — der Erklärende dem Empfänger für den diesem erwachsenen Schaden hafte, weil er durch die Wahl des Mittels den Irrtum ermöglicht, also den Schaden veranlaßt habe (Veranlassungstheorie) oder nicht. Eine verbreitete Meinung ließ diese Schadensersatzpflicht eintreten,. sofern die unrichtige Übermittelung nicht durch höhere Gewalt hervorgerufen war (Windscheid).

Das BGB. § 120 stellt den bei der Übermittelung hervorgerufenen Irrtum dem sonstigen völlig gleich, giebt also dem Erklärenden ein Anfechtungsrecht, dem Be= schädigten einen Anspruch auf Ersatz des negativen Ver= tragsinteresses und zwar — nach der dem § 122 erst vom Reichstage gegebenen Fassung — auch wenn das Mißverständnis durch höhere Gewalt (z.B. Wahnsinn des Boten, Betriebsstörung beim Telegraphen) hervorgerufen ist.

§ 40. Betrug und Zwang.

a. Betrug.

1. Begriff.

Betrug im civilrechtlichen Sinn[1]) ist eine vorsätzliche rechtswidrige Täuschung bei einem Rechtsgeschäfte. Der

---

in Frankfurt a. M. telegraphisch den Auftrag erteilt hatte, Aktien zu kaufen, und in dem Telegramme statt „kaufen" „verkaufen" stand. Hierdurch war ein Schaden von 40 000 Thlr. entstanden, dessen Er= stattung Weiler von Oppenheim verlangte und vom Landgerichte Köln zugesprochen erhielt. Eine besondere Haftung des Reichs (oder Bayerns oder Württembergs) als Unternehmers des Telegraphenbetriebs für Verstümmelungen von Telegrammen besteht übrigens ´in Deutschland nicht; wohl aber haftet der Beamte, den ein Verschulden trifft, persönlich.

[1]) Mit dem civilrechtlichen Begriffe des Betrugs (dolus) fällt der strafrechtliche (stellionatus) nicht zusammen. Jener setzt nur eine absichtliche rechtswidrige Täuschung voraus, durch die der Wille des

Betrug kann entweder durch Vorspiegelung erdichteter Thatumstände oder durch absichtliche Entstellung und pflichtwidrige Unterdrückung vorhandener Thatsachen verübt werden. Das Unterdrücken von Thatsachen ist nur dann Betrug, wenn eine rechtliche, nicht etwa nur eine sittliche Pflicht zur Mitteilung der Wahrheit besteht ²).

Erklärenden beeinflußt worden ist. Die Begriffsbestimmung des Betrugs in § 263 StGB. („Wer in der Absicht, sich oder einem Dritten einen rechtswidrigen Vermögensvorteil zu verschaffen, das Vermögen eines Anderen dadurch beschädigt, daß er durch Vorspiegelung falscher oder durch Entstellung oder Unterdrückung wahrer Thatsachen einen Irrtum erregt oder unterhält, wird wegen Betrugs . . . . bestraft“) läßt dagegen erkennen, daß der Betrug strafbar nur dann ist, wenn die Vorspiegelung a. zwecks Erlangung eines rechtswidrigen Vermögens= vorteils erfolgte und b. zu einer Vermögensbeschädigung geführt hat. Civilrechtlich treten die Betrugsfolgen dagegen bei jeder Täuschung ein, auch wenn das Rechtsgeschäft nicht dem Vermögensrecht angehört, zB. bei der Eheschließung, BGB. § 1334, S. 441⁶. Der versuchte Be= trug hat ferner civilrechtlich keine Bedeutung, wohl aber im Strafrecht. Eine besondere Art des civilrechtlichen dolus ist die fraus, das Handeln in der Absicht, die Gläubiger zu benachteiligen; I, 635.

²) Wann dies der Fall ist, kann im einzelnen zweifelhaft sein. Der in l. 16 § 4 D. de minoribus 4, 4 aufgestellte Grundsatz: „in pretio emptionis et venditionis naturaliter licere contrahentibus se circumvenire“ ist als ein allgemeiner jedenfalls nicht anzuerkennen. Maßgebend ist heute vor allem der Grundsatz von Treu und Glauben im Geschäftsverkehr (IV, 33), woraus sich für die einzelnen Arten von Geschäften verschiedene Folgerungen ergeben. Für Verträge besteht die Aufklärungspflicht in höherem Maße, als für außerkontraktliche Mitteilungen. Unter den Verträgen giebt es wieder einzelne, bei denen die Wahrheit bezüglich gewisser Umstände für die Vertrags= parteien von besonders erheblicher Bedeutung ist, zB. bei Lebens= versicherungsverträgen die Angabe überstandener Krankheiten.

Die Frage, inwieweit bei außervertraglichen Verhältnissen ein „Recht auf Wahrheit“ besteht, ist besonders für die Fälle streitig ge= worden, wo im Geschäftsleben eine Auskunft erbeten und erteilt worden ist. Das Reichsgericht (ERG. 20, 190; 23, 137) hat mit Recht den Grundsatz aufgestellt, daß an sich niemand zur Erteilung einer Auskunft verpflichtet ist; daß aber, wer eine wissentlich unrichtige oder absichtlich unvollständige Auskunft erteilt, für den ihrem Empfänger erwachsenen Schaden haftet, und zwar — nach dem Grundsatze, daß ein pactum ne dolus praestetur, weil unsittlich, nichtig ist (IV, 119) — auch dann, wenn er die Auskunft ausdrücklich „ohne Obligo“ gegeben hat.

2. Rechtsfolgen des Betrugs.

Der Betrug besteht in der absichtlichen Erregung eines Irrtums bei der eine Willenserklärung abgebenden Person. Der Irrtum kann betreffs der Erklärungshandlung hervorgerufen werden, zB. wenn demjenigen, der im Begriff ist, eine ihm vorgelesene Urkunde zu vollziehen, eine andere untergeschoben wird. Dann konkurrieren mit den Rechtsfolgen aus dem Betruge diejenigen aus dem Irrtum. Viel gewöhnlicher ist aber, daß die Täuschung nicht die Erklärungshandlung (den Erklärungswillen, S. 414), sondern die Entstehung des (Wirkungs=) Willens beeinflußt. In derartigen Fällen wird ein Wille erklärt, den der Erklärende wirklich im Augenblicke der Erklärung hat. Wenn die A. ihrem Verlobten B. arglistig verschweigt, daß sie bereits außerehelich geboren hat, oder X. sich bei Y. einen Kredit dadurch erschwindelt, daß er ihm vorspiegelt, er erhalte demnächst eine bedeutende Erbschaft ausgezahlt, so ist bei B. und bei Y. zur Zeit des Eheschlusses und der Darlehnshingabe ein Zwiespalt zwischen Wille und Erklärung, wie in den Fällen, die im vorigen Paragraphen behandelt sind, nicht vorhanden. B. will wirklich die A. heiraten und Y. wirklich dem X. das Darlehen geben, wie sie erklären. Freilich haben beide ihren Willen auf Grund einer irrigen Vorstellung gefaßt: diese betrifft aber nur die Beweggründe ihrer Erklärung und wäre daher aus dem Gesichtspunkte des Irrtums an sich rechtlich bedeutungslos (Irrtum im Motive S. 394"). Das Recht legt jedoch ausnahmsweise dem Irrtum im Beweggrunde Wirkungen bei, wenn er durch rechtswidrige Täuschung hervorgerufen war. Nicht der Irrtum als solcher, wie in den Fällen des § 39, sondern der durch unzulässige Mittel hervorgerufene hat hierbei Rechtsfolgen. Daraus ergiebt sich, daß die Anfechtung eines Rechtsgeschäfts wegen Betrugs nur dann zulässig ist, wenn die Täuschung wirklich die Ursache des Willensentschlusses ist. Wenn zB. X. dem Y. vorspiegelt, er erwarte demnächst eine Erbschaft, Y. dies zwar nicht glaubt, aber dem X. das erbetene Darlehen giebt, weil er dessen Geschäft für

zukunftsreich hält, so liegt ein die Anfechtung begründender
Betrug nicht vor. Zwischen Täuschung und Willens=
entschluß muß ein Kausalnexus (Verhältnis von Ursache
und Wirkung) bestehen. Daher sind regelmäßig auch re=
klamenhafte Zusicherungen („20% billiger als bei der
Konkurrenz", „dieser Stoff wird Sie noch überleben")
als Betrug nicht aufzufassen, weil ein vernünftiger Käufer
erkennen muß, daß es sich nur um Anpreisungen handelt
(vgl. aber S. 239).

α. Das Gemeine Recht hat den römischen[3]) Grund=

---

[3]) Das römische Recht gewährte bei bonae fidei negotia
(I, 286[5]) dem Betrogenen, der noch nicht erfüllt hatte, die exceptio
doli (specialis, vgl. I, 295) gegen die bonae fidei Kontraktsklagen
auch ohne besondere Verabredung (doli exceptio bonae fidei judiciis
inest, I, 297). War die Leistung schon erfolgt, dann konnte der Be=
trogene sie durch die Kontraktsklage oder durch in integrum restitutio
propter dolum (I, 312) zurückverlangen. Bei stricti juris
negotia (I, 286[5]) kam dagegen dolus nur dann in Frage, wenn
bei dem Vertragsschlusse, zB. einer Stipulation, als accidentale
negotii die clausula doli beigefügt war: dolum malum (so
nannte das prätorische Edikt die rechtswidrige böswillige Täuschung
im Gegensatze zum dolus bonus, wie er zB. als Kriegslist dem Feinde,
dem Räuber gegenüber zulässig sei; l. 1 § 3 D. de dolo malo 4, 3)
abesse et abfuturum esse. Erst durch ein Edikt des Prätors
Cassius aus dem letzten Jahrhundert der Republik wurde die
exceptio doli (specialis) auch bei stricti juris negotia ohne weiteres
gewährt. Durch ein Edikt des Prätors Aquilius Gallus (des
Freundes Ciceros, um 66 v. Chr.) wurde endlich eine allgemeine,
aber nur susidiär, d. h. beim Mangel aller anderen Rechtsmittel, an=
wendbare actio doli geschaffen. Vgl. l. 1 § 1 D. de dolo malo
4, 3. Verba edicti talia sunt: Quae dolo malo facta esse
dicentur, si de his rebus alia actio non erit et justa causa
esse videbitur, judicium dabo. Die Klage war also nur zulässig,
wenn weder eine Kontraktsklage noch die in integrum restitutio
propter dolum Platz griff. Die Klage auf Schadensersatz verjährte
in einem annus utilis, seit Konstantin in einem biennium conti=
nuum (unten § 60[b]). Später und gegen die Erben von vornherein
(I, 324[9]) konnte nur mit einer actio in factum die Bereicherung
(„dumtaxat de eo quod ad eos pervenit", l. 17 § 1 D. de 4, 3)
verlangt werden. Die actio doli machte infam (I, 66[4]), sie war nur
bei einem Schaden von mindestens 2 aurei zulässig, und Respekts=
personen gegenüber trat an ihre Stelle eine den dolus nicht erwähnende,
daher nicht infamierende actio in factum. Wie alle Rechtsmittel

satz festgehalten, daß der Betrug, da er den Willen nicht
ausschließt, sondern nur unzulässig beeinflußt, das Rechts=
geschäft niemals nichtig, sondern höchstens anfechtbar machen
kann. In Vertragsverhältnissen stand der Geltend=
machung des Anspruchs durch den Betrüger und seinen
Universalsuccessor (S. 99) die exceptio doli (specialis)
entgegen. Sie war auch gegen den Singularsuccessor zu=
lässig, bei dinglichen Rechten aber nur, wenn der Erwerber
das Recht unentgeltlich oder in Kenntnis des Betrugs
erworben hatte. Die Anfechtung wegen dolus ging also
regelmäßig nicht „in rem", vgl. dagegen S. 442. War
die Leistung schon erfolgt, so hatte der Betrogene gegen den
Betrüger die Vertragsklage. Ihre Natur und Wirkung
war streitig. Eine ehemals herrschende Meinung (ebenso
ALR. I, 4 §§ 84 ff.) unterschied als angeblich quellen=
mäßig (vgl. zB. l. 7 pr. D. 4, 3 und l. 13 § 4 D. 19, 1)
zwischen dem dolus causam dans, d. h. einer Täu=
schung, durch welche der Getäuschte zur Vornahme des
Rechtsgeschäfts erst veranlaßt wurde, und dem dolus
incidens, d. h. einer Täuschung, die nicht die Vor=
nahme des Rechtsgeschäfts veranlaßte, sondern nur seine
Accidentalien (zB. Zeit, Ort, Art der Erfüllung) beein=
flußte. Beim dolus causam dans sollte der Getäuschte nach
seiner Wahl entweder die sog. Rescissionsklage auf
Auflösung des Geschäfts oder die Differenzklage auf
Ersatz des durch die Vorspiegelung erwachsenen Schadens
haben. Beim dolus incidens dagegen sollte der Betrogene
das Geschäft selbst nicht anfechten, sondern nur die
Differenz beanspruchen können. Nach anderer Meinung
(Dernburg) dagegen konnte jeder Betrogene sich nach seiner
Wahl beider Rechtsbehelfe bedienen.

---

wegen dolus, ging auch die actio doli nur gegen den Betrüger (und
mit der obigen Beschränkung gegen seine Erben), nicht gegen Dritte.

Die gemeinrechtliche Doktrin und Praxis hat die vorstehend
geschilderten Rechtsbehelfe unter Abstoßung der rein=römischen Normen,
zB. der infamierenden Wirkung der actio doli (I, 66⁴), aufgenommen
und erweitert.

Außerhalb eines Vertragsverhältnisses haftete der Betrüger mit der actio doli auf Schadensersatz, nach 2 Jahren aber nur auf die Bereicherung.

β. Nach BGB. § 123 kann eine Willenserklärung anfechten, wer zu ihrer Abgabe durch „arglistige Täuschung bestimmt worden ist"[4]). Hat bei einer empfangsbedürftigen Erklärung (S. 387) nicht der Erklärungsempfänger, sondern ein Dritter die Täuschung verübt, so ist die Erklärung nur anfechtbar, wenn der Erklärungsempfänger die Täuschung kannte oder kennen mußte[5]). Hat ein Anderer als der Erklärungsempfänger aus der Erklärung unmittelbar ein Recht erworben, wie zB. beim pactum in favorem tertii, so ist die Erklärung ihm gegenüber anfechtbar, falls er die Täuschung kannte oder kennen mußte. Nichtempfangsbedürftige Willenserklärungen (zB. Anerkennung der Vaterschaft, Testamentserrichtung) können in jedem Fall angefochten werden, gleichgültig, von wem der Betrug ausgegangen ist[6]). Erfolgt die Anfechtung, so ist das Rechts

---

[4]) Sobald Betrug und Willenserklärung sich wie Ursache und Wirkung zu einander verhalten, kommt es auf die Art des Betrugs nicht an. Hat der Betrug jedoch nur auf einen Teil der Willenserklärung eingewirkt, so kann die Anfechtung (vgl. BGB. § 142 Abf. 1 in Verbindung mit § 139) nur diesen Teil betreffen, wenn nicht anzunehmen ist, daß das ganze Geschäft ohne den anfechtbaren Teil nicht vorgenommen sein würde. Insofern ist also auch noch nach BGB. ein Unterschied zwischen dolus causam dans und incidens vorhanden.

[5]) Kauft also zB. A. von B. dessen Gut für einen hohen Preis, weil ihm von dem Vermittler C. vorgeredet worden ist, daß die geplante Eisenbahnlinie das Gut berühren werde, so könnte er den Kauf dem B. gegenüber nur anfechten, wenn B. mit C. etwa unter einer Decke gesteckt („kolludiert") hätte.

[6]) Besonders geregelt sind die Voraussetzungen und Wirkungen der gelegentlich einer Eheschließung oder bezüglich einer letztwilligen Verfügung vorgenommenen arglistigen Täuschung. Nach §§ 1334 ff. kann eine Ehe von einem Ehegatten binnen 6 Monaten a die scientiae angefochten werden, wenn er „zur Eingehung der Ehe durch arglistige Täuschung über solche Umstände bestimmt worden ist, die ihn bei Kenntnis der Sachlage und bei verständiger Würdigung des Wesens der Ehe von der Eingehung der Ehe abgehalten haben würden. Ist die Täuschung nicht von dem anderen Ehegatten verübt worden, so ist die Ehe nur dann anfechtbar, wenn dieser die Täuschung bei der Ehe

geschäft nach § 142 BGB. als von Anfang an nichtig
anzusehen, d. h. es entsteht nicht nur zwischen den bei dem
Rechtsgeschäft unmittelbar beteiligten Parteien die obliga=
torische Verpflichtung zur Herstellung des bisherigen Zu=
stands, sondern die Anfechtung wirkt in rem, sodaß auch
die auf Grund des Rechtsgeschäfts mit dritten Personen
vorgenommenen Rechtsgeschäfte, zB. Vermögensüber=
tragungen, in sich zusammenfallen, soweit sie nicht nach
den Grundsätzen des Erwerbs vom Nichteigentümer (S. 98)
aufrecht zu erhalten sind.

Die Anfechtung wegen Betrugs kann nur binnen
Jahresfrist seit Entdeckung der Täuschung (a die scientiae)
erfolgen und ist nach Ablauf von 30 Jahren seit der Ab=
gabe der Willenserklärung[7]) überhaupt ausgeschlossen
(BGB. § 124).

b. Zwang.

1. Begriff.

Zwang ist die Bestimmung eines Anderen zur Vor=
nahme oder Duldung einer Handlung gegen seinen Willen.
Das Erzwingen kann erfolgen: entweder durch unmittelbare
körperliche Überwältigung (vis absoluta, **physischer**
Zwang, zB. zwangsweises Führen der Hand beim Unter=
zeichnen eines Wechsels) oder durch Erregung von Furcht
(metus) mittels Drohung (vis compulsiva, **psychischer**
Zwang, zB. Vorhalten eines Revolvers zur Herbei=
führung der Unterzeichnung eines Wechsels).

---

schließung gekannt hat. Auf Grund einer Täuschung über Vermögens=
verhältnisse findet die Anfechtung nicht statt."

Nach § 2339 ist erbunwürdig, wer den Erblasser durch
arglistige Täuschung zur Errichtung oder Aufhebung einer Verfügung
von Todeswegen bestimmt hat.

[7]) Diese Fristen beschränken an sich die Anfechtung sowohl durch
Klage als durch Einrede. Nach BGB. §§ 821, 853 kann jedoch auch
nach Ablauf dieser Fristen die Erfüllung aus dem Gesichtspunkte der
ungerechtfertigten Bereicherung oder unerlaubten Handlung verweigert
werden. Auf die einjährige Präklusivfrist kommen die für die Hemmung
einer Verjährungsfrist geltenden §§ 203 Abs. 2, 206, 207 zur ent=
sprechenden Anwendung; vgl. unten § 58².

Vis absoluta hat, wie unten darzulegen ist, stets die
Nichtigkeit des Rechtsgeschäfts zur Folge. Dagegen hat
nicht jede Drohung eine Bedeutung für den Rechtsbestand
eines erzwungenen Rechtsgeschäfts. Das römische und das
auf ihm beruhende Gemeine Recht knüpften die unten zu
besprechenden Rechtsfolgen zunächst nur an eine Drohung,
welche begründete Furcht vor sofortiger, nicht abwendbarer
Ausführung hervorrufen kann: metus praesens non
suspicio inferendi ejus; metus non vani hominis, sed
qui merito et in homine constantissimo cadat, l. 9 pr.,
l. 6 D. quod metus causa gestum erit 4, 2; sog. metus
reverentialis — Ehrfurcht — genügte nicht. Die Drohung
mußte ferner widerrechtlich sein (metus injustus ex parte
inferentis), was z.B. in den zahlreichen Fällen nicht eintraf, in denen der Prätor mittels seines imperium
jemanden zur Vornahme eines Rechtsgeschäfts zwang; vgl.
die praetoriae stipulationes, I, 309. Ferner mußte sie zu
dem Zweck angewandt sein, das Rechtsgeschäft herbeizuführen (metus consultus) und endlich sich auf Rechtsgüter beziehen, die für den Bedrohten erheblich waren. Als
einen solchen timor majoris malitatis (l. 5 D. 4, 2)
bezeichnen die römischen Quellen die durch Bedrohung von
Leib, Leben und Freiheit hervorgerufene Furcht. Für
bedeutungslos wird die Bedrohung des guten Rufs und
mit Prozessen erklärt. Nach modernem Gemeinem Recht
und ebenso nach BGB. § 123 genügt jede widerrechtliche Drohung, durch die der Bedrohte zur Abgabe der
Willenserklärung sich hat bestimmen lassen, insbesondere
auch die Drohung mit einer Strafanzeige (ebenso ALR. I,
4 § 35) sowie eine angedrohte Vermögensbeschädigung
oder Kreditgefährdung (vgl. ERG. 31, 156).

Zwischen Drohung und Willenserklärung muß ein
ursächlicher Zusammenhang (Kausalnexus) bestehen.
Selbst unter dieser Voraussetzung sind aber Willenserklärungen unanfechtbar, auf deren Abgabe der Drohende
ein Recht hat. Wenn A. seinem Schuldner B. mit Klage
oder Zwangsvollstreckung droht, falls er nicht binnen
3 Tagen die fällige oder vollstreckbare Schuld zahlt, ist

eine hierauf erfolgende Zahlung unanfechtbar. Zwang liegt dagegen vor, wenn man eine Willenserklärung, auf die man keinen Anspruch hat, durch Drohungen herbei= führt, selbst wenn deren Ausführung nicht unerlaubt ist. Wenn z. B. A. den Vater seines Lehrlings zum Ersatze des von diesem unterschlagenen Betrags durch die Drohung veranlaßt, er werde den Lehrling sonst wegen Unter= schlagung anzeigen, so ist die darauf hin erfolgende Zah= lung als erzwungen ungültig und A. wegen Erpressung (StGB. § 253) strafbar. Denn der Vater ist A. zu nichts verpflichtet. Anders, wenn der Vater dem A. zur Abwendung einer beabsichtigten Anzeige den Ersatz an= bietet; dann fehlt der ursächliche Zusammenhang, denn die Willenserklärung des Vaters ist dann nicht durch eine Handlung des A. hervorgerufen.

Über die Ausbeutung der Notlage ist bei der Lehre von den wucherlichen Geschäften zu sprechen (§ 44ᵈ).

2. Rechtsfolgen des Zwangs[8].

Bei der durch körperliche Überwältigung (vis absoluta) hervorgerufenen Willenserklärung ist der Erklärende in

---

[8] Eine große Bedeutung hat die Gewalt auch auf dem Gebiete des Strafrechts. Nach StGB. § 52 ist „eine strafbare Handlung nicht vorhanden, wenn der Thäter durch unwiderstehliche Gewalt oder durch eine Drohung, welche mit einer gegenwärtigen, auf andere Weise nicht abwendbaren Gefahr für Leib oder Leben seiner selbst oder eines Angehörigen verbunden war, zu der Handlung genötigt worden ist." Hier sind also Gewalt und Drohung Strafausschließungsgründe. Da= gegen sind diese Umstände Thatbestandsmomente in den Fällen der §§ 106, 107 (Gewalt oder Bedrohung mit einer strafbaren Handlung zwecks Verhinderung der Ausübung der Mitgliedschaft in politischen Körperschaften sowie der Ausübung politischer Rechte); 113 ff. (Wider= stand gegen die Staatsgewalt); 176¹, 177 (Vornahme unzüchtiger Handlungen und des Beischlafs mit Gewalt oder unter Drohung mit gegenwärtiger Gefahr für Leib oder Leben); 240 (widerrechtliche Nötigung zu einer Handlung, Duldung oder Unterlassung durch Gewalt oder durch Bedrohung mit einem Verbrechen oder Vergehen; zu unterscheiden von der in § 253 behandelten Erpressung, d. h. der zwecks Verschaffung eines rechtswidrigen Vermögensvorteils vorgenommenen Nötigung, bei der jede Drohung genügt); 249 ff.

Wahrheit nur Werkzeug des Überwältigers; seine an=
scheinende Erklärung ist daher (wegen des mangelnden
Erklärungswillens, S. 414) rechtlich für ihn bedeutungs=
los, d. h. nichtig. Der durch Drohung (vis compulsiva)
zu seiner Erklärung Veranlaßte hat dagegen seinen zur
Zeit der Erklärung wirklich vorhandenen, wenn auch
(ebenso wie beim Betruge, S. 438) in seiner Entstehung
rechtswidrig beeinflußten Willen kundgegeben. Denn er
hat, vor die Wahl gestellt, das angedrohte Übel über sich
ergehen zu lassen oder die Erklärung abzugeben, letzteres
gewählt[9]). Seine Erklärung ist daher nicht, wie die durch
vis absoluta hervorgebrachte, rechtlich bedeutungslos,
sondern höchstens in ihren Folgen zu beseitigen, d. h. an=
fechtbar.

α. Nach dem auf dem römischen Rechte[10]) beruhenden

(Raub, d. h. Diebstahl mit Gewalt gegen eine Person oder unter An=
wendung von Drohungen mit gegenwärtiger Gefahr für Leib oder Leben)
und 255 (räuberische Erpressung).

[9]) l. 21 § 5 D. quod metus causa 4, 2: Si metu coactus
adii hereditatem, puto me heredem effici, quia, quamvis si
liberum esset, noluissem, tamen coactus volui; sed
per praetorem restituendus sum, ut abstinendi mihi potestas
tribuatur.

[10]) Zur Beseitigung der an sich (jure civili, § 1 I. de except.
4, 13) eintretenden Rechtsfolgen des durch vis compulsiva veran=
laßten Geschäfts gab der Prätor in Rom die in integrum restitutio
propter metum (I, 312; vgl. l. 1 pr. D. quod metus causa 4, 2.
Ait Praetor: Quod metus causa gestum erit, ratum non
habebo).

Daneben stellte ein Prätor Oktavius 74 v. Chr. eine besondere
actio (und exceptio) quod metus causa (formula Octa-
viana) auf, welche die prozessuale Gestalt einer actio arbitraria
(I, 291) und die materielle Bedeutung einer actio in rem scripta
(I, 283) hatte; d. h. die Klage (und Einrede) war nicht nur gegen den=
jenigen, der die Willenserklärung erzwungen hatte, sondern auch gegen
jeden am Zwang Unbeteiligten gegeben, der aus dem erzwungenen
Geschäft einen Rechtserwerb gemacht hatte oder geltend machte (Wirkung
in rem). Im Gegensatze zur actio doli (S. 439) wurde deshalb der
Urheber des Zwanges in der intentio nicht genannt; vgl. die Formel
der exceptio metus in l. 4 § 33 D. 44, 4: „si in ea re nihil
metus causa factum est", im Gegensatz zur exceptio doli in l. 2
§ 1 D. 44, 4: „si in ea re nihil dolo malo actoris factum est".

Gemeinen Rechte war freilich mit Rücksicht auf die Undeut=
lichkeit der Quellen (nur erzwungene Eheschließung und
Freilassung sind ausdrücklich als nichtig bezeichnet, l. 22
D. 23,2; l. 9 pr. D. 40, 9) streitig, ob erzwungene
Geschäfte nichtig oder nur anfechtbar wären. Die herrschende
Meinung nahm jedoch Anfechtbarkeit an[11]) mit Wirkung
gegen Dritte, soweit dieselben aus dem erzwungenen Ge=
schäfte bereichert waren (vgl. Anm. 10). Manche wollten, wie
beim dolus (S. 439[3]), zwischen metus causam dans und
incidens unterscheiden und in ersterem Falle dem An=
fechtenden die Wahl zwischen Rescission und Differenz ge=
währen, in letzterem Falle nur die Differenzklage zulassen.

β. Das BGB. hat in §§ 123, 124 die Folgen der
durch Drohung erwirkten Willenserklärung den Wirkungen
der durch argliſtige Täuſchung hervorgerufenen (S. 441)
gleichgeſtellt, nur kann die Anfechtung propter metum
(anders wie die propter dolum) ſtets, alſo bei empfangs=
bedürftigen Geſchäften auch dann erfolgen, wenn ein
Dritter den Zwang ausgeübt hat und der Erklärungs=
empfänger gutgläubig iſt (§ 123 Abſ. 2; oben S. 441).
Auch hier iſt natürlich der Gegner und ein Dritter ge=
ſchützt, ſoweit die Vorſchriften über den Schutz des gut=
gläubigen Erwerbs (S. 98) eingreifen[12]). Die Friſt,

Die actio quod metus causa zog, falls dem arbitrium (I, 291)
nicht Folge geleistet wurde, die Verurteilung auf das Vierfache, nach
Ablauf eines annus utilis (S. 439[3]) aber nur noch auf das Einfache
nach ſich. Das Gemeine Recht hat das arbitrium und die Ver=
urteilung in quadruplum beseitigt.

[11]) Auch für das ALR. war es streitig, ob die in I, 4 §§ 33 ff.
behandelte Drohung die Willenserklärung nichtig (Koch, Dernburg)
oder nur anfechtbar (Eccius) mache. Nach §§ 45, 49 mußte die An=
fechtung wegen Zwangs binnen 1 Woche erfolgen. Die Folge der
Fristversäumnis war aber nicht der Verlust des Rechtsbehelfs, sondern
nur die Unzulässigkeit der Eideszuschiebung. Diese Beschränkung der
Benutzung des Eides als Beweismittel wurde schon durch EGCPO.
§ 14[2] beseitigt.

[12]) Besondere Vorschriften enthalten die §§ 1317 (der Standesbeamte muß zur Entgegennahme der Erklärungen der Verlobten bereit
sein; eine erzwungene „passiva assistentia", wie nach kanonischem
Rechte, II, 661, genügt also nicht); 1335, 1339 (Anfechtbarkeit der

binnen deren die Anfechtung zu erfolgen hat, ist dieselbe wie beim Betruge (S. 442).

§ 41. Form der Rechtsgeschäfte.

a. Allgemeines.

1. Die Willensäußerung.

Wie S. 413 dargelegt, erhält der Wille seine rechts= geschäftliche Bedeutung erst durch seine Äußerung. Die Willensäußerung ist eine juristische Handlung (S. 96). Sie kann in einem Thun oder einem Unterlassen bestehen.

α. Die durch ein Thun, also eine positive Hand= lung, hervorgebrachte Willensäußerung kann wieder auf doppelte Weise erfolgen. Entweder nämlich giebt der Erklärende seinen Willensentschluß durch eine Handlung kund, welche unmittelbar die Mitteilung seines Willens bezweckt (ausdrückliche Willenserklärung, zB. durch Worte, Unterschreiben, Hinzeigen, Kopfnicken). Oder die Handlung verfolgt zunächst einen anderen Zweck als die Mitteilung des Willensentschlusses [1]; aus ihrer Vornahme

---

durch widerrechtliche Drohung erzwungenen Ehe binnen 6 Monaten seit Beseitigung der Zwangslage), vgl. § 1704; 2078, 2082 (Anfechtbar= keit einer letztwilligen, durch Drohung erzwungenen Verfügung binnen Jahresfrist seit Kenntnis des Anfechtungsgrundes); 2339³ (Erb= unwürdigkeit dessen, der den Erblasser widerrechtlich durch Drohung zur Errichtung oder Aufhebung einer Verfügung von Todeswegen bestimmt hat).

[1] Der Unterschied zwischen der ausdrücklichen und der still= schweigenden Willenserklärung, der nur in einzelnen Fällen (zB. l. 7 § 1 D. de sponsal. 23, 1) für das römische Recht, gar nicht für das BGB., wohl aber vielfach für das ALR. bedeutungsvoll ist (Ausdrück= lichkeit wird zB. verlangt für Bürgschaften, I, 14 § 202, Erlaß und Verzicht, I, 16 § 381), ist zuweilen nicht leicht zu bestimmen. Als Unterscheidungsmerkmal ist festzuhalten, daß die ausdrückliche Willens= erklärung den Willen unmittelbar zur Erscheinung bringt, während bei der Erklärung durch konkludente Handlungen diese zunächst zu einem anderen Zweck erfolgen, als zur Erklärung des Willens, so daß der Willensentschluß — unter Berücksichtigung der Logik und Erfahrung — erst durch Folgerungen erkannt werden kann. Der Einwurf eines Zehnpfennigstücks in einen Schokoladenautomaten ist eine ausdrückliche

aber kann der Willensentschluß entnommen, „geschlossen"
werden (facta concludentia, konkludente oder schlüssige
Handlungen, stillschweigende Willenserklärung).

Willenserklärung; denn er bezweckt unmittelbar die Annahme der Erklärung des Automatenbesitzers, gegen Empfang von 10 Pfennigen
eine Tafel Schokolade zu verkaufen. Wenn dagegen ein Erbe seinen
Willen, die Erbschaft anzunehmen, dadurch kundgiebt, daß er Erbschaftsschulden bezahlt, so ist der unmittelbare Zweck dieser Rechtshandlung die Tilgung der Erbschaftsschulden; die Erfahrung gestattet
jedoch die Folgerung, daß er diese Handlung vornimmt, weil er Erbe
sein will (pro herede gestio).

Aus dem Vorstehenden ergiebt sich, daß die ausdrückliche Willenserklärung die zuverlässigere Art ist. Denn die konkludenten Handlungen
lassen an sich meist verschiedene Deutungen zu, und die Annahme,
daß durch sie ein bestimmter Wille erklärt werden soll, stützt sich nur
entweder auf einen Rechtssatz, der einer Handlung, wenn nicht das
Gegenteil erwiesen ist, eine gewisse Bedeutung beilegt (sog. Rechtsver-
mutungen, I, 261) oder auf die Lebenserfahrung (sog. faktische Vermutung). Wer zB. einer in seinem Hause lebenden Person Unterhalt
gewährt, kann an sich die Absicht haben, dies schenkungsweise oder gegen
späteren Entgelt zu thun. Handelt es sich um Ascendenten und Descendenten, so spricht nach BGB. § 685 Abs. 2 (ähnlich ALR. I, 11 § 1041)
eine Rechtsvermutung für die Schenkungsabsicht. Handelt es sich um andere
Personen, so ist nach der Sachlage zu beurteilen, welche Absicht der den
Unterhalt Gewährende verfolgt hat.

Da hiernach die Deutung der Handlungen nach den Grundsätzen
der Logik und Lebenserfahrung dem diese Handlungen Vornehmenden
einen Willen unterschieben könnte, den er in Wahrheit nicht hat, so
gewährt ihm das Recht in den sog. Protestationen ein Mittel, sich dagegen zu schützen. Protestation (Verwahrung) ist eine Erklärung,
durch die man sich gegen die mögliche Auslegung einer Handlung
schützt, welche der Absicht des Handelnden nicht entsprechen würde.
Wer zB. sich in den Besitz einer Erbschaft setzt, ist der ihm möglicherweise unerwünschten Deutung ausgesetzt, daß er damit seinen Willen,
die Erbschaft anzutreten, habe erklären wollen, während er vielleicht
nur die Sicherstellung des Nachlasses bezweckte. Durch eine entsprechende
Verwahrung kann er jener Deutung vorbeugen. Nur darf die protestatio nicht facto contraria sein, d. h. die Handlungen dürfen
nicht mit dem in der Verwahrung behaupteten Willen unvereinbar sein.
Wer zB. die Erbschaftsforderungen einzieht und das Empfangene
für sich verbraucht, kann sich gegen die Deutung, daß er Erbe habe
werden wollen, nicht mit der Berufung auf eine entgegengesetzte
Protestation schützen. In Rom geschah die Protestation durch private
Willenserklärung unter Zuziehung von Zeugen (pro testibus, daher der

β. Durch eine „argumentatio a contrario" (S. 44) kann zuweilen auch aus einem Unterlassen, nämlich dem Stillschweigen auf Handlungen und Erklärungen anderer, der Schluß auf einen Willen gezogen werden, sodaß das Stillschweigen in solchem Fall als Willensäußerung gilt[2]).

Das römische Recht hat den richtigen Grundsatz aufgestellt, daß Stillschweigen an sich überhaupt keinen Schluß auf den Willen gestattet (l. 142 D. de regul. jur. 50, 17. Qui tacet, non utique fatetur: sed tamen verum est, eum non negare). Dagegen findet sich im Corpus jur. can. der Satz (c. 43 de reg. jur. in VI^to 5, 12) „Qui tacet, consentire videtur", dessen zweifellos unrichtige Verallgemeinerung (vgl. übrigens c. 44 eod.) die Praxis jedoch stets durch den Zusatz „ubi loqui potuit et debuit" verbessert hat. In der That kann Stillschweigen nur dann als (bejahende oder verneinende) Willensäußerung gelten, wenn dieser Schluß entweder durch Rechtssatz ausdrücklich vorgeschrieben ist[3]) oder sich unter

---

Name); heute stehen außerdem Beamte (Notare S. 463[14], Gerichtsvollzieher I, 367) zur Verfügung.

Eine besondere Art der Protestation ist die Reservation (Vorbehalt), welche die Unterstellung des Willens, auf ein Recht zu verzichten verhüten soll. Wenn zB. der Pfandgläubiger dem Pfandschuldner die verpfändete Uhr zurückgiebt, so könnte die Deutung Platz greifen, er verzichte auf das Pfandrecht an ihr, während ihre Herausgabe vielleicht nur auf kurze Zeit, zB. für die Dauer eines Balles, erfolgte. Gegen jene Deutung schützt sich der Pfandgläubiger durch einen Vorbehalt. Das Pfandrecht an der dem Schuldner herausgegebenen Sache hört nach BGB., das keine Hypothek an Mobilien anerkennt, natürlich auf (II, 598[14]); aber der Pfandgläubiger behält wenigstens seinen persönlichen Anspruch gegen den Verpfänder auf erneute Pfandbestellung, d. h. auf Rückgabe der Uhr in den Pfandbesitz des Gläubigers. Vgl. BGB. § 640: Vorbehalt der Rechte bei Abnahme eines mangelhaften Werks.

[2]) Die „Erklärung durch Stillschweigen" ist mit der „stillschweigenden Erklärung" durch konkludente Handlungen nicht zu verwechseln. Im letzteren Falle wird aus einer Handlung, im ersteren aus einer Unterlassung der Wille entnommen.

[3]) Fälle, in denen das Stillschweigen kraft gesetzlicher Vermutung als eine Willensäußerung bestimmter Richtung gilt, sind zB.:

Berücksichtigung der Lage des einzelnen Falls als zwin= gend ergiebt. Diese letztere Voraussetzung trifft zu, wenn nach der Geschäftssitte und dem den Verkehr beherrschen= den Grundsatze von Treu und Glauben das Stillschweigen

---

aus dem BGB: §§ 108 (Nichterklärung der Genehmigung zu dem Geschäft eines beschränkt Geschäftsfähigen gilt als Verweigerung); 149 (bei Nichtanzeige des verspäteten Eingangs einer rechtzeitig ab= gesandten Annahmeerklärung gilt diese als nicht verspätet); 496 (Still= schweigen des Käufers beim Kauf auf Probe innerhalb der vereinbarten oder angemessenen Frist gilt als Billigung, sofern die Sache übergeben war); 516 (als Annahme der Schenkung gilt das Schweigen binnen der vom Schenker gesetzten Frist); 612 (eine Vergütung gilt als still= schweigend vereinbart, wenn die Dienstleistung den Umständen nach nur gegen Vergütung zu erwarten ist, vgl. ebenso § 632 für den Werkvertrag, § 653 für den Mäklerlohn, § 689 für die Aufbewahrung); 1405 (als Einwilligung des Mannes in den Geschäftsbetrieb seiner Ehefrau gilt es, wenn der Mann trotz Kenntnis keinen Einspruch er= hebt). In den Fällen der §§ 568 (relocatio tacita) und 625 (Fort= setzung eines Dienstverhältnisses) liegt eine stillschweigende Willens= erklärung (durch konkludente Handlungen) seitens des Mieters und Dienstnehmers, eine Erklärung durch Stillschweigen seitens des Ver= mieters und Dienstherrn vor;

aus dem HGB.: §§ 60, 112 (als Einwilligung des Prinzipals und Gesellschafters in Geschäfte für eigene Rechnung des Handlungs= gehülfen und als Genehmigung der Theilnahme an einer gleichartigen Gesellschaft seitens eines Gesellschafters gilt die Kenntnis dieser That= sachen bei Anstellung des Gehülfen und Eingehung der Gesellschaft); 362 (Schweigen eines beauftragten Kaufmanns, welcher mit dem Auf= traggeber in Geschäftsverbindung steht, gilt als Übernahme des Auf= trags); 377 (Stillschweigen des Käufers nach Mängelentdeckung gilt als Genehmigung); 386 (Stillschweigen des Kommittenten bei mit= geteilten Auftragsüberschreitungen des Kommissionärs gilt als Ge= nehmigung).

aus der CPO.: §§ 138 (Nichtbestreiten gegnerischer Be= hauptungen gilt als Zugeständnis); 269 (Einlassung des Beklagten auf die abgeänderte Klage gilt als Genehmigung der Klageänderung); 295 (Nichtrüge einer Verfahrensverletzung bei der nächsten mündlichen Ver= handlung gilt als Verzicht auf die Rüge): 331 (Nichterscheinen des Beklagten im Termine zur mündlichen Verhandlung gilt als Zu= geständnis des thatsächlichen mündlichen Vorbringens des Klägers); vgl. über die Folgen rügeloser Einlassung I, 380[15]; vgl. auch noch KO. §§ 17, 20 Abf. 2 (Verlust von Wahlrechten durch Stillschweigen).

Über die Fälle, für die eine positive Erklärung binnen einer ge= wissen Frist zur Vermeidung des Eintritts einer bestimmten Rechts= folge vorgeschrieben ist, vgl. unten § 58ᵃ.

einer Person auf eine Handlung oder Erklärung einer an=
deren regelmäßig als Zustimmung oder Ablehnung anzu=
sehen ist, dergestalt, daß die erstere redlicher und ver=
nünftiger Weise eine positive Erklärung abgeben mußte,
wenn sie diesen regelmäßigen Schluß aus ihrem Still=
schweigen verhindern wollte[4]. Aber auch unter dieser
(objektiven) Voraussetzung braucht sich nur der die Deu=
tung seines Stillschweigens als Erklärung gefallen zu
lassen, der die Zulässigkeit dieser Deutung kannte oder
kennen mußte.

2. **Formelle und formlose Rechtsgeschäfte.**

α. Regelmäßig genügt jede Art von Willensäußerung,
wenn sie nur den Willen mit hinreichender Deutlichkeit
erkennen läßt. Dann nennt man die Willenserklärung
und das durch sie hervorgebrachte Rechtsgeschäft formlos.
Zuweilen ist jedoch nur ein bestimmtes Erklärungsmittel
zulässig. Dann spricht man von formellen Rechts=
geschäften. Form eines Rechtsgeschäfts ist also das be=
sondere Erklärungsmittel, dessen der Erklärende sich be=

---

[4] Beispiele aus den Quellen bieten: l. 12 D. de evict. 21, 2
(Verkauf von Erbschaftssachen durch einen Miterben in Gegenwart der
übrigen Miterben verpflichtet diese); l. 4 § 3 D. de fidejussoribus
27, 7 (Verbürgung durch Stillschweigen); l. 6 § 2 D. mandati vel
contra 17, 1, vgl. l. 60 D. de reg. jur. 50, 17 (Vollmacht bei Zu=
lassung fremder Geschäftsbesorgung: Semper qui non prohibit, pro
se intervenire, mandare creditur).
Im einzelnen Falle sind bei der Beurteilung, ob nach Treu
und Glauben jemand zu einer positiven Erklärung verpflichtet war,
auch die Anwesenheit des Erklärungsempfängers, die Geschäftsgattung,
der Beruf, die Ortssitte und die bisherigen Geschäftsbeziehungen der
beteiligten Personen ins Auge zu fassen. Niemand kann mich durch
Zusendung unbestellter Waren zu einer Erklärung veranlassen, auch
nicht durch die beliebte Formel: „Wenn bis — keine Rücksendung er=
folgt, werde ich annehmen, daß Sie die Ware behalten". Wenn aber
ein Buchhändler mir seit Jahren die Reichsgerichtsentscheidungen sofort
nach dem Erscheinen der einzelnen Bände zugesendet und stets ohne
weitere Verhandlung bezahlt erhalten hat, so kann er mit Recht er=
warten, daß ich bei erneuter Übersendung eines Bandes ihm Mitteilung
mache, wenn ich die Entscheidungen nicht weiter von ihm zu beziehen
gedenke und den Band nicht behalten will.

dienen muß, um das Rechtsgeschäft voll wirksam hervorzubringen.

Ein Rechtsgeschäft kann an eine Form gebunden sein
durch Rechtssatz (gesetzliche Form) oder durch den
Privatwillen der Beteiligten (gewillkürte Form). Es
können ferner die Beteiligten auf ein Erklärungsmittel
beschränkt oder es kann ihnen unter mehreren die Wahl
gelassen sein (alternative Formvorschrift).

β. Der Zweck einer gesetzlichen oder gewillkürten
Formvorschrift kann sein: die Ernstlichkeit und Über-
legtheit der in eine Form zu bringenden Erklärung zu
sichern und dadurch Übereilung zu verhüten; oder den
rechtlichen Charakter der Erklärung deutlich zu machen,
was besonders dann erreicht wird, wenn der Gebrauch
gewisser technischer Ausdrücke („heres" bei der altrömischen
Erbeinsetzung; „Wechsel" nach WO. Art. 4[1]) vorgeschrieben
wird; oder kenntlich zu machen, ob das Rechtsgeschäft im
Gegensatze zu etwaigen Vorverhandlungen zum bindenden
Abschluß ist; oder die Verwertbarkeit (Negoziabilität) des
durch das Rechtsgeschäft geschaffenen Rechts zu erleichtern
(z B. Wechselform); oder endlich den Beweis der Abgabe
der Erklärung und ihres Wortlauts zu sichern und damit
zur Verminderung und Abkürzung der Prozesse beizutragen.
Eine Formvorschrift kann einen oder mehrere dieser Zwecke
im Auge haben.

γ. Die Wirkung der Nichtbeachtung einer durch
Gesetz vorgeschriebenen Form für die Erklärung ist regelmäßig Nichtigkeit der Erklärung (BGB. § 125).

Die Formvorschrift ist also im Zweifel eine lex
perfecta (I, 103). Zuweilen droht das Gesetz allerdings nicht die Nichtigkeit, sondern nur andere Folgen
an (lex minus quam perfecta), so Klaglosigkeit[5]),

— [5]) Die durch eine derartige formlose Erklärung eingegangene
Verpflichtung kann nicht gerichtlich geltend gemacht werden, ist aber
erfüllbar (Naturalobligation). Nach ALR. wurde vielfach durch Erfüllung der Formmangel geheilt (vgl. z B. I, 5 §§ 146, 156 ff.; I,
11 § 1065). Ferner bestimmte § 10 des Preußischen Eigentums-
erwerbsgesetzes vom 5. Mai 1872, daß die Auflassung den etwaigen

Strafe[6]) oder Beweiserschwerungen (S. 468 [17]). Mitunter endlich ist eine Form vorgeschrieben, ohne daß an ihre Nicht= beachtung Rechtsnachteile geknüpft sind (lex imperfecta). Dies ist zB. in den Reichsjustizgesetzen und im BGB. bei den mit „soll" eingeführten Formvorschriften (S. 44 [10]) der Fall; vgl. zB. BGB. § 1316: der Eheschließung soll ein Aufgebot vorhergehen, § 1318: der Standesbeamte soll zwei Zeugen zuziehen (vgl. S. 456 [8]), soll die Eheschließung in das Heiratsregister eintragen.

δ. Auch der Mangel der durch Rechtsgeschäft be= stimmten Form hat im Zweifel Nichtigkeit zur Folge, BGB. § 125 Abs. 2, vgl. über die Verabredung der Beurkundung eines Vertrags unten S. 461. Jedoch kann hier nach Lage des Falls die Abrede einer Form auch nur die Bedeutung haben, daß die an sich schon wirksame Erklärung zur größeren Sicherheit noch in einer besonderen Form zu wiederholen ist (sog. Verlautbarungs= pflicht). Bei einer solchen Wiederholung ist im Falle der Abweichung der formellen von der bisherigen formlosen

---

Formmangel des auf Übertragung des Eigentums gerichteten obligatorischen Geschäfts (Kauf, Tausch usw.) heilt. Ebenso verordnet BGB. § 313 Satz 2, daß ein auf Eigentumsübertragung an einem Grundstücke gerichteter Vertrag zwar der gerichtlichen oder notariellen Beurkundung bedarf, aber auch ohne Beobachtung dieser Form seinem ganzen Inhalte nach gültig wird, wenn die Auflassung und Eintragung in das Grundbuch erfolgt ist. Die Form des dinglichen Vertrags deckt hierbei den Formmangel des obligatorischen Geschäfts. Im Übrigen wird nach BGB. der Form= mangel nur in Ausnahmefällen durch Erfüllung geheilt; vgl. §§ 518 (der Mangel der gerichtlichen oder notariellen Beurkundung des Schenkungsversprechens wird durch Bewirkung der Leistung geheilt), 766 (der Mangel der schriftlichen Bürgschaftserklärung wird durch Er= füllung geheilt), 1154 (die Schriftform der Abtretungserklärung bei Hypotheken wird durch Eintragung in das Grundbuch ersetzt).

[6]) So besonders bei Verletzung von Stempelvorschriften. Nach §§ 10, 19 des Reichsstempelgesetzes vom 27. April 1894 zB. ist über Anschaffungsgeschäfte von ausländischem Geld und von Wertpapieren eine Schlußnote auszustellen und zu verstempeln. Die Übertretung dieser Vorschrift hat nicht die Nichtigkeit des abgeschlossenen Geschäfts zur Folge, führt aber die Bestrafung des Schuldigen mit dem Fünfzig= fachen des hinterzogenen Stempels herbei.

Erklärung im Zweifel anzunehmen, daß die Abweichung eine beabsichtigte ist [7]).

Aus dem Gesagten ergiebt sich von selbst, daß form= lose Nebenabreden zu gesetzlich formellen Geschäften stets, zu durch Rechtsgeschäft formellen im Zweifel nichtig sind.

3. Rechtsformen.

Als ursprüngliche Form für Willenserklärungen diente überall die Verwendung von **Symbolen** und **Wort= formeln** sowie die Zuziehung von **Zeugen**. Mit der Entwickelung und Verbreitung der Schrift trat die **schrift= liche Beurkundung** mit oder ohne **Besiegelung**, zu= weilen unter Mitwirkung einer **öffentlichen Behörde**, in den Vordergrund. Auch der **Eid** hat mitunter die Bedeutung einer Rechtsform erhalten.

---

[7]) Zur Anfechtung der formellen Erklärung genügt also nicht der einfache Nachweis, daß diese von der formlosen Vorverabredung abweicht, sondern es muß nachgewiesen werden, daß diese Abweichung nicht dem wahren endgültigen Willen der Beteiligten entspricht, viel= mehr durch Simulation, Irrtum, Betrug u. dgl. hervorgerufen ist. Dies gilt vor allem bei der Nichterwähnung mündlich besprochener Punkte in Vertragsurkunden. Solche Abreden gelten als beseitigt, wenn nicht bewiesen wird, daß sie nicht haben aufgegeben werden sollen. Noch weiter ging das ALR. I, 5 §§ 127 ff. für die sog. mündlichen Nebenabreden, d. h. diejenigen Nebenbestimmungen, welche „Art, Ort und Zeit der Erfüllung oder andere dabei vorkommende Maß= gaben" betreffen. Solche Accidentalien (S. 391) sollten ohne Rücksicht auf etwaige mündliche Besprechungen nach den Vorschriften der Gesetze ergänzt werden, d. h. es sollten an ihre Stelle die Naturalien treten. Der Beweis, daß derartige mündliche Nebenabreden neben dem schrift= lichen Vertrage gelten sollen, war also überhaupt unzulässig. Anders, wenn der schriftliche Vertrag in den **Essentialien** von den end= gültigen mündlichen Verabredungen abwich. Wurde dies bewiesen, so war ein schriftlicher Vertrag überhaupt nicht als geschlossen anzusehen, weil „aliter actum quam scriptum", der wahre Wille also gar nicht erklärt war.

Das BGB. macht keine solche Unterscheidung zwischen Accidentalien und Essentialien. Der Nachweis, daß eine Abweichung von dem bisher Beredeten durch die Beurkundung nicht herbeigeführt werden sollte, ist vielmehr in allen Fällen zulässig. Inwieweit diese Abweichung die Rechtsgültigkeit der Willenserklärung beeinflußt, ist nach dem einzelnen Falle zu entscheiden.

α. Symbolische Rechtsformen.

Symbol ist ein Gegenstand, der einen an sich sinnlich nicht wahrnehmbaren Vorgang zur Anschauung bringen soll. Wenn also zB. die Übergabe des Grundstücks, die Verleihung des Marktrechts, die Belehnung mit einem weltlichen Lehn durch Übergabe einer Erdscholle (II, 546), eines Handschuhs (II, 93), einer Fahne (II, 54) erfolgt, so sind Erdscholle, Handschuh, Fahne Symbole der durch die Erklärung bezweckten Gewaltübertragungen. Kann eine bestimmte Erklärung nur unter Verwendung eines gewissen Symbols vorgenommen werden, so spricht man von symbolischer Geschäftsform. Als Symbol kann aber nicht nur ein bestimmter Gegenstand, sondern auch ein gewisser Rechtsvorgang dienen. Hierauf beruhen die sog. typischen Scheingeschäfte des römischen Rechts (S. 425⁹), die negotia per aes et libram (nexum und mancipatio, I, 167) sowie die in jure cessio, insofern als in der Form von Vorgängen, die ursprünglich einem gewissen Rechtszwecke (Zuwägen der Darlehnssumme oder des Kaufgeldes, Prozeßführung) dienten, andere Erklärungen (Darlehnshingabe, Testamentserrichtung, Eigentumsübertragung) abzugeben wurden. Für das moderne Recht sind die symbolischen Geschäftsformen fast bedeutungslos (II, 486³). Über den Steinwurf (lapilli jactus) als symbolischen Ausdruck des Bauverbots ist im Sachenrechte beim interdictum quod vi aut clam zu sprechen; über die symbolische Verpfändung von Binnenfrachtschiffen nach ALR. vgl. S. 336⁴.

β. Wortformen.

Zuweilen schreibt das Recht, besonders in Zeiten des jus strictum, meist am Beginne jeder Rechtsentwickelung, die Verwendung gewisser Worte bei bestimmten Willenserklärungen vor. Solche Wortform war zB. im ältesten römischen Rechte die Notwendigkeit der Bestimmung „heres esto" bei der Erbeinsetzung. Ferner wurde bei der stipulatio ein Vertrag (Verbalkontrakt) durch eine in eine

gewiſſe Formel gekleidete Frage und darauf folgende
wörtlich übereinſtimmende Antwort geſchloſſen (Spondesne
centum dare? Spondeo). Auch die Prozeßführung war
ſowohl im älteren römiſchen (I, 166[1]) wie im deutſchen
(II, 782) Recht an gewiſſe Wortformen geknüpft. Eine
ſolche an die Verwendung gewiſſer Worte gebundene Ge=
ſchäftsform iſt heute noch der Wechſel (WO. Art. 4[1]);
vgl. bezüglich der Notwendigkeit der wörtlichen Verleſung
der Anträge im Anwaltsprozeſſe CPO. § 297.

γ. Zuziehung von Zeugen.

Die Zuziehung von Zeugen erfolgt regelmäßig nur
zur Sicherung des Beweiſes (Beweiszeugen). Vielfach
iſt davon jedoch die Rechtsbeſtändigkeit einer Willens=
erklärung abhängig gemacht. Dann ſind die zur Her=
ſtellung der Rechtsform benötigten Zeugen Solennitäts=
zeugen. Dieſe müſſen regelmäßig gewiſſen Vorbedingungen
entſprechen[8]).

---

[8]) So wurde in Rom das ordentliche Privatteſtament vor
7 Zeugen errichtet, die ſein mußten: „testes idonei" (männliche,
mündige römiſche Bürger), „rogati" (zur Teſtamentserrichtung als
Zeugen beſonders zugezogen, vgl. I, 128[6]) und „voluntarii" (freiwillig
dieſem Erſuchen nachkommend).

Das Reichsrecht ſchreibt mehrfach die Zuziehung von Zeugen als
Rechtsförmlichkeit vor (S. 469), ohne aber in allen Fällen an die Nicht=
zuziehung die Unwirkſamkeit des Geſchäfts zu knüpfen. Während
nämlich § 52 des Reichsperſonenſtandsgeſ. vorſchrieb: „Die Eheſchließung
erfolgt in Gegenwart von zwei Zeugen", wonach deren Zuziehung
notwendiges Formerfordernis war, beſtimmt BGB. § 1318: „Der
Standesbeamte ſoll bei der Eheſchließung in Gegenwart von zwei
Zeugen uſw."; hierdurch (S. 453, „Sollvorſchrift") iſt zum Ausdrucke
gebracht, daß die Nichtzuziehung auf die Rechtsbeſtändigkeit der Ehe
keinen Einfluß haben ſoll. In den übrigen Fällen iſt der Rechts=
vorgang unwirkſam, wenn die vorgeſchriebenen Zeugen nicht zu=
gezogen ſind.

Die Vorbedingungen, denen die Solennitätszeugen zu genügen
haben, ſind für die Fälle des BGB. (Teſtamentserrichtung, §§ 2233,
2250, 2251) in BGB. §§ 2234 ff., für die Fälle des FrG. (Beurkundung,
falls ein Beteiligter taub, blind, ſtumm oder ſonſt am Sprechen be=
hindert iſt, § 169, oder nicht ſchreiben kann, § 177) im FrG. §§
170—173 feſtgeſtellt. Hierbei ſind unterſchieden: Umſtände, deren Vor=

δ. Schriftlichkeit.

Die Beurkundung eines Rechtsgeschäfts kann gleich der Zuziehung von Zeugen den Charakter einer Beweis= sicherung oder den einer Rechtsform haben. In letzterem Falle wird das Rechtsgeschäft infolge gesetzlicher Bestimmung oder Parteivereinbarung erst mit der Beurkundung rechts= beständig.

a. Das römische Recht hatte ein ausgebildetes Ur= kundenwesen (I, 110⁶). Insbesondere gewann die cautio, die anfänglich neben die Wortform, später an ihre Stelle tretende Beurkundung bei der stipulatio, eine große Be= deutung. Auch in der deutschen Rechtsentwickelung haben die Urkunden eine große Rolle gespielt (II, 366, 381). Regelmäßig handelte es sich bei der schriftlichen Fixierung allerdings um Beweissicherung, nicht um eine Rechtsform; vgl. jedoch über das schriftliche Testament in Rom, II, 761, über die carta in Deutschland II, 368. Über den Litteral= kontrakt des vorjustinianischen Rechts durch Eintragung (expensilatio) in die Rechnungsbücher (tabulae, codex accepti et expensi) eines römischen Bürgers, zumal eines Bankiers (argentarius), sowie über die von Bähr (An= erkennung als Verpflichtungsgrund, 1855) aufgestellte Be= hauptung, daß in der abstrakten Stipulationsurkunde

---

handensein beim Zeugen das Geschäft nichtig macht („Als Zeuge kann nicht mitwirken", BGB. §§ 2234—2236, FrG. §§ 170—172: eigene Beteiligung und Verwandtschaft mit einem Beteiligten); und Eigen= schaften, bei deren Vorhandensein die Zuziehung als Zeuge nicht er= folgen „soll", die aber auf die Rechtsbeständigkeit des Vorgangs einflußlos sind (BGB. § 2237, FrG. § 173: Minderjährigkeit, Ab= erkennung der bürgerlichen Ehrenrechte — vgl. StGB. § 34⁵ —, Unfähigkeit als Zeuge eidlich vernommen zu werden — StGB. § 161 —, Dienstverhältnis zu dem amtierenden Richter oder Notar).

Besonders bestimmt sind die Voraussetzungen der Zeugnisfähigkeit für die bei der Eheschließung zuzuziehenden Zeugen. Nach § 1318 Abs. 2 „sollen" Personen, denen die bürgerlichen Ehrenrechte aberkannt sind und Minderjährige nicht zugezogen werden; dagegen sind Verwandte ausdrücklich als Zeugen zugelassen.

Im Gegensatz zum bisherigen Rechte dürfen Frauen jetzt in allen Fällen als Solennitätszeugen dienen.

(cautio indiscreta) ein Litteralfontraft des modernen Ge=
meinen Rechts zu erblicken sei, ist im Rechte der Schuld=
verhältnisse zu sprechen (IV, 189 ff.).

b. Auch für den modernen Rechtsverkehr ist die Ur=
funde unentbehrlich, und zwar nicht nur als Beweismittel
(vgl. CPO. §§ 415 ff. und I, 253), sondern auch als
Rechtsform. Für das grundsätzlich auf der Formfreiheit
beruhende (S. 469) BGB. hat die Schriftform zwar nicht
die Bedeutung, die ihr im Code civil und vor allem im
ALR. zugewiesen war. Immerhin kennt das BGB., wie
unten darzulegen ist (S. 469), die Schriftlichkeit sowohl
als gesetzliche wie als gewillkürte Rechtsform und hat in
den §§ 126, 127 ihre Voraussetzungen festgestellt. Sie
wiederholen im wesentlichen die durch die bisherige Rechts=
entwickelung festgestellten Grundsätze.

1) Nach BGB. § 126 muß bei durch Gesetz vor=
geschriebener Schriftform die Urkunde von dem Aussteller
eigenhändig durch Namensunterschrift oder mittels gericht=
lich oder notariell beglaubigten Handzeichens [9]) unterzeichnet
werden (vgl. CPO. § 416, WO. Art. 94). Die Urkunde
muß eine Namensunterschrift haben, d. h. der Aussteller
muß aus der Unterzeichnung festzustellen sein. Hierzu
fann auch der bloße Vorname (zB. zwischen Verwandten
oder seitens erlauchter Personen) oder ein angenommener
Name (nom de guerre bei Künstlern und Schriftstellern)
dienen. Es muß eine Unterzeichnung [10]) stattfinden, d. h.

---

[9]) Üblicher Weise mit drei Kreuzen (venerabile crucis signum);
vgl. Isolani in den Piccolomini:
„Er fann nicht schreiben, doch sein Kreuz ist gut,
Und wird ihm honoriert von Jud und Christ.“

[10]) Die Annahme eines gezogenen Wechsels erfolgt dagegen
üblicher Weise nicht unter dem Texte, sondern auf dem linken ersten
Viertel, quer zur Adresse, der Angabe des Bezogenen. Übrigens fann
gemäß WO. Art. 21 die Annahme auf jeder Stelle des Wechsels,
sowohl auf der Vorder= als auf der Rückseite erfolgen. Jedoch darf das
Blankoaccept (d. h. die Annahme durch einfache Niederschrift des Namens
seitens des Bezogenen, ohne den Zusatz „Angenommen“) nur auf der
Vorderseite stehen (WO. Art. 21). Ebenso fann die Indossierung eines
Wechsels nicht nur „in dorso“, auf der Rückseite, sondern durch Voll=

die Unterschrift muß offensichtlich den Urkundeninhalt decken; nicht unterzeichnete Nachschriften werden also durch die darüber stehenden Namen nicht umfaßt. Ist die Urkunde nach Inhalt und Unterschrift fertig, so kann aus der That=sache allein, daß der Name auf ein Blankett („in blanco", d. h. auf ein leeres weißes Blatt) vor Niederschrift des Textes gesetzt war, ein Einwand gegen die Formrichtigkeit nicht hergeleitet werden. Natürlich ist aber die exceptio doli (specialis) dahin zulässig, daß die Ausfüllung ver=tragswidrig erfolgt ist[11]).

Endlich ist die eigenhändige Unterzeichnung für erforderlich erklärt und damit die für das Gemeine Recht und das ALR. (vgl. ERG. 4, 307) streitige Frage ver=neint, ob man seinen Namen durch einen-Anderen (als Bevollmächtigten oder bloßes Werkzeug) unterschreiben lassen kann. Der Namensunterdruck kann die Unter=schrift nicht ersetzen, also die gesetzliche oder gewillkürte

---

inossament („Für mich an die Order des Herrn N. N.") auch auf der Vorderseite des Wechsels erfolgen (WO. Art. 11). Ein Blanko=indossament durch bloße Namensniederschrift des Indossanten ist dagegen nur auf der Rückseite gültig (WO. Art. 12).

[11]) Vgl. StGB. § 269: „Der fälschlichen Anfertigung einer Urkunde wird es gleich geachtet, wenn jemand einem mit der Unter=schrift eines Anderen versehenen Papiere ohne dessen Willen oder dessen Anordnungen zuwider durch Ausfüllung einen urkundlichen Inhalt giebt."
Wohl zu unterscheiden von der vertragswidrigen Ausfüllung eines Wechselblanketts ist die Fälschung des ausgefüllten Wechsels. Jene giebt eine nur gegen den Vertragsgenossen und den unredlichen In=haber gehende (persönliche) exceptio doli specialis, diese die absolut wirkende exceptio falsi gegen jeden Inhaber (WO. Art. 82). Jeder Zeichner (Aussteller, Acceptant, Indossant) eines ausgefüllten Wechsels haftet nur nach dessen Inhalt zur Zeit der Unterzeichnung. Wenn A. z.B. ein mit seinem Accepte versehenes Wechselblankett dem B. mit der Ermächtigung übergiebt, es auf 1000 Mk. zahlbar am 1. Oktober 1901 auszufüllen, so kann er dem redlichen Wechselinhaber C. keinen Ein=wand entgegensetzen, wenn B. den Wechsel mit 10 000 Mk. zahlbar am 1. Oktober 1900 ausgefüllt hat. Hat A. dem B. aber den völlig ausgefüllten Wechsel übergeben und B. sodann die Wechselsumme oder Verfallzeit geändert, so kann A. der Klage des redlichen C. mit der Einrede der Fälschung begegnen (ERG. 23, 110).

Schriftform nicht herstellen, sofern dies nicht (wie im BGB. § 793 Abs. 2 für die Inhaberpapiere, im HGB. § 181 für Aktien und Interimsscheine) ausdrücklich zugelassen ist. Für das bisherige Recht war dies streitig. Eccius hielt z.B. die Benutzung eines sog. Faksimilestempels, nicht aber sonstiger mechanischer Vorrichtungen für zulässig.

Die Besiegelung war im römischen (I, 111⁶) und deutschen (II, 381) Rechte vielfach neben oder anstatt der Unterschrift vorgeschrieben. Heute finden sich derartige Vorschriften nur für die Unterschriften von Vertretungsorganen juristischer Personen des öffentlichen Rechts (S. 203⁶).

Wer nicht unterschreiben kann, weil er schreibunkundig (Analphabet) oder schreibunfähig ist, muß sein Handzeichen gerichtlich oder notariell beglaubigen lassen. Wer auch kein Handzeichen zu machen imstande ist, muß seine Erklärung gerichtlich oder notariell beurkunden (S. 464) lassen (BGB. § 126 Abs. 3). Analphabeten sind im übrigen nach BGB. Erschwerungen (vgl. z.B. ALR. I, 5 § 172) nicht unterworfen; nur kann selbstverständlich ein Analphabet kein holographisches (eigenhändig geschriebenes und unterschriebenes) Testament errichten (BGB. § 2247), und nicht durch Übergabe eines Schriftsatzes, sondern nur durch mündliche Erklärung testieren (BGB. § 2238 Abs. 2), und ferner muß bei der Aufnahme von gerichtlichen oder notariellen Urkunden (nicht bei der bloßen Beglaubigung einer Unterschrift), falls ein Beteiligter erklärt, er könne nicht schreiben, diese Erklärung im Protokolle festgestellt und ein „Schreibzeuge" zugezogen werden, es sei denn, daß (wie z.B. beim Testament) ein Gerichtsschreiber oder ein zweiter Notar mitwirkt (FrG. § 177 Abs. 2).

Ist gesetzlich die Schriftform für einen Vertrag vorgeschrieben, so muß die Unterzeichnung der Parteien auf derselben Urkunde erfolgen. Briefwechsel genügt hier also nicht (wie nach ALR. I, 5 § 142 und auch nach BGB. bei der gewillkürten Schriftform). Werden über den Vertrag mehrere gleichlautende Urkunden aufgenommen, so genügt es, wenn jede Partei die für die andere Partei bestimmte Urkunde unterschreibt.

2) Für die gewillkürte Schriftform (zB. die praktisch häufige Vereinbarung schriftlicher Abfassung eines Mietvertrags, die gesetzlich nur vorgeschrieben ist, wenn er für länger als ein Jahr geschlossen wird, BGB. § 566) kommen im Zweifel die vorstehenden Grundsätze zur Anwendung (BGB. § 127). Nur genügt hier (im Gegensatze zu der gesetzlichen Schriftform) telegraphische Übermittelung — vorausgesetzt, daß die in der Verwahrung des Aufnahmeamts bleibende Depeschenurschrift eigenhändig unterschrieben oder mit beglaubigtem Handzeichen versehen ist — und bei einem Vertrage Briefwechsel. Wird eine solche Form gewählt, so kann nachträglich die Beurkundung verlangt werden.

ε. **Behördliche Mitwirkung.**

a. Für manche Rechtsgeschäfte ist die Mitwirkung einer öffentlichen Behörde (I, 57) vorgeschrieben, sei es, daß die Erklärung vor ihr zu erfolgen hat (vgl. zB. BGB. § 925 Auflassung, § 1317 Eheschließung), oder daß die anderweit abgegebene Erklärung zu ihrer Rechtswirksamkeit einer Thätigkeit der Behörde (Genehmigung, Bestätigung, Eintragung in öffentliche Bücher) bedarf (vgl. zB. II, 347³: Genehmigung der Aufsichtsbehörde zu Grunderwerb der manus mortua; BGB. §§ 1741: Bestätigung des Adoptionsvertrags durch das zuständige Gericht; HGB. § 200: Eintragung der Aktiengesellschaft in das Handelsregister). Hier ist nur die erstere Gattung zu besprechen, denn nur hierbei ist die Mitwirkung der Behörde Formerfordernis des Rechtsgeschäfts, während sie in den anderen Fällen zur Ausübung einer Aufsicht oder aus rechtspolitischen Gründen vorgeschrieben ist [12]).

---

[12]) Die praktische Bedeutung der Unterscheidung, ob die vorgeschriebene Mitwirkung einer Behörde zur Erfüllung der Form der Willenserklärung gehört oder nicht, liegt darin, daß in ersterem Falle die Erklärung vor erfolgter Mitwirkung nicht rechtsbeständig ist, also auch nicht einmal als Offerte gelten kann, während, wenn die Mitwirkung der Behörde nur die Bedeutung einer Genehmigung usw. hat, die Beteiligten an ihre Erklärungen bereits gebunden sind. Wenn also

b. In den Fällen, in welchen die Mitwirkung einer Behörde oder eines öffentlichen Beamten (zB. eines Notars, Schiedsmanns) bei der Vornahme eines Rechtsgeschäfts eintritt, findet sie regelmäßig (wenn auch nicht unbedingt, vgl. die in jure cessio in Rom, I, 168, und die Ehe= schließung nach BGB., deren Rechtsbeständigkeit von der Eintragung in das Heiratsregister nicht abhängt, § 1318 Abs. 3) in Verbindung mit einer Beurkundung des Rechts= geschäfts statt.   Solche „von einer öffentlichen Behörde innerhalb der Grenzen ihrer Amtsbefugnisse oder von einer mit öffentlichem Glauben versehenen Person innerhalb des ihr zugewiesenen Geschäftskreises in der vorgeschriebenen Form" aufgenommenen Urkunden heißen öffentliche (in= strumenta publica, CPO. § 415).   Ihre Aufnahme er= folgt nicht immer zur Erfüllung eines Formerfordernisses, sondern vielfach zwecks Beweiserleichterung[13].   Für das

---

zB. das Gesetz für den Abschluß eines Vergleichs gerichtliche Beur= kundung als Formerfordernis vorschreibt (S. 469), so ist auch bei etwa bereits erfolgter schriftlicher Feststellung jede Partei solange noch be= rechtigt, von dem Vergleich abzugehen, wie nicht die gerichtliche Be= urkundung erfolgt ist.   Wenn dagegen der Vormund eines unehelichen Kindes in dem Alimentationsprozesse gegen den unehelichen Vater mit diesem einen Vergleich schließt, so sind schon hierdurch beide Parteien gebunden, auch bevor das Vormundschaftsgericht die nach BGB. § 1822[12] erforderliche Genehmigung erteilt.

[13]) Eine öffentliche Urkunde über eine von der Behörde oder Urkundsperson abgegebene Erklärung ist in doppelter Beziehung beweis= kräftiger als eine Privaturkunde: sowohl hinsichtlich des Inhalts als hinsichtlich der Echtheit (I, 401).

a. Während Privaturkunden (CPO. § 416) nur den Beweis der Abgabe der Erklärung erbringen, begründen öffentliche Urkunden (CPO. § 415) den Beweis des ganzen Vorgangs einschließlich von Zeit und Ort der Abgabe der Erklärung sowie der beurkundeten Fest= stellung der Persönlichkeit und der Verfügungsfähigkeit der Er= klärenden.

b. Während die Echtheit einer nicht anerkannten Privaturkunde zu beweisen ist (CPO. § 440), haben „Urkunden, welche nach Form und Inhalt als von einer öffentlichen Behörde oder von einer mit öffentlichem Glauben versehenen Person errichtet sich darstellen, die Vermutung der Echtheit für sich" (CPO. § 437).   Hierzu ist für die den Bestimmungen der CPO. nicht unter= worfenen, also nicht prozessualen Fälle zu vergleichen das RG.

Gebiet des bürgerlichen Rechts kommen als Behörden und
Beamte, denen die öffentliche Beurkundung von Rechts=
geschäften obliegt, im Deutschen Reiche vor allem die
Amtsgerichte (FrG. § 167, vgl. jedoch I, 720, 722) als
die zur Ausübung der jurisdictio voluntaria (I, 19, 197[10])
regelmäßig berufenen Behörden, sowie die Notare[14]), für

vom 1. Mai 1878 betr. die Beglaubigung öffentlicher
Urkunden:

§ 1. Urkunden, die von einer inländischen öffentlichen Behörde
oder von einer mit öffentlichem Glauben versehenen Person des In=
lands aufgenommen oder ausgestellt sind, bedürfen zum Gebrauch im
Inland einer Beglaubigung (Legalisation) nicht.

§ 2 Zur Annahme der Echtheit einer Urkunde, welche als von
einer ausländischen öffentlichen Behörde oder von einer mit öffent=
lichem Glauben versehenen Person des Auslands ausgestellt oder auf=
genommen sich darstellt, genügt die Legalisation durch einen Konsul
oder Gesandten des Reichs. —

Es bedarf also bei einer von einem inländischen Gericht oder
Notar herrührenden Urkunde nicht noch des Nachweises, daß die unter=
zeichnete Person zum Richter oder Notar bestellt war.

[14]) Das Institut der notarii publici (vgl. I, 254[6]) hat sich in
Italien entwickelt. In Deutschland erfolgte die Ernennung von
Notaren mit öffentlichem Glauben durch den Kaiser oder seine Hof=
pfalzgrafen, später auch durch die Landesherren (II, 112). Reichsgesetzlich
wurde das Notariatswesen geordnet durch die 1512 auf dem Reichstag
in Köln verkündete Reichsnotariatsordnung („Ordnung von
Kaiserlicher Majestät zur Unterrichtung der offenen Notarien, wie die
ihre Ämter üben sollen"). Die weitere Entwickelung erfolgte landes=
gesetzlich, in Preußen durch Teil III. Titel 7 der allgemeinen Gerichts=
ordnung („Von dem Amte der Justizkommissarien und Notarien"),
sowie durch verschiedene Ergänzungsgesetze (11. 7. 45, 8. 3. 80, 15.
7. 90). Während die Rechtsanwaltschaft als wesentlich der streitigen
Gerichtsbarkeit dienend gelegentlich des Erlasses der Reichsjustizgesetze
von Reichs wegen geordnet ist (Rechtsanwaltsordnung vom 1. Juli 1878,
Rechtsanwaltsgebührenordnung vom 7. Juli 1879, vgl. I, 241[3]),
untersteht das Notariat auch gegenwärtig noch der Landesgesetzgebung.
In Preußen ist das Notariatswesen geordnet durch den
6. Abschnitt des PrFrG. vom 21. September 1899 (Art. 77 ff.).
Zur Bekleidung des Amts eines Notars ist befähigt, wer in einem
deutschen Bundesstaate die Fähigkeit zum Richteramt erlangt hat.
Die Notare werden vom Justizminister auf Lebenszeit ernannt. Die
Ernennung eines Rechtsanwalts zum Notar — dies ist die Regel, nur
in Rheinpreußen wurde bisher Anwaltschaft und Notariat nach
französischem Vorbilde grundsätzlich getrennt gehalten — kann für die

das Ausland die Reichskonsuln und Kolonialbeamten[15]) in Betracht.

c. Hinsichtlich der Art der Mitwirkung ist zu unter=
scheiden zwischen Beurkundung und Beglaubigung
einer Erklärung.

1) Bei der Beurkundung (FrG. §§ 168—182)
wird die Erklärung von der Urkundsperson zu Pro=
tokoll genommen. Die Urschrift (das „Original")
bleibt bei den Akten, die Beteiligten erhalten Ausferti=
gungen (I, 366), die der Gerichtsschreiber (FrG. §.182)
oder Notar (PrFrG. Art. 45) zu erteilen hat. Nach

Zeit erfolgen, während welcher er bei einem bestimmten Gerichte zur
Anwaltschaft zugelassen ist. Die Notare sind — im Gegensatze zu den
Anwälten, I, 241³ — unmittelbare Staatsbeamte. Sie erhalten jedoch
keine Besoldung, sondern sind auf die Gebühren aus Parteiaufträgen
angewiesen gemäß der Gebührenordnung für Notare vom 25. Juni
1895 (Neufassung vom 6. Oktober 1899 auf Grund des PrFrG.
Art. 134, 135). Jedem Notar wird bei seiner Ernennung ein Amtssitz
angewiesen; in Städten von mehr als 100 000 Einwohnern kann auch
die Stadtgegend bestimmt werden. Der Amtsbezirk des Notars umfaßt
jedoch den ganzen Oberlandesgerichtsbezirk, in dem ihm der Amtssitz
angewiesen worden ist. Ein Berliner Notar darf also zB. in Nauen
oder Potsdam Amtshandlungen vornehmen (nicht aber dort ständige
Geschäftsstellen halten). Über die sachliche Zuständigkeit der Notare
vgl. S. 470. Die Dienstaufsichtsbehörden für Notare sind der Land=
gerichts= und der Oberlandesgerichtspräsident des Amtssitzes, in letzter
Instanz der Justizminister. Als Disziplinargerichte sind die für die
Richter bestehenden berufen (I, 707), also der Disziplinarsenat des
Oberlandesgerichts ihres Amtssitzes und der Große Disziplinarsenat
beim Kammergericht. Im übrigen gelten die Notare jedoch als nicht=
richterliche Beamte.

[15]) Nach § 16 des RG. betr. die Organisation der Reichskonsulate
vom 8. November 1867 haben die Reichskonsuln innerhalb ihres
Amtsbezirks in Ansehung der Rechtsgeschäfte, bei deren Errichtung
Reichsangehörige beteiligt sind, das Recht der Notare. Soweit ihnen
Konsularjurisdiktion zusteht (II, 174⁸), haben sie außerdem die Stellung
eines Amtsgerichts. Eine Neuordnung der Konsulargerichtsbarkeit
steht bevor. In den Schutzgebieten tritt gemäß §§ 2, 5 des RG. betreffend
die Rechtsverhältnisse der deutschen Schutzgebiete vom 17. April 1886
(15. März 1888) an die Stelle des Konsuls der vom Reichskanzler
zur Ausübung der Gerichtsbarkeit ermächtigte Beamte.

BGB. § 128 genügt es hierbei, falls durch Gesetz ge=
richtliche oder notarielle Beurkundung eines Vertrags
vorgeschrieben ist, wenn zunächst der Antrag und sodann
die Annahme des Antrags beurkundet wird. Die Er=
klärungen brauchen also nicht, wie bei der gesetzlichen
Schriftform (S. 460, BGB. § 126) auf derselben Ur=
kunde zu stehen.

2) Bei der weniger förmlichen Beglaubigung
(BGB. § 129, FrG. § 183) legt der Erklärende die be=
reits schriftlich abgefaßte Erklärung der Urkundsperson
(Amtsgerichte, Notare und sonstige landesgesetzlich dazu
berufene Beamte, FrG. §§ 167, 191, PrFrG. Art. 115)
vor, unterzeichnet die Erklärung oder erkennt die bereits
erfolgte Unterzeichnung an, worauf die Urkundsperson ohne
Aufnahme eines Protokolls auf der zurückzugebenden Er=
klärung selbst nur beurkundet: „Vorstehende, von N. N.
vollzogene (oder „anerkannte") Unterschrift wird be=
glaubigt". In diesem Fall ist also nur für die Ab=
gabe, bei der Beurkundung auch für den Inhalt der
Erklärung eine öffentliche Urkunde vorhanden[16]).

---

[16]) Die Angelegenheiten der freiwilligen Gerichtsbarkeit sind jetzt
geordnet durch FrG. vom 17. Mai 1898 und für Preußen durch PrFrG.
vom 21. September 1899. Von gerichtlichen und notariellen Urkunden
handeln die §§ 167—184 FrG. und Art. 31—65 PrFrG. Die Akte
der freiwilligen Gerichtsbarkeit vollzieht regelmäßig der Richter allein
(I, 197¹⁰); doch muß für die Testaments= und Erbvertragserrichtung
der Richter einen Gerichtsschreiber oder zwei Zeugen, der Notar einen
zweiten Notar oder zwei Zeugen zuziehen (BGB. §§ 2233, 2276, FrG.
§ 168). Aber auch in anderen Fällen kann, wenigstens in Preußen,
ein Gerichtsschreiber zugezogen werden, wenn dies zur sachgemäßen
Erledigung des Geschäfts zweckmäßig ist (PrFrG. Art. 2 Abf. 2).
Geschieht das nicht, so hat bei Akten der freiwilligen Gerichtsbarkeit
nur der Richter zu unterschreiben, auch wenn sie von einem dem
Amtsgerichte zur Ausbildung überwiesenen Referendar aufgenommen
werden. Freilich können (AGGVG. vom 24. April 1878 § 2 in
der Fassung des PrFrG. Art. 130 II) Referendare, die im Vor=
bereitungsdienste seit mindestens 2 Jahren beschäftigt sind, vom Justiz=
minister mit der zeitweiligen Wahrnehmung richterlicher Geschäfte bei
den Amtsgerichten (als Hülfsrichter, also gegen Gewährung von Diäten)
beauftragt werden — ein Fall, der bei der großen Anzahl unbesoldeter
Assessoren in Preußen (I, 185³) in absehbarer Zeit kaum eintreten

ζ. Der Eid als Rechtsform.

a. Nach römischem und kanonischem Rechte hatte der
Eid nicht nur für den Civilprozeß (als Parteieid, richter=
licher Eid, Zeugen= oder Sachverständigeneid), sondern
auch als Bestärkungsmittel gewisser Rechtsgeschäfte Be=
deutung. So machte vor allem die eidliche Bekräftigung
die Rechtsgeschäfte mündiger Minderjähriger unanfechtbar
(Auth. Sacramenta puberum, I, 312 [8]). Vgl. ferner
S. 164 [12] über den Fortfall der „weiblichen Rechts=
wohlthaten" bei eidlichem Verzichte. Nach c. 28 X. de
jurej. 2, 24 endlich wurde durch eidliche Einwilligung der
Ehefrau die Veräußerung eines Dotalgrundstücks gültig.
Aus dieser Stelle entnahmen die Kanonisten den allge=
meinen Grundsatz, daß der Eid jedes nicht unerlaubte oder

---

dürfte. Solchen Referendaren kann ferner von dem Amtsrichter, dem
sie zur Ausbildung überwiesen sind, die selbständige Erledigung einzelner
richterlicher Geschäfte übertragen werden, was nach einer Justizministerial=
verfügung vom 9. Dezember 1879 jedoch regelmäßig nur für die Ab=
haltung von Terminen geschehen soll. In beiden Fällen, also wenn
Referendare zu Hülfsrichtern bestellt oder von ihrem Amtsrichter mit
der Wahrnehmung eines Termins beauftragt sind, haben sie die Stellung
des Amtsrichters. Soweit also (wie zB. bei einer — selbst eidlichen
— Zeugenvernehmung auf Ersuchen des Prozeßgerichts) die Zuziehung
eines Gerichtsschreibers erforderlich ist, haben sie einen solchen oder
einen anderen Referendar als Protokollführer zuzuziehen (vgl. § 8 des
PrG. über die juristischen Prüfungen und die Vorbereitung zum
höheren Justizdienste vom 6. Mai 1869, wonach Referendare die Ver=
richtungen eines Gerichtsschreibers wahrnehmen dürfen). In keinem
Falle sind Referendare, selbst wenn sie zu Hülfsrichtern bestellt sind,
befähigt: zur Urteilsfällung, zur Beurkundung einer Verfügung von
Todeswegen und eines Ehevertrags, zur Entscheidung über Durch=
suchungen, Beschlagnahmen und Verhaftungen, sowie zu den Geschäften
des Amtsrichters bei Bildung der Schöffengerichte und Schwurgerichte
(GVG. §§ 38—42, 45—49, 52—54, 87).   Instrumentszeugen sind bei gerichtlichen Handlungen regel=
mäßig nicht zuzuziehen. Nur bei den vom Richter ohne Gerichts=
schreiber aufgenommenen Verhandlungen mit tauben, blinden, stummen
oder sonst am Sprechen verhinderten Personen sind zwei Zeugen, bei
solchen mit schreibunkundigen ist ein Zeuge zuzuziehen (FrG. §§ 169,
177). Das gleiche gilt, wenn ein Notar Verhandlungen mit solchen
Personen ohne Zuziehung eines zweiten Notars aufnimmt (oben S. 456 [8]).

unsittliche Geschäft unanfechtbar mache. Ob dem Eid in diesen Fällen auch noch gemeinrechtlich eine Bedeutung zukäme, war bestritten. Dernburg hielt die eidliche Be-stärkung für den ersten Fall durch das StGB. §§ 301, 302 (eidliche Bestärkung erhöht die Strafbarkeit der mit Minderjährigen vorgenommenen wucherlichen Geschäfte), für die übrigen durch die Praxis für beseitigt.

b. Das BGB. hat den rechtsgeschäftlichen Eid über-haupt nicht aufgenommen, ebensowenig das ALR. Da-gegen kommen im BGB. als Rechtsformen vor: der Handschlag an Eidesstatt bei der Verpflichtung des Vormunds (§ 1789, vgl. § 1870) und die Versicherung an Eidesstatt bei dem Antrag auf Erteilung des Erb-scheins (BGB. § 2356; vgl. über die Strafbarkeit der wissentlich oder fahrlässig falschen Versicherung an Eides-statt StGB. §§ 156, 163). Derartige eidesstattliche Ver-sicherungen sind übrigens ein für die Praxis — besonders in Interventionsprozessen zwecks Herbeiführung der einst-weiligen Einstellung der Zwangsvollstreckung, CPO. §§ 771, 769 — unentbehrliches Mittel der Glaubhaft-machung im Sinne des § 294 CPO.

b. Die formellen Geschäfte des Gemeinen Rechts.

Je weniger entwickelt das Rechtsleben ist, desto ängstlicher klammert es sich an einen starren Formalismus. Dieser wird aber, wie die Geschichte der römischen (I, 167, 170) und deutschen (II, 496) Rechtsentwickelung zeigt, in demselben Maße verdrängt, wie der Verkehr sich hebt. So war auch im späteren römischen Recht an Stelle des ursprünglich die Regel bildenden Form-zwanges (nexum, mancipatio, in jure cessio, stipulatio, litterarum obligatio) für die wichtigsten Verkehrsgeschäfte (Real-, Konsensual-, Innominatkontrakte, I, 290⁹) Form-freiheit getreten. Im Gemeinen Rechte hatte sich unter dem Einflusse des kanonischen Rechts diese grundsätzliche Formfreiheit unter Beseitigung des für das römische Recht so bedeutungsvollen Unterschieds zwischen contractus und

pacta (II, 496, IV, 180) derart erweitert, daß der ge=
setzliche Formzwang sich auf wenige Ausnahmen beschränkte[17]).

[17]) Diese grundsätzliche Formfreiheit ist sowohl vom ALR. als
vom Code civil verworfen worden. Beide Kodifikationen hatten viel=
mehr die Schriftform in ihren verschiedenen Gestaltungen (private, ge=
richtliche, notarielle Beurkundung) aufgenommen, das ALR. ausdrücklich,
das französische Recht (Code civil Art 1341) mittelbar durch die (für
das deutsche Geltungsgebiet des Code civil durch EGCPO. § 14²
seit 1879 beseitigte) Vorschrift, daß bei Beträgen von mehr als
150 Franken Zeugenbeweis nicht zulässig sein sollte.

Das ALR. unterwarf grundsätzlich alle Rechtsgeschäfte, die einen
Gegenstand von mehr als 150 Mk. betreffen, der Privatschriftform
(I, 5 §§ 131 ff.). Manche Geschäfte (zB. über Immobilien, I, 5
§ 135, I, 10 § 15, vgl. EGG. § 10, oben S. 452⁵; Zinsversprechen
I, 11 § 729; Bürgschaft I, 14 § 203; Gesellschaftsverträge I, 17
§ 170; Pachtverträge über Landgüter I, 21 § 401; Abtretung ver=
briefter Forderungen I, 11 §§ 394 ff.; Verpfändung von For=
derungen jeder Art I, 20 §§ 281, 273; Spezialvollmacht I, 13 § 110)
bedurften der Schriftform, auch wenn der Gegenstand 150 Mk. und
darunter betrug. Andere, zB. die Realverträge: Darlehen I, 11 § 727,
Hinterlegung I, 5 § 144, I, 14 § 10, Leihe I, 21 § 229, Ver=
pfändung I, 20 § 94, durch Übergabe vollzogene Schenkungen beweg=
licher Sachen I, 11 § 1065) bedurften selbst bei einem 150 Mk. über=
steigenden Gegenstande keiner Form.

Die gerichtliche Beurkundung ausschließlich war vor=
geschrieben zB. für: die schriftlichen Verträge der Taubstummen und
Blinden (I, 5 § 171); die Verträge über die Verjährung (I, 9 § 566);
die Verträge über Verzinsung von Zinsrückständen (I, 11 § 820);
Schenkungsversprechen (I, 11 § 1063); die Errichtung letztwilliger
Verfügungen (I, 12 §§ 66 ff.); die Errichtung einer allgemeinen Er=
werbsgesellschaft (I, 17 § 178); die Verpflichtung der Ehefrau zu
Gunsten des Ehemanns (II, 1 § 198); die vertragsmäßige Einführung
der Gütergemeinschaft (II, 1 § 356, unter Zuziehung eines Beistands);
die Errichtung von Familienstiftungen und Familienfideikommissen
(II, 4 §§ 29, 62).

Gerichtliche oder notarielle Beurkundung war verlangt
zB. für: die schriftlichen Verträge von Analphabeten (I, 5 § 172); die
Spezialvollmacht für gerichtliche Verhandlungen (I, 13 § 115); den
Pachtvertrag über ein Landgut bei einem höheren Pachtzins als 600 Mk.
jährlich (I, 21 § 403); das Ehegelöbnis (II, 1 § 82); Eheverträge
Verlobter (II, 1 § 209); die divisio parentum inter liberos (II, 2
§ 380ª).

Einzelne der vom ALR. der gerichtlichen Beurkundung unter=
worfenen Geschäfte sind durch spätere Gesetze der für Verträge im all=
gemeinen vorgeschriebenen Form, d. h. bei einem Objekte von mehr als

Aus dem Rechte der Schuldverhältnisse sind zu erwähnen: die den Wert von 500 Solidi (= 4666,67 Mk.,
I, 47¹) übersteigende Schenkung (gerichtliche Insinuation,
d. h. Beurkundung, l. 36 § 3 C. de donationibus 8, 53),
der Vergleich über hinterlassene Alimente (gerichtliche Ver-
lautbarung, l. 8 D. de transaction. 2, 15), vgl. I, 254⁶
über das pignus publicum; aus dem Familienrechte: die Eheschließung (coram parocho et duobus
vel tribus testibus, II, 661), die Kindesannahme (zu
gerichtlichem Protokolle, l. 11 C. de adoptionibus 8, 47);
aus dem Erbrechte: das Privattestament (mündlich
oder schriftlich vor 7 Zeugen) sowie das öffentliche
Testament, welches zu Protokoll erklärt (test. apud acta
conditum) oder verschlossen übergeben (test. judici oblatum)
werden kann. Die eigentlichen Verkehrsgeschäfte waren hiernach sämtlich formlos.

c. Die formellen Rechtsgeschäfte des Reichsrechts.

1. Bürgerliches Gesetzbuch.

Das BGB. hat der gemeinrechtlichen (und handelsrechtlichen, S. 471) Entwickelung folgend die Formlosigkeit der Rechtsgeschäfte zur Regel erhoben und den Formzwang auf einige wenige Fälle beschränkt. Es kennt als
gesetzliche Formen, abgesehen von der Eheschließung vor
dem Standesbeamten (§ 1317):

α. Die Zuziehung von Zeugen, zB. in den
§§ 1318 (Eheschließung), 2233 (Testamentserrichtung),

---

150 Mk. der Schriftform, unterstellt worden; so durch Gesetz vom
11. Juli 1845: Altenteilsverträge, Vergleiche über künftige Alimente,
Erbschaftskäufe und Verkäufe künftiger Sachen; durch Gesetz vom
1. Dezember 1869 die Bürgschaften der Frauen; durch Gesetz vom
5. Mai 1872 die Parzellierungsverträge (II, 629).
    Diese Formvorschriften bleiben unter der Herrschaft des BGB.
in Kraft für die den Landesgesetzen vorbehaltenen Rechtsgebiete; zB.
bedarf die Errichtung von Familienfideikommissen (s. o.) nach wie vor
gerichtlicher Beurkundung.

2249 (Testament vor dem Gemeindevorsteher und zwei Zeugen), 2250, 2251 (Testament vor drei Zeugen bei Verkehrssperre und auf See), vgl. S. 456[8];

β. die Schriftlichkeit, zB. in den §§ 81 (Stiftungsgeschäft unter Lebenden), 368 (Quittung), 566, 581 (Miete und Pacht über ein Grundstück auf mehr als ein Jahr), 761 (Leibrentenvertrag), 766 (Bürgschaftserklärung), 780, 781 (abstraktes Schuldversprechen und Schuldanerkenntnis), 783 ff. (Anweisung), 793 ff. (Schuldverschreibung auf den Inhaber), 1154 (Abtretung der Hypothekenforderung), 2231[2] (holographisches Testament);

γ. die öffentliche Beglaubigung (d. h. die Beglaubigung der Unterschrift durch eine reichs oder landesgesetzlich hierzu für zuständig erklärte Behörde, S. 465) in Fällen, in denen eine Erklärung einer Behörde gegenüber abzugeben ist, zB. in den §§ 77 (Anmeldungen zum Vereinsregister), 1342 (Erklärung der Anfechtung einer durch den Tod gelösten Ehe gegenüber dem Nachlaßgerichte), 1560 (Eintragung in das Güterrechtsregister), 1597 (Anfechtung der Ehelichkeit eines verstorbenen Kindes durch Erklärung gegenüber dem Nachlaßgerichte), 1662 (Verzicht des Vaters auf die Nutznießung am Kindesvermögen durch Erklärung gegenüber dem Vormundschaftsgerichte), 1945 (Ausschlagung der Erbschaft);

δ. die gerichtliche oder notarielle Beurkundung (S. 464), zB. in den §§ 311 (Übertragung oder Nießbrauchsbelastung des gesamten gegenwärtigen Vermögens oder eines Bruchteils), 312 (pactum de hereditate tertii unter Intestaterben), 313 (vertragsmäßige Verpflichtung zur Übertragung des Eigentums an einem Grundstücke), 518 (Schenkungsversprechen), 873 (dingliche Verträge betreffs der Eigentumsübertragung an einem Grundstücke, der Belastung eines Grundstücks mit einem Rechte, sowie der Übertragung und Belastung eines solchen Rechts), 1730 (Antrag auf Ehelichkeitserklärung), 1748 (Einwilligung der Gewalthaber zur Kindesannahme), 2033 (Verfügung des Miterben über seinen Anteil am Nachlasse), 2282, 2296 (Anfechtung des Erbvertrags und

Rücktritt), 2348, 2351 (Erbverzichtsvertrag und Auf=
hebung), 2371 (Erbſchaftskauf); vgl. §§ 1491, 1492,
1501, 1516, 1517, 2003, 2215; in §§ 1718, 1720
(Anerkennung der Vaterſchaft) ſind öffentliche Urkunden
(S. 462) irgendwelcher Art für genügend erklärt;

ε. den gerichtlichen oder notariellen Ab=
ſchluß (wobei die Beteiligten ihre Erklärungen gleichzeitig
und mündlich abgeben, während bei der Beurkundung
mehrere, z.B. bei einem Vertrage Beteiligte die Er=
klärungen nach einander, alſo auch in verſchiedenen, ſpäter
auszutauſchenden Urkunden abgeben können, BGB. §§ 128,
152, S. 465), z.B. in den §§ 1434 (Ehevertrag), 1750
(Annahmevertrag), 2231 (Teſtamentserrichtung), 2276 (Erb=
vertrag). Über die Zuläſſigkeit der Vertretung bei dieſen
Geſchäften vgl. unten § 52[10].

Iſt für ein beſtimmtes Rechtsgeſchäft eine Form vor=
geſchrieben, ſo ſind dennoch formlos: die Vollmacht zur
Vornahme eines ſolchen (BGB. § 167), die Zuſtimmung
zu einem ſolchen (§ 182), die Erklärung der Ausübung
des Wiederkaufs= und Vorkaufsrechts (§§ 497, 505).

2. Handelsgeſetzbuch.

Bereits das alte HGB. hatte den gemeinrechtlichen
Grundſatz der Formloſigkeit für ganz Deutſchland in
Art. 317 zur Durchführung gebracht („Bei Handels=
geſchäften iſt die Gültigkeit der Verträge durch ſchriftliche
Abfaſſung oder andere Förmlichkeiten nicht bedingt").
Für die Gebiete des ALR. und des Rheiniſchen Rechts
wurde daher für zahlloſe Prozeſſe die Frage wichtig, ob
ein Geſchäft als Handelsgeſchäft anzuſehen, daher formlos
gültig ſei, oder nach bürgerlichem Rechte zu beurteilen,
daher nur bei Beobachtung der landesgeſetzlich vor=
geſchriebenen Form rechtsbeſtändig ſei. Nur für wenige
— auch in das neue HGB. übernommene, ſ. u. — Ge=
ſchäfte war eine beſondere Form vorgeſchrieben.

Das neue HGB. bedurfte der Aufnahme des in
Art. 317 des alten HGB. zum Ausdrucke gelangten
Grundſatzes nicht mehr; denn das gleichzeitig in Kraft

getretene BGB. hat, wie dargelegt, die Formlosigkeit als
allgemeinen Grundsatz aufgenommen. Abweichungen des
HGB. vom BGB. finden sich jedoch nach zwei Richtungen:
    α. Einzelne Geschäfte, für die das BGB. eine Form
vorschreibt, sind formlos gültig, wenn sie von einem
Kaufmanne vorgenommen werden: nach HGB. § 350 be=
dürfen eine Bürgschaft, ein Schuldversprechen oder ein
Schuldanerkenntnis nicht der in BGB. §§ 766, 780, 781
vorgeschriebenen Schriftform, sofern die Bürgschaft auf der
Seite des Bürgen, das Versprechen oder das Anerkennt=
nis auf der Seite des Schuldners ein Handelsgeschäft ist.
    β. Für einzelne Handelsgeschäfte ist eine besondere
Form vorgeschrieben; vgl. HGB. §§ 182, 321 (gericht=
liche oder notarielle Beurkundung des Gesellschaftsvertrags
einer Aktien= oder Aktienkommanditgesellschaft), 189, 323
(schriftliche Zeichnung der Aktien), 365 (Form des Indossa=
ments), 682 (Bodmereibrief).

3. Sonstige Reichsgesetze.

Von sonstigen reichsgesetzlichen Vorschriften kommt zu=
nächst in Betracht die Wechselordnung. Der Wechsel
ist seiner Natur als Wertpapier entsprechend an die Schriftform
geknüpft (WO. Art. 4), ebenso seine Weitergabe (Art. 11)
und Annahme (Art. 21). Für den zur Erhaltung und Durch=
führung des Wechselrechts vielfach erforderlichen Protest
(mangels Annahme, Art. 20, 25, mangels Sicherstellung, Art.
29, mangels Zahlung, Art. 41, 62, vgl. Art. 69, 72) ist in
Art. 87 notarielle oder gerichtliche Beurkundung (letztere in
Preußen auf Grund der §§ 70, 74 AGGVG., PrFrG.
Art. 131 durch den Gerichtsvollzieher, Gerichtsschreiber oder
Amtsrichter) erforderlich. Ferner sind zu erwähnen aus der
Civilprozeßordnung: §§ 80 (schriftliche Vollmacht, auf
Verlangen des Gegners gerichtlich oder notariell zu beglau=
bigen), 794⁵ (gerichtlich oder notariell aufgenommene voll=
streckbare Urkunden, „guarentigiierte Urkunden" I, 541),
1027 (Errichtung eines schriftlichen Schiedsvertrags); aus
dem Reichsmilitärgesetze vom 2. Mai 1874: § 44 (Form
der Militärtestamente: eigenhändig geschrieben und unter=

ſchrieben; bloß eigenhändig unterſchrieben und von zwei
Beweiszeugen o d e r einem Offizier oder Auditeur unter=
zeichnet; mündlich erklärt vor einem Offizier u n d zwei
Zeugen oder vor zwei Offizieren oder Auditeuren); aus
d e m Reichsperſonenſtandsgeſetze vom 6. Februar 1875:
§§ 19, 58 (mündliche Anzeige der Geburts= und Sterbe=
fälle auf dem Standesamte, vgl. jedoch § 20); aus der
Reichsgewerbeordnung: § 130 (der Anſpruch auf
Rückführung des entlaufenen Lehrlings kann nur geltend
gemacht werden, wenn der Lehrvertrag ſchriftlich geſchloſſen
iſt); D é p o t g e ſ e t z vom 5. Juli 1896 § 2 (Schriftform
bei depositum und pignus irregulare).

§ 42. Wirkſamwerden und Willenserklärung.

Wie S. 413 dargelegt, wird eine Willenserklärung
jedenfalls nicht früher rechtlich bedeutſam, als ſie von dem
Urheber ſich losgelöſt hat. Dieſer früheſte Zeitpunkt des
Wirkſamwerdens einer Willenserklärung, ihre Äußerung,
iſt für die ſtreng einſeitigen Rechtsgeſchäfte (S. 387) auch
maßgebend. Sie ſind daher, um das ins Leben Treten
des Willens feſtzuſtellen, regelmäßig an eine Form gebunden
(zB. die Teſtamentserrichtung), ſoweit eine Form nicht
wegen der Zulaſſung einer Erklärung mittels konkludenter
Handlungen überflüſſig iſt (zB. bei der Anerkennung der
Vaterſchaft, der pro herede gestio, BGB. §§ 1598, 1943).
Auch bei den zweiſeitigen Rechtsgeſchäften, d. h. den
Verträgen, ſowie denjenigen einſeitigen Rechtsgeſchäften,
bei denen eine Willenserklärung einem Anderen gegenüber
abzugeben iſt (empfangsbedürftige Rechtsgeſchäfte,
S. 387, zB. Offerte, Mahnung, Kündigung), iſt der
Augenblick der Äußerung dann der allein maßgebende
Zeitpunkt des Wirkſamwerdens der Willenserklärung, wenn
die Äußerung in Gegenwart des Empfängers — perſönlich
oder mittels Fernſprechers, vgl. BGB. § 147 — erfolgt.
Wird dagegen eine empfangsbedürftige Willenserklärung
in Abweſenheit des Erklärungsempfängers abgegeben, ſo
könnte ihr Wirkſamwerden außer an die Äußerung

(Schreiben des Kündigungsbriefs) auch an die Ent=
äußerung der Willenserklärung (Absenden des Briefs),
an deren Eingang beim Adressaten (Eintreffen des Briefs)
oder endlich an die Kenntnisnahme seitens des Em=
pfängers (Lesen des Briefs) geknüpft werden.

Thatsächlich ist in der Doktrin jeder dieser vier Zeit=
punkte von den verschiedenen Schriftstellern als maßgebend
verteidigt worden, und man unterscheidet daher Äußerungs=
(Deklarations=), Übermittelungs=, Empfangs= und
Vernehmungs= (Rekognitions=, Agnitions=, Re=
scissions=) theorie[1]).

a. Für das Gemeine Recht ist bei dem Schweigen
der Quellen[2]) ein lebhafter Streit entstanden. Der Natur
der Sache und dem praktischen Bedürfnis allein gerecht
wurde die Empfangstheorie, die auch als die herr=
schende bezeichnet werden kann.

Die Äußerungs= wie die Übermittelungstheorie be=
achten nicht, daß eine einem Anderen gegenüber abzugebende
Erklärung nicht schon durch ihre Entstehung, sondern
frühestens dann eine Wirksamkeit dem Erklärungsempfänger
gegenüber haben kann, wenn eine Änderung des in der
Erklärung zum Ausdrucke gelangten Willens dem Er=
klärenden unmöglich gemacht ist.   Wenn ich meinen

---

[1]) In der gemeinrechtlichen Doktrin wurde diese Frage regel=
mäßig bei der Lehre von dem Zeitpunkte des Zustandekommens der
Verträge unter Abwesenden (S. 500) behandelt, daher heißen die oben
erwähnten Theorieen „Vertragstheorieen“. In Wahrheit entsteht
die Frage auch bei den empfangsbedürftigen einseitigen Willens=
erklärungen. Das BGB. hat diesem umfassenderen Gesichtspunkte
durch Einstellung der Lehre in den Titel „Willenserklärung“ Rechnung
getragen (§§ 130 ff.).

In welcher Weise diese Theorieen (als Kreations=, Emissions=,
Begebungstheorie) bei der Lehre von den Wertpapieren praktische Be=
deutung haben, ist im zweiten Buche bei der Besprechung der Inhaber=
papiere zu erläutern.

[2]) In l. 1 § 15 D. de O. et A. 44,7 verneint Gajus die
Möglichkeit, daß ein Tauber eine Stipulation abschließen könne. Hieraus
ist aber nicht, wie von manchen geschehen, der Schluß zu ziehen, daß
die Quellen der Vernehmungstheorie folgen.

Willen, eine mit dreimonatiger Kündigungsfrist gemietete
Wohnung zum 1. April zu kündigen, in einem Kündigungs=
briefe zum Ausdrucke gebracht, den Brief auch bereits auf
die Post gegeben habe, so ist die darin enthaltene Er=
klärung immer noch nicht dem Erklärungsempfänger gegen=
über abgegeben. Ich kann den Brief selbst noch auf der
Ausgabestelle anhalten und mir zurückgeben lassen. Erst
mit der Auslieferung an den Adressaten geht meine Ver=
fügungsbefugnis unter. Frühestens mit diesem Zeitpunkt
also ist die Erklärung dem Empfänger gegenüber als ab=
gegeben anzusehen. Andererseits kann es nicht in das
Belieben des Empfängers gestellt werden, ob und wann
er von den ihm zugegangenen Erklärungen Kenntnis
nehmen will. Sonst könnte z.B. in obigem Falle der Ver=
mieter die ihm am 31. Dezember zugegangene Kündigung
dadurch rechtsunwirksam machen, daß er den Brief nicht
annimmt oder nicht vor dem 2. Januar öffnet. Es ist
somit auch die Vernehmungstheorie abzulehnen.

Bindet hiernach die einem Anderen gegenüber abzu=
gebende Erklärung den Erklärenden erst in dem Augen=
blicke, wo .sie dem Empfänger zugeht, so folgt daraus
zweierlei: einmal, daß sie bis zu diesem Zeitpunkte durch
eine spätere, aber früher als die erstere oder gleichzeitig
mit ihr dem Empfänger zugehende Erklärung wirkungslos
gemacht werden kann (z.B. wenn das durch die Post ge=
sandte Kündigungsschreiben durch ein spätestens gleichzeitig
eintreffendes Telegramm zurückgenommen, „annulliert" wird);
und ferner, daß die Rechtswirksamkeit der Erklärung nach
dem Zeitpunkte des Zugehens an den Empfänger zu be=
urteilen ist. Sind in diesem Zeitpunkte der Erklärende
und der Empfänger geschäftsfähig, so ist die Erklärung
wirksam, selbst wenn vorher oder nachher der eine oder
der andere Teil nicht voll geschäftsfähig gewesen oder
geworden ist[3]).

---

[3]) Wenn also X., der am 1. Mai volljährig wird, am 29. April
eine Offerte absendet, so ist die Offerte wirksam, wenn sie am 1. Mai
dem Empfänger zugeht, aber unwirksam, wenn dies früher geschieht.

b. Diese dem modernen Gemeinen Rechte zu Grunde liegenden und nach der richtigen Auffassung auch bereits in das alte Handelsgesetzbuch[4]) aufgenommenen Sätze sind mit einigen durch praktische Rücksichten erforderlich ge= wordenen Änderungen in das Bürgerliche Gesetzbuch übergegangen.

---

[4]) Das alte Handelsgesetzbuch, das die Frage nach dem Zeitpunkte des Wirksamwerdens der Willenserklärungen nur ge= legentlich der Lehre von der Offerte und ihrer Annahme behandelte, schien nach Art. 321 der Äußerungs= (oder Übermittelungs=) theorie zu folgen: „Ist ein unter Abwesenden verhandelter Vertrag zustande gekommen, so gilt der Zeitpunkt, in welchem die Erklärung der An= nahme behufs der Absendung abgegeben ist, als der Zeitpunkt des Abschlusses des Vertrages". In Wahrheit besagt dieser Artikel aber nichts darüber, wann die Annahmeerklärung rechtswirksam wird, sondern stellt nur für den Fall rechtswirksamer Annahme den Zeitpunkt fest, von dem an der Vertrag datiert. Vielmehr ist die Entscheidung darüber, welcher Theorie das alte HGB. folgt, aus Art. 320 zu entnehmen. Hiernach ist bis zum Eintreffen der Offerte beim Antragsempfänger und der Annahmeerklärung beim Antragenden ein Widerruf möglich. Maßgebend für das Eintreten der Wirksamkeit ist also der Zeitpunkt des Zugehens der Erklärung; d. h. auch das alte HGB. folgte der Empfangstheorie, nur wurde die Wirksamkeit eines zustande ge= kommenen Vertrages auf den Zeitpunkt der Abgabe der Annahme= erklärung zurückbezogen. Dagegen muß aus Art. 21 der Wechsel= ordnung (Abs. 4: „Die einmal erfolgte Annahme kann nicht wieder zurückgenommen werden") geschlossen werden, daß für das Wechselaccept die Äußerungstheorie (bei Wertpapieren Kreationstheorie genannt) maßgebend sein soll. Im neuen HGB. sind die erwähnten Vorschriften fortgefallen, da sie in das BGB. § 130 übergegangen sind.

Ebenso war die Empfangstheorie auch für das All= gemeine Landrecht als geltend zu erachten. Zwar ist in I, 5 § 80 ein dem alten HGB. Art. 321 entsprechender Grundsatz enthalten. Aber ebenso wie im HGB. bedeutet er nur, daß der wirksam ge= wordene Vertrag von der Annahmeerklärung an als bestehend gilt. Daß in Wahrheit nicht die Äußerungs=, sondern die Empfangstheorie das ALR. beherrschte, ergeben I, 5 §§ 103 ff. Hiernach war bei recht= zeitig abgesandter, aber verspätet eingetroffener Annahmeerklärung die Annahme unwirksam und der Antragende selbst dann, wenn er den Antrag inzwischen nicht zurückgenommen hat, nicht an den Vertrag ge= bunden, sondern nur wegen culpa in contrahendo zum Ersatze des negativen Vertragsinteresses verpflichtet. Hätte die Äußerungstheorie gegolten, so hätte auch bei verspätet eintreffender Annahmeerklärung, wenn deren Absendung nur rechtzeitig erfolgt wäre, der Vertrag als geschlossen gelten müssen; vgl. unten S. 505[7].

Nach BGB. § 130 wird eine Willenserklärung, die einem Anderen gegenüber abzugeben iſt, wenn ſie in deſſen Abweſenheit abgegeben wird, in dem Zeitpunkte wirkſam, in welchem ſie ihm — natürlich auf Veranlaſſung des Erklärenden, nicht etwa zufällig — „zugeht". Es gilt alſo im BGB. die Empfangstheorie, und zwar ſowohl für die ausdrücklichen als für die durch konkludente Handlungen abgegebenen Erklärungen, während der erſte Entwurf für dieſe die Vernehmungstheorie gelten laſſen wollte. Deshalb wird die Erklärung auch nicht wirkſam, wenn dem Anderen vorher oder gleichzeitig ein Widerruf zugeht.

Nur in einem Falle hat das BGB. aus Rückſicht auf die Verkehrsſicherheit die Empfangstheorie zu Gunſten der Äußerungstheorie aufgegeben. Nach § 130 Abſ. 2 ſoll es nämlich auf die Wirkſamkeit der Willenserklärung ohne Einfluß ſein, wenn der Erklärende nach der Abgabe (ſelbſt vor dem Zugehen an den Empfänger) ſtirbt oder geſchäftsunfähig wird[5].

Als zugegangen gilt gemäß § 131 BGB. die Willenserklärung jedoch erſt dann, wenn ſie ein Empfangsberechtigter erhalten hat. Bei Geſchäftsunfähigen iſt nur der geſetzliche Vertreter, bei beſchränkt Geſchäftsfähigen auch der beſchränkt Geſchäftsfähige dann empfangsberechtigt, wenn die Erklärung ihm lediglich einen Vorteil bringt oder der geſetzliche Vertreter ſeine Einwilligung erteilt[6].

---

[5] Wenn zB. A. dem B. brieflich Waren zum Kauf anbietet, B. dieſen Antrag annimmt und die Waren weiter verkauft, oder X. dem Vermieter Y. ſeine Wohnung kündigt und Y. dieſelbe weiter vermietet, ſo erfordert die Verkehrsſicherheit, daß den Erben des A. und des X. nicht der Einwand geſtattet werde, der Kaufvertrag und die Kündigung ſeien nicht rechtswirkſam geworden, weil A. oder X. nach Abſendung der Briefe geſtorben ſei. Umgekehrt wird aber bei empfangsbedürftigen Rechtsgeſchäften die Erklärung nicht wirkſam, wenn der Empfänger nach Abgabe der Erklärung durch den Erklärenden, aber vor ihrer Ankunft ſtirbt oder geſchäftsunfähig wird; denn § 130 Abſ. 2 erklärt nur Tod oder Geſchäftsunfähigkeit des Erklärenden für einflußlos (S. 505). Vgl. übrigens auch BGB. § 121 Satz 2.

[6] Eine ſehr praktiſche Neuerung enthält BGB. § 132. Danach kann zunächſt, wie dies ſchon bisher in Preußen der Fall war (AGCPO.

§ 43. Auslegung der Willenserklärungen.

Wie bei Gesetzen (S. 41), so können auch bei Willens=
erklärungen über Sinn und Tragweite Zweifel entstehen,
die durch Auslegung beseitigt werden müssen. Wie bei
der Auslegung der Rechtsnormen der wahre Wille des
Gesetzgebers, so ist bei den Willenserklärungen der wahre
Wille des oder der Erklärenden zu ermitteln. Auch der
Entwickelungsgang der Auslegungsregeln ist betreffs der
Rechtsgeschäfte der gleiche gewesen wie betreffs der Rechts=
normen. Hier wie dort wurde anfänglich der Hauptwert
auf das Wort gelegt (vgl. sogar noch Paulus l. 25 § 1
D. de legat. 32: Cum in verbis nulla ambiguitas est,
non debet admitti voluntatis quaestio), während in
klassischer Zeit der grammatischen Interpretation die logische
ebenbürtig zur Seite trat; vgl. zB. Papinians Ausspruch
in l. 219 D. de verb. signif. 50, 16: In conventionibus

---

vom 24. März 1879 § 1, beseitigt durch AG. zur CPO.=Novelle vom
22. September 1899), jede Willenserklärung durch Vermittelung
eines Gerichtsvollziehers gemäß den Vorschriften der CPO. (I, 367)
zugestellt werden, wodurch eine Partei sich über die Thatsache des Zu=
gehens einer Willenserklärung (Kündigung, Annahme einer Offerte)
eine öffentliche Urkunde verschaffen kann.

Es ist ferner aber auch die öffentliche Zustellung (CPO.
§§ 203 ff., I, 370[10]) einer Willenserklärung dann zugelassen, wenn
der Erklärende über die Person dessen, dem gegenüber die Erklärung
abzugeben ist, in einer nicht auf Fahrlässigkeit beruhenden Unkenntnis
sich befindet oder der Aufenthalt des Empfängers unbekannt ist. Diese
Bestimmung ist namentlich dann, wenn durch eine Erklärung eine
Frist zu wahren ist, deshalb besonders praktisch, weil gemäß § 207
CPO. schon mit der Überreichung des Gesuchs die Wirkungen der Zu=
stellung eintreten, wenngleich diese selbst ja erst viel später (einen Monat
nach der letzten Einrückung in die öffentlichen Blätter, CPO. § 206)
als erfolgt gilt. Wenn also zB. A. spätestens am 30. September seine
Wohnung dem B. gegenüber kündigen müßte, um am 1. April aus=
zuziehen, und B. kurz vorher stirbt, so wird A. in den seltensten Fällen
die Erben des B. so schnell und sicher erfahren, daß er die Kündigung
noch rechtzeitig bewirken könnte. Nach § 132 Abs. 2 BGB. wird er
diese Schwierigkeit durch den Antrag auf öffentliche Zustellung über=
winden. Geht dieser noch am 30. September bei dem Amtsgericht
ein, so gilt die später erfolgte Zustellung als bereits am 30. September,
die Kündigung daher als rechtzeitig erfolgt.

contrahentium voluntatem potius quam verba spectari placuit. Dieser Grundsatz der Ermittelung des wahren Willens ist auch in das BGB. § 133 (in Nachbildung des alten HGB. Art. 278, der daher im neuen HGB. fortgefallen ist) aufgenommen: „Bei der Auslegung einer Willenserklärung ist der wirkliche Wille zu erforschen und nicht an dem buchstäblichen Sinne des Ausdrucks zu haften".

Ist hiernach der Grundsatz festzuhalten, daß der Wille der bei einem Rechtsgeschäfte Beteiligten (id quod actum est) aus der Gesamtheit der Erklärungen unter Berücksichtigung aller Umstände, unter denen die Erklärungen abgegeben sind, also u. a. des Sprachgebrauchs und der Ziele der Beteiligten, zu erforschen ist, so kann doch kein Rechtssystem gänzlich gesetzlicher Auslegungsregeln für alle Willenserklärungen oder für gewisse Arten entbehren. Nur werden diese Regeln um so seltener, je höher das Vertrauen zu der richterlichen Würdigung steigt; ebenso wie auch die gesetzlichen Beweisregeln mit der steigenden Rechtsentwickelung immer mehr hinter der freien richterlichen Beweiswürdigung (CPO. § 286, I, 256[7]) zurücktreten.

a. Das römische (und auf ihm fortbauend das Gemeine) Recht hatte — abgesehen von den für einzelne Rechtsverhältnisse aufgestellten und bei deren Besprechung zu erwähnenden Auslegungsvorschriften — vielfach allgemeine Interpretationsregeln gegeben[1]). Hatten die bei einer Willenserklärung Beteiligten deren Sinn später festgestellt, so war diese „authentische" Interpretation natürlich maßgebend. War die grammatische Bedeutung eines Worts mehrdeutig (zB. Pfund, Krone), so war die Bedeutung am Erklärungsorte als gewollt zu unterstellen. Bei unklaren Vertragsbestimmungen sollte im Zweifel gegen denjenigen interpretiert werden „qui clarius loqui potuit et debuit".

---

[1]) Auch das ALR. hatte außer besonderen (vgl. zB. für die Verträge I, 5 §§ 252 ff.) auch allgemeine Auslegungsregeln aufgestellt, die mit den im Text angeführten Grundsätzen des Gemeinen Rechts im wesentlichen übereinstimmen.

So wird in den Quellen vielfach bestimmt, daß contra venditorem, stipulatorem, locatorem interpretandum est. In neuerer Zeit ist dieser Grundsatz häufig gegen Vertragsparteien angewandt worden, die ihre Verträge auf Grundlage der von ihnen aufgestellten formularmäßigen Vorschriften abschließen (Versicherungs- und Transportbedingungen, Fabrikordnungen). Jedenfalls sollte möglichst so interpretiert werden, daß der von den Parteien erstrebte wirtschaftliche Zweck erreicht würde (l. 80 D. de verb. obligat. 45, 1: Quotiens in stipulationibus ambigua oratio est, commodissimum est id accipi, quo res, qua de agitur, in tuto sit). Bei einzelnen Rechtsverhältnissen (sog. causae favorabiles: Freiheit, Testament, Dos, nach kanonischem Recht auch Ehe) sollte die Auslegung möglichst auf Aufrechterhaltung gerichtet werden. Bei Zweifel über die Höhe einer eingegangenen Verpflichtung sollte der geringste Betrag maßgebend sein (l. 34 D. 50, 17).

b. Das BGB. hat als allgemeine gesetzliche Auslegungsregeln nur aufgenommen: §§ 133 (S. 479), 157 („Verträge sind so auszulegen, wie Treu und Glauben mit Rücksicht auf die Verkehrssitte es erfordern"[2]) und 186 ff. (Auslegungsvorschriften für Fristen und Termine, unten § 57). Für einzelne Rechtsverhältnisse aber enthält es Auslegungsvorschriften in nicht geringer Zahl, meist angedeutet durch die Worte: „so ist im Zweifel anzunehmen" (zB. §§ 2066 ff., 2084 für Testamente).

§ 44. Inhalt der Rechtsgeschäfte.

Das Rechtsgeschäft muß, um die erstrebte Wirkung herbeizuführen, einen gewissen Inhalt haben, der je nach der Natur des Rechtsgeschäfts verschieden ist. Immerhin

---

[2]) Die Auslegung der Rechtsgeschäfte ist als Thatsachenwürdigung nicht revisibel (I, 499). Soweit aber gesetzliche Auslegungsregeln vorhanden sind, würde eine unter ihrer Verletzung erfolgte Auslegung als Rechtsnormenverletzung der Revision unterliegen.

lassen sich drei allgemeine Voraussetzungen feststellen, die
bei jedem Rechtsgeschäfte vorhanden sein müssen, soll es
nicht unwirksam bleiben: kein Rechtsgeschäft darf seinem
Inhalte nach auf etwas Unmögliches, Unerlaubtes oder
den guten Sitten Widersprechendes gehen.

a. Unmögliche Rechtsgeschäfte.

Ein Rechtsgeschäft, das etwas rechtlich oder that=
sächlich absolut Unmögliches bezweckt, ist unwirksam (vgl.
z.B. 1. 31 D. de R.J. 50, 17; BGB. §§ 265, 275, 306).
Inwieweit eine Unmöglichkeit, die zur Zeit der Abgabe
der Willenserklärung vorhanden ist, aber gehoben werden
kann, sowie eine nachträglich eintretende Unmöglichkeit die
Rechtswirksamkeit der Erklärung beeinflußt, ist später im
einzelnen darzulegen (IV, 105 ff.; vgl. BGB. §§ 308, 323 ff.,
2171). Über unmögliche Bedingungen vgl. S. 510.

b. Verbotene Rechtsgeschäfte.

Rechtsgeschäfte, deren Vornahme, Inhalt oder Zweck
gegen ein gesetzliches Verbot verstößt, sind nichtig, soweit
das Gesetz nicht eine andere Folge (Strafe, Klaglosigkeit)
ausdrücklich vorsieht. Dieser von Theodosius II. und
Valentinian III. (439 n. Chr.) in 1. 5 C. de leg. 1,14
aufgestellte Grundsatz, wonach jedes Verbots= oder Straf=
gesetz im Zweifel als lex perfecta (I, 103) anzusehen ist,
ist auch im BGB. § 134 (ebenso schon ALR. I, 4 § 6)
zum Ausdrucke gelangt[1]). Dem gegen ein Verbotsgesetz

---

[1]) Fälle, in denen die Übertretung eines Verbotsgesetzes nur
Anfechtbarkeit oder Strafe (lex minus quam perfecta) oder gar keine
Folge (lex imperfecta) nach sich zieht, sind z.B. aus dem Gemeinen
Rechte: der Fall des S. C. Macedonianum, die alienatio in fraudem
creditorum (I, 635, Anfechtbarkeit); aus dem Reichsrechte: BGB.
§§ 456, 458 (bedingte Gültigkeit der Käufe seitens der bei einem
Zwangsvollstreckungsverkaufe beteiligten Beamten); 1311 und 1316,
vgl. auch 1323 ff. (impedimenta matrimonii impedientia, II, 672);
die Bestimmungen der Reichsgewerbeordnung über die Konzessions=
pflichtigkeit gewisser Gewerbe §§ 30 ff. und die Ausübung des Ge=
werbebetriebs im Umherziehen §§ 55 ff., deren Übertretung nur Strafe,
nicht Nichtigkeit der verbotswidrig geschlossenen Geschäfte nach sich zieht;

gerichteten Rechtsgeschäfte steht das zur Umgehung des
Verbots (in fraudem legis) vorgenommene (S. 43⁹)
gleich. Insbesondere ist die Verabredung einer Vertrags=
strafe nichtig, die auf die Nichterfüllung eines gesetz=
widrigen Vertrages gesetzt ist²). Über unerlaubte Be=
dingungen vgl. S. 514.

vgl. dagegen Reichsgewerbeordnung §§ 115 ff.: Verbot des sog. Truck=
systems, d. h. der nicht baren Zahlung der Arbeitslöhne (vom
englischen truck = Tauschhandel).

   Ein eigentümliches fiskalisches Aneignungsrecht enthielt ALR. I,
16 §§ 172 ff. Danach stand bei Zahlungen aus einem Geschäfte, das
gegen ein ausdrückliches Verbotsgesetz lief, die condictio ob injustam
causam nicht dem Zahlenden, sondern dem Preußischen Fiskus zu.
Der letztere hat z.B. mit Erfolg (ERG. 16, 89) das an einen Reichs=
tagsabgeordneten gegen das Diätenverbot des Art. 32 RV. aus
einer Parteikasse Gezahlte für sich in Anspruch genommen (vgl. oben
S. 42⁸). Zweifelhaft war die Praxis darin, ob das Spielen in
ausländischen Lotterieen, das in Preußen auf Grund des Ge=
setzes vom 29. Juli 1885 verboten ist, dem Fiskus einen Anspruch gegen
den Gewinner gäbe und ob die Gerichte die actio pro socio mehrerer
Mitspieler unter einander auf Teilung des Gewinnes zulassen dürften.
Der IV. Senat des Reichsgerichts hat in ERG. 17, 299 als durch das
PrG. vom 29. Juli 1885 verboten nur das Spielen in auswärtigen,
in Preußen nicht mit Königlicher Genehmigung zugelassenen Lotterieen,
d. h. den Ankauf eines Loses zu einer solchen Lotterie, bezeichnet. Die
Auszahlung eines Gewinnes erfolge jedoch nicht auf Grund dieses ver=
botenen Kaufvertrags, sondern auf Grund des in dem Lotterieplan
als lex contractus verkörperten Lotterievertrags zwischen den Los=
inhabern und dem Lotterieunternehmer. Nicht dieser Lotterievertrag,
sondern nur die Beteiligung Preußischer Staatsangehöriger an ihm sei
verboten; Zahlungen aus dem Lotterievertrage liefen daher nicht gegen
ein ausdrückliches Verbotsgesetz im Sinne des ALR. I, 16 § 172.
Andererseits hat der III. Senat des Reichsgerichts (ERG. 18, 242)
in einer preußisch=gemeinrechtlichen Sache die actio pro socio eines
Spielers gegen einen Mitspieler auf Herauszahlung eines auf ein ge=
meinschaftlich in einer außerpreußischen Lotterie gespielten Los gefallenen
Gewinnanteils abgewiesen, weil der Sozietätsvertrag, als gegen ein
Strafgesetz verstoßend, nichtig sei (l. 57 D. pro socio 17, 2: si
maleficii societas coita sit).
   Das BGB. hat dieses Aneignungsrecht des Preuß. Fiskus nicht
aufgenommen. Über die streitige Frage, ob die landesrechtlichen Lotterie=
verbote wegen der reichsrechtlichen Regelung in § 763 BGB. überhaupt
als beseitigt anzusehen seien, vgl. IV, § 153.
   ²) Die Praxis hat z.B. vielfach über Vertragsstrafen zu ent=
scheiden, die ein Arbeitgeber sich von seinem Arbeitnehmer hat ver=

c. Veräußerungsverbote.

Eine besondere Art unerlaubter Geschäfte sind die gegen ein Veräußerungsverbot verstoßenden.

---

sprechen lassen für den Fall, daß der Arbeitnehmer später einmal ein Konkurrenzgeschäft eröffnen oder in ein solches eintreten würde. Eine solche Verabredung und die auf ihre Nichteinhaltung gesetzte Vertrags= strafe sind dann als nichtig anzusehen, wenn sie mit dem in § 1 der Reichsgewerbeordnung („Der Betrieb eines Gewerbes ist jedermann ge= stattet, soweit nicht durch dieses Gesetz Ausnahmen oder Beschränkungen vorgeschrieben oder zugelassen sind") aufgestellten Grundsatze der Ge= werbefreiheit in Widerspruch stehen. Im einzelnen Falle muß der richterliche Takt darüber entscheiden, ob ein schutzwertes Geschäfts= interesse des Prinzipals oder eine unzulässige Beschränkung der gewerb= lichen Thätigkeit des Angestellten vorliegt. Eine Verabredung einer Tuchfabrik mit ihrem Reisenden, daß dieser, falls er aus der Fabrik ausscheide, keine Tuchfabrik gründen, auch in eine solche nicht eintreten dürfe, würde zB. unzulässig sein; wenn die Verabredung aber nur dahin geht, daß der Reisende innerhalb eines Jahrs seit seiner Ent= lassung nicht in eine am gleichen Orte bestehende Tuchfabrik eintreten darf, so kann deren Rechtsbeständigkeit kaum bezweifelt werden; vgl. oben S. 222[4].

Im neuen HGB. §§ 74, 75 sind nach vielem Streite folgende Grundsätze anerkannt: Die „Konkurrenzklausel", d. h. eine Ver= einbarung zwischen dem Prinzipal und dem Handlungsgehülfen (oder Handlungslehrling, § 76), durch welche dieser für die Zeit nach der Beendigung des Dienstverhältnisses in seiner gewerblichen Thätigkeit beschränkt wird, ist für den minderjährigen Handlungsgehülfen überhaupt nicht, für den volljährigen auf höchstens drei Jahre und „nur insoweit verbindlich, als die Beschränkung nach Zeit, Ort und Gegenstand nicht die Grenzen überschreitet, durch welche eine unbillige Erschwerung des Fortkömmens des Handlungsgehülfen ausgeschlossen wird." Der Prinzipal kann ferner aus einer derartigen Vereinbarung Ansprüche nicht geltend machen, wenn er durch vertragswidriges Verhalten dem Handlungsgehülfen Anlaß zur Kündigung giebt oder ohne erheblichen Anlaß seinerseits kündigt, es sei denn, daß er dem Handlungsgehülfen während der Dauer der Beschränkung das letzte Gehalt weiterzahlt. Hat der Handlungsgehülfe sich für den Fall der Verletzung des Kon= kurrenzverbots einer Vertragsstrafe unterworfen, so hat diese kraft Gesetzes den Charakter eines Reugelds, d. h. der Gehülfe kann sich durch Erlegung der Vertragsstrafe, die bei unverhältnismäßiger Höhe durch Urteil auf den angemessenen Betrag herabgesetzt werden kann (BGB. § 343; IV, 227), vom Konkurrenzverbote freimachen. Alle diese Vorschriften sind jus cogens, können daher durch Parteivereinbarung nicht abgeändert werden. Ähnliche Vorschriften regeln das Verhältnis

31*

1. Veräußerungsverbot ist eine gesetzliche, behördliche oder rechtsgeschäftliche Bestimmung, durch welche dem Berechtigten die Verfügung über ein ihm zustehendes (an sich übertragbares, S. 89) Vermögensstück entzogen oder beschränkt wird. Das Veräußerungsverbot betrifft also nur die Verfügungsbefugnis über eine Sache oder ein Recht, ohne daß die Handlungsfähigkeit des Berechtigten überhaupt beschränkt (S. 146) oder die Verkehrsfähigkeit des Vermögensstücks beeinträchtigt wird (S. 328).

2. Nicht jedes Veräußerungsverbot hat die gleiche Wirkung. Einerseits kann es gegen alle oder nur gegen bestimmte Personen wirken, und man unterscheidet deshalb absolute und relative Veräußerungsverbote; andererseits kann es nur die Veräußerung im engeren Sinn (Aufgeben der Substanz des Rechts durch Übertragung oder Aufhebung) oder auch im weiteren, die Belastung umfassenden Sinne (S. 99) ausschließen. So bestimmte Justinian (l. 7 C. 4, 51), daß jedes Veräußerungsverbot auch die Belastung ausschließe. Das BGB. (und ebenso schon das ALR.) hat eine derartige allgemeine Auslegungsregel nicht aufgenommen; vielmehr hat die Auslegung den Zweck, den das Verbot im einzelnen Falle verfolgt, ins Auge zu fassen.

3. Hinsichtlich der Wirkung der Veräußerungsverbote ist zu unterscheiden, ob sie auf Gesetz, behördlicher Anordnung oder Rechtsgeschäft beruhen.

---

des Gewerbetreibenden zu den technischen und Betriebsbeamten (EGHGB. Art. 9).

Als unerlaubt sind übrigens nicht nur Rechtsgeschäfte anzusehen, die gegen ein ausdrückliches Verbotsgesetz verstoßen, sondern auch solche, welche die im öffentlichen Interesse aufgestellten Grundsätze: persönliche Freiheit, Gewerbefreiheit, Gewissensfreiheit (S. 136[8]), Freizügigkeit (II, 128, 192) usw. beseitigen oder umgehen wollen. Es ist also ein Vertrag nichtig, durch den sich jemand in Sklaverei, Leibeigenschaft, Gutsunterthänigkeit (II, 126) oder unter Vormundschaft begiebt oder durch den er sich verpflichtet, seinen Wohnsitz nicht zu ändern (l. 71 § 2 D. de condicionibus et demonstrationibus 35, 1).

α. Gesetzliche Veräußerungsverbote.

Veräußerungsverbote kraft Gesetzes bestanden in Rom zB. betreffs der res litigiosae (I, 326), der Dotalgrundstücke, der landwirtschaftlichen Mündelgrundstücke (I, 112). Die Wirkung solcher zum Teil in das Gemeine Recht übergegangenen Verbote war die absolute Nichtigkeit widerstreitender Rechtsgeschäfte. Selbst die Ersitzung war ausgeschlossen, nach richtiger Meinung allerdings nur, soweit sie auf absichtlicher Zulassung beruhte. Denn nur eine solche ist als Veräußerung aufzufassen (l. 28 D. de V.S. 50, 16: alienationis verbum etiam usucapionem continet; vix est enim, ut non videatur alienare, qui patitur usucapi).

Auch das Reichsrecht kennt auf Gesetz beruhende Veräußerungsverbote. Es legt jedoch nicht jedem von ihnen absolute Wirksamkeit bei. Vielmehr unterscheidet es, ob das Verbot im öffentlichen Interesse gegeben ist (wie zB. das Abtretungsverbot betreffs der unpfändbaren Forderungen, BGB. § 400, und die als Zwangs- und Sicherungsmittel für die Führung der Untersuchung dienende Vermögensbeschlagnahme bei Hochverrat und gegen Abwesende, StGB. § 93, StPO. § 332); oder ob es nur den Schutz bestimmter Personen bezweckt, wie das zu Gunsten der Konkursgläubiger in KO. § 7 geregelte Veräußerungsverbot und die in StGB. § 140, StPO. §§ 325, 326, 480 zu Gunsten der Gerichtskasse für zulässig erklärte Vermögensbeschlagnahme bei Verletzung der Wehrpflicht und im Verfahren gegen Abwesende. Nur die erstere Art von Veräußerungsverboten fällt unter BGB. § 134: „Ein Rechtsgeschäft, das gegen ein gesetzliches Verbot verstößt, ist nichtig, wenn sich nicht aus dem Gesetz ein anderes ergiebt". Jedes gegen ein solches Verbot verstoßende Rechtsgeschäft ist also absolut nichtig, auch wenn die Gegenpartei sich in entschuldbarer Unkenntnis des Verbots befunden hat. Verstößt dagegen die Verfügung über einen Gegenstand gegen ein gesetzliches Veräußerungsverbot, das nur den Schutz bestimmter Personen bezweckt (BGB. § 135), so ist sie nur diesen Personen gegenüber unwirksam, d. h. relativ nichtig (S. 490³). Der rechtsgeschäftlichen Verfügung steht eine Beschlag= nahme durch einen Gläubiger im Wege der Zwangsvoll= streckung oder des Arrests gleich). Wer von einem durch ein solches relatives Veräußerungsverbot in seiner Ver= fügungsbefugnis Beschränkten Rechte erwirbt, wird so be= handelt, als hätte er von einem Nichtberechtigten er= worben (S. 145). Er wird daher zB. beim Erwerb eines Grundstücks geschützt, wenn er das nicht in das Grund= buch eingetragene Veräußerungsverbot nicht gekannt hat (vgl. BGB. § 892).

β. Behördliche Veräußerungsverbote.

Die von Gerichten oder von einer nach Landesgesetz zuständigen Verwaltungsbehörde erlassenen Veräußerungs= verbote (zB. die im Wege der einstweiligen Verfügung, CPO. §§ 935, 940, erlassenen, sowie das vor der Konkurs= eröffnung zulässige allgemeine Veräußerungsverbot, KO. § 106, vgl. § 829 CPO.: Verbot an den Schuldner, über eine gepfändete Forderung zu verfügen) stehen relativen gesetzlichen Verboten gleich (BGB. § 136), d. h. sie be= wirken relative Nichtigkeit und haben dingliche Wirkung; nur wird der redliche Erwerber geschützt.

γ. Rechtsgeschäftliche Veräußerungsverbote.

Das römische Recht legte den vertraglichen Ver= äußerungsverboten keine dingliche Wirkung bei; d. h. die in Übertretung eines solchen geschehene Veräußerung war gültig und erzeugte nur im Verhältnisse der Vertrags= parteien unter einander obligatorische Ersatzansprüche³).

---

³) Streitig war auf Grund der l. 7 § 2 D. de distr. pign. 20, 5, ob der (nach BGB. § 1136 nichtige) Vertrag zwischen dem Pfandgläubiger und dem Pfandschuldner, wonach dieser die Pfandsache nicht veräußern darf, dingliche oder nur obligatorische Wirkung unter den Parteien habe. Nach der Florentina und den Basiliken lautet diese Stelle aus Marcians liber singularis ad formulam hypothecariam (I, 132): Quaeritur si pactum sit a creditore, ne liceat debitori hypothecam (die Pfandsache) vendere vel pignus, quid juris sit;

Ebensowenig führte ein testamentarisches Veräußerungs=
verbot nach richtiger Ansicht Nichtigkeit einer widerstreitenden
Veräußerung herbei, sondern begründete höchstens eine
Entschädigungspflicht des veräußernden Erben. In gleicher
Weise bestimmt BGB. § 137: „Die Befugnis zur Ver=
fügung über ein veräußerliches Recht kann nicht durch
Rechtsgeschäft (mit Wirkung gegen Dritte) ausgeschlossen
oder beschränkt werden. Die (obligatorische) Wirksamkeit
einer Verpflichtung, über ein solches Recht nicht zu ver=
fügen, wird durch diese Vorschrift nicht berührt"[4].

d. Unsittliche Rechtsgeschäfte.

Rechtsgeschäfte, die durch ihre Vornahme, ihren In=
halt oder Zweck gegen die guten Sitten (boni mores) ver=
stoßen, sind in allen Rechtssystemen für nichtig erklärt
worden (ebenso auch BGB. § 138). Wann ein Rechts=
geschäft gegen die guten Sitten verstößt, unterliegt der
freien richterlichen Würdigung, welche die zur Zeit gelten=
den sittlichen Anschauungen und wirtschaftlichen Bedürf=

---

et an pactio nulla sit talis, quasi contra jus sit posita, ideoque
veniri possit. Et certum est, nullam esse venditionem, ut
pactioni stetur. Damit würde im Gegensatze zu dem im Text auf=
gestellten Grundsatze die vertragswidrige Veräußerung für nichtig er=
klärt werden. Vermutlich ist die Stelle aber verdorben. Mommsen
schlägt die Konjunktur vor: „Et certum est, nullam esse (sc.
pactionem) nec impediendam esse venditionem, ut pactioni
stetur". Ist dies richtig, so würde diese auffällige Ausnahme ver=
schwinden.

[4]) Wohl aber bestimmte das ALR., das auch dem rein
obligatorischen jus ad rem eine Wirkung gegen Dritte beilegte (II,
485[1]), in I, 4 §§ 15—19, daß private Veräußerungsverbote den
Dritten binden, wenn sie ihm bekannt geworden oder in das Grund=
buch eingetragen sind. Deshalb konnte auch z.B. ein Erblasser, wenn
er seinem Erben die Verfügungsbefugnis über die Substanz des Nach=
lasses entzog, dessen Gläubiger wirksam vom Zugriff auf diese ab=
halten (vgl. ERG. 14, 278). Dies gilt nach BGB. nicht ohne weiteres.
Will der Erblasser die Gläubiger des Erben abhalten, den Nachlaß zu
ihrer Befriedigung anzugreifen, dann muß er nach §§ 2197 ff., 2338
dem Erben die Verwaltung entziehen und sie einem Testamentsvoll=
strecker übertragen. Dann können die persönlichen Gläubiger des Erben
sich nicht an die Nachlaßgegenstände halten.

nisse berücksichtigen muß[5]). Besonders hervorgehoben und
als nichtig bezeichnet ist im BGB. § 138 das wucher=
liche Geschäft, durch das jemand unter Ausbeutung der
Notlage, des Leichtsinns oder der Unerfahrenheit eines
Anderen („subjektives Moment", II, 507[5]) sich oder einem
Dritten für eine Leistung Vermögensvorteile gewähren oder
versprechen läßt, welche den Wert der Leistung dergestalt
übersteigen, daß den Umständen nach die Vermögensvor=
teile in auffälligem Mißverhältnisse zu der Leistung („ob=
jektives Moment") stehen[6]).

Über unsittliche Bedingungen vgl. S. 514.

---

[5]) Die Anschauungen haben im Laufe der Zeit vielfach gewechselt.
Die Römer hielten zB. jeden auf Unwiderruflichkeit einer letztwilligen
Verfügung gerichteten Vertrag als contra bonos mores für nichtig,
während das moderne Recht im Anschluß an die deutschrechtliche Ent=
wickelung (II, 759) die Erbverträge zuläßt. Der Ehemäklerlohn
wurde vom Reichsgerichte für das Gemeine Recht als klagbar angesehen;
das BGB. § 656 erklärt ihn als unklagbar, wenn auch zahlbar
(natürliche Verbindlichkeit). Besonders zweifelhaft ist die Zulässigkeit
von Verträgen, bei denen für Nichterstattung einer Strafanzeige eine
Leistung übernommen wird (oben S. 444), sowie von Verträgen, durch
welche schon bei Eingehung der Ehe die infolge einer etwaigen Ehe=
scheidung eintretenden Verhältnisse (Vermögensauseinandersetzung,
Kindererziehung) geordnet werden.

[6]) Wie schon II, 507[5] ausgeführt, hat die Wuchergesetzgebung
des Reichs verschiedene Phasen durchlaufen. Auf das Bundesgesetz
vom 14. November 1867, welches, der damaligen manchesterlichen
Richtung (I, 5[8], oben S. 209[8]) folgend, völlige Vertragsfreiheit fest=
stellte, folgte das Wuchergesetz vom 24. Mai 1880, durch welches
wucherliche Darlehns= oder Stundungsgeschäfte, und endlich das Er=
gänzungsgesetz vom 19. Juni 1893, durch welches alle wucherlichen
Geschäfte für strafbar (StGB. §§ 302a—e) erklärt wurden. Bei Nicht=
kreditgeschäften soll jedoch die Strafbarkeit nur eintreten, wenn Gewerbs=
oder Gewohnheitsmäßigkeit vorliegt. Wucherliche Verträge waren schon
bisher civilrechtlich ungültig, d. h. nichtig. Sämtliche vom Schuldner
oder für ihn geleisteten Vermögensvorteile mußten vom Wucherer zu=
rückgewährt (condictio ob injustam causam) und vom Tage des
Empfangs an verzinst werden, da der Wucherer als unredlicher Besitzer
galt. Mehrere des Wuchers Schuldige hafteten solidarisch, der nach
StGB. § 302c strafbare Erwerber einer wucherlichen Forderung jedoch
nur in Höhe des von ihm oder einem Rechtsnachfolger Empfangenen.
Die Rückforderung verjährte in 5 Jahren. Andererseits konnte auch
der Wucherer das aus dem nichtigen Vertrage Geleistete mit einer

§ 45. Die Ungültigkeit der Rechtsgeschäfte.

a. Begriff.

1. Ungültig heißt ein Rechtsgeschäft (S. 386), das infolge eines Mangels die gewollte Wirkung[1] nicht hervorbringen kann. Das Geschäft heißt nichtig (negotium nullum), wenn dieser Mangel eine Rechtswirkung überhaupt nicht eintreten läßt, anfechtbar[2] (negotium

---

condictio sine causa zurückfordern, wofür sogar eine für die wucherlichen Ansprüche etwa bestellte Sicherheit haftete.

Der diese Bestimmungen enthaltende Art. 3 des Wuchergesetzes vom 24. Mai 1880 ist gemäß EGBGB. Art. 47 aufgehoben, da seine Vorschriften wesentlich in das BGB. (§§ 138 Abs. 2, 812, 817) übergegangen sind. Danach sind wucherliche Geschäfte nichtig, und zwar Nichtkreditgeschäfte auch dann, wenn sie mangels Gewerbs- oder Gewohnheitsmäßigkeit nicht strafbar sind. Das auf Grund solcher Geschäfte Geleistete ist als ungerechtfertigte Bereicherung herauszugeben. Die Rückforderung verjährt erst in 30, nicht wie bisher in 5 Jahren.

[1] Die Begriffe Unwirksamkeit und Ungültigkeit decken sich nicht. Einerseits ist nicht jedes unwirksame Geschäft ungültig, vielmehr ist der Begriff der Unwirksamkeit weiter, als der der Ungültigkeit; denn die erstere umfaßt auch die aus dem gewollten Inhalte des Rechtsgeschäfts hervorgehende Wirkungslosigkeit, z.B. wenn diese bei einem aufschiebend bedingten Geschäfte wegen Ausfalls der Bedingung eintritt. Andererseits kann auch das ungültige Geschäft gewisse Rechtswirkungen (nur nicht die gewollten) haben, z.B. Schadensersatzpflichten wegen culpa in contrahendo (BGB. § 122, S. 416[2]). In Rom wurde in solchen Fällen sogar die Kontraktsklage gegeben, trotzdem der Kontrakt selbst hinfällig war, vgl. z.B. l. 62 § 1 D. de contrah. empt. 18, 1.

[2] Dieser Terminologie widersprach bisher die Sprechweise der CPO. für die Ehetrennungsklagen. Nach § 592 der alten CPO. war nämlich zu verstehen „unter Ungültigkeitsklage die Klage auf Anfechtung einer Ehe aus irgend einem Grunde, welcher nicht von Amtswegen (II, 666) geltend gemacht werden kann, unter Nichtigkeitsklage eine Klage aus einem Grunde, welcher auch von Amtswegen geltend gemacht werden kann" Das BGB. hat dagegen den bisherigen Begriff „Ungültigkeit der Ehe" durch „Anfechtbarkeit" ersetzt (BGB §§ 1330 ff.) und damit die im Texte gegebene Sprechweise auch für die Ehesachen durchgeführt. Demgemäß ist der § 592 in der Revision der CPO. gestrichen und in den §§ 606 ff. das Wort „Anfechtung" an Stelle des früheren „Ungültigkeit" eingesetzt. Übrigens ist auch die mit der bisherigen Terminologie übereinstimmende Sprechweise des StGB. §§ 171

rescissibile), wenn die Rechtswirkung eintritt, aber auf
Verlangen eines „Anfechtungsberechtigten" wieder beseitigt werden kann³).

(Bigamie) und 238 (Entführung) durch EGBGB. Art. 34 V. und IX.
der Sprechweise des BGB. entsprechend geändert.

Ganz unsicher war die Ausdrucksweise des ALR. Hier war ohne
Rücksicht auf den gebrauchten Ausdruck nach der Bedeutung, die dem
einzelnen Erfordernisse zukam, zu entscheiden, ob dessen Mangel Nichtigkeit oder nur Anfechtbarkeit begründete.

³) Gemeinrechtlich war streitig, ob zwischen diesen beiden entgegengesetzten Begriffen eine Zwischenstufe, die relative Nichtigkeit,
anzuerkennen sei. Hierbei wurden zwei verschiedene Thatbestände zu-
sammengeworfen.

a. Als relative Nichtigkeit bezeichnete man einmal den Fall, daß
ein Rechtsgeschäft gewissen Personen gegenüber die gewollten Rechtswirkungen hervorbringt, während diese anderen gegenüber als nicht
eingetreten angesehen werden. Eine solche verhältnismäßige, „relative"
Nichtigkeit ist durch die Gesetze anerkannt, und insofern ist der Begriff
unentbehrlich. Hierher gehören die Veräußerungsverbote, die den Schutz
nur bestimmter Personen bezwecken (zB. BGB. §§ 135, 136, vgl. §§
892, 893), vor allem KO. § 7: „Rechtshandlungen, welche der Gemeinschuldner nach der Eröffnung des Verfahrens vorgenommen hat, sind
den Konkursgläubigern gegenüber unwirksam", d. h. nichtig. Wenn
also zB. der in Konkurs geratene A. nach der Konkurseröffnung mit
B. einen Mietvertrag über ein zur Konkursmasse gehöriges Grundstück
abgeschlossen hat, so ist dieses Geschäft gegenüber den Konkursgläubigern
und dem Konkursverwalter wirkungslos. Im Verhältnisse von A. zu
B. besteht aber ein vollgültiger Mietvertrag, und wenn B. dessen Erfüllung nach beendigtem Konkurse fordert, so kann A. nicht die Nichtigkeit einwenden, denn diese ist nur den Konkursgläubigern gegenüber
vorhanden (I, 661).

b. Unrichtig war es jedoch, wenn manche als relativ oder als
„unentschieden" nichtig diejenigen anfechtbaren Geschäfte (S. 498) bezeichneten, bei denen durch die Anfechtung die inzwischen eingetretenen
Rechtswirkungen auch Dritten gegenüber wieder beseitigt werden, wo
also die Anfechtung in rem und ex tunc wirkt. Wenn diese Geschäfte
auch schließlich nach erfolgter Anfechtung ebenso wirkungslos sind, wie
die nichtigen, so sind sie zu diesen doch nicht zu rechnen; denn der begriffliche Unterschied zwischen Nichtigkeit und Anfechtbarkeit liegt eben
darin, daß nichtige Rechtsgeschäfte von vornherein hinfällig sind, anfechtbare erst durch eine Willensäußerung des Anfechtungsberechtigten
gehemmt und beseitigt werden. Übrigens hat dieser Streit für das
BGB. keine praktische Bedeutung. Denn nach BGB. § 142 ist das
anfechtbare Geschäft, wenn es angefochten wird, als von Anfang an
nichtig anzusehen. Jede Anfechtbarkeit ist also nach BGB. „unent-

2. Wann infolge eines Mangels Nichtigkeit und wann Anfechtbarkeit eintritt, das hängt von der Bedeutung ab, die das Recht dem fehlenden Erfordernisse beimißt[4]). Der

---

schiedene Nichtigkeit", d. h. Nichtigkeit und Anfechtbarkeit unterscheiden sich nur noch hinsichtlich der Art ihres Eintretens, nicht mehr hinsichtlich ihrer Wirkungen (S. 498).

[4]) Auch der Zeitpunkt, in dem die Erfordernisse vorhanden sein müssen, damit das Rechtsgeschäft wirksam wird, kann bei den verschiedenen Rechtsverhältnissen verschieden sein. Meist genügt es, wenn diese Erfordernisse im Augenblicke der Vornahme vorhanden sind, und es schadet der Gültigkeit nicht, wenn eines derselben später fortfällt. Bei manchen Geschäften tritt dagegen mit dem späteren Fortfall eines Erfordernisses Ungültigkeit ein (sog. Ruption, Infirmation). So ist z.B. Geschäftsfähigkeit nur bei Vornahme des Rechtsgeschäfts erforderlich (BGB. § 130 Abs. 2), selbst dann, wenn seine Wirkung (z.B. bei einem befristeten Kauf) erst später eintritt. Dagegen wird ein Kauf nichtig, wenn zwischen Abschluß und Erfüllung die Kaufsache verkehrsunfähig wird (l. 83 § 5 D. de V.O. 45, 1); Testament und Legat werden hinfällig, wenn der Eingesetzte die Einsetzungsfähigkeit vor dem Tode des Erblassers verliert. Nicht zu verwechseln mit diesen Fällen, in denen ein Erfordernis des Rechtsgeschäfts auch noch in einem späteren Zeitpunkt als beim Abschlusse vorhanden sein muß, sind diejenigen, in denen ein Ereignis das wirksam vorhandene Geschäft nachträglich unwirksam macht, z.B. die Undankbarkeit als Widerrufsgrund der Schenkung und Freilassung, die Errichtung eines neuen Testaments als Aufhebung eines früheren (vgl. BGB. § 2253).

Von gemeinrechtlichen Schriftstellern des vorigen Jahrhunderts wurde (im Anschluß an l. 38 pr. D. 46, 3, wonach die an eine zum Zahlungsempfang ermächtigte Person, den sog. solutionis causa adjectus, geleistete Zahlung nur wirksam sein soll „si in eadem causa maneat") der Satz aufgestellt, daß Verträge ungültig würden, wenn die sie veranlassenden Umstände in der Zeit vom Vertragsschlusse bis zur Erfüllung sich änderten, weil jeder Vertrag unter der stillschweigenden „clausula rebus sic stantibus" geschlossen sei. Dieser Grundsatz ist ebenso unrichtig wie das Verkehrsleben gefährdend. Wo das rR. später eintretende Ereignisse auf den Bestand der Rechtsgeschäfte einwirken läßt (z.B. Widerruf der Schenkung bei Undankbarkeit des Beschenkten), handelt es sich um ein Unwirksamwerden des gültigen Geschäfts, nicht um Eintritt seiner Ungültigkeit. Dennoch ist die Lehre von dem Einflusse veränderter Umstände in das ALR. (I, 5 §§ 377 ff.) aufgenommen worden, so vor allem beim Lieferungsvertrag (I, 11 § 984, besonders praktisch geworden für Kriegslieferungen). Ein bekannter Anwendungsfall dieser Lehre für den einseitigen Vertrag, der Widerruf des Darlehnsversprechens bei Ver-

Einfluß des Mangels allgemeiner Erfordernisse ist unten
in den §§ 38—44 dargestellt. Danach tritt zB. nach BGB.
bei Geschäftsunfähigkeit (S. 405), Simulation (S. 418),
Scherz (S. 426), vis absoluta (S. 444), Formmangel
(S. 452), Verbot (S. 481), Unsittlichkeit (S. 487) —
Nichtigkeit; dagegen bei Irrtum (S. 433), unrichtiger
Übermittelung (S. 436), Betrug (S. 441), vis compulsiva (S. 446) nur Anfechtbarkeit ein. Die Bedeutung
der besonderen Erfordernisse der einzelnen Geschäfts-
arten ist bei diesen zu behandeln. Hier sind nur die
Grundsätze darzulegen, die zur Anwendung gelangen, wenn
das Recht an einen Mangel Nichtigkeit oder Anfechtbarkeit
knüpft.

b. Nichtigkeit.

1. Geltendmachung der Nichtigkeit.

Das nichtige Geschäft ist rechtlich nicht vorhanden.
Die Geltendmachung der Nichtigkeit besteht also höchstens
in der Aufdeckung der die Nichtigkeit hervorrufenden Thatsachen. Wenn also jemand als Kläger auf Grund eines
nichtigen Geschäfts einen Anspruch geltend macht, so muß
der Richter nach Erkenntnis der die Nichtigkeit herbeiführenden Thatsachen den Kläger wegen mangelnden Klagegrunds zurückweisen, auch wenn der Beklagte keinen Ab-
weisungsantrag stellt[5]).

---

schlechterung der Vermögensverhältnisse des Darlehnsempfängers
(ALR. I, 11 § 657), ist auch in das BGB. § 610 übergegangen,
während beim gegenseitigen Vertrage (§ 321) allgemein der Eintritt
einer wesentlichen Verschlechterung in den Vermögensverhältnissen des
anderen Teils den zur Vorleistung Verpflichteten zur Verweigerung
der Leistung berechtigt bis zur Bewirkung der Gegenleistung oder
Sicherheitsleistung.

[5]) Wenn also zB. A. gegen B. auf Grund eines offensichtlich
formwidrigen und daher nichtigen Testaments mit der hereditatis
petitio die Herausgabe von Erbschaftssachen verlangt oder einen
Wechselanspruch auf Grund einer Urkunde geltend macht, die das
Wort „Wechsel" nicht enthält (WO. Art. 4¹), so muß der Richter die
Klage selbst dann abweisen, wenn B. im Termine nicht erscheint

Meist wird eine Feststellung durch besondere Klage, daß ein Geschäft nichtig ist, sich erübrigen. Immerhin kann, wer einen Anspruch aus einem — seines Erachtens nichtigen — Geschäfte befürchtet, bisweilen ein rechtliches Interesse daran haben, daß die Nichtigkeit durch alsbaldige richterliche Entscheidung festgestellt werde. Dazu steht ihm heute die Feststellungsklage aus § 256 CPO. (I, 277) zu Gebote. Gemeinrechtlich war streitig, ob eine — binnen 30 Jahren verjährende — besondere querela nullitatis anzuerkennen sei. Zur Beseitigung einer nichtigen Ehe (BGB. § 1309, CPO. §§ 631 ff.) und eines nichtigen Urteils (CPO. §§ 578 ff., I, 508 ¹) sind Nichtigkeits= klagen gegeben, welche besonderen Vorschriften unterliegen. Nach § 1329 BGB. kann die Nichtigkeit einer Ehe in der Regel nur in einer Nichtigkeitsklage, nicht inzidenter in einem anderen Rechtsstreit oder gelegentlich einer Ein= rede geltend gemacht werden (I, 435).

Ist auf Grund eines nichtigen Geschäfts etwas ge= leistet worden, so steht dem Geber außer etwaigen ding= lichen Ansprüchen (zB. der rei vindicatio), die heute Dritten gegenüber wegen der Vorschriften über den Erwerb auf Grund des Grundbuchs (vgl. BGB. § 892) und in gutem Glauben (vgl. BGB. § 932) ohne Wirkung sein können, gegen den Empfänger stets auch noch die persön= liche condictio sine causa (Bereicherungsklage, vgl. BGB. § 812) zu Gebote.

(Rechtsmittel: Berufung, nicht Einspruch, I, 417⁶⁶) oder erscheint und die Klagethatsachen zugesteht. Anders wenn er den Anspruch anerkennt (I, 206¹⁰); dann hat gemäß CPO. § 307 der Richter nicht zu prüfen, ob der Anspruch gerechtfertigt ist. Natürlich darf der Richter auch ein Anerkenntnisurteil nicht erlassen, wenn die geforderte Leistung oder ihr Rechtsgrund unsittlich oder verboten ist, zB. wenn die A. gegen B. einen Kuppellohn einklagt.

Ein vorsichtiger Beklagter wird es selbstverständlich nicht darauf ankommen lassen, ob der Richter die Nichtigkeit merkt, sondern ihn darauf hinweisen. Dies muß geschehen, wenn dem Richter die Nichtigkeitsthatsachen nachgewiesen werden müssen, zB. die Geschäfts= unfähigkeit (S. 412).

2. Teilweise Nichtigkeit.

Bezieht sich die Nichtigkeit nur auf einen Teil des Rechtsgeschäfts, so wurde nach Gemeinem Rechte die Rechts= wirksamkeit des übrigen Teils grundsätzlich nicht beein= trächtigt (utile non debet per inutile vitiari, c. 37 in VI^{to} de reg. jur. 5,13), es sei denn, daß der nicht betroffene Teil rechtlich keine selbständige Existenz hatte oder anzunehmen war, daß das Rechtsgeschäft ohne den nichtigen Teil nicht vorgenommen sein würde. Dasselbe besagt BGB. § 139, nur wird hier die Nichtigkeit des ganzen Geschäfts als Regel gesetzt, und es muß daher, wenn nur teilweise Nichtigkeit eintreten soll, von dem, der sich auf die teilweise Gültigkeit stützt, bewiesen werden, daß es auch ohne den nichtigen Teil vorgenommen sein würde. Übrigens ist es gleichgültig, ob die teilweise Nichtigkeit von Anfang an vorhanden oder infolge einer Anfechtung (S. 498) eingetreten ist.

Nichtig ist danach zB.⁶) das Zinsversprechen oder die

---

⁶) Andere Anwendungsfälle der teilweisen Nichtigkeit sind:

a. Aus dem Römischen Rechte:

1. Bei der nicht insinuierten Schenkung über 500 solidi (S. 469) war die Schenkung nur hinsichtlich des Übermaßes nichtig; vgl. dagegen Art. 6 § 1 AGBGB. (der an Stelle des § 2 des durch AGBGB. Art. 89 Ziffer 26 aufgehobenen PrG. vom 23. Februar 1870 getreten ist), wonach Schenkungen an juristische Personen über 5000 Mk. ihrem vollen Betrage nach königlicher Genehmigung bedürfen; II, 347³.

2. Ein wucherliches Zinsversprechen war nur bezüglich des den gesetzlichen Zinsfuß überschreitenden Teils nichtig (l. 29 D. de usuris 22, 1; vgl. dagegen heute BGB. § 138, wonach das ganze Geschäft nichtig ist).

3. Unerlaubte und unsittliche Bedingungen galten bei letztwilligen Verfügungen für nicht geschrieben, während sie inter vivos das Ge= schäft vernichteten.

b. Aus dem Reichsrechte:

1. WO. Art. 7, in der Fassung der Nürnberger Novellen (II, 416), wonach das in einem Wechsel enthaltene Zinsversprechen als nicht geschrieben gilt;

2. BGB. §§ 265 (bei Wahlschuldverhältnissen wird im Falle des Unmöglichwerdens der einen Leistung das Schuldverhältnis nicht, wie

Bürgschaft, wenn das Darlehnsgeschäft nichtig ist (l. 129 § 1 D. de R.J. 50,17. Cum principalis causa non consistit, ne ea quidem quae sequuntur locum habent), und die aufschiebenden unmöglichen, unsittlichen, unverständlichen Bedingungen machen die Willenserklärung wirkungslos, während derartige auflösende Bedingungen als nicht beigefügt gelten (S. 515).

3. Umwandlung der Rechtsgeschäfte.

Wenn das von dem Erklärenden bezweckte Geschäft, zB. wegen einer Formverletzung, nichtig ist, aber den Erfordernissen einer verwandten Geschäftsart entspricht, so bleibt es mitunter nicht völlig wirkungslos, sondern es treten die minderen Wirkungen des verwandten Geschäfts ein. In solchen Fällen der Umwandlung des von den Parteien beabsichtigten Geschäfts in ein Geschäft minderer Wirkung — womit die Fälle unrichtiger juristischer Bezeichnung durch die Beteiligten (vgl. I, 334[1]) nicht zu verwechseln sind — spricht man von Konversion. Eine solche ist, wie auch BGB. § 140 ausspricht, nur dann zulässig, wenn anzunehmen ist, daß die Geltung des verwandten, dem von den Parteien erstrebten wirtschaftlichen Zwecke nahe kommenden Geschäfts bei Kenntnis der Nichtigkeit gewollt sein würde[7].

---

nach ALR. I, 11 § 33, hinfällig, sondern beschränkt sich auf die andere, IV, 27[8]); 2085 (die Unwirksamkeit einer von mehreren in einem Testament enthaltenen Verfügungen berührt die übrigen nicht; vgl. jedoch § 2298).

[7]) So konnte zB. nach Gemeinem Recht ein Testament durch Beifügung der Kodizillarklausel in ein Kodizill konvertiert werden, für den Fall, daß es (zB. weil einer der 7 erforderlichen Testamentszeugen sich nachträglich als unfähig herausstellte) als Testament ungültig werden sollte (für ein Kodizill genügten 5 Zeugen). Dann wurden die Erbeinsetzungen als Universal=, die Legate als Singular= fideikommisse behandelt und hierdurch in ihrem faktischen Bestande gerettet. Das Nähere gehört in das Erbrecht.

Nach BGB. kann ein von einem mehr als 16 Jahre alten Minderjährigen errichteter Erbvertrag, der als solcher nach §§ 2275, 106 nichtig ist, als Testament (§ 2229) wirksam bleiben. Eine Urkunde,

4. Beseitigung der Nichtigkeit.

α. Fortfall des Nichtigkeitsgrunds (Kon=
valescenz).

Ein zur Zeit seiner Vornahme nichtiges Geschäft wird
dadurch, daß der Nichtigkeitsgrund später fortfällt, regel=
mäßig nicht rechtsbeständig; l. 29 D. de R. J. 50,17:
quod initio vitiosum est, non potest tractu
temporis convalescere[8]). Es giebt jedoch Aus=
nahmefälle, in denen ein solches Rechtsbeständigwerden,
eine sog. Konvalescenz, eintritt.

a. Nach römischem Rechte konvalescierten zB. nach
einem auf Antrag von Severus und Caracalla 206 ge=
faßten Senatsschlusse (Oratio Severi et Antonini, l. 32 D.
24,1; I, 112) die im übrigen nichtigen Schenkungen unter
Ehegatten, wenn der Schenker vor dem Beschenkten starb,
ohne die Schenkung widerrufen zu haben. Nach Justinians
Vorschrift in l. 3 C. 5,74 konvalescierte die ungenehmigte
Veräußerung von Mündelgütern durch Nichtanfechtung
binnen 5 Jahren seit der Großjährigkeit.

b. Nach Reichsrecht tritt zB. mit der Auflassung
und Eintragung Konvalescenz (BGB. § 313) eines nicht
notariell oder gerichtlich beurkundeten Vertrags ein, durch
den sich der eine Teil zur Übertragung des Eigentums an
einem Grundstücke verpflichtet. Nach BGB. § 1324 gilt
eine formwidrig abgeschlossene und daher nichtige Ehe als
von vornherein gültig, wenn die Ehe in das Heiratsregister
eingetragen worden ist und die Ehegatten 10 Jahre oder,
falls einer derselben vorher verstorben, mindestens 3 Jahre
als Ehegatten mit einander gelebt haben. Ein nichtiges
Urteil konvalesciert mit dem Ablaufe der Frist für die
Nichtigkeitsklage (CPO. § 586). Eine berühmte, auch vom

---

die wegen der unterlassenen Aufnahme des Worts „Wechsel" (WO.
Art. 4[1]) als Wechsel nicht rechtsbeständig ist, kann die mindere Be=
deutung einer kaufmännischen Anweisung oder eines kaufmännischen
Verpflichtungsscheins (HGB. § 363) haben.

[8]) Ein besonders gearteter Anwendungsfall in Bezug auf Legate
ist die sog. Regula Catoniana (I, 124[3]).

Reichsgerichte nicht einheitlich entschiedene Streitfrage ist, ob eine unter Verletzung des § 750 CPO. (zB. vor ordnungsmäßiger Zustellung des vollstreckbaren Titels) bewirkte Zwangsvollstreckung durch spätere Beseitigung des Mangels (Nachholung der Zustellung) wirksam wird. Nach der herrschenden Meinung ist dies nicht einmal im Verhältnisse vom Gläubiger zum Schuldner, jedenfalls aber nicht zu anderen Gläubigern anzuerkennen. Über das Wirksamwerden der Verfügung eines Nichtberechtigten, der später das Verfügungsrecht erhält (BGB. § 185 Abs. 2), vgl. unten § 55 e.

β. Bestätigung.

Wie vorstehend ausgeführt, wird das nichtige Geschäft durch Fortfall des Nichtigkeitsgrunds regelmäßig nicht rechtsbeständig. Wenn daher ein bisher nichtiges Geschäft von demjenigen, der es vornimmt, bestätigt wird, so gilt diese Bestätigung als erneute Vornahme, wobei alle Voraussetzungen des Geschäfts vorliegen müssen und von der an es erst wirksam wird (BGB. § 141). Allerdings kann der Erklärende, soweit dies durch das Recht nicht ausgeschlossen ist, die Wirkungen auf den Zeitpunkt der früheren Erklärung zurückbeziehen, und für Verträge stellt BGB. § 141 Abs. 2 sogar die Vermutung auf, daß die Bestätigung im Verhältnisse der Parteien untereinander, also nicht Dritten gegenüber, rückwirkende Kraft hat[9]). Nach § 1325 soll ferner die wegen Geschäftsunfähigkeit, Bewußtlosigkeit oder vorübergehender Geistesstörung eines Ehegatten zur Zeit der Eheschließung nichtige Ehe durch formlose Bestätigung von vornherein gültig werden.

---

[9]) Für das Gemeine Recht war die rückwirkende Kraft der Ratihabition bestritten (l. 25 § 2 C. 5, 16: ratihabitiones negotiorum ad illa reduci tempora oportet, in quibus contracta sunt). Mit der Bestätigung (ratihabitio, besser confirmatio) eines eigenen nichtigen, ist übrigens die in den Quellen ebenfalls ratihabitio genannte Genehmigung eines gültigen, aber noch der Zustimmung eines Anderen als des Erklärenden bedürftigen, fremden Rechtsgeschäfts nicht zu verwechseln (unten § 55 d). Ratihabitio heißt endlich auch die Genehmigung der auftraglosen Geschäftsführung (unten § 54 a).

über eidliche Bestätigung nichtiger Geschäfte vgl. S. 466.

c. Anfechtbarkeit.

Das anfechtbare Rechtsgeschäft ist an und für sich wirksam; es ist jedoch mit einem Mangel behaftet, der bestimmten Personen die Möglichkeit gewährt, seine Wirkung zu beseitigen oder einzuschränken. Hieraus folgt zweierlei: einmal, daß eine Thätigkeit, die Anfechtung, erforderlich ist, um das Geschäft unwirksam zu machen; und ferner, daß diese Thätigkeit nur von bestimmten Personen vorgenommen werden kann. Im Prozesse darf daher der Richter eine selbst gerichtskundige Anfechtbarkeit, zB. Betrug oder Erpressung, nicht beachten, wenn sie nicht von dem Anfechtungsberechtigten geltend gemacht wird. Wem gegenüber die Anfechtungserklärung abzugeben ist, das hängt davon ab, ob es sich um einen Vertrag, ein empfangsbedürftiges oder ein streng einseitiges Rechtsgeschäft handelt (BGB. § 143). Verzichtet der Anfechtungsberechtigte auf sein Anfechtungsrecht, d. h. bestätigt er das Geschäft ausdrücklich oder stillschweigend, so wird der die Fortwirkung des Geschäfts bedrohende Umstand beseitigt; eine derartige Bestätigung wirkt also selbstverständlich zurück (BGB. § 144). Erfolgt umgekehrt die Anfechtung, was entweder durch Klage oder durch Einrede (zB. actio oder exceptio doli, quod metus causa) geschehen kann, dann ist eine doppelte Ordnung möglich und für das Gemeine Recht vertreten. Es tritt entweder Rückwirkung ein, dergestalt, daß sowohl unter den Parteien als Dritten gegenüber die Sachlage so beurteilt wird, als wäre das Geschäft ein nichtiges gewesen, fälschlich sog. relative Nichtigkeit (S. 490 [3]). Oder die bisher eingetretenen Rechtswirkungen bleiben bestehen, und es entsteht nur unter den Beteiligten ein obligatorischer Ausgleichungsanspruch. In dieser Weise war zB. die Anfechtbarkeit im Falle des Betrugs (actio doli) nach Gemeinem Rechte gestaltet, während die rückwärts und in rem wirkende Anfechtbarkeit zB. der querela inofficiosi testamenti zu

Grunde lag. Durchgehends steht auf diesem letzteren Standpunkte das BGB., welches in § 142 sagt: „Wird ein anfechtbares Rechtsgeschäft angefochten, so ist es als von Anfang an nichtig anzusehen" (vgl. § 1343 für die Ehe). Dritten gegenüber kann nach dem BGB. die Anfechtung freilich ebensowenig wie die Nichtigkeit wirken, insoweit als die Grundsätze über den gutgläubigen Erwerb von Nichtberechtigten (S. 98) eingreifen.

In einzelnen Fällen ist die Anfechtung an eine Frist gebunden, mit deren fruchtlosem Ablaufe die Anfechtbarkeit aufhört (BGB. §§ 121, 124, 1339).

Über den besonders gestalteten Fall der Anfechtung der in fraudem creditorum vorgenommenen Rechtshandlungen (actio Pauliana) vgl. I, 635 ff.

Dritter Titel. Vertrag.
(BGB. §§ 145—157).

§ 46. Antrag und Annahme.

a. Begriff der Offerte.

Jedem Vertrage[1]) liegt, wie S. 388 dargelegt, die auf Begründung, Veränderung oder Aufhebung von Rechten der Beteiligten gerichtete Willenseinigung mehrerer Personen[2]) zu Grunde. Diese Willenseinigung erfolgt zuweilen

---

[1]) Der Begriff der Verträge beschränkt sich nicht, wie man bis auf Savigny annahm, auf das Recht der Schuldverhältnisse (obligatorische Verträge, S. 388). Daher behandelt das BGB. mit Recht die auf alle Verträge bezüglichen Grundsätze (Antrag und Annahme, Abschluß des Vertrags, Auslegung) im Allgemeinen Teile. Beim dinglichen Vertrage, d. h. dem unmittelbar auf Begründung, Übertragung und Belastung eines dinglichen Rechts gerichteten, spricht das BGB. von „Einigung": §§ 873, 925, 929, 1015, 1032, 1205.

[2]) Ein Vertrag liegt also nicht schon dann vor, wenn mehrere Personen gleichförmige Willenserklärungen mit rechtlicher Wirkung abgeben; denn dies geschieht zB. auch beim wechselseitigen Testamente, beim Erbschaftsantritte mehrerer Miterben, bei der Zustimmung mehrerer Gläubiger zu einem Zwangsvergleich oder der Abstimmung der

32*

durch Erklärungen vor einem Dritten, insbesondere einer Behörde (Eheschließung, Auflassung). Regelmäßig vollzieht sie sich jedoch durch Erklärungen der Vertragsparteien einander gegenüber, dergestalt, daß die eine (An= tragender, Offerent) einen Antrag (Offerte) stellt, den die andere (Antragsempfänger, Oblat) durch eine einwilligende Erklärung (Annahme, Acceptation) gutheißt[3]). Hieraus folgt zweierlei: die Offerte ist ein empfangsbedürftiges Rechtsgeschäft und liegt deshalb nur dann vor, wenn der Antrag einer bestimmten Person gegenüber erfolgt; und ferner ist ein wahrer Vertrags= antrag nur vorhanden, wenn er mindestens die gesetzlichen (objektiven) und gewillkürten (subjektiven) Essentialien (S. 390) des beabsichtigten Vertrags mit einer solchen Bestimmtheit erkennen läßt, daß der Antragsempfänger mit seiner Zustimmung einen gültigen Vertrag zum Ab= schlusse bringen kann[4]). Daß die Offerte, wie jede andere

---

Aktionäre in einer Generalversammlung. Vielmehr ist Voraussetzung des Vertrags die Absicht der Erklärenden, durch ihre Erklärungen ihre gegenseitigen Rechtsbeziehungen in einer sie einander gegenüber bindenden Weise zu gestalten. Notwendig sind daher mindestens zwei Personen mit gesonderten Interessen. Über das sog. Kontrahieren mit sich selbst vgl. S. 555.

[3]) Im älteren deutschen Rechte fand der Abschluß des Vertrags wirklich durch ein „Antragen", Anbieten und Annehmen eines Ver= tragssymbols, statt (II, 486[3]). Noch heute erinnert daran das Hin= geben und Annehmen des Mietsthalers, durch das nach der preuß. Gesindeordnung vom 8. November 1810 (§ 23; vgl. EGBGB. Art. 95) der Gesindedienstvertrag geschlossen zu werden pflegt, sog. arrha constitutiva (IV, 221).

[4]) Keine Offerten, sondern Aufforderungen zum Kontrahieren, d. h. zur Abgabe von Offerten, liegen also zB. vor bei dem Ausbieten von Waren durch Annoncen, Cirkulare, Verkaufsautomaten, Schau= fensterauslagen, Speisekarten, und ebensowenig bei Verkaufsanerbietungen, bei denen die Ware oder der Preis nicht angegeben ist. Das alte HGB. hatte dies in Art. 337 zum Ausdrucke gebracht: „Das An= erbieten zum Verkauf, welches erkennbar für mehrere Personen, ins= besondere durch Mitteilung von Preislisten, Lagerverzeichnissen, Proben oder Mustern geschieht oder bei welchem die Ware, der Preis oder die Menge nicht bestimmt bezeichnet ist, ist kein verbindlicher Antrag zum Kauf." Diese Vorschrift ist in das neue HGB. nicht übergegangen,

empfangsbedürftige Willenserklärung, nach modernem Recht
erst dadurch wirksam wird, daß sie dem Empfänger zugeht
(Empfangstheorie), ist bereits S. 473 dargelegt.

aber nur deshalb, weil sie aus dem Begriffe des Antrags sich als
selbstverständlich ergiebt. Es ist daher kein Kaufmann verpflichtet,
die im Schaufenster als zu einem bestimmten Preise verkäuflich bezeichneten Waren einem Käufer zu verabfolgen, der gerade diese gegen
Erlegung des angegebenen Preises fordert. Denn nicht er ist der
Offerent des Kaufvertrags, sondern der Käufer, der die Ware zu
kaufen wünscht.

Besonders streitig war gemeinrechtlich die Frage, wer bei einer
Versteigerung als Offerent anzusehen ist. Versteigerung ist ein Rechtsvorgang, bei welchem jemand (Versteigerer, Lizitant, zB. der Gerichtsvollzieher beim Zwangsverkauf gepfändeter Mobilien, CPO. §§ 814,
816 ff.) als Verkäufer mit demjenigen, der den höchsten Preis zu zahlen
verspricht (Meistbietender), als Käufer einen Kaufvertrag abschließt und
dies durch eine ausdrückliche Erklärung (Zuschlag) bekundet. Hierbei
war nach der einen Meinung der Versteigerer der Offerent, das Gebot
die Annahmeerklärung, mit welcher der Kaufvertrag zustande gekommen
war, freilich unter der Resolutivbedingung, daß er durch Übergebot eines
Anderen hinfällig wurde. Der Zuschlag hatte nach dieser Auffassung nur
die Bedeutung der Feststellung, daß ein Übergebot vor Schluß der
Versteigerung nicht erfolgt, die Resolutivbedingung also nicht eingetreten ist. Nach dieser Anschauung war der Versteigerer daher
verpflichtet, dem Bieter, falls kein Mehrgebot erfolgte, die Sache zu
überlassen.

Nach der anderen Anschauung dagegen forderte der Versteigerer
gleich dem annoncierenden Kaufmanne nur zur Stellung von Kauf-
anträgen auf, der Zuschlag war erst die Annahme einer solchen Offerte;
vorher war der Versteigerer also immer noch berechtigt, von dem Verkauf Abstand zu nehmen, „den Zuschlag zu versagen." Diese letztere
Anschauung war im Gem.R. die herrschende; sie ist auch in das BGB.
§ 156 übergegangen: „Bei einer Versteigerung kommt der Vertrag erst
durch den Zuschlag zu Stande. Ein Gebot erlischt, wenn ein Übergebot
abgegeben oder die Versteigerung ohne Erteilung des Zuschlags geschlossen
wird." Die Versteigerung von Mobilien pflegt man Auktion, die von
Immobilien Subhastation (I, 67⁵) zu nennen.

Der Versteigerer ist nicht immer Verkäufer; zuweilen will er
vielmehr durch die Versteigerung möglichst billig kaufen. Dann
wird von den Bietern nicht über-, sondern unterboten (zB. die
Lieferung der Fourage an ein Kavallerieregiment, sog. Submission).
Versteigerungen kommen auch zwecks Verpachtung oder Werkverdingung vor.

b. Die Annahmeerklärung.

Der angetragene Vertrag wird durch die Annahme der Offerte geschlossen. Die Offerte kann nur so ange= nommen werden, wie sie gemacht worden ist. Wer eine Offerte nur mit Erweiterungen oder Einschränkungen an= zunehmen erklärt, lehnt sie in Wahrheit ab; doch gilt nach BGB. § 150 Abs. 2 eine derartige Annahme als neuer Antrag, der innerhalb der Annahmefristen (S. 504) an= nahmefähig und inzwischen unwiderruflich ist. Auch die Annahme ist gleich der Offerte ein empfangsbedürftiges Geschäft, für welches die S. 474 besprochenen Vertrags= theorieen eingreifen. Nach der dem modernen Gemeinen (und Preußischen) Rechte sowie dem Reichsrechte zu Grunde zu legenden Empfangstheorie (S. 475) ist die Annahme mit dem Zugehen der Erklärung an den Of= ferenten bewirkt, und mit diesem Augenblick ist der Vertrag geschlossen[5]); vgl. jedoch BGB. § 152 bezüglich gericht= licher oder notarieller Beurkundung. Von der hiernach grundsätzlich geltenden Empfangstheorie ist jedoch für diejenigen Fälle eine Ausnahme zu machen, in denen der Offerent nach Lage des Falls, insbesondere der Verkehrs= sitte, eine Annahmeerklärung nicht erwarten konnte oder auf eine solche verzichtet hat (BGB. § 151). In solchen Fällen kann die Annahmeerklärung auch durch konkludente Handlungen (Zusammensuchen der bestellten Waren, Ver= wendung der unbestellt zugesandten Cigarren, Aufschneiden des unbestellt übersandten Buchs) erfolgen, und der Ver= trag ist schon mit dieser „Äußerung", nicht, wie sonst, erst mit ihrem Zugehen an den Offerenten geschlossen.

---

[5]) Das alte HGB. hatte (vgl. S. 476), um zwischen den bei seiner Abfassung bestehenden Theorieen (Äußerungs= und Empfangs= theorie) zu vermitteln, in Art. 321 den Grundsatz aufgestellt, daß der erst mit dem Zugehen der Annahmeerklärung geschlossene Ver= trag schon von der Abgabe der Annahmeerklärung an rechtswirksam würde.
Das BGB. hat diese Rückziehung aufgegeben. Der Vertrag ist erst von dem Zeitpunkt an wirksam, in welchem dem Antragenden die Annahmeerklärung zugeht, soweit nicht § 151 (s. o.) zutrifft.

c. Die bindende Kraft der Offerte.

Jede Offerte hat insofern eine den Offerenten bindende Kraft, als sie mit dem Eintreffen beim Empfänger annahmefähig und der Vertrag — nach der zu Grunde zu legenden Empfangstheorie — geschlossen ist, sobald die Annahmeerklärung beim Offerenten eintrifft. Wenn man von bindender Kraft der Offerte spricht, dann meint man jedoch nicht diese ihre Annahmefähigkeit, sondern ihre Unwiderruflichkeit.

1. Das römische Recht kannte ein derartiges Sichbinden durch eine eigene, von einem Empfänger nicht angenommene Erklärung (offerentis solius promissum, l. 3 pr. D. 50, 12) nur in wenigen, dem öffentlichen Recht angehörenden Ausnahmefällen (pollicitatio ob honorem, d. h. wegen einer erwiesenen Ehre oder aus einem sonstigen gerechtfertigten Anlasse zu Gunsten des gemeinen Besten, und votum ad pias causas; Digestentitel De pollicitationibus 50, 12); vgl. IV, 175. Deshalb ging auch die herrschende Meinung des Gemeinen Rechts dahin, daß jede Offerte — selbst wenn der Offerent auf den Widerruf für eine bestimmte Frist verzichtet hatte — so lange frei widerruflich wäre, bis sie in rechtsverbindlicher Weise (d. h. je nach der zu Grunde gelegten Vertragstheorie durch Äußerung, Übermittelung, Empfang oder Vernehmung, S. 474) vom Empfänger angenommen und damit der Vertrag geschlossen wurde.

2. Das Reichsrecht hat mit dieser freien Widerruflichkeit der Offerte aus Gründen der Verkehrssicherheit und in Anknüpfung an deutschrechtliche Ideen (II, 501) gebrochen. Der Empfänger muß, wenn auch für eine noch so kurze Zeit, die Offerte als unverrückbare Grundlage seiner geschäftlichen Anordnungen betrachten dürfen. Deshalb hatte — nach dem Vorgange des ALR. und des Österreichischen Bürgerlichen Gesetzbuchs — bereits das alte HGB. Art. 318 ff. die Unwiderruflichkeit der Offerte als Regel festgestellt, und auf demselben Boden stehen die Vorschriften des BGB.

Nach BGB. § 145 ist der Antragende an seinen Antrag vom Augenblicke des Zugehens an den Antrags= empfänger (S. 473) an gebunden, „es sei denn" (I, 257⁸; IV, 145¹²), daß er die Gebundenheit ausgeschlossen hat, was er im Bestreitungsfalle zu beweisen hat. Der Antrag erlischt (§ 146), wenn er dem Antragenden gegenüber abgelehnt oder wenn er nicht rechtzeitig angenommen wird. Die Annahme muß (§ 147) unter Anwesenden — als solche gelten auch die durch Fernsprecher mit einander ver= kehrenden Parteien — sofort erfolgen. Der einem Ab= wesenden gemachte Antrag kann — sofern der Antragende nicht eine besondere Frist setzt (§ 148) — nur bis zu dem Zeitpunkt angenommen werden, in dem der Antragende den Eingang der Antwort unter regelmäßigen Umständen er= warten darf⁶). Geht innerhalb der gesetzlichen oder ge= willkürten „Annahmefrist" die Annahmeerklärung dem Antragenden nicht zu, so ist nicht nur dessen Gebunden= heit, sondern auch die Annahmefähigkeit des Antrags be= seitigt, und eine derartige verspätete Annahme gilt nur als neuer Antrag seitens des Empfängers (§ 150). Der An= tragende, welchem innerhalb der Annahmefrist die An= nahmeerklärung nicht zugegangen ist, braucht daher den Antrag nicht zu widerrufen, selbst dann nicht, wenn ihm eine — nur die Bedeutung eines neuen Antrags habende — Annahmeerklärung nach Ablauf der Annahmefrist zugeht. Hiervon ist mit Rücksicht auf den Antragsempfänger, wie schon vom alten HGB. Art. 319, so auch vom BGB. § 149 dann eine Ausnahme gemacht, wenn die ver= spätet eintreffende Annahme rechtzeitig abgesandt

---

⁶) Ähnliches bestimmte das alte HGB. Art. 319. Dagegen war nach ALR. I, 5 § 98 der Offerent bei schriftlichen Anträgen bis zum Ablaufe des zweinächsten Posttags gebunden, eine Bestimmung, die mit den modernen Verkehrsverhältnissen in Widerspruch geriet. Die Fassung des BGB. („regelmäßige Umstände") überläßt es der richterlichen Beurteilung, ob im einzelnen Falle die Annahmeerklärung rechtzeitig oder verspätet beim Antragenden eingegangen ist. Wer durch Boten, Telegramm, Eilbrief anträgt, kann erwarten, daß ihm auf gleichem Wege geantwortet werde.

war und der Antragende dies erkennen konnte. Auch in
diesem Falle kann die Annahmeerklärung, da sie immerhin
verspätet beim Antragenden eintraf, diesen nicht binden:
„die Annahmeerklärung reist auf Gefahr des Antrags=
empfängers". Da dieser aber annehmen darf, daß seine
rechtzeitig abgesandte Anzeige auch rechtzeitig eingetroffen
und der Vertrag daher zustande gekommen ist, und ihn
der Glaube an das Bestehen des Vertrags zu Schaden
bringen kann, so verpflichtet das Gesetz den Antragenden
in diesem Falle zu einer unverzüglichen Mitteilung an den
Gegner. Versäumt er diese Pflicht, so gilt die Annahme
als nicht verspätet⁷), der Vertrag also als mit dem Eintreffen
der Annahmeerklärung beim Antragenden (S. 475) für
geschlossen (Schweigen als Zustimmung, S. 449³).

3. Nach Gemeinem Rechte war es streitig, wie der
Tod (und der ihm gleichzustellende Eintritt der Hand=
lungsunfähigkeit) eines der Vertragschließenden vor
erfolgter Annahmeerklärung wirke. Nach der herrschenden
Meinung wurde durch diese Ereignisse das Zustandekommen
des Vertrags gehindert. Dagegen ließ das ALR. I, 5
§ 106 den einmal geschehenen Antrag durch den innerhalb
der Antragsfrist erfolgenden Tod einer Partei nicht unter=
gehen. Dem alten HGB. Art. 297 folgend bestimmt das
BGB. § 153, daß das Zustandekommen des Vertrags
mangels ersichtlich abweichenden Willens des Antragenden
durch dessen Tod oder Geschäftsunfähigkeit vor der An=
nahme nicht gehindert wird. Für den Fall, daß der An=
tragsempfänger vor der Abgabe (vgl. BGB. § 130 Abs. 2,
oben S. 475) der Annahmeerklärung stirbt oder geschäfts=
unfähig wird, ist eine derartige Vermutung nicht aufgestellt.

---

⁷) Nach ALR. I, 5 §§ 104, 105 galt ebenfalls im Falle ver=
späteten Eintreffens der offensichtlich rechtzeitig abgesandten Annahme=
erklärung der Vertrag nicht als geschlossen. Der Offerent hatte zwar
auch hiernach die Pflicht zur Anzeige; versäumte er diese aber, so galt
nicht, wie nach BGB., der Vertrag als zustande gekommen, sondern
der Offerent haftete nur wegen culpa in contrahendo auf das
negative Vertragsinteresse (S. 416²), d. h. für den Schaden, den
der Andere dadurch erlitt, daß er den Vertrag als geschlossen ansah.

Es ist daher nach Lage des Falls zu beurteilen, ob der Antrag nur an den Empfänger persönlich oder auch an seine Erben gerichtet sein sollte.

§ 47. Der Abschluß des Vertrags.

Bereits S. 390 ist dargelegt, daß jeder Vertrag die Einigung der Beteiligten mindestens über die gesetzlichen Begriffsmerkmale (Essentialien) voraussetzt, weil ohne deren Feststellung die Unterstellung der Parteieinigung unter den Begriff einer bestimmten Vertragsart nicht möglich ist. Es steht jedoch im Belieben einer jeden Partei, auch noch andere Punkte außer den gesetzlichen („objektiven") Essentialien für wesentlich zu erklären („subjektive, gewillkürte Essentialien"). In einem solchen Fall ist der Vertrag erst dann abgeschlossen, wenn auch über diese Punkte unter den Verhandelnden völlige Einigung erzielt ist. Vorher ist der Vertrag selbst dann nicht rechtsbeständig — dergestalt, daß etwa die fehlende Einigung durch die (gesetzlichen) Naturalien zu ergänzen wäre, S. 391 —, wenn über die gesetzlichen Essentialien eine Einigung erzielt und selbst schon beurkundet ist. Derartige unverbindliche Beurkundungen, die zu dem Zweck erfolgen, die Punkte, über die bereits Einverständnis herrscht, festzustellen, aber mit der Absicht, daß der als Einheit anzusehende Vertrag erst mit der Einigung auch über die übrigen Vertragsbedingungen geschlossen sein soll, heißen Traktate (BGB. § 154 und ALR. I, 5 § 125). Die Absicht der Parteien kann jedoch auch sein, daß das bisher Beurkundete selbst dann gelten soll, wenn über die noch ausstehenden Punkte keine Einigung erzielt werden würde; zB. A. verhandelt mit B. über den Verkauf seines Geschäfts, sie haben sich über den Kauf des Geschäfts selbst geeinigt und dies beurkundet, verhandeln aber noch über die Übernahme der Wirtschaftsvorräte. In solchem Falle nennt man die Urkunde Punktation (minuta, BGB. § 155, ALR. I, 5 § 120). Ob bei mangelnder Einigung der Parteien über sämtliche Punkte, über welche eine Vereinbarung getroffen werden sollte, der Vertrag überhaupt noch nicht, oder ob er wenigstens betreffs derjenigen Punkte, die vereinbart sind, gelten soll, hat der Richter durch Erforschung des Partei= willens festzustellen. Nach BGB. § 154 ist im Zweifel der Vertrag nicht geschlossen, solange sich die Parteien nicht über alle diejenigen Punkte geeinigt haben, über die nach der Erklärung auch nur einer Partei eine Verein= barung getroffen werden soll; eine nicht alle diese Punkte umfassende Aufzeichnung ist also im Zweifel Traktat, nicht Punktation.

Ist eine Beurkundung verabredet, dann soll der Ver= trag im Zweifel nicht geschlossen sein, bevor die Beur= kundung erfolgt ist (ebenso Justinians Vorschrift in l. 17 C. 4, 21), d. h. die Beurkundung ist im Zweifel Ver= tragsbedingung, nicht Beweiserleichterung (BGB. § 154 Abs. 2).

Nicht unter den Begriff der Vorverhandlungen fallen die Vorverträge (pacta de contrahendo), durch die eine Partei sich zur Eingehung eines anderen (Haupt=) Vertrags (zB. Abtretung einer Forderung — pactum de cedendo —, Einräumung eines Wechselkredits — pactum de cambiando —) verpflichtet. Das pactum de contrahendo ist ein vollgültiges Geschäft, aus dem auf Abschluß des Hauptvertrags (Hingabe eines Darlehens, Diskontierung eines Wechsels) geklagt werden kann. Der Abschluß von Verträgen kann auch durch letztwillige Ver= fügung oder durch Gesetz auferlegt sein. So sind beson= ders die öffentlichen Verkehrsanstalten (Eisenbahn, Post, Telegraph) kraft Gesetzes (HGB. §§ 453 ff.) zur Be= förderung unter gewissen Bedingungen verpflichtet (S. 326).

Vierter Titel. Bedingung. Zeitbestimmung (BGB. §§ 158 – 163).

A. Die Bedingung.

§ 48. Bedingung. Allgemeines.

a. Begriff der Bedingung.

Bedingung[1]) ist der einer Willenserklärung durch den Erklärenden zugefügte, künftige, un=gewisse Umstand[2]), von dessen Eintritt die Rechts-

---

[1]) Man pflegt Bedingung (condicio), Zeitbestimmung (dies) und Auflage (modus) unter dem allgemeinen Begriffe „Neben=bestimmungen" zu behandeln. In Übereinstimmung mit dem BGB. ist dies aus zwei Gründen unterlassen:

a. Der Ausdruck „Nebenbestimmungen" läßt den Irrtum auf=kommen, als handele es sich bei den darunter gefaßten Begriffen um einen von dem eigentlichen (Haupt=)Geschäfte trennbaren, selbständigen (Neben=)Bestandteil. Diese Auffassung ist jedenfalls für die aufschiebende Bedingung und Zeitbestimmung unrichtig.

b. Bedingung, Zeitbestimmung und Auflage haben zwar das gemeinsam, daß sie auf einer „Selbstbeschränkung des Willens" (Savigny) beruhen. Sie sind jedoch — abgesehen davon, daß diese Selbstbeschränkung nichts ihnen Eigentümliches ist — gemeinsamen Grundsätzen nicht in einem Maße unterworfen, daß ihre Behandlung unter einem Gesamtbegriffe rechtfertigen könnte. Der Modus ins=besondere gehört, wenn man sich nicht der S. 400⁹ bekämpften und auch vom BGB. zurückgewiesenen Windscheidschen Theorie von der notwendigen Erweiterung des Begriffs „Auflage" in den der „Voraus=setzung" anschließt, überhaupt nicht in den Allgemeinen Teil. Vielmehr ist die Auflage, da sie nur bei der Schenkung und den letztwilligen Verfügungen anzuerkennen ist, auch nur bei diesen Rechtsgeschäften (BGB. §§ 525 ff., 1940, 2192 ff., 2278) zu behandeln.

Einen gewissen — im BGB. durch Zusammenstellung unter denselben Titel zum Ausdrucke gelangten — Zusammenhang haben das bedingte und das befristete Geschäft insofern, als sie dem „reinen Geschäfte" (negotium purum) gegenüberstehen und andererseits viele anscheinende Befristungen in Wahrheit Bedingungen (S. 536), viele Bedingungen gleichzeitig Befristungen (S. 531) sind. Vgl. § 2 ff. J. de verb. oblig. 3, 15.

[2]) Außer dem zugefügten Umstande wird auch die Zufügung selbst „Bedingung" genannt. In diesem Sinn ist Bedingung die einem

wirkung der Willenserklärung abhängig ist. Aus
dieser Begriffsbestimmung folgt:

1. Die wahre Bedingung (condicio facti) beruht
auf einer Zufügung durch den Willen des Erklärenden.
Keine Bedingungen sind die sog. Rechtsbedingungen
(in den Quellen condiciones tacitae, quae extrinsecus
— von außen her — veniunt, heute condiciones
juris genannt), d. h. zukünftige, ungewisse Umstände,
von denen die Wirkung eines Rechtsgeschäfts begrifflich
oder kraft Rechtssatzes, nicht kraft Willkür des Erklärenden, abhängt. Stillschweigende Bedingung der
letztwilligen Zuwendung ist zB. das Überleben des
Bedachten. Wenn eine solche Rechtsbedingung ausdrücklich wiederholt wird („wenn meine Tochter heiratet,
gebe ich ihr als Mitgift 100,000 Mk."), so ist das

Rechtsgeschäfte willkürlich beigelegte Bestimmung, wonach die Rechtswirksamkeit der Willenserklärung von einem künftigen ungewissen
Ereignis abhängig gemacht ist. Endlich spricht man von „Geschäftsbedingungen" im Sinne von „Geschäftsbestimmungen" überhaupt;
zB. „Mein Grundstück will ich unter günstigen Bedingungen verkaufen"; vgl. HGB. § 94 (Bedingungen des Geschäfts"). Alle diese
Bedeutungen hatte auch das römische Wort „condicio".
Die wirtschaftliche Bedeutung der Möglichkeit, eine Willenserklärung bedingt abzugeben, liegt darin, daß man hierbei Thatsachen
in Rücksicht ziehen kann, die für den Willensentschluß maßgebend sind,
deren Eintritt aber noch ungewiß ist. Jhering drückt dies in seinem
„Geist des römischen Rechts" so aus: „Die Bedingung ermöglicht der
Partei, die Zukunft von sich, ohne sich von der Zukunft abhängig zu
machen". Wenn Assessor A. Aussicht hat, die von ihm erbetene Amts-
richterstelle in X. zu erhalten und daselbst nur eine passende Wohnung
findet, so hätte er, gäbe es keine bedingten Geschäfte, nur die Wahl,
die Wohnung zu mieten und Gefahr zu laufen, daß er die Miete selbst
dann bezahlen muß, wenn er nicht zum Amtsrichter in X. ernannt
wird, oder noch nicht zu mieten und zu gewärtigen, daß ihm die
Wohnung von anderen fortgenommen wird. Dieser Gefahr entgeht er,
wenn er die Wohnung unter der Bedingung mietet, daß er zum Amtsrichter in X. ernannt wird. Vielfach soll auch (bei den sog. Potestativbedingungen, S. 517) durch die Zufügung einer Bedingung auf die
Thätigkeit einer anderen Person eine Einwirkung ausgeübt werden,
zB. A. verspricht dem Lehrer B. 1000 Mk., falls er ihn mit Erfolg
zum Examen vorbereitet.

Geschäft dennoch[3]) als unbedingt (negotium purum) an=
zusehen.

2. Der zur Bedingung gemachte Umstand muß ein
zukünftiger sein. Daher sind keine wahren Bedingungen
die sog. condiciones in praesens vel in praeteritum collatae, d. h. solche, bei denen die Rechtswirkung
von einem schon eingetretenen, wenn auch den Parteien
noch nicht bekannten Ereignis abhängig gemacht ist („Si
rex Parthorum vivit, centum mihi dari spondes?" l. 37
D. 12,1). Hier kann also nie eine objektive, sondern
höchstens eine subjektive Ungewißheit vorliegen. Ein
Schwebezustand tritt daher nicht ein, das Rechtsgeschäft
ist wie ein unbedingtes von vornherein wirksam oder nicht
wirksam (§ 6 J. de verb. oblig. 3, 15); vgl. ALR. I,
4 §§ 140 ff. Über die Befugnis der Berechtigten,
während der Zeit der Ungewißheit Sicherheit zu ver=
langen, vgl. S. 525[1,2].

3. Der als Bedingung gesetzte Umstand muß ein
(objektiv) ungewisser sein. Daher sind keine wahren
Bedingungen die notwendigen und die unmöglichen
Bedingungen, d. h. diejenigen, bei denen es im Augen=
blicke der Willenserklärung bereits feststeht, daß der zur
Bedingung gemachte Umstand eintreten muß oder nicht
eintreten kann. Zu den notwendigen Bedingungen gehören
auch die sog. negativ=unmöglichen, bei welchen die Wir=
kungen des Rechtsgeschäfts von dem Nichteintreten eines

---

[3]) Vgl. jedoch l. 19 § 1 D. de condicionibus 35, 1: Haec
scriptura „Si Primus heres erit, damnas esto dare" pro condicione non est accipienda: magis enim demonstravit testator,
quando legatum debeatur, quam condicionem inseruit: nisi
forte hoc animo fuerat testator, ut faceret condicionem. Die
Entscheidung, ob in einer derartigen Vorschrift eine bloße Wiederholung
einer Rechtsbedingung oder die Zufügung einer Geschäftsbedingung zu
erblicken ist, hatte für das römische Recht deshalb Bedeutung, weil
unbedingte Legate schon mit dem Tode des Erblassers, bedingte erst
mit dem Eintritte der Bedingung vererblich wurden (vgl. unten S. 526).
Nach rR. machte ferner die überflüssige Hervorhebung einer
Rechtsbedingung bei den S. 512[5] besprochenen actus legitimi das
ganze Geschäft nichtig.

unmöglichen Umstands abhängig gemacht sind (in non faciendo impossibiles, z B. si in coelum non ascenderis, si intra calendas digito coelum non tetigerit; l. 7, 8 D. de verb. oblig. 45, 1; l. 51 § 1 D. de hered. instituendis 28, 5).

Das unter einer notwendigen Bedingung vorgenommene Geschäft gilt als unbedingt oder wirkungslos, je nachdem es sich um eine aufschiebende oder um eine auflösende (S. 521) Bedingung handelt. Jedoch kann sich unter einer notwendigen Bedingung eine Befristung verbergen (l. 79 pr. D. de condicion. 35, 1). Das unter einer unmöglichen Bedingung vorgenommene Geschäft gilt als wirkungslos oder unbedingt, je nachdem es sich um eine aufschiebende oder um eine auflösende Bedingung handelt[4]).

Die vorstehend unter 1—3 aufgeführten Zufügungen (Rechtsbedingungen, auf die Vergangenheit oder Gegenwart gestellte, notwendige und unmögliche Bedingungen) werden als uneigentliche Bedingungen bezeichnet

---

[4]) Von der Regel, daß die unmögliche Suspensivbedingung das Geschäft vernichtet, machte das rR. nach der von Justinian aufgenommenen Ansicht der Sabinianer (§ 10 I. 2, 14) eine Ausnahme für die letztwilligen Verfügungen. Bei diesen sollte eine unmögliche Suspensivbedingung wegen des favor testamenti (S. 480) „pro non scripta", die letztwillige Verfügung also als unbedingt gelten. Das ALR. (I, 4 § 131, I, 12 §§ 504 ff.) hat diese Ausnahme verworfen.

Das BGB., dessen erster Entwurf verschiedene Streitfragen betreffs der Zulässigkeit gewisser Bedingungen (der potestativen, widersinnigen, Rechtsbedingungen) sowie der Beweislast bei solchen (S. 521) zu ordnen beabsichtigte, beschränkt sich in den §§ 158 ff. ausschließlich auf die Regelung der Wirkungen der aufschiebenden und der auflösenden Bedingungen, alles Übrige der Wissenschaft überlassend. Diese hat daher die Entscheidung — natürlich unter Außerachtlassung der besonderen Vorschriften des Gemeinen Rechts und der Partikularrechte — dem Begriff und der Natur der Bedingungen zu entnehmen. Unmögliche Suspensivbedingungen machen sonach das Rechtsgeschäft inter vivos und mortis causa nach BGB. gleichmäßig nichtig, unmögliche Resolutivbedingungen sind gleichmäßig bedeutungslos; über den Grund dieser abweichenden Behandlung der Resolutivbedingungen vgl. S. 521.

(condiciones falsae, quae solam figuram, sed non vim condicionis habent).

4. Bedingt und in der Schwebe ist endlich nicht der Wille oder das Rechtsgeschäft, sondern dessen Wirksamkeit. Diesem (bisher bestrittenen) Grundsatze folgt auch das BGB. § 158: mit dem Eintritte der Bedingung beginnt oder endigt die Wirkung des Rechtsgeschäfts; vgl. eine Anwendung in § 2177 beim bedingten Vermächtnis. Ungenau pflegt man trotzdem, um eine kurze Bezeichnung zu haben, von „bedingten Rechtsgeschäften" zu reden.

b. Unzulässigkeit der Bedingungen.

Die Unzulässigkeit einer Bedingung kann entweder darauf beruhen, daß das Rechtsgeschäft, dem sie beigefügt ist, seiner Natur nach oder kraft Gesetzes keine Bedingung verträgt (unten 1), oder sie kann aus der Art des zur Bedingung gesetzten Umstands folgen (unten 2).

1. Bedingungsfeindliche Rechtsgeschäfte waren in Rom die nach ihren Anfangsbuchstaben mit dem Merkworte „Hades" bezeichneten Geschäfte des alten Civilrechts (actus legitimi): hereditatis aditio, acceptilatio, datio tutoris, emancipatio, servi optio[5]).

Nach modernem Rechte sind keiner Bedingung zugänglich: die Aufrechnung (BGB. § 388), die Auflassung

---

[5]) Diese Rechtsgeschäfte waren der Zufügung einer Bedingung (und Befristung) derart entzogen, daß selbst die ausdrückliche Hervorhebung einer gesetzlichen, also selbstverständlichen (S. 509), oder einer sonstigen uneigentlichen Bedingung die Willenserklärung nichtig machte. L. 77 D. de R. J. 50, 17: Actus legitimi, qui non recipiunt diem vel condicionem, veluti emancipatio (nach der Florentina „mancipatio"), acceptilatio, hereditatis aditio, servi optio (Wahlvermächtnis), datio tutoris in totum vitiantur per temporis vel condicionis adjectionem. Nonnumquam tamen actus supra scripti tacite recipiunt, quae aperte comprehensa vitium afferunt; vgl. l. 195 D. 50, 17: expressa nocent, non expressa non nocent.

Das römische Recht ließ Bedingungen ursprünglich überhaupt nur bei negotia mortis causa zu, erst später auch bei negotia inter vivos und unter diesen am spätesten bei den synallagmatischen Verträgen: Kauf, Miete (l. 20 D. 19, 2), Gesellschaft (l. 6 C. 4, 37).

(BGB. § 925; wohl aber kann in Abt. II des Grund=
buchs ein bedingtes Recht auf Rückauflassung oder eine
Vormerkung, §§ 883 ff., eingetragen werden), die Ehe=
schließung (BGB. § 1317 — das Gleiche muß für be=
dingte Verlöbnisse gelten; nach rR. wären solche gültig,
nach kanonischem Recht und ALR. II, 1 § 95 kann jeder
Teil zurücktreten —), die Anerkennung der Ehelichkeit eines
Kindes und die Ehelichkeitserklärung (Legitimation, BGB.
§§ 1598, 1724), die Annahme an Kindesstatt und die
Aufhebung dieses Verhältnisses (BGB. §§ 1742, 1768), die
Annahme und Ausschlagung einer Erbschaft, eines Ver=
mächtnisses sowie einer Testamentsvollstreckung (BGB.
§§ 1947, 2180, 2202). Alle diese Rechtsgeschäfte lassen
auch eine Befristung (S. 538[3]) nicht zu.

Ferner sind nur bedingungslos zulässig: die Mahnung,
die Kündigung, die Wechselerklärung (Ausstellung, An=
nahme, Indossierung), die Aktienzeichnung (HGB. § 189),
die Erteilung einer Handelsprokura (HGB. § 50) und
einer Prozeßvollmacht (CPO. §§ 83, 84); und unter den
prozessualen Rechtshandlungen: der Klageantrag („be=
stimmter Antrag", CPO. § 253[2]) sowie die Einlegung
von Rechtsmitteln. Die der Prokura und der Prozeß=
vollmacht beigefügten Bedingungen gelten Dritten gegen=
über als nicht geschrieben; diese Geschäfte gelten Dritten
gegenüber also wie unbedingte[6]); im Verhältnisse der Par=
teien unter einander sind die Bedingungen dagegen gültig
und die Geschäfte gelten als bedingte. Bei den übrigen
genannten Geschäften macht die Zufügung einer Bedingung
das Rechtsgeschäft nicht nur Dritten gegenüber, sondern
auch unter den Parteien selbst unwirksam.

2. Ihrer Natur nach unzulässige Bedingungen

---

[6]) Ebenso galt nach rR. die einer Erbeinsetzung zugefügte Resolutiv=
bedingung — außer im Soldatentestament — als nicht geschrieben
(l. 89 D. 28, 5), die Erbeinsetzung also als unbedingt (wegen des
Grundsatzes „Semel heres, semper heres"). Heute ist die Erb=
einsetzung gleichmäßig unter einer aufschiebenden wie einer auflösenden
Bedingung zulässig.

sind die unerlaubten und die ihnen gleichzustellenden un=
sittlichen sowie die widersinnigen (perplexen).

α. Unerlaubt oder unsittlich sind Bedingungen,
durch deren Zufügung die Willenserklärung einen den
Gesetzen oder den guten Sitten zuwiderlaufenden Inhalt
erhält. Maßgebend ist nicht der zur Bedingung gesetzte
Umstand, sondern die Tendenz der bedingten Willens=
erklärung[7]).

[7]) Der zur Bedingung gesetzte Umstand kann an sich unerlaubt
oder unsittlich sein, ohne daß das Rechtsgeschäft eine unerlaubte oder
unsittliche Tendenz hat; z.B. eine Schenkung unter der Resolutivbedingung,
daß der Beschenkte sich einer strafbaren Handlung schuldig macht.
Andererseits kann die Bedingung einen erlaubten Inhalt, das bedingte
Rechtsgeschäft aber doch eine unerlaubte oder unsittliche Tendenz haben.
Dies ist insbesondere dann der Fall, wenn durch das bedingte Rechts=
geschäft auf die Ausübung der allgemeinen Persönlichkeitsrechte (z.B.
Freizügigkeit, Gewerbefreiheit, Verehelichungsfreiheit, Religionsfreiheit,
S. 221) durch Inaussichtstellen von Vorteilen oder Nachteilen eine
Einwirkung ausgeübt werden könnte. So ist z.B. ein Geschäft völlig
erlaubt, bei dem ein Vorteil oder Nachteil von der Thatsache des
Wohnens an einem bestimmten Orte, des Betreibens oder Nichtbetreibens
eines Gewerbes, der Zugehörigkeit zu einer Konfession abhängig gemacht
wird, dagegen unerlaubt, wenn die Tendenz des Geschäfts dahin geht,
jemanden durch Zuwendung von Vorteilen oder Androhung von Nach=
teilen an einen Ort oder ein Gewerbe zu fesseln oder von einem
Wechsel seines ledigen Standes oder seiner Religion zurückzuhalten.
Zulässig ist daher z.B. die Testamentsbestimmung: „Zum Erben setze
ich den A. ein, falls er bei meinem Ableben noch Katholik ist", un=
zulässig die Fassung: „falls er sich verpflichtet, seine Kinder katholisch
erziehen zu lassen" (vgl. oben S. 136[8]). Ganz üblich und unbedenklich
ist z.B. auch die Bestimmung im sog. Berliner Testamente (d. h. dem
besonders in Berlin viel angewendeten wechselseitigen Testament unter
Ehegatten, wonach der Überlebende, solange er sich nicht wieder ver=
heiratet, Besitz, Genuß, Verwaltung, vielfach sogar auch freie Substanz=
verfügung des beiderseitigen Vermögens erhält): „Schreitet der
Überlebende zu einer neuen Ehe, so muß er mit den Kindern nach
den Gesetzen Teilung halten." Denn dadurch soll nur von der That=
sache der Wiederverheiratung eine gewisse Rechtswirkung abhängig
gemacht, nicht auf ihren Nichteintritt durch Androhung von Nachteilen
hingewirkt werden.
Nach ALR. I, 4 § 10 konnten sich Männer bis zum 30.,
Frauen bis zum 25. Jahre zur Ehelosigkeit verpflichten. Das BGB.
hat diese Sondervorschriften nicht aufgenommen.

Unerlaubte aufschiebende Bedingungen galten nach
Gemeinem Rechte bei letztwilligen Verfügungen als
nicht zugefügt (favor testamenti, S. 480), diese Geschäfte
also als unbedingt[8]), während sie Verfügungen unter
Lebenden vernichteten. Unerlaubte auflösende Bedingungen galten in allen Fällen als nicht beigefügt. Das
BGB. macht, wie bei den unmöglichen (S. 511[4]), so auch
bei den unerlaubten Bedingungen keinen Unterschied zwischen
negotia inter vivos und mortis causa[9]). Unerlaubte auf-

---

[8]) Das rR. erkannte von diesem Grundsatz einige Ausnahmen
an, in denen die Bedingung nicht gestrichen, sondern die letztwillige
Verfügung unwirksam wurde. Unwirksam (weil gegen die Testierfreiheit
verstoßend) war die kaptatorische Zuwendung, d. h. eine Zuwendung, die unter der Bedingung erfolgte, daß der Bedachte seinerseits
dem Testator (oder einem Dritten) etwas zuwenden würde. Ungültig
waren nach vorjustinianischem Rechte ferner die legata poenae
nomine relicta, bei denen jemand für den Fall bedacht war,
daß der Erbe eine gewisse Handlung vornehmen oder unterlassen werde,
weil die Absicht des Testators hierbei nicht auf eine Zuwendung an
den Bedachten, sondern auf eine Benachteiligung des Erben für den
Fall des Zuwiderhandelns gegen den Willen des Testators gerichtet sei.
Justinian hat die Unzulässigkeit der Strafegate beseitigt.

Die condicio jurisjurandi, d. h. die letztwillige Zuwendung
unter der Bedingung, daß der Bedachte schwöre, etwas zu thun, wurde
durch das prätorische Edikt in eine Auflage (modus) umgewandelt.
d. h. der Bedachte erhielt die Zuwendung ohne Eidesleistung, mußte
aber die Handlung, sofern sie möglich und erlaubt war, ausführen.

[9]) Das ALR. weicht, wie S. 511[4] erwähnt, bezüglich der unmöglichen Bedingungen vom Gemeinen Recht insofern ab, als dieses
unmögliche aufschiebende Bedingungen bei negotia mortis causa
strich, während nach ALR. durch unmögliche Suspensivbedingungen
die letztwillige Verfügung wie die unter Lebenden unwirksam wurde
(I, 12 §§ 504 ff.) Dagegen stimmten beide Rechte in der Behandlung
der unerlaubten und unsittlichen Bedingungen (Unwirksamkeit der
Willenserklärung inter vivos, Unbedingtheit mortis causa, ALR. I,
12 § 63) überein. M. a. W.: Der favor testamenti wurde vom
Gemeinen Rechte für unerlaubte und unmögliche, vom ALR. für unerlaubte, aber nicht für unmögliche Suspensivbedingungen, vom BGB.
für keine dieser beiden Arten von Bedingungen angewendet. Vgl. die
Übersicht im Anhang.

Unnütze (d. h. jedes vernünftigen Zwecks entbehrende) und
lächerliche Bedingungen (condiciones derisoriae, solche,
die eine Verhöhnung bezwecken), wurden im Gemeinen Rechte (l. 14,

schiebende Bedingungen vernichten die Willenserklärung,
unerlaubte auflösende gelten als nicht beigefügt (vgl. S. 521).

β. Perplexe (widersinnige) Bedingungen sind
solche, durch deren Zufügung die Willenserklärung unverständlich wird (l. 16 D. de condic. institutionum
28, 7: Si Titius heres erit, Seius heres esto; si Seius
heres erit, Titius heres esto); sie entkräften als aufschiebende die Willenserklärung, als auflösende gelten sie
als nicht zugefügt.

c. Arten der Bedingungen.

1. Affirmative (oder positive) und negative Bedingungen.

Man spricht von affirmativer Bedingung, wenn eine
zukünftige Änderung, von negativer, wenn eine Nichtänderung
des gegenwärtigen Zustands der bedingende Umstand ist.
Diese Sprechweise ist ungenau, weil sie den Anschein erweckt, als läge der Unterschied darin, ob die Bedingung
bejahend oder verneinend gefaßt ist. Die Fassung ist
jedoch unerheblich; „wenn X. als Hagestolz stirbt", ist
z.B. eine negative, „wenn X. nicht durch das Assessoren-
examen fällt", eine affirmative Bedingung. Im ersteren
Fall ist das Nichtheiraten, im zweiten das Bestehen des
Examens der bedingende Umstand. Die affirmative Bedingung ist erfüllt, wenn die Änderung eingetreten ist, die

---

27 D. 28, 7) und ALR. (I, 4 §§ 133 ff., I, 12 § 503) insofern den
unsittlichen gleich behandelt, als sie bei Verfügungen mortis causa
für nicht zugefügt galten. Bei negotia inter vivos waren derartige
Bedingungen zu erfüllen, soweit dies nicht verboten (oder unsittlich)
war. Nachdem das BGB. die besondere Behandlung der negotia mortis
causa beseitigt hat, wird für unnütze und lächerliche Bedingungen der
allgemeine Grundsatz gelten, daß sie erfüllt werden müssen, soweit sie
nicht unerlaubt oder unsittlich sind (wie z.B. bei einer Wette: Ich zahle
dir 300 Mk., wenn du mittags im Maskenkostüm durch die Friedrich-
straße gehst) und daß sie, wenn sie die Willenserklärung zu einer verbotenen oder unsittlichen machen, als aufschiebende Bedingungen die
Willenserklärung unwirksam machen, als auflösende für nicht beigefügt gelten.

negative, wenn die Änderung nicht mehr eintreten kann. Eine besondere Art der letzteren ist die negative Potestativbedingung (j. u., jog. condicio in non faciendo, zB. condicio viduitatis, vgl. auch I, 125⁴ über die cautio Muciana). Diese Einteilung hat übrigens keine praktische Bedeutung.

2. **Willkürliche, zufällige, gemischte Be=dingungen.**

Man unterscheidet condiciones potestativae, casuales, mixtae (l. un. § 7 C. 6, 51), je nachdem zur Bedingung ein Umstand gemacht ist, der durch den Willen[10]) eines

---

[10]) Manche beschränken den Begriff der Potestativbedingungen auf Umstände, deren Eintreffen vom Willen des Berechtigten abhängt. Thatsächlich liegen bei den Bedingungen, die vom Willen des Verpflichteten abhängen, besondere Verhältnisse vor. Der bedingende Umstand kann nämlich zwar sehr wohl in die Willkür des bedingt Berechtigten („Ich verpflichte mich, das von A. empfangene Darlehen auf dessen Verlangen sofort zurückzugeben", „die in seinem Hause gemietete Wohnung auf sein Verlangen sofort zu räumen"), aber nicht in die reine Willkür des bedingt Verpflichteten gestellt werden. Eine Verpflichtung, die allein von dem Willen des Verpflichteten abhängt, ist noch gar nicht vorhanden, sondern entsteht erst, wenn dieser Wille sich äußert; bei einer solchen kann daher von Rückziehung (S. 531) auch keine Rede sein. Die herrschende Meinung des Gemeinen Rechts unterschied hierbei im Anschluß an die Quellen, ob die Bedingung auf das nackte Wollen an die Verpflichteten (sub hac condicione „si volam" nulla fit obligatio, l. 8 D. 44, 7), oder auf eine andere, wenngleich ebenfalls ausschließlich von seinem Willen abhängige Handlung des Verpflichteten (si in Capitolium ascenderit, l. 3 D. de legat. 31) gestellt sei, und hielt in ersterem Falle die bedingte Willenserklärung für wirkungslos, in letzterem für wirksam.

Der hiernach anzunehmenden Unzulässigkeit einer auf das Wollen des bedingt Verpflichteten gestellten Bedingung widerspricht anscheinend, daß bei dem unzweifelhaft vom Abschluß an rechtswirksamen Kauf auf Probe (d. h. unter der im Willen des Käufers stehenden Bedingung, daß er die Ware erproben und genehmigen werde) der Wille des Verpflichteten (Käufers) zur Bedingung gemacht ist. Es handelt sich hier jedoch um einen synallagmatischen Vertrag (I, 285⁴, IV, 208), wobei jeder Vertragsgenosse gleichzeitig Berechtigter und Verpflichteter ist. Der Käufer erwirbt durch seine Genehmigung den Anspruch auf die Kaufsache, er ist also nicht nur bedingt verpflichtet, sondern auch bedingt berechtigt.

Beteiligten, oder ausschließlich durch ein von dem Willen der Beteiligten unabhängiges Ereignis (A. mietet ein Gartenlokal für den 1. Juli unter der Bedingung, daß es an diesem Tage nicht regnet), oder durch ein solches in Verbindung mit einem Willensakt eines Beteiligten herbeigeführt werden kann (A. soll 1000 Mk. haben, wenn er das Doktorexamen in Berlin macht)[11]).

3. Aufschiebende und auflösende Bedingungen.

Die wichtigste Einteilung der Bedingungen ist diejenige in aufschiebende (Suspensiv=) und in auflösende (Resolutiv=)Bedingungen. Von dem Eintritt eines zukünftigen ungewissen Umstands kann nämlich entweder das Wirksamwerden (ich miete diese Wohnung unter der Bedingung, daß ich nach X. versetzt werde) oder das

---

Nicht zu den „reinen Potestativbedingungen" gehören diejenigen, bei denen nicht das nackte Wollen des Verpflichteten, sondern sein billiges Ermessen (arbitrium boni viri) die Verpflichtung begründen soll. Dies billige Ermessen ist objektiv bestimmbar und unterliegt der richterlichen Nachprüfung; so z.B., wenn eine Dampfmaschine gekauft wird unter der Bedingung, daß sie die Fabrik des Käufers „in zufriedenstellender Weise mit Dampfkraft zu versehen geeignet ist"; oder wenn einem Handlungsgehülfen „bei zufriedenstellenden Leistungen" eine Gehaltserhöhung zugesichert ist; vgl. ebenso BGB. § 315; IV, 203.

[11]) Mit den von willkürlichen und gemischten Bedingungen abhängig gemachten Geschäften wird vielfach der Hinwirken auf Vornahme der zur Bedingung gesetzten Handlung bezweckt (S. 509[2]); eine Verpflichtung zur Vornahme dieser oder zur Herbeiführung der bedingenden Thatsache ist damit jedoch nicht begründet. Wenn A. z.B. dem Hausmäkler B., falls dieser ihm ein Haus zu einem bestimmten Preise verschafft, eine Provision verspricht, so kann A. gegen B. nicht etwa auf Aufwendung von Bemühungen oder auf Schadenersatz bei Nichtaufwendung klagen. Anders ist dies beim modus (wenigstens nach Gemeinem Recht und BGB., streitig nach ALR.); vgl z.B. BGB. § 525: „Wer eine Schenkung unter einer Auflage macht, kann die Vollziehung der Auflage verlangen, wenn er seinerseits geleistet hat." Man hat hieraus unter Berücksichtigung des Umstands, daß derjenige, dem etwas mit einer Auflage zugewendet ist, das Zugewendete sofort beanspruchen kann, das Schlagwort gebildet: „Die (Suspensiv=)Bedingung suspendiert, aber zwingt nicht; der Modus zwingt, aber suspendiert nicht" (nämlich) den mit der Auflage beschwerten Rechtserwerb).

Wirksam b l e i b e n (ich miete diese Wohnung; der Miet-
vertrag soll aber aufgelöst sein, wenn ich nicht binnen
Monatsfrist nach X. versetzt werde) des vorgenommenen
Rechtsgeschäfts abhängig gemacht werden.

Das Wesen des aufschiebend bedingten Rechtsgeschäfts
ist fast unstreitig. Ein solches Rechtsgeschäft ist nicht aufzufassen als ein unbedingtes Geschäft, dem durch eine selbständige, besonderer rechtlicher Behandlung zugängliche
Nebenwillenserklärung ein bestimmter Inhalt gegeben ist,
sondern als eine einheitliche und besonders geartete Willenserklärung. Dagegen ist das Wesen des auflösend bedingten
Rechtsgeschäfts sehr bestritten. Während manche annehmen,
daß auch die resolutiv bedingte Willenserklärung als eine
einheitliche zu behandeln ist, geht die herrschende und
richtige Meinung (Windscheid) davon aus, daß das auflösend bedingte Rechtsgeschäft sich in zwei selbständige
Willenserklärungen teilen läßt: nämlich eine Hauptwillens-
erklärung und eine auf Aufhebung dieser gerichtete, aufschiebend bedingte Nebenwillenserklärung [12]).

---

[12]) Nach dieser Meinung hat die Einteilung der Bedingungen
in aufschiebende und auflösende also nur die Bedeutung einer Erleichterung der Bezeichnung. Es giebt nur eine Art wahrer Bedingungen, die aufschiebenden. Spricht man von auflösend bedingten
Rechtsgeschäften, so meint man unbedingte, deren Wiederaufhebung
durch einen gleichzeitig geschlossenen aufschiebend bedingten Nebenvertrag
vorgesehen ist.

Der erste Entwurf des BGB. ließ es dahingestellt, ob die vorstehend vertretene Teilung des auflösend bedingten Rechtsgeschäfts in
ein unbedingtes Hauptgeschäft und ein aufschiebend bedingtes Auf-
lösungsgeschäft rechtsphilosophisch begründet ist, weil selbst, wenn diese
Auffassung berechtigt sei, das Verhältnis der beiden Willenserklärungen
nicht als das zweier trennbarer, verschiedenen Schicksalen unterliegender
Rechtsgeschäfte betrachtet werden könne. Der Entwurf brachte die
hieraus sich ergebende Anschauung, daß sowohl das aufschiebend als
das auflösend bedingte Rechtsgeschäft als einheitliches zu behandeln sei,
in den beiden praktisch wichtigsten Fällen zum gesetzlichen Ausdrucke,
nämlich a. bei der Behandlung der unverständlichen und widersinnigen
Bedingungen (I. Entwurf § 139; „Ist einem Rechtsgeschäfte eine un-
verständliche oder widersinnige Bedingung beigefügt, so ist dasselbe
nichtig"); und b. bei der Frage, wer zu beweisen hat, wenn es streitig
ist, ob ein Geschäft bedingt oder unbedingt abgeschlossen ist (I. Entwurf

Den vorstehend entwickelten Unterschied zwischen der aufschiebenden und der auflösenden Bedingung scheinen auch die römischen Juristen gefühlt zu haben, welche die auflösende Bedingung hauptsächlich gelegentlich der Nebenverträge beim Kaufe: der in diem addictio (Vorbehalt des Rücktritts für den Verkäufer, falls sich binnen bestimmter Frist ein besserer Käufer findet), der lex commissoria (Vorbehalt des Rücktritts für den Verkäufer bei nichtrechtzeitiger Zahlung des Kaufpreises) und des pactum displicentiae (Vorbehalt des Rücktritts für den Käufer binnen einer gewissen Frist) behandeln. Sie nennen das aufschiebend bedingte Rechtsgeschäft „negotium condicionale", das auflösend bedingte „negotium purum quod sub condicione resolvitur", die aufschiebende Bedingung „condicio", die auflösende „conventio" [13]).

§ 196: „Wer Rechte aus einem Rechtsgeschäfte geltend macht, hat zu beweisen, daß dasselbe in der von ihm behaupteten Weise zustande gekommen ist, auch wenn der Gegner die Errichtung zugesteht, jedoch behauptet, daß das Rechtsgeschäft in anderer Weise, insbesondere unter Beifügung einer aufschiebenden oder auflösenden Bedingung oder unter Beifügung eines Anfangstermins oder Endtermins, errichtet worden sei"). Bei der zweiten Lesung sind, um die wissenschaftliche Forschung betreffs der auflösenden Bedingung und des Endtermins nicht durch eine — noch dazu der herrschenden Meinung widersprechende — Lösung zu unterbinden, beide Vorschriften in Fortfall gekommen.

[13]) Vgl. l. 2 pr. D. de in diem addictione 18, 2 (Ulpian): Quotiens fundus in diem addicitur, utrum pura emptio est, sed sub condicione resolvitur, an vero condicionalis sit magis emptio, quaestionis est. Anscheinend (vgl. z.B. l. 4 pr. D. de servitutibus 8, 1; l. 44 § 2 D. de O. et A. 44, 7) hat das ältere römische Recht die Resolutivbedingung nicht als einen — wenn auch nach dem im Texte Gesagten: selbständigen — Bestandteil des Geschäfts, sondern als ein von dem Geschäfte ganz unabhängiges Aufhebungsgeschäft behandelt, das ebenso gut bei, wie nach der Vornahme des Rechtsgeschäfts diesem beigefügt werden könnte. Derartige völlig selbständige, aufschiebend bedingte Aufhebungsgeschäfte sind auch heute noch denkbar. Diese Unterscheidung hat für die Beweislast, sofern man der im Texte wiedergegebenen Ansicht folgt, daß die auflösende Bedingung zu beweisen hat, wer sie behauptet, keine Bedeutung; wohl aber insofern, als ein solcher selbständiger Aufhebungsvertrag jedenfalls nur obligatorische Wirkung (S. 534) unter den Beteiligten hat.

Die praktische Bedeutung der hier vertretenen Ansicht, daß das auflösend bedingte Rechtsgeschäft sich in ein un= bedingtes Hauptgeschäft und ein aufschiebend bedingtes Nebengeschäft teilt, zeigt sich zunächst in der gegensätzlichen Behandlung[14]) der aufschiebenden und der auflösenden not= wendigen, unmöglichen (S. 511), unsittlichen, unerlaubten (S. 515) und perplexen (S. 516) Bedingungen, vor allem aber bei der wichtigen Frage der Regelung der Be= weislast[15]). Wenn der aus einem Rechtsgeschäft in An= spruch Genommene behauptet, es sei unter einer — noch nicht eingetretenen oder ausgefallenen — aufschiebenden Bedingung abgeschlossen, so muß der Kläger beweisen, daß das Geschäft unbedingt abgeschlossen, oder falls er zugiebt, daß die Bedingung beigefügt ist, daß sie sich erfüllt hat. Wenn der Beklagte dagegen einwendet, das Geschäft sei unter einer — inzwischen eingetretenen — auflösenden Bedingung abgeschlossen, so muß er so= wohl beweisen, daß diese Zufügung erfolgt, als daß die auflösende Bedingung eingetreten ist[16]).

---

[14]) Aus dem Umstande, daß nach rR. unerlaubte und un= mögliche aufschiebende Bedingungen letztwillige Verfügungen nicht der obigen Regel entsprechend vernichten, sondern daß sie pro non scriptis erachtet wurden (S. 515[9]), ist nicht etwa zu schließen, daß die Römer die Einheitlichkeit des aufschiebend bedingten Rechtsgeschäfts verkannt hätten. Vielmehr ist hierin eine dem favor testamenti entspringende Willkürlichkeit zu erblicken.

[15]) Die fast in jeder Civilsitzung praktisch werdende Frage, wem die Beweislast obliegt, wenn Beklagter einwendet, daß er das vom Kläger behauptete Geschäft nur unter einer Bedingung (oder einer Be= fristung, S. 538, oder als Stellvertreter eines Anderen, S. 562) ge= schlossen hat, ist vortrefflich erörtert von Stölzel, Schulung für die civilistische Praxis I, S. 143, 153, 164, 190 ff.

[16]) Klagt z.B. A. gegen B. (mit der actio venditi) auf Zahlung des Kaufpreises für eine ihm gelieferte Maschine und wendet B. ein, er habe die Maschine unter der Abrede von A. entnommen, daß er nach einjähriger — noch nicht verlaufener — Probezeit solle erklären dürfen, ob er die Maschine kaufen wolle oder nicht, so hielt man früher (Savigny, Puchta, vgl. Stölzel S. 143) einen derartigen Einwand für das Vorbringen einer rechtshemmenden Thatsache, deren Beweis nach den allgemeinen Grundsätzen von der Verteilung der Beweislast (I, 217[7]) dem Beklagten obläge. Man folgerte nämlich: Beklagter giebt

Die vorstehend geschehene Zuweisung der Beweis=
pflicht an den Kläger, falls Beklagter behauptet, daß den

---

den vom Kläger vorgebrachten Kauf, also den Klagegrund zu. Er be=
hauptet jedoch, daß wegen einer besonderen Nebenbestimmung die normale
Wirkung des zugegebenen Geschäfts noch nicht eingetreten sei. Der
Beweis dieser Nebenbestimmung liegt daher dem sie vorschützenden Be=
klagten ob. Für das preußische Recht berief man sich noch auf die
angeblich ausdrückliche Vorschrift des ALR. I, 5 § 229: „Daß ein
Vertrag unter besonderen Bedingungen geschlossen worden, wird auch
bei mündlichen gültigen Verträgen nicht vermutet."

Diese Beweisführung ist, wie heute in Theorie und Praxis fast
durchgängig angenommen wird (Stölzel, S. 105[1]), verfehlt, weil sie
auf Verkennung des wahren Wesens des aufschiebend bedingten Rechts=
geschäfts beruht. Wie im Text ausgeführt, ist die aufschiebend bedingte
Willenserklärung eine einheitliche, wenn auch besonders geartete; man
kann sie nicht in ein unbedingtes Hauptgeschäft und ein die Bedingung
setzendes Nebengeschäft zerreißen. Wer der Behauptung, es sei ein
Kaufgeschäft abgeschlossen, den Einwand entgegensetzt, das Geschäft sei
unter einer aufschiebenden Bedingung (zB. auf Probe), abgeschlossen,
giebt daher nichts zu, sondern leugnet. Denn er entgegnet dem Kläger:
„Das von dir behauptete Geschäft haben wir nicht abgeschlossen, vielmehr
ein ganz anderes, nämlich ein aufschiebend bedingtes; nicht einen Kauf,
wie du behauptest, sondern einen Kauf auf Probe." Der Beklagte
könnte sich auch darauf beschränken, einfach zu erklären: „Den in der
Klage behaupteten Kauf habe ich mit Kläger nicht abgeschlossen" und
könnte einen ihm hierüber zugeschobenen Eid mit gutem Gewissen leisten.
Wenn er zur Erfüllung der ihm obliegenden Substanziierungs=
pflicht (I, 258) oder auf eine vom Richter in Ausübung des Frage=
rechts (I, 249[2]) an ihn gerichtete Frage mehr erklärt, so kann dies
auf die Verteilung der Beweislast keinen Einfluß haben. Selbst wenn
der ungeschickte Anwalt des B. seine Klagebeantwortung so fassen
würde: „Die in der Klage vorgetragenen Thatsachen werden aus=
drücklich zugestanden. Beklagter wendet jedoch ein, daß er mit Kläger
verabredet hat, er solle die Maschine ein Jahr lang probieren und
dann erklären dürfen, ob er sie kaufen wolle. Beweis: Zeugnis des X.",
so hat der Richter nicht etwa zunächst diesen Beweis zu erheben.
Vielmehr wird er, da ihm die Würdigung der rechtlichen Erheblichkeit
des Parteivorbringens obliegt („Da mihi factum, dabo tibi jus",
I, 334[1]), in dem Vorbringen des Beklagten eine sog. negative Litis=
fontestation (I, 217[3]), d. h. ein einfaches Bestreiten des Vorbringens
des Klägers, erblicken müssen und den Kläger, falls dieser (trotz Auf=
forderung, CPO. § 139) keine Beweismittel für das von ihm be=
hauptete unbedingte Geschäft anführt (zB. dem Beklagten nicht den
Eid zuschiebt), abweisen. Dies gilt nicht nur für das Gemeine Recht
und für das BGB. (S. 511[4]); das Gleiche war vielmehr auch für das

Klagegrund bildende Geschäft sei unter einer aufschiebenden
Bedingung abgeschlossen, bezieht sich nicht auf den Fall,
daß Beklagter dies Geschäft als unbedingt eingegangen
zugiebt, aber behauptet, es sei später durch ein auf=
schiebend bedingtes ersetzt worden. In diesem Falle trifft

---

preußische Recht anzunehmen. Denn aus dem nichtssagenden § 229
ALR. I, 5 ist nicht etwa eine umgekehrte Vermutung zu entnehmen,
daß Geschäfte als unbedingt abgeschlossen gelten. Der Ausdruck „be=
sondere Bedingungen" läßt übrigens — bei der unsicheren Sprech=
weise des ALR. — der Annahme Raum, daß gar nicht wahre Be=
dingungen, sondern Geschäftsabreden (S. 509 [2]) gemeint sind, daß der
Satz also nur sagen will: wer von den Naturalien abweichende Acci=
dentalien behauptet, muß dies beweisen (S. 392 [5]).

Gerade umgekehrt ist die Beweislast zu verteilen, wenn der Be=
klagte eine auflösende Bedingung als zugefügt behauptet. Denn eine
solche setzt sich, wie S. 519 dargelegt, aus einem unbedingten Haupt=
geschäft und einem aufschiebend bedingten Auflösungsgeschäfte zusammen.
Wenn der Beklagte auf die Kaufklage des Klägers einwendet: „Ich
habe die Maschine mit der Abrede gekauft, daß ich sie zurückgeben
dürfe, wenn ich binnen Jahresfrist finden sollte, daß sie nicht Ge=
nügendes leistet", so liegt die Beweislast für dieses selbständige pactum
displicentiae dem Beklagten ob.

In der Praxis wird die Beweislastfrage besonders dann streitig,
wenn die Parteien kein anderes Beweismittel als die Eideszuschiebung
haben. Der Beweispflichtige muß dann dem Gegner den Eid zuschieben
und das bedingte Endurteil diesem den Eid auferlegen (wodurch er in
eine günstige Prozeßlage kommt, I, 410), also dem Beklagten, wenn
dieser eine aufschiebende, dem Kläger, wenn der Beklagte eine auf=
lösende Bedingung vorgeschützt hat.

Man muß sich übrigens darüber klar sein, daß die vorstehend
erfolgte Zuweisung der Beweispflicht an den Kläger bei Einwendung
einer aufschiebenden Bedingung aus der Natur dieser folgt und nicht
etwa einem Grundsatze zu entnehmen ist, daß ein gerichtliches Ge=
ständnis zum Nachteile des Gestehenden nicht geteilt werden kann. Ein
solcher Grundsatz der Nichtteilung des Geständnisses besteht wohl im
Code civil (Art. 1356: L'aveu judiciaire . . . ne peut être
divisé contre . . . celui qui l'a fait); die CPO. hat aber in § 289
gerade den umgekehrten Grundsatz angenommen: „Inwiefern eine vor
Gericht erfolgte einräumende Erklärung ungeachtet anderer zusätzlicher
oder einschränkender Behauptungen als Geständnis anzusehen sei, be=
stimmt sich nach der Beschaffenheit des Falles." Dieser Grundsatz ist,
nach Beseitigung der entgegenstehenden Vorschriften des ersten Entwurfs
(S. 519 [1]), für das BGB. auch betreffs der auflösenden Bedingungen
für anwendbar zu erachten.

den Beklagten die Beweislast. Denn wenn er behauptet, daß das von ihm zugestandene unbedingte Geschäft durch ein späteres Geschäft in seiner Wirksamkeit gehemmt oder beseitigt worden ist, so hat er den Eintritt dieser neuen rechtsaufhebenden (I, 217[3]) Thatsache zu beweisen ("Veränderungen werden nicht vermutet", S. 112[8]).

Wegen der Verteilung der Beweislast und auch aus anderen Gründen (zB. wegen der Verschiedenheit der Behandlung im Konkurse, KO. §§ 54, 66, 67, 96, 154, 168[2.4]) ist häufig die Entscheidung wichtig, ob ein Rechtsgeschäft unter einer auflösenden oder einer aufschiebenden Bedingung abgeschlossen ist. Soweit nicht eine gesetzliche Vermutung eintritt (zB. für die aufschiebende Bedingung beim Kauf auf Probe nach BGB. § 495, vgl. BGB. § 2075, Fall der cautio Muciana, I, 125[4]), ist nach Lage des einzelnen Falls zu entscheiden, ob von dem zukünftigen, ungewissen Ereignisse das Entstehen (aufschiebende Bedingung) oder das Bestehen (auflösende Bedingung) der Wirkungen des Rechtsgeschäfts abhängen soll.

§ 49. Die aufschiebende Bedingung.

a. Schwebezeit (condicio pendet).

Das durch ein aufschiebend bedingtes Rechtsgeschäft geschaffene Rechtsverhältnis ist bis zu dem Augenblick, in dem sich entscheidet, ob das als Bedingung gesetzte Ereignis eintritt (condicio existit) oder nicht (condicio deficit), von einem doppelten Gesichtspunkt aus zu behandeln. Einerseits können nämlich die mit der aufschiebend bedingten Willenserklärung bezweckten Rechtswirkungen noch nicht eintreten; andererseits ist doch bereits die Aussicht vorhanden, daß bestimmte Rechtswirkungen eintreten werden.

1. Da das aufschiebend bedingte Geschäft in der Schwebezeit noch nicht wirksam ist, so kann seine Erfüllung nicht verlangt, daher auch keine Leistungsklage angestellt werden (l. 13 § 5 D. de pignor. 20, 1: ante con-

dicionem non recte agi, cum nihil interim debeatur).
Hat der bedingt Verpflichtete irrtümlich gezahlt, so kann
das Gezahlte nach den Grundsätzen der Zahlung einer
Nichtschuld (condictio indebiti, vgl. BGB. § 812) zurück=
verlangt werden. Ist auf Grund eines den Eigentums=
übergang bezweckenden, aufschiebend bedingten Geschäfts
die Übergabe erfolgt, so bleibt der Übergebende dennoch
zunächst noch Eigentümer. Der nach Gemeinem Rechte
mit Abschluß des Kaufvertrags und nach BGB. § 446
(ebenso wie schon nach ALR. I, 11 § 95) mit der Über=
gabe eintretende Übergang der Gefahr verkaufter Mobilien
auf den Käufer vollzieht sich (bezüglich der Gefahr des
Untergangs) beim aufschiebend bedingten Verkauf erst mit
dem Eintritte der Bedingung. Auch der Mäklerlohn für
die Vermittelung eines unter einer aufschiebenden Bedingung
geschlossenen Vertrags kann erst mit Eintritt der Bedingung
verlangt werden (BGB. § 652).

2. Andererseits wird die Aussicht des Eintritts ge=
wisser Rechtswirkungen vom Recht in bestimmten Be=
ziehungen berücksichtigt:

α. Vom Standpunkte des Berechtigten aus ist das
bedingte Recht bereits ein Vermögensbestandteil („spes debitum iri") und daher genügende Grundlage für Bürg=
schaft (BGB. § 765), Pfand (BGB. §§ 1113, 1204,
1209), Sicherheitsleistung, Arrest und einstweilige Ver=
fügung[1]); es kann im Konkurse des bedingt Verpflichteten
angemeldet werden[2]). Das bedingte Recht ist auch ver=

---

[1]) In CPO. § 916 ist die Zulässigkeit des Arrests und der
ebenso zu behandelnden (CPO. § 936) einstweiligen Verfügung für
betagte und — im Gegensatze zur bisherigen CPO. § 796 — mit
Rücksicht auf die Wirkungen des bedingten Rechts nach BGB. auch
für bedingte Ansprüche anerkannt, wie dies in der Praxis auch schon
meist geschah. Nur dann soll Arrest und einstweilige Verfügung unzu=
lässig sein, wenn der bedingte Anspruch wegen der entfernten Möglich=
keit des Eintritts der Bedingung einen gegenwärtigen Vermögenswert
nicht hat.

[2]) Nach der KO. berechtigten aufschiebend bedingte Forderungen
nur zu einer Sicherung (§ 67); bei Aufrechnung mit einer solchen
Forderung muß der bedingt Berechtigte seine Schuld einzahlen, erhält

äußerlich — für das rR. erweckte 1. 41 D. de condicion.
35, 1 Zweifel betreffs bedingter Vermächtnisforderungen —,
daher verpfändbar, pfändbar und vererblich (§ 4 J.
3, 15), wenigstens bei bedingten Rechten aus Rechtsgeschäften
unter Lebenden.

Bezüglich der Vererblichkeit der auf letztwilligen
Verfügungen beruhenden bedingten Forderungen ist zu unter=
scheiden:

Nach Gemeinem Rechte waren aufschiebend bedingte
letztwillige Zuwendungen unvererblich, d. h. starb der Be=
dachte vor Eintritt der Bedingung, wenn schon nach dem
Tode des Testators, so ging auf seine Erben nichts über.
Nach BGB. dagegen[3]) ist mangels einer derartigen Be=

aber seinerseits eine Sicherung (§ 54). Bei Abschlagsverteilungen
werden die auf die bedingte Forderung entfallenden Anteile zurück=
behalten (§§ 154, 168[2]); ist aber auch bei der Schlußverteilung die
Bedingung noch nicht eingetreten, so wird der bedingte Anspruch dann
nicht mehr berücksichtigt und der bisher hinterlegte Betrag fließt dem=
gemäß zur Konkursmasse zurück, wenn die Möglichkeit des Eintritts der
Bedingung eine so entfernte ist, daß die bedingte Forderung einen
gegenwärtigen Vermögenswert nicht hat (§§ 154, 171).

Die streitige Frage, ob neben einem unbedingt Berechtigten (zB.
einem Wechselinhaber) auch der bedingt Berechtigte (zB. der regreß=
pflichtige Vorindossant) zur Anmeldung seiner (durch die Regreßnahme)
bedingten Forderung berechtigt sei, ist in einer Entscheidung der ver=
einigten Civilsenate vom Reichsgerichte verneint worden (ERG. 14, 172).

[3]) Ebenso erklärte ALR. I, 12 § 485 die bedingte Berechtigung
auch auf Grund letztwilliger Verfügungen für vererblich. Deshalb war
nach Preuß. Recht auch das Recht aus der bedingten fideikommissarischen
Substitution vererblich. Wenn also A. den B. zum Erben einsetzt
und für den Fall, daß B. kinderlos verstirbt, ihm den C. fidei=
kommissarisch substituiert (als Nacherben einsetzt) und C. nach A.s,
aber vor B.s Tode stirbt, so geht das Recht aus der fideikommissarischen
Einsetzung nach Preußischem Recht auf C.s Erben über, während nach
Gemeinem Rechte die Substitution ausgefallen ist. Nach BGB. §§ 2108,
2074 wird in diesem Falle der aufschiebend bedingten Einsetzung der
Nacherbschaft als Wille des A. vermutet, daß die Erbschaft an die
Erben des vor B. versterbenden C. nicht gelangen soll. Handelt es
sich dagegen nicht um eine aufschiebend bedingte, sondern zB. um eine
befristete Anordnung einer Nacherbschaft, so ist umgekehrt das Recht
aus der Nacherbschaft vom Tode des Erblassers an vererblich, sofern
nicht ein anderer Wille des Erblassers anzunehmen ist.

stimmung das bedingte Recht aus einem negotium mortis causa in gleicher Weise wie aus einem solchen inter vivos vererblich, vorausgesetzt natürlich, daß das Recht seiner Natur nach überhaupt vererblich, also nicht höchstpersönlich ist, und daß der Bedachte den Erblasser überlebt. Dieser allgemeine Rechtssatz ist aber durch die Auslegungsvorschrift des § 2074 fast bedeutungslos gemacht, wonach bei auf=schiebend bedingten letztwilligen Zuwendungen im Zweifel anzunehmen ist, daß die Zuwendung nur gelten soll, wenn der Bedachte den Eintritt der Bedingung erlebt (vgl. auch § 2177 für die Vermächtnisse).

β. Auf seiten des Verpflichteten ist bereits eine gewisse Gebundenheit vorhanden, die sich äußert:

a. in der Verantwortlichkeit für thatsächliche Ver= fügungen. Der bedingt Berechtigte kann im Falle des Eintritts der Bedingung Schadensersatz verlangen, wenn der bedingt Verpflichtete während der Schwebezeit das von der Bedingung abhängige Recht durch sein Ver= schulden vereitelt oder beeinträchtigt (vgl. BGB. § 160);

b. in der Unwirksamkeit der im Widerspruche mit dem bedingt eingeräumten Rechte vorgenommenen rechtlichen Verfügungen. Nach BGB. § 161 ist eine weitere Ver= fügung über einen Gegenstand, über den jemand bereits unter einer aufschiebenden Bedingung verfügt hat, während der Schwebezeit an sich zwar zulässig, im Falle des Ein= tritts der Bedingung aber insoweit unwirksam, als sie die von der Bedingung abhängige Wirkung vereiteln oder be= einträchtigen würde[4];

---

[4] Hierbei steht der rechtsgeschäftlichen Verfügung die im Wege der Zwangsvollstreckung, der Arrestvollziehung oder durch den Konkurs= verwalter erfolgte gleich. Durch ihre Wirksamkeit im Konkurs unter= scheidet sich die Gebundenheit des bedingt Verpflichteten von der durch ein relatives Veräußerungsverbot herbeigeführten (S. 485). Die im Text erwähnte Wirkung tritt freilich nur bei den dinglichen Rechts= geschäften, d. h. bei denjenigen in die Erscheinung, die unmittelbar die Übertragung oder Aufhebung eines Rechts, die Belastung einer Sache oder eines Rechts zum Gegenstande haben. Bei obligatorischen Geschäften (zB. dem bedingten Verkauf einer Sache) dagegen ist der

c. endlich in der Unzulässigkeit einer geschäftswidrigen
Einwirkung auf den Eintritt oder Nichteintritt der Be=
dingung. In dieser Beziehung bestrafte schon das rR.
das geschäftswidrige Handeln dadurch, daß die vereitelte
Bedingung als erfüllt, die herbeigeführte als ausgefallen
fingiert wurde; Ulpian. l. 161 D. de R. J. 50, 17: In
jure civili receptum est, quotiens per eum, cujus interest condicionem non impleri, fiat quo minus impleatur,
perinde haberi, ac si impleta condicio fuisset[5]. Ebenso
bestimmt BGB. § 162: „Wird der Eintritt der Bedingung
von der Partei, zu deren Nachteil er gereichen würde,
wider Treu und Glauben verhindert, so gilt die Bedingung
als eingetreten. Wird der Eintritt der Bedingung von
der Partei, zu deren Vorteil er gereicht, wider Treu
und Glauben herbeigeführt, so gilt der Eintritt als
nicht erfolgt".[6] Natürlich tritt diese Fiktion dann nicht

---

bedingt Verpflichtete in seiner Verfügungsbefugnis über den Leistungs=
gegenstand in keiner Weise beschränkt, kann vielmehr durch eine ge=
schäftswidrige Verfügung höchstens schadensersatzpflichtig werden (vgl.
BGB. §§ 242, 280). Wenn jedoch A. seine Forderung an C. dem
B. unter einer aufschiebenden Bedingung und sodann dem D. unbedingt
abtritt und später die Bedingung eintritt, so ist die Abtretung an D.
unwirksam; und wenn A. dem B. das Eigentum an seinem Pferd
unter aufschiebender Bedingung überträgt, ihm das Pferd aber bereits
übergiebt und später, nachdem er zufällig wieder den Besitz des
Pferdes erlangt, es dem C. verpfändet oder zu Eigentum überträgt,
so wird B. existente condicione Eigentümer und kann gegen den
besitzenden C. die rei vindicatio anstellen. Über die ähnliche Be=
deutung des Ausdrucks „in Streit befangen" in CPO. § 265 vgl. I,
327[14]. Zum Schutze gutgläubiger Erwerber sind in BGB. § 161
Abs. 3 die Vorschriften zu Gunsten derjenigen, welche Rechte von
einem Nichtberechtigten herleiten (S. 98), für anwendbar erklärt.
   [5] Die Stelle ist fast wörtlich entlehnt dem Ausspruche Julians
in l. 24 D. de condicion. 35,1, in der das in der Florentina
(I, 153) fehlende „non" vor impleri mit der Vulgata zu er=
gänzen ist.
   [6] Ein Anwendungsfall dieser (auch in das ALR. I, 4 §§ 104 ff.
aufgenommenen) Regel findet sich zB. in den Digesten in l. 50 D.
de contrah. emptione 18, 1: A. kauft von B. eine Bibliothek unter
der Bedingung, daß es ihm gelinge, ein bestimmtes Gebäude zu ihrer
Unterbringung zu erwerben, macht aber den ihm möglichen Erwerb

ein, wenn die Herbeiführung der Bedingung von der
Entschließung des bedingt Verpflichteten abhängen sollte,
wie beim Kauf auf Probe.

b. **Die Entscheidung der Bedingung.**

Die Entscheidung der Bedingung kann durch ihre
Erfüllung (condicio existit) oder durch ihr Ausfallen
(condicio deficit) erfolgen. Der Eintritt der zur Be=
dingung gesetzten Änderung ist bei affirmativen Bedingungen
Erfüllung, bei negativen Ausfall. Das Unmöglichwerden
des Eintritts ist bei affirmativen Bedingungen Ausfall,
bei negativen Erfüllung.

Im einzelnen Fall ist es Auslegungsfrage, wann eine
Bedingung als erfüllt oder ausgefallen anzusehen ist; vgl.
z. B. l. 29 D. de condicion. 35, 1: Haec condiciò, „si
in Capitolium ascenderit“ sic recipienda est „si cum
primum potuerit Capitolium ascendere“. Besonders
zweifelhaft ist hierbei, ob die Bedingung als erfüllt oder
als ausgefallen anzusehen ist, wenn sie in einer — nicht
vom freien Willen abhängigen — Handlung des bedingt
Berechtigten besteht (sog. gemischte Bedingung, S. 517),
deren Vornahme ihm ohne seine Schuld unmöglich wird.
Das römische Recht hat für letztwillige Verfügungen auf
Grund des vermutlichen Willens des Erblassers die Aus=
legungsregel aufgestellt, daß die Bedingung als erlassen
anzusehen sei, wenn der bedingt Berechtigte fruchtlos ver=
sucht hat, die ihm auferlegte Handlung vorzunehmen (Zu=

---

dieses Gebäudes nicht; vgl. l. 81 § 1 D. de condic. 35, 1, l. 85
§ 7 D. de V. O. 45, 1. Ähnlich ist der in der heutigen Praxis
öfter vorkommende Fall: A. mietet von B. ein Geschäftslokal zum
Restaurationsbetrieb unter der Bedingung, daß er die polizeiliche Kon=
zession (RGO. § 33) erhalte, hintertreibt aber ihre Erteilung, weil ihm
der Mietvertrag inzwischen leid geworden ist. Berühmt ist auch ein vom
Pr. Obertribunal entschiedener Fall: Ein Förster war auf Lebenszeit
und unter der Bedingung angestellt, daß er nach 10 jähriger Dienst=
zeit eine Gehaltszulage erhalten sollte. Vor Ablauf der 10 Jahre
unter Gewährung des damaligen Gehalts grundlos pensioniert,
klagte er nach Ablauf dieser Zeit mit Erfolg auf Gewährung des er=
höhten Gehalts.

wendung an einen Dritten, dieser verweigert die Annahme;
Verheiratung mit einer bestimmten Person — diese lehnt
den Heiratsantrag ab); vgl. 1. 23 D. 28, 7; 1. 5 § 5
D. 36, 2.[7]) Das kanonische Recht verallgemeinerte dies
in c. 66 in VI^{to} de reg. jur. 5, 12: Cum non stat per
eum, ad quem pertinet, qominus condicio impleatur,
haberi debet perinde, ac si impleta fuisset. Diese Ausdehnung ist aber gemeinrechtlich allseitig abgelehnt. Das
BGB. enthält eine diesbezügliche Regel nur in § 2076:
„Bezweckt die Bedingung, unter der eine letztwillige Verfügung gemacht ist, den Vorteil eines Dritten, so gilt sie
im Zweifel als eingetreten, wenn der Dritte die zum
Eintritte der Bedingung erforderliche Mitwirkung verweigert". Alle übrigen Fälle sind der freien richterlichen
Würdigung überlassen.

c. Wirkung der Entscheidung.

1. Die Bedingung ist eingetreten (condicio
existit).

Mit dem Eintritte der aufschiebenden Bedingung wird
das bedingte Rechtsgeschäft vollwirksam. Es fragt sich
nun, ob das Rechtsgeschäft nur für die Folgezeit (ex
nunc) oder schon vom Augenblicke der Vornahme des
bedingten Rechtsgeschäfts an (ex tunc) als wirksam zu
behandeln ist; oder, wie man die Frage zu stellen pflegt:
ob nach erfüllter aufschiebender Bedingung Zurückziehung
(Retrotraktion) stattfindet, ob die eintretende Bedingung
„rückwirkende Kraft" hat? Über die Beantwortung
dieser Frage hat sich im Gemeinen Recht ein lebhafter
Streit erhoben.

Zunächst muß man sich darüber klar sein, daß das

---

[7]) Dagegen bestimmte das ALR. I, 4 §§ 112, 113, I, 12
§ 507 ohne Unterschied zwischen negotia mortis causa und
inter vivos, daß, wenn die Zuwendung an einen Dritten zur Bedingung gesetzt ist, diese beim Ausschlagen des Dritten als ausgefallen
zu betrachten ist.

Dogma „die eingetretene aufschiebende Wirkung wirkt zu=
rück", „condicio existens retrotrahitur ad initium negotii", eine doppelte Bedeutung haben kann. Es kann
damit gemeint sein, daß nach eingetretener Bedingung das
nunmehr wirksame Geschäft nur seinem Dasein nach als
von der Eingehung an datierend zu behandeln sei. Der
Satz kann aber ferner bedeuten, daß auch die Wirkungen
und Folgen des Rechtsgeschäfts schon von diesem Zeit=
punkt an eintreten sollen.

α. Für das Gemeine Recht war man ziemlich einig
darüber, daß eine Rückziehung in Beziehung auf die
Wirkungen nicht stattfinde, daß vielmehr jede auf=
schiebende Bedingung gleichzeitig als dies incertus anzu=
sehen wäre (dies incertus appellatur condicio, l. 30 § 4
D. 30; per condicionem tempus demonstratur, l. 22
pr. D. 36, 2). Daher gebührten dem bedingt Berech=
tigten auch nicht die Nutzungen der Zwischenzeit. Mit
Rücksicht auf die sich widersprechenden Quellen war es da=
gegen höchst bestritten, ob das Dogma der Rückziehung
bezüglich des Daseins grundsätzlich oder wenigstens hin=
sichtlich der Schuldverhältnisse anzuerkennen sei[8]).

β. Für das BGB. schließen in Übereinstimmung mit
der richtigen gemeinrechtlichen Anschauung die §§ 158,
159 die Rückziehung hinsichtlich der Wirkungen grund=
sätzlich aus. Diese treten vielmehr erst mit dem Eintritte
der Bedingung ein (§ 158). Selbst wenn nach dem In=
halte des Rechtsgeschäfts die an den Eintritt der Be=

---

[8]) Die Frage der Rückziehung der Bedingung ist besonders be=
leuchtet worden durch Windscheids Schrift: Die Wirkung der erfüllten
Bedingung, 1851. Bezüglich der Forderungsrechte beriefen die An=
hänger des Dogmas der Rückziehung sich auf l. 11 § 1 D. 20, 4, wo
hinsichtlich der Priorität der Pfandrechte gesagt wird: cum semel
condicio existit, perinde habetur, ac si illo tempore quo stipulatio interposita est, sine condicione facta esset: bezüglich der
besonders bestrittenen bedingten Eigentumsübertragung vgl. l. 9 § 1
D. de jure dotium 23, 3, l. 8 D. de reb. cred. 12, 1.
  Die Streitfrage bestand auch für das ALR., das in I, 4 § 102
nur die Ausübung des Rechts von dem Eintritte der Bedingung ab=
hängig machte, im übrigen aber keine Vorschriften gab.

dingung geknüpften Folgen auf einen früheren Zeitpunkt
zurückbezogen werden sollen (§ 159), so entsteht nur unter
den Beteiligten die obligatorische Verpflichtung, einander
zu gewähren, was sie haben würden, wenn die Folgen in
dem früheren Zeitpunkt eingetreten wären (Nutzungen der
Zwischenzeit). Hinsichtlich des Daseins dagegen ergiebt
sich eine Rückziehung in dem S. 525 geschilderten Um=
fang aus den schon vor Eintritt der Bedingung bestehen=
den Befugnissen des bedingt Berechtigten und der Ge=
bundenheit des bedingt Verpflichteten. Daher bestimmt
sich zB. die Geschäfts= und Verfügungsfähigkeit dessen,
der ein bedingtes Geschäft abschließt, und ebenso die Rang=
ordnung der Pfandrechte (vgl. BGB. § 1113 Abf. 2,
verbunden mit §§ 879, 1209) nach dem Zeitpunkte des
Geschäftsschlusses, nicht nach dem des Eintritts der Be=
dingung. Dies sind aber in Wahrheit Wirkungen der
schon mit dem Geschäftsschluß eintretenden Gebundenheit,
nicht einer Rückwirkung der erfüllten Bedingung.

2. Die Bedingung ist ausgefallen (condicio
deficit).

Mit dem Ausfalle der Bedingung steht fest, daß das
Geschäft wirkungslos bleibt. Ist während der Schwebe=
zeit eine Leistung (Sicherstellung, Erfüllung) auf das wir=
kungslose Geschäft erfolgt, so kann sie zurückgefordert
werden. Da, wie S. 522 gezeigt, nicht das Geschäft,
sondern nur dessen Wirkung in der Schwebe ist, so ge=
schieht die Rückforderung des auf einen bedingten Vertrag
Geleisteten mit der Vertragsklage (l. 4 pr. D. 18, 3),
im übrigen mit der Klage aus der ungerechtfertigten Be=
reicherung (condictio causa data causa non secuta; BGB.
§ 812).

§ 50. Die auflösende Bedingung.

a. Schwebezeit.

Das unter einer auflösenden Bedingung eingegangene
Rechtsgeschäft tritt (im Gegensatze zu dem aufschiebend

bedingten, S. 524) sofort in Wirksamkeit. Forderungen
unter auflösender Bedingung werden daher im Konkurse
wie unbedingte geltend gemacht (KO. § 66, vgl. § 168⁴).
In der Schwebe sind die Wirkungen eines auflösend be=
dingten Rechtsgeschäfts jedoch insofern, als deren Wirksam=
bleiben in Frage gestellt ist. Wer ein mit einer auf=
lösenden Bedingung belastetes Recht erwirbt, hat daher
die Möglichkeit der Nichtfortdauer seines Rechts zu be=
achten. Er darf — entsprechend der Gestaltung bei der
aufschiebenden Bedingung, S. 527 — das Recht des beim
Eintritte der auflösenden Bedingung Berechtigten weder
durch thatsächliche (BGB. § 160 Abs. 2) noch durch
rechtliche (BGB. § 161 Abs. 2) Verfügungen vereiteln
oder beeinträchtigen, noch den Eintritt der Bedingung wider
Treu und Glauben verhindern (BGB. § 162).

b. Wirkung der Entscheidung.

1. Ist die auflösende Bedingung ausgefallen, so
tritt eine Veränderung des Rechtszustands nicht ein; nur
sind die bereits eingetretenen Wirkungen nicht mehr der
Gefahr der Wiederbeseitigung ausgesetzt. Ist daher von
dem Berechtigten beim Erwerbe des Rechts eine Sicherung
für die Ansprüche eines bei Eintritt der auflösenden Be=
dingung Berechtigten bestellt worden, so wird sie frei¹).

2. Ist die auflösende Bedingung eingetreten, so
fällt das Rechtsgeschäft und damit die Grundlage der be=
reits eingetretenen Rechtswirkungen in sich zusammen. Es
erheben sich hierbei jedoch zwei im Gemeinen Rechte viel=
bestrittene Fragen:

α. Hat die eintretende auflösende Bedingung rück=
wirkende Kraft, d. h. wird der Rechtszustand zur Zeit

---

¹) Wenn also zB. A. seinem Neffen B. ein Grundstück vermacht
unter der auflösenden Bedingung, daß es dem O. zufallen soll, sofern
nicht B. bis zu seinem 25. Lebensjahre das Doktorexamen in Berlin
macht, so ist B. als Eigentümer des Grundstücks und in Abt. II des
Grundbuchs ein dieser Resolutivbedingung entsprechender Vermerk zu
Gunsten des C. einzutragen. Dieser Vermerk ist bei Ausfall der Be=
dingung, d. h. beim Nachweise, daß B. rechtzeitig sein Examen gemacht
hat, auf dessen Antrag zu löschen (GBO. § 22).

der Vornahme des Rechtsgeschäfts (ex tunc) oder des Eintritts der Bedingung (ex nunc) zu Grunde gelegt?

β. Hat die eintretende auflösende Bedingung abso=lute[2]) Kraft, d. h. werden die auf Grund des auflösend bedingten Rechtsgeschäfts eingetretenen Rechtswirkungen von selbst und auch Dritten gegenüber wieder beseitigt, oder tritt nur unter den Beteiligten eine obligatorische Ver=pflichtung zu ihrer Beseitigung ein?

Beide Fragen sind nicht mit einander zu verwechseln. Die erstere bezieht sich auf das Wann?, die letztere auf das Wie? der Aufhebung der Rechtswirkungen.

α. Die Rückwirkung der eintretenden Reso=lutivbedingung ist (ebenso wie die der aufschiebenden Bedingung, S. 531) für das Gemeine Recht und das BGB., soweit es sich um die Folgen handelt, zu ver=neinen, dagegen in demselben Sinne wie bei der auf=schiebenden Bedingung zu bejahen, aber aus der Ge=bundenheit des Berechtigten zu erklären, soweit es sich um das Dasein des Rechtsgeschäfts handelt. Die Nutzungen der Zwischenzeit behält also der Zwischenberechtigte, soweit nicht vertragsmäßig (vgl. BGB. § 159, oben S. 532) das Gegenteil bestimmt ist.

β. Hiernach endigt die Wirkung des auflösend be=dingten Rechtsgeschäfts regelmäßig mit dem Eintritte der Bedingung. Es fragt sich nun weiter, ob (für die Zu=kunft) der frühere Rechtszustand von Rechtswegen und mit absoluter Wirkung gegen alle wieder eintritt (sog. ab=solute oder dingliche Wirkung; oder ob nur der durch den Eintritt der auflösenden Bedingung Berechtigte dem bisherigen Berechtigten gegenüber die Wiederherstellung des vormaligen Rechtszustands verlangen kann (sog. rela=tive oder obligatorische Wirkung).

---

[2]) Meist pflegt man die Frage dahin zu stellen, ob die ein=tretende Resolutivbedingung „dinglich" wirkt? Dem liegt die übliche Verwechslung von dinglicher und absoluter Wirkung zu Grunde, vgl. S. 93.

Das ältere römische Recht hat für die hauptsächlich behandelten Fälle (pactum displicentiae, in diem addictio, lex commissoria, S. 520) nur die obligatorische Wirkung anerkannt, ausgehend von der ursprünglichen Behandlung derartiger Verabredungen als selbständiger Aufhebungs= verträge (S. 520¹³). Das spätere Recht dagegen hat — der richtigen Meinung nach — der Resolutivbedingung dingliche Wirkung beigelegt, mindestens für die in diem addictio und die lex commissoria. Daher wird in l. 4 C. 4, 54 dem Verkäufer, der wegen Nichtzahlung des Kaufpreises auf Grund einer lex commissoria die Kauf= sache zurückverlangt, die dingliche rei vindicatio, nicht nur die persönliche actio venditi gewährt. Der für das Ge= meine Recht als vorwiegend anzusehenden Meinung, daß die erfüllte auflösende Bedingung absolute Wirkung habe, folgt auch BGB. § 158. Hiernach tritt mit der Er= füllung der auflösenden Bedingung der frühere Rechts= zustand von selbst wieder ein. Ist also zB. eine For= derung abgetreten, eine bewegliche Sache übergeben, so gilt das Vermögensstück nach Eintritt der auflösenden Be= dingung wieder als Forderung oder Sache des Cedenten oder Tradenten; diese sind nicht auf einen nur persön= lichen Anspruch auf Rückabtretung oder Rückgabe beschränkt: „Resoluto jure dantis resolvitur jus concessum", oben S. 98. Dies hat zB. im Konkurse des Empfängers praktische Bedeutung: der Cedent oder Tradent ist nicht Konkursgläubiger, sondern Aussonderungsberechtigter (I, 620)³).

---

³) Ob die hiernach grundsätzlich eintretende absolute Wirkung im einzelnen Falle thatsächlich eintritt, hängt jedoch noch ferner davon ab, ob diese Wirkung nicht durch den kollidierenden Schutz des gutgläubigen Erwerbs vom Nichteigentümer (S. 98) abgeschnitten wird. Wenn zB. A. dem B. ein Pferd unter einer lex commissoria (Auflösung des Kaufs bei nicht rechtzeitiger Entrichtung des Kaufpreises) zu Eigentum übergiebt, so wird B. Eigentümer des Pferdes, kann aber darüber nur mit der Beschränkung verfügen, daß diese Verfügung mit Eintritt der auflösenden Bedingung rechtsunwirksam wird (BGB. § 161 Abf. 2). Verkauft B. das Pferd aber an C., so wird dieser unanfechtbarer Eigen=

B. Die Zeitbestimmung.

§ 51. Das befristete Geschäft.

a. Allgemeines.

Ein Rechtsgeschäft ist befristet, wenn es von dem Eintritt eines zukünftigen Zeitpunkts abhängig gemacht ist. Dieser Zeitpunkt (dies, Termin) kann als Anfangspunkt (heute dies a quo, aufschiebende Befristung genannt) oder als Endpunkt (heute dies ad quem, auflösende Befristung genannt) in Betracht kommen. Die Römer sprachen von stipulatio, debitum, hereditas „ex die" und „ad diem" (zB. 1. 34 D. 28, 5). „In diem" wird für beide Terminsarten verwendet (§ 2 J. 3, 15 und 1. 44 § 1 D. 44, 7). Über die Berechnung der Zeit vgl. unten § 57.

Das befristete Rechtsgeschäft hat insofern Ähnlichkeit mit dem bedingten, als beide Arten von Rechtsgeschäften in ihrer Wirksamkeit von einem zukünftigen Umstand abhängen. Sie unterscheiden sich aber begrifflich dadurch, daß der Eintritt dieses Umstands bei dem bedingten Geschäft ungewiß, bei dem befristeten gewiß ist. So einfach dieser Umstand erscheint, so schwierig ist es, im einzelnen Falle zu entscheiden — und dies hat große praktische Bedeutung, S. 537[1] —, ob eine Zeitbestimmung das Rechtsgeschäft zu einem bedingten oder einem befristeten macht.

Man pflegt vier Arten von Zeitbestimmungen zu unterscheiden. In den beiden ersten soll das Rechtsgeschäft ein echtes befristetes, in den beiden letzten in Wahrheit ein bedingtes (per tempus condicio demonstratur, S. 531) sein. Man spricht von:

1. dies certus an et quando, wenn als Termin ein sicher eintretender, bestimmter oder ohne weiteres bestimmbarer Zeitpunkt gewählt ist, zB.: am 8. Februar

---

tümer, es sei denn, daß O. wußte oder wissen mußte (in Folge grober Fahrlässigkeit nicht wußte), daß B. das Pferd nur unter einer auflösenden Bedingung erhalten hatte (BGB. § 932).

1901, Anfang, Medio, Ultimo März (vgl. WO. Art. 30, BGB. § 192); drei Monate nach Dato (WO. Art. 4[4]); zur Leipziger Ostermesse 1901 (WO. Art. 35);

2. dies certus an, incertus quando, wenn der Eintritt, aber nicht dessen Datum bestimmt ist, zB. bei meinem Tode;

3. dies incertus an, certus quando, wenn der Eintritt ungewiß ist, für den Fall des Eintretens als Datum aber nur ein bestimmter Tag in Frage kommt, zB. bei Erreichung der Volljährigkeit;

4. dies incertus an et quando, wenn sowohl der Eintritt als für den Fall desselben auch das Datum ungewiß ist, zB. an meinem Hochzeitstage.

Allein diese Einteilung ist für die Frage, ob eine Zeitbestimmung als dies oder als condicio aufzufassen ist, ohne grundsätzliche Bedeutung. Regelmäßig wird allerdings ein dies certus an als Zeitbestimmung, ein dies incertus an als Bedingung aufzufassen sein. Bereits die römischen Quellen haben aber anerkannt[1]), daß es

---

[1]) Die praktische Bedeutung dieser Unterscheidung trat besonders bei der Frage der Vererblichkeit hervor. Befristete, nicht aber bedingte Vermächtnisse waren nach Gemeinem Rechte vererblich (l. 1 § 2 D. de condicionibus et demonstrationibus 35, 1; vgl. BGB. § 2074 und oben S. 526). Gerade hierbei ist in den Quellen darauf hingewiesen, daß es von der Auslegung des Testaments abhängt, ob der einem Vermächtnisse beigefügte ungewisse Termin nur zur Bezeichnung der Erfüllungszeit dient oder ob seine Erreichung durch den Bedachten Bedingung der Zuwendung selbst sein soll; vgl. l. 48 D. ad S. C. Trebellianum 36, 1 und die merkwürdige Unterscheidung in l. 79 pr. § 1 D. de condicionibus 35, 1. Vgl. auch ERG. 8, 140: A. hatte bei Übernahme der väterlichen Wirtschaft seiner Schwester B. als Abfindung 500 Mk., fällig bei ihrer Verheiratung, versprochen. B. starb unverheiratet, A. verweigerte ihren Erben die Zahlung der 500 Mk. mit der Begründung, daß vor dem Tode der B. die Bedingung der Fälligkeit nicht eingetreten, ein Anspruch auf die Erben der B. also nicht übergegangen sei. A. wurde verurteilt, weil die Verknüpfung der Zahlung mit der Verheiratung sich als bloße Zeitbestimmung darstelle. Gemeint sei in solchen Fällen, daß die Abfindungssumme solange nicht gefordert werden dürfe, als der Abgefundene seinen Unterhalt auf dem Hof erhalte.

im Belieben der ein Rechtsgeschäft Vornehmenden steht, ein ungewisses Ereignis (dies incertus) als wahre Zeitbestimmung, ein gewisses als wahre Bedingung zu behandeln. Die Frage, ob eine Zeitbestimmung dies oder condicio ist, ist daher Sache der Auslegung des einzelnen Falls.

Ein Unterschied zwischen dem bedingten und dem befristeten Rechtsgeschäfte besteht weiter in der Regelung der Beweislast. Während bei der Behauptung eines aufschiebend bedingten Rechtsgeschäfts der auf das Rechtsgeschäft sich Stützende den bedingungslosen Abschluß zu beweisen hat, liegt bei der auflösenden wie bei der aufschiebenden Befristung dem der Beweis ob, der die Befristung behauptet [2]).

Dagegen sind die bedingungsfeindlichen Rechtsgeschäfte auch der Befristung regelmäßig [3]) entzogen.

Der Unterschied zwischen bedingten und befristeten Rechtsgeschäften zeigt sich auch in der verschiedenartigen Behandlung im Konkurse (KO. §§ 65 ff.).

[2]) Häufig wird gelehrt (Stölzel, Schulung S. 143, 154, 170, 195 ff.), daß auch die Beweislast beim bedingten und befristeten Rechtsgeschäfte gleichmäßig zu regeln sei. Wie bei der Bedingung, so habe auch bei der Befristung der auf das Rechtsgeschäft sich Stützende die Beweislast, wenn eine aufschiebende Befristung in Frage stehe, während bei der auflösenden Befristung den die Beweislast treffe, der die Befristung für sich vorbringe. Letzteres ist zweifellos richtig; aber auch bei der aufschiebenden Befristung hat der auf die Befristung sich Stützende die Beweislast. Denn die Zufügung einer Frist — zB. ein Kauf mit 6 Monaten Ziel — stellt sich als ein das gesetzliche naturale der sofortigen Leistungspflicht (vgl. BGB. §§ 271, 320) ausschließendes accidentale dar, während bei der aufschiebenden Bedingung ein entsprechendes naturale nicht vorhanden ist, sondern es sich um ein essentiale handelt. Nach dem Grundsatz „accidentalia specialiter probanda" ist daher die Zufügung der Frist, nicht der Abschluß des Geschäfts ohne Frist, zu beweisen. Vgl. S 392⁵.

[3]) Der Befristung wie der Bedingung (S. 512) entzogen sind zB. Aufrechnung, Auflassung, Eheschließung, Verlöbnis, Legitimation, Adoption, Annahme und Ausschlagung einer Erbschaft, eines Vermächtnisses, einer Testamentsvollstreckung, Erteilung der Prokura. Dagegen ist der Wechsel unbedingt bedingungsfeindlich, aber regelmäßig (ausgenommen der Wechsel auf Sicht) befristet (WO. Art. 4⁴). Die

b. Der Anfangstermin.

In der gemeinrechtlichen Theorie war auf Grund widersprechender Quellenstellen[4]) bestritten, welche Bedeutung die Zufügung eines Anfangstermins für das Rechtsgeschäft habe. Nach der einen Auffassung (Savigny) ist das aufschiebend befristete Rechtsgeschäft schon von seiner Vornahme[5]) an vorhanden und wirksam; nur ist die Geltendmachung des dadurch begründeten Rechts vor Eintritt des dies unzulässig. Nach der anderen Anschauung (Unger) entsteht ein solches Rechtsgeschäft rechtswirksam erst mit Eintritt des Termins; vorher ist nur eine Gebundenheit des Verpflichteten, wie bei dem bedingten Geschäfte während der Schwebezeit (S. 527), vorhanden.

Nach richtiger Ansicht läßt sich die Frage der Bedeutung der aufschiebenden Befristung überhaupt nicht ein-

---

einer Erbeinsetzung beigefügte Zeitbestimmung (und zwar sowohl der dies a quo als der dies ad quem) galt nach römischem Rechte für nicht geschrieben (l. 34 D. de hered. instit. 28, 5). Das ALR. I, 12 § 486 ließ wie Bedingungen so auch Zeitbestimmungen bei Erbeinsetzungen zu, ebenso das BGB. §§ 2066, 2177.

[4]) Einerseits heißt es in l. 46 pr. D. 45, 1 von der befristeten Obligation: praesens obligatio est, in diem autem dilata solutio, und in l. 10 D. 12, 6 bei Feststellung der Unzulässigkeit einer condictio indebiti (vgl. BGB. § 813): in diem debitor adeo debitor est, ut ante diem solutum repetere non possit. Nach l. 12 § 2 D. 20, 4 datiert ferner die unter einer aufschiebenden Befristung eingegangene Hypothek vom Tage der Bestellung, nicht des eintretenden dies, geht also zwischendurch bestellten unbefristeten Hypotheken vor. Die Anhänger der Meinung, daß das Rechtsgeschäft erst mit dem Eintritte des dies rechtswirksam wird, weisen dagegen vor allem auf die allein dieser Auffassung entsprechende Behandlung der dinglichen Rechte in den Quellen hin (l. 9 § 2 D. 7, 9; l. 1 § 2 D. 7, 4).

[5]) Die Römer bezeichneten den Zeitpunkt der Vornahme des Rechtsgeschäfts als dies cedens, den Eintritt der Zeitbestimmung als dies veniens. Sie stellten sich (wie Scheurl erklärt) die Zeitbewegung örtlich vor. Der dies verläßt — cedit — den Punkt der Vornahme des Rechtsgeschäfts und kommt — venit — bei einem bestimmten anderen Zeitpunkt an. Vgl l. 213 D. de V. S. 50, 16: „Cedere diem" significat incipere deberi pecuniam; „venire diem" significat eum diem venisse, quo pecunia peti possit.

heitlich entscheiden. Ob eine derartige Zeitbestimmung die Bedeutung einer Aufschiebung nur der Geltendmachung des durch das Rechtsgeschäft schon begründeten Rechts (actio nondum nata, S. 95) oder der wirksamen Entstehung des Rechtsgeschäfts selbst hat, hängt zunächst vom Willen der Beteiligten, dann von der Art der Zeitbestimmung und des Rechtsgeschäfts ab. Hiernach wird die Entscheidung, ob das Rechtsgeschäft selbst oder nur die Zulässigkeit der Geltendmachung der dadurch gewährten Rechte vom Eintritte des gewählten dies a quo abhängen soll, vielfach mit der Entscheidung der Frage zusammenfallen (S. 537), ob dieser dies als eine wahre Zeitbestimmung oder als versteckte Bedingung aufzufassen ist. Ferner hat bei Schuldverhältnissen die Beifügung eines dies a quo regelmäßig die Bedeutung einer bloßen Hinausschiebung der Erfüllungszeit⁶), bei dinglichen Rechtsgeschäften (Begründung, Übertragung oder Aufhebung eines Rechts, Belastung einer Sache oder eines Rechts) dagegen, soweit diese Rechtsgeschäfte eine Befristung überhaupt zulassen, regelmäßig, wie die Beifügung einer aufschiebenden Bedingung, die Bedeutung einer Hinausschiebung der Entstehung des Rechts. In den ersten Fällen spricht das BGB. von „betagtem Rechte" (vgl. BGB. § 813, keine condictio indebiti bei vorzeitiger Zahlung), in den letzteren, im Allgemeinen Teil allein behandelten, von einem „Rechtsgeschäfte, für dessen Wirkung ein Termin bestimmt worden ist" (BGB. § 163). Ist die Wirksamkeit des Rechtsgeschäfts aufgeschoben, so ist zwischen dem dies cedens und dem dies veniens ein dem Zustande pendente condicione ähnlicher Schwebezustand vorhanden; es sind daher im BGB. die für die

---

⁶) Wenn A. einen Wechsel, zahlbar „drei Monate nach dato", annimmt, dann ist er schon von diesem Augenblick an Schuldner, der Wechselinhaber Gläubiger; nur ist ein Wechselanspruch gegen A. erst am Zahlungstage gegeben. Die Wechselforderung ist ein — durch Diskontierung, S. 196³ — schon jetzt verwertbares Vermögensstück, im Konkurse des A. (KO. § 65) gilt sie als fällig, bei Unsicherheit des Acceptanten sind dieser, der Aussteller und die Indossanten zur Sicherstellung verpflichtet (WO. Art. 29).

aufschiebende Bedingung geltenden Vorschriften (§§ 158, 160, 161) für entsprechend anwendbar erklärt. Selbst=verständlich findet eine Rückziehung (§ 159, oben S. 532) nie statt. Ebensowenig ist § 162 (oben S. 528) für entsprechend anwendbar erklärt. Denn auf den Eintritt einer (wahren) Zeitbestimmung kann keine unzulässige Ein=wirkung geübt werden. Eine ausdrückliche Bestimmung, wann ein Rechtsgeschäft als seiner Wirksamkeit nach auf=geschoben und wann nur als „betagt" anzusehen ist, ent=hält das BGB. nicht.

c. Der Endtermin.

Ein Endtermin ist vorhanden, wenn einem Rechts=geschäfte die Beschränkung zugefügt ist, daß das auf dem Rechtsgeschäfte beruhende Recht nur bis zum Eintritt eines bestimmten Zeitpunkts bestehen soll. Für das Gemeine Recht bestand die Streitfrage, ob mit Eintritt des End=termins dieses Recht ipso jure untergeht (sog. dingliche Wirkung), oder ob nur eine Verpflichtung des Berechtigten zur ferneren Nichtausübung und zur Rückübertragung des Rechts entsteht. Der herrschenden gemeinrechtlichen Lehre [7])

---

[7]) Sie entspricht der geschichtlichen Entwickelung. Nach älterem römischem Civilrechte war die Zufügung eines Endtermins beim Nieß=brauch und Pfandrechte, bei der Superfizies und Emphyteuse sowie bei fast allen Obligationen zulässig und bei diesen Geschäften hörte mit Eintritt des Termins das Recht ipso jure auf. Bei der Eigentums=übertragung, den Grunddienstbarkeiten und Stipulationsobligationen dagegen war nach Civilrecht ein Endtermin überhaupt unzulässig (ad tempus proprietas transferri nequit). Durch das prätorische Recht wurde seine Beifügung bei den Prädialservituten und den Stipulations=verbindlichkeiten zugelassen, aber nur mit der Wirkung, daß die Rechte mit dem Eintritte des Termins nicht ipso jure untergingen, sondern ihrer Geltendmachung eine exceptio entgegenstand und der bisher berechtigt Gewesene zur Aufgabe und Rückübertragung der Rechte und zur Beseitigung der in der Zwischenzeit diesen etwa auferlegten Be=schränkungen persönlich (obligatio ad restituendum) verpflichtet war. Diokletian und Justinian endlich bestimmten (l. 2 C. 8, 54, l. 26 C. 6, 37), daß bei der zeitlich beschränkten Eigentumsübertragung auf Grund einer Schenkung oder eines Vermächtnisses mit dem Eintritte des Endtermins das Eigentum von selbst an den Veräußerer zurück=

folgend, bestimmt das BGB. in § 163 die Anwendbar=
keit der für die auflösende Bedingung geltenden Vor=
schriften, erkennt also (S. 534) die unmittelbare dingliche
Wirkung an. Nur ist natürlich eine Rückwirkung begrifflich
unmöglich; § 159 ist deshalb in § 163 auch nicht als ent=
sprechend anwendbar bezeichnet. Wie beim Eintritte der
auflösenden Bedingung tritt daher der frühere Rechts=
zustand von selbst wieder ein; beeinträchtigende Verfügungen
des Zwischenberechtigten fallen fort, sofern durch sie nicht
von Dritten Rechte unanfechtbar erworben sind; für ver=
schuldete Vereitelung und Beeinträchtigung ist Schadens=
ersatz zu leisten.

Fünfter Titel. Vertretung. Vollmacht. (BGB. §§ 164—181).

§ 52. Stellvertretung.

a. Begriff.

Stellvertreter[1]) ist, wer ein Rechtsgeschäft
für einen Anderen und an seiner Stelle vor=
nimmt.

---

fallen solle (sog. revokables oder interimistisches Eigentum). Manche
meinen freilich, daß auch diese Stellen nur eine obligatio ad restituendum im Auge haben. Jedenfalls ist für das moderne Recht
kein Grund vorhanden, Zulässigkeit und Wirkung der Endtermine nach
den verschiedenen Geschäftsgattungen verschieden zu bestimmen.

[1]) Der Ausdruck Stellvertretung gehört der modernen Rechtssprache
an. Das ALR. kannte ihn noch nicht, vgl. die Überschrift von I, 13:
„Von Erwerbung des Eigentums der Sachen und Rechte durch einen
Dritten." Es spricht nur vom „Vollmachtsauftrag", d. h. von der
gewillkürten Stellvertretung, dessen Begriff es in I, 13 § 5 dahin be=
stimmt: „Die Willenserklärung, wodurch einer dem anderen das Recht
erteilt, ein Geschäft für ihn und statt seiner zu betreiben, wird Auf=
trag oder (vgl. unten S. 563) Vollmacht genannt." Auch die Römer,
bei denen, wie S. 546 dargelegt, der Begriff der wahren (unmittel=
baren) Stellvertretung noch gar nicht ausgebildet war, haben keinen
technischen Ausdruck dafür. Insbesondere hieß „procurator" allgemein
der Vertrauensmann einer Person, der regelmäßig in ihrem Interesse
thätig war, gleichviel, ob er im einzelnen Falle Vertretungsmacht hatte

Aus dieser Begriffsbestimmung folgt:

1. Die Stellvertretung muß sich auf ein Rechts=
geschäft beziehen; es giebt keine Stellvertretung bei
Delikten. Wenn A. den B. zu einem Diebstahl anstiftet,
so wird jeder von beiden für die von ihm begangene
Strafthat (Anstiftung und Ausführung) nach den bei ihm
vorliegenden Umständen (StGB. § 50) bestraft und ist
dafür civilrechtlich verantwortlich. Damit steht nicht im
Widerspruche, daß civilrechtlich der Vertretene neben dem
Vertreter für Delikte haftet, die dieser bei Gelegenheit
der Ausführung des ihm übertragenen Rechtsgeschäfts in
den Grenzen seiner Vertretungsmacht (S. 570) verübt;
denn diese Bestimmung entspringt nicht dem Gedanken einer
Stellvertretung im Delikte — was schon daraus hervorgeht,
daß der Vertreter selbst ja auch haftet — sondern dem
Streben nach größerer Sicherheit des Verkehrs. Deshalb
haftet zB. der Prinzipal für die unter seiner Firma durch
einen Prokuristen gegebene wissentlich falsche Auskunft
(vgl. ERG. 20, 190, oben S. 437²).

2. Die Stellvertretung ist die Vornahme eines
Rechtsgeschäfts, also Abgabe einer Willenserklärung,
für einen Anderen. Keine Stellvertretung liegt daher vor,
wenn jemand einen Anderen bei dessen Rechtsgeschäften
nicht durch Abgabe einer Willenserklärung, sondern in
thatsächlicher Beziehung vertritt (vgl 1. 15 D. 13, 5:
ministerium tantummodo praestare).

Kein Vertreter ist deshalb der Gehülfe, zB. der
Handlungsgehülfe, sofern er nicht gleichzeitig die Stellung
eines Handlungsbevollmächtigten hat (S. 561¹⁷). Kein Ver=
treter ist ferner der Überbringer einer Willenserklärung,
der Dolmetscher sowie der Bote (nuntius), soweit er

oder nicht; häufig waren dies Freigelassene. Daraus erklärt sich die
Behandlung der Prokuratoren im Prozeß (I, 239). Ein ohne Ver=
tretungsmacht für einen Anderen auftretender procurator hieß falsus
procurator im Gegensatze zu dem mit Vertretungsmacht versehenen
„verus procurator“. In l. 1 pr. D. de procuratoribus 3, 3
bezeichnet Ulpian als procurator freilich nur den mit Vollmacht Ver=
sehenen.

nur als „redender Brief", als „Erklärungswerkzeug" . auf=
tritt. Freilich wird es vielfach zweifelhaft sein, ob der
eine Bestellung Ausrichtende die Stellung eines Vertreters,
der das Geschäft selbst vornimmt, oder die eines bloßen
Boten hat, vor allem, wenn dieser selbst eine Entscheidung,
z.B. eine Auswahl, zu treffen hat. Bloßer Bote, nicht Stell=
vertreter, ist auch der Vermittler (Mäkler, proxeneta),
der den Vertragsschluß zwischen zwei Parteien durch Über=
mittelung der gegenseitigen Vorschläge herbeiführt, aber
nicht selbst im Namen der einen Partei mit der anderen
den Vertrag schließt. Die praktische Bedeutung der Ent=
scheidung, ob eine bei dem Rechtsgeschäft eines Anderen
mitwirkende Person Stellvertreter oder nur Bote („Ver=
treter im Willen" oder nur „Vertreter in der Erklärung",
Windscheid) ist, liegt u. a. darin, daß der Stellvertreter
einen eigenen, der Bote einen fremden Willen äußert; daher
darf der Stellvertreter nicht geschäftsunfähig sein, während
als Bote auch ein Kind oder ein Geisteskranker dienen kann
(unten S. 559).

3. Stellvertretung ist Vornahme eines Rechtsgeschäfts
für einen Anderen. Daraus ergiebt sich eine doppelte
Abgrenzung des Begriffs.

α. Einmal ist das Organ einer juristischen Person
(im Gegensatze zu anderen Angestellten) nicht deren Stell=
vertreter. Das Organ nimmt ein Rechtsgeschäft nicht für
die juristische Person vor, sondern diese handelt durch ihr
Organ (S. 183). Daher lag auch bei Vornahme eines
Erwerbsgeschäfts durch Hauskinder und Sklaven in Rom
(S. 546) keine Stellvertretung vor, denn diese Personen
waren nur Organe des Hausherrn.

β. Andererseits liegt Stellvertretung nur vor, falls
das Rechtsgeschäft für einen Anderen, den sog. Prinzipal,
vorgenommen wird, nicht aber, wenn jemand ein Rechts=
geschäft für sich vornimmt, das auf die Rechtslage eines
anderen Rechtswirkungen hervorbringt. Daher ist keine
Stellvertretung der Abschluß eines Vertrags zu Gunsten
eines Dritten (pactum in favorem tertii), weil hierbei
der Abschließende der Geschäftsherr ist, wenn auch das

Geschäft seinem Zwecke nach einem Dritten zu Gute kommen soll. Ebensowenig liegt Stellvertretung vor, wenn A. die auf seinem Grundstücke ruhende Hypothek des B. zurückzahlt und zur Löschung bringt, so daß der zweite Hypothekar C. vorrückt. Jhering bezeichnet (Jahrbücher für Dogmatik, 10, 245) derartige unbeabsichtigte Folgen eines Rechts= geschäfts als dessen **Reflexwirkungen**.

4. Stellvertretung ist endlich nur die Vornahme eines Rechtsgeschäfts für einen Anderen **an seiner Stelle**.

Keine Stellvertretung ist daher die Teilnahme an einem fremden Rechtsgeschäfte **neben** dem Geschäftsherrn. Stellvertreter ist hiernach weder der beurkundende oder genehmigende Richter, noch der **neben** dem Mündel auf= tretende Vormund (auctoritatis interpositio, S. 147[3]), noch der als **Beistand** seiner Ehefrau erscheinende Ehe= mann. Über Prozeßbeistände vgl. I, 238, 246.

Aber auch in den Fällen, in denen nicht neben dem Geschäftsherrn, sondern statt seiner gehandelt wird, liegt wahre Stellvertretung[2]) nur vor, wenn der Handelnde wirklich die Stelle des Geschäftsherrn einnimmt, sodaß das Geschäft als unmittelbar von diesem vorgenommen erscheint.

Statt eines Anderen („für fremde Rechnung") kann man nämlich in zwei Formen handeln.

α. Entweder man nimmt ein Rechtsgeschäft im eigenen Namen vor, sodaß man selbst als Geschäftsherr erscheint.

---

[2]) Es wäre besser, den Ausdruck „Stellvertretung" grundsätzlich nur für die Fälle unmittelbarer Stellvertretung zu verwenden. Dies thut auch das BGB. Im folgenden konnte diese Sprechweise nicht stets innegehalten werden, da es für den „mittelbaren Stellvertreter" an einem allgemein anerkannten Ausdrucke fehlt. Vorgeschlagen ist die Bezeichnung Ersatzmann (Jhering), Zwischenperson (Scheurl, im An= schluß an den quellenmäßigen Ausdruck interposita persona), stiller Stellvertreter (Siegel), Interessenvertreter (Gareis). Der Hauptfall der mittelbaren Stellvertretung ist heute das Kommissionsgeschäft. Das HGB. § 383 (vgl. altes HGB. Art. 360) nennt Kommissionär den, der es gewerbsmäßig übernimmt, Waren oder Wertpapiere für Rechnung eines Anderen (des Kommittenten) in eigenem Namen zu kaufen oder zu verkaufen (unten S. 565).

Dann tritt die Thatsache, daß man für Rechnung eines
Anderen handeln wollte, bei dem Rechtsgeschäfte selbst
nicht hervor. Das Geschäft gilt nur im Innenverhältnisse
zwischen dem Handelnden und dem, für den es vorgenommen ist, als Geschäft des letzteren. Dieser erlangt
Rechte und Pflichten aus diesem Geschäfte daher nicht unmittelbar, sondern nur mittelbar, nämlich durch Übertragung seitens des Handelnden. Diese Form des Handelns
für einen Anderen pflegt man stille, mittelbare,
indirekte Stellvertretung zu nennen. Sie unterscheidet
sich vom Vertrage zu Gunsten eines Dritten (S. 544)
dadurch, daß bei diesem auch im Innenverhältnisse zwischen
dem Handelnden und dem Dritten das Geschäft ein Geschäft des Handelnden ist.

β. Oder die Vornahme des Rechtsgeschäfts erfolgt
für fremde Rechnung, gleichzeitig aber auch auf den Namen
eines Anderen, sodaß ersichtlich ist, daß nicht der Handelnde,
sondern nur der Andere Geschäftspartei sein soll. Hierbei
werden Rechte und Pflichten nicht von dem Vertreter,
sondern unmittelbar von dem Vertretenen erworben. Man
spricht daher in diesem Falle von offener, unmittelbarer, direkter Stellvertretung.

b. Geschichtliche Entwickelung.

Das moderne Recht kennt beide Formen des Handelns
für einen Dritten. Dagegen hat das römische Recht ursprünglich nur die Form der mittelbaren Stellvertretung
anerkannt.

Wie bereits erwähnt (S. 544), ist das Handeln der
Sklaven und Hauskinder für den Gewalthaber, soweit es
sich um einen Rechtserwerb durch diese Personen handelt,
nicht als Stellvertretung des dominus und pater familias
aufzufassen. Diese und andere Gewaltuntergebene erwarben
unmittelbar für den Herrn, aber nicht kraft ihres Willens,
sondern kraft Gesetzes. Noch im justinianischen Rechte
wurde Eigentum des Herrn ohne weiteres alles, was die
Sklaven, gleichviel in welcher Absicht, erwarben, und von
dem Erwerbe der Hauskinder wenigstens das, was sie

mit dem väterlichen Vermögen (peculium profecticium) erwarben (I, 174).

In älterer Zeit reichten Sklaven und Hauskinder zur Besorgung der Verkehrsgeschäfte des Hauses regelmäßig aus; das Bedürfnis der Zulassung einer unmittelbaren Stellvertretung war deshalb gering. Das römische Recht ging ferner von dem Grundsatz aus, daß jeder seine Rechtsverhältnisse durch eigenes Handeln gestalten müsse — einem Satze, der u. a. in der Auffassung des Schuld= verhältnisses als „juris vinculum" (II, 495, IV, 5), und in der Notwendigkeit des eigenen Handelns des Mündels, unter Beschränkung des Vormunds auf eine bloße „auctoritatis interpositio", Wirkungen äußerte. Endlich wirkte auch wohl die Anschauung mit, daß das Handeln für einen Anderen eines unabhängigen Freien nicht würdig sei. Aus diesen Gründen gelangte der Satz zur Geltung: „per liberam personam nihil adquiri posse" (1. 1 pr. C. 4, 27).

Mit der Steigerung des Verkehrs wurde dieser Grundsatz der Unzulässigkeit unmittelbarer Stellvertretung als Hindernis empfunden. Vor allem konnten Gewalt= untergebene zwar für Erwerbs=, nicht aber für Ver= pflichtungsgeschäfte als Organe des Gewalthabers handeln. Was Gewaltuntergebene erwarben, fiel dem Gewalthaber zu; gingen sie aber Verpflichtungsgeschäfte ein, so konnte der Gegner sich nur an sie, nicht an den Gewalthaber halten. Den hierdurch hervorgerufenen Schwierigkeiten begegnete das spätere römische Recht auf doppelte Weise, jedoch unter grundsätzlicher Aufrechterhaltung der Unzulässigkeit un= mittelbarer Stellvertretung.

1. Einerseits zog man die Linie der zulässigen that= sächlichen Vertretung (ministerium, S. 543) sehr weit und gelangte so zur Möglichkeit eines unmittelbaren Besitz= erwerbs und dadurch vermittelten Eigentums= und Pfand= rechtserwerbs durch einen Dritten[3]). Dagegen blieb es

---

[3]) L. 13 pr. D. de adquir. rerum dominio 41, 1: „Si procurator rem mihi emerit ex mandato meo eique sit tradita meo nomine, dominium mihi, id est proprietas adquiritur

für die Schuldverhältnisse noch im justinianischen Rechte
bei der Unzulässigkeit unmittelbarer Vertretung[4]). Nur
für das Darlehen wurde eine Ausnahme gemacht. Lieh
jemand Geld auf den Namen eines Anderen, so erwarb
dieser ohne weiteres die Darlehnsklage (l. 9 § 8 D. de
R. C. 12, 1).

2. Andererseits gab das prätorische Recht der mittel=
baren Stellvertretung eine praktische Ausdehnung durch
Zulassung der a c t i o n e s a d j e c t i c i a e q u a l i t a t i s
(I, 87[3]). Wenn ein Gewaltuntergebener (Hauskind oder
Sklave) im Namen des Gewalthabers oder ein Beauf=
tragter (procurator) im Namen des Auftraggebers handelte, so
wurde nach den oben dargelegten Grundsätzen zunächst nur der
Handelnde (der Sklave auch nur „naturaliter", IV, 170[3])
verpflichtet. Das prätorische Edikt gewährte nun unter
bestimmten Voraussetzungen neben den Klagen gegen
den das Geschäft Abschließenden die gleichen Klagen in
bestimmter Form[5]) gegen den Gewalthaber und Auftrag=

---

etiam ignoranti". Für den Erwerb des Pfandrechts vgl. l. 11 § 6
D. de pigneraticia actione 13, 7, wo die obligatorischen und die
possessorischen Beziehungen streng auseinandergehalten sind. Nur die
letzteren können durch einen gewillkürten (procurator) oder gesetzlichen
Vertreter (tutor) begründet werden. Auch die Erklärung des Erb=
schaftsantritts nach prätorischem Rechte (bonorum possessio), nicht
aber nach Civilrecht (hereditas), kann durch einen unmittelbaren
Stellvertreter erfolgen (l. 3 § 7 D. de bon. poss. 37, 1).
[4]) Savigny meinte, daß im späteren römischen Rechte beim
naturalen (formlosen), nicht aber beim civilen (formellen) Rechtserwerb
unmittelbare Stellvertretung zugelassen worden sei. (Er stützte sich auf
l. 53 D. de adquir. rerum domin. 41, 1: Ea quae civiliter
adquiruntur per eos, qui in potestate nostra sunt, adquirimus,
veluti stipulationem: quod naturaliter adquiritur, sicuti est
possessio, per quemlibet volentibus nobis possidere adquirimus.
Hier sind aber nicht civiler und naturaler Rechtserwerb, sondern
Rechtserwerb und Besitzerwerb in Gegensatz gestellt.
[5]) Die intentio (I, 280) der adjektizischen Klagen war auf den
Geschäftsführer, die condemnatio auf den Geschäftsherrn gestellt.
(Eine actio empti institoria hat (nach Lenel, Edictum perpetuum),
etwa so gelautet: Quod Aulus Agerius (Kläger, I, 282[6]) de Lucio
Titio (Geschäftsführer), cum is a Numerio Negidio (Geschäftsherr)
tabernae praepositus esset, X pondo olei emit, cui rei Lucius

geber, sodaß die Handelnden und die, für die gehandelt
war, in das Verhältnis von Solidarschuldnern (II, 500; IV,
357) traten. In den zu β, γ, δ erwähnten Fällen war die
Haftung des Gewalthabers ihrem Umfange nach beschränkt,
in den übrigen Fällen haftete er in voller Höhe. Da es sich
hierbei um Eintreten eines zweiten Schuldners, nicht um Ver=
schiebung einer Obligation auf einen anderen als den
ursprünglich Verpflichteten, handelte, nannte man diese
Klagen actiones adjecticiae qualitatis („hoc enim edicto
non transfertur actio sed adicitur", l. 5 § 1 D. de
exercitoria actione 14, 1).

Actiones adjecticiae qualitatis, also Klagen gegen
den Geschäftsherrn aus Rechtsgeschäften, die ein Geschäfts=
führer im eigenen Namen, aber für des Geschäftsherrn
Rechnung abgeschlossen hatte, waren:

α. die actio quod jussu (D. 15, 4), wenn ein
Gewaltuntergebener auf Ermächtigung — jussus — des
Gewalthabers ein bestimmtes Rechtsgeschäft des letzteren
besorgte; der jussus konnte an den Vertragsgenossen oder
an den Gewaltuntergebenen gerichtet sein;

β. die actio de peculio (D. 15, 1), wenn ein
Gewaltuntergebener auf Grund des ihm thatsächlich zur selb=
ständigen Verwaltung eingeräumten, rechtlich aber dem
Herrn eigentümlich verbliebenen Sonderguts (peculium)
Geschäfte abschloß; die Haftung des Herrn beschränkte sich
auf den Nettobetrag des peculium, nach Abzug (deductio)
seiner Ansprüche an den Unterworfenen[6]);

Titius a N° N° praepositus erat, quidquid ob eam rem Lucium
Titium A° A° dare facere oportet ex fide bona, ejus judex
Nm Nm A° A° condemna, si non paret absolve.

[6]) Der Gewalthaber konnte das peculium zwar jederzeit wieder
einziehen oder vermindern. Ebenso fiel das Sondergut mit Aufhören
der patria potestas (Tod des Vaters, Tod oder Emanzipation des
Kindes) an den Vater oder seine Erben zurück. Diese Personen hafteten
aber mit dem Eingezogenen der actio de peculio gegenüber noch
während eines annus utilis (unten § 57 b, also eine Art von Sperrjahr,
oben S. 191); vgl. D. 15, 2: Quando de peculio actio annalis
est. Übrigens waren die Forderungen des Gewalthabers gegen den
Gewaltunterworfenen nicht klagbar, sondern nur abziehbar, sie hatten

γ. die actio tributoria (D. 14, 4), wenn der Herr den Gewaltunterworfenen mit dem peculium ein Handels= gewerbe (taberna) hatte betreiben laſſen; hierbei haftete der Herr, anders wie bei der actio de peculio, auf den Bruttobetrag des peculium, d. h. er durfte ſeine eigenen Anſprüche nicht abziehen;

δ. die actio de in rem verso (D. 15, 3), wenn der Gewalthaber durch ein Geſchäft des Untergebenen reicher geworden iſt; er haftete dann bis zum Betrage dieſer Bereicherung für die von dem Untergebenen ein= gegangenen Verpflichtungen;

ε. die actio institoria (D. 14, 3), wenn der Inhaber eines Geſchäfts (dominus tabernae) einen Anderen (Ge= waltunterworfenen oder Freien) zum Handlungsbevoll= mächtigten (institor) für dieſen Gewerbebetrieb gemacht hatte (praeposuerat), ſofern der institor in den Grenzen ſeiner Vertretungsmacht (lex praepositionis, vgl. l. 11 §§ 2 ff. D. 14, 3) gehandelt hatte; ſtreitig war, ob der do- minus auch für Delikte des institor haftete (vgl. l. 5 §§ 8, 10 D. 14, 3);

ζ. die actio exercitoria (D. 14, 1), wenn ein Rheder (exercitor navis[7]), is qui navem exercet,

---

alſo den Charakter von Naturalforderungen (obligationes naturales). Zwiſchen den zu einander in einem Gewaltverhältniſſe ſtehenden Perſonen konnte eine klagbare Obligation (civilis obligatio) nicht entſtehen, da der Gewaltunterworfene vermögensrechtlich keine eigene Perſönlichkeit hatte. Hierüber iſt bei der Lehre von den Naturalobligationen zu ſprechen (IV, 169).

[7]) Institor iſt alſo ein Geſchäfts f ü h r e r , exercitor ein Geſchäfts= h e r r ; dem institor eines Gewerbebetriebs entſpricht bei der Rhederei der magister navis. Sowohl die actio institoria, als die actio exercitoria ſetzten nach der richtigen Anſicht (anders Windſcheid) voraus, daß die Gegenpartei wußte, daß das Geſchäft für den Geſchäftsherrn beſtimmt ſei, daß der institor oder der magister navis alſo unter Offenlegung des Vertretungsverhältniſſes gehandelt hatte. In ſolchen Fällen treten heute (S. 553) die Grundſätze über die unmittelbare Stellvertretung ein, wenn der Handelnde alieno nomine, von der mittelbaren Stellvertretung, wenn er proprio nomine gehandelt hatte. In keinem Falle kann bei derartigen Geſchäften neben dem Geſchäfts= führer auch noch der Geſchäftsherr mit einer actio institoria oder

b. h. nach der Begriffsbestimmung in HGB. § 484, der Eigentümer eines ihm zum Erwerbe durch die Seefahrt dienenden Schiffs) einen Freien oder Gewaltunterworfenen zum Schiffsführer (magister navis, Schiffer, Kapitän, vgl. HGB. § 511) bestellt hatte, soweit es sich um Geschäfte handelte, zu denen der Schiffer ermächtigt war oder die für den Betrieb der Schiffahrt erforderlich waren.

Während die actiones quod jussu, de peculio, tributoria und de in rem verso ein Gewaltverhältnis voraussetzten, waren die actiones institoria und exercitoria, wie erwähnt, auch dann gegeben, wenn ein Freier in einem dauernden Verhältnis (als Gewerbe= oder Schiffsführer) zu einem Prinzipale stand. In entsprechender Ausdehnung wurde die actio de in rem verso (als actio utilis, I, 288) auch für den Erwerb durch Rechtsgeschäfte eines freien Vertreters, die actio institoria als actio quasi institoria, ad exemplum institoriae, auch dann gewährt, wenn jemand einem Freien zu einem einzelnen Rechtsgeschäfte Vollmacht erteilt hatte.

Die actiones adjecticiae qualitatis setzten sämtlich voraus, daß in eigenem Namen, aber ersichtlich für fremde Rechnung gehandelt war. Sie bildeten einen Übergang von der mittelbaren zur unmittelbaren Stellvertretung; von der mittelbaren unterschieden sie sich dadurch, daß sie nicht gegen den Geschäfts f ü h r e r allein, von der unmittelbaren dadurch, daß sie nicht gegen den Geschäfts h e r r n allein gingen. Trotz dieser und anderer Übergangsformen[8]) hat

___

quasi institoria herangezogen werden. Dies verneint auch ERG. 2, 166. In diesem Falle hatte A. im Auftrage des B., aber in eigenem Namen von C. ein Darlehen aufgenommen und das Geld an B. abgeführt. Nachdem A. in Konkurs geraten war, klagte C. gegen B. auf Rückzahlung des Darlehens, wurde aber abgewiesen, weil A. alleiniger Darlehnsschuldner sei.

[8]) Über die Entwickelung der Prozeßvertretung vgl. I, 239. Über den Erwerb von Forderungsrechten durch einen Mittelsmann ist im Rechte der Schuldverhältnisse bei der Lehre von der Abtretung zu sprechen (IV, 300). Hier ist nur kurz darauf hinzuweisen, daß ursprünglich eine Lösung des Schuldverhältnisses (als eines juris vinculum, IV, 5) von den Personen der ursprünglichen Vertrags=

jedoch auch noch das justinianische Recht an der grund=
sätzlichen Unzulässigkeit unmittelbarer Stellvertretung fest=
gehalten. Noch in l. 6 § 3 C. 4, 50 ist anerkannt, daß, wenn
jemand als unmittelbarer Stellvertreter alieno nomine
einen Kauf abgeschlossen hat, die actio empti weder ihm
selbst noch dem Vertretenen zusteht, weil er für sich nicht
kaufen wollte, für diesen nicht kaufen konnte.

Diese dem römischen Recht eigentümliche Un=
zulässigkeit einer unmittelbaren Stellvertretung
ist aber nicht Gemeines Recht geworden. Während
das deutsche Recht, wie II, 466 gezeigt, sich der unmittelbaren
Stellvertretung gegenüber ablehnend verhielt und auch das
kanonische Recht sie nicht zur grundsätzlichen Durchführung
brachte, stellte sich unter dem Einflusse der naturrechtlichen
Lehre des 17. Jahrhunderts der seither in Theorie und Praxis
maßgebend gebliebene Grundsatz fest, daß die Vornahme
eines Rechtsgeschäfts für einen Anderen, soweit sie nicht
durch die Geschäftsart überhaupt ausgeschlossen ist (unten
S. 553), auf den Namen des Vertretenen und mit der
Wirkung geschehen kann, daß das Rechtsgeschäft nur für
den Vertretenen, nicht für den Vertreter Folgen nach sich
zieht. Ihren gesetzlichen Abschluß[9]) erhielt diese nur von

---

parteien überhaupt unzulässig war. Später durfte der Berechtigte
einem Anderen Vollmacht zur Anstellung der Klage auf den Namen
des Berechtigten geben, mit der Ermächtigung, das Erstrittene für sich
zu behalten (mandatum ad agendum in rem suam, procurator
in rem suam). Weiterhin wurde eine wahre Abtretung zulässig,
wodurch der Cessionar die Ermächtigung erhielt, die Klage als utilis
actio in eigenem Namen anzustellen; und endlich sollte in den Fällen
gesetzlich erzwingbarer Cession, der sog. cessio necessaria, dem Be=
rechtigten auch ohne ausdrückliche Abtretung auf Grund einer unter=
stellten cessio legis eine actio utilis zustehen, so vor allem bei Ge=
schäften, die ein Beauftragter für den Auftraggeber vorgenommen hatte.

[9]) Die actiones adjecticiae qualitatis haben, so weit sie auf
Gewaltverhältnissen beruhen (actiones quod jussu, de peculio,
tributoria, de in rem verso directa), schon infolge des Fortfalls
und der Änderung dieser Verhältnisse ihre Bedeutung verloren. Es
giebt heute bei uns keine Sklaven mehr (I, 91[5]), und das Verhältnis
des Hausvaters zu den Haussöhnen hatte sich schon nach Gemeinem
Recht insofern geändert, als diese durch Gewährung eines Sonder=

einigen Romanisten (Puchta, Bangerow) bestrittene Ent=
wickelung in § 164 BGB.: „Eine Willenserklärung, die
jemand innerhalb der ihm zustehenden Vertretungsmacht
im Namen des Vertretenen abgiebt, wirkt unmittelbar für
und gegen den Vertretenen".

Mit der grundsätzlichen Anerkennung der unmittel=
baren Stellvertretung haben die S. 547 geschilderten Not=
behelfe des römischen Rechts ihre Bedeutung verloren,
insbesondere auch die actiones adjecticiae qualitatis
(S. 548) bis auf die actio de in rem vero utilis, über
deren gegenwärtige Anwendbarkeit im Recht der Schuld=
verhältnisse zu sprechen ist. Heute haftet bei unmittel=
barer Vertretung — Vertretungsmacht natürlich voraus=
gesetzt — nur der Vertretene, bei mittelbarer Vertretung
nur der Vertreter.

c. Zulässigkeit.

Nach dem Vorstehenden läßt das moderne Recht
mittelbare und unmittelbare Stellvertretung grundsätzlich
zu (vgl. c. 68 in VI^to 5, 13: potest quis per alium,
quod potest facere per se ipsum). Hieraus folgt aber
nicht ihre Zulässigkeit bei allen Rechtsgeschäften.

1. Ausgeschlossen ist jede Art von Stellvertretung
bei den familienrechtlichen Geschäften sowie bei der Er=
richtung letztwilliger Verfügungen[10]).

---

guts entweder wirtschaftlich selbständig und damit gewaltfrei wurden
(emancipatio juris Germanici II, 721) oder, falls die Hingabe
eines Teils des väterlichen Vermögens nur zur Verwaltung erfolgte,
als unmittelbare Stellvertreter nur den Vater, nicht auch sich ver=
pflichteten. Eine Haftung von Vater und Sohn neben einander, wie
bei den oben erwähnten Klagen, war also gemeinrechtlich nicht mehr
möglich. Das Gleiche gilt für das BGB., nach dem die väterliche
Gewalt mit der Volljährigkeit des Kindes ohne weiteres endet. Die
den actiones institoria und exercitoria zu Grunde liegenden Ver=
hältnisse sind durch das HGB., insbesondere dessen IV. Buch „See=
handel", sowie durch das Binnenschiffahrtsgesetz und das Flößereigesetz
(S. 319^14) reichsrechtlich geordnet.

10) Das BGB. schreibt in einzelnen Fällen vor, daß ein Rechts=
geschäft „persönlich" vorgenommen werden muß, so in den §§ 1317

2. Durch die Zulassung der unmittelbaren Stell=
vertretung ist im modernen Rechte die vielbehandelte

(Eheschließung), 2064 (Testamentserrichtung), 2274, 2290 (Abschluß und
Aufhebung eines Erbvertrags); in anderen, daß „die Willenserklärung
nicht durch einen Vertreter abgegeben werden kann", so in
den §§ 1336, 1337 (Anfechtung und Bestätigung der Ehe), 1358 (Zu=
stimmung des Ehemanns zu einem von der Frau geschlossenen Dienst=
leistungsvertrage), 1595 (Anfechtung der Ehelichkeit), 1728 (Ehelichkeits=
erklärung), 1748 (Einwilligung zur Annahme an Kindesstatt), 1750
(Abschluß des Annahmevertrags). Nicht hierher gehören die Fälle,
in denen für den Abschluß eines Vertrags „gleichzeitige Anwesen=
heit beider Teile" verlangt wird, wie z B. in den §§ 925 (Auflassung),
1015 (Bestellung eines Erbbaurechts), 1434 (Ehevertrag); denn hier ist
die Stellvertretung nicht ausgeschlossen, sondern nur bestimmt, daß
die Erklärungen der Beteiligten oder ihrer Vertreter mündlich und
gleichzeitig, nicht schriftlich oder nach einander erfolgen sollen.

Besonderes gilt für die Eheschließung der Mitglieder der
souveränen Familien und der Fürstlichen Familie Hohenzollern
insofern, als nach § 72 des Reichspersonenstandsgesetzes in betreff der
Stellvertretung der Verlobten (sog. Eheschließung per procura-
tionem) die Observanz entscheidet.

Im Civilprozeß ist die Stellvertretung heute ebenfalls grund=
sätzlich zulässig, in Anwaltssachen (I, 241) sogar notwendig. Nur im
Sühnetermin in Ehesachen müssen die Parteien persönlich erscheinen
(CPO. § 610); ferner kann in Ehesachen das persönliche Erscheinen
der Parteien angeordnet und gleich dem von Zeugen erzwungen werden
(nur darf nicht auf Haft erkannt werden, CPO. § 619). Auch in
anderen Prozessen kann das persönliche Erscheinen angeordnet werden
(CPO. § 141); der Richter hat hier aber gegen ungehorsame Parteien
keine Zwangsmittel. In dem Verfahren vor den Gewerbegerichten
werden Rechtsanwälte oder geschäftsmäßige Prozeßvertreter nicht zu=
gelassen (RG. betreffend die Gewerbegerichte vom 29. Juli 1890 § 29).
Im Prozesse zu leistende Parteieide müssen von dem Schwurpflichtigen
in Person abgeleistet werden (CPO. § 478); anders früher im preuß.
Recht („Ableistung in die Seele des Machtgebers", ALR. I, 13 § 100).
In Preußen sind gemäß § 2 AGCPO. vom 24. März 1879 (Neu=
fassung vom 6. Oktober 1899, vgl. EGCPO. § 5) die deutschen
Landesherren und die Mitglieder der landesherrlichen Familien, sowie
der Fürstlichen Familie Hohenzollern, des vormaligen hannoverschen
Königshauses, des Kurhessischen und Herzoglich Nassauischen Fürsten=
hauses, zur Eidesleistung — unbeschadet des Rechts zur Ableistung
durch einen Bevollmächtigten — nur verpflichtet, wenn der Eid eine
Thatsache betrifft, welche in einer eigenen Handlung der Partei besteht
oder Gegenstand ihrer eigenen Wahrnehmung gewesen ist. In den
übrigen Fällen des § 445 CPO. (Handlungen oder Wahrnehmungen

Frage praktisch geworden, ob der Stellvertreter „mit sich
selbst kontrahieren" kann, d. h. ob jemand als Ver=
treter zweier Personen (zB. als Vorstand zweier Aktien=
gesellschaften) namens dieser oder auf der einen Seite für
sich, auf der anderen Seite als Vertreter handelnd, „in
sich" einen Vertrag schließen kann. Ist es zB. zulässig,
daß der Erwerber eines Grundstücks kraft einer ihm vom
Eigentümer erteilten Vollmacht in dessen Namen die Auf=
lassung erklärt und sie in eigenem Namen annimmt?

Das „Kontrahieren eines Vertreters mit sich selbst"
ist begrifflich möglich; aus Gründen der Rechtssicherheit
ist es aber nur dann zuzulassen, wenn der Rechtsvorgang
offen gelegt und eine Interessenkollision nicht vorhanden
ist. Das BGB. hat die sehr streitig gewesene Frage[11])

---

von Rechtsvorgängern oder Vertretern) wird der Eid von den für die
Vermögensverwaltung der Landesherren usw. bestehenden Behörden ge=
leistet, welche die Stellung gesetzlicher Vertreter einer nicht prozeßfähigen
Partei haben.

In Strafsachen ist eine Vertretung des Angeklagten nur
in den Fällen zugelassen (StPO. § 233), in denen eine Hauptverhand=
lung ohne seine Anwesenheit stattfinden kann (I, 247[1]); vgl. StPO.
§§ 230 Abs. 2 (wenn der Angeklagte sich aus der Hauptverhandlung
entfernt oder bei einer Fortsetzung der unterbrochenen Hauptverhandlung
ausbleibt, seine Vernehmung bereits erfolgt ist und das Gericht seine
fernere Anwesenheit nicht für erforderlich erachtet), 231 (bei Delikten,
die nur mit Geldstrafe, Haft oder Einziehung bedroht sind), 232
(Entbindung wegen weiter Entfernung), 322 (Vertretung beim
Verfahren gegen Abwesende), 390 (Vertretung vor dem Revisions=
gerichte), 427, 451, 457, 466 (Vertretung des Angeklagten in Privat=
klagesachen, beim Einspruche gegen amtsrichterliche Strafbefehle sowie
beim Antrag auf gerichtliche Entscheidung gegen polizeiliche Straf=
verfügungen oder gegen Strafbescheide der Verwaltungsbehörden). Des
Beistandes eines Verteidigers kann der Angeklagte sich dagegen stets
bedienen (StPO. § 137); zuweilen ist die Verteidigung sogar notwendig
(StPO. § 140: in Sachen, die vor dem Reichsgericht in erster Instanz
oder vor dem Schwurgerichte zu verhandeln sind, ferner in Strafkammer=
sachen, wenn der Angeklagte taub, stumm oder noch nicht 16 Jahre
alt ist, sowie auf Antrag, wenn ein Verbrechen — abgesehen von
Rückfallsverbrechen — in Frage steht; endlich im Falle des § 81
Abs. 2: wenn der Angeschuldigte zur Vorbereitung eines Gutachtens
über seinen Geisteszustand in eine öffentliche Irrenanstalt gebracht wird).

[11]) Das Reichsoberhandelsgericht und die herrschende Meinung des
Gem. Rechts (Rümelin, Selbstkontrahieren des Stellvertreters) nahmen

in § 181 dahin entschieden: „Ein Vertreter kann, soweit nicht ein Anderes ihm gestattet ist, im Namen des Vertretenen mit sich im eigenen Namen oder als Vertreter eines Dritten ein Rechtsgeschäft nicht vornehmen, es sei denn, daß das Rechtsgeschäft ausschließlich in der Erfüllung einer Verbindlichkeit besteht." Hiernach kann also zB. der Vormund sich für seine Forderungen an den Mündel aus dem von ihm verwalteten Mündelvermögen bezahlt machen (Erfüllungsgeschäft, BGB. § 1795 Abs. 2), und bei Erteilung einer Vollmacht kann das Selbstkontrahieren gestattet werden. In jedem Falle muß das Selbstkontrahieren äußerlich, zB. durch eine dem Vorgang entsprechende Eintragung in die Bücher der Vertragsparteien (vgl. ERG. 6, 11), ersichtlich gemacht werden.

d. Wesen.

Wie S. 546 dargelegt, besteht das Wesen der unmittelbaren Stellvertretung darin, daß das von einer Person vorgenommene Geschäft ohne eine weitere — im Falle mittelbarer Stellvertretung stets erforderliche — Rechtsübertragung für den Vertretenen unmittelbar wirksam wird. Die juristische Konstruktion dieses Vorgangs, die, wie unten zu zeigen ist, weitgehende praktische Folgen nach sich zieht, hat viele Zweifel hervorgerufen.

1. Zwei Theorieen standen sich für das Gemeine Recht gegenüber. Nach der einen (sog. Repräsentationstheorie, Windscheid, Laband) ist Geschäftspartei der Vertreter; da er aber den Prinzipal „repräsentiert", so wird das Geschäft hinsichtlich seiner Wirkungen so behandelt, als wäre es vom Prinzipale vorgenommen. Nach

---

unter Hinweis auf l. 9 pr. D. de pactis 2, 14: difficile est, ut unus homo duorum vicem sustineat, die Unzulässigkeit des Kontrahierens mit sich selbst an. Der I. Entwurf des BGB. und das Reichsgericht erklärten dagegen das Kontrahieren des Stellvertreters mit sich selbst grundsätzlich für zulässig (ERG. 6, 11; 7, 119; 24, 87), unter Hinweis auf die in den Quellen anerkannte Möglichkeit von Darlehns- und Zahlungsgeschäften zwischen dem Vormunde für sich und zugleich als Vertreter des Mündels (l. 9 §§ 5, 7 D. 26, 7).

der anderen Theorie (Savigny) ist Geschäftspartei der Vertretene selbst. Einen vermittelnden Standpunkt nahmen Mitteis (Stellvertretung, 1885) und Dernburg (Pandekten § 117) ein, nach denen der Vertreter und der Vertretene durch vereintes Handeln das Rechtsgeschäft erzeugen.

Die praktische Bedeutung der Auffassung vom Wesen der Stellvertretung besteht in folgendem: Die Anhänger der (gemeinrechtlich herrschend gewesenen) Repräsentations= theorie müssen die Voraussetzungen der Vornahme der Handlung (Handlungsfähigkeit, Auslegung der Willens= erklärung, Willensmängel — Irrtum, Zwang, Betrug — bona und mala fides, Kenntnis von Mängeln der Kauf= sache usw.) nach der Person des Vertreters (vgl. l. 12, 13 D. 18, 1; l. 51 D. 21, 1; l. 16 §§ 3, 4, l. 22 §§ 3, 5 D. 40, 12, die aber vorzugsweise von der mittelbaren Stell= vertretung handeln) und nur die Wirkungen des Rechts= geschäfts (Erwerbsfähigkeit) nach der Person des Ver= tretenen beurteilen. Die Vertreter der entgegengesetzten Auffassung lassen in allen diesen Beziehungen die Person des Vertretenen entscheiden. Sie sind aber genötigt, für die Fälle der gesetzlichen Vertretung (S. 560) eine Aus= nahme anzunehmen; denn sonst wäre die Vertretung ge= schäftsunfähiger Personen unverständlich. Die Anhänger der vermittelnden Theorie endlich beurteilen die oben er= wähnten Punkte nach dem Vertreter oder nach dem Ver= tretenen, je nach dem Maße der Beteiligung beider an dem vorgenommenen Geschäfte, sodaß es zB. bei einer auf Grund einer Generalvollmacht abgegebenen Willens= erklärung wesentlich auf das Wissen und Wollen des Ver= treters, bei einer auf Grund einer Vollmacht mit Spezial= instruktion abgegebenen wesentlich auf das des Vertretenen ankomme.

2. Das BGB. hat in Übereinstimmung mit der herrschenden Meinung des Gemeinen und preußischen[12])

---

[12]) Die im Texte besprochene Streitfrage bestand auch für das ALR. Dieses enthielt keine allgemeinen Vorschriften über die Auf=

Rechts grundsätzlich die Repräsentationstheorie angenommen. Es bestimmt in § 166: „Soweit die rechtlichen Folgen einer Willenserklärung durch Willensmängel oder durch die Kenntnis oder das Kennenmüssen gewisser Umstände beeinflußt werden, kommt nicht die Person des Vertretenen, sondern die des Vertreters in Betracht." Hiernach kommt es für die Frage der Übereinstimmung des wirklichen mit dem erklärten Willen, der Erheblichkeit von Zwang, Betrug, Irrtum, Wissen oder verschuldetem Nichtwissen, der Auslegung der abgegebenen Erklärung auf den Vertreter allein an. Hiervon macht § 166 Abs. 2 nur für den Fall einer durch Rechtsgeschäft (Vollmacht, S. 563) erteilten Vertretungsmacht eine Ausnahme, sofern der Vertreter nach bestimmten Weisungen des Vollmachtgebers gehandelt hatte. In diesem Falle kann sich der Vollmachtgeber, der Vertretene, in Ansehung solcher Umstände, die er selbst kannte oder kennen mußte (d. h. schuldhafter Weise nicht kannte), nicht auf die Unkenntnis des Vertreters berufen: es muß also bona fides sowohl beim Vertreter als beim Vertretenen vorhanden sein[13]). Die Ausnahme bezieht sich aber nur auf die gewillkürte, nicht auf die gesetzliche Stellvertretung und nur auf das Kennen oder Kennenmüssen gewisser Umstände, nicht auf Willensmängel (Zwang, Betrug, Irrtum). Beim Vertretenen vorhandene

---

fassung der Stellvertretung. Nur für den Besitzerwerb durch Stellvertreter war in I, 7 §§ 21, 22 bestimmt, daß es ausschließlich auf die Redlichkeit des Vertretenen ankommen soll.

[13]) Wenn also der Handlungskommis eines Bankiers in dessen Abwesenheit von einem zerlumpten Unbekannten für 10,000 Mark Inhaberpapiere kauft, so wird der Bankier in diesem Falle nicht nach BGB. §§ 932, 935 Eigentümer, falls die Papiere gestohlen sind. Denn der Kommis handelte grob fahrlässig, dies wird dem Prinzipale zugerechnet und der Grundsatz „Hand wahre Hand" findet auf den Erwerb der Papiere daher keine Anwendung (§ 932 Abs. 2). Weiß umgekehrt Bankier A., daß die ihm von einem vornehmen Herrn zum Kauf angebotenen Inhaberpapiere gestohlen sind, so kann er an ihnen dadurch kein unanfechtbares Eigentum erwerben, daß er seinen gutgläubigen Kommis mit der Erledigung des Geschäfts beauftragt.

Willensmängel können zwar den Bevollmächtigungsvorgang und damit mittelbar die Wirksamkeit der vom Bevollmächtigten abgegebenen Erklärungen für den Vollmachtgeber in Frage stellen[14]), haben aber für das Rechtsgeschäft selbst keine unmittelbare Bedeutung[15]). — Da die Wirkungen des Rechtsgeschäfts ausschließlich für und gegen den Vertretenen eintreten, so regeln sich die Voraussetzungen des Eintritts dieser Wirkungen (besonders Verpflichtungs-, Veräußerungs-, Erwerbsfähigkeit, zB. eines Vereins, Form der Erklärung) nach den Verhältnissen des Vertretenen. Daher kann auch ein beschränkt Geschäftsfähiger, zB. auch ein Minderjähriger (aber nicht ein Geschäftsunfähiger, da der Vertreter einen Willen äußern soll), als Vertreter verwendet werden (BGB. § 165). Natürlich wird ein solcher beschränkt Geschäftsfähiger nicht wie ein anderer Vertreter (zB. wegen Handelns ohne Vertretungsmacht, BGB. § 179 Abs. 3) verpflichtet, sofern er ohne Zustimmung seines gesetzlichen Vertreters gehandelt hat (S. 406).

e. Voraussetzungen wirksamer Stellvertretung.

Damit ein in unmittelbarer Stellvertretung vorgenommenes Geschäft die beabsichtigte unmittelbare Wirkung für und gegen den Vertretenen erziele, ist zweierlei erforderlich: der Vertreter muß für das Rechtsgeschäft

---

[14]) Ist die Vollmachtserteilung wegen eines dabei unterlaufenden Irrtums, Zwangs, Betrugs nichtig oder anfechtbar und angefochten (BGB. § 142, oben S. 499), so hat der Bevollmächtigte ohne Vertretungsmacht gehandelt. Der Vertretene hat dann die Wahl, ob er das Geschäft für sich gelten lassen will oder nicht (S. 578). In letzterem Falle haftet der Vertreter der Gegenpartei (S. 580), hat aber beim Irrtum unter den S. 427 dargelegten Umständen Anspruch auf das negative Vertragsinteresse gegen den Vollmachtgeber.

[15]) Dagegen sind Willensmängel auf seiten der Gegenpartei in allen Fällen von Bedeutung. Ist die Gegenpartei durch Zwang oder Betrug zur Vornahme des Rechtsgeschäfts veranlaßt worden, so ist dieses anfechtbar, sei es, daß der Vertreter oder daß der Vertretene sich der unzulässigen Einwirkung schuldig gemacht hat.

Vertretungsmacht (Legitimation) gehabt haben, und er
muß ferner offen als Vertreter aufgetreten fein.

1. Die Vertretungsmacht[16]) wird einer Person ent=
weder durch Rechtsfatz (gefetzlicher Vertreter, zB.
Vater — nach BGB. auch die eheliche Mutter —, Ehe=
mann, Vormund, Pfleger, Mitglied einer offenen Handels=
gefellfchaft, HGB. § 114) oder durch Rechtsgefchäft feitens
des zu Vertretenden (Bevollmächtigung, Vollmachts=
erteilung) gewährt (gewillkürter Vertreter). Bei der
Beftimmung des gefetzlichen Vertreters wirkt vielfach das
Gericht mit (Vormund, Pfleger, gerichtlich beftellter Liqui=
dator einer offenen Handelsgefellfchaft, HGB. § 146).
Über die Stellung des Gerichtsvollziehers vgl. I, 367[9],
über die des Konkursverwalters I, 662[2].

Der Umfang der Vertretungsmacht ift beim gefetz=
lichen Vertreter ftets durch Gefetz, beim gewillkürten zu=
nächft durch das Bevollmächtigungsgefchäft geordnet. Aber
auch der Umfang der Vollmacht ift meift durch das Ge=
fetz beftimmt. Regelmäßig kommen diefe gefetzlichen Vor=
fchriften zwar nur ergänzend, d. h. mangels einer ander=
weiten Beftimmung des Vollmachtgebers (fog. gefetzlich
vermuteter Umfang), zuweilen aber fogar abfolut zur
Anwendung, fodaß der Vollmachtgeber zu einer Ein=
fchränkung des gefetzlichen Umfangs mit Wirkung gegen
Dritte gar nicht imftande ift (fog. gefetzlich notwen=
diger Umfang)[17]).

---

[16]) Über die befonderen Wirkungen des Handelns im Namen
eines Anderen ohne Vertretungsmacht vgl. unten § 54.

[17]) Einen gefetzlich notwendigen Umfang hat zB. die Voll=
macht des Prokuriften. Er ift gemäß HGB. §§ 49, 50 zu allen durch
den Betrieb „irgend eines" Handelsgewerbes hervorgerufenen Ge=
fchäften, außer zur Veräußerung und Belaftung von Grundftücken, er=
mächtigt. Er darf daher nicht zB. das Gefchäft veräußern, denn das
gehört nicht zum „Betriebe" des Handelsgewerbes. Eine Befchränkung
diefes gefetzlichen Umfangs der Prokura ift Dritten gegenüber un=
wirkfam. Wenn alfo A. feinem Prokuriften B. unterfagt, Wechfel
für die Firma zu acceptieren, fo kann er, falls B. dies dennoch thut,
der Klage des Wechfelinhabers C. dies Verbot felbft dann nicht wirkfam
entgegenftellen, wenn C. beim Erwerbe des Wechfels wußte, daß B

Wer sich mit einem Vertreter in ein Geschäft einläßt, hat dessen Vertretungsmacht zu prüfen. Wer also zB. dem eine Quittung Vorlegenden auf Grund von BGB. § 370 eine Zahlung leistet, muß noch einmal zahlen, wenn

---

mit dessen Acceptierung gegen die Anweisungen seines Prinzipals handelte. Noch weiter geht die gesetzliche Vertretungsmacht eines zur Vertretung berufenen offenen Handelsgesellschafters. Sie erstreckt sich auch auf die Veräußerung und Belastung von Grundstücken und die Erteilung und den Widerruf einer Prokura (HGB. § 126); ebenso die Vertretungsmacht des Vorstands einer Aktiengesellschaft (HGB. § 235).

Dagegen ist der Umfang aller übrigen Handlungsvollmachten nur ein gesetzlich zu vermutender. So ist zB. in HGB. § 54 der Umfang der Handlungsvollmacht dahin bestimmt worden, daß sie sich auf alle Geschäfte (mit Ausnahme der Veräußerung und Belastung von Grundstücken, der Wechselzeichnung, Darlehnsaufnahme und Prozeßführung) erstreckt, die der Betrieb eines „derartigen" Handelsgewerbes oder die Vornahme derartiger Geschäfte „gewöhnlich" mit sich bringt. Der Geschäftsherr kann dem Handlungsbevollmächtigten weitere Beschränkungen auferlegen. Dritten gegenüber wirken diese — wegen des obigen, gesetzlich zu vermutenden Umfangs der Handlungsvollmacht — jedoch nur dann, wenn sie sie kannten oder infolge von Fahrlässigkeit nicht kannten (kennen mußten). Ebenso gilt der in einem offenen Laden Angestellte zu den in einem derartigen Gewerbebetriebe üblichen Verkäufen und Empfangnahmen als ermächtigt; der Prinzipal kann diese gesetzlich zu vermutende Vollmacht jedoch (zB. durch Plakate: „Bitte nur an der Kasse zu zahlen") beschränken; HGB. § 56. Vgl. auch noch HGB. § 55 (Umfang der Vollmacht der Handlungsreisenden: sie gelten außerhalb des Orts der Geschäftsniederlassung als Handlungsbevollmächtigte mit der besonderen Ermächtigung, den Kaufpreis aus den von ihnen abgeschlossenen Verkäufen einzuziehen und dafür Zahlungsfristen zu bewilligen) und BGB. § 370 (unten S. 568⁶).

Der Umfang der Prozeßvollmacht ist in CPO. § 81 bestimmt. Sie ermächtigt zu allen den Rechtsstreit betreffenden Prozeßhandlungen, nicht also zB. zur Abgabe oder Empfangnahme der Aufrechnungserklärung, da die Aufrechnung der Zahlung gleichsteht (IV, 286²¹). Nach § 83 hat eine Beschränkung dieses gesetzlichen Umfangs dem Gegner gegenüber nur insoweit rechtliche Wirkung, als sie die Beseitigung des Rechtsstreits durch Anerkenntnis, Vergleich und Verzicht bezweckt. Zur Empfangnahme des Streitobjekts bedarf der Prozeßbevollmächtigte jedoch einer besonderen Ermächtigung; seine gesetzliche Vollmacht erstreckt sich nur auf Annahme der vom Gegner zu erstattenden Kosten (I, 245).

die Quittung gefälscht war. Denn zur Zahlungsempfang=
nahme gilt natürlich nur der Überbringer einer echten
Quittung als ermächtigt (unten S. 568 [6]).

2. Die Kundgebung des Vertretungswillens kann,
wie jede Willenserklärung, ausdrücklich oder stillschweigend
erfolgen, oder, wie BGB. § 164 dies ausdrückt: „Es
macht keinen Unterschied, ob die Erklärung ausdrücklich im
Namen des Vertretenen erfolgt oder ob die Umstände er=
geben, daß sie in dessen Namen erfolgen soll“. Eine
Offenlegung, daß auf den Namen eines Anderen gehandelt
werden soll, ist aber stets erforderlich. Fehlt es an einer
solchen, so gilt der Handelnde als Gegenpartei. Er kann
sich in einem solchen Falle nicht etwa darauf berufen, daß
er nicht die Absicht gehabt habe, für sich zu handeln. Das
wäre eine nicht zu berücksichtigende Mentalreservation.
§ 164 BGB. bestimmt deshalb ausdrücklich: „Tritt der
Wille, in fremdem Namen zu handeln, nicht erkennbar
hervor, so kommt der Mangel des Willens, im eigenen
Namen zu handeln, nicht in Betracht“.

Die Anwendung dieser Vorschrift setzt voraus, daß
die nichterfolgte Offenlegung des Vertretungswillens fest=
steht. Sehr zweifelhaft und auch durch das BGB. [18]
nicht entschieden ist dagegen die Frage der Beweislast,
wenn es streitig ist, ob die Kundgebung des Vertretungs=
willens erfolgt ist, also wenn zB. A. den B. auf Er=
füllung eines Vertrags verklagt und B. einwendet, er
habe im Namen des C. gehandelt. Wie beim Streit über
die Zufügung einer aufschiebenden Bedingung (S. 521),
so ist auch hier davon auszugehen, daß das Vorbringen
des B. keine Einrede, sondern Leugnen eines Teils des
Klagegrunds, nämlich seiner Passivlegitimation (I, 226),
also sog. negative Litiskontestation ist; d. h. A. hat darzu=

---

[18] Vgl. nur BGB. § 1357: „Die Frau ist berechtigt, innerhalb
ihres häuslichen Wirkungskreises die Geschäfte des Mannes für ihn zu
besorgen und ihn zu vertreten. Rechtsgeschäfte, die sie innerhalb dieses
Wirkungskreises vornimmt, gelten als im Namen des Mannes vor=
genommen, wenn nicht aus den Umständen sich ein Anderes ergiebt.“

thun, daß bei dem Verhandeln mit B. dessen angeblicher
Wille, für C. zu kontrahieren, nicht erkennbar hervorgetreten
ist (ERG. 2, 194; 3, 122). Kann er hierfür keinen
anderen Beweis erbringen, dann muß er dem B. den Eid
zuschieben.

§ 53. Vollmacht.

a. Vollmacht und Auftrag.

Nach S. 560 ist Vollmacht[1]) die durch Rechts=
geschäft erteilte Vertretungsmacht. In früherer
Zeit warf man mit der Vollmacht den Auftrag zu=
sammen[2]), zumal beide Begriffe durch das Wort „mandatum" umfaßt wurden. Heute ist man sich klar darüber,
daß Vollmacht und Auftrag zwei völlig verschiedene Rechts=
geschäfte sind, die vielfach freilich im Verhältnisse von Mittel
und Zweck zu einander stehen. Das BGB. behandelt sie
daher getrennt, die Vollmacht im Allgemeinen Teile
(§§ 167—176), den Auftrag im Recht der Schuldver=
hältnisse (§§ 662—676).

1. Auftrag ist die Übertragung der unent=
geltlichen Besorgung eines Geschäfts (vgl. BGB.
§ 662). Diese Geschäftsbesorgung kann sich auch auf
Geschäfte thatsächlicher Natur, die Vollmacht kann sich nur
auf Rechtsgeschäfte beziehen. Ich beauftrage meinen Diener,
das von mir gekaufte Buch vom Buchhändler abzuholen;

---

[1]) In der Praxis versteht man unter Vollmacht auch die Voll=
machtsurkunde (BGB. § 172). Auch CPO. § 80 spricht von „schrift=
licher Vollmacht".

[2]). Noch das ALR. I, 13 § 5 erklärte: „Die Willenserklärung,
wodurch Einer dem Anderen das Recht erteilt, ein Geschäft für ihn
und statt seiner zu betreiben, wird Auftrag oder Vollmacht ge=
nannt." Dagegen war sich schon das alte HGB. über die Unzulässigkeit
des Zusammenwerfens dieser Rechtsbegriffe klar (vgl. zB. altes HGB. Art.
58, 67 Abs. 2, 269 Abs. 2, 297, 323). Insbesondere hielt es die
lediglich in einem Auftrags= (Dienst=) verhältnisse stehenden Handlungsgehülfen und die Handlungsbevollmächtigten (Buch I, Titel 5
und 6, nach dem neuen HGB. Abschnitt 5 und 6) streng geschieden.

36*

ich bevollmächtige ihn, beim Buchhändler auf meinen Namen
ein Buch zu entnehmen.

2. Wie dieses Beispiel ergiebt, kann Vollmacht und
Auftrag durch die gleiche Willenserklärung erteilt werden,
und dies ist vielfach der Fall. Aber weder enthält jeder
Auftrag, wie das erste Beispiel zeigt, eine Vollmacht,
noch beruht jede Vollmacht auf einem Auftragsverhältnisse;
so kann z.B. die Vollmacht des offenen Handelsgesellschafters
auf dem Gesellschaftsvertrage beruhen (HGB. § 125;
vgl. BGB. § 714).

3. Die Vollmacht ist bestimmt, die Rechtsverhältnisse
des Vollmachtgebers[3] Dritten gegenüber nach außen
zu ordnen, das Auftragsverhältnis ist ausschließlich Innen=
verhältnis.

4. Durch die als einseitiges Rechtsgeschäft auf=
zufassende (S. 387) Vollmachtserteilung erhält der Bevoll=
mächtigte Dritten gegenüber ein Recht, für den Voll=
machtgeber zu handeln; durch die auf Grund eines Ver=
trags erfolgte Übernahme des Auftrags übernimmt er
dem Auftraggeber gegenüber die Pflicht hierzu.

---

[3] Dadurch unterscheidet sich die Vollmacht von der Er=
mächtigung. Beide gewähren die Macht zur Ausführung von Rechts=
handlungen, deren Vornahme eigentlich dem Machtgeber obliegt; bei
der Vollmacht handelt es sich jedoch um Wahrnehmung eines Interesses
des Vollmachtgebers, bei der Ermächtigung um ein Interesse des
anderen Teils oder eines Dritten. Die Vollmacht ist dazu regelmäßig
frei widerruflich und unvererblich (S. 573), die Ermächtigung regel=
mäßig unwiderruflich und wird durch den Tod des Ermächtigenden
nicht berührt; vgl. BGB. §§ 112, 113 (Ermächtigung des Minder=
jährigen, ein Erwerbsgeschäft selbständig zu betreiben, sowie in Dienst
oder in Arbeit zu treten), 1321 (Eheschließung vor einem unzuständigen
Standesbeamten auf Grund schriftlicher Ermächtigung des zuständigen);
vgl. auch § 2 des RG. vom 5. Juli 1896, unten S. 566[4]. Keine
Vollmacht liegt daher in der Hingabe eines Blankoaccepts, d. h. einer
auf ein Wechselformular gesetzten Annahmeerklärung mit der „Er=
mächtigung", das Formular in gewisser Weise auszufüllen. Übrigens
werden beide Ausdrücke auch oft gleichbedeutend gebraucht; vgl. z.B.
BGB. § 370: „Der Überbringer einer Quittung gilt als ermächtigt,
die Leistung zu empfangen . . . ."; nach genauer Ausdrucksweise müßte
es heißen „bevollmächtigt". Über das Verhältnis der Bevollmächtigung
zur Zustimmung vgl. unten S. 582.

5. Der Auftrag kann, soweit er sich auf ein Rechts=
geschäft bezieht, sowohl eine unmittelbare als eine mittel=
bare Vertretung des Auftraggebers bezwecken; die Voll=
machtserteilung hat praktische Bedeutung nur, wenn unmittel=
bare Vertretung beabsichtigt ist[4]). Bei dem gleichen Ge=

---

[4]) Wenn ich A. beauftrage, als Kommissionär (S. 545[2]), also
in eigenem Namen, aber für meine Rechnung, — Fall der mittel=
baren Stellvertretung — Waren zu kaufen oder zu verkaufen, so bedarf
er keiner Vollmacht; denn er tritt dem Verkäufer oder Käufer gegen=
über selbst als Gegenpartei auf. Selbst wenn er hierbei mitteilt,
daß er für meine Rechnung handelt, ist dies die Mitteilung eines
rechtlich bedeutungslosen Beweggrundes (S. 394). Die Thatsache, daß
er von mir beauftragt ist, hat Wirkungen nur nach innen, insofern
als ich von ihm die Übergabe der eingekauften Waren oder des Kauf=
preises für die von ihm verkauften Waren verlangen kann. Eigentümer
der eingekauften Waren wird zunächst der Einkaufskommissionär,
Forderungen aus den vom Verkaufskommissionär abgeschlossenen Ver=
käufen stehen ebenfalls nur ihm zu (HGB. § 392). Der Kommittent
wird erst durch die Übergabe und Abtretung Eigentümer und Forderungs=
berechtigter. Hat der Verkaufskommissionär, wozu er verpflichtet ist,
die erworbenen Forderungen dem Kommittenten abgetreten, so gelten
sie immerhin noch als ehemalige Forderungen des Kommissionärs, der
Schuldner kann daher dem klagenden Kommittenten Einreden aus der
Person des Kommissionärs entgegenstellen.

Von diesen Grundsätzen macht HGB. § 392 Abs. 2 eine wichtige
Ausnahme. Die von dem (Verkaufs=)Kommissionär erworbenen
Forderungen gelten im Innenverhältnisse des Kommittenten zu dem
Kommissionär und dessen Gläubigern auch schon vor der Abtretung
als Forderungen des Kommittenten. Wenn also A. dem B. ein Pferd
zum kommissionsweisen Verkauf übergiebt, und B. es an C. auf
Kredit verkauft, so kann ein Gläubiger des B. dessen Kaufgeldforderung
gegen C. nicht wirksam pfänden, d. h. A. könnte dann auf Grund des
§ 771 CPO. intervenieren (I, 237[3]). Verfällt B. in Konkurs, so ist
A. hinsichtlich der Forderung des B. gegen C. aussonderungsberechtigt.
Diese Ausnahme bezieht sich aber, wie erwähnt, nur auf Forderungen,
nicht auch auf Sachen, die der Kommissionär für den Kommittenten
erworben hat. Wenn also A. dem B. 1000 Mk. mit der Anweisung
einhändigt, ihm dafür ein Pferd zu kaufen, so hat A. kein Interventions=
oder Aussonderungsrecht, wenn das von B. gekaufte, aber noch nicht
dem A. übergebene Pferd im Stalle des B. für dessen Gläubiger ge=
pfändet wird oder wenn B. vor der Übergabe in Konkurs verfällt
(vgl. dagegen umgekehrt KO. § 44 über das erweiterte Aussonderungs=
recht — droit de suite — des Einkaufskommissionärs im Konkurse
des Kommittenten; I, 620[3]). In solchen Fällen ist es daher von

schäfte kann der Auftrag gültig, die zu seiner Ausführung erteilte Vollmacht, zB. mangels der dafür vorgeschriebenen Form, nichtig sein (zB. ich erteile jemandem schriftlich den Auftrag, mein Grundstück an X. aufzulassen, ohne die nach GBO. §§ 29, 30 mindestens erforderliche öffentliche Beglaubigung meiner Unterschrift).

6. Vollmacht und Auftrag decken sich vielfach auch dem Umfange nach nicht. Ich verbiete meinem Proku= risten, Wechsel für mich zu zeichnen. Ich beschränke damit seinen Auftrag; seine durch das Gesetz bestimmte Vollmacht wird aber dadurch nicht berührt (S. 560 [17]). „Dem Dritten gegenüber handelt der Vertreter nicht kraft seines Auf= trags, sondern kraft seiner Vollmacht" (Reichsoberhandels= gericht).

---

höchster Wichtigkeit, festzustellen, ob die Übergabe bereits als erfolgt anzusehen ist. Hierzu ist, wie in der Lehre vom Besitze darzulegen ist, die Erlangung des körperlichen Gewahrsams nicht immer erforderlich (constitutum possessorium, vgl. BGB. § 854 Abs. 2).

Die aus dem Vorstehenden erhellende ungünstige Lage des Kommittenten hinsichtlich der mit seinem Gelde von dem Kommissionär erworbenen Gegenstände hat — besonders bei der einem Bankier er= teilten Kommission zum Einkaufe von Wertpapieren — vielfache Un= zuträglichkeiten hervorgerufen. Ihnen und anderen bei dem Geschäfts= verkehre mit Bankiers hervorgetretenen Gefahren begegnet das RG. vom 5. Juli 1896 betreffend die Pflichten der Kaufleute bei Auf= bewahrung fremder Wertpapiere, sog. Depotgesetz. Nach § 1 hat jeder Kaufmann Wertpapiere, die ihm im Betriebe seines Handels= gewerbes unverschlossen zur Verwahrung oder als Pfand übergeben sind, in ein Handelsbuch einzutragen und unter äußerlich erkennbarer Bezeichnung des Hinterlegers oder Verpfänders gesondert von seinen eigenen Beständen und von denen Dritter aufzubewahren. Eine Er= klärung des Hinterlegers oder Verpfänders, durch die der Empfänger zur Verfügung über die Wertpapiere oder zur Rückgabe gleichartiger Wertpapiere ermächtigt wird, muß, sofern nicht der Hinterleger oder Verpfänder Bankier ist, für jedes einzelne Geschäft schriftlich und aus= drücklich abgegeben werden (§ 2). Wer als Einkaufskommissionär Wertpapiere einkauft, hat binnen 3 Tagen dem Kommittenten ein Stücke= verzeichnis zu übersenden, mit dessen Absendung das Eigentum an den Kommittenten übergeht (§§ 3, 7).

b. Erteilung der Vollmacht.

Das Rechtsgeschäft, durch welches die Vertretungs=
macht erteilt wird, ist ein einseitiges Rechtsgeschäft, kein
Vertrag; es ist ein von dem unterliegenden Grund, ins=
besondere dem etwaigen Auftrags= oder Dienstverhältnis,
unabhängiges, also abstraktes Geschäft (S. 398). Für die
Erlangung der Vertretungsmacht bedarf es keiner Annahme=
erklärung des Bevollmächtigten; die Vollmacht ist ein
empfangsbedürftiges einseitiges Rechtsgeschäft (S. 387)
(vgl. BGB. § 167: „Die Erteilung der Vollmacht erfolgt
durch Erklärung gegenüber dem zu Bevollmächtigenden ...“).
Wohl aber bedarf der mit der Vollmachtserteilung viel=
fach verbundene Auftrag der Annahme (vgl. BGB. § 662),
und die Vollmacht wird in einem solchen Falle regelmäßig
nur als unter der stillschweigenden Bedingung der Über=
nahme des Auftrags erteilt anzusehen sein.

Da die Vollmacht dem Bevollmächtigten das Recht
gewährt, in die Rechtsverhältnisse des Vollmachtgebers
bestimmend einzugreifen, so ist zur Vollmachtserteilung ein
Geschäftsunfähiger überhaupt nicht, ein beschränkt Geschäfts=
fähiger nur unter denselben Voraussetzungen berechtigt,
unter denen er verpflichtende Erklärungen überhaupt ab=
geben darf (S. 406).

Die Erteilung der Vollmacht erfolgt durch Erklärung[5]
gegenüber dem zu Bevollmächtigenden oder dem Dritten,
dem gegenüber die Vertretung stattfinden soll (vgl.
BGB. § 167). Die erfolgte Vollmachtserteilung kann auch
durch öffentliche Bekanntmachung kundgegeben werden, was
eine besondere Bedeutung im Falle des Erlöschens der
Vollmacht hat (vgl. BGB. § 171, unten S. 575). Wie
jede Erklärung (S. 447), so kann auch die Vollmachts=
erteilung regelmäßig ausdrücklich oder durch konkludente

---

[5] Diese Erklärung ist der die Vollmacht erzeugende Vorgang
selbst dann, wenn die Vollmachtserteilung noch einer besonderen Ver=
öffentlichung bedarf. Der Prokurist ist daher schon vom Augenblicke
seiner Bestellung, nicht erst von der Eintragung in das Handelsregister
an (HGB. § 53), zur Vertretung des Prinzipals bevollmächtigt.

Handlungen erfolgen; nur für die Prokura ist in HGB. § 48 ausdrückliche Erklärung vorgeschrieben. Vollmachts= erteilung durch konkludente Handlungen (sog. still= schweigend erteilte Vollmacht) liegt besonders vor, wenn ein erteilter Auftrag ohne Vollmacht nicht aus= geführt werden kann, zB. wenn ich mit dem Kaufmanne, der die Waren für meinen Haushalt liefert, in monat= licher Verrechnung stehe und meinem Dienstmädchen das Abrechnungsbuch mit der Weisung übergebe, darin die nach Bedarf zu entnehmenden Waren vermerken zu lassen; vgl. l. 8 D. 14, 5. Als stillschweigend zur Erhebung des Kaufgelds bevollmächtigt erklärte ALR. I, 13 § 131 den. mit dem Verkauf einer Sache Beauftragten insoweit, als er zur Übergabe der Sache in den Stand gesetzt ist. In ähnlicher Weise liegt nach HGB. § 56 in der Anstellung eines Handlungsgehülfen in einem offenen Laden regel= mäßig die Bevollmächtigung zu den Verkäufen und Em= pfangnahmen, die dort gewöhnlich geschehen; vgl. auch BGB. § 714: der geschäftsführende Gesellschafter ist im Zweifel ermächtigt, die anderen Gesellschafter Dritten gegen= über zu vertreten [6]).

---

[6]) Als stillschweigend zum Zahlungsempfange bevollmächtigt be= zeichnete ALR. I, 13 § 130 ferner denjenigen, dem der Gläubiger eine Quittung „anvertraut". Dies ist in das alte HGB. Art. 296 und das BGB. § 370 mit der bemerkenswerten Erweiterung über= gegangen, daß jeder Überbringer einer Quittung — selbst wenn er diese gestohlen oder gefunden und unterschlagen hat — zum Empfange der Leistung als ermächtigt gilt, sofern nicht die dem Leistenden be= kannten Umstände der Annahme einer solchen Bevollmächtigung ent= gegenstehen. Hier handelt es sich also nicht mehr um eine stillschweigend erteilte Vollmacht, sondern um eine gesetzlich bestimmte Legitimation des Inhabers einer Quittung. Unbeschränkt ist ferner der im Besitze der vollstreckbaren Ausfertigung befindliche Gerichtsvollzieher zur Ent= gegennahme der Leistung kraft Gesetzes bevollmächtigt (CPO. § 755). Mit der stillschweigend erteilten ist die sog. vermutete Voll= macht nicht zu verwechseln. Nach ALR. I, 13 §§ 119 ff. hatten Ehe= leute, gewisse nahe Verwandte und Verschwägerte, Miteigentümer, Ver= walter, Buchhalter und Hausoffizianten ein Recht darauf, zur Besorgung unaufschieblicher Angelegenheiten einer Person, zu der sie in einer der vorbezeichneten Beziehungen standen, auch ohne Vollmacht zugelassen zu

Die Vollmachtserteilung bedarf nach Gemeinem Recht[7]) und ebenso nach BGB. § 167 nicht der Form, die für das Rechtsgeschäft bestimmt ist, auf das sich die Vollmacht bezieht. Eine Form für die Vollmachtserteilung ist im BGB. nur in § 1945 (öffentlich beglaubigte Vollmacht bei Ausschlagung einer Erbschaft) vorgesehen; ferner kann nach § 174 ein empfangsbedürftiges Rechtsgeschäft (S. 387) zurückgewiesen werden, wenn nicht eine Vollmachtsurkunde vorgelegt wird. Dagegen muß die Vollmacht zur Stellung des Antrags auf eine Eintragung im Grundbuche (vgl. GBO. §§ 29, 30, ebenso schon PrGBO. vom 5. Mai 1872 § 37) durch eine öffentliche oder öffentlich beglaubigte Urkunde nachgewiesen werden[8]).

---

werden. Der Vertretene war sofort zu benachrichtigen und hatte innerhalb der Annahmefristen (S. 504[6]) zu erklären, ob er das Rechtsgeschäft für sich gelten lassen wolle oder nicht. Während also bei der „stillschweigenden Vollmacht" eine solche wirklich vorhanden ist oder als vorhanden angenommen wird, wird bei der „vermuteten Vollmacht" eine Vollmacht nicht vermutet — wie man dem Ausdrucke entnehmen könnte —, sondern ist überhaupt nicht vorhanden. In Wahrheit handelt es sich um Vornahme eines Rechtsgeschäfts ohne Vertretungsmacht; vermutet werden könnte höchstens, daß der Vertretene die Vollmacht erteilt hätte, wenn er die eingetretenen Verhältnisse vorausgesehen haben würde. Aus diesem Grunde wurde die auf Grund „vermuteter Vollmacht" vorgenommene Geschäftsführung ohne Auftrag vom ALR. anders behandelt, als die gewöhnliche negotiorum gestio, insofern nur bei der ersteren das Stillschweigen des Vertretenen innerhalb der Antragsfristen als Einwilligung galt (I, 13 § 127).

Das BGB. beseitigt dies Rechtsinstitut durch Nichterwähnung, weil die Vorschriften über das Handeln ohne Vertretungsmacht (S. 577) regelmäßig ausreichen. Ähnlich ist die Vorschrift in §§ 322, 474 StPO., daß in der Hauptverhandlung gegen Abwesende, insbesondere solche, die sich der Wehrpflicht entzogen haben, Angehörige, ohne daß sie einer Vollmacht bedürfen, als Verteidiger zuzulassen sind.

[7]) Dagegen konnte nach ALR. I, 13 § 8 der Dritte aus Handlungen des Bevollmächtigten gegen den Vollmachtgeber nur dann klagen, wenn die Vollmacht schriftlich erteilt war.

[8]) Nach CPO. § 80 muß der Prozeßbevollmächtigte seine Vollmacht durch eine Urkunde nachweisen, die auf Verlangen des Gegners gerichtlich oder notariell beglaubigt werden muß. Das Gericht hat aber gemäß § 88 CPO. den Mangel der Vollmacht nur im

c. Umfang der Vollmacht.

Wie S. 560 bemerkt, bestimmt sich die Vertretungs-
befugnis (Legitimation) des Bevollmächtigten nach dem
Inhalte der ihm erteilten Vollmacht, soweit ihr Umfang
nicht ein gesetzlich notwendiger ist. Es ist also Sache desjenigen, der sich mit einem Bevollmächtigten einläßt, dessen
Legitimation zu prüfen. Bei Vertragsunterhandlungen kann
er den Bevollmächtigten zur Offenlegung seiner Vollmacht
durch seine Weigerung, den Vertrag vorher abzuschließen,
leicht zwingen. Bei einseitigen, empfangsbedürftigen Rechtsgeschäften (zB. einer Kündigung) wird er dagegen häufig
im Zweifel sein, ob der sich als bevollmächtigt Ausgebende
wirklich zu dem vorgenommenen Rechtsgeschäfte bevollmächtigt ist. § 174 BGB. bestimmt daher, daß ein einseitiges, empfangsbedürftiges Rechtsgeschäft, das ein Bevollmächtigter vornimmt, unwirksam ist, wenn der Bevollmächtigte eine Vollmachtsurkunde nicht vorlegt und der
Andere das Rechtsgeschäft aus diesem Grund ohne schuldhafte Zögerung („unverzüglich") zurückweist. Die Zurück-
weisung ist ausgeschlossen, wenn der Vollmachtgeber den
Anderen von der Bevollmächtigung in Kenntnis gesetzt hat.

Eine Vollmachtserteilung kann sich einerseits (sog.
Spezialvollmacht) auf Vornahme eines einzelnen Rechtsgeschäfts (sog. mandatum ad hoc) oder aller Rechtsgeschäfte derselben Art (sog. Artvollmacht), andererseits
(sog. Generalvollmacht) auf die Verwaltung des

Nichtanwaltsprozeß (I, 241) von Amtswegen zu berücksichtigen. In
den Prozessen vor den Kollegialgerichten werden daher Vollmachten
thatsächlich nur, wenn der Gegner dies verlangt, zu den Akten eingereicht, schon um den in den meisten Bundesstaaten bestehenden Voll-
machtsstempel (zB. in Preußen nach dem Stempelsteuergesetze vom
31. Juli 1895, Tarifposition Vollmachten) zu sparen.

Im Strafverfahren bedarf der Verteidiger einer schriftlichen,
zu den Akten einzureichenden Vollmacht nur, wenn er an Stelle
des abwesenden Angeklagten (S. 555[1]), nicht wenn er neben dem
anwesenden Angeklagten auftritt; vgl. StPO. §§ 233, 390, 451,
457, 478 und ebenso betreffs der Vertretung des Privatklägers
§§ 418, 427.

ganzen Vermögens erstrecken[9]). Dem procurator omnium bonorum[10]) kann entweder nur die Verwaltung oder auch die Verfügung über die Substanz des Vermögens (Ver= äußerung, Verpfändung) übertragen sein. Aber selbst bei einer solchen sog. administratio cum libera (sc. potestate) war der Bevollmächtigte nach Gemeinem Rechte zu Schen= kungen (mit Ausnahme von Gelegenheitsgeschenken) nicht be= fugt (l. 7 D. de donat. 39, 5). Wohl aber war der procurator „cum libera" nach c. 4 in VI^to 1, 19 zum Abschlusse von Vergleichen auch ohne die sonst hierzu erforderliche Spezial= vollmacht ermächtigt. Das BGB. hat diese Besonderheiten nicht aufgenommen. Der Umfang der erteilten Vollmacht ist nach Lage des einzelnen Falls zu bestimmen.

Nach dem Umfange der Vollmachtserteilung ist auch die Frage zu beantworten, ob der Bevollmächtigte sich

---

[9]) Das HGB. § 54 stellt mehrere dieser Möglichkeiten zusammen: „Ist jemand ohne Erteilung der Prokura zum Betrieb eines Handels= gewerbes oder zur Vornahme einer bestimmten zu einem Handelsgewerbe gehörenden Art von Geschäften oder zur Vornahme einzelner zu einem Handelsgewerbe gehöriger Geschäfte ermächtigt" usw. Dieser § handelt von den von einem Kaufmanne zwecks Aufrechterhaltung seines Gewerbebetriebs erteilten Vollmachten. Über die zu einem einzelnen Handelsgeschäfte, sei es von einem Kaufmann oder Nichtkaufmann, er= teilte Vollmacht bestimmte das alte HGB. Art. 296 die entsprechende Anwendung der für Handlungsvollmachten gegebenen Art. 52 und 55. Im neuen HGB. ist eine dem Art. 296 entsprechende Vorschrift nicht aufgenommen, da die Vorschriften des BGB. eingreifen.

[10]) Das ALR. I, 13 §§ 98 ff. schrieb für einzelne Rechtsgeschäfte „Spezialvollmachten", d. h. ausdrückliche Bevollmächtigungen zur Vornahme von Geschäften einer gewissen Art, vor, derart, daß auch ein Generalbevollmächtigter zu ihrer Vornahme nicht befugt war, sofern der Vollmachtgeber ihm hierzu nicht auch noch Spezialvollmacht erteilt hatte. Wenn man also nach Preußischem Recht einen Generalbevollmächtigten bestellen wollte, mußte man ihm eine „General= und Spezialvollmacht" erteilen. Spezialvollmachten wurden u. a. erfordert für Schiedsverträge, Vergleiche, Abtretungen, Verzichtleistungen, Empfangnahmen, Quittungs= leistungen, den gesamten Grundbuchverkehr, Schenkungen. Das BGB. hat das Institut der Spezialvollmacht nicht aufgenommen; nur für die Ausschlagung einer Erbschaft wird eine öffentlich beglaubigte Spezial= vollmacht verlangt (§ 1945). Über das Erfordernis einer Spezialvoll= macht für Prokuristen und Handlungsbevollmächtigte in gewissen Fällen vgl. oben S. 560^17.

einen Dritten als Vollmachtsträger bestellen kann (sog.
Substitutionsbefugnis). In HGB. §§ 52, 58 ist aus=
drücklich bestimmt, daß der Prokurist oder der Handlungs=
bevollmächtigte ohne Einwilligung des Prinzipals seine
Prokura oder Handlungsvollmacht auf einen Anderen nicht
übertragen kann. Dagegen ermächtigt nach CPO. § 81
die Prozeßvollmacht zur Bestellung eines Vertreters sowie
eines Bevollmächtigten für die höheren Instanzen[11]), und
nach WO. Art. 17 ist der Prokuraindossatar zur Erteilung
eines weiteren Prokuraindossaments (nicht aber eines Voll=
indossaments, S. 423) befugt.

Ist der Bevollmächtigte nach dem Umfange der ihm
erteilten Vollmacht zur Substitution befugt, so gilt der
Substitut im Zweifel als von dem Vollmachtgeber un=
mittelbar bevollmächtigt, sodaß die Vollmacht des Sub=
stituten durch Fortfall der Vollmacht des Substituenten
nicht berührt wird.

d. Erlöschen der Vollmacht.

1. Gründe.

Die Gründe des Erlöschens der Vollmacht sind ein=
heitlich nicht festzustellen. Sie bestimmen sich nach dem
der Bevollmächtigung zu Grunde liegenden Rechtsverhält=
nisse[12]). Hervorzuheben ist nur, daß ohne Rücksicht auf

---

[11]) Das Reichsgericht hat (zB. ERG. 11, 368) zwischen der Be=
stellung eines Vertreters (für die gleiche Instanz) und der eines
Bevollmächtigten für die höheren Instanzen den Unterschied gemacht,
daß unter der ersteren eine völlige Übertragung der Vollmacht nicht
verstanden werden könne. Daher falle eine solche Substitutions=
vollmacht mit dem Tode des Substituenten fort und Zustellungen
könnten nur an diesen, nicht an den Substituten, erfolgen (CPO.
§ 176).
[12]) Man pflegt als Gründe des Erlöschens der Vollmacht Tod
und eintretende Handlungsunfähigkeit des Vollmachtgebers und Bevoll=
mächtigten und Konkurseröffnung über ihr Vermögen anzuführen.
In Wahrheit aber handelt es sich hier um den Einfluß dieser That=
sachen auf das der Bevollmächtigung zu Grunde liegende (Auftrags=,
Dienst=, Gesellschafts=) Verhältnis, worüber im Recht der Schuldver=

dieses die Vollmacht auch durch Widerruf endigt (BGB. § 168). Ein Verzicht auf Widerruf ist der Natur des Vollmachtsverhältnisses als eines im Interesse des Vollmachtgebers geschlossenen Vertrauensverhältnisses ent=sprechend, regelmäßig ungültig (vgl. ERG. 3, 186; 27, 35; 30, 124). Immerhin sind Fälle denkbar, in welchen der Verzicht auf Widerruf bei der Art des Bevoll=mächtigungsgeschäfts verbindlich ist, zB. wenn ein Haus=eigentümer seinem Gläubiger Vollmacht zur Einziehung der Mieten bis zur Abtragung seiner Schuld erteilt hat; vgl. auch HGB. § 117, nach dem die Befugnis zur Ge=schäftsführung einem Gesellschafter nur durch gerichtliche Entscheidung entzogen werden kann.

―――――

hältnisse zu sprechen ist. Hier ist nur der Widerruf, als ein die Voll=macht ohne Rücksicht auf das unterliegende Verhältnis beendender Umstand, zu behandeln.

Das alte HGB. bestimmte in Art. 54 Abs. 2, 298 ausdrücklich, daß der Tod des Prinzipals das Erlöschen der Prokura und Handlungs=vollmacht sowie der Vollmacht zu einzelnen Handelsgeschäften nicht zur Folge habe. Im neuen HGB. sind diese Vorschriften (außer für die Prokura, § 52 Abs. 3) gestrichen; es gilt also § 168 BGB., wonach das Erlöschen der Vollmacht sich nach den ihrer Erteilung zu Grunde liegenden Rechtsverhältnissen bestimmt.

Besondere Vorschriften enthält die CPO. (§§ 86—88) über das Erlöschen der Prozeßvollmacht. Diese wird weder durch den Tod des Vollmachtgebers, noch durch eine Änderung seiner Prozeßfähigkeit auf=gehoben. Erfolgt jedoch eine Aussetzung des Verfahrens (I, 384 [17]) und tritt der Bevollmächtigte für den Nachfolger auf, so hat er eine Voll=machtsurkunde des Nachfolgers beizubringen. Hierauf ist aber (S. 569 [x]) nur im Parteiprozesse von Amtswegen zu achten. Die Prozeßvollmacht er=lischt durch Kündigung des Auftragsverhältnisses. Einerseits ist aber der Bevollmächtigte befugt, auch nach der von seiner Seite erfolgten Kündigung für den Vollmachtgeber zu handeln, bis dieser für Wahr=nehmung seiner Rechte anderweit gesorgt hat. Andererseits erlangt die Kündigung, gleichgültig von wem sie ausgeht, dem Gegner gegen=über erst durch die Anzeige des Erlöschens der Vollmacht, in Anwaltsprozessen erst durch die Anzeige der Bestellung eines anderen Anwalts rechtliche Wirksamkeit. Bis dahin muß der Gegner also selbst bei Kenntnis des Widerrufs an den bisherigen Anwalt zustellen (CPO. § 176).

2. Wirkungen.

Das Erlöschen der Vollmacht entzieht dem Bevoll=
mächtigten die Vertretungsmacht, d. h. die Befugnis, durch
seine Handlungen den Vollmachtgeber zu verpflichten[13]).
Dieser Grundsatz gilt aber nur im Innenverhältnisse
zwischen Vollmachtgeber und Bevollmächtigtem. Würde
er auch Dritten gegenüber gelten, so wäre jeder Geschäfts=
verkehr durch unmittelbare Stellvertreter unmöglich; denn
wer sich mit einem solchen etwa auf Grund einer vor=
gelegten Vollmachtsurkunde einließe, würde stets befürchten
müssen, daß nach ihrer Ausstellung die Vollmacht erloschen
ist. Schon das römische Recht hat daher den geschützt,
der ohne Kenntnis von dem Erlöschen der Vollmacht mit
dem bisherigen Bevollmächtigten verhandelt hat. Freilich
ist dies in den Quellen nur für Zahlungen anerkannt,
die der Schuldner in gutem Glauben an den bisherigen
Bevollmächtigten (Inkassomandatar) nach Widerruf der
Vollmacht (l. 34 § 3 D. de solut. 46, 3) oder nach dem
Tode des Gläubigers (l. 32 D. de solut. 46, 3) leistete.
Theorie und Praxis des Gemeinen Rechts haben dies
jedoch auf alle Verkehrsgeschäfte ausgedehnt[14]).

---

[13]) Der Bevollmächtigte hat daher eine ihm etwa ausgehändigte
Vollmachtsurkunde zurückzugeben (ERG. 3, 186). Das Gleiche
bestimmt BGB. § 175 mit dem Hinzufügen, daß dem Bevoll=
mächtigten ein Zurückbehaltungsrecht (wegen etwaiger Auslagen) nicht
zusteht. In der That hat die Urkunde ja keinen „inneren Wert",
sondern nur die Bedeutung eines Ausweises über die erteilte Ver=
tretungsmacht.

[14]) Das ALR. unterschied zwischen dem Erlöschen der Vollmacht
durch den Tod oder die eingetretene Handlungsunfähigkeit des Voll=
machtgebers (I, 13 § 200) und durch Widerruf (I, 13 §§ 167, 168).
In den ersteren Fällen war jeder gutgläubige Dritte geschützt; in letzterem
Falle haftete der Machtgeber für die nach dem Widerrufe vorgenommenen
Handlungen des bisherigen Bevollmächtigten nur dann, wenn er ihm
die Verhandlung mit einer bestimmten Person aufgetragen hatte oder
davon wußte, daß Verhandlungen mit einer bestimmten Person schwebten
und er die Benachrichtigung des Dritten von dem Widerruf unterließ;
oder wenn er sich die ausgestellte Vollmachtsurkunde nicht hatte zurück=
geben lassen (I, 13 § 161).

Nach HGB. §§ 53, 15 ist für das Erlöschen der Prokura, wie für alle in das Handelsregister einzutragenden Thatsachen (vgl. S. 233⁸) die Wirkung Dritten gegenüber davon abhängig, ob dies Erlöschen in das Handelsregister eingetragen und öffentlich bekannt gemacht ist oder nicht. Ist die Eintragung und Bekanntmachung geschehen, so muß ein Dritter das Erlöschen der Prokura gegen sich gelten lassen, sofern nicht durch die — von ihm zu beweisenden — Umstände die Annahme begründet wird, daß er das Erlöschen beim Abschlusse des Geschäfts weder gekannt hat, noch hat kennen müssen; ist die Eintragung oder die Bekanntmachung unterlassen, so kann der Geschäftsherr das Erlöschen einem Dritten nur dann entgegensetzen, wenn er beweist, daß es dem Dritten beim Geschäftsabschlusse bekannt war.

Nach BGB. muß man unterscheiden:

α. Die Vollmacht beruht auf einem Auftrag, einem Dienst- oder Werkvertrag oder einem Gesellschaftsvertrage. Dann erlischt das die Vollmacht erzeugende Verhältnis dem Bevollmächtigten gegenüber erst mit dessen Kenntnis oder Kennenmüssen von dem Erlöschungsgrunde (BGB. §§ 674, 675, 729). Bis zu diesem Zeitpunkte besteht jedoch nach dem allgemeinen Grundsatze des § 168 (oben S. 572) auch die Vertretungsmacht; nur wirkt dies nicht zu Gunsten eines Dritten (BGB. § 169), der bei Vornahme eines Rechtsgeschäfts das Erlöschen der Vertretungsmacht kannte oder kennen mußte[15].

β. Die Vollmachtserteilung ist durch unmittelbare Erklärung gegenüber einem Dritten erfolgt (§ 170); oder sie ist zwar gegenüber dem Bevollmächtigten geschehen, aber diese Thatsache ist von dem Vollmachtgeber einem

---

[15] Die Kenntnis des Aufhörens des die Vertretungsmacht begründenden Verhältnisses ist dagegen gleichgültig in den Fällen der §§ 672 Satz 2, 727 Abs. 2 Satz 2, in welchen der bisher mit der Geschäftsführung Betraute zur Fortsetzung der Geschäftsführung hinsichtlich der unaufschieblichen Angelegenheiten verpflichtet ist.

Dritten oder durch öffentliche Bekanntmachung kundgegeben
worden. Dann bleibt die Vertretungsmacht dem Dritten
oder jedem Dritten gegenüber bestehen, bis sie in der
Weise der Kundgebung widerrufen wird (§ 171), es sei
denn, daß der Dritte bei Vornahme des Rechtsgeschäfts
das Erlöschen der Vertretungsmacht kennt oder kennen
muß (§ 173).

γ. Der besonderen Mitteilung einer Bevollmächtigung
durch den Vollmachtgeber steht es gleich, wenn dieser dem
Vertreter eine Vollmachtsurkunde ausgehändigt hat und
der Vertreter sie dem Dritten vorlegt. In diesem Falle
bleibt die Vertretungsmacht ohne Rücksicht auf die etwaige
Endigung des die Vollmachtserteilung herbeiführenden
Verhältnisses bestehen, bis die Vollmachtsurkunde dem
Vollmachtsgeber zurückgegeben (S. 574[13]) oder für kraftlos
erklärt wird (§ 172). Wer mit einem im Besitz einer
Vollmachtsurkunde befindlichen Vertreter sich einläßt, ist
also gesichert, es sei denn, daß er das Erlöschen der Vertretungsmacht kannte oder kennen mußte (§ 173) oder daß
die Vollmachtsurkunde für kraftlos erklärt war[16]). Natürlich ist es seine Sache, die Echtheit der vorgelegten Vollmachtsurkunde zu prüfen (S. 561).

---

[16]) Die Kraftloserklärung (BGB. § 176) muß nach den für die
öffentliche Zustellung einer Ladung geltenden Vorschriften der CPO.
(§§ 204—207) veröffentlicht werden. Die Bewilligung der Veröffentlichung
geschieht durch das Amtsgericht des allgemeinen Gerichtstands des
Vollmachtsgebers (CPO. §§ 13—19) oder durch dasjenige Amtsgericht,
das — abgesehen von dem Werte des Streitgegenstands — für die
Klage auf Rückgabe der Urkunde zuständig sein würde (CPO.
§§ 29—31; I, 206 ff.). Die Erklärung samt dem Bewilligungs-
beschlusse wird in einer vom Gerichtsschreiber beglaubigten Abschrift
an die Gerichtstafel geheftet; ein Auszug daraus wird zweimal in das
für die öffentlichen Bekanntmachungen bestimmte Blatt (in Preußen
den Anzeiger des für den Regierungsbezirk bestehenden Regierungs-
amtsblatts) und einmal in den Deutschen Reichsanzeiger eingerückt,
vorbehaltlich weiterer, von dem die Veröffentlichung bewilligenden Gericht anzuordnender Einrückungen. Mit Ablauf eines Monats nach der
letzten Einrückung wird die Kraftloserklärung wirksam.

Vorausgesetzt ist jedoch immer, daß der Vollmachtgeber die Vollmacht überhaupt widerrufen kann (S. 573), sonst ist die Kraftloserklärung unwirksam.

§ 54. Handeln ohne Vertretungsmacht.

Ohne Vertretungsmacht handelt, wer ein Rechts= geschäft auf fremden Namen vornimmt, aber die Befugnis, namens des Vertretenen zu handeln, überhaupt nicht be= sitzt; ferner, wer mit dem vorgenommenen Geschäfte die ihm erteilte Vertretungsmacht überschreitet; endlich auch derjenige, dessen Bestellung zum Vertreter nichtig ist. Nach BGB. § 142 (oben S. 499) steht der Nichtigkeit die mit Erfolg geltend gemachte Anfechtbarkeit gleich).

Beim Handeln ohne Vertretungsmacht sind drei Be= ziehungen ins Auge zu fassen: das Verhältnis des Handelnden zum Vertretenen, das Verhältnis des Ver= tretenen und das des Vertreters zum Dritten, dem gegen= über das Geschäft vorgenommen ist. Das Verhältnis des Vertreters zum Vertretenen ist — als rein obligatorische Beziehungen erzeugend — vom BGB. in das Recht der Schuldverhältnisse (Siebenter Abschnitt, Elfter Titel: Ge= schäftsführung ohne Auftrag, §§ 677—687) verwiesen und dementsprechend erst dort darzustellen. Hier sind daher nur die beiden anderen Beziehungen zu erörtern.

a. **Verhältnis des Vertretenen zum Dritten.**

1. Wenn jemand als befugter Stellvertreter ein Rechtsgeschäft namens des Vertretenen mit einem Dritten vornimmt, so entstehen, wie S. 556 dargelegt, nach der heute geltenden Auffassung zwischen dem Vertretenen und dem Dritten unmittelbare Rechtsbeziehungen. Der Ver= tretene ist dem Dritten und dieser dem Vertretenen gegen= über sofort berechtigt und verpflichtet. Mangelt es dem als Vertreter Auftretenden dagegen an einer Vertretungs= macht, so ist zunächst klar, daß er durch sein Handeln den Vertretenen nicht verpflichten kann. Hierzu ist vielmehr erforderlich, daß der Mangel der Vertretungsmacht ergänzt wird. Dies geschieht durch Genehmigung (ratihabitio) des vorgenommenen Geschäfts durch denjenigen, der die Vertretungsmacht hätte erteilen können („ratihabitio mandato comparatur", l. 12 § 4 D. de solutionibus

et liberationibus 46, 3). Wie diese Genehmigung zu erfolgen hat und welche Wirkung sie hervorbringt, darüber ist im nächsten Titel zu sprechen.

Der Vertretene kann es aber auch ablehnen (repudiare), das Rechtsgeschäft für und gegen sich gelten zu lassen. Der Ablehnung steht Nichterklärung innerhalb einer vom Dritten gesetzten angemessenen Frist gleich.

Hiernach ist das ohne Vertretungsmacht vorgenommene Rechtsgeschäft bis zur Erklärung des Vertretenen in der Schwebe. Es ist aber in dieser Zeit nicht ganz wirkungslos; denn wenn der Vertreter den Vertretenen auch nicht rechtsgültig verpflichten konnte, so beachtet das Recht doch die für den Vertretenen geschaffene Möglichkeit zu einem Rechtserwerbe. Der Vertretene kann das Rechtsgeschäft durch seine einseitige Genehmigung (mit rück= wirkender Kraft S. 584) ins Leben rufen, der Dritte muß sich dies gefallen lassen (ERG. 17, 77); das Geschäft ist also ein negotium claudicans (S. 408[4]). Der Vertreter kann auch nicht vor der Erklärung des Vertretenen das Geschäft durch Vereinbarung mit dem Dritten wieder aus der Welt schaffen. Die Zulässigkeit der Genehmigung wird endlich dadurch, daß vor ihrer Erteilung der Ver= treter oder der Dritte stirbt, in Konkurs gerät oder handlungsunfähig wird, nicht berührt (1. 24 § 1 D. ratam rem haberi et de ratihabitione 46, 8). Beim Tode des Vertretenen geht das Genehmigungsrecht auf die Erben über, soweit es sich nicht um unvererbliche Rechte handelt.

Für die vorstehend dargelegte Gebundenheit des Dritten ist vorausgesetzt, daß dieser den Mangel der Vertretungsmacht bei dem Vertreter kannte. Ist dies nicht der Fall, hält er den Vertreter also irriger Weise für einen zur Vertretung Befugten, so ist auch er nicht ge= bunden. Es liegt dann ein error in negotio vor: der Dritte wollte nicht ein erst von einer Genehmigung ab= hängiges, sondern ein sofort wirksames Rechtsgeschäft vor= nehmen.

2. Die vorstehend entwickelten, der herrschenden Lehre des Gemeinen und des Preußischen Rechts (vgl. ALR.

I, 13 §§ 142—149) entsprechenden Grundsätze sind im wesentlichen auch im BGB. zum Ausdrucke gelangt. Das BGB. unterscheidet zwischen Verträgen (§§ 177, 178) und einseitigen Rechtsgeschäften (§ 180).

α. Schließt jemand ohne Vertretungsmacht im Namen eines Anderen einen Vertrag, so hängt die Wirksamkeit des Vertrags für und gegen den Vertretenen von dessen Genehmigung ab (§ 177 Abs. 1). Für die Erklärung der letzteren kommen die gleichen Grundsätze zur Anwendung, wie im Falle des Abschlusses eines Vertrags durch einen Minderjährigen ohne Einwilligung des gesetzlichen Vertreters (S. 408), d. h. der Dritte kann den Vertretenen zur Erklärung auffordern; erklärt der Vertretene seine Genehmigung nicht innerhalb von zwei Wochen, so gilt sie als verweigert. Bis zur Genehmigung des Vertrags ist der andere Teil zum Widerrufe berechtigt, es sei denn, daß er den Mangel der Vertretungsmacht beim Abschlusse des Vertrags gekannt hat (§ 178).

β. Bei einem einseitigen nicht empfangsbedürftigen (S. 387) Rechtsgeschäft ist Vertretung ohne Vertretungs= macht stets, bei einem einseitigen empfangsbedürftigen Rechtsgeschäfte grundsätzlich unzulässig. Hat jedoch derjenige, dem gegenüber ein empfangsbedürftiges Rechtsgeschäft (zB. eine Kündigung) vorzunehmen war, die von dem Gegner behauptete Vertretungsmacht nicht beanstandet oder ist er damit einverstanden gewesen, daß der Vertreter ohne Vertretungsmacht handle, so gilt das Gleiche wie bei Verträgen (§ 180).

b. Verhältnis des Vertreters zum Dritten.

Bei der hier allein in Frage stehenden unmittelbaren Stellvertretung tritt der ohne Vertretungsmacht handelnde Vertreter dann in keine Rechtsbeziehungen zu dem Dritten, wenn der Vertretene seine Genehmigung erteilt. Denn dann entstehen Rechte und Pflichten unmittelbar zwischen dem Vertretenen und dem Dritten, gleich als hätte der Vertreter mit Vertretungsmacht gehandelt. Wenn der Ver= tretene aber das in seinem Namen vorgenommene Geschäft

37*

zurückweist, so fragt es sich, unter welchen Voraus=
setzungen und mit welcher Wirkung der Dritte sich an den
Vertreter halten kann. Von einer solchen Haftung des
Vertreters kann nur dann die Rede sein, wenn der Dritte
den Mangel der Vertretungsmacht nicht kannte oder kennen
mußte. Wer es weiß oder schuldhafterweise nicht weiß,
daß jemand, der für einen Anderen als Vertreter handelt,
keine Vertretungsmacht hat, kann sich nicht beklagen, wenn
das vorgenommene Rechtsgeschäft mangels Genehmigung
des Vertretenen sich als hinfällig erweist. Anders, wenn
der Dritte annehmen durfte, daß der sich als Vertreter
Aufspielende (falsus procuratur) wirklich Vertretungsmacht
habe. In diesem Falle kann er verlangen, daß ihm der
Vertreter den durch die Nichtgenehmigung des Rechts=
geschäfts erlittenen Schaden ersetzt. Es fragt sich hierbei
jedoch weiter: soll die Schadloshaltung nur im Ersatze des
negativen Vertragsinteresses (S. 416²) bestehen, also des
Schadens, den der Dritte dadurch erlitten hat, daß er sich
mit dem Vertreter auf das Geschäft eingelassen hat; oder
soll der Dritte die Erfüllung des Geschäfts, die er von
dem Vertretenen nicht erlangen kann, von dem unberechtigten
Vertreter verlangen dürfen und dieser dem Dritten, sofern
er die Erfüllung nicht gewähren kann, das positive Ver=
tragsinteresse, das Erfüllungsinteresse ersetzen müssen?

1. Voraussetzungen und Umfang der Haftung des
„falsus procurator" waren nach Gemeinem Rechte sehr
streitig. Eine Entscheidung ist in den Quellen nicht zu
finden, da diese regelmäßig (S. 546) die mittelbare Stell=
vertretung im Auge haben, bei der der Vertreter dem
Gegner stets als Geschäftspartei haftet. Soweit der
falsus procurator doloser Weise, d. h. in Kenntnis des
Mangels seiner Vertretungsmacht, handelte, würde der
Dritte ihn mit der actio doli auf Schadenersatz belangen
können. Wenn er dagegen den Mangel der Vertretungs=
macht nicht kannte, namentlich wenn er sich in entschuld=
barem Irrtume für einen befugten Vertreter hielt, so würde
er nach dem das reine römische Recht beherrschenden
Verschuldensprinzipe (II, 510) dem Dritten nicht haften,

falls er nicht die Garantie für das Bestehen der Ver=
tretungsmacht übernommen hatte. Dies Prinzip ist jedoch
im modernen Rechte von dem aus dem deutschen Recht
übernommenen Veranlassungsprinzipe stark beeinflußt
worden, und Theorie und Praxis des Gemeinen Rechts
ließen den falsus procurator auch ohne Verschulden haften,
und zwar als Geschäftspartei, d. h. auf Erfüllung oder
Erfüllungsinteresse, sobald er die Genehmigung des Ver=
tretenen nicht zu beschaffen vermochte (ERG. 6, 214).

2. Diese Grundsätze haben im Reichsrecht[1]) aus=
drückliche Anerkennung gefunden. Nach WO. Art. 95 haftet
der falsus procurator persönlich in gleicher Weise, wie der
angebliche Machtgeber gehaftet haben würde. Nach altem
HGB. Art. 55, 298 haftete, wer ein Handelsgeschäft als
Prokurist oder Bevollmächtigter abschloß, dem Dritten
persönlich nach dessen Wahl auf Erfüllung oder Erfüllungs=
interesse, wenn er keine oder keine genügende Vertretungs=
macht besessen hatte. Diese Vorschriften sind im neuen
HGB. mit Rücksicht auf die im folgenden dargestellten
allgemein gültigen Grundsätze des BGB. fortgefallen.

Das BGB. (§ 179) unterscheidet, ob der falsus
procurator den Mangel seiner Vertretungsmacht kannte
oder nicht. In ersterem Falle haftet er nach Wahl des
Dritten auf Erfüllung oder Erfüllungsinteresse, in letzterem
nur auf Ersatz des negativen Vertragsinteresses, nämlich
„desjenigen Schadens, welchen der andere Teil dadurch
erleidet, daß er auf die Vertretungsmacht vertraut, jedoch
nicht über den Betrag des Interesses hinaus, welches der
andere Teil an der Wirksamkeit des Vertrags hat".

Die bisher streitig gewesene Frage, ob der Vertreter
seine Vertretungsmacht oder der Gegner deren Mangel
nachzuweisen hat, ist dahin entschieden (§ 179), daß der
Vertreter seine Vertretungsmacht zu beweisen hat. Diese

---

[1]) Auch nach ALR. I, 13 §§ 8, 9, 96 war der falsus procurator ohne Rücksicht auf ein unterlaufendes Verschulden schadensersatz=
pflichtig; streitig war, ob nur auf das negative Interesse oder sogar
auf das Erfüllungsinteresse.

Regelung der Beweislaſt bezieht ſich aber nur auf den
Fall, daß das Handeln in fremdem Namen feſtſteht und
nur die Befugnis hierzu ſtreitig iſt, nicht auf den S. 562
beſprochenen Fall, wo Streit darüber entſteht, ob jemand
in eigenem oder in fremdem Namen gehandelt hat.

Sechster Titel. Einwilligung. Genehmigung.
(BGB. §§ 182—185.)

§ 55. Zuſtimmung zu fremden Rechtsgeſchäften.

Wie ſchon S. 545 hervorgehoben, kann die Teilnahme an einem fremden Rechtsgeſchäfte nicht nur in einem
ſtellvertretenden Handeln ſtatt eines Anderen, ſondern auch
darin beſtehen, daß jemand neben einem Anderen handelt,
indem er nämlich deſſen Willenserklärung zuſtimmen muß,
damit ſie rechtlich wirkſam wird. Die Zuſtimmung
jemandes zu der von einem Anderen vorgenommenen Rechtshandlung wird als Vorausſetzung der Rechtswirkſamkeit
derſelben in vielen Fällen erfordert. Hierbei kann die
Zuſtimmung entweder vor oder nach der Vornahme der
Rechtshandlung erfolgen. Die vorherige Zuſtimmung nennt
das BGB.: Einwilligung (§ 183), die nachträgliche:
Genehmigung (§ 184). Beide Rechtsvorgänge unterliegen gewiſſen gemeinſamen Grundſätzen.

a. Anwendungsfälle.

1. Die Zuſtimmung ergänzt die mangelnde Geſchäftsfähigkeit. Hierher gehört die Zuſtimmung des
geſetzlichen Vertreters zu den Verpflichtungsgeſchäften und
der Eheſchließung des beſchränkt Geſchäftsfähigen (oben
S. 407, vgl. BGB. §§ 8, 107—114, 1304) ſowie die
elterliche Einwilligung zur Eingehung der Ehe (BGB.
§§ 1305 ff.).

2. Die Zuſtimmung erſetzt die mangelnde und ergänzt die beſchränkte Vertretungsmacht. Zu die
letztere Gruppe gehören die Fälle, wo ein geſetzlicher Ver-

treter (Vater, Vormund, Pfleger) der Zustimmung eines
weiteren Organs (des Vormundschaftsgerichts, Gegenvor=
munds, Beistands der mit der elterlichen Gewalt beklei=
deten Mutter) bedarf; vgl. BGB. §§ 1809—1832,
1643, 1690[1]).

3. Die Zustimmung ersetzt die mangelnde Verfügungs=
befugnis (unten e).

4. Die Zustimmung ist Wirksamkeitsvoraussetzung
des Eingriffs in eine fremde Rechtssphäre[2]).

b. Allgemeines.

Die Zustimmung hat Bedeutung für die Wirksamkeit
des Rechtsgeschäfts; aber sie ist nicht Voraussetzung seiner
Entstehung. Sie bedarf daher nicht der für das Rechts=
geschäft vorgeschriebenen Form (BGB. § 182 Abs. 2)[3]),
kann vielmehr auch stillschweigend (durch konkludente Hand=

---

[1]) In diesen Fällen hat das BGB. die sonst festgehaltene
Scheidung zwischen (vorheriger) Einwilligung und (nachträglicher) Ge=
nehmigung aufgegeben und spricht schlechthin von Genehmigung, womit
hier also auch die Einwilligung umfaßt wird.

[2]) Hierunter gehören zB. aus dem BGB. die Fälle der §§ 415
(Genehmigung des Gläubigers zur Schuldübernahme); 458 (Genehmigung
der bei einem Verkauf im Wege der Zwangsvollstreckung, einem Pfand=
verkauf und ähnlichen Verkäufen Beteiligten, falls ein mit der Leitung
des Verkaufs Beauftragter gekauft hatte); 876, 1071, 1245, 1257,
1276, 1286 (Aufhebung eines mit dem Recht eines Dritten belasteten
Rechts nur unter Zustimmung des Dritten); 1395—1401 (Zustimmung
des Mannes zur Verfügung über eingebrachtes Gut der Frau);
1376 ff., 1444 ff., 1468 (Zustimmung der Frau zu Rechtsgeschäften
des Mannes); 1726 (Einwilligung in die Ehelichkeitserklärung); 1746,
1747 (Einwilligung in die Adoption); 2120 (Einwilligung des Nach=
erben in Verfügungen des Vorerben). Vgl. auch noch §§ 549
(Erlaubnis des Vermieters zur Aftermietung); 1315, 1784, 1888
(Erlaubnis einer vorgesetzten Behörde zur Eheschließung und Führung
der Vormundschaft).

[3]) Da einseitige empfangsbedürftige Rechtsgeschäfte keine Ungewiß=
heit vertragen (vgl. S. 410), so ist in § 182 Abs. 3 vorgeschrieben,
daß derartige der Zustimmung eines Dritten bedürftige Geschäfte un=
wirksam sind, wenn der, der sie vornimmt, die schriftliche Erklärung
des Dritten nicht vorlegt und der Erklärungsempfänger aus diesem
Grunde das Rechtsgeschäft unverzüglich zurückweist.

lungen, S. 448) erfolgen; l. 5 D. 46,8: non tantum
verbis ratum haberi posse, sed etiam actu. So kann
die Genehmigung auch durch die Erfüllung erteilt werden,
und als Einwilligung in das Wechselaccept der Frau gilt
es z.B., wenn der Ehemann selbst als Aussteller einen
Wechsel auf sie zieht. Hängt die Wirksamkeit eines Ver=
trags oder eines empfangsbedürftigen Rechtsgeschäfts von
der Zustimmung eines Dritten ab, so kann diese sowohl
dem der Zustimmung bedürftigen, als dem anderen Teile
gegenüber erfolgen; BGB. § 182 Abs. 1; vgl. jedoch die
Ausnahmen in §§ 108, 177, 1396 (Erklärung der Zu=
stimmung auf Aufforderung des anderen Teils nur diesem
gegenüber) und § 1828 (das Vormundschaftsgericht kann
die Genehmigung zu einem Rechtsgeschäfte nur dem Vor=
munde gegenüber erklären).

c. **Einwilligung.**

Die Einwilligung, d. h. die vorherige Zustimmung,
nähert sich der Vollmachtserteilung. Gleich dieser (S. 573)
ist sie bis zur Vornahme des Rechtsgeschäfts regelmäßig
widerruflich (BGB. § 183).

d. **Genehmigung**[4]).

Die Zustimmung ist, wie oben erwähnt, kein That=
bestandsmerkmal der Geschäftserrichtung; das Rechts=
geschäft ist vielmehr von vornherein vorhanden und nur
an der Entfaltung seiner Wirksamkeit behindert. Wer das
Rechtsgeschäft genehmigt, vollendet das Rechtsgeschäft nicht
erst, sondern beseitigt nur ein Hindernis seiner Wirksam=
keit. Das Geschäft steht nach der Genehmigung so da,
als wäre dies Hindernis nie vorhanden gewesen, d. h. die
Genehmigung wirkt auf den Zeitpunkt der Vornahme des

---

[4]) Es handelt sich hierbei nur um die Genehmigung des von
einem Anderen vorgenommenen, nicht um die Bestätigung eines eigenen
Geschäfts (wie in BGB. § 108 Abs. 3, oben S. 409⁵, und §§ 141,
144, oben S. 497).

Rechtsgeſchäfts zurück[5]). . Dieſer Grundſatz der rück=
wirkenden Kraft der Genehmigung iſt, wie im
römiſchen und preußiſchen Rechte, ſo auch im Bürgerlichen
Geſetzbuche (§ 184) anerkannt.

Wohlerworbene Rechte Dritter können aber durch dieſe
Rückziehung nicht berührt werden. Mit Recht beſtimmt
daher BGB. § 184 Abſ. 2: „Durch die Rückwirkung
werden Verfügungen nicht unwirkſam, die vor der Ge=
nehmigung über den Gegenſtand des Rechtsgeſchäfts von
dem Genehmigenden getroffen worden oder im Wege der
Zwangsvollſtreckung oder der Arreſtvollziehung oder durch
den Konkursverwalter erfolgt ſind." Wenn alſo zB. der
minderjährige A. ohne Zuſtimmung ſeines geſetzlichen Ver=
treters eine Forderung dem B. abtritt und ſein Gläubiger
C. ſie ſpäter, aber vor der Genehmigung des geſetzlichen
Vertreters, rechtsgültig pfändet, ſo geht das Pfändungs=
pfandrecht des C. durch die erfolgende Genehmigung der
Abtretung nicht unter.

e. Zuſtimmung zu Verfügungen Nichtberech=
tigter.

1. Zur rechtsgültigen Verfügung über einen Gegen=
ſtand iſt, wie S. 145 bemerkt, erforderlich, daß dem Ver=
fügenden die Verfügungsbefugnis zuſteht. Die Verfügung
eines Nichtberechtigten über einen Gegenſtand iſt wirkungs=
los[6]), inſoweit nicht die modernen Grundſätze über den

---

[5]) Da das durch das genehmigte Rechtsgeſchäft geſchaffene Rechts=
verhältnis ſchon von vornherein vorhanden iſt und nicht etwa erſt im
Augenblicke der Genehmigung unter Zurückverlegung des Beginns
ſeiner Wirkſamkeit entſteht, ſo kann die Genehmigung auch zu einer
Zeit erfolgen, wo die Vorausſetzungen der Gültigkeit des Rechts=
geſchäfts (zB. Geſchäftsfähigkeit der das Rechtsgeſchäft Vornehmenden)
nicht mehr vorhanden ſind. Zu bejahen iſt hiernach auch die gemein=
rechtlich ſtreitig geweſene Frage (vgl. die einander widerſprechenden Stellen
l. 25 § 1 D. 46, 8 und l. 71 § 1 D. 46, 3), ob die Genehmigung
eines Rechtsgeſchäfts, das ein Recht für eine beſtimmte Friſt gewährt
(zB. Bürgſchaft auf Zeit), auch noch nach Ablauf dieſer Friſt zu=
läſſig iſt.

[6]) Es handelt ſich hier nur um Verfügungen in eigenem Namen
und in eigenem Intereſſe. Verfügungen in eigenem Namen und in

Erwerb in gutem Glauben (S. 98) eintreten. Dagegen ist die Verfügung von vornherein wirksam, wenn der Berechtigte vorher seine Einwilligung (Ermächtigung, S. 564[3]) oder nachträglich seine Genehmigung erteilt (BGB. § 185 Abs. 1). Es kommen hierbei für diese Rechtsgeschäfte die oben festgestellten Grundsätze zur Anwendung, insbesondere über die rückwirkende Kraft der Genehmigung.

2. Ein Wirksamwerden (Konvalescenz, vgl. S. 496) der von einem Nichtberechtigten vorgenommenen (dinglichen) Verfügung über einen Gegenstand tritt nach BGB. § 185 Abs. 2 auch dann ein, wenn der Verfügende nachträglich den Gegenstand erwirbt (sei es durch Singularsuccession oder durch Beerbung des Verfügungsberechtigten), oder wenn er von dem Berechtigten beerbt wird und dieser für die Nachlaßverbindlichkeiten unbeschränkt haftet[7]. Nur kann in diesen Fällen von einer Rückwirkung nicht die Rede sein; die Verfügung wird vielmehr erst wirksam mit dem Eintritte des die Konvalescenz herbeiführenden Er-

---

fremdem Interesse gehören unter die mittelbare Stellvertretung (S. 546), Verfügungen in fremdem Namen unter das Handeln ohne Vertretungsmacht (S. 577). In Frage steht hier aber ferner nur die Wirksamkeit des dinglichen (S. 403[11]), nicht etwa die des zu Grunde liegenden obligatorischen Rechtsgeschäfts. Wenn A. dem B. auf Grund eines (in eigenem Namen) mit ihm geschlossenen Kaufgeschäfts eine Sache des C. übergiebt, so ist der Kauf an sich gültig; denn man kann auch eine fremde Sache verkaufen. B. kann gegen A. mit der actio empti auf Verschaffung des Eigentums klagen. Es handelt sich hier aber nicht um die obligatorischen Beziehungen zwischen den Vertragsparteien, sondern darum, ob B. durch die von A. bewirkte Übergabe, das auf Eigentumsübergang gerichtete dingliche Geschäft, Eigentümer geworden ist.

[7]) Wie im Erbrecht auseinanderzusetzen ist (vgl. II, 735[2]), haftet der eine Erbschaft Erwerbende (vgl. BGB. §§ 1967 ff.) für Nachlaßverbindlichkeiten nicht mit seinem Vermögen, wenn er rechtzeitig die Nachlaßverwaltung oder den Nachlaßkonkurs beantragt, was an die Stelle der bisherigen Antretung „cum beneficio inventarii" getreten ist. Der beschränkt haftende Erbe braucht also auch nicht die über seine Vermögensstücke getroffenen Verfügungen des Erblassers anzuerkennen. Anders, wenn er unbeschränkt haftet; dann fließt sein Vermögen mit dem des Erblassers, dem Nachlasse, zusammen.

eigniſſes. Sind über denſelben Gegenſtand mehrere mit
einander nicht in Einklang ſtehende Verfügungen vorge=
nommen worden, die durch die erwähnten Ereigniſſe kon=
valescieren würden, ſo wird nur die frühere Verfügung
wirkſam.

Dieſe in das BGB. aufgenommenen Grundſätze bilden
den Abſchluß einer jahrhundertelangen Entwickelung.

α. Nach römiſchem Civilrechte war die Verfügung
über eine fremde Sache nichtig, konnte nach der erweiterten
regula Catoniana (S. 496) alſo auch durch nachträglichen
Erwerb des Eigentums durch den Verfügenden nicht gültig
werden. Später aber führte das prätoriſche Recht auf
einem Umwege eine mittelbare Konvalescenz herbei. Der
Prätor gab nämlich dem Erwerber einer fremden Sache,
welcher deren Beſitz erlangt hatte, falls der Veräußerer
auf Grund des von ihm ſpäter erworbenen Eigentums die
rei vindicatio gegen ihn anſtellte, eine exceptio rei
venditae et traditae[8]), eine Sonderart der exceptio
doli (I, 171, 297). Die gleiche Einrede wurde dann auch
gegen den Eigentümer gegeben, der den unberechtigten
Veräußerer vorbehaltlos beerbt hatte (l. 1 D. de exceptione
rei venditae et traditae 21, 3). Hatte der Erwerber den
einmal erhaltenen Beſitz wieder verloren, ſo konnte ihm
der Prätor zur Wiedererlangung der Sache zwar nicht die

---

[8]) Die Geſchichte dieſer Einrede iſt eines der glänzendſten Bei=
ſpiele dafür, wie die Prätoren, trotzdem ſie ausdrücklich auf die Recht=
ſprechung beſchränkt waren (praetor jus dicere potest, facere
non potest, I, 288), ihres Amtes walteten auch juris civilis corri-
gendi causa, d. h. um die dem praktiſchen Bedürfniſſe nicht mehr
entſprechenden Sätze des Civilrechts zu beſeitigen: ſie ließen ſie
formell beſtehen, nahmen ihnen jedoch auf einem Umwege durch Ge=
währung von Rechtsſchutzmitteln jede praktiſche Bedeutung.
Eine weitere Anwendung fand die exceptio rei venditae et
traditae, die ihre Bezeichnung von dem Hauptverkehrsgeſchäfte, dem
Kaufe, hergenommen hat, aber auch bei allen anderen Erwerbstiteln,
zB. der Schenkung, anwendbar war, in den Fällen, wo der Eigentümer
eine res mancipi nicht, wie nach Civilrecht erforderlich), durch mancipatio oder in jure cessio, ſondern durch bloße Tradition übereignet
hatte (I, 48[5], 164; oben S. 276[2]).

rei vindicatio zubilligen; denn dieſe ſetzte Eigentum des
Vindikanten voraus. Aber der Prätor gab dem redlichen
Erwerber die actio Publiciana (I, 288⁷), und zwar nicht
nur gegenüber einem Dritten, ſondern auch gegenüber dem
zum Eigentümer gewordenen Tradenten ſowie dem Eigen=
tümer, der den Tradenten vorbehaltlos beerbt hatte. Ver=
ſuchte der Eigentümer (oder ſein Rechtsnachfolger) der
actio Publiciana des Erwerbers oder ſeines Rechtsnach=
folgers die exceptio dominii entgegenzuſetzen, wozu er
an ſich befugt war — denn „dominus“, d. h. civiler
Eigentümer, war der Erwerber nicht —, ſo wurde dieſe
mit einer replicatio rei venditae et traditae beſeitigt.
Das bei dem Eigentümer verbliebene formelle Recht
(nudum jus) konnte alſo beſtenfalls einem Beſitzer gegen=
über durchgreifen, der nicht Rechtsnachfolger des erſten
Empfängers war. Nur konnte der Erwerber dem Eigen=
tümer, der ſich auf dieſe Weiſe von neuem in den Beſitz
der Sache geſetzt hatte, ſie mit der actio Publiciana
wieder entziehen, ſodaß im praktiſchen Ergebniſſe der Er=
werber dem Eigentümer gleichſtand. Nicht wenige Schrift=
ſteller (Leonhard, Dernburg) nahmen daher für das
neuere Gemeine Recht an, daß in den beiden erwähnten
Fällen der Erwerber wahrer Eigentümer wird, das ur=
ſprünglich wirkungsloſe Eigentumsübertragungsgeſchäft alſo
konvalesciert.

Ein ähnlicher Entwickelungsgang iſt für den Fall zu
verfolgen, daß jemand die Sache eines Anderen verpfändet
hatte und ſpäter Eigentümer dieſer Sache geworden war
oder von deren Eigentümer vorbehaltlos beerbt wurde.
Auch in dieſem Fall entſtand nach römiſchem Recht ipso
jure kein Pfandrecht des Pfandnehmers. Dieſem ſtand
daher die actio hypothecaria directa nicht zu. Der
Prätor half ihm aber gegen den Verpfänder und deſſen
Rechtsnachfolger mit einer exceptio doli und gewährte
ihm, wenigſtens ſofern er bei der Verpfändung redlich war
(vgl. die für maßgebend zu erachtende l. 1 pr. D. de
pignoribus et hypothecis 20, 1), eine actio hypothecaria
utilis.

β. Im BGB. ist nun, wie eingangs erwähnt, der Grundsatz der Konvalescenz der Verfügung eines Nicht=berechtigten durch Eigentumserwerb des Verfügenden oder vorbehaltlose Beerbung des letzteren durch den Berechtigten über die römischen Anwendungsfälle hinaus verallgemeinert worden, und zwar ohne daß seine Anwendung, wie im Gemeinen Rechte, guten Glauben des Rechtserwerbers voraussetzt.

Vierter Abschnitt.

Fristen. Termine. (BGB. §§ 186—193.)

§ 56. Die Bestimmung der Zeit.

a. Allgemeines.

1. Zeit ist die Form der Vorstellung dessen, was nach einander geschieht, während Raum die Vorstellungs= form für das Nebeneinanderliegende ist. Aristoteles nennt die Zeit das Maß der Bewegungen im Weltall. Die Zeit hat für das Rechtsleben eine vielfache Bedeutung, und zwar entweder als Zeitpunkt, d. h. als kleinster, nicht weiter teilbarer Zeitabschnitt, oder als Zeitraum, d. h. als Summe an einander gereihter Zeitabschnitte.

2. Die Zeit ist für die rechtlichen Thatbestände erheblich, teils insofern, als Entstehung oder Endigung eines Rechts an den Eintritt eines gewissen Zeitpunkts oder den Ablauf eines gewissen Zeitraums geknüpft sind, wie beim befristeten Recht (oben S. 536); teils insofern, als eine bestimmte rechtserhebliche Handlung wirksam nur zu einem gewissen Zeitpunkte (Termin) oder innerhalb eines gewissen Zeit= raums (Frist [1]) vorgenommen werden darf (zB. Inventar= errichtung, Wechselprotest, Berufungseinlegung); teils endlich insofern, als die Dauer eines Zustands die Quelle der

---

[1] Dieser üblichen Sprechweise, wonach der Ausdruck „Frist" sich nur auf einen Zeitraum bezieht, innerhalb dessen eine Handlung vorgenommen, insbesondere ein Recht ausgeübt oder eine Willens= erklärung abgegeben werden muß, um wirksam zu werden (Ausschluß= frist, unten S. 608 [1]), hat sich das BGB. nicht angeschlossen. Hier bedeutet „Frist" vielmehr jeden abgegrenzten Zeitraum.

Entstehung oder Endigung eines Rechts ist, wie bei der Verjährung und Ersitzung (S. 608).

3. Wegen dieser Bedeutung der Zeit für das Rechtsleben kann dieses eine Einrichtung nicht entbehren, durch welche sich Zeitpunkte und Zeiträume bestimmen lassen. Diese Einrichtung ist der Kalender (vom röm. calendae), der in Anlehnung an gewisse sich wiederholende Naturvorgänge eine bestimmte Zeitspanne als Jahr feststellt und in kleinere Zeitabschnitte, Monate, Wochen, Tage teilt. Der Tag wird im Rechte teils als nicht weiter teilbarer Zeitabschnitt, also als Zeitpunkt, teils aber auch als in Stunden, Minuten, Sekunden teilbarer Zeitraum behandelt (unten S. 598).

4. Die kalendermäßige Einteilung der Zeit hat eine doppelte Bedeutung. Einmal wird dadurch die Möglichkeit gewährt, jeden gewünschten Zeitpunkt und Zeitraum genau zu bezeichnen (ein Wechsel ist zahlbar am 8. Februar 1901; ich miete eine Sommerwohnung für die Monate Mai bis September 1902). Andererseits werden die durch die kalendermäßige Zeiteinteilung geschaffenen Einheiten (Jahre, Monate, Wochen, Tage, Stunden) als abstrakte Zeitmaße verwendet (die Volljährigkeit des Menschen tritt mit der Vollendung des 21. Lebensjahrs ein; ein Darlehen ist gegen sechsmonatige Kündigung rückzahlbar). Hiernach unterscheidet man Kalenderjahre, =monate, =wochen, =tage, und Zeitjahre, =monate, =wochen, =tage. Die Kalenderzeit ist feststehend; die Zeitmaße in ihrer übertragenen, abstrakten Anwendung sind willkürlich verschiebbar. Nach Savignys Vorgange bezeichnet man deshalb die Kalenderzeiten als unbeweglich, die Zeitmaße als beweglich (vgl. unten S. 597).

b. Kalenderzeit.

Die Bestimmung von Zeiträumen ist von jeher an die drei für die Erde wichtigsten astronomischen Vorgänge geknüpft worden, nämlich an die Dauer eines Umlaufs der Erde um ihre Achse (Tag), des Mondes um die Erde (Monat = Mond) und der Erde um die Sonne (Jahr).

Diese Naturvorgänge bilden aber nur Anhaltspunkte für die Zeitmessung. Diese selbst beruht auf positiver Bestimmung des Rechts. Keine der bisher für das bürgerliche Leben geltend gewesenen Zeitmessungen stimmt mit den durch die Astronomie gewonnenen Ergebnissen genau überein. Eine absolute Übereinstimmung der bürgerlichen und der astronomischen Zeit ist auch kein Bedürfnis für den Verkehr. Ferner ist aber heute die Größe dieser Abweichung bekannt und eine Berichtigung der Zeitrechnung, sobald das Bedürfnis dafür vorhanden sein wird, einfach.

1. Den ägyptischen Priestern war bereits im 14. Jahrhundert v. Chr. bekannt, daß das Sonnenjahr, d. h. die Zeit, die die Sonne anscheinend braucht, um wieder auf einen bestimmten Punkt des Weltalls zurückzukehren, annähernd 365¼ Tage lang ist. Die griechische und römische Zeitmessung ging aber nicht von diesem Sonnenjahre, sondern vom Mondjahr aus. Solon führte 594 ein Jahr von 12 Monaten mit abwechselnd 29 und 30 Tagen ein. Um dieses „Mondjahr" von 354 Tagen mit dem Laufe der Sonne in Verbindung zu setzen, wurde alle 3 Jahre ein Monat von 30 Tagen eingeschaltet.

2. Bei den Römern wurde anfänglich das sog. Romulische Jahr, ein Mondjahr von 10 Monaten mit 304 Tagen, zu Grunde gelegt. Numa soll dafür ein Mondjahr von 12 Monaten mit 355 Tagen (sog. Numaisches Jahr) eingeführt haben. Um es in Übereinstimmung mit dem Sonnenjahre zu bringen, sollten alle 2 Jahre hinter dem 23. Februar (Fest der Terminalien) abwechselnd 22 und 23 Tage eingeschoben und mit den noch übrigen 5 Tagen des Februar zu einem Schaltmonat (mensis intercalaris, Mercedonius) verbunden werden (vgl. l. 98 § 2 D. 50, 16, wo Celsus den Schaltmonat zu 28 Tagen annimmt).

3. Das Numaische Mondjahr hatte hiernach eine durchschnittliche Länge von 366¼ Tagen. Da das Sonnenjahr aber nun nicht einmal ganz 365¼ Tage (S. 594) hat, so stimmte der Kalender, dessen Berechnung,

insbesondere zwecks Bestimmung der dies fasti, den Ponti=
fizes oblag (I, 166), mit dem Laufe der Sonne nicht
überein und zeigte im Jahre 47 v. Chr. eine Abweichung
von 67 Tagen. Cäsar führte deshalb in seiner Eigen=
schaft als pontifex maximus unter Zuziehung des
alexandrinischen Astronomen Sosigenes eine Kalender=
reform herbei (Julianischer Kalender). Zunächst wur=
den dem Jahre 46 v. Chr. 67 Tage in 2 Monaten zu=
gesetzt. Dadurch wurde der Kalender mit dem Laufe
der Sonne in Übereinstimmung gebracht. Der Jahres=
beginn (1. Januar) wurde auf den ersten Neumond nach
der Wintersonnenwende, die Frühlings= Tag= und Nacht=
gleiche (Frühlingspunkt, Frühlingsäquinoktium) auf den
24. März festgesetzt.

Als mittleres Jahr wurde das Sonnenjahr zu 365¹/₄
Tagen angenommen; es sollte deshalb auf 3 Gemeinjahre
zu 365 Tagen ein Schaltjahr von 366 Tagen folgen.
Der Schalttag wurde mit dem 24. Februar (dies sextus
ante Calendas Martias) verbunden, und zwar nach
Mommsen ihm angehängt, nach Arndts ihm vorgeschoben[2]).
Übrigens wurden beide Tage (Bissextum, Dies sextus

---

[2]) Die Römer bezeichneten die Monatstage nicht wie wir, vom
ersten weiterzählend, sondern sie zählten vom 1. (Calendae), 5. (Nonae),
13. (Idus) rückwärts. In den Monaten März, Mai, Quintilis (später
nach Julius Cäsar Juli genannt) und Oktober („Milmo" I, 56²)
fielen die Nonen auf den 7., die Iden auf den 15. Bei der Rück=
wärtsrechnung wurde sowohl der Tag, von dem zurück, als der, bis
zu dem gezählt wurde, mitgerechnet; a. d. VI. Cal. Martias war
daher der 24. Februar. Arndts schloß nun aus der Bemerkung des
Celsus in l. 98 pr. D. 50, 16: „sed posterior dies intercalatur,
non prior", daß Celsus als einzuschiebenden Tag den weiter zurück=
liegenden vom 1. März rückwärts gerechnet, also den früheren nach
unserer Anschauung gemeint habe Diese Behandlung entspricht aller=
dings auch dem Kirchenkalender; denn der Matthiastag rückt im Schalt=
jahre vom 24. auf den 25. Februar. Heute wird allgemein der
29. Februar als Schalttag angesehen. Wenn jemand am 25. Februar
eines Schaltjahrs geboren ist, dann feiert er auch in den Gemein=
jahren seinen Geburtstag am 25. und nicht am 24. Februar; ist er
am 29. Februar geboren, so fällt sein Geburtstag in den Gemein=
jahren auf den 28. Februar: unten S. 534³.

prior et posterior) juristisch regelmäßig als ein Tag behandelt[3]).

4. Auch das Julianische Jahr von durchschnittlich 365¼ Tagen zeigt eine erhebliche Abweichung von dem wahren Sonnenjahre, das etwa nur 365 Tage, 5 Stunden, 48 Minuten, 46 Sekunden lang ist. Diese Differenz beträgt alle 129 Jahre einen vollen Tag; daher war schon zur Zeit des Konzils zu Nicäa (325 n. Chr.) das Frühlingsäquinoktium um 3 Tage, auf den 21. März und im Jahre 1582 um weitere 10 Tage, auf den 11. März zurückgegangen. Der damalige Papst Gregor XIII. ordnete deshalb den Kalender von neuem (Gregorianischer Kalender). Das Frühlingsäquinoktium wurde den Bestimmungen des Konzils von Nicäa gemäß auf den 21. März festgesetzt. Es mußten daher 10 Tage ausgelassen werden; auf den 4. Oktober 1582 folgte deshalb sogleich der 15. Zur Vermeidung einer Erneuerung des hierdurch beseitigten Fehlers wurde bestimmt, daß in je 400 Jahren 3 Schalttage ausfallen sollten und zwar in den mit 4 nicht teilbaren sog. Säkularjahren, d. h. den Schlußjahren der Jahrhunderte. Hiernach sind die Jahre 1600, 2000, 2400 usw., nicht aber die dazwischen liegenden Säkularjahre Schaltjahre. Das Jahr 1900 war also kein Schaltjahr. Hierdurch wird der Unterschied zwischen dem

---

[3]) Gesetzliche Fristen, in die ein Schalttag fiel, verlängerten sich also thatsächlich um einen Tag. Dagegen sollte bei rechtsgeschäftlichen Fristen der Schalttag als besonderer Tag gerechnet werden, so daß z.B. eine dreißigtägige Zahlungsfrist in 30 Tagen endete, auch wenn ein Schalttag in sie fiel (l. 2 D. 44, 3).

Heute ist der Schalttag grundsätzlich als selbständiger Tag zu behandeln. Da sich die heutigen Jahres- und Monatsfristen nach dem Kalendertage richten (S. 597), so hat die Frage nur bei den nach Tagen bestimmten gesetzlichen Fristen praktische Bedeutung. Die meisten gemeinrechtlichen Juristen wollten hierbei für die aus dem römischen Recht übernommenen gesetzlichen Fristen die römische Methode der Nichtrechnung als besonderen Tag anwenden. Diese Methode war unbedingt ausgeschlossen bei der Berechnung der Konzeptionszeit; denn diese beruht auf einem natürlichen Vorgange, dessen Grundlagen durch kalendermäßige Vorgänge nicht berührt werden. Hier mußte also der Schalttag jedenfalls als selbständiger Tag gelten.

Kalenderjahr und dem Sonnenjahr so vermindert, daß er erst in etwa 3500 Jahren einen Tag beträgt.

Der Gregorianische Kalender („Kalender neuen Stils") wurde im katholischen Deutschland 1583, im evangelischen („verbesserter Kalender") mit dem Jahre 1700 eingeführt. Bei dem Julianischen Kalender („Kalender alten Stils") beharren nur noch die griechisch-katholischen Völker (vor allem Rußland und Griechenland). Da die Säkularjahre 1700, 1800 und 1900 in diesem, nicht aber im neuen Kalender Schaltjahre waren, so beträgt die Differenz gegenwärtig 13 Tage (vgl. WO. Art. 34).

Eine nur vorübergehende Bedeutung hatte der 1793 eingeführte französisch-republikanische Kalender zu 12 Monaten mit je 30 Tagen und 5 (im Schaltjahre 6) „jours sansculottides". Der Monat zerfiel in 3 Dekaden mit je 10 Tagen, deren letzter der Ruhetag war. Das Jahr begann mit dem Vendémiaire (22. 9. 1792 = 1. Vendémiaire an I). Napoleon führte vom 1. Januar 1806 ab den Gregorianischen Kalender wieder ein.

Über die Ersetzung der ursprünglichen nundinae durch die siebentägige Woche (daher semaine, settimana = septimagna) vgl. I, 53[13].

Bei uns wird heute der Tag in 24 gleich lange Teile, Stunden, geteilt, die von Mitternacht und Mittag[4]) an

---

[4]) Mittag ist derjenige Zeitpunkt, mit dem der Mittelpunkt der Sonne in den Meridian eines Orts eintritt (sog. Kulmination, d. h. Erreichung des Gipfelpunkts). Die Mittagszeit ist nur für die (unter dem gleichen Meridian liegenden) Orte derselben geographischen Länge die gleiche, verschiebt sich aber mit jedem Längengrade um 4 Minuten. Die Zeitdifferenz beträgt zB. zwischen Köln und Königsberg bereits 54 Minuten; d. h. wenn es in Köln nach der Ortszeit Mittag ist, so ist es in Königsberg bereits 12 Uhr 54 Minuten. Die Verschiedenheit der Ortszeiten rief für wissenschaftliche Beobachtungen, aber auch im praktischen Leben, besonders für den Eisenbahnverkehr, Schwierigkeiten hervor. Eine internationale Konferenz in Washington setzte deshalb 1884 als ersten Meridian (Nullmeridian) den durch die Sternwarte von Greenwich gehenden fest. Der „Welttag" sollte mit der Mitternacht dieses Meridians beginnen und in 24 Stunden zerlegt werden. Diese Universalzeit ist für bürgerliche Zwecke wegen der zuweilen beträchtlichen Abweichungen von der Ortszeit unbrauchbar.

gezählt werden. Die Römer (ebenso wie die Orientalen und Griechen) teilten dagegen den natürlichen Tag (von Sonnenaufgang bis Sonnenuntergang) und die natürliche Nacht (umgekehrt) in je 12 gleiche Teile, horae temporales, deren Länge nach der Jahreszeit wechselte und die nur an den beiden Tag= und Nachtgleichen durch die ganzen 24 Stunden hindurch gleich lang waren (horae aequinoctiales). Das Ende der hora sexta noctis war Mitter=nacht, das der hora sexta diei Mittag [5]).

Dagegen hat Deutschland — in Übereinstimmung mit den übrigen mitteleuropäischen Staaten: Schweden, Norwegen, Dänemark, Luxemburg, Österreich=Ungarn, der Schweiz, Italien, Bosnien, Serbien, der westlichen Türkei (daher M. E. Z. = Mitteleuropäische Zeit) — für das ganze Reichsgebiet eine Einheitszeit geschaffen. Das RG. vom 12. März 1893 betr. die Einführung einer einheitlichen Zeitbestimmung ordnet an: „Die gesetzliche Zeit in Deutschland ist die mittlere Sonnenzeit des 15. Längengrades östlich von Greenwich". Dieser Längengrad geht etwa durch Stargardt in Pommern. Gemäß dem abändernden RG. vom 31. Juli 1895 kann die höhere Verwaltungsbehörde, falls der Unter=schied zwischen der gesetzlichen und der Ortszeit mehr als ¼ Stunde beträgt, für die Zeitbestimmung in Titel VII der Gewerbeordnung (gewerbliche Arbeiter) Abweichungen bis zur Dauer einer halben Stunde zulassen. In gleicher Weise haben Großbritannien, Belgien und die Niederlande eine Einheitszeit nach dem Nullmeridian von Greenwich („W. E. Z.") und Bulgarien, Rumänien und die östliche Türkei (Konstantinopel) eine Einheitszeit nach dem 30. Längengrad östlich von Greenwich („O. E. Z."). Die M. E. Z. geht gegen die O. E. Z. eine Stunde nach, gegen die W. E. Z. eine Stunde vor. Frankreich, Spanien, Portugal, Griechenland haben Einheitszeiten nach den Meridianen der Hauptstädte.

[5]) Für den Civil= und Strafprozeß sind als „Nachtzeit" die Stunden von 9 Uhr abends bis 4 Uhr morgens in der Zeit vom 1. April bis 30. September, von 9 Uhr abends bis 6 Uhr morgens in der Zeit vom 1. Oktober bis 31. März bezeichnet; vgl. CPO. § 188 (Zustellungen zur Nachtzeit nur mit richterlicher Erlaubnis), § 761 (Zwangsvollstreckung zur Nachtzeit nur mit Erlaubnis des örtlich zuständigen Amtsrichters), StPO. § 104 (Durchsuchungen zur Nachtzeit nur bei Verfolgung auf frischer That, Gefahr im Verzug oder zwecks Wiederergreifung eines entwichenen Gefangenen, es sei denn, daß es sich um Wohnungen von Personen unter Polizeiaufsicht oder um solche Räume handelt, die zur Nachtzeit jedermann zugänglich oder der Polizei als Zufluchtsstätten bestrafter Personen, als Niederlagen gestohlener Sachen und als Schlupfwinkel des Glücksspiels oder der gewerbsmäßigen Unzucht bekannt sind).

c. Bewegliche Zeit.

Wie S. 591 hervorgehoben, bildet der Kalender insofern die Grundlage der Rechnung nach beweglicher Zeit, als er für diese die Zeitmaße feststellt. Die bewegliche Zeit steht aber im modernen Recht in viel innigerer Ver= bindung mit der Kalenderzeit, als im römischen Rechte.

Im römischen Rechte wurde das bewegliche Jahr zu 365 Tagen, der Monat zu 30 Tagen[6]) gerechnet. Da= gegen rechnet die moderne Anschauung nach wiederkehrenden Kalendertagen (von Datum zu Datum) in der Weise, daß eine am 22. Februar eines Gemeinjahrs beginnende Monatsfrist schon nach 28 Tagen, eine am 25. Juli be= ginnende Monatsfrist erst nach 31 Tagen endet. Diese Berechnungsweise steht der römischen insofern nach, als diese absolut gleichförmige Zeitabschnitte schafft; sie zeichnet sich aber durch Einfachheit der Handhabung aus und ist deshalb in alle neueren[7]) Gesetze aufgenommen.

---

[6]) Dies ist daraus zu entnehmen, daß regelmäßig 2 Monate sechzig Tagen usw. gleichgestellt werden, vgl. zB. l. 12 § 6, l. 30 § 5 D. 48, 5. Auffälligerweise heißt es in l. 101 D. 50, 17: Ubi lex duorum mensum fecit mentionem et qui sexagensimo et primo die venerit, audiendus est. Huschke will diese Stelle dadurch in Übereinstimmung mit der Regel bringen, daß er primo in premo = postremo („am 60. und somit am letzten Tage") verbessert. Dernburg meint, daß die in dem Fragment erwähnte sechzigtägige Frist sich auf eine Vorschrift der lex Julia de adulteriis bezieht, wonach der Ehe= mann und Vater innerhalb 60 Tagen stets, aber bei entschuldbarer Versäumnis auch noch später ein vorzugsweises Anklagerecht hatten.

[7]) Von Reichsgesetzen vgl.: WO. Art. 32², altes HGB. Art. 328², 834, StPO. § 43. BGB. § 188 (ebenso CPO. § 222) bestimmt: „Eine Frist, die nach Wochen, nach Monaten oder nach einem mehrere Monate umfassenden Zeitraume — Jahr, halbes Jahr, Vierteljahr — bestimmt ist, endigt mit dem . . . Tage der letzten Woche oder des letzten Monats, welcher durch seine Benennung oder seine Zahl dem . . . Anfangstage der Frist entspricht." Auch nach StGB. § 19 wird bei Freiheitsstrafen der Monat und das Jahr nach der Kalenderzeit gerechnet. So kommt es freilich, daß ein Verurteilter, wenn er in einem Gemeinjahr am 28. Januar seine einmonatige Freiheitsstrafe antritt, 31 Tage, wenn er sie am 31. Januar antritt, nur 28 Tage in Haft bleibt. Denn in beiden Fällen wird er am 28. Februar entlassen.

§ 57. Die Berechnung der Zeit.

Die Zeit kommt als Faktor für die Entstehung und Endigung von Rechtsverhältnissen in Gesetzen, gerichtlichen Verfügungen und Rechtsgeschäften vor. Für ihre Berechnung stellt das positive Recht (vgl. BGB. § 186) gewisse Auslegungsvorschriften auf.

a. Civil= und Naturalkomputation.

Der Tag kann im Rechtsverkehr in doppelter Weise von Bedeutung sein. Einmal stellt er die kleinste kalender= mäßige Zeitabmessung dar und kommt daher vielfach als Einheit, als Zeitpunkt in Betracht. Andererseits ist er in Stunden und deren Teile zerlegbar und ist in dieser Hinsicht ein aus aneinandergereihten Zeiteinheiten zusammen= gesetzter Zeitraum. Es fragt sich nun, wann die eine und wann die andere Behandlungsweise geboten ist.

Handelt es sich um das zeitliche Verhältnis mehrerer Ereignisse, die an dem gleichen Tage eintreten, so ist die Betrachtung des Tages als Einheit unmöglich, ebenso wenn Zeiträume von weniger als 24 Stunden in Frage stehen. Hier ist der Tag daher stets als Zeitraum aufzufassen,

---

Diese Rechnungsweise hat die Feststellung einiger Auslegungs= regeln erforderlich gemacht, die, wie schon in das alte HGB. Art. 328, 327 und die WO Art. 32, 30, so auch in das BGB. §§ 189, 192 auf= genommen sind. Danach wird unter einem halben oder Vierteljahr ein Zeitraum von 6 oder 3 Monaten, unter einem halben Monat ein Zeitraum von 15 Tagen verstanden. Umfaßt ein Zeitraum außer ganzen Monaten noch einen halben Monat, so sind die diesem ent= sprechenden 15 Tage zuletzt zu zählen. Unter Anfang, Mitte, Ende des Monats wird der erste, fünfzehnte, letzte Tag des Monats ver= standen. Nur in einem Falle wird nach BGB. § 191 die römische Rechnungsweise beibehalten, nämlich wenn ein Zeitraum nach Monaten oder nach Jahren in dem Sinne bestimmt ist, daß er nicht zusammen= hängend zu verlaufen braucht, zB. wenn einem Schauspieler vertrags= mäßig ein dreimonatiger Urlaub für das Jahr zugesichert ist oder ein Grundstück mit der Auflage vermacht ist, daß es 6 Monate im Jahre bewohnt werden muß. Dann soll der Monat zu 30, das Jahr zu 365 Tagen gerechnet werden.

innerhalb deſſen die zutreffenden Zeitpunkte zu er=
mitteln ſind[1]).

Auch wenn es ſich um ein Ereignis handelt, deſſen
Eintritt an einem gewiſſen Tage von einer an einem
anderen Tage eingetretenen Thatſache abhängt (z.B.
Ende der Berufungsfriſt, Ablauf der Erſitzungszeit, Erreichung
eines gewiſſen Lebensalters), erſcheint es als das Natür=
lichſte, den Augenblick ins Auge zu faſſen, in welchen das
frühere Ereignis (Verkündung des Urteils in Strafſachen,
Zuſtellung desſelben in Civilſachen; Beginn des Beſitzes;
Geburt) fällt. Dieſe Berechnungsweiſe heißt in den römiſchen

---

[1]) Daher wird nach GBO. §§ 45, 46 bei jeder Eintragung
in das Grundbuch zwar nur der Tag angegeben; die Eintragungen
erfolgen jedoch genau nach dem Zeitpunkte des Eingehens des Antrags
beim Grundbuchamte, dieſer wird daher auf dem Antrage vermerkt
(§ 13). Mehrere in der gleichen Abteilung des Grundbuchs zu be=
wirkende Eintragungen erhalten die der Reihenfolge des Eingehens des
Antrags entſprechende Stelle. Hierbei ergiebt ſich das dem Grundſatze
prior tempore potior jure (S. 104) entſprechende Rangverhältnis
der einzelnen Rechte aus der Stelle, die ſie im Grundbuch einnehmen.
Sind ſie gleichzeitig bei dem Grundbuchamt eingegangen, ſo iſt im
Grundbuche zu vermerken, daß die Eintragungen gleichen Rang haben.
Werden dagegen mehrere nicht gleichzeitig beantragte Eintragungen in
verſchiedenen Abteilungen unter Angabe desſelben Tags bewirkt,
dann würden ſie an ſich, da nur der Tag, nicht auch die Stunde bei
der Eintragung angegeben wird, als gleichberechtigt gelten. Es muß
deshalb vermerkt werden, welche der Eintragungen als ſpäter beantragt
der anderen im Range nachſteht.

Außer im Grundbuchverkehre kommt es auf den Zeitpunkt inner=
halb eines Tags u. a. noch an: bei der Frage der früheren Geburt
oder des früheren Todes mehrerer am gleichen Tage geborener oder
geſtorbener Perſonen (die Standesbeamten haben daher in den Geburts=
und Sterbeurkunden Tag und Stunde anzugeben, §§ 22, 59 des
Reichsperſonenſtandsgeſ., oben S. 111, 112); des Vorgehens mehrerer
am gleichen Tage bewirkter Pfändungen (CPO. § 804; I, 558); der mehr=
fachen Abtretung der gleichen Forderung (IV, 337); endlich bei der Frage,
ob eine vom dem Gemeinſchuldner am Tage der Konkurseröffnung vor=
genommene Rechtshandlung nach der Konkurseröffnung erfolgte, alſo
den Konkursgläubigern gegenüber nichtig iſt. Nach KO. § 108 hat
daher der Eröffnungsbeſchluß die Stunde der Eröffnung anzugeben;
iſt dies verſäumt, ſo gilt die Mittagsſtunde als Zeitpunkt der
Eröffnung.

Quellen „a momento ad momentum computare" (l. 6
D. 41, 3), „ad momenta temporum numerare" (l. 134
D. 50, 16), bei den Neueren computatio naturalis,
natürliche Berechnung. Dem gegenüber heißt die den
Tag nur als Einheit in Betracht ziehende Berechnungsweise
in den Quellen „ad dies numerare" (l. 134 D. 50, 16),
bei den Neueren computatio civilis, bürgerliche Be=
rechnung. Die natürliche Berechnungsweise ist, wie er=
wähnt, die allein genaue. Aber gerade diese Genauig=
keit hindert ihre allgemeine Verwendung im Rechte. Bei
längeren Zwischenräumen zwischen dem Tage, in den das
Anfangsereignis fällt und demjenigen, an dem das End=
ereignis eintritt, ist die Bestimmung des genauen Zeit=
punkts des im Lauf eines Tages eingetretenen Anfangs=
ereignisses vielfach mit den größten Schwierigkeiten verknüpft.
Abgesehen von den im vorigen Absatze besprochenen Fällen
begnügt das Recht sich daher regelmäßig[2]) mit der bürger=

---

[2]) Das römische Recht hat die Naturalkomputation nur in einem
berühmten Fall anerkannt. Nach l. 3 § 3 D. de minoribus XXV
annis 4, 4 soll die in integrum restitutio gegen ein von einem
Minderjährigen abgeschlossenes Geschäft (I, 311, oben S. 147[3]) selbst
dann gewährt werden, wenn der Minderjährige dies Geschäft an seinem
26. Geburtstag, aber „ante horam qua natus est", vorgenommen
hatte, „ut a momento in momentum tempus spectetur." Diese
nur für das Gemeine Recht geltende Besonderheit ist auch durch das
RG. vom 17. Februar 1875 betr. das Alter der Großjährigkeit, das
nur die Minderjährigkeitsgrenze, nicht aber deren Berechnung einheitlich
feststellte, nicht beseitigt worden (a. M. Dernburg), wohl aber durch
BGB. § 2 (S. 149).

Im Gemeinen Prozesse wurde das decendium appellationis
(I, 475) auf Grund von Nov. 23 c. 1 nach der Praxis a momento
ad momentum gerechnet. Für die Fristen des heutigen Prozesses gilt
die Civilkomputation. Nur soweit sie nach Stunden zu berechnen sind,
ist die natürliche Berechnung anzuwenden; vgl. CPO. §§ 216, 544,
sowie §§ 217, 262, 498, 604 (vierundzwanzigstündige Einlassungs=
und Ladungsfristen in Meß= und Marktsachen, ebenso in Wechselsachen,
wenn die Klage am Sitze des Prozeßgerichts zugestellt wird). Wenn
also der erste Termin in einer Wechselsache auf den 10. April 11½ Uhr,
bestimmt ist, so kann Versäumnisurteil ergehen, wenn die Zustellungs=
urkunde ergiebt, daß die Klage dem Beklagten am Orte des Gerichts=
sitzes am 9. April vor 11½ Uhr zugestellt ist. Ist sie ihm dagegen

lichen Berechnung, behandelt den Kalendertag also als Einheit.

Diese zweckmäßige, aber willkürliche Berechnungsweise erweckt nun aber gewisse Zweifel bei der Berechnung von Zeiträumen.

1. Da es nur darauf ankommt, an welchem Tage, nicht auch zu welcher Stunde desselben das Anfangs= ereignis eingetreten ist, so fragt es sich, ob der Anfangs= tag in die Frist einzurechnen ist oder nicht, ob also eine am 1. April beginnende zehntägige Frist am 10. oder am 11. April endet. Beide Methoden sind gleichwertig, weil gleich ungenau. Bei der Einrechnung des Anfangstags wird der Zeitraum zu klein, im umgekehrten Falle wird er zu groß. Es ist Sache des Zufalls, welcher Methode das positive Recht folgt.

α. Das römische Recht zählte den Tag mit, auf den das Anfangsereignis fällt; sog. römische Be= rechnung: dies exiens pro toto habetur, II, 487. Eine einjährige (d. h. 365 Tage lange, S. 597) am 1. Januar beginnende Frist endete danach am 31. Dezember (pridie calendas Januarias); vgl. l. 5 D. 28, 1; l. 1 pr. D. 40, 1; l. 7 D. 41, 3; l. 1 §§ 5, 6, 12 D. 49, 4; l. 132 D. 50, 16. Nur Savigny entnahm diesen Stellen das Gegenteil und ließ eine am 1. April beginnende Monatsfrist am 1. Mai enden.

β. Für das moderne Recht hat diese Frage nur eine Bedeutung für die nach Tagen bestimmten Zeiträume; denn für die nach Jahren, Monaten und Wochen be=

---

an einem anderen Orte des Landgerichtsbezirks zugestellt, so wird die dreitägige Frist civiliter berechnet, d. h. die Zustellung muß spätestens am 6. April bewirkt sein (S. 602).

Bei der Vollstreckung von Freiheitsstrafen wird stets a momento ad momentum gerechnet.

Die vierundzwanzigstündigen Fristen des ALR. sind vom Ober= tribunal verschieden berechnet worden, die Antragsfrist aus I, 5 § 95 civiliter, die Frist für Gewähr bei Viehmängeln aus I, 11 § 199 dagegen naturaliter. Abgesehen von den nach Stunden bestimmten Fristen (vgl. auch noch I, 21 § 345) folgte aber auch das ALR. der civilen Berechnung (I, 3 § 45).

meſſenen iſt nach der heute gebotenen Berechnung nach
dem Kalender (S. 597) der durch ſeine Bezeichnung dem
Anfangstag entſprechende Kalendertag der maßgebende.
Eine am 1. Januar beginnende einjährige Friſt endet alſo
zweifellos am 1. Januar. Zweifel kann daher nur die
Berechnung der Tagfriſten hervorrufen und hierbei iſt als
Grundſatz feſtzuhalten, daß der Anfangstag nicht mitgezählt
wird (von Wächter ſog. deutſche Berechnung). In
Übereinſtimmung mit den meiſten bisherigen Reichsgeſetzen[3])
erklärt deshalb § 187 BGB.: „Iſt für den Anfang einer
Friſt ein Ereignis oder ein in den Lauf eines Tages
fallender Zeitpunkt maßgebend, ſo wird bei der Berechnung
der Friſt der Tag nicht mitgerechnet, in welchen das Er=
eignis oder der Zeitpunkt fällt"[4]).

---

[3]) Vgl. u. a. WO. Art. 32¹, altes HGB. Art. 328¹, 386, 408,
908—910, alte CPO. § 199, StPO. § 42. Das Reichsgericht hat
daher (ERG. 11, 44; 26, 5) mit Recht dies Prinzip auch auf ſolche
Reichsgeſetze für anwendbar erklärt, die derartige ausdrückliche Vor=
ſchriften nicht enthielten, zB. bei Berechnung der zweijährigen Ver=
jährungsfriſt aus § 8 des Reichshaftpflichtgeſetzes und der zehntägigen
Anfechtungsfriſt aus KO. § 30²; vgl. auch WO. Art. 77, 78, 79,
100. Nur für die Verjährungsfriſten des StGB. iſt in §§ 67, 70
der Ausdruck gebraucht „die Verjährung beginnt mit dem Tage", eine
Faſſung, die die Einrechnung des Anfangstags zum Ausdrucke bringen
ſoll, ſo daß die Verjährung mit dem Beginne des dem Anfangstag
entſprechenden Kalendertags ihr Ende erreicht.

Auch für das ALR., das ſich der Ausdrücke „von dem Tage an"
und „nach" dem Tage ohne Unterſchied bediente, war nach richtiger
Anſicht die deutſche Berechnung für maßgebend zu erachten. Nur wenn
von „8 Tagen" (II, 487⁴) geſprochen war (I, 4 §§ 45, 92, I, 11
§§ 204, 224, 289), war nach der durch eine Plenarentſcheidung des
Obertribunals begründeten herrſchenden Anſicht eine Wochenfriſt als
gemeint zu unterſtellen, da dies der z. Z. der Abfaſſung des ALR.
herrſchenden Ausdrucksweiſe entſprach. Dagegen ſollte nach dem alten
HGB. Art. 328 und ſoll nach dem neuen HGB. § 359 Abſ. 2
eine Friſt von 8 Tagen nach deutſcher Berechnung, alſo gleich 1 Woche
und 1 Tage, gerechnet werden. Das BGB. enthält dieſe Friſt als
geſetzliche nicht, (ebenſowenig die von „Jahr und Tag", II, 487); auch
ſoweit ſie in rechtsgeſchäftlichen Verfügungen angeordnet iſt, iſt eine
geſetzliche Auslegungsregel nicht gegeben, die Beſtimmung des genannten
Zeitraums vielmehr der Auslegung im einzelnen Fall überlaſſen.

[4]) Dieſe Vorſchrift unterwirft BGB. § 187 Abſ. 2 einer zwei=
fachen Einſchränkung. Die Einrechnung oder Nichteinrechnung kann

2. Aus dem Vorstehenden ergiebt sich, welcher Tag als erster eines Zeitraums anzusehen ist, und danach ist zu bestimmen, an welchem Tage der Zeitraum endet. Hier erhebt sich nun aber von neuem die Frage, welcher Punkt dieses Tages als Endpunkt anzusehen ist, insbesondere, ob zur Erfüllung des Zeitraums der Eintritt des Beginns des letzten Tages genügt, oder ob dieser ganz abgelaufen sein muß.

In den römischen Quellen finden sich Fälle, wo „dies coeptus pro completo habetur", aber auch solche, wo der Ablauf des letzten Tages für erforderlich erachtet wird[5]). Gemeinrechtlich hat man aus ihnen die Regel abgeleitet, daß für einen Rechtserwerb der Anbruch des letzten Tages genügt, ein Rechtsverlust dagegen erst mit Ablauf des letzten Tages eintritt (ebenso ALR. I, 3 §§ 46, 47). In den Fällen, wo durch den Fristablauf für den Einen ein Rechtserwerb, für den Anderen ein Rechtsverlust eintritt, läßt diese Regel im Stiche (z.B. bei der Ersitzung, für welche sich in den Quellen auch widersprechende Entscheidungen finden: l. 15 pr. D. 44, 3 und l. 7 D. 41, 3). Das BGB. hat daher (wie schon die alte CPO.

---

natürlich nur zweifelhaft sein, wenn der zu berechnende Zeitraum von einem in den Lauf eines Kalendertags zwischen Mitternacht und Mitternacht fallenden Zeitpunkt an zu laufen beginnt. Soll der Zeitraum dagegen mit dem Anfang eines Kalendertags zu laufen beginnen (wie z.B. ein vom 1. Januar ab anfangendes Mietverhältnis), so ist dessen Einrechnung selbstverständlich. Dies ist in § 187 Abs. 2 aber auch noch ausdrücklich hervorgehoben: „Ist der Beginn eines Tages der für den Anfang einer Frist maßgebende Zeitpunkt, so wird dieser Tag bei der Berechnung der Frist mitgerechnet". Eine positive, durch eine Rücksichtnahme auf die Anschauung des Lebens und des Verkehrs hervorgerufene Ausnahme der in Abs. 1 zum Ausdrucke gelangten Regel enthält aber der weitere Satz: „Das gleiche gilt von dem Tage der Geburt bei der Berechnung des Lebensalters".

[5]) Der Beginn des letzten Tages ist für genügend erklärt z.B. in l. 1 D. 40, 1 (Beginn der Manumissionsfähigkeit); l. 132 pr., 134 D. 50, 16, (anniculus, I, 95[8]); l. 5 D. 28, 1 (Beginn der Testierfähigkeit); dagegen der Ablauf für erforderlich z.B. in l. 6 D. 44, 7 (In omnibus temporalibus actionibus nisi novissimus totus dies compleatur, non finit obligationem).

§ 200, StPO. § 43, StGB. §§ 56, 57, 65 u. a. für
die Erreichung des Lebensalters) im § 188 grundsätzlich
den Ablauf[6]) des letzten Tages des Zeitraums für erforderlich erklärt. Nur in den S. 603[4] erwähnten Ausnahmefällen soll der Ablauf des vorhergehenden Tages als
Ende des Zeitraums gelten. Die Volljährigkeit tritt also
mit Beginn des 21. Geburtstags ein; das gleiche gilt
für die übrigen von Erreichung eines gewissen Lebensalters
abhängigen Fähigkeiten (oben S. 150).

    b. Tempus continuum und utile.

    Wenn durch Gesetz oder Rechtsgeschäft für die Vor-
nahme einer Handlung ein gewisser Zeitraum (Frist im
eigentlichen Sinne, S. 590[1]) gesetzt ist, so kann eine
doppelte Berechnungsweise stattfinden. Entweder bleibt,
nachdem die Frist einmal zu laufen begonnen hat, un-
berücksichtigt, ob die Vornahme der Handlung an allen
Tagen der Frist möglich war, so daß diese in ununter-
brochener Folge gezählt werden (sog. tempus continuum,
laufende Zeit); oder es werden nur die zur Vornahme
der Handlung geeigneten Tage[7]) berechnet (tempus utile,

---

    [6]) Zuweilen tritt kraft Gesetzes eine Verkürzung des letzten Tages
insofern ein, als gewisse Handlungen nur zu bestimmten Tagesstunden
vorgenommen werden können; zB. HGB. § 358: „Bei Handelsgeschäften
kann die Leistung nur während der gewöhnlichen Geschäftszeit bewirkt
und gefordert werden"; Preuß. SGWO. vom 15. Februar 1850 § 4,
(welcher durch die Erhebung der WO. zum Reichsgesetz nicht berührt
ist, II, 487): „Proteste dürfen nur von 9 Uhr vormittags bis 6 Uhr
abends, zu einer früheren oder späteren Tageszeit aber nur mit Zustimmung des Protestaten erhoben werden". Übrigens ist nach dem das
moderne Geschäftsleben beherrschenden Grundsatze von Treu und Glauben
(BGB. § 157, oben S. 480) auch bei rechtsgeschäftlich bestimmten
Fristen als Wille der Beteiligten anzunehmen, daß die wirksame Vor-
nehmung der zur Wahrung einer Frist erforderlichen Handlungen nur
zu den üblichen Tagesstunden zulässig sein soll. Ich brauche mich von
einem Mieter nicht am 31. März 11¾ Uhr nachts herausklopfen zu
lassen, um seine Kündigung entgegenzunehmen; wenn ich es freilich
trotzdem thue, so ist die Kündigung gültig. Vgl. auch I, 215[3].

    [7]) Früher stellte man hiermit die Fälle zusammen, wo der
Beginn der Frist durch gewisse Hinderungsgründe hinausgeschoben

taugliche Zeit). Die letztere Berechnungsweise bildet eine Ausnahme, die vom Gesetz ausdrücklich bestimmt sein muß. Das rR. hat den Ablauf einer Anzahl tauglicher Tage bei gewissen kurzen Fristen, innerhalb derer Handlungen bei Gericht vorzunehmen waren, vorgeschrieben[8]).

---

wurde, die einmal begonnene Frist aber ununterbrochen weiterlief (sog. tempus utile ratione initii, continuum ratione cursus), wie zB. die Frist für den Erwerb des beneficium inventarii. Hierbei handelte es sich aber nicht um die Berechnung eines Zeitraums, sondern um die Voraussetzungen für den Beginn des Fristlaufs. Diesen Fällen sind aus dem modernen Rechte diejenigen zur Seite zu stellen, in denen eine Frist erst von der Kenntnis eines Beteiligten an zu laufen beginnt; vgl. zB. BGB. § 124 (Anfechtung wegen arglistiger Täuschung), 852 (Verjährung des Anspruchs auf Schadensersatz aus unerlaubter Handlung), 1944 (Ausschlagung der Erbschaft); StGB. § 61 (Antragsfrist). Vgl. ferner noch CPO. § 234: Die Wiedereinsetzung gegen den Ablauf der Notfrist muß binnen 2 Wochen beantragt sein; diese Frist beginnt aber erst mit dem Tage, an welchem das Hindernis (Naturereignis oder unabwendbarer Zufall) gehoben ist. Bei den ädilizischen Klagen (actio redhibitoria und quanti minoris, I, 68[6]) wurden gemeinrechtlich die Fristen erst von Kenntnis des Mangels seitens des Käufers an, und ferner nach Beginn des Fristlaufs nur die tauglichen Tage gerechnet. Es handelt sich also hier um ein tempus utile ratione initii et cursus, ERG. 21, 162; anders BGB. § 477.

[8]) Der Hauptfall war die Berechnung der regelmäßig hundert-tägigen Frist für den Erbschaftserwerb nach prätorischem Rechte (bonorum possessio); vgl. l. 2 pr. D. 38, 15: Utile tempus est bonorum possessionum admittendarum: ita autem utile tempus est, ut singuli dies in eo utiles sint, scilicet ut per singulos dies et scierit et potuerit admittere. Diese Frist ist im Gemeinen Rechte mit der Beseitigung des Unterschieds zwischen hereditas und bonorum possessio fortgefallen. Schon durch Justinian ist der annus utilis bei der in integrum restitutio durch ein quadriennium continuum (I, 315) und das biduum utile bei der Appellation durch ein decendium continuum ersetzt worden (I, 475).

Der Grund der Nichtanrechnung eines Tages kann in der Unzugänglichkeit des Gerichts, in einer Verhinderung oder Unkenntnis des Berechtigten, in Unauffindbarkeit des Gegners liegen, vgl l. 1 D. 44, 3. Da in klassischer Zeit die Anzahl der Gerichtstage sehr beschränkt war (I, 214), so war es ein Bedürfnis, bei den kurzen Fristen nur diese Tage zu zählen. Heute ist das Gericht, abgesehen von Sonn- und Feiertagen, täglich zugänglich. Soweit durch die Gerichtsferien (I, 215) eine Verzögerung anhängiger bürgerlicher Rechtsstreitigkeiten eintritt,

Hiervon war in das Gemeine Recht wesentlich nur die Be=
rechnung der ädilizischen Klagen übergegangen, abgesehen
von den Fällen, wo ein tempus utile ratione initii be=
stimmt war (Anm. 7).

Das moderne Recht erkennt, von einzelnen Ausnahme=
fällen abgesehen⁹), eine Berechnung nach tauglicher Zeit
nur insofern an, als die Sonn= und Feiertage, sofern
sie das Ende einer Frist bilden, mitunter berücksichtigt

---

ist der durch den Ablauf einer prozessualen Frist einer Partei drohenden
Schädigung durch die Vorschrift des § 223 CPO. vorgebeugt, daß der
Lauf der Frist während der Dauer der Gerichtsferien ruht, es sei denn,
daß es sich um eine Notfrist (I, 486 ¹²) handelt. Zu bemerken ist aber,
daß die Gerichtsferien nur die Abhaltung von Terminen und die
Fällung von Entscheidungen in den nicht durch Gesetz oder richterliche
Anordnung zu Feriensachen erklärten Civilprozessen hindern. Auf die
Akte der freiwilligen Gerichtsbarkeit (vgl. FrG. § 10, AGGVG. vom
24. April 1878 § 91) sind die Gerichtsferien ohne Einfluß (nur kann
die Bearbeitung der Vormundschafts= und Nachlaßsachen, in Preußen
auch der Lehns=, Familienfideikommiß= und Stiftungssachen unter=
bleiben, soweit das Bedürfnis einer Beschleunigung nicht vorhanden
ist), ebenso auf die Einleitung von Civilprozessen (Einrückung
von Terminen, Zustellung der Klage) und auf die Zwangsvollstreckung
(I, 216).

⁹) Vgl. HGB. §§ 573, 597, Berechnung der Lade=, Lösch= und
Überliegezeit: nicht in Ansatz kommen die Tage, an welchen durch
Wind, Wetter oder einen anderen Zufall das Ein= oder Ausladen
unmöglich gemacht ist. Das ALR. kannte kein tempus utile ratione
cursus, von der Berücksichtigung der Sonn= und Feiertage ab=
gesehen.

Das BGB. § 193 ordnet an: „Ist an einem bestimmten Tage
oder innerhalb einer gewissen Frist eine Willenserklärung abzugeben
oder eine Leistung zu bewirken und fällt der bestimmte Tag oder der
letzte Tag der Frist auf einen Sonntag oder einen am Erklärungs=
oder Leistungsorte staatlich anerkannten allgemeinen Feiertag, so tritt
an die Stelle des Sonntags oder des Feiertags der nächstfolgende
Werktag". Diese auch die Abgabe von Willenserklärungen einschließende
Fassung hat § 193 erst durch den Reichstag erhalten; die Vorlage hatte
diese Vorschrift auf die Bewirkung von Leistungen beschränkt. Maß=
gebend war bei dieser Erweiterung die Herbeiführung einer verstärkten
Sonntagsheiligung. Die Sonntagsruhe ist in neuester Zeit be=
sonders durch die Novelle vom 1. Juni 1891 zur Reichsgewerbeordnung
durchgeführt worden, nicht nur aus kirchlichen, sondern auch aus
sozialpolitischen Gründen (S. 209).

werden[10]). Bei den durch Rechtsgeschäft gesetzten kurzen
Ausschlußfristen, wie sie sich zB. in Versicherungsverträgen
finden, wird vielfach als Vertragswille zu unterstellen sein,
daß nur die Tage gezählt werden sollen, an denen die zur
Wahrung der Rechte erforderliche Handlung möglich war
(ERG. 19, 132).

---

[10]) Von sonstigen reichsgesetzlichen Bestimmungen vgl. u. a.:
WO. Art. 41, 92 (Zahlungstag ist bei einem an einem Sonntag
usw. verfallenden Wechsel der nächste Werktag, die Erhebung des
Protestes muß spätestens am zweiten Werktage nach dem Zahlungs=
tage — nicht dem Verfalltage — erfolgen; ein am Charfreitag ver=
fallender Wechsel ist also am Ostersonnabend zahlbar, Protest kann
wirksam noch am Mittwoch nach Ostern erhoben werden); CPO. § 222,
StPO. § 43 (eine an einem Sonntag usw. ablaufende Frist endet,
wie nach BGB., erst am nächsten Werktag; ist also zB. das Urteil
I. Instanz am 25. November zugestellt, so gilt die Berufung als
wirksam eingelegt, wenn die Berufungsschrift auch erst am 27. Dezember
dem Gegner zugestellt ist). Vgl. auch noch R.Personenstandsgesetz
§§ 23, 24, 56 (Anzeigen von Totgeburten und Findlingen spätestens
am nächstfolgenden Tage, von Sterbefällen spätestens am nächstfolgenden
Wochentage, oben S. 111[7]).
    In allen diesen reichsgesetzlichen Vorschriften gelten als Feiertage
nur die allgemeinen, vom Staat anerkannten (in Preußen sind dies
Neujahr, Charfreitag — PrG. vom 2. September 1899, vgl. II,
331[2] — die beiden Oster=, Pfingst= und Weihnachtstage, Himmelfahrt,
der Bußtag — jetzt nach dem Gesetze vom 12. März 1893 einheitlich
der Mittwoch vor dem letzten Trinitatissonntag — und in der Rhein=
provinz noch Allerheiligen, 1. November). Jüdische Feiertage führen
die Anwendung der vorerwähnten Vorschriften also selbst dann nicht
herbei, wenn sämtliche Beteiligte Juden sind (vgl. dagegen ALR. I,
3 § 48).
    Gemäß § 186 BGB. haben die Vorschriften über Termine und
Fristen nur die Bedeutung von Auslegungsregeln. § 193 BGB.
ist also zB. dann nicht anwendbar, wenn ein Fixgeschäft in Frage
steht, d. h. ein solches, das zu einer genau bestimmten Zeit
erfüllt werden muß. Wenn ich beim Koch ein Mittagessen für
den Neujahrstag bestelle, darf er es mir natürlich nicht erst am
2. Januar liefern.

Fünfter Abschnitt.

Verjährung (BGB. §§ 194—225).

§ 58. Begriff und Arten der Verjährung.

a. Begriff.

Verjährung im weiteren Sinn ist die Veränderung eines subjektiven Rechts infolge fortgesetzter Ausübung oder Nichtausübung.

Diese Begriffsbestimmung läßt den Unterschied der Verjährung von zwei anderen Rechtsinstituten erkennen, bei denen der Zeitablauf ebenfalls die Bedeutung eines rechtlich bedeutsamen Faktors hat, nämlich vom Gewohnheitsrecht und von der Befristung.

1. Das Gewohnheitsrecht (und die Observanz S. 24) betrifft Rechtssätze, also objektives Recht, die Verjährung Rechtsverhältnisse, also subjektives Recht. Dies ist früher nicht immer auseinander gehalten worden (S. 24³).

2. Der Unterschied zwischen dem einer (erlöschenden, S. 613) Verjährung und dem einer (auflösenden) Befristung (S. 536) unterworfenen Rechte ist darin zu finden, daß das befristete Recht von vornherein auf eine gewisse Zeit beschränkt ist, während das verjährbare Recht an sich für immer gegeben ist. Jenes endet unmittelbar durch den bloßen Zeitablauf, dieses nur unter Mitwirkung eines anderen Umstands, nämlich infolge der Unthätigkeit des Berechtigten während einer gewissen Zeit. Jedes der beiden Rechtsinstitute unterliegt daher verschiedenen Regeln[1]).

---

[1]) Die nach dem oben Gesagten vielfach erhebliche Feststellung, ob die einem Recht oder einer Erwerbsmöglichkeit beigefügte Zeitbegrenzung den Charakter einer Befristung oder den einer Verjährung

Insbesondere endet das auflösend befristete Recht regel=
mäßig²) mit dem Eintritte des Endtermins, gleichgültig,
ob der Berechtigte vorher überhaupt hat in Thätigkeit
treten können, während beim verjährbaren Rechte Be=
hinderungen des Berechtigten als Hemmungsgründe (S. 640)
in Frage kommen.

b. Grund und Zweck.

Das Rechtsinstitut der Verjährung ist eine Schöpfung
des positiven Rechts. Dem Wesen der Rechte würde es

---

hat, wird nicht immer einfach sein. So ist z.B. Streit entstanden über
das Wesen: der actiones temporales des römischen Rechts (manche
halten sie für befristete Ansprüche, unten S. 621); der in der WO.
Art. 78 ff. gegebenen Zeiten für die Regreßklage des Wechselinhabers
gegen die Vormänner (ERG. 27, 78: wahre Verjährung durch Nicht=
gebrauch); der Festsetzung in Gesellschaftsstatuten und Versicherungs=
verträgen, daß die Geltendmachung gewisser Ansprüche (Rechte auf
Dividende, Ansprüche aus dem Versicherungsfalle) nur innerhalb einer
gewissen Zeit solle erfolgen dürfen (ERG. 9, 33: Präklusivfrist,
Ausschlußfrist); der Fristen aus dem Reichsanfechtungsgesetze §§ 3, 4,
vgl. KO. §§ 30—32 (ERG. 17, 70: keine Verjährungsfristen, sondern
Bestandteile des Klagegrundes)

Der Unterschied zwischen Verjährung und Ausschlußfrist zeigt sich
auch in der verschiedenen prozessualen Behandlung beider Institute.
Die Verjährung wird nie von Amtswegen beachtet, während beim
befristeten Rechte zum Klagegrunde die Behauptung gehört, daß das
Recht innerhalb der Ausschlußfrist ausgeübt worden ist. Ist also z.B.
vorgeschrieben, daß ein Anspruch nur innerhalb einer bestimmten Aus=
schlußfrist gerichtlich geltend gemacht werden darf, so ist die verspätet
erhobene Klage auch dann abzuweisen, wenn Beklagter die Verspätung
nicht einwendet oder z.B. gar nicht erscheint, und Kläger Erlaß des
Versäumnisurteils beantragt.

²) So stets bei den Prozeßfristen. Erleidet ein Beteiligter hier=
durch unbilliger Weise einen Rechtsverlust, so hilft ihm das Recht
durch Wiedereinsetzung in den vorigen Stand (CPO. §§ 233 ff., StPO.
§§ 44 ff.). Das BGB. hat bei einigen Fristen keine Hemmungs=
gründe anerkannt, z.B. in den §§ 503 (Wiederkaufsrecht), 532 (Wider=
ruf von Schenkungen), 973 (Erlöschen des Eigentums an Fundsachen),
bei anderen die Anwendung gewisser Grundsätze der Verjährung vor=
geschrieben, z.B. in den §§ 124 (Anfechtung einer Willenserklärung
wegen Betrugs oder Zwanges), 1339 (Anfechtung der Ehe). In
§ 1571 (Erhebung der Ehescheidungsklage) finden sich beide Arten der
Fristbehandlung.

entsprechen, wenn der Zeit ein Einfluß auf deren Ent=
stehung und Erlöschen überhaupt nicht eingeräumt würde.
Denn die Rechte sind, von den auflösend befristeten ab=
gesehen, nicht an eine Zeit gebunden. Setzt sich jemand
mit dem bestehenden Rechtszustand in Widerspruch, so
dürfte dieses Unrecht sich niemals in Recht verwandeln.
Dennoch kann das Verkehrsleben die Verjährung
nicht entbehren. Was jahrelang unangefochten thatsächlich
bestanden hat, erweckt den Anschein, daß es mit Recht
besteht. Der Verkehr verläßt sich darauf, und es treten
die erheblichsten Verkehrsstörungen ein, wenn der so lange
Zeit als dem Recht entsprechend behandelte Zustand plötzlich
als der rechtlichen Grundlage entbehrend beseitigt wird.
Der Grund der Verjährung ist hiernach das un=
angefochtene Bestehen eines gewissen Zustands während
einer bestimmten Zeit, ihr Zweck die Sicherung des Ver=
kehrs[3]). Die Einführung der Verjährung ist durch die
Erwägung erleichtert worden, daß, was jahrelang be=
standen hat, sich regelmäßig auf einer rechtlichen Grund=
lage aufbauen wird. In den allermeisten Fällen wird
die Berufung auf die Verjährung für den auf Herausgabe
einer ersessenen Sache, auf Zahlung einer verjährten
Forderung in Anspruch Genommenen nur die Bedeutung
einer Beweiserleichterung haben. Seine Vorfahren haben

---

[3]) Das haben bereits die Römer erkannt; vgl. Cicero pro
Caecina c. 26: usucapio . . . . est finis sollicitudinis ac peri-
culi litium; l. 1. pr. D. 41, 3: Bono publico usucapio intro-
ducta est, ne scilicet quarundam rerum diu et fere semper
incerta dominia essent; vgl. l. 2 pr. D. 39, 3; l. 5 pr. D.
41, 10.
  Im Mittelalter ist dem gegenüber als Grund der Verjährung
vielfach eine aus dem langen Bestehen eines gewissen Zustands sich
ergebende Vermutung für das Vorhandensein eines Erwerbs= oder
Verlustgrundes (vgl. noch ALR. I, 9 § 568), als ihr Zweck die Be=
strafung des Berechtigten für seine Nachlässigkeit hervorgehoben worden.
Nach diesem letzteren Gedanken dürfte die Verjährung gegen den Be=
rechtigten nicht laufen, dessen Unthätigkeit auf Nachlässigkeit nicht
beruhen kann; es müßte also vor allem seine Unkenntnis seines Rechts
berücksichtigt werden, wodurch die Wirkung des Verjährungsinstituts
aber zum großen Teile wieder beseitigt werden würde.

die Sache gekauft, er kann es aber nicht mehr beweisen; er hat die Forderung bezahlt, kann aber die Quittung nicht mehr finden oder hat sich eine solche im Vertrauen auf eine geordnete Buchführung des Gläubigers nicht geben lassen. In den weitaus seltensten Fällen wird durch den Zeitablauf aus Unrecht Recht geworden sein, und ist dies der Fall, so kann der dadurch Geschädigte sich regelmäßig nicht beklagen: er hätte sein Recht wahren können und sollen. Von diesem letzteren Standpunkt aus hat das Institut der Verjährung auch eine erzieherische Bedeutung: weil der Berechtigte befürchten muß, durch langjähriges Bestehenlassen eines seinem Rechte widersprechenden Zustands sein Recht zu verlieren, wird er sich beeilen, es zu bethätigen. Die auf Kürzung der Verjährungsfristen für Verkehrsgeschäfte gerichtete moderne Gesetzgebung (S. 636) erstrebt hierdurch gleichzeitig eine Verbesserung des Kreditwesens.

c. Geschichte.

Nach dem Vorstehenden beruht die Verjährung auf dem allgemeinen Gedanken, daß thatsächliche Zustände allein infolge ihres dauernden Bestehens rechtliche Anerkennung erlangen.

Es wäre falsch, hieraus den Schluß zu ziehen, daß die Verjährung ein umfassendes Rechtsinstitut ist, dergestalt, daß alle Rechte der Regel nach verjährbar sind. Wie bereits erwähnt, ist das Gegenteil der Fall. Die Rechte sind an sich unverjährbar, und es bedarf eines Eingreifens des positiven Rechts, um bestimmte Rechte der Einwirkung der Zeit zu unterwerfen. Es wäre ferner aber auch unrichtig, alle durch das positive Recht für verjährbar erklärten Rechte hinsichtlich ihrer Verjährbarkeit den gleichen Grundsätzen zu unterstellen. Vielmehr war man in Rom und ist man heute darüber einig, daß jede Anwendungsart der Verjährung besonderen Regeln untersteht und daß ein Zusammenhang zwischen diesen Arten höchstens durch den eingangs erwähnten allgemeinen Gedanken geschaffen wird. Im Mittelalter dagegen glaubte

man in Anknüpfung an das deutsche Recht in der That
ein einheitliches, den gleichen Normen unterstehendes In-
stitut der Verjährung anerkennen zu müssen, und noch das
ALR. hatte diese Anschauung zu Grunde gelegt (S. 614[4]).
Ihre Unrichtigkeit nachgewiesen zu haben, ist ein Verdienst
Savignys.

1. Das römische Recht kannte — wenn man von
der in § 59 gesondert zu besprechenden unvordenklichen
Verjährung absieht — vier Anwendungsfälle der Verjährung:

α. den Erwerb von Eigentum durch Besitz in gutem
Glauben (die civilrechtliche usucapio und die prätorische
longi temporis praescriptio);

β. den Erwerb von Servituten durch fehlerlosen Besitz
(longa possessio);

γ. den Verlust von actiones infolge von Nichterhebung
(temporis praescriptio);

δ. den Untergang von Servituten durch Nichtgebrauch
(non usus), wozu bei Gebäudeservituten noch usucapio
libertatis (Vorhandensein eines der Servitut widersprechenden Zustands beim dienenden Grundstücke) treten
mußte.

Jeder dieser Fälle unterstand besonderen Regeln; es
gab nicht einmal einen unserem Ausdrucke „Verjährung" entsprechenden allgemeinen Begriff. Erst von den Glossatoren
wurde praescriptio hierfür verwendet; im röm. Rechte
bedeutete dieser Ausdruck an sich nur „exceptio" und erhielt
nur durch die Zufügung von „longi temporis", „triginta
annorum" usw. den Sinn einer „Einrede der Verjährung".

2. Das deutsche Recht kannte allerdings ein einheitlich geordnetes Verjährungsinstitut, die Verschweigung.
Seine Anwendung war aber auf einzelne Rechtsverhältnisse
(II, 487[5]) beschränkt. Sie findet sich zB. bei Erwerbung
der rechten Gewere (II, 523), beim Verlust des Herren-
rechts an Leibeigenen, die in eine Stadt, und der Freiheit
bei Personen, die auf das Land ziehen, „Luft macht frei,
unfrei" (II, 83), beim Verlust des Lehnsrechts mangels
rechtzeitiger Lehnserneuerung (II, 610), beim Verlust der

Retraktrechte (II, 541), beim Funderwerb (II, 581), auch
bei gewissen Schuldforderungen. Alle diese Fälle führen
auf den Gedanken zurück, daß der zur Anfechtung eines
bestehenden Zustands Berechtigte seines Anfechtungsrechts
verlustig geht, wenn er es nicht „frist= und formgerecht"
ausgeübt, wenn er „sich verschwiegen hat". Als Frist
war regelmäßig die Zeit von Jahr und Tag (II, 487),
nach Sachsenspiegel beim Funderwerbe 6 Wochen (II, 581),
als Form eine „rechte Widersprache" vor Gericht erfordert.
Da der Verlust des Anfechtungsrechts eine Strafe der
Nachlässigkeit des Berechtigten sein sollte, so begann der
Lauf der Frist erst mit der Kenntnis, gegen Abwesende
und Unmündige erst mit Rückkehr und Mündigkeit und
wurde im Fall „echter Not" (II, 542) gehemmt. Zu=
weilen war Voraussetzung für den Beginn des Fristlaufs
ein richterliches Aufgebot, so vor allem das Friede=
wirken beim Grundstückserwerb durch gerichtliche Auf=
lassung (II, 549). Hierauf führt das Aufgebotsverfahren
(CPO. Buch 9), insbesondere bei der Zwangsversteigerung
eines Grundstücks (II, 549 ³, vgl. ferner ZwVG. § 37⁵,
I, 588 ⁴⁶) zurück. Ähnlich wirkt auch die Veröffentlichung
der Patentanmeldung (oben S. 273).

3. Ob die mittelalterliche Verjährungslehre
auf das eben erwähnte einheitliche Institut der Ver=
schweigung (Gierke, Dernburg) oder nur auf Miß=
verständnisse des römischen Rechts (Savigny) zurück=
zuführen ist, kann dahingestellt bleiben. Jedenfalls wurde
durch die Glossatoren und das kanonische Recht die
Verjährung (praescriptio) als ein einheitliches Rechts=
institut mit zwei Unterarten: der erwerbenden Ver=
jährung (praescriptio acquisitiva) und der er=
löschenden Verjährung (praescriptio extinctiva),
behandelt. Der an eine bestimmte Frist geknüpften Ver=
jährung (praescriptio definitiva, certorum annorum)
wurde die unvordenkliche Verjährung (praescriptio indefinita, immemorialis, unten § 59) entgegengestellt. Alle
Arten der Verjährung wurden gewissen gemeinsamen
Grundsätzen (vgl. zB. über das Erfordernis des guten

Glaubens, unten S. 633) unterstellt. Hand in Hand mit dieser Vereinheitlichung ging eine schrankenlose Ausdehnung des Rechtsinstituts, sodaß z.B. manche sogar (auf Grund eines Mißverständnisses der l 6 D. de usuris 22, 1) von der „Ersitzung" einer Darlehnsforderung auf Grund dreißigjähriger Zinszahlung des Gegners sprachen (vgl. die hieran erinnernden §§ 837, 839 ALR. I, 11).

4. Das neuere Gemeine Recht war, dem Vorgange Savignys folgend, zu den römischen Ausgangspunkten zurückgekehrt und unterschied die Klagen- (Anspruchs-, S. 620[1]) Verjährung, die Ersitzung des Eigentums und der dinglichen Rechte an fremden Sachen, sowie das Erlöschen dinglicher Rechte durch Nichtgebrauch als selbständige Rechtsinstitute.

5. Von den modernen Gesetzbüchern standen das ALR.[1]), das Österreichische Bürgerliche Gesetzbuch und der Code civil auf dem Standpunkte der mittelalterlichen Einheitstheorie. Dagegen folgen das Sächsische Bürgerliche Gesetzbuch von 1863 und das BGB. dem modernen Gemeinen Rechte.

6. Das BGB. stellt im Allgemeinen Teile (§§ 194 bis 225) nur die Verjährung der Ansprüche dar. Davon gesondert ist der Erwerb des Eigentums und des Nießbrauchs an beweglichen Sachen (§§ 937, 945 1033) und der (durch die im BGB. durchgeführte Grundbuchverfassung sehr beschränkte) Erwerb von Rechten an Grundstücken durch Ersitzung (§ 900) im Sachenrechte behandelt. Das Erlöschen von Rechten an Sachen durch non usus ist im BGB. überhaupt nicht anerkannt.

---

[1]) Das ALR. behandelte die Verjährung einheitlich im Teil I, Titel 9 „Von der Erwerbung des Eigentums überhaupt und den unmittelbaren Arten derselben insonderheit", faßte sie also als Titel zum Eigentumserwerb auf, was nur für die Ersitzung zutrifft. Als Unterarten wurden nach allgemeinen, alle Arten der Verjährung umfassenden Vorschriften (§§ 500—534) unterschieden: die Verjährung durch Nichtgebrauch (§§ 535—578), die Verjährung durch Besitz (§§ 579—628) und die an Stelle der unvordenklichen Verjährung gesetzte (S. 618[2]) ungewöhnliche Verjährung durch Nichtgebrauch und Besitz (§§ 629—664).

d. Verträge über die Verjährung.

Die Verjährung ist im Interesse der Rechtsordnung eingeführt, sie hat den Charakter eines öffentlich-rechtlichen Instituts, dessen Wirkungen durch Privatverfügungen daher nicht ausgeschlossen werden können. Nach Gemeinem Rechte waren deshalb Verträge über die Verjährung nichtig [5]). Ebenso bestimmt BGB. § 225, daß die Verjährung durch Rechtsgeschäft weder ausgeschlossen noch erschwert werden kann. Es kann regelmäßig [6]) also weder die gesetzliche Verjährungsfrist verlängert, noch eine vom Gesetz abweichende Vereinbarung über Beginn, Hemmung oder Unterbrechung getroffen werden. Wohl aber ist eine Erleichterung der Verjährung, insbesondere eine Abkürzung der Verjährungsfrist, zulässig.

Dagegen ist, wie nach Gemeinem Rechte, so auch nach BGB. ein Verzicht auf die bereits erworbene Einrede der Verjährung zulässig (BGB. § 222, unten § 62 [1]).

§ 59. Die unvordenkliche Zeit.

a. Begriff.

Unvordenklich ist ein Zustand, der seit Menschengedenken besteht. Sein Beginn verliert sich derart in die Vergangenheit, daß das gegenwärtige Geschlecht weder weiß noch durch frühere Generationen erfahren hat, daß es jemals anders war.

Die Berufung auf einen solchen unvordenklichen Zustand wurde im römischen, altdeutschen und kanonischen Recht in einzelnen Fällen zugelassen (S. 617). Im

---

[5]) Dagegen ließ das ALR. I, 9 §§ 565 ff. Verträge über die Verjährung zu; nur mußten sie gerichtlich verlautbart, bei Immobilien auch in das Grundbuch eingetragen sein und ein bestimmtes Rechtsverhältnis betreffen.

[6]) In den §§ 477, 480, 490, 638 (Gewährleistung bei Käufen und Werkverträgen) gestattet das BGB. ausnahmsweise die vertragsmäßige Verlängerung der Verjährung, um den Parteien die Vereinbarung längerer Garantiefristen zu ermöglichen.

Mittelalter verallgemeinerte man die Anwendbarkeit dieser Berufung und faßte die „unvordenkliche Verjährung" (prae-scriptio immemorialis oder indefinita) als einen besonderen Anwendungsfall des einheitlichen (S. 613) Verjährungs=instituts auf.

Die neuere gemeinrechtliche Lehre verwirft diese Unter=stellung mit Recht. Die sog. unvordenkliche Verjährung (oder richtiger die Berufung auf unvordenkliches Bestehen eines Zustands) hat mit der Verjährung in dem S. 608 dargelegten Sinne nichts gemeinsam. Durch die Ver=jährung wird ein Recht erworben oder verloren, ein neuer Rechtszustand also erzeugt. Durch die sog. unvordenkliche Verjährung wird ein Rechtszustand nur bezeugt[1]). Wer sich auf Verjährung beruft, giebt den Grund an, aus dem er ein Recht erworben hat (Ersitzung) oder einer Pflicht ledig geworden ist (Klageverjährung, non usus). Der Zeitablauf ist hierbei mit den sonstigen Voraussetzungen der Titel oder die causa des Rechtserwerbs oder Rechts=verlusts (S. 97). Wer sich dagegen auf einen seit un=vordenklicher Zeit bestehenden Zustand beruft, giebt den Zeitablauf nicht als Titel, sondern als Beweisgrund des Rechtserwerbs oder Rechtsverlusts an. Er behauptet, daß der Rechtserwerb oder Rechtsverlust in unvordenklicher Zeit durch einen jetzt nicht mehr nachweisbaren Titel begründet worden ist. Während er in allen anderen Fällen die den

---

[1]) Manche (so auch noch Windscheid) folgten freilich auch für das moderne Gemeine Recht noch nicht der im Text angenommenen „Rechts bezeugungstheorie", sondern der „Rechts erzeugungstheorie". Die praktische Bedeutung dieser Frage ist heute, wo über die Un=zulässigkeit der Unterstellung aller Anwendungsfälle der Verjährung unter gemeinsame Regeln kaum ein Zweifel herrscht (S. 611), nur gering. Sie zeigt sich aber zB., wenn ein Gesetz die Neubegründung gewisser Rechte ausschließt. Nach der Rechts bezeugungstheorie, nicht aber nach der Rechts erzeugungstheorie, könnten solche Rechte auch noch nach Inkrafttreten eines derartigen Gesetzes in Anspruch genommen werden. Natürlich kann man sich auf unvordenkliche Verjährung nicht berufen, wenn das Gesetz diese Rechte als kulturfeindlich überhaupt beseitigen will, wie dies bei der Agrarreform (II, 625[2]) mit vielen Rechten geschehen ist.

Titel begründenden Thatsachen beweisen muß, gestattet ihm das Recht anstatt dieses Beweises den Nachweis des un=vordenklichen Bestehens eines dem behaupteten Rechtserwerb oder Rechtsverlust entsprechenden Zustands. M. a. W.: Wer sich für einen Rechtserwerb oder Rechtsverlust auf unvordenkliche Zeit berufen kann, hat eine Vermutung der rechtmäßigen Entstehung oder Beendigung des fraglichen Rechtsverhältnisses für sich.

b. Anwendungsfälle.

1. Das römische Recht ließ die Berufung auf Un=vordenklichkeit (vetustas, quae semper pro lege habetur, minuendarum scilicet litium causa, l. 2 pr. D. de aqua 39, 3) in drei Fällen zu:

α. Viae vicinales, quae ex agris privatorum collatis factae sunt, quarum memoria non exstat, publi-carum viarum numero sunt (l. 3 pr. D. de locis et itineribus publicis 43, 7);

β. Anstalten zum Schutze der Grundstücke gegen die aqua pluvia werden geschützt, wenn sie seit unvordenklicher Zeit bestehen (l. 1 § 23 D. 39, 3);

γ. Ductus aquae, cujus origo memoriam excessit, jure constituti loco habetur (l. 3 § 4 D. 43, 20).

2. Auch im deutschen Rechte wurde die Berufung auf unvordenkliche Zeit (Herkommen, wobei aber vielfach eine Verwechslung mit Observanz unterlief, oben S. 24[3]) als Ergänzung des Rechtsinstituts der Verschweigung (S. 612) zugelassen, vorzugsweise bei agrarischen Ver=hältnissen (Benutzung der Almende, Rechte des Grundherrn). Eine erweiterte Anwendung erhielt die Unvordenklichkeit durch das kanonische Recht (Begründung von Hoheits=rechten und Abgaben) sowie durch einzelne Reichsgesetze, so die goldene Bulle (Exemtion von Gerichtsständen) und die Reichsabschiede von Augsburg (1548) und Regensburg (1576, Steuerfreiheit von Grundstücken).

3. Die herrschende Meinung des Gemeinen Rechts ließ über diese Einzelanwendungen hinaus die Berufung

auf Unvordentlichkeit bei allen dauernden Zuständen (nicht nur, wie Savigny behauptete, bei Verhältnissen öffentlich=rechtlicher Natur) zu, selbst bei Schuldverhältnissen, die eine dauernde Ausübung gestatten (ERG. 26, 171).

Wer sich auf Unvordentlichkeit berief, mußte zweierlei beweisen: nämlich einmal, daß der von ihm behauptete Zustand seit unvordenklicher Zeit und ferner, daß er als Rechtszustand bestanden hat.

α. Der Beweis des unvordenklichen Bestehens setzte wieder den Nachweis eines positiven und eines negativen Moments voraus. Der Beweisführer mußte einerseits beweisen, daß der von ihm behauptete Zustand seit einer Generation (nach der Praxis 40 Jahre, auf Grund von c. 1 in VI to 2, 13) unangefochten bestanden habe und andererseits, daß das gegenwärtige Geschlecht auch von dem vorhergehenden (von der Praxis auf ebenfalls 40 Jahre angenommenen) keine Kunde über einen anderen Zustand erhalten habe (sog. „Gedächtnis zweier Menschenalter"). Als Beweismittel kamen vorzugsweise Zeugen und Ur=kunden in Betracht. Für die Zeugen wurde früher mit=unter ein Alter von 54 Jahren (40 Jahre über die Eides=fähigkeit) gefordert. Die Zulässigkeit der Eideszuschiebung war streitig. Beide Beschränkungen der Beweismittel sind durch EGCPD. § 14 Abs. 2 Nr. 2 jedenfalls beseitigt.

β. Es mußte ferner nachgewiesen werden, daß der Zustand als Rechtszustand besteht. Daher war die Be=rufung auf Unvordenklichkeit ausgeschlossen, wenn der Zu=stand sich auf bittweise Gestattung (precarium) gründete oder gegen ein Verbotsgesetz verstieß oder sich auf Aus=übung einer res merae facultatis (S. 221 [3]) stützte.

In beiden Richtungen stand dem Gegner der Gegen=beweis zu.

4. Das BGB. hat die „unvordenkliche Verjährung" nach dem Vorgange des ALR. [2]) nicht aufgenommen.

---

[2]) Das ALR. hatte als Ersatz der unvordenklichen Verjährung für einzelne ihrer Anwendungsfälle längere Fristen eingeführt. Wenn jemand öffentliche Lasten trotz Aufforderung 50 Jahre lang nicht ge=

Sie wird jedoch gerade für die wichtigsten Fälle, nämlich für die öffentlich-rechtlichen Verhältnisse, aber auch für das Wasser- und Wegerecht ihre Bedeutung behalten, da für diese Rechtsgebiete das Landesrecht maßgebend bleibt. (EGBGB. Art. 65, 113). Ferner bleibt nach der oben S. 616 als richtig angenommenen Rechtsbezeugungstheorie die Berufung auf Unvordenklichkeit insoweit zulässig, als ihre Voraussetzungen bereits vor dem Inkrafttreten des BGB. gegeben sind. Für diese Fälle sind die unter 3 aufgeführten Grundsätze anzuwenden. Das Bedürfnis einer Berufung auf Unvordenklichkeit wird jedoch für die Zukunft einerseits durch die Durchführung der Grundbuchverfassung, andererseits durch die freie Beweiswürdigung sehr gemindert sein.

§ 60. Beginn der Anspruchsverjährung.

a. Allgemeines.

Der Hauptfall der Beseitigung eines Rechts infolge andauernder Nichtbethätigung war in Rom die Verjährung der actiones (im materiellen Sinn I, 216[1]). An die Stelle der actiones setzte eine moderne gemeinrechtliche Anschauung (Windscheid, oben S. 94) die Ansprüche; statt von Verjährung der Klagen sprach sie von Anspruchs-

---

leistet hatte, so sollte vermutet werden, daß er die Befreiung davon rechtsgültig erlangt habe, und wenn die Grenzen einer Sache oder eines Rechts durch Gesetz, Vertrag oder Urteil bestimmt waren, konnte die Befugnis zur Überschreitung dieser Grenzen nur durch „fünfzigjährige Präskription" erworben werden (ALR. I, 9 §§ 656, 658, 660); vierundvierzigjähriger Besitz des Adels oder eines Domänenguts begründete eine Vermutung für rechtmäßigen Erwerb (II, 9 § 19; II, 14 § 39). In allen Fällen sollte der vollständige ruhige Besitz (nec vi, nec clam, nec precario) einer Sache oder eines Rechts im Jahre 1740 den Besitzer gegen alle fiskalischen Ansprüche schützen (ALR. I, 9 §§ 641 ff.). Die Schaffung dieses Normaljahrs führte auf Erklärungen Friedrichs d. Gr. bei seinem Regierungsantritte zurück. Für Westpreußen und das Ermland war als Normaljahr 1797, für die Rheinprovinz als Normaltag der 1. Januar 1815 bestimmt.

Verjährung. Ihr folgend bestimmt BGB. § 194: „Das Recht, von einem Anderen ein Thun oder ein Unter= lassen zu verlangen (Anspruch), unterliegt der Verjährung". Wenn das BGB. von Verjährung schlechthin spricht, so meint es also die Anspruchsverjährung [1].

Unter den Voraussetzungen der Anspruchs= verjährung sind die für den Beginn (§ 60) und die für die Vollendung (§ 61) zu unterscheiden.

1. Voraussetzungen des Beginns der Verjährung sind:

α. Verjährbarkeit des in Frage kommenden Anspruchs (unten b.);

---

[1] Mit Rücksicht hierauf ist auch im folgenden der Ausdruck „Anspruchsverjährung" festgehalten worden. Die Berechtigung dieser Ausdrucksweise ist freilich sehr bestritten. Manche (Dernburg) sprechen statt von „Anspruchsverjährung" von „Klageverjährung", andere von „Rechtsverjährung" oder „Schuldverjährung". Anzuerkennen ist, daß keiner dieser Ausdrücke den Inhalt des damit bezeichneten Instituts richtig und vollständig wiedergiebt. Der Ausdruck „Klageverjährung" läßt den unrichtigen Schluß zu, daß die Verjährung nur die Geltendmachung des Rechts im Klagewege betrifft, abgesehen davon, daß „Klage" hier gleich actio im materiellen Sinne gebraucht wird, während dieser Ausdruck gewöhnlich die Klagehandlung bezeichnet („eine Klage erheben"). Der Ausdruck „Rechtsverjährung" ist unbrauchbar, weil, wie die Unverjährbarkeit der dinglichen Rechte (S. 623³) beweist, nicht das Recht an sich, sondern nur eine gewisse Bethätigung desselben der Verjährung unterliegt. Die Bezeichnung „Schuldverjährung" ent= hält umgekehrt eine unrichtige Beschränkung (S. 623) der Verjährung auf obligatorische Verhältnisse. Der Ausdruck „Anspruchsverjährung" entspricht dem Inhalte der modernen Verjährung insofern am besten, als durch diese wirklich der Anspruch in dem S. 94 dargelegten Sinne betroffen wird. Nur giebt dieser Ausdruck die Wirkungen der Verjährung nicht richtig wieder; denn der verjährte Anspruch ist nicht ganz aus der Welt geschafft, sondern kann die Grundlage für Er= füllung, Anerkenntnis usw. bilden.

Mit dem BGB. übereinstimmend, wendet auch das HGB. den Ausdruck „Verjährung der Ansprüche" an (§§ 26, 61, 113, 159, 160, 206, 217, 236, 241, 249, 326, 414, 423, 439, 470, 902, 904), während das bisherige HGB. (Art. 146, 172, 349, 386, 408) von „Verjährung der Klage" sprach. Letzteren Ausdruck verwendet auch das Nachdruckgesetz vom 11. Juni 1870 §§ 33 ff., sowie das Patent= gesetz vom 7. April 1891 § 39. Das Genossenschaftsgesetz vom 1. Mai 1889 (Neufassung vom 20. Mai 1898) spricht in § 74 von Verjährung der Klage, in § 99 von Verjährung der Ansprüche.

β. Entstandensein des Anspruchs (actio nata, unten c.);

γ. In Betracht kommt ferner für das bisherige Recht guter Glaube des Anspruchsgegners (Präskri=benten), d. h. desjenigen, der die angeblich eingetretene Verjährung vorschützt (unten d).

2. Voraussetzungen der Vollendung der Ver=jährung sind:

α. Ablauf der Verjährungsfrist (§ 61ª), ohne Vor=handensein eines Hemmungsgrunds (§ 61ᵇ);

β. Nichtbethätigung des Anspruchs durch den Be=rechtigten (Mangel eines Unterbrechungsgrundes, § 61ᶜ).

b. Verjährbarkeit.

Die Verjährung ist, wie S. 611 dargelegt, ein In=stitut des positiven Rechts. Dieses bestimmt also vor allem, welche Ansprüche der Verjährung unterliegen sollen.

1. Nach römischem Civilrechte waren die actiones unverjährbar, perpetuae. Nur der Anspruch gegen den Bürgen (sponsor und fidepromissor) verjährte nach der lex Furia (I, 271) in zwei Jahren. Erst durch die Prätoren und Ädilen wurde für manche der von ihnen geschaffenen Klagen eine Fristgrenze eingeführt (actiones temporales). Meist waren sie auf ein Jahr (annus utilis) beschränkt (actiones annales), so die Popular= und die Strafklagen (mit Ausnahme der actio furti manifesti), die actio quanti minoris, die actio de peculio (S. 549⁶), die actio doli (bis auf Konstantin, S. 439³). Die actio redhibitoria war auf sex menses utiles, die actio de orna-mentis restituendis auf Nachlieferung mitverkauften Ge=schirrs (ornamenta) bei Viehkäufen auf 60 Tage beschränkt. Vermutlich hatte die Zufügung dieser Zeitbestimmungen anfänglich die Bedeutung einer Befristung („in anno judicium dabo"); vgl. pr. J. 4, 12: „plerumque intra annum vivere, nam et ipsius praetoris intra annum erat imperium". In klassischer Zeit wurden sie jedoch wie wahre Verjährungszeiten behandelt. Einige weitere

Ansprüche wurden in der Kaiserzeit für verjährbar er=
klärt[2]). Immerhin bildete die Verjährbarkeit der Klagen
eine Ausnahme.

Erst im Jahre 424 führten die Kaiser Honorius und
Theodosius II durch eine in l. 3 C. 7, 39 wiedergegebene
Konstitution die Klagenverjährung grundsätzlich durch. Die
bisherigen actiones perpetuae sollten in 30 Jahren ver=
jähren, die bisherigen kürzeren Verjährungen wurden er=
halten. Dies hat das justinianische Recht aufgenommen.
Nach diesem waren fast alle Klagen verjährbar. Unverjährbar
waren nur die Klage des Fiskus auf rückständige Steuern,
die vindicatio in libertatem, die Vindikation eines Kolonen
durch den Gutsherrn (I, 90) und eines Dekurionen durch
eine Provinzialstadt (I, 80). Erst in 40 Jahren sollten
die Klagen der Kirchen und milden Stiftungen, sowie
erhobene, aber liegen gebliebene Klagen (Verjährung der
Litispendenz, I, 326[12], unten § 61[c]) verjähren. Die
der praescriptio triginta vel quadraginta annorum unter=
worfenen Klagen hießen nunmehr actiones perpetuae,
die in kürzerer Zeit verjährenden Klagen actiones
temporales.

2. Das moderne Gemeine Recht beruhte im
wesentlichen auf dem justinianischen Rechte. Die erwähnten
Vindikationen sind fortgefallen. Die Frage, ob die Un=

---

[2]) Die Ansprüche des Fiskus auf bona vacantia (erbloses Gut,
II, 755) sollten in 4, auf commissa (wegen Zolldefraudation kon=
fiszierte Sachen) in 5, in sonstigen Fällen (l. 13 pr. D. 44, 3),
besonders auf das Vermögen flüchtiger Verbrecher (bona requiren-
dorum adnotatorum, l. 1 § 3 D. de jure fisci 49, 14), in 20 Jahren
verjähren. Ein Edikt Nervas verbot „post quinquennium mortis
cujusque de statu quaeri" (l. 4 D. 40, 15). Gleich den Status=
klagen wurde auch die querela inofficiosi testamenti auf 5 Jahre
beschränkt. Endlich wurde auch die rei vindicatio für verjährbar er=
klärt und zwar gegenüber einem redlichen, titulierten Erwerber in
10 Jahren (inter praesentes) oder in 20 Jahren (inter absentes),
je nachdem beide Beteiligten in derselben Provinz ihren Wohnsitz hatten
oder nicht. Der Erwerber konnte sich nach Ablauf dieser Zeit gegen
die rei vindicatio des Eigentümers mit einer longi temporis praescriptio schützen. Wie hieraus später eine Ersitzung geworden ist, ge=
hört in das Sachenrecht.

verjährbarkeit der fiskalischen Steuerforderungen rezipiert sei, war streitig, aber zu verneinen. Demnach waren nach Gemeinem Recht alle Ansprüche verjährbar. Die gewöhnlich angeführten Ausnahmen von dieser Regel waren nur scheinbare. Unverjährbar sollten sein: die Statusklagen und der Anspruch der Miterben und Miteigentümer auf Teilung (actio familiae erciscundae und communi dividundo). Es handelt sich aber hier um dauernde Verhältnisse, aus denen, solange sie bestehen, fortwährend Ansprüche von neuem entstehen.

3. Auch nach BGB. sind die Ansprüche regelmäßig[3]) verjährbar (§ 194 Abs. 1, oben S. 620).

---

[3]) Festgehalten werden muß jedoch, daß die allgemeine Verjährbarkeit sich nur auf die Ansprüche, nicht auf die diese erzeugenden Rechte bezieht. Daher verjähren weder die sog. res merae facultatis (S. 221[3]) noch die dinglichen Rechte, die vielmehr nur durch eine entgegenstehende Ersitzung beseitigt werden können. Wohl aber verjähren die auf diese Rechte gestützten Ansprüche.

Svarez (vgl. II, 406[3]) bildete das berühmte Beispiel: „Wenn ich meine Uhr verliere, so verliere ich nach 30 Jahren mein Eigentum daran, wenn sie gleich kein Anderer in Besitz genommen hat.“ Hierin liegt zweifellos eine Verwechslung der Verjährbarkeit der Eigentumsklage mit der des Eigentums. Das Eigentum ist unverjährbar; es wird nur verloren, wenn ein Anderer die Ersitzung vollendet. Wohl aber ist der Eigentumsanspruch gegen den Besitzer einer Sache der Verjährung unterworfen. Stiehlt A. dem B. eine Uhr, so ist die rei vindicatio des B. gegen A. (oder dessen Universal- oder Singularnachfolger, S. 603) in 30 Jahren verjährt. B. bleibt aber dennoch Eigentümer der Uhr, denn A. kann sie als Dieb nicht ersitzen. Sein Eigentum ist freilich ein „dominium sine re“, so lange A. oder dessen Besitznachfolger im Besitze der Uhr bleiben. Wird sie nach Ablauf der Verjährungszeit dem A. von C. gestohlen, so kann B. sie von C. mit der vindicatio herausverlangen, denn C. kann, da er nicht Besitznachfolger des A. ist, die diesem erwachsene Einrede der Verjährung nicht vorschützen.

Zuweilen wird die Feststellungsklage aus § 256 CPO. als unverjährbar behandelt. Bei dieser Klage handelt es sich aber um eine prozessuale Befugnis, nicht um einen Anspruch in dem hierher gehörenden materiellen Sinn. Erschöpft sich das festzustellende Rechtsverhältnis in einem einzigen Anspruche (z.B. auf Schadensersatz), so ist natürlich nach dessen Verjährung auch keine Feststellungsklage mehr möglich, da es dem Kläger dann an dem in § 256 CPO. voraus-

α. Als nicht der Verjährung unterliegend ist der Anspruch aus einem familienrechtlichen Verhältnisse[4]) bezeichnet, soweit er auf die Herstellung des dem Verhältnis entsprechenden Zustands für die Zukunft gerichtet ist (§ 194 Abs. 2).

β. Die dinglichen Rechte sind ferner grundsätzlich nur verjährbar, soweit sie sich auf bewegliche Gegenstände beziehen. Dagegen sind mit Rücksicht auf das für das Immobiliarsachenrecht des BGB. angenommene Grundbuchsystem die Ansprüche bezüglich unbeweglicher Sachen grundsätzlich für unverjährbar erklärt; vgl. § 902 („Die Ansprüche aus eingetragenen Rechten unterliegen nicht der Verjährung. Dies gilt nicht für Ansprüche, die auf Rückstände wiederkehrender Leistungen oder auf Schadensersatz gerichtet sind"); ferner §§ 898, 924, 1138. Für Grunddienstbarkeiten vgl. dagegen § 1028.

γ. Der Anspruch auf Aufhebung der Gemeinschaft unterliegt nicht der Verjährung (§ 758).

c. **Entstandensein des Anspruchs** (actio nata).

Die Frage, von welchem Augenblick an die Anspruchsverjährung zu laufen beginnt oder, wie man auf Grund der l. 1 § 1 d. C. 7, 40 („ex quo [actio] competit et semel nata est") dies auszudrücken pflegt: „wann actio

---

gesetzten rechtlichen Interesse fehlt. In ERG. 23, 180 ist übrigens mit Recht ausgesprochen, daß die Verjährung eines Anspruchs erst beginnt, wenn für die Leistungsklage actio nata ist (S. 625) und nicht schon dann, wenn eine Feststellungsklage zulässig sein würde.

[4]) Hierunter fallen u. a. die aus dem persönlichen Verhältnis und dem Ehegüterrechte folgenden Ansprüche der Ehegatten gegen einander oder gegen Dritte (§§ 1353, 1356, 1360, 1427, 1428), die Pflicht des Kindes zu Dienstleistungen (§ 1617), der Anspruch auf Alimentation (§§ 1601 ff.) und auf Herausgabe eines Kindes oder Mündels (§§ 1632, 1800, 1897). Nicht unter diese Ausnahmen gehören die Ansprüche, die nicht auf Herstellung eines künftigen Zustands gehen, zB. auf Rückgabe von Geschenken nach der Ehescheidung (§ 1584), auf Ersatz der sog. Sechswochenkosten (§ 1715). Zuweilen ist die Geltendmachung der einem familienrechtlichen Verhältnis entspringenden Rechte an eine Frist gebunden, vgl. zB. §§ 1339 (Anfechtung der Ehe), 1571 (Ehescheidungsklage).

nata vorliegt", war eine der bestrittensten des Gemeinen
Rechts. Zwei Theorieen standen sich gegenüber. Nach
der sog. Verletzungstheorie (Savigny, Puchta, Keller)
begann die Verjährung des Anspruchs (oder, wie andere
sagten, der Klage S. 620 ¹) nicht schon mit seiner Entstehung, sondern erst beim Vorliegen einer Rechtsverletzung
durch den Anspruchsgegner. Nach der herrschenden Theorie
dagegen begann die Verjährung des Anspruchs ohne Rücksicht auf das Verhalten des Gegners, sobald der Anspruch
entstanden und unbefriedigt war. Diese Theorie —
der auch die Quellen günstiger sind, vgl. l. 1 § 22 D. 16, 3
und l. 48 D. 45, 1, unten S. 629 — hat das BGB. aufgenommen. Es bestimmt in § 198: „Die Verjährung beginnt
mit der Entstehung des Anspruchs". Die praktische Bedeutung dieser Frage zeigt sich in den unten S. 627 ff.
behandelten Fällen.

Hiernach beginnt die Verjährung des Anspruchs, sobald er entstanden und unbefriedigt ist. Dieser Zeitpunkt
ist für die verschiedenen Gattungen von Ansprüchen verschieden zu bestimmen. Im allgemeinen ist nur hervorzuheben, daß, wie S. 94 ff. dargelegt, der Anspruch mit
dem subjektiven Recht, auf dem er beruht, nicht identisch
ist, daß er insbesondere einen bestimmten Gegner voraussetzt (anders Windscheid, oben S. 94 ⁹). Ferner kann ein
Anspruch nicht eher entstehen als das subjektive Recht,
dem er entspringt. Daher entsteht bei aufschiebend bedingten und bei befristeten Rechten der Anspruch erst mit
Eintritt der Bedingung oder des dies (l. 7 § 4 C. 7, 39).
Hat freilich die Befristung nicht den Sinn, daß das
Dasein, sondern nur den, daß die Erfüllungszeit des
Rechts hinausgeschoben wird (Betagung, S. 539), so entsteht der Anspruch schon mit Vornahme des Geschäfts,
und die Verjährung würde an sich zu laufen beginnen,
träte die Betagung dem nicht als Hemmungsgrund (S. 640)
entgegen.

1. Aus den absoluten, insbesondere den dinglichen
Rechten entsteht ein Anspruch erst, wenn sich jemand mit
ihnen in Widerspruch setzt, d. h. einen thatsächlichen Zu-

stand herbeiführt, welcher der in dem Rechte liegenden Herrschaftsbefugnis nicht entspricht. Daher beginnt die Eigentumsklage zu verjähren, sobald ein anderer als der Eigentümer im Besitze der Sache ist. Denn der dem Eigentum entsprechende Normalzustand ist der, daß der Eigentümer auch den Besitz der Sache hat (l. 9 D. 6, 1; BGB. § 985). Wenn daher der Eigentümer selbst einen von diesem Normalzustand abweichenden Zustand herbeigeführt hat, so beginnt schon hiermit der Anspruch auf Wiederherstellung des Normalzustands zu verjähren. Daher beginnt die Verjährung des Eigentumsanspruchs schon mit der Hingabe einer Sache zur Verwahrung, zum Prekarium (d. h. auf beliebigen Widerruf), zur Miete oder zur Leihe. Hierbei ist aber doch noch zu unterscheiden, ob der Empfänger, wie in den beiden ersten Fällen, kein Recht auf den Besitz hat oder, wie in den beiden letzten Fällen, zum Besitze berechtigt ist. In diesen letzteren Fällen bleibt nämlich der Beginn der Verjährung des mit der Hingabe der Sache entstandenen Eigentumsanspruchs deswegen aufgeschoben, weil dem Laufe der Verjährung alsbald die Befugnis zum Besitz als Hemmungsgrund (S. 642) entgegentritt. Hat der Empfänger dagegen kein Recht zum Besitz auf eine bestimmte Zeit, so steht der Fortsetzung der Verjährung des mit der Hingabe entstandenen Eigentumsanspruchs ein Hinderungsgrund nicht entgegen [5]). Die der dinglichen Spezialklage (der rei vindicatio) entsprechende dingliche Universalklage (die hereditatis petitio) beginnt nach den vorstehend erörterten Grundsätzen nicht vom Erbanfall an zu verjähren, sondern erst, wenn der Gegner des Erben sich im Besitze der Erbschaft befindet (ERG. 11, 236).

---

[5]) Die Anhänger der Verletzungstheorie dagegen ließen bei Depositum und Prekarium die Verjährung erst mit der Weigerung des Inhabers, die Sache herauszugeben, beginnen. Gleichgültig ist übrigens, ob der Eigentümer seine zu Depositum oder Prekarium gegebene Sache mit dinglicher (rei vindicatio) oder persönlicher Klage (actio depositi, interdictum de precario) zurückverlangt; unten S. 629.

2. Bei den relativen Rechten, insbesondere den auf Schuldverhältnissen beruhenden, ist ein Anspruchs= gegner freilich stets schon mit Entstehung des Rechts vor= hauden. Bei ihnen fällt deshalb regelmäßig die Ent= stehung des Anspruchs und daher der Beginn seiner Verjährung mit der Entstehung des Rechts zusammen. Hiervon giebt es aber Ausnahmen.

α. Bei den negativen Obligationen, d. h. den Rechten auf ein Unterlassen (zB. der Verpflichtung, kein Konkurrenzgeschäft zu eröffnen, oben S. 483 ²), beginnt die Verjährung nicht schon mit der Entstehung des An= spruchs, sondern erst mit einem Zuwiderhandeln des zur Unterlassung Verpflichteten (BGB. § 198 Satz 2). Denn solange der Verpflichtete der ihm obliegenden Pflicht zur Unterlassung nachkommt, ist der Anspruch befriedigt; der Berechtigte hat daher gar keine Veranlassung oder selbst Möglichkeit zur Geltendmachung des Anspruchs.

β. Bei den positiven, auf ein Thun oder Geben gerichteten Schuldverhältnissen entsteht der Anspruch auf Leistung regelmäßig mit der Entstehung des Schuld= verhältnisses, ist daher auch dann schon unbefriedigt und beginnt zu verjähren.

Von dieser Regel giebt es zwei Gruppen von Aus= nahmen.

a. Bei der einen beginnt der Lauf der Verjährungs= frist nicht schon mit der Entstehung des Anspruchs, sondern erst später, sei es, daß das Gesetz einen späteren Verjährungsbeginn vorschreibt⁶) oder daß ein

---

⁶) Hierher gehören aus dem BGB. zB. die §§ 196, 197, 201 (die zwei= und vierjährige Verjährung beginnt erst mit dem Schlusse des Jahres, in deffen Verlauf actio nata eintritt), 477 (der Gewähr= leistungsanspruch beginnt bei Grundstücken mit der Übergabe, bei be= weglichen Sachen mit der Ablieferung zu verjähren), 558 (die Ver= jährung der Erfatzansprüche des Vermieters beginnt mit der Rückgabe der Sache, des Mieters mit der Beendigung des Mietverhältnisses, ebenfo §§ 1057, 1226 für Nießbrauch und Pfand), 638 (die Ver= jährung der Ansprüche des Bestellers eines Werks beginnt mit der Abnahme), 852 (der Schadenserfatzanspruch aus einer unerlaubten Handlung verjährt in 3 Jahren von Kenntnis des Verletzten vom

40*

Hemmungsgrund vorliegt; über die letzteren Fälle ist
S. 640 zu sprechen.

b. Bei der anderen Gruppe von Fällen beginnt der
Lauf der Verjährung nicht erst mit Entstehung des An=
spruchs, sondern schon früher. Es handelt sich bei dieser
Durchbrechung des Grundsatzes: actioni nondum natae
non praescribitur um eine Anzahl von Ansprüchen, die
zwar noch nicht entstanden sind, deren Entstehung aber
durch den bloßen Willen des Berechtigten herbeigeführt
werden kann. Wollte das Recht in diesen Fällen den
Beginn der Verjährung erst an die Entstehung des An=
spruchs knüpfen, so wäre die wohlthätige Wirkung des
Verjährungsinstituts in wichtigen Fällen von dem Belieben
des Berechtigten abhängig. Doktrin und Praxis des
Gemeinen Rechts haben daher für diese Fälle Ausnahmen
anerkannt, über die bei dem Mangel einer sicheren Ent=
scheidung in den Quellen freilich sehr lebhafter Streit
herrschte. Ehemals meinte man, daß in allen Fällen, wo
die Entstehung des Anspruchs vom Willen des Berechtigten
abhängt, die Verjährung des Anspruchs mit dem Zeit=
punkte beginnt, in dem er hätte in das Leben gerufen
werden können (so schon die Glosse „opponere" zu l. 7
§ 3 C. 7, 39) und stellte den Satz auf: Totiens praescribitur actioni nondum natae, quotiens nati-
vitas est in potestate creditoris. Heute ist man
sich einig darüber, daß in dieser Regel eine unzulässige
Verallgemeinerung eines nur für wenige Ausnahmefälle
richtigen Gedankens liegt[7]). Auf diesem Standpunkte steht
auch das BGB.

Schaden und der Person des Ersatzpflichtigen an; hierbei und ebenso
beim Pflichtteilsanspruche, § 2332, ist — anders als in den sonstigen
Fällen der Verjährung, S. 641, und der in denselben §§ vorgeschriebenen
dreißigjährigen Verjährung — die Kenntnis Voraussetzung des Ver=
jährungsbeginns), 1715 (der Anspruch auf Sechswochenkosten beginnt
erst nach Ablauf der 6 Wochen zu verjähren).

[7]) Vgl. auch noch § 158 Abs. 3 des I. Entwurfs des BGB.:
„Ist die Entstehung eines Anspruchs von dem bloßen Wollen des Be=
rechtigten abhängig, so beginnt die Verjährung mit dem Zeitpunkte,
in welchem der Anspruch zur Entstehung gebracht werden konnte."

3. Einer Besprechung sind die folgenden nach bis=
herigem Rechte viel umstrittenen Fälle zu unterziehen.

α. Bei den Schuldverhältnissen ohne Fest=
setzung einer Erfüllungszeit entsteht der Anspruch
auf die Leistung mit der Entstehung des Schuldverhält=
nisses (l. 14 D. 50, 17, BGB. § 271, „quod sine die
debetur, statim debetur"), beginnt also mit diesem Augen=
blick auch zu verjähren. Dies gilt auch bei synallag=
.matischen Verträgen, da jeder Teil schon vom Vertrags=
schluß an einen Anspruch auf Leistung hat, wenn auch nur
gegen Erbieten zur eigenen Leistung; I, 285 [4], IV, 208.

Dies ändert sich auch bei denjenigen Schuldverhält=
nissen nicht, die ihrer Natur nach auf eine gewisse Dauer
berechnet sind. Werden Sachen zum Darlehen, als Pre=
karium oder Depositum gegeben, so ist die regelmäßige
Absicht der Beteiligten, daß der Empfänger die Sachen
eine Zeit lang behalte. Der Hingebende kann aber auch
im Augenblicke der Hingabe seine Absicht ändern und sie
wieder zurückfordern. Sein Anspruch auf Rückgabe entsteht
und beginnt daher zu verjähren mit der Hingabe. Hat
freilich der Empfänger, wie bei der auf bestimmte Zeit
eingegangenen Leihe oder Miete oder der Verpfändung
ein Recht darauf, die Sache für eine gewisse Zeit zu be=
halten, so ist solange die Verjährung gehemmt (oben S. 626
und unten S. 642). Die condictio mutui (vgl. Anm. 12),
das interdictum de precario und die actio depositi directa
(l. 1 § 22 D. 16, 3) beginnen hiernach schon mit der
Hingabe zu verjähren (vgl. ebenso ERG. 15, 178), während
die Verjährung der actio commodati, locati, pigneraticia
directa bis zur Beendigung des Leihe=, Miet=, Pfandver=
hältnisses gehemmt ist. Dagegen ließen die Anhänger der
Rechtsverletzungstheorie die Verjährung auch in den erst=
gedachten Fällen erst mit der unbeachtet gebliebenen Rück=
forderung des Gläubigers beginnen.

β. Noch bestrittener war die Frage des Beginns der
Verjährung bei den nach modernem Rechte [8]) häufigen

---

[8]) Im römischen Verkehre war diese Vertragsbestimmung nur
wenig gebräuchlich; vgl. aber l. 48 D. de verborum obligationibus

Forderungen „auf Kündigung“, besonders dem Darlehen, dessen Rückgabe erst nach einer Aufkündigung des
Gläubigers zu erfolgen hat. Viele erblickten in der Kündigung eine Potestativbedingung, von deren Eintritt die
Entstehung des Anspruchs abhänge, andere eine Betagung
des bereits entstandenen Anspruchs. Nur wenige ließen
aber die sich hieraus ergebende Folgerung gelten, daß die
Verjährung des Rückforderungsanspruchs erst nach erfolgter
Kündigung beginne. Die Meisten hielten, um derartige Verhältnisse dem Institute der Verjährung nicht überhaupt zu
entziehen, eine ausnahmsweise Anwendung des Grundsatzes
„Totiens praescribitur“ usw. (S. 628) für geboten [9]).
Dem folgend bestimmt BGB. § 199 Satz 1: „Kann
der Berechtigte die Leistung erst verlangen, wenn er dem
Verpflichteten gekündigt hat, so beginnt die Verjährung
mit dem Zeitpunkte, von welchem an die Kündigung zulässig ist“ [10]).

45, 1: Si decem, „cum petiero“ dari fuero stipulatus, ad-
monitionem magis quandam, quo celerius reddantur et quasi
sine mora, quam condicionem habet stipulatio: et ideo licet
decessero priusquam petiero, non videtur defecisse condicio.

[9]) Dernburg weist mit Recht darauf hin, daß es zur Begründung
dieses Satzes einer Ausnahmevorschrift nicht bedürfe, wenn man die
Parteiabsicht bei derartigen Geschäften im Auge behalte. Die Bestimmung, daß Kündigung zu erfolgen habe, mache das Geschäft nicht
zu einem von einer Potestativbedingung abhängigen oder befristeten,
sondern hebe nur hervor (vgl. Anm. 8), daß das Darlehen auf beliebigen Widerruf stehe, nicht auf eine bestimmte Zeit gegeben sei. Die
Verjährung läuft daher, wie in den oben unter α. bestimmten Fällen,
von Hingabe des Darlehens an.

[10]) Eine weitere, durch Rücksicht auf die Verkehrssicherheit gebotene Anwendung der Regel „Totiens praescribitur“ usw. enthält
BGB. § 200. Hängt die Entstehung eines Anspruchs von der Anwendung eines dem Berechtigten zustehenden Anfechtungsrechts ab, so
beginnt die Verjährung nicht erst mit der erfolgten Anfechtung (oben
S. 498), sondern schon mit dem Zeitpunkte, von welchem an die Anfechtung zulässig ist. Wenn A. zB. den B. durch Betrug zu einem
Rechtsgeschäfte veranlaßt hat, so kann B. das Geschäft 30 Jahre lang
anfechten. Bis zur Anfechtung ist es vollgültig, mit der Anfechtung
wird es nichtig. Wenn nun B. die Anfechtung kurz vor Schluß der
Verjährung vornimmt, so entstehen nun erst Ansprüche im Verfolg des

Ebenso bestritten war gemeinrechtlich die Frage des Beginns der Verjährung bei Leistungen, die erst nach Ablauf einer Kündigungsfrist erfolgen sollen [11]). Hierbei haben alle vier Möglichkeiten Verteidiger gefunden. Einige (Savigny) ließen die Verjährung erst beginnen, wenn die Kündigung erfolgt (Verletzungstheorie) und die Frist abgelaufen ist. Andere ließen die Verjährung sofort mit der Hingabe anfangen, weil die Frist nur die Bedeutung einer Zahlungserleichterung für den Schuldner habe. Eine

nunmehr nichtigen Rechtsgeschäfts (S. 499), die wieder erst in 30 Jahren verjähren würden. Deshalb bestimmt § 200, daß der durch die Anfechtung entstehende Anspruch gleichzeitig mit dem Anfechtungsrechte verjährt, und zwar ohne Rücksicht auf die Kenntnis des Anfechtungsberechtigten von dem die Anfechtung begründenden Irrtum und auf die etwaige Fortdauer der die Anfechtung begründenden Zwangslage. Nur wenn die Anfechtung sich auf ein familienrechtliches Verhältnis bezieht, bleibt es bei der Regel; denn sonst würden zB. die nach erfolgreicher Anfechtung der Ehe (BGB. §§ 1331 - 1335) zwischen den bisherigen Ehegatten entstehenden vermögensrechtlichen Ansprüche (vgl. §§ 1345—1347) schon mit Eingehung der Ehe zu verjähren beginnen (vgl. dagegen schon l. 7 § 4ᵃ C. 7, 39).

Eine dritte Ausnahme von der Regel actioni nondum natae non praescribitur (S. 628) außer den aus den §§ 199, 200 BGB. zu entnehmenden findet sich in § 852 insofern, als der Anspruch auf Schadensersatz aus einer unerlaubten Handlung selbst dann in 30 Jahren von Begehung der Handlung an verjährt, wenn der Schaden sich erst später zeigt, so daß also während der Verjährungszeit ein Anspruch gar nicht hätte erhoben werden können.

Eine Anwendung des Satzes „Totiens praescribitur" usw. ist hiernach im BGB. nur in den Fällen der §§ 199, 200, d. h. bei erforderlicher Kündigung und bei Anfechtung, anerkannt. In anderen Fällen ist sie ausgeschlossen. So verjähren zB. im Falle des Vorbehalts des Rücktritts (BGB. § 346) die infolge der Ausübung des Rücktrittsrechts entstehenden Ansprüche erst mit der Rücktrittserklärung, nicht schon mit dem Augenblick, in welchem diese zulässig war. Das Gleiche gilt für den Vorbehalt des Wiederkaufs (BGB. §§ 497 ff.).

[11]) Nach Gemeinem Rechte mußte eine Kündigungsfrist bei Darlehen (ausdrücklich oder stillschweigend) vereinbart sein. Nach ALR. I, 11 §§ 761 ff. und ebenso nach BGB. § 609 dagegen ist jedes ohne Bestimmung eines Rückzahlungstermins hingegebene Darlehen kraft Gesetzes erst nach Kündigung und nach Ablauf einer Frist rückzahlbar (ALR.: 3 Monate, bei 150 Mk. und weniger 4 Wochen; BGB.: 3 Monate, bei 300 Mk. und weniger 1 Monat),

dritte Meinung ließ die Verjährung zwar mit der Hingabe beginnen, fügte der Verjährungsfrist aber die Kündigungs= frist am Ende hinzu. Eine vierte Ansicht endlich setzte den Beginn der Verjährung auf den Ablauf der Kündigungs= frist seit Hingabe des Darlehens als ersten möglichen Fälligkeitszeitpunkt fest, stellte die Kündigungsfrist also vor die Verjährung. Dieser letzten Ansicht schließt sich das BGB. an, § 199 Satz 2: „Hat der Verpflichtete die Leistung erst zu bewirken, wenn seit der Kündigung eine bestimmte Frist verstrichen ist, so wird der Beginn der Verjährung um die Dauer der Frist hinausgeschoben". Hemmungs= und Unterbrechungsgründe wirken also auch erst nach Ablauf dieser Frist.

γ. Entspringt demselben Rechtsverhältnis eine Viel= heit von Ansprüchen, so sind zwei Fälle zu unter= scheiden. Entweder die Einzelansprüche sind Abzweigungen aus demselben Hauptanspruche, wie zB. beim verzinslichen Darlehen die einzelnen Zinsraten; oder die Einzelansprüche laufen gewissermaßen parallel neben einander, so daß sie zwar demselben Rechtsverhältnisse, nicht aber einem ein= heitlichen Anspruche entspringen. Dies Verhältnis kann zB. bei Ansprüchen auf lebenslängliche jährliche Rente oder auf wiederkehrende persönliche oder sachliche Leistungen vorliegen.

In den ersterwähnten Fällen beginnen Hauptanspruch und Nebenansprüche von einander gesondert zu verjähren. Bei Anwendung der oben festgestellten Grundsätze ver= jährt zB. der Anspruch auf Rückgabe des Kapitals eines verzinslichen Darlehens von der Hingabe an, wird aber durch die jedesmalige Zinszahlung als Anerkennungshand= lung unterbrochen (S. 645), während die Zinsansprüche als bis zum Eintritte der Fälligkeitstermine betagt gelten (l. 7 § 6 C. 7, 39) und erst von diesen an zu verjähren beginnen[12]). In den Fällen der zweiten Art ist ein

---

[12]) Es kann also vorkommen, daß ein Zinsanspruch, aber noch nicht der Anspruch auf das Kapital verjährt ist. Auch das Umgekehrte wäre an sich möglich. Da dies der S. 88² besprochenen Natur des

Hauptanspruch überhaupt nicht vorhanden. Es kann also nur die Verjährung der Einzelansprüche in Frage kommen [13]).

d. Guter Glaube des Anspruchsgegners.

Guter Glaube des Präskribenten, d. h. Unkenntnis des Anspruchsgegners, daß ein Anspruch gegen ihn begründet ist, war nach rR., abgesehen von der später in der Ersitzung aufgegangenen longi temporis praescriptio (S. 612), niemals Voraussetzung der Verjährung. Auch dem Diebe gegenüber verjährte die rei vindicatio in 30 Jahren. Diese dem Wesen der Verjährung (S. 610) entsprechende Anschauung lag auch noch dem ursprünglichen kanonischen Rechte (c. 16 C. 16 qu. 3) zu Grunde. Erst durch einen Konzilienschluß der vierten Lateransynode (1216) unter Innocenz III. wurde das Erfordernis des guten Glaubens des Präskribenten eingeführt. Dies ist Gemeines Recht geworden, in welchem Umfange, war je-

accessorischen Rechts widersprechen würde, so ist positiv bestimmt, daß nach Verjährung des Hauptanspruchs die etwa noch nicht verjährten Einzelansprüche nicht geltend gemacht werden dürfen; vgl. 1. 26 pr. C. 4, 32: „principali enim actione non subsistente satis supervacuum est, super usuris vel fructibus adhuc judicem cognoscere" und ebenso BGB. § 224: „Mit dem Hauptanspruche verjährt der Anspruch auf die von ihm abhängigen Nebenleistungen, auch wenn die für diesen Anspruch geltende besondere Verjährung noch nicht vollendet ist."

[13]) Die Behandlung der Rechtsverhältnisse mit wiederkehrenden Leistungen hinsichtlich der Verjährung ist seit Jahrhunderten streitig. Früher wurde die Verjährbarkeit des Gesamtanspruchs überhaupt verneint (vgl. dagegen ALR. I, 9 § 509). Gegenwärtig erkennen die Meisten die Verjährbarkeit an, fordern aber eine Bestreitung des Gesamtanspruchs durch den Verpflichteten. Zweifelhaft ist ferner häufig, ob bei Verpflichtung zu wiederkehrenden Leistungen ein Gesamtanspruch oder nur eine Vielheit von Einzelansprüchen vorliegt. § 160 des I. Entwurfs zum BGB. wollte, auch wenn wiederkehrende Leistungen von einem Hauptrechte nicht abhängen, die Verjährung des „Anspruchs im Ganzen" mit dem Zeitpunkte beginnen lassen, in welchem die Verjährung des Anspruchs auf eine Leistung begonnen hat. Bei der Revision wurde diese Fiktion gestrichen. Die Entscheidung dieser Frage ist also wieder der Wissenschaft überlassen.

doch sehr streitig[14]). Das BGB. beseitigt dies der Natur der Sache widersprechende Erfordernis[15]).

[14]) c. 20 X. de praescriptionibus 2, 26: Quoniam omne quod non est ex fide, peccatum est, Synodali judicio diffinimus, ut nulla valeat absque fide praescriptio, tam canonica quam civilis, cum generaliter sit omni constitutioni atque consuetudini derogandum, quae absque mortali peccato non potest observari. Unde oportet, ut qui praescribit, in nulla temporis parte rei habeat conscientiam alienae.

Über die Bedeutung dieser vielumstrittenen Stelle haben sich vier Meinungen gebildet.

a. Die Stelle beziehe sich nur auf die Ersitzung und ändere das rR. nur insoweit, als auch mala fides superveniens als Ersitzungs-hindernis bezeichnet sei.

b. Umgekehrt hielt eine andere Meinung die Stelle auf alle Fälle der — im Mittelalter als einheitliches Institut behandelten, S. 611 — Verjährung für anwendbar. Beiden Auslegungen scheint der Wortlaut zu widersprechen.

c. Nach einer schon von Bartolus geäußerten Ansicht soll die Stelle sich zwar auf die Klagenverjährung beziehen, aber nur die ding-lichen Klagen betreffen.

d. Nach der heute herrschenden, dem Wortlaut am besten ent-sprechenden Meinung soll die Vorschrift sich auf die Verjährung der auf Herausgabe einer dem Inhaber nicht gehörenden Sache gerichteten Klagen beziehen, gleichviel, ob diese dingliche (rei vindicatio, actio Publiciana) oder persönliche (actio locati, commodati, depositi, pigneraticia) sind, nicht aber auf persönliche Klagen, durch welche die Herausgabe einer dem Besitzer gehörigen Sache zwecks Erfüllung eines obligatorischen Geschäfts erstrebt wird, wie die actio empti oder conducti.

[15]) In merkwürdiger Weise hat die in Anm. 14 besprochene Stelle auf das ALR. eingewirkt. Während dies im allgemeinen (I, 9 §§ 501, 564) durch die Verjährung die davon betroffenen Rechte völlig erlöschen ließ, ist in I, 9 § 568 bestimmt, daß die Verjährung durch Nichtgebrauch nur eine Vermutung für die erfolgte Beseitigung der Verbindlichkeit begründen solle. Sodann bestimmt § 569: „Diese Ver-mutung kann nur durch den vollständigen Beweis, daß der Andere unred-licher Weise und gegen besseres Wissen von seiner noch fortwährenden Ver-bindlichkeit sich der Erfüllung derselben entziehen wolle, entkräftet werden." Danach war die bona fides zur Voraussetzung der Verjährung gemacht, wobei freilich dem Berechtigten die Beweislast für den bösen Glauben des Präskribenten aufgebürdet war. Die §§ 568, 569 sind mit Rück-sicht auf die damals herrschende Auslegung des c. 20. X. 2, 26 (Rave, de praescriptionibus) noch nachträglich in den Entwurf des

§ 61. Vollendung der Verjährung.

a. Ablauf der Verjährungszeit.

1. Nach Gemeinem Rechte betrug die Verjährungs=
zeit 30 Jahre, soweit nicht für eine bestimmte Gattung
von Ansprüchen eine längere oder kürzere Frist vorge=
schrieben war[1]).
2. Auch BGB. § 195 bestimmt: „Die regelmäßige
Verjährungsfrist beträgt 30 Jahre." Eine längere Frist
ist im BGB. nicht vorgesehen. Wohl aber sind im
Anschluß an neuere Reichsgesetze[2]) und preußische Ge=

ALR. hineingeflickt worden. Theorie und Praxis haben sich bemüht,
die Einwirkung dieser §§ zu verringern, indem der nach § 569 zu
führende Beweis erschwert wurde. Insbesondere wurde eine Eideszu=
schiebung für unzulässig erachtet.

[1]) In 100 Jahren verjährten die Ansprüche der ecclesia Romana (bei uns nicht praktisch geworden), in 40 Jahren die der übrigen
Kirchen, sowie der milden Stiftungen, sofern bei anderen Berechtigten
eine 10, 20 oder 30jährige Verjährungszeit eingetreten wäre
(Authentica „Quas actiones" zu l. 23 C. 1, 2 aus Nov. 131 c. 6).
In 40 Jahren verjährte auch die actio hypothecaria in einigen
besonderen Fällen (l. 7 §§ 2, 3 C. 7, 39). Die frühere Praxis
billigte (auf Grund von l. 6 § 1 D. 49, 14; l. 14 C. 11, 62), die
40jährige Verjährung auch den Ansprüchen des Fiskus, des Landes=
herrn und seiner Gemahlin zu. Seit einem Angriffe Savignys war
dies bestritten. Die 50jährige Verjährung der Klage auf Rückforderung
des auf Spielschulden Gezahlten (l. 1 § 2 C. 3, 43) hatte für das
Gemeine Recht, das diese Klage nicht aufgenommen hatte (II, 508),
keine Bedeutung. Über die aus dem römischen in das Gemeine Recht
übernommenen kürzeren Fristen vgl. oben S. 621. Am wichtigsten
waren die fünfjährige Verjährung der querela inofficiosi testamenti,
die zweijährige der actio doli (S. 439[3]), die einjährige der übrigen
Strafklagen (zB. der actio injuriarum) und der actio quanti minoris,
und die sechsmonatige der actio redhibitoria.

[2]) Dahin gehören zB.: Wechselordnung Art. 77, 100 (der
wechselmäßige Anspruch gegen den Acceptanten eines gezogenen oder
den Aussteller eigenen Wechsels verjährt in 3 Jahren vom Verfalltage
des Wechsels an); 78, 79 (die Regreßansprüche des Wechselinhabers und
des den Wechsel im Regreßweg einlösenden Indossanten verjähren in
3, 6, 18 Monaten, je nach dem Zahlungsort oder dem Wohnorte
des Regreßnehmers);
Handelsgesetzbuch §§ 26 (fünfjährige Verjährung gegen den
bisherigen Inhaber eines Handelsgeschäfts bei Übergang auf einen

setze³) für zahlreiche Fälle kürzere Fristen vorgeschrieben⁴).
Ist jedoch ein der kürzeren Verjährung unterliegender An=

Anderen), 61, 113 (Verjährung der Ansprüche des Prinzipals und des
Gesellschafters gegen den Handlungsgehülfen und Gesellschafter wegen
Überschreitung des Konkurrenzverbots in 3 Monaten seit Kenntnis
und unabhängig davon in 5 Jahren); 161, 236, 326 (entsprechende
Vorschrift für die persönlich haftenden Gesellschafter der Kommandit=
gesellschaft, der Aktienkommanditgesellschaft und die Vorstandsmitglieder
der Aktiengesellschaft); 159 (die Klagen gegen einen Gesellschafter aus
Ansprüchen gegen die Gesellschaft verjähren in fünf Jahren seit Ein=
tragung der Auflösung oder des Ausscheidens in das Handelsregister);
206, 241, 249, 320, 325 (fünfjährige Verjährung der Ansprüche
der Aktiengesellschaft und Aktienkommanditgesellschaft aus Gründungs=
vorgängen sowie gegen Mitglieder des Aufsichtsrats und des Vor=
stands); 217 (fünfjährige Verjährung der Ansprüche aus Verbindlich=
keiten der Gesellschaft gegen einen Aktionär, der gesetzwidrig Zahlungen
von der Gesellschaft empfangen hat`; 414, 423, 439 (die Ersatzklagen
gegen Spediteur, Lagerhalter und Frachtführer verjähren in einem
Jahre); vgl. HGB. §§ 901—905 (Verjährung im Seerecht).
    Urheberrechtsgesetz vom 11. Juni 1870 § 33 (die Ent=
schädigungspflicht wegen Nachdrucks verjährt in 3 Jahren); vgl. ebenso
RG. vom 9˙ Januar 1876 § 16, vom 10. Januar 1876 § 9, vom
11. Januar 1876 § 14, Patentgesetz vom 7. April 1891 § 39,
Gebrauchsmustergesetz vom 1. Juni 1891 § 9;
    Reichshaftpflichtgesetz vom 7. Juni 1871 § 8 (die Schadens=
ersatzforderungen verjähren in zwei Jahren vom Unfall an; vgl.
EGBGB. Art. 42, III);
    Reichspostgesetz vom 28. Oktober 1871 § 14 (der Entschädi=
gungsanspruch erlischt in sechs Monaten seit Einlieferung der Sen=
dung oder Beschädigung des Reisenden);
    Wuchergesetz vom 24. Mai 1880 Art. 3 (das Rückforderungs=
recht aus wucherlichen Verträgen verjährte in fünf Jahren seit der
Leistung); nicht mehr in Geltung vgl. S. 489⁶;
    Unfallversicherungsgesetz vom 6. Juli 1884 § 96 (die
Ersatzansprüche der Kassen bei strafrichterlich festgestellter Berufsfahr=
lässigkeit verjähren in 18 Monaten seit Rechtskraft des Strafurteils,
oben S. 213¹²);
    Genossenschaftsgesetz vom 1. Mai 1889 (Neufassung vom
20. Mai 1898) §§ 34, 41 (die Schadensersatzansprüche gegen Vorstand
und Aufsichtsrat wegen Pflichtwidrigkeit verjähren in fünf Jahren);
74 (die Klage eines ausgeschiedenen Genossen auf Auszahlung des
Geschäftsguthabens verjährt in zwei Jahren); §§ 123, 141 (die Klage
der Genossenschaftsgläubiger gegen einzelne Genossen verjährt in zwei
Jahren seit Ablauf von drei Monaten nach Vollstreckbarkeitserklärung
der Nachschußberechnung I, 684);

spruch rechtskräftig festgestellt⁵), so vollendet sich dessen Ver=
jährung (wie schon im rR. die der actio judicati, 1, 525¹²)

Gesetz betr. die Gesellschaften mit beschränkter Haftung vom
20. April 1892 (Neufassung vom 20. Mai 1898) §§ 31, 43, 52, 73
(fünfjährige Verjährung der Ansprüche gegen Gesellschafter wegen
gesetzwidriger Auszahlungen, gegen Geschäftsführer, Mitglieder des Auf=
sichtsrats, Liquidatoren);
    Krankenversicherungsgesetz vom 10. April 1892 (15. Juni
1883) §§ 55 (einjährige Verjährung der Ansprüche auf Eintritts=
gelder und Beiträge), 56 (zweijährige Verjährung der Unterstützungs=
ansprüche);
    Flößereigesetz vom 15. Juni 1895 § 30 und Binnen=
schiffahrtsgesetz vom 15. Juni 1895 (Neufassung vom 20. Mai 1898)
§§ 117, 118 (einjährige Verjährung vom Schlusse des Entstehungs=
jahrs des Anspruchs an);
    RG. zur Bekämpfung des unlauteren Wettbewerbs
vom 27. Mai 1896 § 11 (die Ansprüche auf Unterlassung und Schadens=
ersatz verjähren in 6 Monaten seit Kenntnis des Anspruchsberechtigten,
ohne Rücksicht auf diese in drei Jahren seit Begehung der Handlung
oder Eintritt des Schadens)
    ³) Nach ALR. I, 9 § 546 endete die gewöhnliche Verjährung,
wie nach Gemeinem Recht, in 30 Jahren. Für einzelne Ansprüche
aber waren sowohl längere (ungewöhnliche Verjährung, 50 und
44jährige, die aus der Zurechnung der 4jährigen Restitutionsfrist zu
der gemeinrechtlichen 40jährigen, oben S. 622, entstanden war), wie
kürzere Fristen (I, 6 § 54, 3jährige Verjährung außervertraglicher
Schadensersatzansprüche, vgl. die Deklaration dazu vom 31. März 1838)
vorgesehen. Wesentliche Neuerungen brachte das Gesetz vom 31. März
1838 wegen Einführung kürzerer Verjährungsfristen. Es führte für
viele Ansprüche, die regelmäßig in kurzer Zeit berichtigt zu werden
pflegen, 2 und 4jährige Fristen ein, setzte den Beginn der Verjährung
derartiger Ansprüche einheitlich auf den 31. Dezember des Entstehungs=
jahrs fest und ordnete an, daß nach rechtskräftiger Feststellung die
30jährige, bei sonstiger Unterbrechung aber immer wieder die etwaige
kürzere Frist zu laufen beginnen soll. Alles dies ist in das BGB.
§§ 196, 197, 201, 218 übergegangen.
    Auch spätere preußische Gesetze haben kürzere Verjährungs=
fristen eingeführt; zB. verjährt der Anspruch auf rückständige Steuern in
4 Jahren (Ges. über die Verjährungsfristen bei öffentlichen Abgaben vom
18. Juni 1840 § 3); auf Ersatzgeld (II, 493³) in 4 Wochen (Feld=
und Forstpolizeigesetz vom 1. April 1880 § 70); auf Zahlung von
Gerichtskosten in 4 Jahren (Pr. Gerichtskostengesetz vom 25. Juni
1895, Neufassung vom 6. Oktober 1899 § 13); dagegen ist eine Nach=
forderung von Gerichtskosten wegen irrigen Ansatzes nur bis zum Ab=
laufe des nächsten Kalenderjahrs nach Erledigung des Geschäfts zulässig,

nunmehr erst in 30 Jahren (BGB. § 218). Dagegen kennt das BGB. keine besondere Verjährung der Litis=

§ 12, vgl. ebenso Reichsgerichtskostengesetz § 5); auf Entrichtung von Stempeln in 20 Jahren, falls sie auf einen Bruchteil des Werts des Gegenstands zu bemessen sind (sog. Wertstempel), sonst in 5 Jahren (Pr. Stempelsteuerges. vom 31. Juli 1895 § 27).

⁴) Die Verjährungsfristen des BGB.

30 Jahre: §§ 195 (Normalfrist), 218 (rechtskräftig fest= gestellter Anspruch), 852 (Ersatz des aus unerlaubter Handlung ent= standenen Schadens mangels Kenntnis von That und Thäter, s. u.), 2332 (Pflichtteilsanspruch mangels Kenntnis des Erbfalls und der beeinträchtigenden Verfügung, s. u.);

5 Jahre: § 638 (Anspruch des Bestellers eines Bauwerks wegen Mängel);

4 Jahre: §§ 196 Abs. 2 (Ansprüche Gewerbetreibender für Warenlieferung an andere Gewerbetreibende; der Land= und Forstwirte, sofern die Lieferung nicht für den Haushalt des Empfängers geschieht; der Losehändler, sofern die Lose zum Weitervertriebe geliefert werden); 197 (Ansprüche auf Rückstände von Zinsen, Miet= und Pachtzinsen für unbewegliche Sachen, Renten, Besoldungen und alle regelmäßig wiederkehrenden Leistungen); 1715 (Ansprüche der außerehelich Ge= schwängerten auf die sog. Sechswochenkosten); die Verjährung beginnt in den Fällen der §§ 196, 197 mit Schluß des Jahrs, in dessen Verlauf actio nata eintritt (S. 624), im Falle des § 1715 mit dem Ablaufe von 6 Wochen seit der Geburt des Kindes;

3 Jahre: §§ 786 (Anspruch des Anweisungsempfängers gegen den Angewiesenen aus der Annahme), 852 (Ersatz des aus einer un= erlaubten Handlung entstandenen Schadens seit Kenntnis von That und Thäter, s. o.), 2287 (Anspruch des Vertragserben auf Herausgabe einer vom Erblasser zwecks Beeinträchtigung des Vertragserben gemachten Schenkung), 2332 (Pflichtteilsanspruch bei Kenntnis des Erbfalls und der beeinträchtigenden Verfügung, s. o.);

2 Jahre: § 196 (Ansprüche der Gewerbetreibenden für Liefe= rungen und Leistungen, die nicht für den Gewerbebetrieb des Schuldners erfolgten, sonst 4 Jahre, s. o.; der Land= und Forstwirte, sofern die Lieferung zur Verwendung im Haushalt erfolgte, sonst 4 Jahre, s. o.; der die Beförderung von Personen und Sachen besorgenden Anstalten und Personen; der Gastwirte; der Losehändler, sofern die Lose nicht zum Weitervertriebe geliefert werden, sonst 4 Jahre, s. o.; der gewerbs= mäßigen Vermieter beweglicher Sachen; der gewerbsmäßigen Geschäfts= besorger; der im Privatdienste stehenden Personen; der gewerblichen Arbeiter; der Lehrherren; der öffentlichen und privaten Unterrichts=, Erziehungs=, Verpflegungs=, Heilanstalten; der öffentlichen und privaten Lehrer, sofern deren Forderungen nicht auf Grund besonderer Ein=

pendenz, vgl. I, 326¹² und unten S. 648. Über den
Einfluß des Inkrafttretens des BGB. auf die am 1. Ja=
nuar 1900 laufenden Verjährungen vgl. oben S. 63.

---

richtungen gestundet sind, wie die Kolleghonorare; der Ärzte, Zahnärzte,
Tierärzte, Hebeammen; der Rechtsanwälte, Notare, Gerichtsvollzieher;
der Parteien wegen ihrer Vorschüsse an ihre Rechtsanwälte; der
Zeugen und Sachverständigen wegen Gebühren und Auslagen; die
Verjährung beginnt mit Schluß des Jahrs, in dessen Verlauf actio
nata eintritt, § 201);

ferner §§ 801 (Anspruch aus einem zur Einlösung vorgelegten
Inhaberpapier), 1302 (Ansprüche bei Auflösung des Verlöbnisses);

1 Jahr: §§ 477 (Anspruch auf Wandelung oder Minderung
bei Grundstücken), 638 (Anspruch des Bestellers wegen Mängel von
Arbeiten an einem Grundstück), 1623 (Anspruch auf die Aussteuer);

6 Monate: §§ 477 (Anspruch auf Wandelung oder Minde=
rung bei gekauften beweglichen Sachen), 558 (Ersatzansprüche des Ver=
mieters und Ansprüche des Mieters für Verwendungen, sowie jus
tollendi), 606 (Ersatzansprüche des Verleihers), 638 (Ansprüche des
Bestellers eines beweglichen Werks), 1057 (Ersatzansprüche des Eigen=
tümers gegen den Nießbraucher), 1226 (Ersatzansprüche des Verpfänders
gegen den Pfandgläubiger);

6 Wochen: § 490 (bei Viehkäufen verjährt der Anspruch des
Käufers auf Wandelung und Schadensersatz wegen eines Hauptmangels
in 6 Wochen vom Ende der durch Kaiserliche Verordnung, § 482, zu
bestimmenden Gewährfrist an. Diese Verordnung ist am 27. März
1899 ergangen).

⁵) Der rechtspolitische Grund der Einführung kürzerer Ver=
jährungsfristen bei den hauptsächlich in Betracht kommenden Geschäften
des täglichen Verkehrs liegt darin, daß diese so zahlreich und unbedeutend
sind, daß nach längerer Zeit eine Verdunkelung des Sachverhältnisses
eintreten würde, insbesondere weil der Schuldner und zumal seine
Erben nach Ablauf mehrerer Jahre den Beweis erfolgter Tilgung schwer
würden erbringen können. Dazu kommt die wirtschaftspolitische Er=
wägung (S. 611), daß die Abkürzung der Verjährungsfrist dem über=
mäßigen Kreditgeben wirksam entgegentritt.

Diese Gründe verlieren mit rechtskräftiger Feststellung der an sich
der kürzeren Verjährung unterworfenen Ansprüche ihre Bedeutung.
Den rechtskräftig festgestellten Ansprüchen stehen nach BGB. § 218
diejenigen gleich, die sich aus einem vollstreckbaren Vergleiche (CPO.
§ 794¹), einer vollstreckbaren Urkunde (CPO. § 794⁵) ergeben oder
welche durch die im Konkurse (zur Tabelle, I, 669 f.) erfolgte Fest=
stellung vollstreckbar geworden sind. Als rechtskräftige Entscheidung
gilt ferner nach BGB. § 219 das unter Vorbehalt (nämlich der Ver=
teidigungsmittel in der Berufungsinstanz, CPO. § 540, und der Rechte
im Urkunden= und Wechselprozeße, CPO. § 599) ergangene rechtskräftige

3· Sowohl nach Gemeinem Rechte wie nach BGB. findet durch einen Wechsel in der Person des Anspruchs-berechtigten oder des Anspruchsgegners keine Unterbrechung der Verjährung statt.

Wenn also z.B. A. das Geschäft des B. mit Aktivis und Passivis übernimmt (S. 230⁵), kann er der Klage des C. auf Zahlung der an B. gelieferten Waren die Ein-rede der Verjährung entgegenstellen, wenn seit der Lieferung die Verjährungszeit verstrichen ist, auch wenn diese ganz oder zum Teil in die Besitzzeit des B. fällt; denn ˙der Anspruch ist der gleiche geblieben. Zweifelhaft könnte dies hingegen bei dinglichen Ansprüchen, z.B. der Eigentums- oder Pfandklage, sein. Der Anspruch auf Herausgabe einer Sache gegen X. ist an sich nicht identisch mit dem Anspruch auf Herausgabe derselben Sache gegen Y. Aber BGB. § 221 behandelt (in Übereinstimmung mit dem Ge-meinen Recht und ALR.) einen dinglichen Anspruch dann als einheitlichen, wenn die Sache auf Grund einer Rechts-nachfolge in den Besitz eines Anderen übergeht. Dieser kann sich die Besitzzeit des Vorgängers anrechnen, sog. accessio possessionis⁶).

b. Hemmung der Verjährung.

1· Regelmäßig vollendet sich die Verjährung durch Ablauf der gesetzlichen Frist von dem Zeitpunkt an, in

---

Urteil, das an sich nur hinsichtlich der Rechtsmittel und der Zwangs-vollstreckung als Endurteil anzusehen ist, den Prozeß aber nicht endgültig beendet (I, 382¹⁶).

Nur soweit sich die Feststellung auf regelmäßig wiederkehrende, erst künftig fällig werdende Leistungen bezieht, hat es bei der kürzeren Verjährungsfrist sein Bewenden (BGB. § 218²). Wenn also auf Grund von CPO. § 258 (I, 278¹) Beklagter in einem Alimenten-prozesse zur Zahlung von laufenden Unterhaltsbeiträgen verurteilt worden ist, verjähren die einzelnen Bezüge nicht in 30 Jahren, sondern gemäß §§ 197, 201 in 4 Jahren seit Ablauf des Jahrs, in welchem die einzelne Rate fällig geworden ist.

⁶) BGB. § 221: „Gelangt eine Sache, in Ansehung deren ein dinglicher Anspruch besteht, durch Rechtsnachfolge in den Besitz eines Dritten, so kommt die während des Besitzes des Rechtsvorgängers ver-strichene Verjährungszeit dem Rechtsnachfolger zu statten."

welchem zuerst actio nata vorlag. Diese Regel wird aber in zwei Gruppen von Fällen durchbrochen.

α. Es tritt eine **Hemmung der Verjährung** ein. Dann wird die Zeit, während welcher der Hemmungsgrund vorliegt, in die Verjährungsfrist nicht eingerechnet (BGB. § 205); die Verjährung ruht, steht still (praescriptio dormit). Die Hemmung kann den Beginn oder den Verlauf oder die Vollendung der Verjährung betreffen.

β. Es tritt eine **Unterbrechung der Verjährung** (interruptio temporis) ein. Dann wird die laufende Ver= jährung beseitigt. Beginnt die Verjährung nach Beseitigung des Unterbrechungsgrunds von neuem, so ist diese neue Verjährung keine Fortsetzung der früheren. Der vor der Unterbrechung bereits abgelaufene Teil der Verjährungszeit wird daher in die neu beginnende nicht eingerechnet (BGB. § 217), vielmehr muß die ganze Verjährungsfrist von neuem ablaufen, während nach Beseitigung eines Hemmungs= grunds die vor dessen Eintritt bereits abgelaufene Ver= jährung sich einfach fortsetzt.

2. Alle **Hemmungsgründe** beruhen auf dem gemein= samen Gedanken, daß die Verjährung demjenigen Berech= tigten gegenüber nicht laufen kann, der an der Geltend= machung des Anspruchs zeitweise behindert ist (agere non valenti non currit praescriptio). Hierbei ist als Hinderungsgrund die Unkenntnis des Berechtigten von seinem Anspruche nach BGB. wie schon nach Gemeinem Rechte[7]) nicht anerkannt, denn dadurch würde der Zweck der Verjährung vereitelt werden; vgl. l. 12 § 3 C. 7, 33: nulla scientia vel ignorantia expectanda, ne altera dubitationis inextricabilis oriatur occasio.

3. Als **Hemmungsgründe** können innere, d. h. aus der Beschaffenheit des Anspruchs sich ergebende und als

---

[7]) Dagegen bestimmte ALR. I, 9 § 512: „Keine Art der Verjährung kann gegen den anfangen, welcher von seinem Rechte nicht hat unterrichtet sein können." Das beruht auf der unrichtigen An= schauung, daß die Verjährung eine Strafe der „negligentia credi= toris" sei (S. 610³).

Einrede geltend zu machende Umstände und sonstige Hinde=
rungsgründe der Rechtsverfolgung in Betracht kommen. Diese
letzteren können wieder rechtlicher und thatsächlicher Natur sein.

α. **Einreden.**

In welchem Umfange dem Anspruch entgegenstehende
Einreden seine Verjährung hemmen, war für das Gemeine
Recht bestritten. Nach der auch dem BGB. § 202 zu
Grunde liegenden herrschenden Meinung ist zu unterscheiden:

. **Peremtorische Einreden** (I, 298), d. h. solche,
durchwelche die Geltendmachung des Anspruchs dauernd
ausgeschlossen ist (vgl. BGB. §§ 813, 1169, 1254), hindern
den Lauf der Verjährung nicht. Ist ein von einer ver=
nichtenden Einrede betroffener Anspruch verjährt, so kann
dem Verpflichteten die ihm möglicherweise bequeme Be=
rufung auf die eingetretene Verjährung nicht versagt
werden. Denn die Anspruchsverjährung soll den An=
spruchsgegner ja gerade der Verpflichtung überheben, auf
das gültige Entstehen oder Bestehen des Anspruchs sich
einzulassen.

b. **Dilatorische Einreden** hemmen die Verjährung,
es sei denn, daß der Anspruchsberechtigte sie hätte be=
seitigen können und sollen. Daher ist (BGB. § 202
Abs. 1) die Verjährung zwar gehemmt, solange die Leistung
gestundet, also noch nicht fällig, oder der Verpflichtete aus
einem anderen Grunde (z.B. Miet=, Pfand=, Leihvertrag,
oben S. 629) vorübergehend zur Verweigerung der Leistung
berechtigt ist. Dagegen (BGB. § 202 Abs. 2) läuft die
Verjährung des Anspruchs, auch wenn ihm die Einrede
des Zurückbehaltungsrechts (BGB. §§ 273, 274, 1000),
des nicht erfüllten Vertrags (exceptio non adimpleti
contractus, oben S. 629, vgl. BGB. §§ 320, 322), der
mangelnden Sicherheitsleistung (vgl. z.B. BGB. §§ 258,
867, 1005) und der Vorausklage (beneficium excussionis
personalis des Bürgen, BGB. §§ 771 ff.) entgegensteht[8]).

---

[8]) Vgl. außerdem aus den Quellen: § 29 I. 2, 1 (Hemmung
der rei vindicatio auf ein tignum junctum bis zu dessen Heraus=

β. Rechtliche Hemmungsgründe.

a. Nach Gemeinem Rechte ruhte die Verjährung der Ansprüche der Unmündigen überhaupt, der Minderjährigen nur hinsichtlich derjenigen Ansprüche, welche einer kürzeren als der dreißigjährigen Verjährung unterworfen waren (l. 3 § 1ᵃ C. 7, 39). Ferner ruhte die Verjährung der Ansprüche der Hauskinder betreffs des der väterlichen Nutznießung unterliegenden Vermögens (peculium adventicium regulare, l. 1 § 2 C. 7, 40) sowie der Ehefrau bezüglich ihrer Dotalsachen (l. 30 § 2 C. 5, 12), solange diese Verhältnisse bestanden.

b. Nach BGB. § 204 ist die Verjährung von Ansprüchen zwischen Ehegatten, Eltern und minderjährigen Kindern, Vormund und Mündel gehemmt. Dagegen läuft die Verjährung grundsätzlich auch gegen geschäftsunfähige oder beschränkt geschäftsfähige Personen[9]). Nur wenn eine solche Person des gesetzlichen Vertreters entbehrt, soll nach BGB. § 206 die gegen sie laufende Verjährung nicht

---

nahme, oben S. 294); l. 22 § 11 C. 6, 30 (Ruhen der Verjährung gegenüber dem Erbschaftsgläubiger während der Überlegungsfrist, vgl. dagegen BGB. §§ 202 Abs. 2, 2014, 2015); l. 8 C. 7, 71 (Ruhen der Verjährung während eines dem Schuldner bewilligten Moratoriums; heute ist beseitigt, I, 673⁸).

[9]) Die Beseitigung der Hemmung der Verjährung gegen nicht voll Geschäftsfähige entspricht der modernen Rechtsentwickelung; vgl. zB. Reichshaftpflichtgesetz vom 7. Juni 1871 § 8, altes HGB. Art. 149, Genossenschaftsges. vom 1. Mai 1889 § 117 alter Fassung. Das ALR. I, 9 §§ 535 ff. unterschied: Die erlöschende Verjährung kann gegen Minderjährige, die nicht in väterlicher Gewalt stehen, nicht beginnen, auch wenn sie einen Vormund haben; aber die Verjährung setzt sich fort, wenn ein Recht nach angefangener Verjährung an einen mit einem Vormunde versehenen Minderjährigen gelangt. Der Beginn der erwerbenden Verjährung (Ersitzung, I, 9 § 595) dagegen wird gegen Minderjährige nur dann gehemmt, wenn sie keinen gesetzlichen Vertreter haben. Wenn jedoch eine Verjährung irgend einer Art während der Minderjährigkeit sich vollendet, so steht dem Minderjährigen binnen 4 Jahren seit Eintritt der Großjährigkeit die Wiedereinsetzung in den vorigen Stand zu. Den Minderjährigen sind hinsichtlich der Verjährung Geisteskranke und Taubstumme, nicht aber Verschwender gleichgestellt.

vor Ablauf von 6 Monaten oder der etwaigen kürzeren
Verjährungsfrist seit Eintritt ihrer Geschäftsfähigkeit oder
Beseitigung des Vertretungsmangels vollendet werden. Ist
sie, obgleich nicht voll geschäftsfähig, doch verpflichtungs=
und deshalb prozeßfähig (wie in den S. 411 besprochenen
Fällen erweiterter Geschäftsfähigkeit), so vollendet sich die
Verjährung wie gewöhnlich, da dann der rechtspolitische
Grund der Ausnahme fortfällt. Nach BGB. § 207 wird
in ähnlicher Weise die Verjährung eines zu einem Nach=
lasse gehörenden oder gegen einen Nachlaß gerichteten
Anspruchs nicht vor Ablauf von 6 Monaten seit Vor=
handensein einer zur Vertretung des Nachlasses befugten
Person (Erbe nach Annahme der Erbschaft, Konkurs=
verwalter, Nachlaßpfleger, Abwesenheitspfleger, Testaments=
vollstrecker) vollendet.

γ. Thatsächliche Hemmungsgründe.

Nach Gemeinem Rechte ruhte bei den als tempus
utile zu berechnenden Verjährungsfristen (S. 605[8]) die
Verjährung an den nicht zur Rechtsausübung geeigneten
Tagen. Auf Grund kanonischer Vorschriften ruhte die
Verjährung ferner bei feindlichem Einfalle (tempus hosti-
litatis c. 13, 14 causa 16 qu. 3; c. 10 X. 2, 26);
und für die hundertjährigen Ansprüche der ecclesia Romana (S. 635[1]) im Fall eines Schisma (c. 14 X. 2, 26;
II, 303).

Nach BGB. § 203 ist die Verjährung gehemmt, so
lange der Berechtigte durch Stillstand der Rechtspflege
(justitium) oder infolge von höherer Gewalt (vis major)
innerhalb der letzten 6 Monate der Verjährungsfrist an
der Rechtsverfolgung gehindert ist[10]).

---

[10]) Zahlreiche Hemmungsgründe erkannte das ALR. I, 9 §§ 512 ff.
an: Unkenntnis des Anspruchs, Abwesenheit in Staatsgeschäften und
während eines Krieges, Stillstand der Rechtspflege, Versagung des
rechtlichen Gehörs. Nur in dem letzten Falle wurde aber auch eine
schon laufende Verjährung unterbrochen; in den übrigen Fällen dagegen
wurde nur ihr Anfang gehemmt, nicht auch ihr Weiterlauf, falls sie
schon vor Eintritt des Ereignisses zu laufen begonnen hatte.

Über die Verlängerung der Verjährungsfrist, deren letzter Tag kein Werktag ist, vgl. oben S. 606.

c. Unterbrechung der Verjährung.

1. Anerkenntnis des Verpflichteten.

Der Zweck der Verjährung ist, zu verhüten, daß durch langjähriges Bestehenlassen eines dem Rechte möglicher Weise widersprechenden Zustands unsichere Verhältnisse entstehen. Erfolgt unter den Beteiligten eine Feststellung der zwischen ihnen bestehenden Verhältnisse, so wird diese Gefahr beseitigt. Eine derartige Feststellung bewirkt daher eine Unterbrechung der Verjährung.

Die Feststellung der wahren Rechtsverhältnisse kann durch Bethätigung des Anspruchs seitens des Anspruchsberechtigten und durch Anerkennung des Anspruchs seitens des Anspruchsgegners herbeigeführt werden.

Die Anerkennung seitens des Verpflichteten muß dem Anspruchsberechtigten gegenüber erfolgen. (Gemäß l. 7 § 5, l. 8 § 4 C. 7, 39 war außer der ausdrücklichen Anerkennung durch Ausstellung eines Schuldscheins auch die stillschweigende Anerkennung durch Abschlags- und Zinszahlungen, Bestellung von Pfändern und Bürgen zulässig. Nicht genügend war nach rR. die einfache mündliche Anerkennung; die gemeinrechtliche Praxis hat aber auch diese vielfach als Unterbrechungsgrund anerkannt (ebenso ALR. I, 9 § 562).

BGB. § 208 bestimmt: „Die Verjährung wird unterbrochen, wenn der Verpflichtete dem Berechtigten gegenüber den Anspruch durch Abschlagzahlung, Zinszahlung, Sicherheitsleistung oder in anderer Weise anerkennt". Es genügt also auch formlose Erklärung. Streitig ist, ob diese Anerkennung als einseitiges, empfangsbedürftiges Rechtsgeschäft, durch welches der Anerkennungswille verbindlich zum Ausdrucke gebracht wird (Endemann), oder als einfache Rechtshandlung in dem S. 96 [12] dargelegten Sinne (Planck) aufzufassen ist. Annahme seitens des Anspruchsberechtigten ist jedenfalls nicht erforderlich.

2. Bethätigung durch den Berechtigten.

Zur Unterbrechung der Verjährung des Anspruchs genügt nicht jede Bethätigung desselben durch den Berechtigten, etwa eine einfache Mahnung oder eine Ladung zum Sühnetermine (CPO. § 510, vgl. jedoch für die Ehescheidungsklage CPO. § 609 und BGB. § 1571 Abs. 3); erforderlich ist vielmehr eine Handlung, die den Anspruch klarzustellen geeignet ist. Hierzu dienlich ist vor allem die gerichtliche Geltendmachung durch Klageerhebung und gleichgestellte Handlungen.

α. Klageerhebung.

a. Nach klassischem römischem Rechte trat die Unterbrechung der Verjährung durch Klageerhebung mit dem Augenblicke der Litiskontestation (I, 325), d. h. mit Schluß des Verfahrens in jure (I, 320), ein. Nach Justinianischem und Gemeinem Recht (I, 347) erfolgte die Unterbrechung der Verjährung nicht erst durch die Einlassung des Beklagten, sondern „per solam conventionem" (l. 7 pr. C. 7, 39), d. h. mit der Behändigung der Klage an den Beklagten, nach manchen schon mit Einreichung der Klage bei Gericht. Nach CPO. § 267 wird die Verjährung unterbrochen durch „Erhebung der Klage", d. h. regelmäßig durch Zustellung des Klageschriftsatzes, zuweilen durch Geltendmachung in der mündlichen Verhandlung (I, 360 [1]).

b. Kann der Kläger seinen Anspruch auf verschiedenen prozessualen Wegen bethätigen, so genügt es, wenn er einen derselben betritt. Daher wurde schon nach bisherigem Rechte die Verjährung des Leistungsanspruchs durch Erhebung der Feststellungsklage, die der rei vindicatio durch Erhebung einer actio ad exhibendum oder einer Besitzklage unterbrochen (l. 3 § 3 C. 7, 40). Ebenso bestimmt BGB. § 209, daß die Verjährung unterbrochen wird, wenn der Berechtigte auf Befriedigung oder auf Feststellung des Anspruchs, auf Erteilung der Vollstreckungsklausel (CPO. § 731) oder auf Erlassung des Vollstreckungsurteils für ein ausländisches Urteil oder einen

Schiedsspruch (CPO. §§ 722, 1042; vgl. I, 545) Klage erhebt.

c. Eine andere Frage ist, ob beim Vorhandensein mehrerer Mitberechtigter oder Mitverpflichteter die von einem der Berechtigten oder gegen einen der Verpflichteten herbeigeführte Unterbrechung der Verjährung für und gegen die übrigen wirkt.

Justinian bestimmte in l. 4 C. 8, 39, daß die durch einen Korrealgläubiger oder gegenüber einem Korrealschuldner herbeigeführte Unterbrechung der Verjährung für und gegen alle wirken soll. Auf bloße Solidarschuldner (II, 500) ist diese aus der Einheit der Korrealobligation hergeleitete Sondervorschrift nicht zu beziehen (IV, 358). Ähnliche Vorschriften gab das ALR. I, 5 § 440, I, 9 §§ 576, 577. Dagegen wird nach WO. Art. 80 die Wechselverjährung nur gegen den Beklagten, nicht gegen die übrigen Wechselschuldner, unterbrochen. Den hierin liegenden Grundsatz der bloß persönlichen Wirkung der Unterbrechungsgründe hat das BGB. (unter Einbeziehung der Hemmungsgründe) übernommen. Nach § 425 Abs. 2 wirkt die Unterbrechung oder Hemmung der Verjährung nur für und gegen den Gesamtschuldner, in dessen Person diese Thatsachen eintreten (IV, 365[12]).

Bei der Bürgschaft wirkt die gegen den Hauptschuldner eingetretene Unterbrechung nicht gegen den Bürgen (abweichend ALR. I, 14 § 392). Ebensowenig bewirkt die gegen den Bürgen eingetretene Unterbrechung eine Erhaltung der Hauptschuld. Es könnte also der Anspruch gegen den Hauptschuldner verjährt sein, während der Anspruch gegen den Bürgen erhalten ist. Da nun aber das Recht aus der Bürgschaft accessorisch ist und der Bürge sich der Einreden des Hauptschuldners, also auch der diesem zustehenden Verjährungseinrede bedienen kann (BGB. § 768), so hat eine gegen den Bürgen allein erfolgende Unterbrechung nur dann Bedeutung, wenn dieser sich als Selbstschuldner verbürgt hat (BGB. § 773).

d. Nach Gemeinem Rechte war es streitig, ob die Unterbrechung wirkungslos wird, wenn die Klage ohne Urteil in der Sache selbst erledigt wird, insbesondere durch Klagerücknahme[11]) oder durch Abweisung angebrachter Maßen (absolutio ab instantia, I, 299[10]), zB. wegen Unzuständigkeit des Gerichts[12]). BGB. § 212 bestimmt: „Die Unterbrechung durch Klageerhebung gilt als nicht erfolgt, wenn die Klage zurückgenommen oder durch ein nicht in der Sache selbst entscheidendes Urteil rechtskräftig abgewiesen wird. Erhebt der Berechtigte binnen 6 Monaten von neuem Klage, so gilt die Verjährung als durch die Erhebung der ersten Klage unterbrochen."

c. Nach Gemeinem Rechte wirkte die durch Klageerhebung herbeigeführte Unterbrechung der Verjährung während der Dauer der Rechtshängigkeit fort. Es konnte daher so lange eine neue Verjährung nicht beginnen (I, 325). Um nun rechtshängig gewordene, aber liegen gebliebene Klagen dem Einflusse der Verjährung nicht zu entziehen, bestimmte Justinian in l. 9 C. 7, 39, daß von dem letzten Prozeßakt an eine besondere 40jährige Verjährung beginnen solle (sog. Verjährung der Litis=pendenz). Das BGB. hat diese Einrichtung nicht aufgenommen. Nach § 211 dauert die Unterbrechung fort, bis der Prozeß rechtskräftig entschieden oder anderweit, zB. durch Vergleich (CPO. § 794[1]), erledigt ist. Gerät der Prozeß durch Vereinbarung (CPO. § 251) oder Nicht=

---

[11]) Nach CPO. § 271 Abs. 3 hat die Zurücknahme der Klage zur Folge, daß der Rechtsstreit als nicht anhängig geworden anzusehen ist. Es fragte sich nun, ob hiermit nur die prozessualen (Dernburg) oder auch die materiell-rechtlichen Folgen der Klageerhebung beseitigt sein sollten. Das BGB. hat sich grundsätzlich für letzteres entschieden.

[12]) In l. 7 C. 7, 21 ist ausgesprochen, daß die Anfechtung der Freiheit einer Person rechtliche Bedeutung nur hat, wenn sie vor einem zuständigen Richter erfolgt ist. Hieraus entnahm die bis in die neuere Zeit herrschende gemeinrechtliche Anschauung, daß die Verjährung nur durch Klage vor einem zuständigen Richter unterbrochen wird (dagegen: Dernburg, Regelsberger und ERG. 24, 199). Das ALR. I, 9 §§ 552 ff. ließ durch Klage vor einem unzuständigen Richter die Verjährung nur als unterbrochen gelten, wenn dieser die Klage angenommen und dadurch den Kläger in seinem Irrtume „bestärkt hatte" oder wenn der Kläger binnen Jahresfrist seit seiner Abweisung die Klage vor dem zuständigen Richter erhob.

betreiben seitens der Parteien in Stillstand, so endigt die
Unterbrechung mit der letzten Prozeßhandlung. Es beginnt
dann aber nicht, wie nach Gemeinem Recht, eine besondere
Verjährung der Litispendenz; sondern die für den Anspruch
vorgeschriebene Verjährungszeit beginnt von neuem zu
laufen (ebenso schon ALR. I, 9 § 554). Über die mit
der Rechtskraft des Urteils beginnende einheitliche dreißigjährige Verjährung vgl. oben S. 637.

β. Zustellung eines Zahlungsbefehls.

Nach CPO. § 693 treten mit der Zustellung des
Zahlungsbefehls an den Schuldner die Wirkungen der
Rechtshängigkeit ein. Sie erlöschen jedoch: a. wenn im
Fall erhobenen Widerspruchs nicht binnen 6 Monaten
vom Tage der Benachrichtigung Klage erhoben wird,
vorausgesetzt, daß der Anspruch zur Zuständigkeit der
Landgerichte gehört (CPO. § 697); und b. wenn im
Falle nicht erhobenen Widerspruchs die Erlassung des Voll-
streckungsbefehls nicht binnen 6 Monaten seit Ablauf der
im Zahlungsbefehle bestimmten Frist nachgesucht wird
(CPO. § 701; I, 455). Für das Gemeine Recht war
nun unstreitig, daß die Zustellung des Zahlungsbefehls
der Klageerhebung als Unterbrechungsgrund der Anspruchsverjährung gleichsteht. Dagegen war, ebenso wie betreffs
der Klagerücknahme (S. 648), bestritten, wie das Erlöschen der Wirkungen der Rechtshängigkeit in den beiden
erwähnten Fällen auf die Unterbrechung der Anspruchsverjährung wirkt.

Nach BGB. § 209 steht die Zustellung eines Zahlungsbefehls der Klageerhebung gleich; nach § 213 gilt die
Unterbrechung jedoch als nicht erfolgt, wenn die Wirkungen
der Rechtshängigkeit erlöschen (§§ 697, 701 CPO.). Sonst
beginnt von der Zustellung des Zahlungsbefehls oder der
letzten Prozeßhandlung des sich anschließenden amtsgericht-
lichen Prozesses (CPO. § 696) an eine neue Verjährung
zu laufen.

γ. Anmeldung im Konkurse.

Nach BGB. § 209 steht die Anmeldung des An=
spruchs im Konkurse der Erhebung der Klage gleich. Nach
§ 214 dauert die Unterbrechung bis zur Beendigung des
Konkurses durch den die Aufhebung oder Einstellung des
Verfahrens anordnenden Gerichtsbeschluß (KO. §§ 163,
190, 202, 204) fort. Die Unterbrechung gilt jedoch als
nicht erfolgt, wenn die Anmeldung zurückgenommen wird.
Damit wird eine für das Gemeine Recht (ebenso wie be=
treffs der Rücknahme der Klage, S. 648) streitige Frage
entschieden.

δ. Geltendmachung als Einrede.

Die Verwendung eines Anspruchs als Einrede übt
auf seine Verjährung keinen Einfluß aus. Dies gilt sowohl
nach Gemeinem Recht als nach BGB. Nur war für das
Gemeine und Preußische Recht streitig, ob nicht die Geltend=
machung des Anspruchs im Wege der Aufrechnung die
Unterbrechung der Verjährung herbeiführt. Nach BGB.
§ 209 steht die Geltendmachung der Aufrechnung des An=
spruchs im Prozesse der Klageerhebung gleich[13]).

ε. Streitverkündung.

Ob die Streitverkündung (I, 235) die Verjährung
eines Anspruchs unterbricht, war nach Gemeinem und
Preußischem Rechte bestritten (verneinend ERG. 24, 209).

---

[13]) Nach § 215 dauert die hierdurch herbeigeführte Unterbrechung
bis zur rechtskräftigen Erledigung des Prozesses fort. Die Unter=
brechung gilt aber als nicht erfolgt, wenn nicht binnen 6 Monaten
seit Beendigung des Prozesses die Leistungs= oder Feststellungsklage auf
den zur Aufrechnung gestellten Anspruch erhoben wird. Eine praktische
Bedeutung hat dieser Unterbrechungsgrund nur, wenn der Anspruch
zur eventuellen Aufrechnung (IV, 283[20]) gestellt, aber nicht verwendet
worden ist, weil die Abweisung der Klage aus rechtshindernden oder
anderen rechtsvernichtenden Gründen, als wegen Aufrechnung, erfolgt.
Denn ist die Aufrechnung erfolgt, so ist damit der ihr zu Grunde
liegende Anspruch getilgt (BGB. § 389).

Nach dem Vorgange[14]) der WO. Art. 80 hinsichtlich der Wechselverjährung bestimmt BGB. § 209, daß die Streitverkündung in einem Prozesse, von dessen Ausgange der Anspruch abhängt, der Erhebung der Klage gleichsteht. Für die Dauer und die Beseitigung der Unterbrechung kommen die S. 650[13] für die Aufrechnung wiedergegebenen Vorschriften zur Anwendung.

ζ. Vollstreckungshandlungen.

Die Bethätigung des Anspruchs nach rechtskräftiger Feststellung geschieht durch Betreibung der Zwangsvollstreckung. Gesetzlich geregelt wird dieser Unterbrechungsgrund erst durch das BGB. Nach §§ 209, 216 stehen der Erhebung der Klage gleich: die Vornahme einer Vollstreckungshandlung und, soweit die Zwangsvollstreckung den Gerichten oder anderen Behörden zugewiesen ist (wie zB. bei Forderungen, I, 569, und in Grundstücke, ZwVG. § 1, I, 583), die Stellung des Antrags auf Zwangsvollstreckung. Die hierdurch herbeigeführte Unterbrechung gilt jedoch als nicht erfolgt, wenn die Vollstreckungsmaßregel auf Antrag oder mangels gesetzlicher Voraussetzungen aufgehoben oder wenn dem Antrage nicht stattgegeben oder dieser zurückgezogen wird.

η. Außergerichtliche Geltendmachung.

Auf Grund der 1. 2 C. 7, 40 ließ die gemeinrechtliche Praxis im Falle thatsächlicher Unmöglichkeit der Zustellung einer Klage die Unterbrechung der Verjährung durch eine Verwahrung (Protestation S. 448[1]) bei Gericht oder der Gemeindebehörde, nötigen Falls durch einen öffentlichen Anschlag am letzten Wohnorte des Anspruchsgegners eintreten. Im ALR. war eine derartige Protestation nur

---

[14]) Nach WO. Art. 80 (vgl. EGCPO. § 13, EGKO. § 3, KO. § 13) wurde die Verjährung des Anspruchs aus einem Wechsel nur durch Klageerhebung, Streitverkündung und Konkursanmeldung, nicht aber zB. durch Anerkenntnis unterbrochen. Nachdem das BGB. die Unterbrechungsgründe einheitlich geregelt hat, ist WO. Art. 80 durch EGHGB. Art. 8² aufgehoben worden.

für die Unterbrechung der Ersitzung vorgesehen (I, 9 § 603); ihre Zulässigkeit war im übrigen bestritten. Im modernen Recht ist mit Rücksicht auf die Zulässigkeit einer öffentlichen Zustellung (CPO. §§ 203 ff.) für derartige Vorschriften ein Bedürfnis nicht vorhanden. Das BGB. erkennt daher eine Verwahrung als Unterbrechungsgrund nicht an.

ϑ. Sonstige Unterbrechungsgründe.

Nach Gemeinem Rechte wurde auf Grund von l. 5 § 3 C. 2, 55 die Geltendmachung eines Anspruchs vor einem Schiedsgerichte der Klageerhebung gleichgestellt.

Im Anschlusse hieran bestimmt BGB. § 220, daß die Vorschriften über die Unterbrechung der Verjährung durch gerichtliche Schritte entsprechende Anwendung finden, wenn ein Anspruch vor einem Schiedsgericht, einem besonderen Gericht (I, 195), einem Verwaltungsgericht oder einer Verwaltungsbehörde geltend zu machen ist. Ist die sofortige Angehung eines Schiedsgerichts, z.B. mangels Benennung der Schiedsrichter im Schiedsvertrage (CPO. § 1029), unmöglich, so wird die Verjährung schon dadurch unterbrochen, daß der Berechtigte das zur Erledigung der Sache seinerseits Erforderliche vornimmt. Hängt die Zulässigkeit des Rechtswegs von der Vorentscheidung einer Behörde ab (vgl. z.B. betreffs der Syndikatsklage I, 332[18]) oder hat die Bestimmung des zuständigen Gerichts durch ein höheres Gericht zu erfolgen (CPO. §§ 36, 37), so soll nach BGB. § 210 die Verjährung als durch Einreichung des Gesuchs unterbrochen gelten, sofern die Klage binnen 3 Monaten nach der Erledigung des Gesuchs erhoben wird.

§ 62. Die Wirkung der Verjährung.

a. Geltendmachung der Verjährung.

In der früheren gemeinrechtlichen und preußischen Doktrin und Praxis herrschte, da die Quellen eine deutliche Entscheidung nicht geben, Streit darüber, ob die Verjährung den Anspruch (oder wie andere meinen, nur

die Klage, S. 620¹) ipso jure beseitigt, oder ob sie nur
die Wirkung hat, daß der Anspruchsgegner berechtigt ist,
dem verjährten Anspruch eine Einrede entgegenzusetzen,
sich ope exceptionis zu befreien. In neuerer Zeit
neigte die herrschende Meinung sich der letzteren Anschauung
zu, in der Erwägung, daß es zwar im Interesse des
Rechtsfriedens liegt, dem Verpflichteten die Möglichkeit der
Berufung auf eine durch Verjährung eingetretene Befreiung zu gewähren, daß aber kein Grund vorhanden ist,
ihm diese Befreiung aufzudrängen. Dem entsprechend bestimmt auch BGB. § 222 Abs. 1: „Nach der Vollendung
der Verjährung ist der Verpflichtete berechtigt, die Leistung
zu verweigern".

Aus dem Grundsatze, daß die Geltendmachung der
eingetretenen Verjährung im Wege der Einrede geschehen
muß, folgt, daß der Anspruchsgegner auf sie verzichten
kann¹), sowie für den Prozeß, daß der Richter sie nicht
von Amtswegen, sondern nur auf Einwand des Anspruchsgegners berücksichtigen darf. Hiernach hat die Partei,
welche einem Anspruche die Einrede der Verjährung entgegensetzen will, deren Voraussetzungen zu behaupten und
im Falle des Bestreitens seitens des Gegners zu beweisen.
Die Beweislast regelt sich hierbei derart, daß der die
Verjährungseinrede Vorschützende (der Präskribent) deren
positive Voraussetzungen (Verjährbarkeit, actio nata, Ablauf
der Verjährungsfrist) nachzuweisen hat, während dem
Berechtigten der Beweis etwaiger Hemmungs- und Unterbrechungsgründe obliegt.

Über den Charakter der Verjährung als Institut des
materiellen Rechts und die hieraus sich ergebende Beurteilung einer etwaigen Statutenkollision vgl. oben S. 87.

---

¹) Ein solcher Verzicht auf die Verjährungseinrede hat aber nur
Bedeutung, wenn er in Kenntnis der eingetretenen Verjährung erfolgt.
Eine besondere Form ist im BGB. nicht vorgeschrieben. Dagegen bestimmte ALR. I, 9 § 564, daß ein Anerkenntnis des erloschenen Rechts
die Wirkung der Verjährung nur insofern aufhebe, als aus diesem Anerkenntnisse nach den Gesetzen ein neuer Rechtsgrund entstehe. Es
mußte also auch die für die Begründung des Rechts erforderliche Form
von neuem gewahrt werden.

b. Wirkung der Verjährungseinrede.

1. Dingliche Ansprüche.

Wie bereits S. 623³ hervorgehoben, trifft die Ver=
jährung den aus einem absoluten Rechte hergeleiteten
Anspruch, aber nicht das absolute Recht selbst (vgl. aber
die Ausnahmefälle im BGB. §§ 901, 1028). Das
Eigentum insbesondere erlischt nicht durch die Verjährung
der rei vindicatio gegen den Besitzer, sondern erst durch
Ersitzung²); gelangt die Sache in den Besitz des Eigen=
tümers zurück oder in den eines Dritten, der nicht Besitz=
nachfolger des Präskribenten ist, so bleibt die eingetretene
Verjährung wirkungslos.

2. Persönliche Ansprüche.

Für die persönlichen, insbesondere die obligatorischen
Ansprüche bestand gemeinrechtlich (für das ALR. vgl. oben
S. 634¹⁵) eine berühmte Streitfrage. Wird durch die
Verjährung der mit der Schuldforderung im wesentlichen
sich deckende (S. 95) Anspruch gänzlich vernichtet (sog.
stärkere Wirkung der Verjährung: Vangerow,
Windscheid, Reichsgericht in ERG. 2, 158; 34, 158)?
Oder zieht die Verjährung des Anspruchs nur die Unzu=
lässigkeit seiner Geltendmachung im Klagewege nach sich;
erhält sich daher die dem Anspruche zu Grunde liegende
Forderung als klaglose, aber zahlbare naturalis obligatio,
dergestalt, daß eine auf sie geschehende freiwillige Erfüllung
nicht als Schenkung betrachtet und daher auch nicht zurück=
gefordert werden kann, daß sie ferner Grundlage eines
Anerkenntnisses, eines Pfandes und einer Bürgschaft bilden,
endlich auch zur Aufrechnung benutzt werden kann (sog.
schwächere Wirkung: Savigny, Puchta, Dernburg)?

---

²) Da nach Gemeinem Recht (aber nicht nach BGB., S. 634)
zur Verjährung der rei vindicatio, ebenso wie zur Ersitzung, Redlich=
keit gehörte, so hatte, wenn Verjährung der r. v. eingetreten war, sich
regelmäßig auch die Ersitzung vollzogen, falls nicht die Sache ersitzungs=
unfähig war, wie eine res furtiva.

Diese Meinung stützte sich vor allem auf l. 7 C. 7, 39
und ·l. 2 C. 8, 30, wo anerkannt ist, daß Pfandansprüche
trotz der accessorischen Natur des Pfandrechts auch nach
der (zuweilen kürzeren, S. 635 [1]) Verjährung der persönlichen Forderung fortbestehen können. Dem gegenüber
wiesen die Anhänger der „stärkeren Wirkung" darauf hin,
daß auch sonst das Pfandrecht trotz Untergangs der gesicherten Forderung fortbesteht (vgl. l. 61 pr. D. ad 'S. C.
Trebellianum 36, 1: remanet ergo propter pignus naturalis obligatio).

In neuerer Zeit hatte der Streit dadurch an Schärfe
verloren, daß die Anhänger der stärkeren Wirkung gewisse
Fortwirkungen des verjährten Anspruchs zugestanden,
während die Anhänger der schwächeren Wirkung anerkannten, daß dem verjährten Anspruch ohne Gefährdung
der Bedeutung des Verjährungsinstituts für den Rechts-
frieden unmöglich alle denkbaren Wirkungen einer der
Klagbarkeit beraubten Forderung zugebilligt werden können.
Insbesondere war man sich klar darüber, daß der Ausdruck „Naturalobligation" die positiven Wirkungen des
verjährten Anspruchs nicht deutlich. macht. Die unter
diesem Begriffe zusammengefaßten Forderungen haben in
der That nur das negative Moment gemein, daß sie
klaglos sind. Welche sonstigen, positiven Wirkungen sie
haben, das richtet sich nach der Natur der einzelnen
Forderung.

Dieser vermittelnden Meinung hat sich auch das
BGB. angeschlossen. Es erkennt zwar grundsätzlich die
„stärkere Wirkung" an, läßt aber diejenigen Ausnahmen
zu, welche der Natur und dem Zwecke des Verjährungsinstituts entsprechen [3]).

---

[3]) Solche Ausnahmen sind:

a. Nach BGB. § 222 Abs. 2 kann „das zur Befriedigung
eines verjährten Anspruchs Geleistete nicht zurückgefordert werden,
auch wenn die Leistung in Unkenntnis der Verjährung bewirkt worden
ist. Das Gleiche gilt von einem vertragsmäßigen Anerkenntnisse sowie
einer Sicherheitsleistung des Verpflichteten". Die verjährte Forderung
ist also zahlbar, die Zahlung keine Schenkung (wichtig für die An-

c. Befugnis zur Geltendmachung der Ver=
jährungseinrede.

Die Verjährung vollzieht sich zwischen dem Anspruchs=
berechtigten und dem Anspruchsgegner. Grundsätzlich ist
daher nur dieser berechtigt, dem geltend gemachten An=
spruche die Verjährung entgegenzustellen. Insbesondere
kann nicht einer von mehreren Gesamtschuldnern sich auf
die einem Anderen erwachsene Verjährungseinrede berufen.
Dies galt troß der S. 647 besprochenen objektiven Wirkung
der einem Gesamtschuldner gegenüber bewirkten Unter=
brechung der Verjährung auch für das Gemeine Recht
und das ALR. Ebenso bestimmt BGB. §§ 425, 429,
daß die Verjährung nur für und gegen den Gesamt=
schuldner und Gesamtgläubiger wirkt, in dessen Person sie
eingetreten ist (IV, 365).

---

fechtung im Konkurse, KO. § 32, vgl. I, 640). Hierin liegt eine
Ausnahme von BGB. § 813, wonach die condictio indebiti zulässig
ist, wenn dem Anspruch eine „Einrede, durch welche die Geltend=
machung des Anspruchs dauernd ausgeschlossen wurde" (peremtorische
Einrede, S. 642) entgegenstand.

b. Nach § 223 hindert die Verjährung eines Anspruchs den
Berechtigten nicht, seine Befriedigung aus Gegenständen zu suchen,
welche zur Hypothek oder zum Faustpfande bestellt sind. Ebensowenig
kann bei Verjährung des Anspruchs die Rückübertragung eines Rechts
gefordert werden, das zur Sicherung des Anspruchs, also fiduziarisch
(S. 422), übertragen worden ist.

Diese Vorschriften finden keine Anwendung bei der Verjährung
von Ansprüchen auf Rückstände von Zinsen oder anderen wiederkehrenden
Leistungen (ebenso auch ALR. I, 20 § 248).

c. Nach § 390 schließt die Verjährung einer Forderung deren
Verwendung zur Aufrechnung nicht aus, wenn die verjährte Forderung
zu der Zeit, zu welcher sie gegen die andere Forderung aufgerechnet
werden konnte, noch nicht verjährt war. Hiernach kann die Auf=
rechnung auch nach Verjährung der zur Aufrechnung gestellten
Forderung geltend gemacht werden, sofern die andere Forderung nicht
erst nach vollendeter Verjährung fällig geworden ist (BGB. § 387,
ebenso schon ALR. I, 16 § 377), d. h. wird die Aufrechnung geltend
gemacht, so wirkt sie auf den Augenblick zurück, in welchem die
Forderungen aufrechnungsfähig (kompensabel) sich gegenübertraten
(IV, 279).

Der Bürge kann, wie die übrigen Einreden des Hauptschuldners, so auch die für diesen eingetretene Verjährung für sich geltend machen und verliert diese Einrede auch nicht, wenn der Hauptschuldner auf sie verzichtet (BGB. § 768).

d. Verjährung von Einreden.

Mit der oben b. 2 besprochenen Streitfrage steht die andere in Verbindung, ob Einreden der Verjährung unterliegen? Hierbei ist zunächst zwischen den abgeleiteten und den selbständigen Einreden (I, 298) zu unterscheiden.

Die selbständigen Einreden (wie die exceptio S. C. Macedoniani), d. h. diejenigen, welche nicht die Grundlage einer Leistungsklage bilden können, unterliegen keinesfalls der Verjährung. Für sie gilt unbeschränkt der von Paulus in l. 5 § 6 D. de exc. doli 44, 4 für die Unverjährbarkeit der exceptio doli (unten Anm. 4) angeführte Grund. Die Folge der entgegengesetzten Ansicht würde sein, daß die Verjährungseinrede selbst wieder der Verjährung unterliegen würde.

Bezüglich der abgeleiteten Einreden dagegen, d. h. derjenigen, deren Thatbestand gleichzeitig die Unterlage eines Leistungsanspruchs bilden kann, herrschte Streit. Dieser beschränkte sich auf die Schuldverhältnisse, die sich im Anspruche regelmäßig erschöpfen (S. 95). Denn daß nach Verjährung des dinglichen Anspruchs auf das im übrigen unberührt bleibende dingliche Recht eine Einrede gegründet werden kann, erscheint zweifellos.

Für die obligatorischen Ansprüche haben die Anhänger der schwächeren Wirkung der Verjährung (S. 654) die Regel aufgestellt: quae ad agendum sunt temporalia, ad excipiendum sunt perpetua; denn nach ihrer Ansicht wird durch die Verjährung nur die Klagbarkeit des Anspruchs getroffen. Die entgegengesetzte Meinung wird durch das Schlagwort französischer Juristen wiedergegeben: Tant dure l'action, tant dure l'exception. Windscheid und ihm folgend das Reichsgericht (ERG. 2, 158) unterschieden, ob die Einrede neben dem

Anspruch eine selbständige Existenz hat, wie die exceptio doli specialis[4]), die exceptio non adimpleti contractus, oder nicht, wie die exceptio redhibitoria und quanti minoris und die Kompensationseinrede. In ersterem Falle bliebe die Einrede trotz Verjährung des Anspruchs erhalten, in letzterem nicht.

Die herrschende Meinung (Dernburg, Regelsberger, Eccius) hielt für das Gemeine und Preußische Recht an der grundsätzlichen Unverjährbarkeit der Einreden fest und erkannte nur die aus Zweckmäßigkeitsgründen positiv bestimmten Ausnahmen an. Jedoch herrschte darüber Einverständnis, daß die verjährte Forderung zur Aufrechnung nur unter den S. 656[3] angegebenen Voraussetzungen verwendbar sei.

Nach BGB. § 194 betrifft die Verjährung den Anspruch; es kann also nur die Verjährung der Einreden in Frage kommen, die sich aus einem Anspruch ableiten. Bei der vom BGB. anerkannten stärkeren Wirkung der Verjährung ist als Grundsatz festzuhalten, daß ein Anspruch, der nicht mehr klagend geltend gemacht werden kann, sich auch nicht mehr einredeweise vorschützen läßt. Das BGB. hat jedoch[5]) gerade für die bisher streitigen

---

[4]) Die Unverjährbarkeit der exceptio doli ist in 1. 5 § 6 D. 44, 4 ausdrücklich ausgesprochen: non sicut de dolo actio certo tempore finitur, ita etiam exceptio eodem tempore danda est: nam haec perpetuo competit, cum actor quidem in sua potestate habeat, quando utatur suo jure, is autem cum quo agitur non habeat potestatem, quando conveniatur. Der Streit bezog sich vor allem auf die den ädilizischen Klagen entsprechenden Einreden. Die preußische Praxis bezog die kurzen Gewährleistungsfristen der §§ 343 ff. ALR. I, 5 nur auf die Klagen, ließ die Einreden dagegen, soweit sie als exceptio non rite adimpleti contractus (I, 286[4]) der actio venditi entgegengestellt wurden, fortbestehen, während sie bei der in I, 11 § 68 vorgeschriebenen Anwendung dieser Verjährungsfristen auf die Anfechtung eines Kaufs wegen laesio enormis mit Ablauf der Fristen die Anfechtung auch als Einwand nicht mehr zuließ.

[5]) a. Nach §§ 478, 479 (vgl. § 490 wegen des Viehkaufs) wird die exceptio redhibitoria und quanti minoris auch nach Verjährung des Anspruchs auf Wandelung oder Minderung erhalten, falls der Käufer vor Ablauf der Verjährungsfristen (von einem Jahre bei

Fälle ausdrückliche und zwar von dieser Regel abweichende Vorschriften gegeben.

Grundstücken, 6 Monaten bei beweglichen Sachen) an den Verkäufer die Anzeige von dem Mangel abgesandt oder ihm den Streit verkündet oder eine gerichtliche Beweisaufnahme zur Sicherung des Beweises (CPO. §§ 485 ff., probatio in aeternam memoriam) beantragt hat. Nur unter den gleichen Voraussetzungen kann nach Vollendung der Verjährung der Anspruch auf Schadensersatz zur Aufrechnung verwendet werden (ähnlich HGB. §§ 414, 439 für die Einreden gegen Spediteur und Frachtführer).

b. Nach § 821 kann, wer ohne rechtlichen Grund eine Verbindlichkeit eingeht, die Erfüllung auch dann verweigern, wenn der Anspruch auf Befreiung von der Verbindlichkeit verjährt ist.

c. Erlangt jemand durch eine von ihm begangene unerlaubte Handlung (zB. Zwang oder Betrug) eine Forderung gegen den Verletzten, so kann dieser gemäß BGB. § 853 die Erfüllung auch dann verweigern, wenn der Anspruch auf Aufhebung der Forderung verjährt ist.

d. Ist eine letztwillige Verfügung, durch die eine Verpflichtung zu einer Leistung begründet wird, anfechtbar, so kann der Beschwerte die Leistung verweigern, auch wenn die Anfechtung wegen Ablaufs der in § 2082 bestimmten einjährigen Anfechtungsfrist ausgeschlossen ist (§ 2083, vgl. § 2345).

Nach KO. § 41 verjährt das Anfechtungsrecht (I, 636) in einem Jahre seit der Eröffnung des Verfahrens. Doch kann eine auf Grund eines anfechtbaren Geschäfts geforderte Leistung auch dann verweigert werden, wenn die Anfechtungsklage verjährt ist.

Sechster Abschnitt.

Ausübung der Rechte. Selbstverteidigung. Selbsthülfe[1]) (BGB. §§ 226—231).

§ 63. Selbstverteidigung.

a. Allgemeines.

Wird jemand in seinen Rechten bedroht oder verletzt, so erscheint es als das natürlichste, daß er den Versuch macht, mit eigener Kraft den Angriff von sich abzuwehren

---

[1]) Der diesem Abschnitt entsprechende achte Abschnitt des I. Entwurfs des BGB. hatte die Überschrift „Selbstverteidigung und Selbsthülfe". Erst in der Reichstagskommission wurde der jetzige § 226 in diesen Abschnitt eingestellt, und es wurde deshalb zur Überschrift hinzugesetzt: „Ausübung der Rechte". § 226 bestimmt: „Die Ausübung eines Rechts ist unzulässig, wenn sie nur den Zweck haben kann, einem Anderen Schaden zuzufügen". Über dieses Chikane= verbot ist bereits in der Lehre von der Ausübung der Rechte ge= sprochen worden (oben S. 101).

In den Pandektenlehrbüchern pflegt am Schlusse des allgemeinen Teils das sog. materielle Prozeßrecht behandelt zu werden. Man versteht hierunter die Grundsätze über das Wesen der gerichtlichen Geltendmachung der subjektiven Rechte und die Veränderungen der letzteren infolge dieser Geltendmachung. Eine scharfe Scheidung des materiellen vom formellen Prozeßrechte, d. h. den Vorschriften über das Verfahren, in welchem sich die gerichtliche Durchsetzung der An= sprüche vollzieht, ist nicht durchzuführen. Auch die CPO. enthält eine Anzahl von Vorschriften des materiellen Prozeßrechts, zB. über die materielle Rechtskraft des Urteils § 322 (I, 511), über die Beweis= kraft von Urkunden §§ 415 ff. (I, 402⁴²), über die Pfändung von Früchten § 810 (I, 561³¹), über das schiedsrichterliche Verfahren § 1025 (I, 461); auch §§ 811, 850. Die gewöhnlich an dieser Stelle zur Besprechung gelangenden Rechtsgebiete sind daher in Verbindung mit der Darstellung des Civilprozesses in Band I erörtert worden; vgl. I, 175 (Rechtsweg), 216 (gerichtliche Geltendmachung der Rechte), 256 (Beweislast), 282

und den seinem Recht entsprechenden thatsächlichen Zustand wiederherzustellen. Dieses eigenmächtige Handeln
zwecks Herstellung eines mit dem eigenen wirklichen oder
vermeintlichen Rechtszustand übereinstimmenden thatsächlichen Zustands heißt S e l b s t h ü l f e i m w e i t e r e n
S i n n e ²). Man unterscheidet unter diesem umfassenden
Begriffe die Selbstverteidigung (defensive Selbsthülfe),
d. h. die eigenmächtige Abwehr eines rechtswidrigen Angriffs, und die Selbsthülfe i m e n g e r e n S i n n oder
Selbstbefriedigung (aggressive Selbsthülfe), d. h. die
gewaltsame Verwirklichung eines behaupteten Rechts durch
einen Angriff gegen die Person oder das Vermögen eines
Anderen.

Die Selbsthülfe ist ein roher und unsicherer Weg zur
Geltendmachung der Rechte. Wer sich selbst helfen will,
muß die thatsächliche Macht haben, einen widerstrebenden
Willen niederzuwerfen; er ist ferner Richter in eigener
Sache, denn er bestimmt Berechtigung und Umfang seiner
Abwehr und seines Angriffs. Es ist daher (I, 5) eine
der wichtigsten Aufgaben des Staats, als der mächtigsten
und über den Parteiinteressen stehenden Gemeinschaft,
Einrichtungen zu schaffen, deren die Bürger sich bedienen
können, wenn ihre Rechte durch einen Angriff bedroht oder
durch einen Eingriff verletzt sind. Diese Einrichtungen
sind die Gerichte. Der Staat verweist den in seinen
Rechten Bedrohten oder Verletzten auf den Rechtsweg
(I, 175), d. h. den Gerichtsweg (Recht früher = Gericht,

(Einteilung der Klagen), 293 (Einreden), 311 (in integrum restitutio),
376 (materielle Wirkungen des Klagebeginns), 511 (materielle Wirkungen
der res judicata), 613 (Konkursrecht). Diese Ausscheidung des materiellen Prozeßrechts aus dem Lehrbuch entspricht auch dem diesem zu
Grunde gelegten Systeme des BGB. Der I. Entwurf desselben enthielt
noch die Regelung der zwei wichtigsten Abschnitte des materiellen Prozeßrechts, nämlich „Urteil" und „Beweis". Die hierunter zusammengefaßten Vorschriften sind jedoch, soweit sie nicht gestrichen sind, in die
Novelle zur CPO. (I, 357¹) verwiesen; vgl. I, 513¹, 256³.

²) Das BGB. nennt die defensive Selbsthülfe: „Selbstverteidigung"
und beschränkt den Begriff „Selbsthülfe" auf die aggressive Selbsthülfe.
Diese Sprechweise wird auch im folgenden beibehalten.

ähnlich wie jus auch Gerichtsstätte bezeichnete, I, 213).
Im gleichen Maße verschließt er ihm aber den Weg der
Selbsthülfe; vgl. l. 176 D. 50, 17: non est singulis
concedendum quod per magistratum publice possit fieri;
ne occasio sit majoris tumultus faciendi. Ein völliger
Ausschluß der Selbsthülfe ist aber unmöglich. Auch bei
den besten Gerichtseinrichtungen bleibt die Selbsthülfe zum
Zwecke der Abwehr widerrechtlicher Angriffe und bei Ge=
fahr im Verzuge selbst zur angriffsweisen Durchsetzung
der Ansprüche unentbehrlich. Wie weiter unten darzulegen
ist, hat die deutsche Rechtsentwickelung, welche Jahr=
hunderte gebraucht hat, um das die Staatsordnung und
Rechtssicherheit gefährdende Fehde= und Faustrecht zu be=
seitigen (II, 102), gerade in ihrem jüngsten Gesetzgebungs=
werke, dem BGB., sich zu einer Anerkennung des Rechts
auf Selbsthülfe in erweiterten Grenzen veranlaßt gesehen.

b. Selbstverteidigung.

Von den beiden Arten des Rechtsschutzes kraft
Eigenmacht hat die Selbstverteidigung als auf Erhaltung
des gegenwärtigen Zustands gerichtet, die größere Daseins=
berechtigung (nam adversus periculum naturalis ratio
permittit se defendere, l. 4 pr. D. 9, 2); sie hat auch
stets die bereitwilligere Anerkennung durch die Gesetzgebung
gefunden.

1. Nach Gemeinem Rechte war die Abwehr eines
versuchten, rechtswidrigen Angriffs gestattet (vgl. z.B. l. 1
§ 27 D. 43, 16: vim vi repellere licere, ebenso l. 45
§ 4 D. ad legem Aquiliam 9, 2), insbesondere auch zur
Erhaltung des Besitzes[3]). Gefahr kann sowohl von einer

---

[3]) Nach ALR. I, 7 § 142 (vgl. Einl. § 78) war der Besitzer
berechtigt, Gewalt mit Gewalt abzuwehren, wenn die Hülfe des Staats
zu spät kommen würde, um einen unersetzlichen Schaden abzuwenden.
Vgl. auch I, 9 §§ 155, 156 (wilde Tiere kann der Angefallene töten und,
sofern sie nicht jagdbar sind, für sich behalten); I, 9 § 189 (auf dem
Wasser betroffene Enten darf der Fischereiberechtigte töten); II, 16
§ 65 (revierende Katzen und gemeine Hunde — diese, sofern sie nicht
mit einem Knüppel versehen sind — dürfen vom Jagdberechtigten ge=
tötet werden).

fremden Person als von einer fremden Sache, zB. einem Tier, ausgehen. In beiden Fällen war die zur Abwehr vorgenommene Handlung nicht widerrechtlich, machte also auch nicht schadenersatzpflichtig, sofern die durch sie herbei=geführte Verletzung der fremden Rechtssphäre nicht außer vernünftigem Verhältnisse zu dem Werte des bedrohten Rechts stand[4]).

---

[4]) Die Abwehr des von einer Person ausgehenden widerrechtlichen Angriffs heißt Notwehr. Von Notstand spricht man, wenn eine dem eigenen Rechtszustande nicht durch widerrechtlichen Angriff drohende Gefahr nicht anders, als durch Eingriff in eine fremde Rechtssphäre abgewendet werden kann. Hierbei sind aber wegen der verschiedenen Behandlung zwei Gruppen von Fällen zu unterscheiden.

Entweder die Gefahr droht — wie in dem im Texte behandelten Fall — unmittelbar von einer fremden Sache und- die Abwehr der Gefahr erfolgt durch Eingriff in diese Sache. Dann liegen ähnliche Verhältnisse vor, wie bei der Notwehr gegen den Angriff einer Person. Einen solchen — den Thatbestand der l. 29 § 3 D. ad leg. Aquiliam 9, 2 fast genau wiedergebenden — Fall des Notstands behandelt zB. ERG. 5, 160. In diesem Falle hatte der Anker eines Schiffs ein Telegraphenkabel erfaßt. Der Kapitän, vor die Notwendigkeit gestellt, den Anker aufzugeben oder das Kabel zu durchschneiden, hatte letzteres gethan. Die auf die lex Aquilia gestützte Klage der Kabelgesellschaft wurde abgewiesen, weil ein „damnum injuria datum" (l. 49 § 1 D. 9, 2) nicht vorliege.

Diese erste Gruppe von Fällen behandelt BGB. § 228 (unten S. 665). Die zweite Gruppe von Notstandsfällen umfaßt diejenigen, bei denen der Eingriff in die fremde Rechtssphäre nicht zur Abwehr einer unmittelbar von dieser her drohenden Gefahr, sondern zur Rettung aus einer anderweitigen Notlage erfolgt; zB. ich werfe fremde Sachen vom Schiff ins Meer, um meine Ladung zu retten (l. 14 pr. D. 19, 5), ich zerstöre das zwischen meinem und einem brennenden Hause stehende Gebäude, um meines zu schützen (l. 3 § 7 D. 47, 9), ich stoße einen Anderen von der rettenden Planke fort, um mich zu retten (sog. Brett des Karneades, ein Beispiel dieses griechischen Philosophen des 2. Jahrhunderts v. Chr.). Diese Fälle sind, aber nur insoweit, als es sich um Eingriffe in fremdes Eigentum, nicht auch in Leib und Leben handelt, in BGB. § 904 geordnet (unten S. 666[7]).

Hinsichtlich der Schadensersatzpflicht bei im Notstande vorge=nommenen Handlungen folgte das römische Recht dem sog. Ver=schuldensprinzipe, d. h. es ließ den Handelnden nur dann haften, wenn er die Gefahr verschuldet oder schuldhafter Weise zweckwidrige Mittel zu ihrer Beseitigung verwendet hatte. Dagegen ließ das deutsche Recht (II, 511) den Eingreifenden in jedem Falle haften (sog. Ver=

2. Das BGB. giebt für die Selbstverteidigung zwei allgemeine Vorschriften in den §§ 227, 228 [5]).

α. Nach § 227 ist eine durch Notwehr gebotene Handlung nicht widerrechtlich. In wörtlicher Übereinstimmung mit StGB. § 53 Abs. 2 ist Notwehr als diejenige Verteidigung bezeichnet, „welche erforderlich ist, um einen gegenwärtigen, rechtswidrigen Angriff von sich oder einem Anderen abzuwehren" [6]). Da die durch Not-

---

anlassungsprinzip). Nach BGB. ist der Handelnde in den Fällen des § 904 unbedingt, in den Fällen des § 228 nur dann, wenn er die Gefahr verschuldet hat, zum Schadensersatze verpflichtet.

Hiernach bestimmen sich Voraussetzungen und Folgen des civilrechtlichen Notstands nicht etwa nach den Vorschriften des StGB., ebenso wie gemäß EGCPO. § 14 Abs. 2 Nr. 1 die strafrichterliche Feststellung den Civilrichter nicht bindet. Das Gleiche gilt für die Notwehr. Insbesondere bleibt nach StGB. § 53 Abs. 3 die Überschreitung der Notwehr straflos, wenn der Thäter in Bestürzung, Furcht oder Schrecken über die Grenzen der Verteidigung hinausgegangen ist, während in diesem Fall eine Entschädigungspflicht des Verletzenden eintritt (ERG. 21, 295). Andererseits ist ein Notstand im Sinne des StGB. § 54 nur dann vorhanden, wenn eine Gefahr für Leib oder Leben des Thäters oder eines Angehörigen vorliegt, während ein den Eingriff in fremde Rechte rechtfertigender civilrechtlicher Notstand auch bei anderen Gefahren gegeben sein kann (vgl. unten S. 665 [7]).

[5]) Besonders geordnet ist der Schutz des Besitzes gegen verbotene Eigenmacht, d. h. widerrechtliche Entziehung oder Störung (§§ 858 ff.). Der Besitzer darf sich verbotener Eigenmacht mit Gewalt erwehren, bewegliche Sachen dem auf frischer That Betroffenen oder verfolgten Thäter mit Gewalt wieder abnehmen, sich auch des Besitzes von Grundstücken sofort nach der Entziehung durch Entsetzung des Thäters wieder bemächtigen.

[6]) Voraussetzungen der Notwehr sind also:

a. Es muß ein Angriff vorliegen. Gemeint ist im BGB., wie aus der Gegenüberstellung mit den in § 228 bezeichneten Sachen ersichtlich ist, der Angriff einer Person. Für das StGB. ist es bestritten, ob die Abwehr von Tieren unter dem Gesichtspunkte der Notwehr (§ 53) oder des Notstands (§ 54) zu beurteilen ist.

b. Der Angriff muß gegenwärtig sein, d. h. bereits begonnen haben und noch nicht vollendet sein.

c. Der Angriff muß rechtswidrig sein. Daher ist keine Notwehr gegen die Wiederherstellung des durch verbotene Eigenmacht entzogenen Besitzes (Anm. 5) gegeben. Dagegen kommt es nur auf die objektive Rechtswidrigkeit an. Auch gegen die Angriffe eines Kindes

mehr gebotene Handlung nicht widerrechtlich ist, so be=
gründet sie auch keine Pflicht zum Schadensersatze (§ 823).
Nicht übernommen ist dagegen der Absatz 3 des § 53
StGB., wonach der „Exceß der Notwehr" unter gewissen
Umständen nicht strafbar ist. Der Thäter handelt bei einer
Überschreitung der Notwehr daher stets rechtswidrig und
ist, wie in den sonstigen Fällen der widerrechtlichen Ver=
letzung (§ 823), zum Schadensersatze verpflichtet, falls er
vorsätzlich oder fahrlässig gehandelt hat. Das Gleiche
gilt, wenn jemand aus unentschuldbarem Irrtume glaubt,
in einer Notlage zu sein; die S. 670 besprochene Vor=
schrift des § 231, wonach auch bei entschuldbarem Irrtume
Schadensersatzpflicht eintritt, bezieht sich nur auf die
(aggressive) Selbsthülfe aus § 229.

β. Nach § 228 handelt nicht widerrechtlich, wer eine
fremde bewegliche Sache beschädigt oder zerstört, um eine
durch sie drohende Gefahr von sich oder einem Anderen
abzuwenden, wenn die Beschädigung oder die Zerstörung
zur Abwendung der Gefahr erforderlich ist und der
Schaden nicht außer Verhältnis zur Gefahr steht. Hat
der Handelnde die Gefahr verschuldet, so ist er zum
Schadensersatze verpflichtet[7]).

---

oder Geisteskranken ist Notwehr gestattet. Für StGB. § 53 nimmt
die herrschende Meinung dagegen an, daß ein Angriff nur von einem
Zurechnungsfähigen ausgehen kann.

d. Gestattet ist nur die Verteidigung, also eine Abwehr,
und auch nur, soweit sie erforderlich ist. Hier entscheidet im einzelnen
Falle das richterliche Ermessen, insbesondere auch darüber, ob dem
Bedrohten ein Ausweichen möglich und zuzumuten war.

[7]) BGB. § 227 ordnet die Selbstverteidigung gegen den Angriff
einer Person, § 228 diejenige gegen die von einer Sache drohende
Gefahr. § 227 entspricht etwa dem § 53 StGB. (Notwehr), § 228
dem § 54 StGB. (Notstand). Nach StGB. § 54 ist eine strafbare
Handlung nicht vorhanden, wenn die Handlung „in einem unver=
schuldeten, auf andere Weise nicht zu beseitigenden Notstande zur
Rettung aus einer gegenwärtigen Gefahr für Leib oder Leben des
Thäters oder eines Angehörigen (vgl. StGB. § 52 Abs. 2) begangen
worden ist". Die Voraussetzungen der Notwehr und der in einem
Notstande vorgenommenen Handlung sind also ganz verschieden. Die
Notwehr ist Abwehr eines fremden Unrechts, die im Notstande vor=

§ 64. Selbsthülfe.

a. Gemeines Recht.

Nach Gemeinem Rechte war Selbsthülfe (Selbst=
befriedigung) gestattet, wenn sie erforderlich war, um einen

genommene Handlung Eingriff in ein fremdes Recht; bei der Notwehr
steht Recht gegen Unrecht, beim Notstande Recht gegen Recht. Daher
sind die Grenzen für den Notstand viel enger gezogen, als für die
Notwehr. Der Notstand muß nach StGB. unverschuldet und auf
andere Weise als durch Eingriff in fremdes Recht nicht zu beseitigen
sein, es muß sich um Leib oder Leben, nicht um sonstige Rechtsgüter,
und zwar nur des Thäters oder eines Angehörigen, nicht eines sonstigen
„Anderen", handeln.

In ähnlicher Weise ist die in § 228 BGB. behandelte Selbst=
verteidigung gegen fremde, bedrohende Sachen, wie eine Vergleichung
der Gesetzesworte ergiebt, an schwerere Voraussetzungen geknüpft, als
die in § 227 behandelte Notwehr.

Der Thatbestand des § 228 BGB. deckt sich mit dem des § 54
StGB. (Notstand) nicht in gleicher Weise, wie der Thatbestand des
§ 227 mit dem des § 53 StGB. (Notwehr); § 54 StGB. ist teils
weiter, teils enger als § 228 BGB.

a. § 54 StGB. umfaßt jeden Eingriff in eine fremde Rechts=
sphäre, sei es in Persönlichkeitsrechte oder in Vermögensrechte; § 228
BGB. spricht nur von Zerstörung und Beschädigung von Sachen.
Wer den an ein volles Rettungsboot sich Anklammernden ins Wasser
stößt, ist straflos, handelt aber nach BGB. rechtswidrig. § 228 trifft
auch nicht den in StGB. § 54 mit umfaßten Fall, daß zur Rettung
aus einem Notstand eine fremde, nicht drohende Sache (663⁴) be=
schädigt oder zerstört wird. Dieser Fall ist aber durch BGB. § 904
geregelt, welcher bestimmt: „Der Eigentümer einer Sache ist nicht be=
rechtigt, die Einwirkung eines Anderen auf die Sache zu verbieten,
wenn die Einwirkung zur Abwendung einer gegenwärtigen Gefahr
notwendig und der drohende Schaden gegenüber dem aus der Ein=
wirkung entstehenden Schaden unverhältnismäßig groß ist. Der Eigen=
tümer kann Ersatz des ihm entstehenden Schadens verlangen." Hiernach
ist man befugt, die Wand des Nachbarhauses einzuschlagen, um sich
aus Feuersgefahr zu retten. Der dies hindernde Eigentümer handelt
rechtswidrig, gegen seinen Angriff ist daher Selbsthülfe zulässig (S. 669).
Im Falle des § 904 kann der Eigentümer stets, im Falle des § 228
nur dann Schadensersatz verlangen, wenn der Handelnde die Gefahr
verschuldet, zB. den angreifenden Hund gereizt hat.

b. Andererseits ist StGB. § 54 enger als BGB. § 228. Denn
er setzt eine Gefahr für Leib und Leben voraus, während nach § 228
jede durch eine Sache drohende Gefahr genügt (oben S. 665); auch

unwiederbringlichen Schaden[1]) abzuwenden (vgl. 1. 10 § 16
D. quae in fraudem creditorum 42, 8), und wenn ſie
vertragsmäßig eingeräumt war, wie zB. im Fall eines
pactum de ingrediendo, wodurch der Pfandgläubiger das
Recht erhielt, die im Beſitze des Verpfänders gebliebene
Sache bei nicht erfolgender Zahlung eigenmächtig in Beſitz
zu nehmen (1. 3 C. 8, 13).

Gewaltſame Selbſtbefriedigung wurde im römiſchen
Recht als crimen vis beſtraft (1. 5 und 8 D. 48, 7).
Das ſpätere Kaiſerrecht knüpfte ferner an zwei Fälle un-
erlaubter Selbſthülfe Privatſtrafen:

1. Nach dem ſog. Decretum Divi Marci (einer
in 1. 7 D. 48, 7 und mit einer Erweiterung bezüglich der
Abnötigung in 1. 13 D. 4, 2 wiedergegebenen Entſcheidung
Mark Aurels) ſollte der Gläubiger, der dem Schuldner
zwecks eigenmächtiger Befriedigung Gegenſtände wegnahm
oder abnötigte, ſein Forderungsrecht verlieren[2]).

---

muß nach StGB. der Notſtand ein unverſchuldeter ſein, während dies
nach BGB., von der Schadenserſatzpflicht abgeſehen (oben S. 665), nicht
notwendig iſt; endlich wird im BGB. die „einem Anderen", im StGB.
nur die „einem Angehörigen" drohende Gefahr berückſichtigt.

Ähnliche Thatbeſtände wie im Falle des § 228 BGB. liegen
vor bei der Großen Haverei, inſofern im Falle der Not Waren und
Schiffsteile über Bord geworfen werden können (HGB. § 706) und
im Falle des § 75 der Reichsſeemannsordnung vom 27. Dezember 1872,
inſofern der Schiffer befugt iſt, die von Schiffsleuten heimlich an
Bord gebrachten Waren über Bord zu werfen, wenn ſie Schiff oder
Ladung gefährden.

[1]) Ebenſo beſtimmte ALR. Einl. § 78, daß die Selbſthülfe nur
in dem Fall entſchuldigt werden könnte, wenn die Hülfe des Staats
zur Abwendung eines unwiederbringlichen Schadens zu ſpät kommen
würde. Weiter ging ALR. I, 7 §§ 144, 145, wonach der bloße
Inhaber von dem, in deſſen Namen er beſaß, aus eigener Macht
entſetzt werden konnte, ſoweit dadurch nicht die öffentliche Ruhe und
Sicherheit geſtört wurde. Vgl. noch ALR. I, 9 §§ 122, 178 (Verfolgung von Bienen und Fiſchen).

[2]) L. 13 quod metus causa 4, 2 (Callistratus). Exstat
enim decretum divi Marci in haec verba: Optimum est, ut,
si quas putas te habere petitiones, actionibus experiaris. Cum
Marcianus diceret: Vim nullam feci, Caesar dixit: tu vim
putas esse solum, si homines vulnerentur? vis est et tunc,

2. Nach einer Verordnung der Kaiser Valentinian, Theodosius und Arkadius von 389 (l. 7 C. 8, 4) sollte der Eigentümer einer Sache, welcher sie eigenmächtig einem Anderen wegnahm, sein Eigentum zur Strafe verlieren, und wenn jemand den Besitz einer ihm nicht gehörenden Sache sich eigenmächtig verschaffte, den Wert der Sache dem aus dem Besitze Gesetzten entrichten, in beiden Fällen aber die Sache dem früheren Besitzer zurückgeben.

Diese öffentlichen und privaten Strafen der Selbst= hülfe sind trotz einer Anwendung in c. 18 de praeb. in VI^to 3, 4 und trotz der Bestätigung der unter 2. er= wähnten Verordnung in der Reichskammergerichtsordnung von 1521 und einem Reichsabschiede von 1532 nicht in das moderne Gemeine Recht übergegangen [3]). Die Selbst= hülfe als solche war daher nicht mehr strafbar. Wohl aber konnten die gebrauchten Mittel den Thatbestand einer Strafthat bilden; d. h. eine an sich unerlaubte Handlung wurde dadurch, daß sie zum Zwecke der Selbsthülfe vor= genommen war, nicht erlaubt [4]).

---

quotiens quis id, quod deberi sibi putat, non per judicem reposcit. Quisquis igitur probatus mihi fuerit rem ullam debi-toris vel pecuniam debitam non ab ipso sibi sponte datam sine ullo judice temere possidere vel accepisse, isque sibi jus in eam rem dixisse: jus crediti non habebit.

[3]) Das StGB. regelte zwar die „Materie" der Selbsthülfe (im Sinne von EGStGB. § 2, I, 104[3]) nicht einheitlich. Indem es aber gewisse Formen der Anwendung von Eigenmacht (vis, oben S. 444[8]) unter Strafe stellte, erklärte es die übrigen für straflos. Damit war das Landesstrafrecht, soweit es öffentliche Strafen für die Selbst= hülfe androht, jedenfalls aufgehoben.

Auch über die Unanwendbarkeit der Privatstrafen herrschte Einigkeit. Die herrschende Meinung (ERG. 11, 244; 18, 218) hielt schon vor dem Inkrafttreten des BGB. auch diese durch das StGB. für beseitigt. Andere (Binding, Gierke) hielten zwar diesen Grund für nicht stichhaltig, weil die Verwirkung nicht als Strafe gedacht sei, die Beseitigung der Privatstrafen jedoch für durch desuetudo eingetreten.

[4]) Daher hat zB. das Reichsgericht den Gläubiger, der seinem Schuldner Zahlungsmittel fortgenommen hat, wegen Diebstahls bestraft. Straflos ist dagegen, wer in der Wohnung des Diebes, die er befugt betreten hatte — sonst könnte Hausfriedensbruch in Frage kommen —, die ihm gestohlene Sache an sich nimmt.

b. Bürgerliches Gesetzbuch.

Das BGB. hat in den §§ 229—231 Voraussetzungen, Mittel und Ausübung der Selbsthülfe geordnet[5]).

§ 229 bestimmt: „Wer zum Zwecke der Selbsthülfe eine Sache wegnimmt, zerstört oder beschädigt oder wer zum Zwecke der Selbsthülfe einen Verpflichteten, welcher der Flucht verdächtig ist, festnimmt oder den Widerstand des Verpflichteten gegen eine Handlung, die dieser zu dulden verpflichtet ist, beseitigt, handelt nicht widerrechtlich, wenn obrigkeitliche Hülfe nicht rechtzeitig zu erlangen ist und ohne sofortiges Eingreifen die Gefahr besteht, daß die Verwirklichung des Anspruchs vereitelt oder wesentlich erschwert werde"[6]).

Die Selbsthülfe darf nicht weiter gehen, als zur Abwendung der Gefahr erforderlich ist. Sie hat ferner nur die Bedeutung einer vorläufigen Sicherung[7]); daher

---

[5]) Sondervorschriften enthalten die §§ 561 (der Vermieter darf die Entfernung der seinem Pfandrecht unterliegenden Sachen des Mieters verhindern und sie, wenn der Mieter auszieht, in Besitz nehmen), 910 (Beseitigung eindringender Wurzeln und herüberhängender Zweige), 962 (Verfolgung eines Bienenschwarms); vgl. noch §§ 859, 860, oben S. 664[5].

[6]) a. Voraussetzungen der Selbsthülfe sind hiernach:
1. Bestehen eines Anspruchs;
2. Unmöglichkeit rechtzeitiger Erlangung obrigkeitlicher Hülfe;
3. Vorhandensein der Gefahr, daß ohne sofortiges Eingreifen die Verwirklichung des Anspruchs vereitelt oder wesentlich erschwert werde.
b. Mittel der Selbsthülfe sind:
1. Wegnahme, Zerstörung oder Beschädigung einer Sache;
2. Festnahme eines Verpflichteten, jedoch unter der weiteren Voraussetzung, daß Fluchtverdacht vorliegt; dies ist erst vom Reichstag eingefügt worden, um anzudeuten, daß die Festnahme nicht etwa gegen strikende Arbeiter ausgeübt werden könne, um sie zur Ausführung übernommener Arbeiten zu zwingen;
3. Beseitigung des Widerstands des Verpflichteten gegen eine Handlung, die dieser zu dulden verpflichtet ist (CPO. § 890).

[7]) In ähnlicher Weise kann nach § 845 CPO. der Gläubiger auf Grund eines vollstreckbaren Schuldtitels wirksam eine Vorpfändung einer Forderung des Schuldners vornehmen, welche die Wirkung eines Arrests hat, sofern die gerichtliche Pfändung innerhalb von drei Wochen bewirkt wird (I, 576).

ist in weggenommene Sachen der dingliche Arrest (CPO.
§§ 916, 917) zu beantragen und ein festgenommener
Verpflichteter unverzüglich dem Amtsgerichte vorzuführen
(vgl. StPO. § 128) und der persönliche Sicherheitsarrest
zu beantragen (CPO. § 918). Bei Verzögerung oder
Ablehnung des Arrestantrags hat die Rückgabe der weg-
genommenen Sachen und die Freilassung des Fest-
genommenen unverzüglich zu erfolgen (§ 230).

Wer unter Beobachtung der Vorschriften der §§ 229,
230 BGB. eine Selbsthülfehandlung vornimmt, handelt
nicht widerrechtlich. Die Wegnahme von Zahlungsmitteln
ist also dann nicht Diebstahl (S. 668 [4]), die Festnahme
des Verpflichteten nicht Freiheitsberaubung; denn es fehlt
das im StGB. §§ 242, 239 vorausgesetzte Merkmal der
Widerrechtlichkeit. Insofern sind die Folgen der erlaubten
Selbsthülfe die gleichen, wie die der Notwehr und des
Notstands der §§ 227, 228. In diesen Fällen verpflichtet
jedoch die irrige Annahme des Vorhandenseins der für
den Ausschluß der Widerrechtlichkeit erforderlichen Voraussetzungen nur dann zum Schadensersatze, wenn der
Handelnde den Irrtum verschuldet hatte (S. 665). Dagegen ist für den Fall der (aggressiven) Selbsthülfe wegen
der Gemeingefährlichkeit dieses Mittels im BGB. § 231
bestimmt, daß der Handelnde selbst dann zum Schadensersatze verpflichtet ist, wenn er in einem nicht auf Fahrlässigkeit beruhenden Irrtume die Selbsthülfe für berechtigt
angesehen hat. Die Schadensersatzpflicht tritt also stets
ein, wenn nicht die Voraussetzungen der Selbsthülfe objektiv vorhanden sind.

c. Das Pfändungsrecht.

Wie II, 491 dargestellt, hat sich aus dem deutschen
Rechte partikularrechtlich ein Pfändungsrecht gegen Personen
und Vieh zum Schutze von Grundstücken erhalten. Das
BGB. hat dies nicht übernommen, die diesbezüglichen
landesgesetzlichen Vorschriften jedoch im EG. Art. 89 aufrechterhalten; vgl. für Preußen, II, 492 [3].

Siebenter Abschnitt.

Sicherheitsleistung (BGB. §§ 232—240).

§ 65. Die Sicherung der Rechte.

a. Allgemeines.

Der Staat begnügt sich nicht damit, dem Berechtigten einen geordneten Weg zur Wiederherstellung seiner verletzten Rechte zu eröffnen, sondern er gewährt ihm auch die Mittel, seine Rechte vorbeugend gegen Verletzungen zu sichern. Derartige Sicherungsmittel sind:

1. Die Feststellungsklagen, vgl. I, 276 [1].

2. Die Protestationen und Reservationen, oben S. 448 [1].

3. Der Protest, oben S. 472.

4. Die behördliche Mitwirkung bei Vornahme von Rechtsgeschäften, oben S. 34 und 461, sowie die Einrichtung öffentlicher Register (zB. Handelsregister, Standesregister, Grundbücher, Güterrechtsregister).

5. Die Arreste und einstweiligen Verfügungen, I, 605.

6. Die Vormerkungen zur Sicherung des Anspruchs auf Einräumung oder Aufhebung eines Rechts an einem Grundstück oder an einem das Grundstück belastenden Recht, oder auf Änderung des Inhalts oder des Ranges eines solchen Rechts (sog. protestationes pro conservando jure et loco, vgl. BGB. § 883).

7. Die Sperrvermerke (protestationes pro conservandis exceptionibus), d. h. Vermerke im Grundbuche, durch welche die Verfügungsbefugnis des

Grundstückseigentümers oder eines eingetragenen Berechtigten beschränkt wird. Derartige Verfügungsbeschränkungen können auf Gesetz[1]), auf gerichtlicher Verfügung (zB. einer einstweiligen Verfügung) oder auf Rechtsgeschäft beruhen (Lehns= und Familienfideikommißeigenschaft, Nacherbschaft, vgl. BGB. § 2211).

8. Der Widerspruch gegen den Inhalt des Grundbuchs, sofern dieser mit der wirklichen Rechtslage nicht im Einklange steht (BGB. §§ 894, 899).[2])

---

[1]) So ist nach §§ 19, 146 ZwBG. in Abt. II des Grundbuchs eines unter Zwangsversteigerung oder Zwangsverwaltung gestellten Grundstücks der Sperrvermerk einzutragen: „Die Zwangsversteigerung — oder Zwangsverwaltung — ist angeordnet." Auch schon früher wurde in Preußen ein ähnlicher Vermerk („Die Zwangsversteigerung ist beantragt") auf Grund des § 18 des Zwangsvollstreckungsgesetzes vom 13. Juli 1883 eingetragen. Nach der bis zum 1. November 1883 geltend gewesenen Subhastationsordnung vom 15. März 1869 lautete der Vermerk: „Die Zwangsversteigerung ist eingeleitet".

Nach KO. § 113 soll sowohl das nach § 106 KO. erlassene all= gemeine Veräußerungsverbot als auch die Eröffnung des Konkurs= verfahrens in das Grundbuch eingetragen werden, und zwar bei den dem Gemeinschuldner gehörenden Grundstücken stets, bei den ihm an Grundstücken zustehenden Rechten, wenn mangels Eintragung eine Be= einträchtigung der Rechte der Konkursgläubiger zu besorgen ist (I, 661).

[2]) Über Vormerkung, Sperrvermerk und Widerspruch ist im Sachenrechte zu sprechen. Sie unterscheiden sich wesentlich von einander. Die Vormerkung soll einem persönlichen und daher Dritten gegenüber bedeutungslosen (II, 485[1]) jus ad rem dingliche Wirkung verschaffen; zB. der Erwerber eines Grundstücks will dagegen geschützt sein, daß der eingetragene Eigentümer vor der Auflassung noch eine neue Hypothek auf dem Grundstück eintragen läßt. Der Sperrvermerk soll die mangelnde Verfügungsbefugnis eines eingetragenen Berechtigten, der Widerspruch die Nichtübereinstimmung des Grundbuchinhalts mit der wirklichen Rechtslage offenkundig machen. Die letzteren beiden Sicherungsmittel sind durch den Grundsatz der publica fides des Grundbuchs (II, 556) hervorgerufen, den BGB. § 892 dahin bestimmt: „Zu Gunsten desjenigen, welcher ein Recht an einem Grundstück oder ein Recht an einem solchen Rechte durch Rechtsgeschäft erwirbt, gilt der Inhalt des Grundbuchs als richtig, es sei denn, daß ein Wider= spruch gegen die Richtigkeit eingetragen oder die Unrichtigkeit dem Erwerber bekannt ist".

9. Die Anfertigung eines Vermögens=
verzeichnisses (Inventarisation) dient dazu,
den Bestand der Aktiva und Passiva eines Vermögens in
einem gegebenen Augenblicke festzustellen. Die Gegenüber=
stellung der Aktiva und Passiva heißt Bilanz. Die
Inventarisierung hat u. a. Bedeutung: im Erbrechte
zwecks Feststellung der Nachlaßmasse den Nachlaß=
gläubigern gegenüber (beneficium inventarii, BGB.
§§ 1993 ff., 2009), bei der Vormundschaft (BGB. § 1802),
im Handelsverkehr (HGB. §§ 39 ff., vgl. KO. § 240 ³)),
im Konkurse (KO. § 124). Zuweilen werden bis zur
Vollendung eines Inventars Sicherungsmaßregeln er=
forderlich, um das Vermögen gegen Antastung zu sichern.
Hierzu dient die im BGB. § 1960 (Sicherung des Nach=
lasses) und KO. § 122 (Sicherung der Konkursmasse,
I, 666 ³) erwähnte, gemäß EGBGB. Art. 140 den Landes=
gesetzen vorbehaltene Siegelung (vgl. PrFrG. Art. 87,
104, 128). Wer die Errichtung eines Inventars bean=
spruchen kann, hat vielfach das Recht, von dem zu dessen
Aufstellung Verpflichteten die eidliche Bekräftigung der
Vollständigkeit des Inventars zu verlangen, sog. Offen=
barungseid (Manifestationseid), vgl. BGB. § 2006.
Eine gleiche Pflicht hat zuweilen der zu einer Rechnungs=
legung Verpflichtete, vgl. BGB. §§ 259, 260. Eine
andere Bedeutung haben die nach fruchtloser Zwangs=
vollstreckung zu leistenden prozessualen Offenbarungseide,
CPO. §§ 807, 883 (IV, 76).

10. Die Rechnungslegung (IV, 74) ist der Nach=
weis des Bestands eines Vermögens in einem gewissen Zeit=
punkt unter Vergleichung mit dem Zustande des Vermögens in
einem früheren Zeitpunkte. Hierbei ist der sich ergebende
Unterschied durch Nachweis der Ereignisse, welche ihn
hervorgebracht haben, nämlich der Einnahmen und der
Ausgaben unter Beifügung der Belege zu verdeutlichen.
Eine derartige Rechnungslegung kommt vor, wenn fremdes
Vermögen verwaltet wird; vgl. BGB. §§ 259 (Rechnungs=
legung über eine mit Einnahmen oder Ausgaben ver=
bundene Verwaltung), 1667, 1840, 2218 (Rechnungslegung

durch Vater, Vormund und Testamentsvollstrecker). Wer
fremde Geschäfte besorgt, die nicht mit einer Ver=
mögensverwaltung verbunden sind, ist statt zur Rechnungs=
legung nur zur Ablegung der Rechenschaft verpflichtet:
vgl. BGB. §§ 666 (Beauftragter), 681 (negotium gestor),
740, 1214 (Rechenschaftspflicht der Gesellschafter gegen=
über einem Ausgeschiedenen und des antichretischen Pfand=
gläubigers gegenüber dem Verpfänder). Zuweilen ist auch
bei geführter Vermögensverwaltung nicht eine förmliche
mit Belegen über Einnahmen und Ausgaben zu versehende
Rechnungslegung, sondern nur die Einreichung einer
Vermögensübersicht vorgeschrieben; vgl. zB. BGB.
§ 1854 (befreite Vormundschaft).

11. Die Hinterlegung (Sequestration) einer
Sache bei einem Dritten als Sicherungsmittel[3]) erfolgt
teils im Prozeß über die Sache, um diese der Einwirkung
einer Partei zu entziehen und die Möglichkeit der späteren
Vollstreckung des Urteils zu sichern (sequestratio necessaria
auf Grund einer einstweiligen Verfügung, I, 535); teils
außerhalb eines Prozesses, um die Sache gegen unbefugte
Eingriffe zu schützen, vgl. BGB. §§ 1052, 1054, 2129
(Verwaltung einer mit einem Nießbrauch oder einer Nach=
erbschaft belasteten Sache), 1392 (Hinterlegung der zum
Eingebrachten gehörenden Inhaberpapiere), 1808, 1814,
1818 (Hinterlegung von Vermögensstücken des Mündels);
ferner ZwVG. §§ 146 ff. (Zwangsverwaltung).

12. Die missio in possessionem, I, 310.

13. Ein alle Rechtsgebiete umfassendes Sicherungs=
mittel ist die Sicherheitsleistung, welche im Allgemeinen

---

[3]) Mit dieser Hinterlegung zwecks Sicherstellung (Sequestration,
I, 611) ist die Hinterlegung zwecks Erfüllung (Deposition, vgl.
BGB. §§ 372 ff., IV, 263) und die Hinterlegung auf Grund eines
Verwahrungsvertrags (Depositum, vgl. BGB. §§ 688 ff.) nicht zu
verwechseln.

Die Einräumung der thatsächlichen Verfügungsmacht an einen
unbeteiligten Dritten kann auch betreffs einer Person erfolgen, c. 14
X. 4, 1, vgl. BGB. §§ 1666, 1838, StGB. § 56 (Unterbringung
eines Kindes in eine fremde Familie oder eine Erziehungsanstalt).

Teile des BGB. hinsichtlich der Art ihrer Bestellung ge=
ordnet und daher hier zu besprechen ist.

b. Sicherheitsleistung (Kaution).

Die Fälle, in denen jemand zur Leistung einer
Sicherheit verpflichtet ist, sind sehr verschiedenartig. Heute
erfolgt die Kautionsleistung stets zur Sicherung eines
bereits dem Grunde nach vorhandenen, aber noch nicht
·fälligen oder seinem Umfange nach noch nicht be=
stimmbaren Anspruchs. In Rom wurde durch die sog.
stipulationes cautionales (zB. die cautio damni infecti)
ein Klagerecht vielfach erst geschaffen (I, 310). Ihrem
Grunde nach unterscheidet man gesetzliche und richterliche
Kautionen (cautiones necessariae) einerseits und rechts=
geschäftliche Kautionen (cautiones voluntariae oder con-
ventionales) andererseits. Erstere kommen sowohl im
Prozesse (I, 234) als auch außerhalb eines solchen vor,
zB. die für manche Beamtenklassen vorgeschriebene, jetzt
meist aufgehobene Pflicht zur Stellung von Kautionen
(I, 333 [18]).

Für das Civilrecht hat die Sicherheitsleistung eine
vielfache Bedeutung. Teils wird sie von dem Verpflichteten
gestellt, um dem Berechtigten die spätere Erfüllung zu ge=
währleisten, teils von dem Berechtigten, falls er die Aus=
übung eines noch ungewissen oder noch nicht fälligen Rechts
begehrt, um den Verpflichteten gegen die ihm aus der
vorzeitigen Rechtsausübung etwa ·erwachsenden Nachteile
zu sichern [4]).

---

[4]) Im BGB. ist vorgeschrieben:

a. Sicherheitsleistung durch den Verpflichteten zB. in
den §§ 52, 1986, 2217 (Aushändigung des Vermögens eines auf=
gelösten Vereins oder eines Nachlasses vor Tilgung ·aller Schulden);
257 (Ersatz von Aufwendungen); 775 Abs. 2 (für den Bürgen vor
fälliger Hauptschuld in bestimmten Fällen); 843, 1580 (zur Sicherung
einer Rente); 867 (bei Aufsuchung und Wegschaffung einer auf ein
fremdes Grundstück gelangten Sache); 1039 ff., 1391, 1668, 1844,
2128 (seitens des Nießbrauchers, Ehemanns, Vaters, Vormunds,
Vorerben, also zwecks Schutzes der in fremder Verwaltung befindlichen
Vermögensstücke gegen Mißbrauch);

Jeder der Fälle, in welchen Sicherheit zu leisten ist, unterliegt hinsichtlich seiner Voraussetzungen besonderen Regeln. Nur hinsichtlich der Art und der Mittel der Sicherheitsleistung lassen sich allgemeine Vorschriften auf= stellen. Aber auch diese allgemeinen Regeln kommen nur zur Anwendung, insoweit nicht die für einzelne Rechts= institute angeordneten Sondervorschriften[5]) eingreifen.

1. Das römische Recht unterschied zwei Formen der Kautionsbestellung: die Verbalkaution (nuda repro= missio) und die Realkaution durch Stellung von Bürgen (satisdatio, cautio fidejussoria) und Pfändern (cautio pigneraticia), von denen die Sicherung durch Bürgen die größere Verwendung fand. Die Verbalkaution war, soweit sie nicht ein Klagerecht überhaupt erst begründete (S. 675), nur insofern als Sicherstellung anzusehen, als das Ver= sprechen in einer Form erfolgte, welche die betreffenden Rechte klarstellte und ihre prozessuale Durchsetzung er= leichterte, wie die Stipulationsform. Die ähnlichen Rechts= institute des modernen Rechts, zB. die Acceptierung eines Wechsels für eine Warenschuld oder die Anerkennung des Saldo bei bestehendem Kontokurrentverhältnisse, pflegt man heute nicht mehr unter die Kautionen zu stellen[6]).

---

b. Sicherheitsleistung durch den Berechtigten zB. in den §§ 273 (zwecks Abwendung des Zurückbehaltungsrechts); 509 (Eintritt des Vorkaufsberechtigten, wenn der Kaufpreis gestundet ist); 562 (zwecks Ablösung des Pfandrechts des Vermieters).

[5]) Solche Sondervorschriften bestehen zB. für die Sicherheits= leistung im Prozesse (CPO. §§ 108 ff.; StPO. § 118), für die Bietungs= kaution in der Zwangsversteigerung (ZwVG. § 69), für die Beamten= kautionen (I, 333[18]). Selbst im BGB. sind die allgemeinen Vorschriften der §§ 232 ff. bisweilen durch Sondervorschriften geändert, so in den §§ 843 Abs. 2, 1218, 1580, 1844.

[6]) Eine Art verstärkter Verbalkaution war die cautio juratoria, die nach rR. für Grundbesitzer und höhere Beamte (illustres I, 230), in der gemeinrechtlichen Praxis mangels anderer Kautionsmittel aber auch für sonstige Personen zugelassen wurde; vgl. über die Strafbarkeit des Zuwiderhandelns gegen eine durch eidliches Angelöbnis vor Gericht bestellte Sicherheit StGB. § 162. Das ALR. I, 14 §§ 184, 194 erwähnte zwar auch den Eid als aushülfsweises Sicherungsmittel; diese Vorschrift ist aber unpraktisch geblieben.

Man versteht unter Kaution daher heute stets Real=
kaution. Die Realkaution erfolgte nach Gemeinem Rechte
durch Bestellung von Pfändern und Bürgen. Der Fiskus
und die Stadtgemeinden brauchten aber keine Realkaution
zu leisten (l. 1 § 18, l. 6 § 1 D. 36, 3; fiscus semper
solvendo est, I, 230).

2. Nach BGB. §§ 232 ff. kann, wer Sicherheit zu
leisten hat, dies bewirken:

α. durch Hinterlegung von Geld oder Wertpapieren.
Die letzteren sind aber nur geeignet, wenn sie Inhaber=
papiere oder mit Blankoindossament (S. 459 [10]) versehene
Orderpapiere sind, einen Kurswert (S. 381) haben und
zu den mündelsicheren Papieren (§ 1807) gehören. Mit
derartigen Wertpapieren kann Sicherheit bis zur Höhe von
³/₄ des Kurswerts geleistet werden (§ 234). Der zu
Sichernde erwirbt ein Pfandrecht an den hinterlegten
Sachen, und wenn diese (wie nach der Pr. Hinterlegungs=
ordnung vom 14. März 1879 § 7 bares Geld) in das
Eigentum des Verwahrers übergehen, an der Forderung
auf Rückerstattung (§ 233). Umtausch bleibt vorbehalten
(§ 235);

β. durch Verpfändung von Forderungen, die in das
Reichsschuldbuch oder in das Staatsschuldbuch eines
Bundesstaats eingetragen sind [7]), in Höhe von ³/₄ des

---

[7]) Nach dem RG. vom 31. Mai 1891 betr. das Reichsschuldbuch
und dem PrG. vom 20. Juli 1883 betr. das Staatsschuldbuch können
auf den Inhaber lautende Reichsanleihen und Preußische Anleihen in
Buchschulden des Reichs oder Preußens auf den Namen eines be=
stimmten Gläubigers umgewandelt werden. Der Inhaber reicht eine
Anzahl dieser Anleihescheine ein, der von ihm Bezeichnete wird in Höhe
des Nominalbetrags als Gläubiger in das Schuldbuch eingetragen
und erhält hierüber eine Bescheinigung, die aber nicht etwa selbst
ein umlaufsfähiges Wertpapier ist. Eine Verfügung über die Buch=
forderung wird dem Reich und dem Preuß. Staate gegenüber viel=
mehr erst durch ihre Eintragung wirksam. Bei Löschung der Buchschuld
erhält der Berechtigte Anleihescheine in dem seiner Forderung ent=
sprechenden Nennwert ausgeliefert. Diese, in Frankreich (Grand livre
de la dette publique) schon seit 1793 bestehende Einrichtung ist be=
sonders für dauernde Verwaltungen mit geringem Wechsel der Anlage=

Kurswerts der dem Gläubiger auf sein Verlangen aus-
zuhändigenden Wertpapiere (§ 236);

γ. durch Verpfändung beweglicher Sachen in
Höhe von ²/₃ des Schätzungswerts. Verderbliche oder
schwierig aufzubewahrende Sachen können zurückgewiesen
werden (§ 237);

δ. durch Bestellung von Hypotheken sowie durch
Verpfändung von Hypotheken, Grundschulden und Renten-
schulden an inländischen Grundstücken, sofern dieselben als
mündelsicher (§ 1807) gelten (§ 238);

ε. subsidiär auch durch Stellung eines tauglichen
Bürgen, d. h. eines solchen, der ein der Höhe der Sicherheitsleistung angemessenes Vermögen besitzt, seinen allgemeinen Gerichtsstand (I, 206) im Inlande hat und auf
die Einrede der Vorausklage (beneficium excussionis)
verzichtet (§ 239). Wird die geleistete Sicherheit ohne
Verschulden des Berechtigten unzureichend, so ist sie zu
ergänzen (§ 240).

---

werte nützlich (Stiftungen, vormundschaftliche Verwaltungen, vgl.
BGB. §§ 1393, 1667, 1807², 1815 ff., 1820, 1853, 2117 ff.; EG.
Art. 97, 98).

Anhang.

Wesentliche Abweichungen des Bürgerlichen Gesetzbuchs vom Gemeinen und Preußischen Rechte.

Artikel des EGBGB.	BGB.	Gemeines Recht.	ALR.*)
Art. 2. Gesetz und Gewohnheitsrecht. S. 29 ff.	Gleichgestellt.	Gleichgestellt (bestritten).	Allgemeines Gewohnheitsrecht praeter und contra legem ohne Wirkung. Provinzielles vor 1794 blieb bestehen, nach 1794 galt nur praeter legem. Publ. Patent VII, ALR. Einl. §§ 3 ff.
Art. 7 u. 13 ff. Wonach bestimmt sich das Personalstatut? S. 77 ff.	Nach der Staatsangehörigkeit.	Nach dem Wohnsitz.	Nach dem Wohnsitz. Einl. § 23.

*) Die Spalte ist der Kürze halber mit ALR. überschrieben. Gemeint ist der bis zum 31. Dezember 1899 in Geltung gewesene Rechtszustand in denjenigen Landesteilen, wo das ALR. galt.

Artikel des EGBGB.	BGB.	Gemeines Recht.	ALR.
Art. 31. Retorsion. S. 127.	Ausgeübt durch Reichskanzler und Bundesrat.		Ausgeübt durch den Richter. Einl. §§ 43 ff.
Art. 55. Rechtsfolgen des Eintritts ins Kloster. S. 113.	Beseitigt.	Vermögensunfähigkeit zu Gunsten des Klosters.	Vermögensunf. zu Gunsten der Erben. II, 11 §§ 1199 ff.

Paragraph des BGB.	BGB.	Gemeines Recht.	ALR.
§ 2. Volljährigkeit. S. 147 ff.	21. Lebensjahr.	21. Lebensjahr seit RG. v. 17. 2. 1875 (früher 25.).	21. Lebensjahr seit Ges. v. 9. 12. 69 (früher 24.; I, 1 § 26).
§ 3. Volljährigkeitserklärung. S. 148 ff.	Zulässig mit vollendetem 18. Lebensjahr. Wirkung: Völlige Gleichstellung.	Bei Männern mit 20, bei Frauen mit 18 Jahren. Keine Verfügungsbefugnis über Grundstücke.	Seit VO. vom 5. 7. 1875 § 61 mit 18, früher mit 20 Jahren. Völlige Gleichstellung.

Paragraph des BGB.	BGB.	Gemeines Recht.	ALR.
§ 6. Entmündigungsgründe. S. 156 ff.	1. Geisteskrankheit und Geistesschwäche. 2. Verschwendung bei Gefahr des Notstands. 3. Trunksucht.	1. furor, dementia und fatuitas. 2. Verschwendung (bona sua dilacerando et dissipando profundere). 3. Kein Entmündigungsgrund.	1. Wahnsinn und Blödsinn. I, 1 §§ 27, 28. 2. Verschwendung. I, 1 § 30. 3. Kein Entmündigungsgrund.
§ 14. Voraussetzungen der Todeserklärung. S. 116 ff.	Schlesisches System.	Sächsisches System.	Schlesisches System. II, 18 §§ 823 ff.
§ 18. Wie wirkt die Todeserklärung? S. 117, 118.	Deklaratorisch (ex tunc).	Bestritten.	Konstitutiv (ex nunc) II, 18 § 835.
§ 19. Giebt es eine Lebensvermutung? S. 114 ff.	Ja.	Nein (bestritten).	Bis zum 70. Jahre, nur bei Erwerb des Verschollenen. I, 1 § 38.
§ 20. Kommorienten. S. 113.	Gelten als gleichzeitig verstorben.	Unmündige Kinder gelten als vor, mündige als nach den Eltern verstorben.	Gelten als gleichzeitig verstorben. I, 1 § 39.

Paragraph des BGB.	BGB.	Gemeines Recht	ALR.
§§ 21, 22. Rechtsfähigkeit der Vereine. S. 174 ff.	Ideale Vereine: System der Normativbestimmungen. Erwerbsvereine: Konzessionssystem.	System der freien Körperschaftsbildung (bestritten).	Konzessionssystem. II, 6 § 25.
§§ 56, 73. Mindestzahl der Mitglieder. S. 175.	7 zur Entstehung, 3 zum Fortbestande (bei Eingetragenen Vereinen).	„tres faciunt collegium", zum Fortbestande genügt 1.	2 zur Entstehung, 1 zum Fortbestande.
§ 80. Entstehung der Stiftung. S. 191 ff.	Staatsgenehmigung.	Bestritten.	Regelmäßig landesherrliche Genehmigung. II, 19 § 42. G. v. 23. 2. 70.
§ 90. Begriff der Sachen. S. 275 ff.	Nur körperliche Gegenstände.	res corporales und incorporales.	Sachen überhaupt u. Sachen im engeren Sinn. I, 2 §§ 1 ff.
§ 92 Abs. 2. Sachinbegriff und Rechtsinbegriff. S. 279 ff.	Grundsätzlich verworfene Einteilung.	Universitas facti und juris.	Inbegriff von Sachen und Inbegriff von Sachen und Rechten. I, 2 §§ 32, 33.

Paragraph des BGB.	BGB.	Gemeines Recht.	ALR.
§ 94. Stehende und hängende Früchte. S. 294, 295.	Keine selbstän= digen Sachen (Wesentliche Be= standteile).	Keine selbstän= digen Sachen.	Selbständige Sachen (Zube= hör, I, 2 § 45).
§ 96. Subjektiv ding= liche Rechte. S. 289.	Bestandteile des Grundstücks.		Zubehör des Grundstücks.
§ 97. Können Rechte Zubehör sein und Zubehör haben? S. 288 ff.	Nein (Ausnahme § 1017, Erb= baurecht).	Bestritten.	Ja. I, 2 §§ 67 ff.
Können unbe= wegliche Sachen Zubehör sein? S. 286 ff.	Nein.	Bestritten.	Ja. I, 2 § 44.
§ 98 Abs. 2. Ist das Guts= inventar Zu= behör? S. 290.	Ja.	Nein.	Ja. I, 2 §§ 48 ff.
§§ 119, 122. Rechtsfolgen des Irrtums. S. 423 ff.	Anfechtbarkeit (unverzüglich, § 121).	Streitig, ob An= fechtbarkeit oder Nichtigkeit.	Das Geschäft be= steht bei durch grob. od. mäß. Versehen ver= schuld. Irrt. in gewöhnlich vor= ausgef. Eigen= schaft; sonst an= fechtbar (bestr.). I, 4 §§ 75 ff.

Paragraph des BGB.	BGB.	Gemeines Recht.	ALR.
§§ 123, 124. Rechtsfolgen des Betrugs. S. 438 ff.	Anfechtbarkeit binnen Jahres= frist a die scientiae, sonst 30 J.	Anfechtbarkeit binnen 2 Jahren, später nur Be= reicherung.	Bei dolus cau= sam dans Re= sciffion ob. Diffe= renz; bei dolus incïdens nur Differenz.
	Wirkung in rem (§ 142).	Keine Wirkung in rem.	Wirkung in rem (bestr.).
§§ 123, 124. Rechtsfolgen des Zwanges. S. 444 ff.	Anfechtbarkeit binnen Jahres= frist seit Aufh. d. Zwangslage, sonst 30 J.	Anfechtbarkeit binnen 30 Jahren.	Streitig, ob Nich= tigkeit oder An= fechtbarkeit. I, 4 §§ 33 ff.
	Wirkung in rem (§ 142).	Wirkung in rem.	Wirkung in rem.
§ 126 Abs. 2. Ersetzt Brief= wechsel die Schriftform? S. 460.	Nein, bei gesetzlicher, ja, bei gewillkürter Schriftform		Ja. I, 5 § 142.
§ 145. Hat die Offerte bindende Kraft? S. 503 ff.	Ja.	Nein.	Ja; am gleichen Orte 24 Stunden, sonst bis zum zweiten Posttage. I, 5 §§ 95 ff.
§ 149. Verspätetes Eintreffen der rechtzeitig abge= sandten An= nahme= erklärung. S. 504, 505.	Der Vertrag besteht, außer bei unverzüg= licher Anzeige der Verspätung.		Der Vertrag besteht nicht, selbst bei unter= lassener Anzeige, hierbei aber Ersatz des negat. Vertragsint. I, 5 §§ 104 ff.

Paragraph des BGB.	BGB.	Gemeines Recht.	ALR.
§§ 158 ff. Sind aufschiebend bedingte letztwillige Zuwendungen vererblich? S. 526, 527.	Ja, vgl. jedoch § 2074.	Nein.	Ja. I, 12 § 485.
§§ 158 ff. Unerlaubte aufschiebende Bedingungen. Unmögliche aufschiebende Bedingungen. S. 511, 515.	Vernichten die Willenserklärung in allen Fällen.	Vernichten die Willenserklärung bei negotia inter vivos, gelten als nicht zugefügt bei negotia mortis causa.	Vernichten bei neg. i. v., gelten als nicht zugef. bei neg. m. c. I, 12 § 63. Vernichten in allen Fällen. I, 4 § 131; I, 12 §§ 504 ff.
Unerlaubte auflösende Bedingungen. Unmögliche auflösende Bedingungen. S. 511, 515.	Gelten in allen Fällen als nicht zugefügt.	Gelten in allen Fällen als nicht zugefügt.	Gelten in allen Fällen als nicht zugefügt.
§ 167. Vollmachtserteilung. S. 567.	Formlos. Vgl. aber § 1945.	Formlos.	Schriftlich. I, 13 § 8.
§ 179. Haftung des falsus procurator. S. 580.	Bei Kenntn. d. Mangels d. Vertretungsmacht: Erfüllung oder pof. Inter.; bei Nichtkenntn.: negat. Inter.	Streitig.	Schadensersatz; streitig, ob positives oder negatives Interesse. I, 13 §§ 9, 96.

Paragraph des BGB.	BGB.	Gemeines Recht.	ALR.
§ 181. Kontrahieren mit sich selbst. S. 555.	Nur zulässig im Falle der Gestattung sowie zwecks Erfüllung einer Verbindlichkeit.	Zulässigkeit bestritten.	Zulässigkeit bestritten.
§§ 194 ff. Guter Glaube des Praeskribenten. S. 633.	Nicht erforderlich.	Erforderlich bei Ansprüchen auf Herausgabe von Sachen.	Erforderlich. I, 9 § 569.
§ 195. Ansprüche des Fiskus. S. 199, 635[1].	Verjähren: In 30 Jahren.	In 40 Jahren.	In 44 Jahren. I, 9 § 629.
§ 206. Verjährung der Ansprüche Minderjähriger. S. 643.	Vollendet sich erst sechs Monate nach Eintritt der Geschäftsfähigkeit, falls kein gesetzlicher Vertreter vorhanden.	Ruht bei Unmündigen, hinsichtlich d. Minderj. nur bei d. kürzeren Verjährungsfristen.	Kann nicht beginnen, aber sich fortsetzen. I, 9 §§ 535 ff.
§ 225. Verträge über Verjährung. S. 615.	Ausschließung und Erschwerung unzulässig. Vgl. jedoch §§ 477, 638.	Unzulässig.	Zulässig, aber gerichtlich zu verlautbaren. I, 9 §§ 565 ff.

Register.

44*

Druck von C. Buchbinder in Neu-Ruppin.

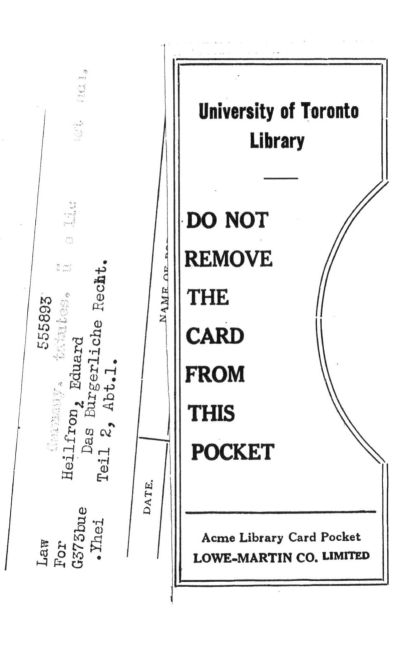

GERMANY. Gesetze &c.

555893

Heilfron, Eduard
Das Bürgerliche Recht.
Teil 2, Abt.1.

Law
For
G373bue
.Yhei

Von den über das Heilfron'sche Werk erschienenen Besprechungen erwähnen wir hier nur folgende:

Deutscher Reichsanzeiger und Königlich Preußischer Staatsanzeiger. (Kammergerichtsrat Keyßner, Mitglied der Justiz-Prüfungskommission): Der Verfasser hat einsichtig für diejenigen gearbeitet, welche sich nicht nur mit flüchtigem Auswendiglernen, sondern mit Verständnis für die Prüfungen vorbereiten wollen. Weit hervorragend über die landläufigen Repetitorien kann das Buch als nutzbringend empfohlen werden und eine schnelle Fortsetzung wird erwünscht sein.

Archiv für Bürgerliches Recht (Professor Dr. Oertmann-Berlin): „Das Werk giebt fast durchgängig auf Grund des Standes der modernen Forschungen eine etwa in Form und Umfang eines Kollegheftes gehaltene klare und gefällige Übersicht.

Juristische Monatsschrift: Dieses Buch nimmt den richtigen Mittelstandpunkt zwischen Repetitorium und Lehrbuch ein und zeichnet sich vorzüglich in der Darstellung der Art und Weise der Rechtsentwickelung aus. Es dürfte unter den vorhandenen Werken ähnlichen Charakters entschieden das beste und brauchbarste und daher für den Zweck, für welchen es bestimmt, am meisten geeignet sein.

Zu beziehen durch jede Buchhandlung, sowie durch die Verlagsbuchhandlung.